Direito Ambiental do Trabalho

Apontamentos para uma Teoria Geral

Volume 4

Volume 1 — Junho, 2013
Volume 2 — Setembro, 2015
Volume 3 — Fevereiro, 2017
Volume 4 — Maio, 2018

GUILHERME GUIMARÃES FELICIANO
PAULO ROBERTO LEMGRUBER EBERT

Coordenadores

DIREITO AMBIENTAL DO TRABALHO

Apontamentos para uma Teoria Geral

Volume 4

EDITORA LTDA.

© Todos os direitos reservados

Rua Jaguaribe, 571
CEP 01224-003
São Paulo, SP — Brasil
Fone (11) 2167-1151
www.ltr.com.br
Maio, 2018

Produção Gráfica e Editoração Eletrônica: GRAPHIEN DIAGRAMAÇÃO E ARTE
Projeto de Capa: FABIO GIGLIO
Impressão: BOK2

versão impressa — LTr 5965.1 — ISBN 978-85-361-9693-0
versão digital — LTr 9394.8 — ISBN 978-85-361-9720-3

Dados Internacionais de Catalogação na Publicação (CIP)
(Câmara Brasileira do Livro, SP, Brasil)

Direito ambiental do trabalho : apontamentos para uma teoria geral, volume 4 / Guilherme Guimarães Feliciano, Paulo Roberto Lemgruber Ebert, coordenadores. — São Paulo : LTr, 2018.

Vários autores
Bibliografia.

1. Ambiente de trabalho 2. Direito ambiental 3. Direito do trabalho I. Feliciano, Guilherme Guimarães. II. Ebert, Paulo Roberto Lemgruber.

18-16076   CDU-34:331.042

Índice para catálogo sistemático:
1. Direito ambiental do trabalho   34:331.042

Cibele Maria Dias — Bibliotecária — CRB-8/9427

SUMÁRIO

APRESENTAÇÃO
    Guilherme Guimarães Feliciano e Paulo Roberto Lemgruber Ebert 7

SEÇÃO 1
ANÁLISES INTERDISCIPLINARES DE TEMAS AFETOS AO MEIO AMBIENTE DO TRABALHO

DESASTRES INVISÍVEIS E PRÁTICAS DE LUTA. UM OLHAR ANTROPOLÓGICO SOBRE UM CASO DE ATIVISMO ORGANIZADO PELOS TRABALHADORES DO AMIANTO EM OSASCO, SÃO PAULO
    Agata Mazzeo (Itália) 11

AS CONDUTAS CRIMINOSAS DA INDÚSTRIA DO AMIANTO
    Barry I. Castleman (E.U.A.) 21

A HEGEMONIA DA INDIVIDUALIZAÇÃO DA SAÚDE E SEGURANÇA DO TRABALHO NO CAPITALISMO FLEXÍVEL
    Graça Druck e Vitor Filgueiras 41

LA EPIDEMIA DE MESOTELIOMA MALIGNO PLEURAL, DESPUÉS DE MÁS DE 40 AÑOS DE TRANSFERENCIA DEL ASBESTO A MÉXICO
    Guadalupe Aguilar-Madrid, Rosalía Fascinetto Dorantes e Cuauhtémoc Arturo Juárez-Pérez (México) 55

AMIANTO E A DIVISÃO INTERNACIONAL DO RISCO: A FALÁCIA DO USO CONTROLADO
    Fernanda Giannasi 71

AS MUDANÇAS NO MUNDO DO TRABALHO E SUAS REPERCUSSÕES SOBRE A SAÚDE DO TRABALHADOR: REVISÃO E TENDÊNCIAS PARA O INÍCIO DO SÉCULO XXI
    Heleno Rodrigues Corrêa Filho 93

CONTRASSENSOS SANITÁRIOS DO CONTROLE VETORIAL DA DENGUE, ZICA E CHICUNGUNYA: ONDE FICA O DIREITO A UM AMBIENTE SAUDÁVEL?
    Lia Giraldo da Silva Augusto, Finn Diderichsen (Dinamarca) e Solange Laurentino dos Santos 127

REESTRUTURAÇÕES E PRESSÃO POR METAS DE PRODUÇÃO: UMA BREVE ARQUITETURA DA SUJEIÇÃO E DO ASSÉDIO LABORAL
    Margarida Barreto e Roberto Heloani 133

ENERGIA NUCLEAR: SAÚDE E DIREITO DOS TRABALHADORES
    Maria Vera Cruz de Oliveira Castellano 139

A POSSIBILIDADE DE TORNAR REAL A UTOPIA DO TRABALHO SAUDÁVEL, SOB A PERSPECTIVA DO "PRINCÍPIO ESPERANÇA", DE ERNST BLOCH (1885-1977)
    René Mendes 147

Seção 2
Análises jurídicas de temas afetos ao meio ambiente do trabalho

O meio ambiente do trabalho nas prisões sob custódia. O olhar sobre os agentes penitenciários: encarcerados sem penas pelo estado infrator
Alessandro Santos de Miranda 163

A responsabilidade por danos labor-ambientais no setor automobilístico
Andrea da Rocha Carvalho Gondim 177

Sobrejornada e meio ambiente do trabalho: princípio da insignificância ou bagatela?
Gisele Santos Fernandes Góes 189

Amianto, meio ambiente do trabalho e responsabilidade civil do empregador
Guilherme Guimarães Feliciano e Olívia de Quintana Figueiredo Pasqualeto 197

Empregados sujeitos a radiações ionizantes em hospitais
José Affonso Dallegrave Neto 211

A substituição do agente químico amianto nos ambientes de trabalho
Marcia Cristina Kamei Lopez Aliaga e Luciano Lima Leivas 239

Poluição labor-ambiental. Aportes jurídicos gerais
Ney Stany Morais Maranhão 249

Assédio moral organizacional: a gestão degradante como poluição do meio ambiente do trabalho
Paulo Roberto Lemgruber Ebert 259

APRESENTAÇÃO

A série "*Direito Ambiental do Trabalho*" chega ao seu quarto volume com grande parte de seu objetivo cumprido, qual seja, o de oferecer os apontamentos gerais para a construção de uma teoria geral do Direito Ambiental do Trabalho. Já estamos bem perto disto, como perceberá o leitor.

De fato, se o primeiro volume da série, lançado em 2013, teve por preocupação central o delineamento dos conceitos-chave a integrarem o subsistema jurídico labor-ambiental — com especial destaque para o caráter sistêmico da organização dos fatores de produção e da centralidade das noções de *poluição, risco, prevenção e precaução* —, os dois volumes seguintes da coleção, lançados em 2015 e 2017, respectivamente, aprofundaram ainda mais tais conceitos, notadamente pela excelente repercussão de artigos da autoria de renomados especialistas nos diversos temas abordados.

Pois bem. Ao cabo dos oitenta e três artigos que integram os três volumes anteriores, é possível vislumbrar, com clareza, os vetores teóricos a definirem os sete grandes eixos que devem compor a teoria geral do Direito Ambiental do Trabalho, a saber, (i) a sua dimensão propedêutica (*i.e.*, o conceito de meio ambiente do trabalho), (ii) a sua dimensão jusfundamental (*i.e.*, a ancoragem constitucional da questão labor-ambiental), (iii) a sua dimensão preventiva (ou preventivo-precaucional); (iv) a sua dimensão repressiva; (v) a sua dimensão reparatória; (vi) a sua dimensão instrumental (com ênfase nuclear para o conceito de *poluição*); e (vii) a sua dimensão transversal (*i.e.*, a interdependência entre o Direito Ambiental do Trabalho e as ciências afins). Esta última, em especial, mereceu cuidadoso enfoque no presente volume, notadamente quanto às implicações diversas da exposição laboral ao *amianto*.

A par disso, os valorosos trabalhos produzidos entre 2013 e 2017 aproximaram nossos leitores de uma série de casos notáveis analisados à luz daqueles sete eixos temáticos, sempre atentos à necessária visão interdisciplinar do Direito Ambiental do Trabalho, derivada da própria transversalidade ínsita ao Direito do Meio Ambiente.

O quarto volume da coleção, portanto, parte das premissas teóricas fixadas nos volumes que o antecederam, não apenas para consolidá-las ainda mais, como também para desdobrá-los em perspectiva pragmática, descortinando diversos objetos atuais e relevantes do Direito Ambiental do Trabalho: poluição labor-ambiental, assédio organizacional, amianto e derivações, energia nuclear, SST em ambientes carcerários etc.

Sob essa diretriz, os organizadores convidaram, para o presente volume, renomados especialistas das áreas da Antropologia, da Engenharia, da Medicina, da Psicologia e da Sociologia, como também profissionais destacados da área do Direito — advogados, juízes, auditores, membros do Ministério Público — cada qual discorrendo sobre o principal elemento de seus estudos acadêmicos e/ou de sua atuação profissional, de modo a confirmar um riquíssimo caleidoscópio interdisciplinar, abrangente de velhos e novos temas relacionados ao meio ambiente do trabalho (muitos dos quais, diga-se logo, inéditos no âmbito desta coleção). O resultado de tal encontro não poderia ser melhor. Em um singelo volume, o leitor disporá de um vastíssimo repositório de informações científicas — *inclusive* jurídicas — que lançam novas e instigantes luzes sobre questões capitais do espectro labor-ambiental.

Com este volume quarto, portanto, a coleção "*Direito Ambiental do Trabalho*" consolida-se como a mais longeva coletânea de SST no mercado editorial brasileiro e se aproxima ainda mais do objetivo que vislumbrávamos desde o início: o de servir como plataforma de pouso e decolagem para todos aqueles estudiosos que se aventuram a explorar o instigante e amplíssimo universo do meio ambiente do trabalho.

Stephen Hawking, de recente partida e eterna memória, afirmou alhures que as grandes conquistas da humanidade foram obtidas com o diálogo, enquanto que as grandes falhas deveram-se justamente à falta dele. Este é, talvez, o nosso maior desafio: dialogar sobre o novo — e sobre o não tão novo —, e fazê-lo com um novo olhar, sem preconceitos ou temores. Aventure-se conosco.

Boa leitura!

São Paulo, 1º de março de 2018.

Guilherme Guimarães Feliciano
Professor Associado II do Departamento de Direito do Trabalho e da Seguridade Social da Faculdade de Direito da Universidade de São Paulo.
Presidente da Associação Nacional dos Magistrados da Justiça do Trabalho (2017-2019).
Juiz Titular da 1ª Vara do Trabalho de Taubaté/SP.

Paulo Roberto Lemgruber Ebert
Doutor em Direito do Trabalho e da Seguridade Social pela Faculdade de Direito da Universidade de São Paulo.
Especialista em Direito Constitucional pela Universidade de Brasília.
Advogado.

SEÇÃO 1

ANÁLISES INTERDISCIPLINARES DE TEMAS AFETOS AO MEIO AMBIENTE DO TRABALHO

DESASTRES INVISÍVEIS E PRÁTICAS DE LUTA. UM OLHAR ANTROPOLÓGICO SOBRE UM CASO DE ATIVISMO ORGANIZADO PELOS TRABALHADORES DO AMIANTO EM OSASCO, SÃO PAULO

Agata Mazzeo(*)

1 INTRODUÇÃO

Os desastres ambientais, sociais e pessoais causados pela exposição ao amianto são lentos, invisíveis e silenciosos, por várias razões. A minha investigação centra-se nas razões relacionadas à doença e/ou ao risco de contrair uma doença causada pela exposição às cancerígenas fibras de amianto. As doenças relacionadas ao amianto são caracterizadas por um longo período de latência. Esse fator dificulta (se não impossibilita) reconstruir precisamente a história de uma exposição ao pó de amianto e, por conseguinte, determinar uma precisa relação de causa-efeito entre a exposição e o aparecimento de uma doença por ela causada. Além disso, em diferentes contextos históricos e sociais, os *lobbies* do amianto negaram e continuam a negar o sofrimento social e pessoal causado por tais desastres. Contudo, apesar de uma invisibilidade construída, em diferentes contextos geopolíticos, os atores sociais contaminados e/ou envolvidos nessas experiências de sofrimento, estão empreendendo práticas para finalmente tornar visíveis e mudar as dinâmicas dos desastres dos quais eles são vítimas.

O presente ensaio discute dados coletados durante um trabalho de campo etnográfico de dez meses, articulado em duas fases (entre agosto de 2014 e outubro de 2015) e conduzido na cidade de Osasco (Grande São Paulo). O objeto de pesquisa foi fundamentado nas práticas de luta empreendidas pelos ativistas da ABREA-Associação Brasileira dos Expostos ao Amianto, composta, em sua maioria, por ex-trabalhadores da fábrica local Eternit, aberta no ano de 1941, fechada em 1993 e demolida em 1995 (IBAS 2012).

O estudo antropológico no qual a pesquisa conduzida no Brasil está baseada inicia-se com uma investigação, em 2009, com uma experiência da doença causada pela exposição ambiental às fibras de amianto dispersas a partir de uma fábrica de fibrocimento, a Fibronit, ativa de 1935 a 1986 e localizada na cidade de Bari, capital da região da Puglia (Itália). Posteriormente, em 2012, um segundo estudo foi realizado em Casale Monferrato (Alessandria), na região de Piemonte. Naquela ocasião, a pesquisa teve como foco principal a mobilização civil organizada pelas vítimas da poluição de amianto causada pela maior fábrica de fibrocimento da Europa de propriedade da empresa multinacional Eternit, ativa de 1906 a 1986, e situada em Casale Monferrato. O envolvimento sociopolítico das vítimas, dos familiares

---
(*) Doutoranda em Antropologia na Universidade de Bolonha (Itália).

de pessoas que morreram em decorrência de doenças relacionadas à exposição ao amianto e dos cidadãos expostos, foi interpretado como um processo que teve origem na experiência subjetiva do sofrimento vivido com o seu próprio corpo e determinado pelas dinâmicas políticas envolvidas no processamento do amianto.

No Brasil, as questões relacionadas a tal mineral levantam problemáticas de caráter político, econômico, social e de saúde pública muito complexas (Castro *et al.* 2003). Além de ser um país onde ainda se processa o amianto, de fato, o Brasil é também um dos maiores países produtores de amianto. Pertence ao estado de Goiás a terceira mina de amianto crisotila do mundo (Locca 2011).

No âmbito de um projeto com o objetivo de conduzir uma etnografia multissituada (Marcus 1995), a decisão de prosseguir os estudos em Osasco foi baseada na consideração das profundas conexões histórico-sociais e culturais existentes entre Osasco (Brasil) e Casale Monferrato (Itália).

Assim como os desastres causados pela laboração do amianto seguem trajetórias transnacionais, as formas de ativismo surgidas como práticas de resistência e reação a estes assumem também uma dimensão que supera as fronteiras nacionais. No caminho da minha formação acadêmica, contingências e experiências de vida me conduziram a escolher a trajetória que conecte Casale Monferrato e Osasco, mas permanece a consciência de que essa representa só uma das muitas conexões que atravessam as diversas questões relacionadas ao amianto no contexto global.

2 DESASTRES INVISÍVEIS

O amianto é um mineral que era, e ainda é, amplamente utilizado, especialmente na indústria da construção civil, por suas características físicas, principalmente à resistência ao fogo e à capacidade de combinar-se com outras matérias-primas por sua natureza fibrosa (Assennato 2003).

As fibras que o compõem, no entanto, são altamente cancerígenas e podem causar, quando inaladas, doenças respiratórias e vários tipos de câncer, incluindo o mesotelioma maligno, patologia fatal relacionada especificamente à exposição ao mineral, podendo aparecer até trinta anos após o primeiro contato (Musti 2009; Raile e Markowitz 2011).

As fibras de amianto, de fato, podem ser facilmente inaladas e, graças ao seu tamanho microscópico e a sua forma de gancho, podem ficar muito tempo nos pulmões e nas membranas que cobrem os órgãos vitais e causar, ao longo do tempo, doenças fatais. Até hoje, as doenças relacionadas ao amianto reconhecidas pela ciência biomédica são asbestose, câncer de pulmão, laringe e ovário, e o mesotelioma maligno (INAIL 2015). Este último é um câncer mortal com uma expectativa de vida no momento do diagnóstico de 9 meses (INAIL 2015).

No mundo, mais de 107 mil pessoas morrem a cada ano por causa do amianto e mais de 125 milhões ainda estão expostas nos locais de trabalho (WHO 2010). Os primeiros estudos médicos que analisaram a carcinogenicidade das fibras de amianto remontam à segunda metade dos anos sessenta, quando o grupo de trabalho do Dr. Irving Selikoff investigou a relação entre a exposição às fibras de amianto e o aparecimento do mesotelioma maligno, com base na observação de casos que ocorreram entre os residentes de uma área próxima a uma mina de amianto na África do Sul (Selikoff *et al.* 1965). Contudo, apesar das descobertas e do número crescente de mortes relacionadas à exposição ao amianto, existe uma parte, mesmo que mínima, de expoentes do saber biomédico, afirmando que seria possível o uso controlado de alguns tipos de minerais de amianto sem ameaças à saúde dos trabalhadores e dos cidadãos (Marsili *et al.* 2016; Terracini e Mirabelli 2016). Os discursos e as categorias biomédicas elaborados por estes cientistas relevam o carácter contingente e não absoluto dos paradigmas científicos (Kuhn 1995) e comprovam como o sistema cultural representando pelo saber biomédico (Kleinman 1980) entrelaça-se com as forças de poder geralmente consideradas externas a ele, sendo o conhecimento biomédico comumente concebido como um saber estrito científico e, por isso, neutral e objetivo.

Em ocasião do maior e primeiro julgamento contra uma multinacional do cimento-amianto acusada de desastre ambiental em razão dos números de mortes e casos de doenças registrados na cidade de Casale Monferrato, procuradores e advogados analisaram documentos comprobatórios de que os *lobbies* do amianto, atuando no cenário internacional, exerceram um verdadeiro controle sobre a produção de conhecimento e sobre a comunicação dos riscos relacionados à exposição ao amianto, já conhecidos pelo menos desde a metade dos anos sessenta (Rossi 2012).

Além disso, nos lugares onde a economia relacionada ao amianto era particularmente forte, qualquer forma de conscientização entre os trabalhadores e os cidadãos expostos era impedida por meio de práticas de negação do risco

(Rossi 2012). Por exemplo, referindo-me às narrativas dos meus colaboradores de pesquisa, na Itália e no Brasil, era práxis comum que os trabalhadores que mostrassem os primeiros sintomas de doenças relacionadas ao amianto fossem imediatamente transferidos para outros departamentos ou demitidos, de modo que os colegas de trabalho não soubessem o que estava acontecendo e não levantassem suspeita. Por exemplo, na Itália quando uma pessoa morre, é costume colocar cartazes funerais na frente dos lugares mais significativos da vida do falecido. Em Casale Monferrato, era proibido colocar esses cartazes na frente dos portões da fábrica para evitar a divulgação das notícias das mortes entre os trabalhadores.

A comunicação do sofrimento que estava já sendo causado devia ser proibida e limitada (Rossi 2008, 2012). Igualmente, apesar de os trabalhadores serem submetidos a exames médicos periódicos nas fábricas, estas visitas médicas não revelavam nenhuma alteração fisiológica por causa da exposição ao amianto, mesmo na presença de sintomas. Além disso, os resultados desses testes não eram entregues para os trabalhadores, os quais não recebiam nenhuma declaração escrita. A comunicação sobre o estado de saúde dos trabalhadores era controlada pelos empregadores, os quais não tinham nenhum interesse em divulgar as informações de forma clara e detalhada. Além disso, os gerentes das fábricas nos contextos locais, colocando em prática as disposições elaboradas aos níveis superiores de gerência das empresas multinacionais, promoviam ações destinadas a criar um sentimento de confiança por parte dos trabalhadores e da comunidade local no que diz respeito aos empregadores (Rossi 2008, 2012; Waldman 2011; Boholm 2003).

Durante o trabalho de campo na Itália como no Brasil, os colaboradores da pesquisa narraram que o salário que era possível ganhar trabalhando nas fábricas de cimento-amianto era mais elevado daquele que se poderia ganhar em outras fábricas. Além disso, eram oferecidos benefícios sociais e materiais como, por exemplo, bolsas de estudo e viagens para os filhos dos trabalhadores (na Itália), seguro de saúde privado (no Brasil), oportunidades de confraternização em ocasião de festas (na Itália e no Brasil). É evidente que tais práticas fossem promovidas para aumentar a confiança dos trabalhadores e dos seus familiares em relação aos empregadores. Tais hábitos, reforçando a ideia de que a fábrica representava um lugar seguro e o trabalho pudesse garantir um bem-estar econômico e uma dignidade social (Waldman 2011), tornavam os trabalhadores particularmente dependentes da empresa, não só por um ponto de vista econômico, mas também psicológico e emotivo, por essa razão, eles eram dificilmente inclinados a elaborar qualquer crítica ou questionar as condições de trabalho na fábrica.

Ulrich Beck nas páginas de abertura de *A Sociedade do Risco* (1992), introduz o tema da invisibilidade dos riscos inerentes à contemporaneidade. Há eventos cujos agentes destrutivos ou fatais podem ser quase completamente imperceptíveis, mas isso não significa que as consequências deles sejam menos graves (Ligi 2009). Contudo, eles podem levar a uma situação que pode ser descrita, às vezes, como um desastre. Este é o caso de alguns tipos de contaminação, como aquela determinada pela exposição às fibras de amianto dispersas no ar. Na minha pesquisa, refiro-me às contribuições dos estudos antropológicos sobre os desastres ambientais (Oliver-Smith e Hoffman 1999; Ligi 2009; Das 1995; Petrina 2002) e, em particular, determinados pelo processamento do amianto (Waldman 2011; Broun e Kisting 2006), quando defino as consequências dessa poluição em termos de desastres, vividos nos corpos das vítimas por meio da experiência das doenças e sofridos num nível privado e social. No estudo dos contextos urbanos contaminados pela poluição de amianto, considerando as peculiaridades que os caracterizam e diferenciam, achei dinâmicas de invisibilidade dos riscos e de uma nova concepção do espaço e do tempo que são próprias dos riscos — e perigos (Douglas e Wildavsky) — que afetam a sociedade contemporânea assim como é discutido, entre outros, por Bauman (2001) e por Beck, juntamente com o Giddens e o Lash, em *Modernização Reflexiva. Política, Tradição e Estética* (1997).

Por exemplo, em primeiro lugar, as fibras de amianto, fatores cancerígenos, são invisíveis e podem ser inaladas sem alguma percepção. Em segundo lugar, os *lobbies* do amianto têm promovido estratégias a fim de impedir a elaboração de uma percepção do risco entre os trabalhadores expostos. Consequentemente, a mesma situação de risco e o consequente desastre, tornou-se invisível enquanto não percebida (Slovic 2010). Em terceiro lugar, a fácil dispersão das fibras tem determinado uma disseminação dos desastres causados pelo processamento do amianto além dos limites da fábrica: cidadãos que nunca tinham trabalhado com o amianto têm sido contaminados por uma exposição ambiental e/ou doméstica.

Enfim, o longo período de latência do mesotelioma maligno, que pode aparecer após trinta anos da primeira exposição (Musti *et al.* 2009), influencia a experiência subjetiva do risco e do desastre, perceptível nos seus efeitos somente depois que a fonte de perigo se distanciou no tempo e no espaço. Todos estes fatores, e a confiança construída e mantida por meio das estratégias acima mencionadas, determinaram uma total ausência da percepção do risco, apesar de, por exemplo, os ambientes de trabalho estarem visivelmente cheios de poeira. Em Casale Monferrato e atualmente em Osasco, onde foi mais fácil do que em Bari reconstruir as condições de trabalho nas fábricas, consideradas as histórias de vida dos colaboradores da pesquisa, a maioria dos quais ex-trabalhadores e seus familiares, foi constatado que a presença de poeira não era absolutamente percebida como sinal de perigo, e que estar cercado pelo amianto era considerado normal e tão grande era a confiança nos empregadores que garantiam a segurança do trabalho (Boholm 2003).

Definir e comunicar um risco implica o desenvolvimento de uma nova visão sobre o mundo circundante, que pode se tornar um lugar não seguro e fonte de ameaça (Parkhill *et al.* 2010) para a própria vida e a dos entes queridos. Contudo, a capacidade de reconhecer o perigo representado por uma situação de risco e as causas da própria condição de sofrimento, podem trazer uma legitimidade para as ações empreendidas pelas vítimas de tal sofrimento as quais, desta forma, tornam-se empoderadas nas suas experiências e podem aspirar a alcançar direitos, anteriormente negados, à saúde, às condições dignas de trabalho e de vida em ambientes saudáveis. Além disso, formas de compensação pelas injustiças sofridas podem ser obtidas por meio da prática de novas formas de cidadania baseada no reconhecimento de uma expressão biológica de um mal-estar tanto privado quanto social (Rabinow 1992; Petryna 2002; Rose 2007).

Nos próximos parágrafos, serão discutidas as práticas pelas quais, a partir de um conhecimento adquirido, principalmente por meio de um sofrimento corpóreo relacionado à laboração industrial do amianto, novos direitos de cidadania, cidadania biológica (Petryna 2002) e formas de justiça podem ser alcançados graças a uma mobilização civil organizada pelas mesmas vítimas de uma violência invisível e legitimada.

3 CONTEXTO DE PESQUISA

A cidade de Osasco, de acordo com a história oficial local, foi fundada por Antonio Agù, originário de Osasco, uma pequena cidade italiana situada na região de Piemonte, justamente a poucos quilômetros de Casale Monferrato. Na historiografia produzida localmente, a figura de Antonio Agù, imigrado no Brasil em 1872 (Rocha Negrelli e Collino de Oliveira 2003:24), é comemorada quase como se fosse uma lenda; nesse respeito refere-se por exemplo a Sanazar (2000). Ele é lembrado como aquele que criou a cidade, financiando a construção da primeira estação ferroviária e envolvido na fundação da primeira fábrica de Osasco, a Companhia Cerâmica Industrial de Osasco (Collino de Oliveira e Rocha Negrelli 1992:79). Ele comprou as terras perto da Estrada de Ferro, que depois vendeu especialmente aos imigrantes de origem italiana, primeiramente famílias do Piemonte (Rocha Negrelli e Collino de Oliveira 2003:24-25). Efetivamente, a comunidade de descendência italiana de Osasco, bem como em todo o estado de São Paulo, ainda é muito grande.

Osasco teve um papel crucial no desenvolvimento econômico, demográfico e social na região paulista, representando o bairro industrial da cidade de São Paulo, à qual pertenceu de forma administrativa e governativa até 1962, ano da emancipação alcançada por meio de eleições democráticas. Durante a época de fervo da industrialização experimentada pelo Brasil, particularmente entre os anos quarenta e sessenta (Giannotti 2007), muitas empresas nacionais e multinacionais escolheram a cidade de Osasco para sediar as suas fábricas, assim tornando-a um polo atrativo muito forte pelos fluxos migratórios e pelo capital econômico.

Juntamente com os homens e as mulheres fugindo da fome e da miséria com o objetivo de melhorar as próprias condições de vida, chegaram em Osasco também ideias, costumes e valores que contribuíram para animar o cenário cultural, social e político da cidade, que se tornou um exemplo pulsante da variedade que caracteriza o contexto brasileiro em todos os seus aspectos até hoje. Considerados os fins deste ensaio, focaliza-se a atenção sobre a vividez política que caracterizou o contexto local com suas histórias de lutas empreendidas pelos trabalhadores, estudantes e outros atores sociais até mesmo nos anos mais escuros do período da ditadura militar (Antunes e Ridenti 2007).

Particularmente marcante no cenário político local e nacional, foram os acontecimentos do ano de 1968, quando, juntamente com a cidade de Contagem (Minas Gerais), foi organizada em Osasco uma das maiores greves no Brasil na época do regime e que reuniram à luta estudantes e trabalhadores (de Oliveira Rovai 2009). No dia 17 de julho de 1968, os trabalhadores das maiores fábricas da cidade, incluindo também os da Eternit, organizados pelo Sindicato dos Metalúrgicos (Antunes e Ridenti 2007), reuniram-se depois de meses de *"trabalho duro de agitação social e propaganda política a respeito das más condições de trabalho, da redução dos salários e do alto custo de vida"* (Bauer 2010). Junto com o movimento estudantil e com as correntes mais radicais do movimento católico de esquerda, particularmente aquelas influenciadas pela teologia da libertação (Rowland 2007) e pela pedagogia de Freire (1974), organizaram-se também ações de guerrilha e luta armada contra o regime ditatorial, em clara oposição às estratégias populistas adotadas pelas organizações sindicais reconhecidas pelo governo (Bauer 2010), cujos representantes eram considerados *pelegos*, ou seja defensores dos interesses do Estado e das empresas, e não dos direitos dos trabalhadores e dos cidadãos (Antunes e Ridenti 2007: 81).

A novidade das greves de Osasco e Contagem reside no papel central desempenhado pelos trabalhadores na gestão da luta, com a ocupação das fábricas e a tomada de controle das atividades produtivas (Bauer 2010), bem como na atividade assídua de conscientização (Freire 1974) dos grupos mais marginalizados e vulneráveis da população. A repressão pelo regime foi violenta e dura: mortes, sequestros, detenções arbitrárias e torturas foram sofridos pelos trabalhadores, estudantes, homens e mulheres que ousaram expressar sua discordância com o regime ditatorial (Bauer 2010). Os traços de tais histórias de lutas e reivindicações de direitos são perceptíveis no perfil político e social que ainda caracteriza a realidade de Osasco e é exatamente neste particular tecido social, econômico e político que o ativismo organizado pelos trabalhadores expostos ao amianto é enraizado e deu seus primeiros passos.

4 PRÁTICAS DE LUTA

Quando uma situação de desastre afeta os corpos daqueles que estão expostos e ameaça o mundo afetivo e social deles, uma forma de conhecimento pode surgir a partir de uma experiência direta de sofrimento em termos de doença, risco de contrair uma doença e luto pelo falecimento de uma pessoa amada. A forma de saber que pode emergir dessa condição de sofrimento e que é, ao mesmo tempo, uma forma de poder (Foucault e Gordon 1980), pode promover práticas com uma relevância sociopolítica. As experiências dos desastres são consideradas em termos de extrema crise do mundo cotidiano dos atores sociais contaminados pelo amianto e/ou afetados pelo sofrimento a isso relacionado. Tal experiência de crise pode favorecer o desenvolvimento de novas práticas e significados para reconstruir o mundo destruído e resultar em uma ação no mundo como novos atores sociais, promovendo mudanças no contexto sociopolítico circundante. É a partir desta perspectiva que o ativismo organizado pela ABREA é considerado.

Os meus estudos se colocam no âmbito da antropologia da saúde e do corpo e afastam-se de uma leitura dos processos históricos e sociais como conjuntos de práticas corporais empreendidas pelos atores sociais, corpos, em uma relação de troca mútua com o contexto em que eles agem e do qual emergem. Neste sentido, refiro-me aos antropólogos da chamada antropologia crítica da saúde, em particular ao paradigma da incorporação elaborado para Thomas Csordas (1990) e à teoria dos três corpos proposta para Scheper-Hughes e Lock (1987). O quadro teórico de referência cruza a antropologia, a sociologia, a filosofia e a epidemiologia. Entre outros, refiro-me aos estudos sociológicos sobre os movimentos sociais emergidos a partir de uma condição corporal de sofrimento (Brown e Zavestoski 2004; Brown *et al.* 2004), à abordagem foucaultiana a respeito das relações entre corpo, poder e saber (Foucault e Gordon 1980), e às contribuições antropológicas sobre a dimensão cultural da categoria de risco e de desastre (Oliver-Smith e Hoffman 1999; Ligi 2009; Das 1995; Petrina 2002). Nesse último tópico são discutidas as práticas por meio das quais as pessoas—vítimas—que sofrem por causa dos efeitos da exposição ao amianto, podem entrar no processo de negociação que leva à definição de uma situação de desastre e ao reconhecimento de um sofrimento tanto privado quanto coletivo. Desta maneira, as vítimas, mobilizando-se numa forma organizada de ativismo, acessam os processos de produção de novo conhecimento e alcançam objetivos de justiça social e ambiental (Hobson 2003, Acselrad *et al.* 2004).

Em 1995, um grupo de trabalhadores expostos ao amianto fundou em Osasco a ABREA-Associação Brasileira dos Expostos ao Amianto. Nessa organização não governamental (ONG), além dos trabalhadores empregados na fábrica de fibrocimento Eternit, confluíram trabalhadores da Brasilit de São Caetano do Sul, da Lonaflex de Osasco, da Permatex de Leme, da Asberit/Teadit e da Eterbras do Rio de Janeiro (Giannasi 2002). Naquela época, esse grupo de pessoas, quase em sua totalidade homens, começou a perceber e a experimentar por meio de seus próprios corpos os sintomas de doenças relacionadas ao amianto (DRAs), contraídas décadas antes, enquanto trabalhavam expostos ao amianto no local de trabalho.

A partir de uma experiência direta de um sofrimento tanto privado quanto social, os trabalhadores começaram a reunir-se e, por meio de uma mobilização de forças diferentes, desenvolveram um conhecimento que, ao longo das últimas duas décadas, deu-lhes poder como atores sociais envolvidos ativamente nos processos de tomada de decisão sobre questões relacionadas ao amianto no contexto local, nacional e transnacional.

Os primeiros passos do ativismo iniciaram quando os trabalhadores começaram a perceber uma certa discrepância entre as declarações dos certificados emitidos por ocasião do exame médico no final do contrato de trabalho e as efetivas condições de saúde dos trabalhadores. Constatou-se que os certificados emitidos pelos médicos da fábrica declaravam a ausência de qualquer doença, enquanto que outros médicos consultados após e por própria iniciativa, atestavam a presença de doenças relacionadas ao amianto, especialmente asbestose e placas pleurais. Apesar da pequena disponibilidade de dados epidemiológicos sobre as mortes e os casos de doenças relacionadas ao amianto, como frequentemente acontece nos países onde o uso do amianto é ainda legal (Pasetto *et al.* 2014), a luta da ABREA é legitimada, entre outros, por uma evidência epidemiológica do sofrimento causado pela manipulação do amianto. Tal evidência representa um dos objetivos alcançados pelos ativistas, os quais, promovendo exames biomédicos entre ex-trabalhadores e pessoas expostas, conseguiram demonstrar a presença de uma verdadeira epidemia de doenças relacionadas ao amianto em Osasco (Giannasi e Thébaud-Mony 1997). Nesse sentido, fundamental é o diálogo que a ABREA está construindo há mais de vinte anos com profissionais biomédicos de instituições públicas, sensíveis às problemáticas de saúde relacionadas à exposição ocupacional e/ou ambiental ao amianto. A evidência epidemiológica legitima a mobilização e, ao mesmo tempo, os "casos" fornecidos voluntariamente pelos ativistas que fazem dos seus próprios corpos um instrumento de luta, incrementam o conhecimento biomédico e epidemiológico sobre os efeitos da exposição ambiental e/ou ocupacional ao amianto (a respeito de estudos produzidos localmente nesse âmbito refere-se, por exemplo, a Algranti *et al.* 2001, Raile 2008 e Raile e Markovitz 2011).

Na prática cotidiana das próprias experiências de desastre e, ao mesmo tempo, de comprometimento civil, os ativistas da ABREA, também vítimas de doenças relacionadas ao amianto (DRAs) e/ou de uma perda de um próprio ente por causa de uma DRA, aderem à luta e usam o próprio corpo e a imagem dos corpos daqueles falecidos para tornar visível o seu próprio sofrimento e alertar sobre os riscos que a exposição ao amianto comporta à saúde e conscientizar a população geral.

As práticas de conscientização empreendidas pelos ativistas são finalizadas com o intuito de sensibilizar a população em geral sobre os perigos da exposição ao amianto, de alcançar o banimento do amianto em todo o mundo, de obter a neutralização dos sítios contaminados e o reconhecimento do sofrimento das pessoas expostas. No *website* da associação podem ser lidos os principais objetivos a serem alcançados, ou seja: tornar visíveis os desastres "invisíveis" causados pela exposição ao amianto; estimular exames biomédicos entre as pessoas expostas ao pó de amianto; tomar medidas legais contra as corporações do fibrocimento; sensibilizar os trabalhadores e os cidadãos sobre os perigos da inalação das fibras de amianto; por fim, lutar pelo banimento do amianto em todo o território brasileiro. Desta forma, os riscos/perigos e o sofrimento social e privado a eles relacionados, podem tornar-se visíveis e, consequentemente, podem ser enfrentados pelas vítimas que assim podem participar ativamente no processo de negociação que condiciona as suas próprias existências.

A ABREA coloca-se no contexto local, nacional e internacional de luta pelo banimento do amianto e pelo reconhecimento do sofrimento gerado em consequência do uso industrial do cancerígeno minério. Como referência crucial no contexto brasileiro, durante o trabalho de campo, foi possível observar as relações de empoderamento recíproco, suporte e colaboração que a ABREA de Osasco mantém, por exemplo, com a ABREA do Rio de Janeiro-RJ, a ABEA — Associação Baiana dos Expostos ao Amianto de Poções-BA e Simões Filho-BA, a APREA — Associação Paranaense dos Expostos ao Amianto de Curitiba-PR e com a APEA — Associação Pernambucana dos Expostos ao Amianto de Recife-PE. Além disso, no mais amplo cenário do continente latino-americano, a ABREA coordena a Rede Virtual-Cidadã pelo Banimento do Amianto para a América Latina. As relações com outras organizações e entidades ativas na mobilização de denúncia do sofrimento causado pela produção e laboração de amianto representam imprescindíveis estratégias de luta no contexto global, onde as vítimas tornam-se empoderadas por meio dos vínculos transnacionais que as organizações, atuando no contexto local, constroem num nível internacional.

Não é um caso fortuito que no *website* da ABREA se possa ler que *"o desenvolvimento do movimento brasileiro contra o amianto tem sido possível graças à recente onda de novos movimentos sociais internacionais que pensam localmente e agem globalmente"*. Nesse respeito, de acordo com estudos sobre o papel dos meios informáticos nas experiências e práticas dos movimentos sociais da nossa época (Thomsen *et al.* 1998; De Rosa e Di Feliciantonio 2013), o uso da Internet e das redes sociais incrementou sensivelmente a rapidez e a facilidade desses tipos de relações entre atores sociais que se mobilizam em contextos diferentes, a partir de condições de desastres provocados por uma causa comum e visando os mesmos objetivos.

Os ativistas da ABREA, em sua maioria ex-trabalhadores aposentados e com mínima ou inexistente familiaridade com a máquina-computador, são constantemente ajudados pelos ativistas mais familiarizados no uso da tecnologia da informação, permitindo assim o conhecimento das noções básicas para navegar na *Internet* e para usar as redes sociais, de modo que possam ser mais rapidamente informados sobre a luta que acontece e de suas repercussões num contexto mais amplo daquele local.

Baseando-me nos dados emergidos pelos estudos etnográficos conduzidos na Itália e no Brasil, o sofrimento de homens e mulheres envolvidos nas diferentes experiências dos desastres provocados pela economia e pela política do amianto (Waldman 2011) é dificilmente superável e permanece num nível privado de experiência. Ao mesmo tempo, cada um dos ativistas encontrados teve as suas próprias razões privadas para participar das diversas formas de mobilização, além, e às vezes em ausência, de uma consciência da relevância política das ações empreendidas. Contudo, as repercussões do compromisso civil de cada ator social envolvido nas práticas de luta investigadas são e podem ser extremamente significativas no contexto público e social, tanto local quanto global.

5 CONCLUSÕES

Neste ensaio, foi proposta uma reflexão sobre a dimensão processual e cultural dos discursos, das práticas e das estratégias políticas que levam a definir e gerenciar uma situação de desastre e, ao mesmo tempo, de ativismo sociopolítico relacionado a uma situação de crise provocada por desastres causados pela laboração do amianto. Os dados etnográficos apresentados foram incluídos no quadro teórico que atravessa as contribuições da sociologia e da antropologia sobre o sofrimento, as experiências do corpo, riscos e desastres.

Foram discutidas as experiências de luta civil contra o uso do amianto, cancerígeno minério ainda utilizado e/ou extraído em muitos países entre os quais China, Índia e Rússia (Iocca 2011). De fato, o amianto foi proibido apenas em 68 países no mundo e no Brasil são oito os Estados que o proibiram: Mato Grosso, São Paulo, Rio Grande do Sul, Rio de Janeiro, Pernambuco, Minas Gerais, Amazonas e Santa Catarina (Giannasi 2015). Com a Lei Complementar n. 90 do 13 de dezembro 2000, a cidade de Osasco está entre os primeiros municípios brasileiros a banir o uso do amianto (Giannasi 2002). Essa lei pode ser razoavelmente incluída entre os objetivos alcançados pela ABREA no seu caminho de luta.

O ativismo organizado pelos trabalhadores expostos ao amianto em Osasco, juntamente com seus familiares e outros atores sociais diferentemente envolvidos nas práticas de mobilização civil e de conscientização sobre os riscos relacionados à exposição ao amianto, mostra um exemplo de como uma condição de sofrimento privado e social pode promover ações que, a partir do âmbito privado e baseadas em razões afetivas e práticas ligadas ao mundo de cada um, no âmbito público, favorecidas por determinadas circunstâncias e contingências, possam ser estrategicamente direcionadas para alcançar objetivos que interessem direitos e formas de justiça por toda uma comunidade num contexto tanto local quanto global.

6 REFERÊNCIAS BIBLIOGRÁFICAS

ACSELRAD, H. S. Herculano e PÁDUA. J.A. *Justiça ambiental e cidadania*. Rio de Janeiro: Relume Dumará, 2004.

ALGRANTI, E., E. M. C. Mendonca, E. M. DeCapitani, J. B. P. Freitas, H. C. Silva e M. A. Bussacos. *Non-malignant Asbestos Related Diseases in Brazilian Asbestos Cement Workers*. American Journal of Industrial Medicine, 2001, 40:240-254.

ANTUNES, Ricardo; RIDENTI. M. *Operários e Estudantes contra a Ditadura: 1968 no Brasil*. São Paulo: Mediações, 2007, 12(2):78-89;

ASSENATO, G. *Studio di Mortalità su una Coorte di Lavoratori Occupati in un'Industria di Cemento Amianto, a Bari*. Bari: Università di Bari. Dipartimento di Medicina Interna e Medicina del Lavoro, 2003.

BAUER, C. Brasil, 1968. *Estudantes, Operários e Guerrilheros Escrevem a História a Contrapelo*. Anais da Sociedade Brasileira de História da Educação, 2003. p. 1-16. <http://sbhe.org.br/novo/congressos/cbhe_2008/pdf/739.pdf>.

BAUMANN, Z. *Modernidade Líquida*. Zahar: Rio de Janeiro, 2001.

BECK, Ulrich. *Un mondo a rischio*. Torino: Einaudi, 2008.

BECK, Ulrich; GIDDENS. A; LASH. S.1997 *Modernização Reflexiva. Política, Tradição e Estética*. São Paulo: Fundação Editora da UNESP, 1997.

BOHOLM, A. *The Cultural Nature of Risk: Can there be an Anthropology of Uncertainty?* Etnos 68(2):159-178, 2003.

BROUN, L.; KISTING, S. *Asbestos-Related Disease in South Africa. The Social Production of an Invisible Epidemic*. American Journal of Public Health 96(8):2-12, 2006.

BROWN, P.; ZAVESTOCKI, S. *Social Movements in Health: An Introduction*. Sociology of Health & Illness 26(6):679-694, 2004.

BROWN, P. et alii. *Embodied Health Movements: Uncharted Territory in Social Movement Research*. Sociology of Health and Illness 26(1):1-31, 2004.

CASTRO, Hermano; GIANNASI, Fernanda; NOVELLO. C. *A Luta pelo Banimento do Amianto nas Américas: Uma Questão de Saúde Pública*. Ciência e Saúde Coletiva 8(4):903.911, 2003.

CSORDAS, T. J. *Embodiment as a Paradigm for Anthropology*. Ethos 18(1):5-47, 1990.

DAS, V. *Critical Events*: An Anthropological Perspective on Contemporary India. Oxford: Oxford University Press, 1995.

DI FELICIANTONIO, C; DE ROSA, S. *Corpi in Rete:* Per una Lettura Trans-scalare dei Movimenti Sociali Transnazionali *In:* AA. VV. *Le Categorie Geografiche di Giorgio Spinelli*. Bologna: Patron, 2003.

DOUGLAS, M.; WILDAVSKI, A. *Risk and Culture. An Essay on Selection of Technological and Environmental Dangers*. Berkeley: University of California Press, 1982.

FOUCAULT, Michel; GORDON, C. *Power/knowledge:* Selected Interviews and Other Writings, 1972-1977. E. Gordon, ed. p. 109-134. New York: Pantheon Books, 1980.

FREIRE, Paulo. *Teoria e Pratica della Liberazione*. Roma: AVE, 1974.

GIANNASI, Fernanda. A Construção de Contrapoderes no Brasil na Luta contra o Amianto: a Globalização por Baixo. *In:* MENDES, René. *Patologia do Trabalho*. Rio de Janeiro: Atheneu, 2002.

GIANNASI, Fernanda; THÉBAUD-MONY, A. *Occupational Exposures to Asbestos in Brazil*. International Journal of Occupational and Environmental Health 3:150-157, 1997.

GIANNOTTI, V. *A História das Lutas dos Trabalhadores no Brasil*. Rio de Janeiro: Mauad X, 2007.

HOBSON, B. *Recognition Struggles and Social Movements. Cultural Claims, Contested Identities, Power and Agency*. Cambridge: Cambridge University Press, 2003.

IBAS — International Ban Asbestos Secretariat. *Eternit and the Great Asbestos Trial*. ALLEN, D. and KAZAN-ALLEN L. eds. London: Justasec Print Services Ltd, 2012.

INAIL — Dipartimento Medicina, Epidemiologia, Igiene del Lavoro e Ambientale. *Il Registro Nazionale dei Mesoteliomi. Quinto Rapporto*, Milano: Tipolitografia INAIL, 2015.

IOCCA, G. *Casale Monferrato: la Polvere che Uccide. Voci dalla Chernobyl Italiana*. Roma: Ediesse, 2011

KLEINMAN, A. *Patients and Healers in the Context of Culture:* An Exploration of the Borderland between Anthropology, Medicine, and Psychiatry. Berkeley: University of California Press, 1980.

KUHN, Thomas. *La struttura delle rivoluzioni scientifiche*. Torino: Einaudi, 1995.

LIGI, G. *Antropologia dei Disastri*. Roma-Bari: Laterza, 2009.

MARCUS, G. E. *Ethnography in/of the World System*: The Emergence of Multi-Sited Ethnography. Annual Review of Anthropology 24:95-117, 1995.

MARSILI, D. et alii. *Prevention of Asbestos-Related Disease in Countries Currently Using Asbestos*. International Journal of Environmental Research and Public Health 13(494):1-19, 2016.

MUSTI, M. A. et alii. *The Relationship between Malignant Mesothelioma and an Asbestos-Cement Plant Environmental Risk:* a Spatial Case-Control Study in the City of Bari (Italy). International Archives of Occupational and Environmental Health 82(4):489-497, 2009.

NEGRELLI, A. L. M. Rocha; OLIVEIRA, N. Collino de. *Osasco e Seus Imigrantes. Uma volta ao Passado*. São Paulo: Scortecci Editora, 2003.

OLIVEIRA, N. Collino de; NEGRELLI, A. L. M. *Osasco e Sua História*. São Paulo: CG Editora, 1992;

OLIVER-SMITH, A.; HOFFMAN, S. M. *The Angry Hearth. Disaster in Anthropological Perspective*. New York: Routledge, 1999.

PARKHILL, K. A. et alii. *From the Familiar to the Extraordinary:* Local Residents' Perceptions of Risk when Living with Nuclear Power in the UK. Transactions of the Institute of British Geographers 35(1):39-58, 2010.

PASETTO, R. B. et alii. *Occupational Burden of Asbestos-related Cancer in Argentina, Brazil, Colombia, and Mexico*. Icahn School of Medicine at Mount Sinai. Annals of Global Health 80:263-268, 2014.

PETRYNA, A. *Life Exposed:* Biological Citizens After Chernobyl. Princeton: Princeton University Press, 2002.

RABINOW, P. *Studies in the Anthropology of Reason*. Anthropology Today 8(5):7-10, 1992.

RAILE, Vilton. *Asbesto y Medio Ambiente no Ocupacional. Presentación de Datos Preliminares de Alteraciones Radiológicas en Cónyuges de Ex Trabajadores de una Industria de Fibrocemento del Municipio de Osasco*. Ciencia &Trabajo 10(28):57-62, 2008.

RAILE, Vilton; MARKOWITZ, S. B. *Enfermedades Pulmonares No Malignas entre Obreros del Cemento-Asbesto en Brasil: un Estudio de Prevalencia*. Ciencia e Trabalho 13(40):65-71, 2011.

ROSE, N. *The Politics of Life itself. Biomedicine, Power, and Subjectivity in the Twenty-First Century*. Princeton: Princeton University Press, 2007.

ROSSI, Gianpiero. *La lana della salamandra. La vera storia della strage dell'amianto a Casale Monferrato*. Roma: Ediesse, 2008.

_____ . *Amianto. Processo alle Fabbriche della Morte*. Milano: Melampo, 2012;

ROVAI. M. G. de Oliveira. *Narrativas femininas sobre o heroísmo masculino: as fronteiras do gênero*. Atos da Conferência Internacional de História. 9-11 Setembro, Maringá (Paraná, Brasil), 2009.

ROWLAND, C. *The Cambridge Companion to Liberation Theology*. Second Edition. Cambridge: Cambridge University Press, 2007.

SANAZAR, H. *Osasco, sua história, sua gente*. Osasco: Gráfica Benfica, 2000.

SCHEPER-HUGHES. N; LOCK. M. *The Mindful Body: A Prolegomenon to Future Work in Medical Anthropology*. Medical Anthropology Quarterly 1(1):6-41, 1987.

SELIKOFF, I. et alii. *Relation between Exposure to Asbestos and Mesothelioma*. New England Journal of Medicine 272(11):560-565, 1965;

SLOVIC, P. *The Psichology of Risk*. Saúde e Sociedade 19(4):731-747, 2010.

TERRACINI, B.; MIRABELLI, D. *Asbestos and Product Defence Science*. International Journal of Epidemiology 0(0): 1–5, 2016.

THOMSEN, S. R. et alii. *Ethnomethodology and the Study of Online Communities:* Exploring the Cyber Streets. Information Research 4(1):4-1, 1998.

WALDMAN, L. *The Politics of Asbestos. Understanding of Risk, Disease, and Protest*. London: Earthscan, 2011.

WORLD HEALTH ORGANIZATION. *2010 Fact Sheet n. 343*, July 2010.

AS CONDUTAS CRIMINOSAS DA INDÚSTRIA DO AMIANTO[(*)]

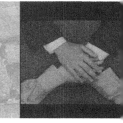

Barry I. Castleman[(**)]

A graduação maior ou menor dos pecadores em razão da maldade de seu caráter indica sempre que o pior homem é o mais perigoso. Isto seria verdade se os homens fossem igualados no que diz respeito às oportunidades para praticar o mal... Mas o fato é que o infrator padrão se encontra confinado às camadas subterrâneas da sociedade... Ele pode assaltar ou molestar, de fato, mas ele não pode trair. Ninguém depende dele para nada, de modo que ele não pode praticar a quebra de confiança, este pecado típico de nossos dias. Ele não conserva em suas mãos a segurança e o bem-estar do público. Ele é o cimento frio e não o carvão flamejante; o verme e não a ave de rapina. Atualmente o vilão a ser combatido é um personagem respeitável, exemplar, confiável que se coloca estrategicamente no foco de uma teia de relações fiduciárias, que lhe permite pilhar milhões de bolsos, envenenar milhares de indivíduos, corromper milhares de mentes ou colocar em perigo milhares de vidas a partir de seu escritório.

Edward Ross, *Sin and Society*, 1907, p. 29-30.

1 INTRODUÇÃO

O primeiro estudo epidemiológico a respeito da asbestose na indústria foi publicado no início da década de 1930 pelo Dr. E.R.A Merewether. Ele descobriu que a maior parcela dos trabalhadores empregados na manufatura de produtos à base de amianto poderia vir a desenvolver aquela doença potencialmente fatal caracterizada pelo enrijecimento dos pulmões e alertou sobre os perigos a que estavam submetidos os trabalhadores dos estaleiros a manusearem material de isolamento à base de amianto. O Dr. Merewether — que estava pessoalmente envolvido na elaboração da primeira legislação britânica a respeito do uso industrial do amianto — relatou, à ocasião, que a faixa etária média em que se encontravam os trabalhadores a terem a asbestose como causa do óbito gravitava em torno dos quarenta e um

---

(*) Tradução do artigo original em inglês (*Criminality and the Asbestos Industry*) por Paulo Roberto Lemgruber Ebert.
(**) Engenheiro químico. Consultor ambiental. Doutor (ScD) pela *John Hopkins School of Public Health*. Membro integrante do *Collegium Ramazzini*. Consultor técnico da ADAO (*Asbestos Disease Awareness Organization*). Autor do livro *Asbestos: medical and legal aspects*.

anos.[1] Ele concluiu em seu relatório que os perigos advindos do amianto seriam tão severos que a utilização industrial deste último deveria ser banida:

> Se a menor exposição à poeira resulta, em última análise, na morte, então o escopo das medidas preventivas que se fazem necessárias pode ser resumido em uma única palavra: proibição. Isso ocorre porque, em termos práticos, é impossível prevenir tal exposição.[2]

Os primeiros relatos científicos de câncer dentre os trabalhadores expostos ao amianto foram publicados nos anos subsequentes ao relatório elaborado por Merewethwer em 1933, a apontar para o banimento como a solução adequada para lidar com o caráter mortífero daquele mineral. Nesse sentido, o caráter carcinogênico do amianto foi oficialmente reconhecido pelas autoridades previdenciárias alemãs por volta de 1939 e até mesmo pela literatura popular daquele país até meados da década de 1940. Os alemães atestaram que mesmo os casos menos graves de asbestose poderiam evoluir, no futuro, para neoplasias pulmonares letais.[3] Nos regulamentos teutônicos destinados à fixação das indenizações por doenças ocupacionais a reparação por asbestose somente era devida quando a moléstia se apresentava em grau severo, ao passo que o câncer de pulmão acompanhado de asbestose seria passível de compensação em qualquer grau.[4]

A convicção exposta por Merewether acerca da necessidade em torno da proibição do amianto era reforçada pelo conhecimento em torno do caráter cancerígeno do amianto.

Na região de East London, onde a empresa Cape Asbestos possuía uma fábrica, o funcionário do Escritório de Saúde Pública do distrito de Barking, C. Leonard Williams, notou e registrou o aumento incessante das taxas de morte ocorridas a partir da década de 1920. Por volta de 1945, ele concluiu que as medidas preventivas até então empregadas eram inadequadas e que o amianto deveria ser banido em todas aquelas situações nas quais seu emprego não fosse essencial, se é que tal imprescindibilidade pudesse ser cogitada efetivamente:

> Eu mantenho minha firme opinião no sentido de que o amianto é uma matéria-prima perigosa e mortal e que — salvo se aqueles que detêm a responsabilidade de assegurar a saúde e a segurança das pessoas nas indústrias puderem oferecer garantias concretas de que eles conseguiram remover todo o perigo em potencial — o processamento do amianto, exceto naqueles produtos estritamente essenciais para nossa economia nacional, deveria ser impedido.[5]

Durante as décadas de 1930 e 1940 dez companhias dedicadas à manufatura do amianto contrataram cientistas do Laboratório Saranac, de Nova York, a fim de que estes conduzissem estudos experimentais a envolverem a inalação de fibras de amianto por animais, sob a condição de que aquelas companhias teriam total controle editorial sobre qualquer publicação referente à pesquisa. As empresas em referência foram avisadas, em 1943, sobre um experimento que obteve evidências "sugestivas" acerca da relação entre o amianto e o câncer de pulmão manifestado em ratos. O diretor do laboratório avisou às companhias que, à luz dos relatos de casos em humanos já publicados à ocasião, *"a questão em torno da suscetibilidade ao câncer pareceria mais significativa do que previamente imaginado"*. Os altos executivos daquelas dez empresas se reuniram, então, nas dependências da indústria líder do setor — Johns-Manville — em 1948, para deliberar acerca da redação de um comunicado a respeito dos estudos que mencionarem a relação entre amianto e câncer. Decidiu-se, à unanimidade, pela remoção de toda e qualquer referência ao câncer e aos tumores e isto foi feito no informe levado ao conhecimento do público.

Nessa mesma ocasião, o governo dos Estados Unidos investigava algumas das firmas envolvidas no encobrimento do estudo desenvolvido pelo Laboratório Saranac por crimes contra a livre concorrência. Praticamente todas as empresas norte-americanas do setor de freios automobilísticos foram incriminadas por formação de cartel destinado à fixação de preços. As companhias em referência não contestaram as acusações e pagaram multas superiores a quinze mil dólares cada uma, no ano de 1948. Era plenamente possível imaginar que as empresas do ramo que não haviam patrocinado os estudos levados a cabo pelo Laboratório Saranac teriam sido advertidas sobre seus resultados por re-

---
[1] MEREWETHER, E. R. A.; PRICE, C. W. *Reports on the effects of asbestos dust on the lungs and dust suppression in the asbestos industry*. H. M. Stationery Ofc. London: 1930.
[2] MEREWETHER, E. R. A. *A memorandum of asbestosis*. Tubercle 15:69-81, 109-118, and 152-159 (1933-34).
[3] BAADER, E. W. *Asbestosis*. Deut. Med. Woch. 65: 407-408 (1939).
[4] Quarta tabela de compensação por acidentes e doenças industriais. *Reichsgesetzblatt*. Part 1, n. 14 (Jan. 29, 1943).
[5] WILLIAMS, C. L. *Borough of Barking Annual report of the Medical Officer for health for the year 1945*.

presentantes das demais companhias. Ao fim e ao cabo, a desenvoltura das empresas que estavam conspirando para controlar os preços de seus produtos e para monopolizar o mercado conduziu-as a conspirar, igualmente, para suprimir o conhecimento a respeito do caráter mortífero de suas fábricas e de seus produtos.[6]

Tal quadro era observado com ansiedade pelo chefe do setor de câncer ambiental do Instituto Nacional do Câncer dos Estados Unidos, Dr. Wilheim C. Hueper. O referido médico havia figurado como autor de vários escritos científicos sobre substâncias causadoras de tumores ocupacionais e ambientais, aí incluído o amianto. Ele advertiu sucessivas vezes às indústrias para implementarem salvaguardas especiais para o uso de tais substâncias. Em uma monografia de 1949 publicada pelo governo norte-americano, Hueper asseverou que:

> Os códigos criminais devem ter consciência do fato de que a exposição ocupacional intencional e indevida dos trabalhadores a um agente carcinogênico com vistas à obtenção de proveito próprio equivale, para todos os fins práticos, a um ataque com armas mortais providas de mecanismos de ação retardada.[7]

Nessa mesma monografia, Hueper constatou que o amianto era carcinogênico e alertou que com o crescimento da indústria nos países em desenvolvimento, *"os resultados negativos em termos carcinogênicos que resultaram do rápido desenvolvimento da indústria química em larga escala durante e após a Primeira Guerra Mundial poderiam se repetir."* Hueper mencionou na revista Newsweek em 1950 que a poluição atmosférica ocasionada pelo amianto era um fator responsável pelo aumento das taxas de câncer de pulmão.[8]

A letalidade inerente ao amianto veio novamente à tona quando epidemiologistas demonstraram, na metade da década de 1960, que o simples fato de residir na casa de um trabalhador exposto àquele material ou de viver nas cercanias de uma fábrica a utilizar o amianto como matéria-prima poderia conduzir ao falecimento por mesotelioma de pleura ou de peritônio.[9] Uma vez que os relatos médicos eram desconhecidos por parte dos trabalhadores, o uso industrial do amianto continuava a crescer. O escândalo acerca do uso imprudente do amianto passou a receber atenção por parte da opinião pública no final daquela década com a controvérsia acerca do jateamento de amianto para fins de isolamento das vigas mestras de arranha-céus que, tal como o *World Trade Center*, estavam sendo construídos naquela quadra por todo o território norte-americano. Apenas alguns anos após a criação de novos organismos governamentais dedicados à proteção dos trabalhadores e do meio ambiente o uso do amianto nos Estados Unidos começou finalmente a decair, por volta de 1973. Com preocupações similares a crescerem na Europa, a utilização mundial do amianto atingiu seu pico de cinco milhões de toneladas em 1975 antes de entrar em declínio.

2 O INDICIAMENTO DAS GRANDES COMPANHIAS AMIANTÍFERAS POR CRIMES CORPORATIVOS AMBIENTAIS. CASOS EXEMPLIFICATIVOS

2.1 *WR Grace & Company*

A gigante do ramo químico *WR Grace & Co.* declarou-se culpada na década de 1990 pela conduta de ter mentido deliberadamente à Agência de Proteção Ambiental dos Estados Unidos (EPA) sobre a contaminação da água potável em razão dos resíduos de solventes produzidos por sua planta no Estado de Massachusetts. Os casos de leucemia infantil decorrentes de tal suposto de poluição serviram de base para o ajuizamento de ações civis retratadas no livro *À qualquer preço*, posteriormente transformado em filme estrelado por John Travolta. A companhia em questão pagou multa de dez mil dólares à EPA e nenhum de seus altos executivos foi indiciado criminalmente.

A *WR Grace* ingressou no ramo do amianto em 1963 ao adquirir a maior mina de vermiculita do mundo, situada na cidade de Libby, no Estado de Montana, até então administrada pela empresa *Vermiculite and Asbestos Corporation* desde 1919. Funcionários do serviço estadual de saúde elaboraram quatro relatórios decorrentes de inspeções realizadas entre os anos de 1956 e 1963, a informarem àquela companhia que os índices de exposição ocupacional ao amianto

---
(6) CASTLEMAN, Barry. *Asbestos:* Medical and legal aspects. 5th Edition. New York: Aspen, 2005.
(7) HUEPER, W. C. *Environmental Cancer.* Washington: US Govt. Printing Ofc, 1949. p. 50-53.
(8) Medicine. *Newsweek.* May, 15, 1950. p. 53.
(9) NEWHOUSE, M. L.; THOMPSON, H. *Mesothelioma of pleura and peritoneum following exposure to asbestos in the London Area.* Br. J. Ind. Med. 22: 261-269 (1965).

encontravam-se em níveis elevados. A mina continuou em operação até 1990 e durante todo seu funcionamento o minério de vermiculita contendo amianto ali extraído foi despachado para dezenas de instalações ao redor dos Estados Unidos onde era aquecido e expandido para ser vendido como isolamento para sótãos, solo para jardinagem e areia para gatos sob a denominação "zonolita" que, de seu turno, foi aplicada em milhões de lares norte-americanos e canadenses. Uma trilha de óbitos e adoecimentos seguiria as linhas ferroviárias a partir de Libby em direção às fábricas processadoras do minério.

A *WR Grace* não informou aos trabalhadores e os moradores de Libby que a vermiculita ali extraída continha amianto em sua composição. Os trabalhadores dirigiam-se às suas residências onde estavam suas famílias com a poeira em suas roupas, ao mesmo tempo em que as crianças brincavam com as pilhas de dejetos da mina e que os moradores da cidade utilizavam os resíduos de mineração no isolamento térmico para sótãos, no asfaltamento de estradas e na pavimentação das pistas de corrida e dos parques de recreação das escolas locais. A carnificina ganhou a opinião pública nacional apenas quando o jornalista investigativo Andrew Schneider, de Seattle, divulgou, em 1999, que mais de cento e cinquenta pessoas em Libby teriam morrido, aparentemente, de doenças relacionadas à exposição ao amianto. Antes disso, houve algumas ações judiciais, mas apenas após a divulgação do caso em nível nacional, a companhia passou a ser demandada com maior frequência, a ponto de acionar o Poder Judiciário com um pedido de recuperação judicial. Além da "zonolita", a *WR Grace* comercializou um produto à prova de chamas que foi amplamente aplicado nas vigas de arranha-céus em construção, em que o amianto era um ingrediente acrescido à vermiculita proveniente de Libby. Após a proibição de tais produtos em 1973 pela Agência de Proteção Ambiental, a companhia reformulou seu produto, eliminando o amianto até então agregado à vermiculita e propagando que se tratava de um spray livre de amianto.

Em 2004, a EPA e o Departamento de Justiça dos Estados Unidos concluíram que a conduta implementada pela *WR Grace* em Lilly, a colocar deliberadamente em situação de perigo toda aquela comunidade, tipificava o crime previsto na "Lei do ar limpo" (*Clean air act*) promulgada em 1990. Uma ação criminal foi apresentada em face de sete executivos da companhia e em face da própria *WR Grace*. Teve início, a partir daí, uma intensa batalha judicial que levou cinco anos até o julgamento do caso, vindo um dos réus a falecer de causas naturais nesse interregno. Até mesmo o Departamento de Justiça viu-se desarmado pelo exército de advogados contratado pelos réus, que constantemente lançavam mão de moções e de pedidos a solicitarem o levantamento das acusações, o descarte de evidências documentais, a limitação dos depoimentos testemunhais da acusação, a aplicação de sanções aos representantes das agências governamentais, dentre outros.

O juiz do caso demonstrou clara hostilidade à acusação e, logo de início, retirou a maior parte das acusações imputadas aos réus. Os agentes governamentais, então, recusaram-se a dar prosseguimento às acusações remanescentes optando, ao revés, por recorrer ao 9º Circuito Federal de Apelações que acabou por reformar a decisão de primeira instância, inclusive na parte em que vedava o acompanhamento dos atos judiciais pelas vítimas. Uma vez reiniciado o julgamento, o juiz limitou o juízo de cognição aos atos ocorridos após as alterações promovidas na "Lei do Ar Limpo" em 1990, de modo a excluir os documentos mais comprometedores datados da década de 1970. Paralelamente a isto, o juiz tomou a bizarra decisão de determinar aos advogados do Departamento de Justiça que se abstivessem de utilizar as expressões "vítimas" e "tremolita" (a variedade do amianto encontrada na vermiculita) em suas manifestações.

O jornalista Andrew Schneider criou, à ocasião, um *blog* destinado à cobertura do julgamento (www.coldtruth.com), que ocorreu na cidade de Missoula, no Estado de Montana, em 2009. Seu relato dos eventos conferiu àqueles que não puderam se fazer presentes uma noção do que ali ocorreu.

No caso em apreço, a justiça fez-se cega da pior maneira. O juiz do caso desacreditou a principal testemunha das agências governamentais — um executivo aposentado da *WR Grace* — por não ter sido claro a respeito do número de vezes com que manteve contato com os advogados do Departamento de Justiça. O magistrado, igualmente, admoestou os cientistas arrolados como testemunhas pelas agências governamentais perante o júri, assim que os referidos especialistas tentaram dizer algo, assim que lhes foi dada a palavra. O juiz, além disso, deu respaldo à maior parte das objeções levantadas pelos advogados da companhia. Ao fim e ao cabo, o júri absolveu a *WR Grace* e seus executivos com base nas provas que lhes foi permitido ver e ouvir.

Gayla Benefield, que perdeu vários amigos e parentes em decorrência de doenças amiantíferas e que falou em nome da comunidade de Libby, relatou à agência *Associated Press* que "os réus conseguiram fugir após cometerem assassinatos".

Ninguém dentre os envolvidos nas atividades de mineração e manufatura de amianto nos Estados Unidos foi condenado criminalmente, a despeito dos impressionantes registros que vieram à tona a partir da década de 1970 nos autos dos processos civis a terem por objeto pedidos de indenização por parte das vítimas. Algumas leis recentes a regulamentarem o desmonte de estruturas contendo amianto estabelecem penas por violações concernentes ao treinamento inadequado dos trabalhadores, práticas laborais e amostragem de poeiras. Inquéritos foram instaurados em casos extremos com base nas referidas normas, resultando, em alguns casos, em prisões.[10]

2.2 Warren Anderson: executivo da Union Carbide. O "duplo padrão"

Jornalistas, agentes de saúde pública e ativistas mantêm-se em permanente estado de alerta a respeito da exportação descontrolada de indústrias potencialmente perigosas para os países em desenvolvimento. O aspecto central a permear tal processo faz-se representado pelo chamado "duplo padrão" pelo qual certas corporações dedicadas à manipulação do amianto e de outros produtos químicos operam os mesmos processos industriais sob condições mais perigosas no mundo em desenvolvimento em comparação com as fábricas instaladas na América do Norte, na Europa e no Japão. A questão do "duplo padrão" ganhou o centro das atenções mundiais quando da ocorrência do desastre químico da cidade indiana de Bhopal, em dezembro de 1984.

Em questão de horas, milhares de pessoas perderam suas vidas e algumas outras viriam a morrer posteriormente, enquanto aproximadamente cinquenta mil vítimas ficariam permanentemente inválidas em decorrência do evento. O destaque implacável conferido pela mídia revelou um contraste impressionante entre a planta da *Union Carbide* em Bhopal e a outra fábrica da companhia a produzir os mesmos pesticidas no Estado norte-americano da Virgínia Ocidental. Com os preços de suas ações em queda livre após o desastre, o diretor-geral da *Union Carbide* Warren Anderson deslocou-se a Bhopal e permaneceu na residência de hóspedes mantida pela companhia naquela localidade, onde cinquenta guardas armados afastavam cerca de cem manifestantes que pretendiam enforcá-lo. O estado indiano de Madhya Pradesh considerou-o culpado pelo crime de homicídio por negligência e determinou sua prisão. Dentro de algumas horas, a *Union Carbide* pagou a fiança de Warren Anderson fixada em aproximadamente dois mil dólares e ele deixou o país em uma aeronave militar.

Warren Anderson nunca viria a ser julgado na esfera criminal. A *Union Carbide* firmou um acordo com o governo indiano (que foi legalmente indicado como representante de todas as vítimas) na ação civil em 1989, pelo qual comprometeu-se a pagar a quantia de US$ 470.000.000,00 (quatrocentos e setenta milhões de dólares) ou, como o próprio Warren Anderson afirmou à ocasião, quarenta e três centavos de dólar por ação da companhia. O valor das ações atingiu o patamar de dois dólares por ação tão logo anunciado o acordo. Uma parte da quantia definida no acordo chegou às famílias cujos parentes morreram em decorrência do desastre, que receberam o montante de mil e quatrocentos dólares pelo óbito de cada parente.[11] Warren Anderson viveu uma aposentadoria confortável até falecer em 2014, aos noventa e dois anos de idade, após ter passado vinte e nove anos na condição de foragido da jurisdição criminal indiana.

2.3 Stephen Schmidheiny: CEO do Grupo Eternit

Na Itália, a morte no trabalho é considerada como uma questão possivelmente criminal. Em 1977, os proprietários de uma indústria, seu gerente geral e o médico da companhia foram condenados à pena de prisão por manter uma planta notoriamente nociva, onde cento e trinta e dois trabalhadores morreram em decorrência de câncer de bexiga.[12]

No norte da Itália, igualmente, um gerente de fábrica foi condenado à prisão por conta de um desastre ocorrido em 1976 na planta mantida pela companhia farmacêutica suíça *Hoffman-La Roche* em Saveso que, em um típico caso de exportação do risco, produzia o composto denominado "hexaclorofeno" que seria encaminhado para a Suíça e para os Estados Unidos. O processo produtivo em questão era reconhecidamente perigoso, em função de sua aptidão para provocar superaquecimento e, consequentemente, explosões que liberavam dioxinas com efeitos altamente teratogênicos. Um número grande, porém indeterminado, de mulheres em Saveso sofreu abortos ou foi submetido ao risco de gerar filhos com graves deficiências congênitas. No entanto, apenas os gerentes italianos da planta foram indiciados, uma vez que os integrantes suíços do corpo dirigente retornaram ao seu país.

---

(10) CASTLEMAN, Barry. *Asbestos*: Medical and legal aspects. 5th Edition. New York: Aspen, 2005.
(11) LAPIERRE, D.; MORO, J. *Five past midnight in Bhopal*. New York: Warner Books, 2002.
(12) CASTLEMAN, Barry. *The export of hazardous factories to developing nations*. Int. J. Health Serv. 9: 569-606 (1979).

A família Schmiedheiny é uma das mais ricas da Suíça. Stephan Schmiedheiny foi imitido na administração da companhia de cimento-amianto Eternit quando possuía vinte e nove anos de idade, no ano de 1976. As minas de amianto e as fábricas da Eternit permaneceram em atividade até os primeiros anos da década de 1990 na Europa, África do Sul, Líbano e América do Sul, quando então foram vendidas, fechadas ou, em certos casos, convertidas em linhas de produção livres de amianto.

No primeiro caso criminal a ter no polo passivo um figurão corporativo estrangeiro, o procurador mais famoso da Itália, Raffaele Guariniello, indiciou Stephan Schmiedheiny pelo homicídio de vários trabalhadores e cidadãos italianos em decorrência da exposição negligente ao amianto.[13] O indiciamento também envolveu o Barão Louis de Cartier de Marchienne, que integrava a família Emsen e era um dos proprietários e gestores da Eternit na Bélgica. Os grupos suíço e belga da Eternit possuíam inúmeras interconexões.

Com a proximidade do desfecho do processo criminal, os representantes legais de Schmiedheiny tentaram firmar acordos nas ações civis ajuizadas por algumas das vítimas, pedindo-as que se retirassem do processo criminal. A oferta constante do acordo envolvia quantias entre trinta e cinquenta mil euros e seu texto, além de vincular todos os membros da família das vítimas ao compromisso de nunca processar a Eternit, de modo a retirar desta última toda a responsabilidade pelos danos decorrentes da exposição ao amianto.

O julgamento em primeira instância teve início em dezembro de 2009 e foi finalizado no final de 2011, tendo sido precedido por dez anos de investigações iniciadas em 1999. O plantel de advogados e de profissionais de relações públicas contratados por Schmiedheiny estimava seu custo total em quinze bilhões de dólares por ano.

A comunidade de Casale Monferrato, onde funcionava a fábrica italiana da Eternit, me arrolou como testemunha a fim de que eu pudesse relatar a colaboração prestada à Eternit pelas maiores companhias amiantíferas do mundo, por meio de documentos que antecediam a própria gestão de Schmiedheiny à frente da corporação. Os documentos obtidos nos Estados Unidos mostravam o que havia sido feito pela indústria amiantífera norte-americana e a britânica e uma vez que a Eternit evitava os referidos mercados — possivelmente em razão de algum cartel estabelecido com as demais companhias — muito do que sabemos sobre a Eternit provém do arquivo referente às empresas Johns-Manville (dos EUA) e Turner & Newall (do Reino Unido), em que há alguma menção à Eternit.

Documentos produzidos pela Eternit encontrados na Holanda incluem cartas datadas de 1950 oriundas do grupo suíço capitaneado, à ocasião, por Ernst Schmiedheiny e de suas subsidiárias longínquas, a discutirem o problema concernente à asbestose. Dentre os correspondentes, encontram-se executivos das indústrias amiantíferas e representantes da Eternit situados na Colômbia, na Argentina, na Holanda e no Canadá. Eu testemunhei no sentido de que qualquer um que analisasse a literatura existente sobre asbestose em 1950 dificilmente não deixaria de ler também os escritos a relacionarem o amianto com o câncer de pulmão. Do arquivo da Jonhs-Manville provém um relatório a conter uma reunião de seus consultores com Max Schmiedheiny realizada na propriedade deste último em 1971. Schmiedheiny criticava o presidente da Johns-Manville, Clinton Burnett, por colocar, a partir de 1969, advertências vagas sobre os riscos à saúde nos sacos de amianto provenientes da mina mantida por aquela companhia norte-americana em Quebec. Tais avisos foram apostos nas embalagens no intuito de reduzir os riscos de condenação sob o sistema de responsabilidade civil dos Estados Unidos, mas, ao mesmo tempo, eram formulados em linguagem não tão alarmista a ponto de prejudicar a venda no varejo.

As palestras proferidas na Conferência Internacional dos Organismos de Informação sobre o Amianto, que foi realizada no início da década de 1970 e contou com a participação de gerentes de quatro subsidiárias da Eternit, demonstrou o rápido crescimento da propaganda e do *lobby* produzidos pelos escritórios a prestarem serviços para as indústrias amiantíferas. O único grupo do gênero existente em 1969 no Reino Unido (Centro de Informações sobre o Amianto), partilhava com a indústria do tabaco a assessoria prestada pela firma Hill & Knowlton, dedicada ao controle de riscos. A partir de 1971, já existiam grupos de propaganda patrocinados pela indústria amiantífera em onze países e o único existente nos Estados Unidos chamava-se Associação de Informações sobre o Amianto. Os palestrantes britânicos detalharam, no referido evento, o papel que a indústria daquele país desempenhou com vistas ao enfraquecimento das legislações existentes sobre o amianto e com vistas a influenciar os textos elaborados pelo governo destinados a orientar o público em geral sobre a exposição ao amianto. A fim de alertar e de preparar os espectadores ali presentes, um dos palestrantes britânicos notou que as coisas estavam "relativamente tranquilas" na Bélgica, na Itália, na

---

(13) Nota do tradutor. O primeiro indiciamento de Stephan Schmidhieny e de Louis de Cartier de Marchienne deu-se na verdade, pelo crime de "desastre ambiental", tipificado no art. 452-*quater* do Código Penal italiano.

Alemanha e na França, onde a Eternit mantinha suas fábricas europeias e que as controvérsias sobre o tema vinham se tornando incontroláveis no Reino Unido, nos Estados Unidos e na Holanda em decorrência da divulgação do amianto como um risco mortal para os trabalhadores das fábricas e dos estaleiros, das demandas provenientes dos sindicatos, da publicidade a precaver o público em geral, do aumento dos preços exigido pelas seguradoras e do aumento da atenção para o problema por parte dos fiscais e dos legisladores do Estado.

Diante disso, a indústria constituiu em 1975 um grupo de proteção com sede em Londres, a fim de melhor coordenar a defesa de seus interesses. Um memorando da Associação Internacional do Amianto, datado de 1978, relata uma discussão sobre a rotulagem de advertência nos produtos. Ele descreve como o rótulo britânico com o título "tome cuidado com o amianto" foi incorporado pelas autoridades de diversos países. A estratégia elaborada à ocasião pela indústria partia da premissa de que como a presença das advertências nos produtos havia se tornado inevitável, o rótulo britânico deveria ser o padrão para os demais países, por ser preferível em relação ao modelo alternativo, representado por uma caveira com ossos entrecruzados com a palavra "câncer" logo abaixo. No entanto, mesmo tal rótulo moderado foi objeto de objeção. O documento relata que o Diretor-Geral da Eternit belga, Etienne van der Rest, solicitou aos britânicos que fizessem o máximo esforço possível no fito de evitar a aposição de qualquer aviso nos produtos à base de amianto exportados para a Europa continental.

É possível imaginar em que Van der Rest estava a pensar e a sentir quando, alguns anos mais tarde, estava ele a morrer em decorrência de um mesotelioma. Até mesmo o médico da Eternit belga viria a falecer em decorrência de mesotelioma, segundo Eric Jonckheere, que viria a se tornar um líder comunitário na cidade onde a planta operou, após perder vários membros de sua família em decorrência de tumores relacionados ao amianto.

Os proprietários da planta italiana da Eternit foram indiciados por não terem implementado as medidas técnicas que eram plausíveis com vistas a proteger os indivíduos da poeira amiantífera tanto na própria fábrica, quanto nos seus arredores. Alguns excertos das legislações referentes à organização dos locais de trabalho editadas nos Estados Unidos e no Reino Unido em 1969 e 1972, respectivamente, demonstravam o que era exigido das outras grandes firmas do ramo àquela época, ao mesmo tempo em que a Eternit pouco fazia para proteger seus trabalhadores e nada fazia para minimizar os riscos experimentados pelos moradores das regiões circunvizinhas à sua fábrica italiana em razão dos dejetos ali dispensados. As normativas britânica e norte-americana incluíam, nesse sentido, exigências concernentes ao descarte de resíduos que contribuíam para reduzir a poluição ambiental.

Discussões corporativas internas no âmbito da empresa norte-americana Johns-Manville acerca da aposição de advertências nas placas contendo amianto foram objeto de memorandos internos emitidos por aquela companhia a partir de 1958, bem como da Associação dos Produtores de Cimento-Amianto entre 1968 e 1970, de modo que em 1972 adveio o regulamento oficial a exigir a presença de inscrição a indicar que o amianto contido nos produtos "poderia ocasionar lesões corporais". Na Europa, todavia, as companhias vinculadas ao grupo Eternit fabricavam esses mesmos produtos por volta da década de 1980 sem qualquer pressão aparente com vistas à aposição de avisos similares em suas telhas, tubos ou catálogos de produtos.

Após refletir sobre o tema, eu submeti à corte um sumário com alguns pontos a respeito da importância central da questão atinente às advertências sobre os perigos do amianto. A falta de uma legislação concernente à responsabilidade do produtor e à aposição de avisos nos rótulos dos produtos à base de amianto nos países da Europa central possibilitou às empresas dedicadas à manufatura do amianto naquele continente que abrissem mão de informar os seus trabalhadores e o público em geral sobre os riscos inerentes ao minério, sem correr riscos financeiros em decorrência de tal prática. A mim me pareceu que a prolongada ignorância dos trabalhadores e do público em geral representou um dado vital para a expansão dos mercados para os produtos amiantíferos a partir da década de 1930, ao mesmo tempo em que a letalidade da poeira de amianto havia sido bem estabelecida pela medicina. Em 1975, um memorando interno da *Union Carbide* afirmava que seria "perigoso e fatal" para os negócios mantidos pela companhia no ramo da mineração de amianto se ela fosse obrigada a advertir os consumidores mediante a aposição da palavra "câncer" nas sacarias.

Os promotores italianos descobriram que altas quantias foram pagas pela Eternit a uma firma de consultoria denominada Bellodi. Quando a polícia dirigiu-se à sede da referida empresa, foram apreendidos documentos a demonstrarem que a Bellodi havia sido contratada em 1984, após a direção suíça ter decidido pelo fechamento da enorme fábrica situada em Casale Monferrato anteriormente ao encaminhamento de seu pedido de falência.

O nome de Schmidheiny não era conhecido pelos trabalhadores. Logo após sua imissão no cargo de CEO do Grupo Eternit suíço em 1976, ele fez uma aparição em Casale Monferrato e foi apresentado na fábrica como um técnico suíço. Ele e seus assessores na Suíça estavam em permanente contato com os gerentes italianos entre 1977 e 1981. Os executivos estavam preocupados com a possibilidade de que os sindicatos dos diversos países europeus realizassem campanhas conjuntas sobre os riscos inerentes ao amianto.

Os documentos apreendidos na firma Bellodi incluem o relatório de uma conferência convocada e coordenada por Schmidheiny em 1976 com os gerentes mais graduados das fábricas europeias do grupo, que teve lugar na cidade alemã de Neuss. Discutiu-se, ali, a proposta elaborada pela Agência Norte-Americana de Segurança e Saúde Ocupacional (OSHA) em 1975 no fito de reduzir substancialmente os limites de tolerância à poeira de amianto nos locais de trabalho. Em sua proposição, a OSHA ponderou que "*os armários e os vestiários devem ser organizados de modo a separar áreas comuns e regulamentadas.*" A OSHA também sugeriu que cada área regulamentada tivesse placas com os dizeres "*Amianto/ Risco de Câncer/ Evite respirar a poeira/ Utilize o equipamento de proteção apropriado/ Não permaneça na área a não ser que seu trabalho assim o requeira*".

Outros assuntos discutidos em Neuss incluíam o mesotelioma, os sucessos das corporações em retardar o banimento dos produtos contendo cimento-amianto na Suécia, o rótulo britânico de advertência, o papel dos profissionais de relações públicas em cada subsidiária e as maneiras de se lidar com os sindicatos e com a imprensa. Schmidheiny concluiu os três dias de reuniões sobre "proteção no trabalho e no meio ambiente" ponderando que:

"— A imprensa organizou uma campanha contra nossas empresas;

— A coerção política tem sido utilizada contra a indústria do cimento-amianto;

— O cimento-amianto é potencialmente perigoso se não manejado corretamente. Como resultado disso, nós somos obrigados a lidar, em nossas companhias, com os profissionais de relações públicas e com a opinião pública;

— Os novos investimentos requeridos impactarão nas margens de lucros, mas a instalação de controles de poeira na atmosfera deverá ser realizada sem muito ruído;

— É importante não entrar em pânico. Estes três dias foram essenciais para os gerentes de produção, que ficaram chocados. O mesmo não deve suceder aos trabalhadores."

Por meses após o encontro de Neuss, os gerentes das subsidiárias da Eternit foram encaminhados à cidade de Ermatingen, na Suíça, para serem instruídos sobre as respostas a serem conferidas às questões e às críticas sobre os riscos inerentes ao amianto. Ali propugnou-se que apenas as exposições "excessivas" seriam perigosas, que os limites oficiais de exposição seriam sempre seguros e que os produtos alternativos poderiam ser piores do que o amianto. Instruções detalhadas foram repassadas acerca das maneiras de se lidar com os sindicalistas, vizinhos das fábricas, jornalistas e ambientalistas. A abordagem deveria ser no sentido de cooptá-los ou de dissuadir protestos por intermédio do agendamento de reuniões e da apresentação de medidas inofensivas de poeira no ambiente, ao mesmo tempo em que os sindicalistas seriam confrontados com o risco de desemprego. Caso tal abordagem falhasse, os gerentes deveriam lançar mão de ameaças de ações judiciais e de seu imediato ajuizamento caso as fábricas fossem comprometidas.

O documento apresentado aos gerentes no treinamento de Ermatingen — denominado AULS 75 — era estruturado em quinze perguntas e respostas a serem estudadas pelos participantes. Algumas das respostas não guardavam pertinência com as condições existentes em várias plantas, em particular com a grande fábrica de Casale Monferrato, onde tubos rompidos eram esmagados do lado de fora, o entulho era distribuído pela zona rural e os trabalhadores vestiam inocentemente suas roupas repletas de poeira para irem ao encontro de suas famílias em suas respectivas casas.

Os executivos italianos da fábrica de Casale Monferrato mantiveram alguma correspondência com Stephan Schmidheiny através de cartas. Luigi Giannitrappani, cuja secretária nunca havia visto tais cartas, escreveu a Schmidheiny que o seminário de Ermatingen tinha o auxiliado nas discussões sobre o amianto travadas com os sindicalistas e que ele lograra passar uma imagem não tão negativa da empresa. Schmidheiny congratulou-o, afirmando estar muito feliz com o fato de que o evento de Ermatingen tenha dado frutos.

Um relatório elaborado em 1992 pela firma Bellodi detalhou em um diagrama de quatro níveis a estratégia a ser implementada em relação ao passivo gerado pela planta italiana da Eternit. Nesse sentido, o objetivo primário era confinar a responsabilidade apenas em relação aos executivos italianos (nível 1) ou, se necessário, também em direção à "Nueva", antigo controlador da Eternit suíça (nível 2). O nível 3 consistiria na responsabilização da empresa suíça "Anova", que conferia a maior parte da saúde financeira de Schmidheiny e o nível 4 envolveria a responsabilização do próprio Schmidheiny. Um relatório extremamente confidencial elaborado pela Bellodi em 1995 asseverou que a estratégia de defesa havia sido muito efetiva em "retirar do foco o controlador suíço da fábrica italiana". O relatório em apreço revisava em detalhes a situação de cada um dos processos criminais que proliferavam por toda a Itália a terem como réus os gerentes italianos da Eternit, tanto em Turim, quanto em Cavagnolo, na Sicília, em Nápoles e em Balangero. Em tais demandas, os executivos belgas e suíços das plantas haviam sido indiciados em conjunto com os italianos.

No desfecho dos procedimentos investigatórios, os promotores italianos afirmaram que à luz das novas evidências advindas da etapa instrutória levada a cabo entre 2009 e 2011, eles estariam a aumentar a severidade das acusações, de modo a requerer a condenação de Schmidheiny e do barão belga (Louis de Cartier de Marchienne) à pena de reclusão por vinte anos para cada um, em razão da materialização do crime de desastre ambiental intencional. Os promotores afirmaram, nesse desiderato, que as condutas dos indiciados teriam dado cabo à vida de três mil pessoas e que muitos outros estavam a falecer a cada ano. Schmidheiny nunca se fez presente perante a corte para acompanhar sua defesa.

Em sua última manifestação, o principal advogado de Schmidheiny instou que seu cliente era um filantropo que havia assumido a liderança da comunidade de negócios destinada ao desenvolvimento sustentável tão logo abandonara as atividades com amianto na década de 1990 e que tal vicissitude deveria assumir a precedência em relação aos meios pelos quais sua fortuna foi formada. O defensor divagou, além disso, sobre a erosão dos princípios jurídicos nas cortes italianas, ao comparar a "perseguição" sofrida por seu cliente aos atos praticados pelos nazistas e pelos norte-americanos em Guantanamo. Os argumentos formulados nesse sentido assemelham-se à situação em que alguém comete um roubo ao mesmo tempo em que milhares de pessoas são mortas e, após isto, doa uma parte do butim à igreja na esperança de ser perdoado.

Em fevereiro de 2012, centenas de pessoas vindas da Itália, da França, da Bélgica, do Brasil, da Inglaterra e dos Estados Unidos — a maioria delas vítimas do amianto -, abarrotaram o Palácio da Justiça em Turim para acompanhar o julgamento histórico do caso. Havia ali também muitos cartazes com a expressão em italiano "*Giustizia!*" a ter como pano de fundo o verde, branco e vermelho do pavilhão tricolor nacional. Muitas das pessoas ali presentes perderam inúmeros parentes em decorrência da contaminação por amianto. Dois auditórios adicionais foram disponibilizados, ao mesmo tempo em que o julgamento era transmitido em italiano e traduzido instantaneamente para o inglês e o francês por intermédio de fones de ouvido.

O jornal "La Stampa" anunciou que "*o momento da verdade havia chegado*". A jornalista do periódico em referência designada para a cobertura do caso — Silvana Mossano — viveu em Casale Monferrato, onde seu marido faleceu em decorrência de um mesotelioma. Ele havia sido editor do principal periódico daquela cidade, o "Il Monferrato", e ele viria a falecer poucos dias após o anúncio do veredito. Seu filme sobre a tragédia, intitulado "*Mala Polvere*", estrelando a famosa atriz Laura Curino, foi veiculado para audiências selecionadas em Turim.

Assim que os trabalhos de julgamento tiveram início no auditório principal, o juiz presidente da sessão Giuseppe Casalbore pediu a todos para que sentassem e para um operador de câmera que tirasse seu chapéu. Por detrás de sua poltrona, notava-se a inscrição em italiano "*LA LEGGE È UGUALI PER TUTTI*" (a lei é igual para todos). Os juízes resolveram as questões preliminares e abriram recesso para o almoço. À medida que os preparativos para os trabalhos do período vespertino eram implementados, a temperatura no auditório aumentava gradativamente, em razão das câmeras e da iluminação a ladear as paredes da sala.

Os três juízes retornaram aos seus postos e imediatamente procederam à prolação da sentença, que condenou cada um dos réus à pena de dezesseis anos de reclusão pelo crime de desastre ambiental intencional. O valor concernente aos danos morais, igualmente fixado na sentença, foram destinados a vários sindicatos e às vítimas da cidade de Casale Monferrato, para além da autoridade governamental destinada à compensação das vítimas (quinze milhões de euros), da Prefeitura de Casale Monferrato (25 milhões de euros) e outros municípios, a fim de promover a descontaminação de suas respectivas áreas.

Na sequência, os três juízes permaneceram sentados por três horas enquanto o juiz Casalbore leu os nomes das milhares de vítimas contempladas com as indenizações a variarem entre trinta e setenta mil euros. O estabelecimento das indenizações se deu com base nos critérios da legislação criminal italiana, de modo a permitir a fixação de montantes adicionais por parte dos juízos cíveis. Os valores em referência deveriam ser pagos de modo imediato, sem maiores atrasos, o que acabou não ocorrendo, mesmo após a chancela por parte da Corte de Apelação em 2013 a respeito do valor total das condenações, a atingir a monta de cem milhões de euros.

O ordenamento italiano possibilitava a Schmidheiny interpor recursos em duas instâncias [a Corte de Cassação, sediada em Turim, e a Corte Suprema de Cassação, em Roma], de modo que ele não poderia ser recolhido à prisão anteriormente à apreciação de seus recursos. No dia seguinte ao julgamento, a imprensa italiana repercutia a declaração proferida pelo porta-voz de Schmidheiny no sentido de que após a prolação de tal veredito — a seu ver, injustificado —, ninguém mais estaria disposto a investir na Itália. Tal afirmação soava estranha, uma vez que o caso então julgado teve por suposto uma atividade econômica que já havia sido proibida na Itália duas décadas antes e que em 2012 já havia sido banida, ademais, em dezenas de outros países.

O julgamento do recurso no âmbito da Corte de Apelação também teve lugar no Palácio da Justiça em Turim. O presidente do colegiado ponderou que se o encontro de Neuss fosse compreendido como um marco histórico nas políticas de encobrimento dos riscos inerentes ao amianto por parte da Eternit, seria ele, então, comparável à conferência conduzida pelos nazistas em Wannsee no ano de 1942, a ter por ponto de pauta o planejamento da chamada "solução final". As manchetes dos jornais italianos passaram a vincular os nomes de Hitler e Schmidheiny. A Corte designou o dia 3 de junho de 2013 para a prolação de seu veredito e antes disso, no final de maio, o corréu Barão de Cartier veio a falecer calmamente, enquanto dormia, aos noventa e um anos de idade.

O falecimento do Barão em momento anterior ao julgamento do recurso inviabilizou o pagamento das indenizações impostas ao grupo Eternit sediado na Bélgica, que fora renomeado como "Etex" no final da década de 1990. No entanto, lamentavelmente para Schmidheiny, as obrigações impostas ao Barão pelo juízo criminal não haviam perecido de todo, pois Schmidheiny e o Barão de Cartier foram considerados "solidariamente responsáveis" pelos danos ocasionados às vítimas, de modo que se uma parte culpada não pudesse arcar com o pagamento das indenizações, a outra assumiria sua parte. A imprensa italiana destacou, à ocasião, as declarações formuladas pelos emissários de Schmidheiny no sentido de que o referido eco-filantropo não tinha intenção de arcar com as condenações impostas ao Barão.

A Corte de Apelação aumentou a pena de Schmidheiny para dezoito anos de reclusão em razão de outros óbitos adicionais ocorridos em Nápoles e em outros lugares não mencionados no primeiro julgamento. Nas oitocentas páginas destinadas à fundamentação do veredito, a Corte reconheceu que Schmidheiny coordenou um plano de encobrimento que logrou retardar o banimento do amianto na Itália por dez anos. Além disso, o colegiado concluiu que Schmidheiny ordenou pessoalmente uma campanha de desinformação a partir de 1976 com o intuito de proteger sua fortuna.

A Corte rechaçou os argumentos do réu a propalar que a exposição das vítimas à poeira de amianto ocorria dentro dos limites legais, asseverando, ademais, que mesmo se isso fosse factível, Schmidheiny teria o dever de fazer mais, pois ele era o responsável por garantir a saúde dos trabalhadores de sua planta, mormente porque tinha ciência a respeito da inexistência de limites seguros para a exposição ao amianto. Nesse ponto específico, a Corte fez menção ao testemunho de Omar Wei, um gerente técnico que trabalhou na planta a partir de 1972, que caracterizou a situação ali existente como "catastrófica". Wei descreveu em seu depoimento práticas rudimentares de trabalho e asseverou que os trabalhadores executavam suas atividades imersos em uma nuvem de poeira, sem o uso de respiradores. A Corte fundamentou-se, ademais, em outros testemunhos a apontarem a existência de poeira visível na fábrica para afirmar que os argumentos da defesa a respeito da hipotética melhora do ambiente laboral a partir de 1976 afiguravam-se inverídicos. A Corte reconheceu, de igual modo, que os investimentos em higiene do trabalho supostamente feitos por Schmidheiny naquela planta, a incluírem substanciais custos não relatados, estavam exagerados, na forma como apresentados pela defesa. Além disso, não havia registros adequados de monitoramento do ar a demonstrarem a materialização das propaladas melhorias.

A Corte, outrossim, reconheceu a malícia inerente à contratação da firma Bellodi em 1984 no intento de excluir a responsabilidade de Schmidheiny pelo desastre ocorrido em Casale Monferrato, pois tal estratégia teve por móvel propulsor "a eliminação sistemática de todos os indícios em um momento em que ele nem sequer era considerado suspeito e tampouco havia se manifestado acerca da natureza inexcusável de seu papel pessoal"[14].

Ao se reinventar como um "homem de negócios verde" na década de 1990, Stephan Schmidheiny concebeu o Conselho Econômico Mundial para o Desenvolvimento Sustentável e passou a doar quantias para grupos sul-americanos de conservação ambiental. Ele escreveu vários livros afirmando que as atividades econômicas deveriam buscar a conservação da energia e o manejo sustentável dos recursos naturais, quando tal temática ainda não havia sido incor-

---

(14) ITÁLIA: Corte de Cassação de Turim. 3ª Câmara Criminal. Processo n. 24.265/2004.

porada à publicidade corporativa. Ele estava, além disso, dentre os líderes do mercado que compareceram à Cúpula da Terra, realizada no Rio de Janeiro em 1992, onde o referido bilionário esperava encontrar respaldo para seu esforço de reconstrução de imagem.

Schmidheiny seria agraciado pelo Brasil, em 1996, com a Ordem do Cruzeiro do Sul, que é a honraria mais alta concedida pelo governo daquele país a estrangeiros. Nesse mesmo ano, seus novos apoiadores no âmbito da Universidade de Yale, incluindo o ex-diretor da Agência Norte-americana de Proteção Ambiental entre 1989 e 1991, William Reilly, conduziram aquela instituição a conceder-lhe o título de doutor *honoris causa* por promover "a defesa do meio ambiente global".

Tão logo conhecido o veredito da Corte de Apelação de Turim em 2013, pelo qual Schmidheiny foi condenado à pena de dezoito anos de reclusão, as vítimas do amianto em Casale Monferrato e sua associação (AFeVA) requereram à Universidade de Yale a revogação daquele título honorífico. No ano seguinte (2014), tal pleito foi reforçado por outros cientistas e grupos de vítimas do amianto ao redor do mundo, bem como pela Organização de Alerta para as Doenças do Amianto (ADAO), pela Associação dos Isoladores Térmicos contra Frio e Calor e pelos Trabalhadores Aliados (*Allied Workers*). Estes e outros documentos referentes à campanha deflagrada junto a Yale, incluindo *links* para a cobertura internacional do tema, estão disponíveis no sítio: <https://sites.google.com/a/stonybrook.edu/reconsiderschmidheinydegree/events>.

O professor de Yale Thomas Pogge, ao ser entrevistado pela imprensa, argumentou sucessivamente que aquela instituição deveria formar uma comissão independente de especialistas para tratar da matéria e que os financiadores da Universidade (*Yale Corporation*) deveriam, igualmente, agir. Ao comentar para o jornal *Yale Daily News* os casos a envolverem os executivos italianos da Eternit na década de 1980, Pogge afirmou que Schmidheiny "*buscou deliberadamente dificultar seu indiciamento por má gestão ambiental, para além de ter doado verbas à Universidade*".[15] Em um primeiro momento, Yale não admitiu ter recebido dinheiro de Schmidheiny, por intermédio de sua Fundação Avina, mas recuou quando confrontada com suas próprias notas de imprensa divulgadas entre 1995 e 1996. O professor da instituição William Burch afirmou ao jornal *New Haven Register* que a recusa de Yale em lidar com o assunto dilapida a autoridade moral daquela universidade, cujo lema é *Lux et Veritas* (Luz e Verdade).

Cinquenta e três ex-alunos de Yale, a maior parte da turma de 1964, dos quais vinte e cinco estiveram presentes na 50ª Reunião da Classe em 2014, encaminharam uma petição ao reitor Peter Salovey a fim de que este último considerasse revogar aquela honraria conferida a um indivíduo indiciado na esfera criminal. Três dos referidos ex-alunos foram recebidos pelo Vice-Reitor e Secretário da instituição — Kimberly Golff-Crews -, na condição de representante do reitor. Na ocasião, os interlocutores leram um anúncio de página inteira publicado pela Associação de Familiares e Vítimas Italianas do Amianto — AFeVA, a detalhar cronologicamente o envolvimento de Schmidheiny no encobrimento da questão, inclusive no que diz respeito à condenação criminal anterior dos executivos da Eternit italiana em 1983 e 1993, ao mesmo tempo em que o Dr. Martin Cherniak — que trabalhou na clínica de Yale atendendo as vítimas do amianto — descreveu o sofrimento experimentado por estas últimas, bem como a longa história de conhecimento da ciência médica e da própria indústria acerca dos danos à saúde ocasionados pela exposição ao amianto.

Os três ex-alunos em questão apresentaram, além disso, uma carta a ser encaminhada ao reitor de Yale, na qual cobravam respostas acerca de suas colocações, para além de terem informado que Schmidheiny havia sido indiciado recentemente por homicídio na Itália:

> No último mês, Stephan Schmidheiny tornou-se réu em um novo caso criminal a ser julgado em Turim, na Itália. Ele agora é acusado pelo homicídio intencional de aproximadamente duzentas pessoas. A maior parte deles trabalhou na Eternit, enquanto os demais eram habitantes de Casale Monferrato, onde a Eternit possuía sua maior planta de cimento-amianto. Schmidheiny é acusado de colocar intencionalmente a vida das pessoas em risco para defender seus lucros, ao mesmo tempo em que atuou deliberadamente no sentido de obscurecer o conhecimento do público em geral sobre o perigo inerente aos produtos fabricados por sua companhia. As exposições das vítimas datam todas de períodos posteriores a 1976, quando Schmidheiny tornou-se o CEO do Grupo Eternit. As acusações mais severas decorrem das evidências notadas no caso anterior, em que Schmidheiny foi condenado e sentenciado a um longo período de reclusão tanto na primeira, quanto na

---

(15) WHIPPLE, D. *On whose honour? Yale Daily News* (Apr. 4, 2014). Disponível em: <http://yaledailynews.com/weekend/2014/04/04/on-whose-honour/>. Acesso em: 18 out. 2016.

segunda instância nos anos de 2012 e 2013. De modo cristalino, as importantes evidências acerca do papel desempenhado pelo Sr. Schmidheiny como executivo-proprietário de uma companhia dedicada à manufatura do amianto não eram conhecidas em 1996, de modo que Yale deve, agora, considerá-las com cautela na análise a ser empreendida.[16]

Dentro de uma semana, o reitor Salovey recebeu um apelo similar da prefeita de Casa e Monferrato e dos prefeitos de outras trinta e quatro pequenas cidades italianas prejudicadas pelas práticas da Eternit. A prefeita de Casale Monferrato, Conceta Palazzetti, declarou que em sua cidade de trinta e cinco mil habitantes, os sinos da igreja matriz tocam semanalmente por algum morador falecido em decorrência de mesotelioma. Desconsiderando, todavia, os procedimentos legais a terem curso na Itália, Yale novamente defendeu a honraria concedida àquele "homem de negócios, filantropo e ambientalista" e recusou-se a considerar a rescisão do título *honoris causa* outorgado à Schmidheiny. Tal fato teve repercussão na imprensa local sem que os prefeitos tivessem obtido respostas às suas cartas.[17]

Schmidheiny concedeu uma entrevista a um jornal suíço logo após o veredito da Corte de Apelação de Turim que manteve sua condenação. Disse ele ser *"fácil afirmar que na década de 1970 todos os riscos à saúde decorrentes da exposição ao amianto eram conhecidos, quando, na verdade, não eram"*. Ele asseverou, ademais, que àquela época *"não havia nada mais do que poucas teorias médicas controversas"* e que, por isso mesmo, não haveria de se cogitar na formulação de qualquer pedido de desculpas às vítimas pela inação da Eternit em tomar medidas para buscar a redução do número de mortos.[18]

Nenhuma explicação foi apresentada por Schmidheiny ou por seus advogados acerca dos esforços implacáveis levados a cabo pela Eternit para organizar as demais companhias dedicadas ao beneficiamento do amianto com vistas a combater os intentos governamentais de regulamentação e de aposição de advertências nas embalagens dos produtos. A Eternit, de fato, desempenhou um papel dominante ao liderar a resistência da indústria do amianto contra a regulamentação na Suíça e na Alemanha Ocidental.[19]

Os executivos Max Leman e Wolf Lehmann, da Eternit, bem assim o médico Klaus Robock, encontraram-se com outros executivos britânicos e franceses do ramo quinze meses após a conferência realizada com seus gerentes de fábrica em Neuss. Os homens da Eternit afirmaram que *"a tradicional crítica dos britânicos e dos franceses às medidas tomadas pelos executivos suíços do grupo"*, muito embora justificável, *"não poderia servir como base para ações concretas, uma vez que a indústria amiantífera de todos os três países em questão estava sob forte ataque"* naquele ano de 1977. Eles salientaram, além disso, que o Grupo Eternit da Suíça havia suspendido todos os novos investimentos em cimento-amianto e *"decidira conferir à sua cúpula diretiva um certo tempo com vistas a se prepararem para a batalha a ser travada no sentido de se prevenir um colapso no estilo norueguês ou uma explosão à moda francesa"*. E es conclamaram por uma cooperação internacional, para além de ações coordenadas de *lobby* e de gestões perante a opinião pública, e ilustraram seu pleito por intermédio da experiência vivenciada pela empresa *Stiftung Asbest* que havia sido instalada pelo Grupo Eternit na cidade alemã de Neuss. A companhia em questão possuía uma divisão técnico-científica coordenada pelo Dr. Robock, bem como uma divisão de *lobby* dirigida por Max Leman. A *Stiftung*, segundo eles, *"estava preparada para investir altas quantias em propaganda destinada à defesa da indústria e para patrocinar pesquisas no intento de provar, particularmente, que o amianto não seria cancerígeno"*.[20]

A *Stiftung* planejou, além disso, patrocinar oficinas de trabalho a contar com a participação de "professores e representantes de instituições de pesquisa", para assegurar que os produtos a conter amianto "poderiam ser utilizados de modo seguro". A companhia alemã em questão foi indicada pelos executivos do Grupo Eternit como um modelo para a defesa coletiva internacional da indústria amiantífera. No entanto, os executivos britânicos do setor recusaram-se a replicar as práticas adotadas na *Stiftung*. De fato, muito embora eles concordassem com os homens da Eternit de que

---

(16) BERMAN, D.; LUCARELLI, J.; CHERNIAK, M. *Carta ao Reitor de Yale*, Peter Salovey (22 de julho de 2014).
(17) STANNARD, E. *Italian towns ask Yale to revoke honorary degree over asbestos deaths. New Haven Register* (Aug. 1, 2014). Disponível em: <http://nhregister.com/health/20140801/Italian-towns-ask-Yale-to-revoke-honorary-degree-over-asbestos-deaths>. Acesso em: 17 out. 2016.
(18) *Asbestos: Stephan Schmidheiny on asbestos verdict: in my opinion the irrationality was intentional. Neue Zürcher Zeitung* (Apr. 21, 2014). Disponível em: <http://m.aargauerzeitung.ch/wirtschaft/stephan-schmidheiny-ueber-asbest-urteil-absurditaet-ist-mir-bewusst-geworden-127897488>. Acesso em: 17 out. 2016.
(19) ROSELLI, M. *The asbestos lie*. European Trade Union Institute, 2014. Disponível em: <http://www.etui.org/Publications2/Books/The-asbestos-lie.-The-past-and-present-of-an-industrial-catastrophe>. Acesso em: 17 out. 2016.
(20) Memorando da reunião de Berlim em 9.9.1977. Arquivos da Turner & Newall 0063-1508 a 1512. Cortesia do Dr. Geoffrey Tweedale.

o tempo não corria a favor da indústria amiantífera, os advertiam, por outro lado, a separar os grupos destinados à implementação das atividades de *lobby* e aqueles dedicados à pesquisa científica, a fim de preservar a credibilidade das pesquisas patrocinadas, tal como já vinha sendo feito no Reino Unido pela indústria amiantífera há algum tempo.

O fato é que Schmidheiny percebeu a necessidade de desenvolver alternativas à tecnologia à base de amianto no ano que se seguiu à sua nomeação como CEO do Grupo Eternit em 1976, *"de modo a buscar a reformulação do processo produtivo da Eternit na década de 1980"*[21] Apesar disso, o relatório confidencial de um estudo encaminhado ao Conselho Diretivo do Grupo Eternit no ano de 1981 recomendou à companhia a tomada imediata de medidas sérias com vistas a pesquisar tecnologias alternativas (o que ela viria de fato a fazer, principalmente em função de uma severa campanha protagonizada pelos sindicatos obreiros alemães):

> O estudo chegou basicamente à conclusão de que a previsão orçamentária formulada pela Eternit no sentido de destinar 1,1% do volume de negócios à pesquisa e ao desenvolvimento mostrou-se totalmente insuficiente e que a Eternit colocou, por muito tempo, suas expectativas nas medidas destinadas a prevenir o banimento do amianto, sem que isso se fizesse acompanhado da implementação de alternativas à utilização da referida fibra. [22]

A história contada por Schmidheiny sobre si próprio não faz menção a nenhum momento de inspiração a indicar que ele tenha mudado radicalmente de atitude, deixando de ser um industrial implacável do beneficiamento do amianto e passando a ser um defensor das causas ambientais.

Em sua biografia autorizada escrita por Werner Catrina no ano de 1985 sob o título *Der Eternit Report*, Schmidheiny relata que em 1969, quando contava com pouco mais de vinte anos de idade, ele foi encaminhado para São Paulo, no Brasil, para aprender sobre as atividades tocadas pela Eternit no ramo do cimento-amianto. Segundo ele, suas atividades se desenvolviam no "chão de fábrica", onde fora exposto a níveis não controlados de poeira de amianto, sem qualquer advertência sobre os perigos a ela inerentes. No entanto, de acordo com o imigrante austríaco designado pela companhia para ciceroneá-lo quando de sua permanência em Osasco, Schmidheiny nunca trabalhou na área operacional da planta, tendo sido apenas um turista, ou um *playboy*, que gostava de praticar mergulho. Segundo a renomada ativista brasileira Fernanda Giannasi, este homem — João Francisco Grabenweger — afirmou ter ouvido do próprio Schmidheiny que ele teria deixado a Suíça no fito de se evadir da prestação do serviço militar obrigatório.

Em uma carta encaminhada no ano de 2003 a Schmidheiny, o Sr. Grabenweger relatou ter sido acometido por asbestose e pediu ao seu destinatário para que tomasse providências acerca das compensações ridiculamente baixas que vinham sendo oferecidas espontaneamente pela Eternit brasileira. Ele teria sido contemplado com uma indenização no valor de vinte e sete mil dólares em decorrência de sua asbestose, vindo a falecer alguns anos depois.

A Corte Suprema de Cassação da Itália viria a apreciar o último apelo de Schmidheiny no dia 19 de novembro de 2014. Uma vez que o promotor Guariniello não reunia condições institucionais para participar da sessão, tal incumbência ficou a cargo de um procurador do Estado devidamente habilitado a oficiar perante aquela instância extraordinária. Em um giro radical de posicionamento, o procurador em questão manifestou-se pela recusa das acusações acatadas contra Schmidheiny nas instâncias inferiores, sob o argumento de que a acusação relativa ao crime de desastre ambiental estaria atingida pela prescrição, a ter por marco inicial a data de fechamento da fábrica de Casale Monferrato, no ano de 1986, ao invés da data a coincidir com o aparecimento das doenças ou com a morte das vítimas. Os argumentos formulados nesse sentido no âmbito das instâncias inferiores haviam sido por elas refutados e mesmo perante a Suprema Corte de Cassação o procurador salientou que sua opinião a respeito da aplicação dos dispositivos prescricionais não estaria a afetar o juízo já firmado anteriormente a respeito da culpabilidade do réu e nem tampouco a respeito da justiça ou da injustiça a permear os dispositivos da legislação italiana a preverem o instituto da prescrição, nos seguintes termos:

---
[21] NEWSHAM, J. *A toxic legacy. Yale Daily News* (Sept. 8. 2013). Disponível em: <http://yaledailynews.com/magazine/2013/09/08/a-toxic-legacy/>. Acesso em: 17 out. 2016.
[22] ALBRACHT. G. *Trade unions and the Federal Environment Agency — instigators of an asbestos ban in Germany. The long and winding road to an asbestos free workplace*. European Institute for Construction Labour Research. CLR/International Books, 2013, p. 77-78.

Eu penso que o réu é culpado de todos os atos a ele imputados pela acusação. Honestamente, a regra acerca da prescrição é falha para atender às demandas em torno de justiça. No entanto, devemos tomar cuidado para não dobrarmos o direito aos anseios de justiça: o juiz responde ao direito, e deve optar pelo direito.

Francesco Mauro Iacovielli, Procurador-Chefe perante a Corte de Cassação.[23]

O resultado do julgamento foi capa dos principais jornais italianos no dia seguinte e foi objeto de intensa cobertura por parte da televisão e do rádio. O advogado de Schmidheiny afirmou que o multibilionário nunca aferiu um centavo proveniente das fábricas da Eternit na Itália. A mídia cobriu intensamente as demonstrações espontâneas da população de Casale Monferrato a respeito das notícias que chegavam de Roma: a prefeita declarou um dia de luto na cidade, ao passo que os sinos da prefeitura tocaram, tal como o fizeram os sinos da igreja-matriz, no mesmo badalar destinado aos funerais. Panos pretos foram esticados ao longo das praças públicas e as escolas (que permaneceram fechadas), bem como as lojas dispuseram cartazes com a frase: "*Eternit: quantas vezes mais você ainda vai matar?*" (*Eternit: quante volte ci devono ancora uccidere?*)"[24].

Um doente diagnosticado com mesotelioma — Giuseppe Manfredi — afirmou à imprensa "*ter ciência de que sua esposa e filha choram quando ele não está em casa e que elas forçam um sorriso tão logo ele volta*" e que, além disso, "*não pode precisar exatamente quando, mas sabe que será a próxima vítima da Eternit.*" Nos dois dias anteriores ao julgamento, dois habitantes de Casale Monferrato vieram a falecer em decorrência de mesotelioma, dentre eles uma mulher de vinte e nove anos de idade, totalizando cinquenta e um óbitos desde o início daquele ano de 2014.

O juiz aposentado Alberto Oggè, que presidiu o julgamento em segunda instância do Caso Eternit na Corte de Apelação de Turim, deu uma entrevista sem precedentes à imprensa, na qual atacou fortemente a Corte de Cassação. Disse ele "*não ter a intenção de polemizar com a Corte de Cassação, mas sentia que o veredito dado pelo colegiado por ele presidido seria o correto, [pois] nós decidimos que o crime não havia prescrito em razão do singelo fechamento da fábrica no ano de 1986 e, de fato, se as pessoas ainda estão morrendo em razão dos efeitos ocasionados por aquela fábrica, como pode o crime em questão ser atingido pela prescrição*"?[25]

O jornal *Corriere della Sera* trouxe em sua edição uma entrevista com o "magnata suíço", por ocasião de seu retorno à sua propriedade situada no Lago Constance, na Suíça. Disse ele que sua conversão ao ambientalismo se deu na infância, quando saia de férias com a família nas ilhas do Mediterrâneo. Ele pontuou, além disso, que no início da década de 1980 costumava ir ao Chile, naquela quadra governada pelo ditador Pinochet, para adquirir milhares de hectares de terras que o povo nativo Mapuche afirmava pertencer-lhes e das quais foram expulsos. A matéria salienta, outrossim, que Schmidheiny teria passado muito tempo a meditar e que o caso a envolver a cidade de Casale Monferrato lhe doía como um espinho encravado em seu coração.

Dois dias após o veredito da Corte de Cassação, realizou-se uma conferência em Casale Monferrato com representantes de grupos de vítimas do amianto oriundos da Itália, da França, do Brasil, da Bélgica, da Argentina, da Espanha, da Suíça, do Japão e do Reino Unido. Eles formularam uma declaração a apontar o veredito como uma violação aos direitos humanos das vítimas, pois "*este último baseou-se na assertiva de que a responsabilidade pessoal por crimes corporativos poderia ser anulada por tecnicismos legais aplicados de modo arbitrário*".[26]

O encontro foi seguido por uma assembleia que reuniu cerca de vinte prefeitos dos municípios circunvizinhos, bem como o presidente da região do Piemonte, o presidente da Província de Alessandria e o ex-ministro italiano da saúde e que contou com um auditório abarrotado com centenas de espectadores, enquanto outras centenas se acumulavam do lado de fora, sendo sucedido por uma procissão pela cidade com tochas. Até mesmo o Primeiro Ministro Matteo Renzi foi forçado a comentar que talvez a norma referente à prescrição penal deveria ser alterada, para além de ter concordado em se encontrar com a prefeita e com alguns moradores de Casale Monferrato.

O periódico *La Repubblica* fez menção a um manuscrito proveniente de um antigo gerente da mina amiantífera de Balangero que esteve presente no encontro convocado por Schmidheiny em 1976 na cidade alemã de Neuss. A man-

---
(23) ARMELLINI. A. *Collapse of landmark asbestos trial exposes Italy's messy justice*. Deutsche Presse Agentur. (Nov. 20, 2014). Disponível em: <http://www.dpa-international.com/news/international/collapse-of-landmark-asbestos-trial-exposes-italy-messy-justice-a-43364961-img-0.html>. Acesso em: 17 out. 2016.
(24) *La Stampa, La Reppublica e Corriere della Sera*. 20 a 22 de novembro de 2014. Observações pessoais do autor a respeito das reações em Casale Monferrato.
(25) SCHICK. F. *Asbestos case puts spotlight on honorary degree*. Yale Daily News (Feb. 11, 2016). Disponível em: <http://yaledailynews.com/blog/2016/02/11/asbestos-case-puts-spotlight-on-honorary-degree/>. Acesso em: 17 out. 2016.
(26) ALTOPIEDI, R.; PANELLI, S. *The great trial*. Asbestos Disease Awareness Organization, 2016. Disponível em: <http://www.asbestosdiseaseawareness.org/archives/38113>.

chete dava destaque à frase *"não fale sobre o risco de câncer"*, a constar do manuscrito, para além de relatar o manual implementado na sequência do referido evento, a orientar os executivos de Schmidheiny no trato com o público, com a imprensa e com os sindicatos.

O bispo de Casale Monferrato — Monsenhor Alceste Catella — afirmou se sentir *"dolorido, desapontado e indignado"*. Disse ele que nos dias a antecederem o julgamento a comunidade havia renovado a crença na justiça e agora era confrontada com a afirmação de que o direito nada tem a ver com a justiça. Ele citou a célebre indagação de Santo Agostinho, a propalar que *"quando a justiça é removida, o que é o Estado senão uma malta de ladrões"*?[27]

A existência de um julgado da Corte Europeia de Direitos Humanos a reformar o posicionamento dos tribunais suíços no sentido de que os danos ocasionados pela exposição ao amianto não poderiam ser indenizados em função da prescrição foi visto pelas vítimas como um importante precedente. A Corte Europeia firmou o entendimento, na ocasião, de que as vítimas suíças tiveram seu acesso ao Poder Judiciário negado e, com base nesses mesmos argumentos, os cidadãos de Casale Monferrato estudam buscar a reforma do veredito proferido pela Corte de Cassação naquela instância supranacional. Poderá a Corte Europeia de Direitos Humanos reverter a falha em processar um criminoso corporativo que estava a empunhar uma *"arma de destruição em massa com um mecanismo retardado de ação"* cujos projéteis são mais lentos do que os prazos prescricionais? Muito provavelmente as vítimas deverão, primeiramente, exaurir o trâmite de suas demandas individuais nas cortes italianas a buscarem a compensação civil pelos danos antes que a Corte Europeia possa analisar os apelos.

No caso concreto a envolver o desastre ambiental ocasionado pela Eternit, a Itália não se mostrou forte o suficiente para resistir ao poder corporativo. Schmidheiny conseguiu evitar sua inclusão na "lista vermelha" dos fugitivos da Interpol. No entanto, a Corte de Cassação observou por ocasião do julgamento que, ao contrário do crime de desastre ambiental, o tipo penal referente ao homicídio não está sujeito aos efeitos da prescrição.

Citando nominalmente duzentas e cinquenta e seis vítimas que morreram em decorrência da exposição ao amianto nos anos que se seguiram à nomeação de Schmidheiny como CEO do Grupo Eternit em 1976, o promotor Guariniello anunciou no dia seguinte ao veredito proferido pela Corte de Cassação que o julgamento do magnata suíço pelo crime de homicídio prosseguiria no âmbito da *Corte d´Assise*[28]. O juiz togado responsável pela presidência do julgamento naquela instância, ateve-se ao entendimento de que Schmidheiny não poderia ser processado novamente pelos mesmos atos e sua decisão foi objeto de questionamento na Corte Constitucional italiana.[29] É como se alguém efetuasse disparos com uma arma de fogo, viesse a matar algumas pessoas e fosse penalizado tão somente pelo delito de perturbar o sossego público com o barulho ocasionado pelos tiros, sem que se pudesse, posteriormente, processar novamente o sujeito, haja vista ele já teria sido indiciado pelos disparos que efetuou com a arma.

Em 10 de fevereiro de 2016 o Programa de Justiça Global de Yale e o Centro Internacional para os Direitos Internacionais Orville H. Schell Jr., realizaram um seminário para discutir a possibilidade de revogação do título honorífico concedido *"ao industrial processado por mortes relacionadas ao amianto"*. O elenco de palestrantes incluiu o professor de Yale Thomas Pogge, o médico Martin Cherniak, Chris Meisenkothen e o autor. Nenhum representante — atual ou antigo — do colegiado dirigente de Yale aceitou o convite para participar do evento.

Paralelamente a isto, o relançamento do livro *O Grande Julgamento* foi anunciado em versão eletrônica pela Associação de Alerta para as Doenças do Amianto (ADAO) nos Estados Unidos. A referida obra foi escrita por Rosalba Altopiedi e por Sara Panelli, que atuaram como promotoras no caso. A versão em língua inglesa do trabalho, originalmente publicado em italiano em uma revista acadêmica, chegou a ter sua publicação anunciada no início de 2015, mas foi abortada pela pequena editora que o faria em função das ameaças de processo advindas dos advogados suíços de Schmidheiny. Os advogados argumentaram que a obra eletrônica em questão apresentava Schmidheiny como um *"industrial implacável que priorizava seus lucros em detrimento da segurança e da vida de seus empregados"*. A tradução

---

(27) McCULLOCH, J.; TWEEDALE, G. *Defending the indefensible. The global asbestos industry and its fight for survival*. Oxford University Press, 2008.
(28) Nota do tradutor: A *Corte d'Assise* equivale, na legislação penal italiana, ao Tribunal do Júri, responsável pelo julgamento dos crimes de maior potencial ofensivo, dentre eles o homicídio doloso, nos termos do art. 5º do Código de Processo Penal italiano.
É ela formada por dois juízes togados e por seis jurados escolhidos dentre os cidadãos. Sua regulamentação consta da Lei n. 287, de 10.4.1951.
(29) Nota do tradutor: Na sistemática italiana do controle de constitucionalidade, admite-se o recurso à Corte Constitucional mesmo antes do esgotamento das instâncias ordinárias, no fito de se decidir questão prejudicial de natureza constitucional. Nessa modalidade de controle difuso, o procedimento instaurado na origem permanece suspenso até que a Corte Constitucional decida a questão em concreto.

atualizada inclui a melhor revisão disponível a respeito das evidências a demonstrarem o envolvimento de Schmidheiny no encobrimento e nos esforços para evitar sua responsabilização na Itália.[30]

No dia 21 de julho de 2016, a Corte Constitucional da Itália determinou que o julgamento de Stephen Schmidheiny pela prática do crime de homicídio de duzentas e cinquenta e oito pessoas, muitas delas não incluídas no rol de vítimas do primeiro processo, poderá ter continuidade no âmbito da *Corte D´Assize*, que deverá retomar os trabalhos ainda no ano de 2016.

3 O FATO DE O AMIANTO NÃO ESTAR BANIDO EM TODO O MUNDO É UM CRIME

Embora o amianto tenha sido banido em mais de cinquenta países, a maior parte dos habitantes do planeta ainda vive em países nos quais o amianto ainda é utilizado. As condições de uso do amianto em vários países correspondem ao que veríamos se pudéssemos entrar em uma máquina do tempo e contemplar o que vinha sendo feito nos países industrializados há cinquenta anos. Nos Estados Unidos, algumas das pessoas que estão a morrer na proporção de mais de uma por hora em razão da exposição pretérita ao amianto questionam se o modo pelo qual foram eles inadvertidamente expostos àquele perigo mortal configura uma prática criminosa. Tal indagação é feita igualmente pela generalidade das vítimas do amianto ao redor do mundo.

Os historiadores que escreveram livros sobre o amianto tentam descobrir como foi possível que oitenta por cento de todo o amianto utilizado no mundo no Século XX tenha sido vendido após 1960, ou seja, no ano que o mesotelioma foi reconhecido como uma patologia rara e mortífera ocasionada pelo amianto.[31] Eles chegaram à conclusão de que tais vendas configuraram de maneira patente um comportamento criminoso praticado pelas principais companhias dedicadas à industrialização do amianto, de modo a assegurar através das sucessivas gerações, e não apenas nas décadas seguintes, o encobrimento dos riscos inerentes àquela poeira aparentemente inocente. Tal análise é apropriadamente classificada sob o título "*Defendendo o indefensável. A indústria mundial do amianto e sua luta pela sobrevivência*".

A Organização Mundial da Saúde estimou que cento e sete mil pessoas morrem a cada ano em decorrência da exposição ocupacional ao amianto e a mais recente atualização dessa estatística indica que tal estimativa dobrou, de modo a atingir o quantitativo de duzentos e quinze mil óbitos por ano. Provavelmente, há outras dezenas de milhares que vêm a falecer por exposições não ocupacionais. Tanto a OMS quanto a Organização Internacional do Trabalho vêm clamando pelo banimento do uso de produtos à base de amianto, ainda que que o consumo mundial tenha permanecido estável desde 2000 e permaneça teimosamente em níveis próximos àqueles constatados na década de 1980.

A pandemia ora constatada é resultado do abuso generalizado da saúde da população. As companhias que controlam a indústria do amianto colocaram em perigo de modo consciente e imprudente a saúde de seus trabalhadores, consumidores e de toda a comunidade na sanha de obterem lucros desde a década de 1930. O fato de as práticas perpetradas por tal indústria serem tão invasivas — a envolverem, frequentemente, conspiração combinada com condutas abusivas — remanesce como um atentado à ordem pública. Essas amplas e documentadas condutas abusivas a permearem a totalidade da indústria amiantífera, antes de indicarem condutas excepcionais, apontam para a deturpação generalizada daquelas empresas em termos legais, éticos e corporativos. Para melhoramos no futuro, devemos aprender do passado.

Nos Estados Unidos, décadas de litigância a respeito da indenização por danos relacionados ao amianto trouxeram à tona um vasto número de documentos internos das empresas dedicadas ao beneficiamento do amianto. Tais documentos corporativos consistem em uma verdadeira enciclopédia de práticas temerárias de negócios. A história então trazida à luz envolve a indústria do amianto e uma série de outras indústrias ao redor do mundo, desde a década de 1920.

Este conjunto de documentos inclui (i) a supressão de descobertas médicas e experimentais, (ii) a manipulação de relatórios, (iii) a ocultação dos riscos inerentes ao amianto nos comunicados das corporações à imprensa, (iv) a publicação de declarações e de relatórios por parte dos órgãos de representação empresarial a respeito da pretensa inofen-

---

(30) LA DOU, J. et alii. *The case for a global ban on asbestos*. Enviromental. Health Perspective. 118:897-901, July 2010.
(31) WORLD HEALTH ORGANIZATION. *Guidelines for implementation on Article 5.3 of the WHO Framework Convention on Tobacco Control/on the perception of public health policies with respect to tobacco control from comercial and other vested interests of the tobacco industry*. Geneva: WHO. Disponível em: <http://who.int/fctc/guidelines/article_5.3.pdf>. Acesso em: 17 out. 2016.

sividade do amianto, (v) a sonegação de informações para os organismos governamentais sobre doenças relacionadas ao amianto, (vi) a duradoura violação às regulamentações que impunham a colocação de rótulos de advertência nos produtos, (vii) a comercialização de produtos sem rótulos de advertência em alguns países, ao mesmo tempo que avisos dessa natureza eram afixados em outros países, (viii) a prática de assédio sobre médicos que formularam declarações advertindo o público sobre os riscos do amianto, (ix) a proposição de acordos em processos de indenização a ventilarem a condição de que os advogados a representarem os trabalhadores se abstivessem de ajuizar ações de natureza idêntica, (x) a ocultação para os empregados dos diagnósticos de asbestose constatados em exames médicos de rotina, (xi) a demissão de trabalhadores e a perseguição dos sindicatos que denunciavam os riscos inerentes ao amianto, (xii) a demissão e a recontratação de trabalhadores no intento de fazer com que seus organismos não tivessem tempo hábil para desenvolver doenças relacionadas ao amianto, (xiii) a exportação de produtos à base de amianto banidos nos países de origem, (xiv) a rotulação de produtos contendo amianto como "livres de amianto", (xv) a remoção da expressão "amianto" nos anúncios de produtos a conterem a referida fibra, sem qualquer aviso a respeito de sua presença, (xvi) a venda de amianto para utilização na fabricação de massas de modelar para crianças, (xvii) a implementação do trabalho terceirizado precário em atividades sujeitas ao risco de exposição ao amianto, (xviii) o despejo inadequado de resíduos de amianto ao redor das fábricas e (xix) o descumprimento reiterado do dever de implementar precauções básicas no fito de evitar que os trabalhadores carregassem resíduos de amianto para suas casas juntamente com seus uniformes de trabalho.[32]

No novo século, os interesses ligados ao amianto gastaram milhões de dólares na contratação e na publicação de informes publicitários com vistas a inocentar o amianto da variedade crisotila, o tipo de amianto que responde por noventa e cinco por cento da utilização mundial de amianto no Século XX e o único tipo de amianto comercializado internacionalmente desde então.[33] Governos que mantêm relações perturbadoramente próximas com os interesses ligados ao amianto vêm frequentemente impedindo a inclusão do amianto crisotila no rol de substâncias perigosas banidas do comércio internacional a constar da Convenção de Rotterdam.

A indústria do amianto vem obtendo lucros por intermédio da venda e da exportação de um produto mortal. Para além da indiferença em relação a tal tragédia humana constatada do Brasil a Bangladesh, a indústria do amianto está a colocar sobre os ombros dos indivíduos, de suas famílias, de suas comunidades e de seus governos os enormes custos econômicos das doenças, da mortalidade e da contaminação ambiental.

A aplicação do direito penal a tais situações tem o condão de sinalizar que a sociedade considera certas condutas tão destrutivas, tão imorais e tão inaceitáveis que os indivíduos por elas responsáveis devem ser condenados à reclusão. Tal medida se afigura como necessária tendo em vista o enorme mal inerente à destruição de vidas humanas ocasionado por aquela substância. Ao assim proceder, a sociedade transmite aos demais, igualmente, a mensagem no sentido de que tal sorte de condutas afigura-se inaceitável e que, por isso mesmo, sua prática será punida. Quando a impunidade pela supressão de vidas humanas tem lugar, principalmente quando ela é financeiramente compensadora para quem a praticou, há uma enorme probabilidade de que tal conduta lesiva tenha continuidade até que esses indivíduos sejam pessoalmente responsabilizados.

A compreensão em torno dos mecanismos pelos quais a pandemia de doenças relacionadas ao amianto foi gerada pode, igualmente, orientar as autoridades elaboradoras de políticas públicas com vistas à implementação imediata de melhorias na proteção à saúde. O caso do tabaco é instrutivo.

A Convenção-quadro da Organização Mundial da Saúde sobre o controle do tabaco *reconheceu "a necessidade de se estar alerta a quaisquer esforços implementados pela indústria do tabaco no fito de inviabilizar ou subverter os efeitos de controle da referida substância"* e de atuar no sentido de *"proteger as políticas públicas de controle do tabaco dos interesses comerciais da indústria tabagista"*.[34] O tratado em questão tem por base uma série de diretrizes principiológicas, tais como o "Princípio 1", a preconizar *que "existe um conflito fundamental e irreconciliável entre os interesses da indústria do tabaco e os interesses das políticas de saúde pública"*. No fito de implementá-las, a OMS recomenda que os governos

---

(32) CASTLEMAN, Barry. *Asbestos*: Medical and legal aspects. 5th Edition. New York: Aspen, 2005;
McCULLOCH, J.; TWEEDALE, G. *Defending the indefensible. The global asbestos industry and its fight for survival*. Oxford University Press, 2008.
(33) LA DOU, J. et alii. The case for a global ban on asbestos. Envoremental. Health Perspective. 118:897-901, July 2010.
(34) WORLD HEALTH ORGANIZATION. *Guidelines for implementation on Article 5.3 of the WHO Framework Convention on Tobacco Control/on the perception of public health policies with respect to tobacco control from comercial and other vested interests of the tobacco industry*. Geneva: WHO. Disponível em: <http://who.int/fctc/guidelines/article_5.3.pdf>. Acesso em: 17 out. 2016.

nacionais *"devem interagir com a indústria do tabaco tão somente para estabelecer, de modo estritamente necessário, a regulamentação efetiva da indústria do tabaco e de seus produtos".*

Em razão do notório histórico de práticas de subversão das políticas de saúde pública por parte da indústria do amianto e de sua continuidade, limitações similares deveriam ser seguidas pelos governos nacionais na elaboração das políticas de saúde pública sobre o amianto e na interação com os representantes da indústria amiantífera. Os governos não deveriam se sentir forçados a transigir com o interminável *lobby* formulado por estes últimos e com suas táticas destinadas a adiar indeterminadamente o banimento e a propalar os argumentos em torno do "uso controlado" daquela poeira assassina.

Trata-se de uma indústria criminosa a atuar em pleno Século XXI, a cultivar de forma impiedosa relações corruptas com políticos, funcionários públicos, tribunais, agentes da mídia, médicos, instituições médicas, universidades e sindicalistas. Os governos deveriam interagir com a indústria do amianto apenas naquilo que seja estritamente necessário para banir o emprego do amianto em novos produtos e para estabelecer medidas protetivas destinadas a lidar com os produtos à base de amianto já fabricados.

4 CONCLUSÃO

A indústria do amianto é comparável à indústria do tabaco em seus efeitos sobre um país. A maior diferença entre uma e outra é que ninguém se vicia ao utilizar o amianto. O amianto pode ser banido, pois produtos alternativos seguros estão disponíveis na atualidade. O trabalho em locais que contam com materiais fabricados à base de amianto pode ser submetido a medidas de controle, tal como vários países já demonstraram. Medidas de saúde pública destinadas a ampliar a advertência em todos os níveis e a disponibilizar a indenização para as vítimas são elementos essenciais para a prevenção. Do mesmo modo, assim se qualifica a utilização da legislação criminal com vistas a promover a responsabilização pessoal pelas decisões corporativas das indústrias no sentido de buscar a obtenção de lucros por meio da implementação de medidas voltadas a evitar os custos inerentes à prevenção e à reparação das vítimas, que acabam por ocasionar riscos de grande escala para a saúde pública. Os governos não possuem nenhum motivo para perder tempo com os porta-vozes da indústria do amianto, muito menos para conceder-lhes o direito de impedir o banimento do uso da fibra e a tutela da saúde do público em geral naqueles locais a contarem com instalações em que o amianto se faz presente.

Reconhecimento

O autor recebeu ampla assistência por parte da intérprete Victoria Franzinetti para realizar entrevistas e para compreender os julgamentos, os argumentos das cortes e as matérias publicadas na imprensa formuladas originalmente no idioma italiano.

5 REFERÊNCIAS BIBLIOGRÁFICAS

ALBRACHT, G. *Trade unions and the Federal Environment Agency — instigators of an asbestos ban in Germany. The long and winding road to an asbestos free workplace.* European Institute for Construction Labour Research. CLR/International Books, 2013, p. 77-78.

ALTOPIEDI, R.; PANELLI, S. *The great trial.* Asbestos Disease Awareness Organization, 2016. Disponível em: <http://www.asbestosdiseaseawareness.org/archives/38113>.

ARMELLINI, A. *Collapse of landmark asbestos trial exposes Italy´s messy justice. Deutsche Presse Agentur.* (Nov. 20, 2014). Disponível em: <http://www.dpa-international.com/news/international/collapse-of-landmark-asbestos-trial-exposes-italy-messy-justice--a-43364961-img-0.html>. Acesso em: 17 out. 2016.

BAADER, E. W. *Asbestosis. Deut. Med. Woch.* 65: 407-408 (1939).

BERMAN, D.; LUCARELLI, J.; CHERNIAK, M. *Carta ao Reitor de Yale*, Peter Salovey (22 de julho de 2014).

CASTLEMAN, Barry. *Asbestos: Medical and legal aspects.* 5th Edition. New York: Aspen, 2005.

_____ . *The export of hazardous factories to developing nations. Int. J. Health Serv.* 9: 569-606 (1979).

HUEPER, W. C. *Environmental Cancer.* Washington: US Govt. Printing Ofc, 1949. p. 50-53.

ITÁLIA: Corte de Cassação de Turim. 3ª Câmara Criminal. Processo n. 24.265/2004.

LA DOU, J. et alii. *The case for a global ban on asbestos. Enviromental. Health Perspective.* 118:897-901, July 2010.

LAPIERRE, D.; MORO, J. *Five past midnight in Bhopal.* New York: Warner Books, 2002.

McCULLOCH, J.; TWEEDALE, G. *Defending the indefensible. The global asbestos industry and its fight for survival.* Oxford University Press, 2008.

MEREWETHER, E. R. A. *A memorandum of asbestosis. Tubercle* 15:69-81, 109-118, and 152-159 (1933-34).

MEREWETHER, E. R. A.; PRICE, C. W. *Reports on the effects of asbestos dust on the lungs and dust suppression in the asbestos industry.* H. M. Stationery Ofc. London: 1930.

NEWHOUSE, M. L.; THOMPSON, H. *Mesothelioma of pleura and peritoneum following exposure to asbestos in the London Area. Br. J. Ind. Med.* 22: 261-269 (1965).

NEWSHAM, J. *A toxic legacy. Yale Daily News* (Sept. 8. 2013). Disponível em: <http://yaledailynews.com/magazine/2013/09/08/a-toxic-legacy/>. Acesso em: 17 out. 2016.

ROSELLI, M. *The asbestos lie.* European Trade Union Institute, 2014. Disponível em: <http://www.etui.org/Publications2/Books/The-asbestos-lie.-The-past-and-present-of-an-industrial-catastrophe>. Acesso em: 17 out. 2016.

SCHICK, F. *Asbestos case puts spotlight on honorary degree. Yale Daily News* (Feb. 11, 2016). Disponível em: <http://yaledailynews.com/blog/2016/02/11/asbestos-case-puts-spotlight-on-honorary-degree/>. Acesso em: 17 out. 2016.

STANNARD, E. *Italian towns ask Yale to revoke honorary degree over asbestos deaths. New Haven Register* (Aug. 1, 2014). Disponível em: <http://nhregister.com/health/20140801/Italian-towns-ask-yale-to-revoke-honorary-degree-over-asbestos-deaths>. Acesso em: 17 out. 2016.

WHIPPLE, D. *On whose honour? Yale Daily News* (Apr. 4, 2014). Disponível em: <http://yaledailynews.com/weekend/2014/04/04/on-whose-honour/>. Acesso em: 18 out. 2016.

WORLD HEALTH ORGANIZATION. *Guidelines for implementation on Article 5.3 of the WHO Framework Convention on Tobacco Control/on the perception of public health policies with respect to tobacco control from comercial and other vested interests of the tobacco industry.* Geneva: WHO. Disponível em: <http://who.int/fctc/guidelines/article_5.3.pdf>. Acesso em: 17 out. 2016.

WILLIAMS, C. L. *Borough of Barking Annual report of the Medical Officer for health for the year 1945.*

A HEGEMONIA DA INDIVIDUALIZAÇÃO DA SAÚDE E SEGURANÇA DO TRABALHO NO CAPITALISMO FLEXÍVEL

Graça Druck[*]
Vitor Filgueiras[**]

1 INTRODUÇÃO

O objetivo deste capítulo é analisar, na atual fase do capitalismo flexível e globalizado, as transformações dos padrões de gestão e organização do trabalho, que se consolidaram nos últimos quarenta anos no mundo e no Brasil, indicando que o processo de trabalho capitalista é histórico, isto é, se modifica no tempo e no espaço, fruto das lutas de classes e da disputa pelo controle do trabalho pelo capital. É a partir da compreensão do atual padrão hegemônico de relações de trabalho que se busca evidenciar as principais implicações no campo do meio ambiente do trabalho e da saúde do trabalhador.

Parte-se do suposto que as questões referentes à saúde do trabalhador ou as políticas de saúde e segurança no trabalho adotadas pelas empresas de forma hegemônica estão vinculadas às relações de dominação estabelecidas em cada momento histórico no ambiente de trabalho. A hegemonia "conquistada na fábrica" é produto e ao mesmo tempo produtora do padrão de desenvolvimento econômico, social e político do capitalismo em cada momento histórico.

Nesta perspectiva, numa primeira parte do texto serão expostas as principais teses que discutem o momento atual caracterizado por um processo de globalização sob a direção do capital financeiro, sustentado numa profunda reestruturação produtiva e justificado em termos políticos, ideológicos e culturais por um conjunto de princípios e práticas neoliberais que estabeleceram um grau extremo de individualização na sociedade, sobretudo em relação ao lugar e a responsabilidade dos que vivem do trabalho. Neste contexto, discute-se a relação entre a hegemonia neoliberal e a "institucionalização" da precarização social do trabalho, considerada como estratégia de dominação que passa a ocupar o centro da dinâmica do capitalismo flexível não só no Brasil, mas em todo o mundo, com as especificidades de cada país ou região.

---

[*] Professora titular do Departamento de Sociologia da Faculdade de Filosofia e C. Humanas/Universidade Federal da Bahia. Pesquisadora do Centro de Estudos e Pesquisas em Humanidades (CRH/UFba) e do CNPq. Especialista em estudos na área de Sociologia do Trabalho.
[**] Auditor Fiscal do Trabalho, Pesquisador de Centro de Estudos Sindicais e Economia do Trabalho (CESIT) da UNICAMP, Pós-doutorando do Instituto de Economia da UNICAMP, integrante do grupo de pesquisa "Indicadores de Regulação do Emprego". A pesquisa tem apoio da CAPES e da FAPESP, processo n. 2014/04548-3, Fundação de Amparo à Pesquisa do Estado de São Paulo (FAPESP).

Na segunda parte do texto será discutida a tese mais geral sobre a individualização da saúde e segurança do trabalho no Brasil, como aspecto e mecanismo de reprodução do padrão de gestão do trabalho predominantemente predatório, e componente da hegemonia burguesa no país.

2 CAPITALISMO FLEXÍVEL, HEGEMONIA NEOLIBERAL E PRECARIZAÇÃO DO TRABALHO

No atual contexto do capitalismo flexível e globalizado, o padrão de gestão e organização do trabalho adotado em resposta à crise do fordismo há pelo menos quarenta anos, inspirado na experiência japonesa que se ocidentalizou, trouxe alguns elementos fundamentais para expressar o que se chamou de um "novo espírito do capitalismo" (Boltanski; Chiapello, 2009). Trata-se de uma era em que a lógica da financeirização ou da especulação financeira, pautada na volatilidade, na efemeridade, no curtíssimo prazo sem estabelecer laços ou vínculos com lugar nenhum, se torna hegemônica, contaminando todos os espaços de sociabilidade, em especial, o ambiente do trabalho. Um cenário em que, embora o crescimento econômico tenha desacelerado comparativamente ao período fordista, sobretudo nos países mais centrais, a lucratividade do capital atingiu níveis inéditos, graças à liberalização dos mercados, especialmente o financeiro, redefinindo a forma de Estado e suas políticas.

Há um conjunto de aspectos que constituem esse "novo espírito do capitalismo", conforme estudos de autores diversos. Para Richard Sennett (2009), no capitalismo flexível "não há mais longo prazo" nas relações de trabalho, impossibilitando o estabelecimento de vínculos com os outros e até mesmo consigo mesmo. Nessa medida, há o que ele denomina de "corrosão do caráter", compreendida como a ruptura de vínculos duradouros, que impede uma sociabilidade efetiva, à medida em que é o indivíduo o único responsável pelo seu sucesso ou insucesso. As relações efêmeras no trabalho ganham centralidade e cada um é responsável pelos riscos que o mercado impõe, naturalizando a responsabilização e a culpabilidade de cada um pela conquista de um emprego ou pelo seu desemprego.

Para Boltanski e Chiapello (2009), esse novo espírito desconstrói os valores da era fordista, caracterizando o emprego típico, os direitos sociais e o Estado protetor como possibilidades ultrapassadas. E passa a justificar, no plano material e intelectual, o novo padrão gerencial que individualiza os sujeitos, concebido como um desenvolvimento natural do capitalismo, levando a uma aceitação de todos como um processo inexorável, criando o que os autores denominam de uma "perplexidade ideológica" que atinge todos os segmentos críticos da sociedade (intelectuais, sindicatos, partidos) que se resignam frente a um "fatalismo dominante" e a "força avassaladora" do capitalismo flexível.

Mais recentemente, Dardot e Laval (2016), com uma preocupação similar à de Boltanski e Chiapello, mas críticos às suas teses, perguntam o que explica que, apesar dos resultados catastróficos das políticas neoliberais, elas continuam cada vez mais ativas, levando o agravamento de crises políticas e retrocessos sociais aos Estados e às sociedades; e porque não encontraram resistências suficientes para questioná-las e barrá-las? Segundo os autores franceses, o neoliberalismo "...antes de ser uma ideologia ou uma política econômica, é em primeiro lugar e fundamentalmente uma *racionalidade* e, como tal, tende a estruturar e organizar não apenas a ação dos governantes, mas até a própria conduta dos governados." (Dardot e Laval: 2016, p. 17)[1] Assim, o neoliberalismo, além de destruir regras e direitos, cria outros tipos de relações sociais, outras subjetividades e maneiras de viver, em que há uma norma de conduta constituída por uma concorrência generalizada entre todos, estimulando o indivíduo a comportar-se como uma empresa, a partir da lógica do mercado, remodelando as subjetividades e individualizando as formas de ser e de agir em contraposição a qualquer tipo de solidariedade coletiva.

Considera-se neste texto que, mais importante que o seu conteúdo econômico, é a essência política e ideológica do neoliberalismo, sustentadas fundamentalmente no culto ao mercado e ao indivíduo que, ao se tornar hegemônica, consegue impregnar toda a sociedade, minando os padrões de cooperação e solidariedade do tecido social. Assim, constata-se o reforço do individualismo em contraposição à ação coletiva; estimula-se a concorrência em detrimento da solidariedade social; eleva-se o mercado e as "coisas" à condição de sujeitos soberanos reforçando a fetichização da mercadoria; defende-se a inexorabilidade e a inevitabilidade dessa ordem social, política e econômica nessa era do capitalismo flexível. (Druck, 1996)

---
(1) Não é o objetivo reproduzir as principais teses dos autores, que defendem algumas das principais noções e categorias formuladas por Foucault em "Nascimento da Biopolítica", publicado em 2004 em Paris e em 2008 no Brasil pela Martins Fontes. Entretanto, independentemente de concordar ou não com as teses de Foucault reproduzidas pelos autores, vale a menção à obra, por conta da insistente preocupação exposta na análise sobre os elementos que constituem uma nova racionalidade construída pelo neoliberalismo que atingiu dominantes e dominados ou "governantes e governados" e que constituiu uma ética da individualização.

As transformações na organização/gestão do trabalho postas pela reestruturação produtiva dos últimos quarenta anos têm como elemento central a precarização social do trabalho, expressa nos altos níveis de desemprego, na intensificação do trabalho, nas novas formas de controle por assédio moral e definição de metas, no rebaixamento do padrão salarial e nos salários flexíveis, na retirada de direitos sociais e trabalhistas, nas formas precárias de inserção no mercado de trabalho, no aumento da informalidade e da terceirização, fragmentando os coletivos de trabalho, criando desigualdade, discriminação e concorrência entre os trabalhadores, destituindo-os de suas identidades de classe e fragilizando as suas formas de organização política, a exemplo dos sindicatos. E, como síntese dessas expressões da precarização do trabalho, o agravamento do precário meio ambiente de trabalho que, aliado às políticas de saúde e segurança, tem implicação direta sobre a vida e a morte dos trabalhadores.

Trata-se de um processo de precarização de conteúdo novo, pois assume características singulares, ou seja, são formas de precariedade "educadas", "normalizadas" ou "institucionalizadas" e, portanto, diferente da precariedade em outras épocas do capitalismo, à medida que parece existir um "consenso social" que legitima um processo de normalização do estatuto de empregos desvalorizados, precarizados pela flexibilização dos tempos de trabalho e das formas de emprego ou da aceitação — como "normal" — do desemprego em massa. (Appay e Thébaud-Mony,1997)

Esse atual e moderno processo de precarização social do trabalho representa uma metamorfose da precariedade, presente desde as origens do capitalismo e intrínseca ao sistema. É também uma estratégia de dominação, constituída pela ideologia do empreendedorismo, da empregabilidade, em que o trabalhador é apresentado como empresa de si mesmo e, portanto, é responsabilizado pela "saúde da empresa", ao condicionar a sua remuneração ao cumprimento das metas, por exemplo, ou a culpá-lo pelo baixo desempenho, comprometendo a produtividade e, consequentemente, a competitividade da empresa. Nesta medida, é a individualização e a culpabilidade do trabalhador pelo sucesso ou insucesso do próprio capitalismo.

É também parte importante da atual precarização do trabalho, como forma de gestão e estratégia de dominação, a implementação e o discurso das "novas formas" de organização do trabalho, que advogam a emergência de uma mudança qualitativa e quantitativa na estrutura do mercado de trabalho, que estaria experimentando o incremento de relações não assalariadas nas últimas décadas. Segundo essa narrativa, encontrada com diferentes roupagens em documentos oficiais, em relatórios de organismos internacionais, e na academia, novas formas de organização do trabalho estariam se alastrando, implicando a redução da relevância do trabalho assalariado, em contraposição à expansão do trabalho autônomo, de relações de produção de difícil classificação ("zonas cinzentas") ou mesmo de uma nova classe social.

Dentre os exemplos mais conhecidos, em escala mundial, do que seriam essas novas modalidades de organização do trabalho, estão o UBER e a contratação de trabalhadores supostamente autônomos por empresas internacionais, pela internet, para execução de tarefas digitais, como tradução de textos. No Brasil, diversas iniciativas dessa natureza têm se espalhado, como o trabalho "integrado" na agroindústria, o contrato de facção no setor têxtil, o aluguel de cadeiras em salões de beleza e as consultoras de venda direta. Em comum, todas essas "novas" formas de organização têm a deliberada rejeição, pelas empresas, da natureza assalariada da relação com os trabalhadores. Supostamente, esses trabalhadores não seriam subordinados, nem receberiam ordens. Em alguns casos seriam proprietários dos meios de produção e seu trabalho estaria vinculado a uma infinidade difusa de tomadores (*crowd labour*).

Contudo, uma análise mais atenta às condições concretas desses arranjos permite perceber que essas "novas formas" não são, de fato, nada além do trabalho assalariado[2]. Os arranjos são instrumentalmente constituídos para subordinar os trabalhadores, empregando instrumentos e procedimentos que podem variar entre si, mas sempre assentando e radicalizando a dominação por meio da precarização social e do trabalho. Negar a condição de assalariamento e imputar outro nome à relação ("trabalho autônomo", "integração" etc.) é um elemento essencial nesse processo, pois nega, *a priori*, qualquer direito ao trabalhador, que se vê sem qualquer garantia de renda e estabilidade no trabalho. Assim, com o objetivo de sobreviver, atenuar sua precarização e manter seu vínculo de trabalho, ele é obrigado a trabalhar por longas horas, suprimir descansos, intensificar suas atividades e agir em estrito acordo ao que é determinado pela empresa. Relógio de ponto e ordens pessoais são substituídos por *softwares* e outros dispositivos comumente mais eficientes de controle do trabalho.

---

(2) As "novas formas" que estamos abordando não se confundem com estratégias de sobrevivência em situações de trabalho efetivamente por conta própria, que não constituem qualquer novidade e sempre existiram em todos os mercados de trabalho, como vendedores em feiras livres, pintores e marceneiros prestadores de serviços domiciliares, etc.

Nesses arranjos, em muitos casos, as empresas transformam os instrumentos de trabalho em seu capital sem precisar da propriedade formal sobre eles, reduzindo o capital fixo investido e o capital imobilizado, ao mesmo tempo em que pulverizam e transferem o risco do negócio a cada trabalhador, recrudescendo a espiral de pressão sobre o indivíduo. Ademais, facilitam a legitimação do discurso de "autonomia", "flexibilidade" e "empreendedorismo" entre os trabalhadores, reduzindo sua propensão à contestação e à ação coletiva.

3 O CAPITALISMO FLEXÍVEL E A PRECARIZAÇÃO SOCIAL DO TRABALHO NO BRASIL

No caso do Brasil, a precarização social do trabalho foi reconfigurada e ampliada, levando a uma regressão social em todas as suas dimensões. O seu caráter abrangente pode ser constatado, por exemplo, por meio de alguns indicadores: i) está presente tanto nos setores mais dinâmicos e modernos do país, nas indústrias de ponta e nos agronegócios (com o uso da terceirização e do trabalho análogo ao escravo), quanto nas formas mais tradicionais do trabalho informal, por conta própria, autônomo e do trabalho rural; ii) afeta tanto os trabalhadores mais qualificados (conforme apontam estudos sobre o trabalho dos docentes, médicos, dentistas e outros profissionais liberais) como os menos qualificados; iii) existe uma instabilidade intensa no mercado de trabalho, com taxas de rotatividade dos postos de trabalho que crescem mesmo quando a economia se expande; iv) está tanto no setor privado como no setor público. (Druck, 2011)

Os elementos que manifestam as especificidades do capitalismo flexível e da hegemonia neoliberal podem ser apontados a partir da análise das propostas de uma das mais importantes instituições patronais: a Confederação Nacional da Indústria (CNI), como indicativa do pensamento do empresariado brasileiro, expressa em vários documentos, dentre eles "As 101 propostas de modernização trabalhista", publicado em 2012 e que provavelmente melhor sintetiza a hegemonia patronal no país.

Neste documento, a CNI tem por objetivo central a implosão do direito do trabalho no Brasil, ao defender o desmonte da CLT (Consolidação das Leis do Trabalho), considerada como "ultrapassada" e não condizente com a modernidade das relações de trabalho e, portanto, um empecilho à liberdade das empresas de negociar diretamente com os trabalhadores "sem a interferência do Estado". As transformações nas relações de trabalho, segundo a CNI, vêm levando ao fim da hipossuficiência do trabalhador e, portanto, se dissolve a base fundamental da existência do Direito do Trabalho.

O eixo do documento para a alteração da legislação trabalhista brasileira é a defesa do "negociado sobre o legislado", isto é, deixar para a negociação (coletiva ou individual) entre o capital e o trabalho a definição sobre os direitos dos trabalhadores, conforme explicita a CNI:

> "Para promover a modernização trabalhista no Brasil, é preciso observar que modelo de relações do trabalho o país deseja para o futuro. Não é difícil encontrar convergências em torno da ideia de substituir o modelo atualmente em vigor por outro que privilegie a negociação, calcado na representatividade dos atores e capaz de se adequar às diferentes realidades e maximizar os ganhos para as empresas, os trabalhadores e o país. <u>Um sistema trabalhista moderno é formado por uma base legal que trata dos direitos fundamentais e estabelece as regras do processo de diálogo entre as partes envolvidas, sendo o restante definido por negociações que levem em consideração especificidades setoriais, regionais e mesmo da cada empresa e de cada trabalhador</u>. Nesse sentido, seria preciso substituir um modelo em que quase tudo é definido em lei e muito pouco é negociado, por um outro que privilegie a negociação e reduza a tutela estatal homogênea (CNI, 2012, p. 18)."

Condizente com a modernidade neoliberal, o empresariado brasileiro, por um lado, formula "propostas que visam reduzir o risco associado a contratações, transferindo para a seguridade social responsabilidades atinentes a sua missão" (p. 18). Neste tema, totalizam 15 propostas que pregam mais Estado, ou seja, a transferência de custos da força de trabalho usada pelo empresariado para a previdência social. Trata-se de desmontar o sistema protetivo e previdenciário, cortando direitos e, para aqueles que os empresários não têm a coragem de negar, que sejam arcados pelo Estado. É a isenção para o capital de parte considerável do custo de reprodução da força de trabalho, que deverá ser transferida à sociedade. Isto significa, em outros termos, que a arrecadação realizada pelo Estado, por meio das contribuições via carga tributária, deverá cobrir os custos do processo de geração de riqueza apropriada privadamente pelo capital, gerando, dessa forma, uma maior extração do mais valor.

Por outro lado, o empresariado se desobriga dos custos de medidas preventivas para diminuir os riscos de acidentes e adoecimento de quem trabalha. Nesta "linha de modernidade" agrupam-se 14 propostas referentes à saúde do trabalhador, cujo eixo comum é o questionamento às normas de proteção à saúde e segurança, bem como a desoneração ou desobrigação de responsabilidades relativas a afastamentos por problemas de saúde. O texto ainda demanda "a revisão técnica do Nexo Técnico Epidemiológico Previdenciário (NTEP) para evitar caracterizações descabidas de afastamentos, como doenças ocupacionais, melhorando também os processos de perícia e os recursos dentro do INSS." (p. 65) Neste último caso, esta tem sido uma longa e árdua luta dos trabalhadores e de instituições ligadas à saúde do trabalhador, bem como profissionais que atuam neste campo, para avançar nas definições dos nexos causais entre o trabalho e a saúde e na classificação das doenças ocupacionais.

O documento da CNI afirma sobre a inviabilidade e irracionalidade da legislação relativa à saúde do trabalhador, destacando a Norma Regulamentadora (NR) 12 (Segurança no trabalho em máquinas e equipamentos), propondo a "dilatação de prazos para implantação das exigências da Norma Regulamentadora (NR)12 e sua revisão técnica para padrões adequados de segurança, a serem exigidos em um prazo mais compatível com a substituição de máquinas e equipamentos." (p. 80). E a justificativa apresentada, mais uma vez, é o custo para a compra ou adaptação das máquinas e equipamentos às especificações da Norma.

A crueldade do capital é explicitamente exposta: na racionalidade capitalista, o custo de vidas humanas ou a mutilação dos trabalhadores estão subsumidos ao custo da proteção necessária para a segurança no trabalho. Quando as empresas solicitam mais prazos para a implantação de um ambiente seguro, questionam as exigências técnicas ou demandam a suspensão de itens e normas, sendo a NR-12 apenas um exemplo, estão na prática sustentando que não importa que os riscos de acidentes e adoecimento sejam mantidos e façam novas vítimas, mas sim o cálculo racional sobre investimentos e custos[3].

A negação e o ataque contra as normas encampados pelas empresas representam uma postura que procura transferir os riscos do processo de produção capitalista aos trabalhadores. As empresas demandam perpetuar seu padrão de gestão do trabalho que contribui para adoecer e matar os trabalhadores, sem sequer assumir a responsabilidade pelos agravos. Essa luta atávica contra normas que limitam o despotismo patronal expressa a busca por uma espécie de legalização da depredação do trabalho.

As empresas, enquanto não conseguem alterar ou eliminar as normas, investem na individualização da saúde e segurança como meio de legitimar e evadir sua aplicação. Os trabalhadores, por sua vez, além de sujeitos na condição de dominados, são também dirigidos pelo capital, à medida que muitas vezes assumem a culpa, como se fossem os responsáveis por não cumprir as normas de segurança. É a "hegemonia na fábrica", produzindo o consenso sobre a forma de abordagem e as responsabilidades de gestão da saúde e segurança do trabalho.

4 INDIVIDUALIZAÇÃO DA SEGURANÇA DO TRABALHO NO BRASIL

A atual conjuntura de precarização do trabalho, na qual a transferência de riscos dos negócios e a responsabilização dos trabalhadores pelo desemprego jogam papel relevante entre as novas estratégias de dominação do capital, ao demandar do indivíduo isolado a solução para fenômenos sobre os quais não tem controle ou não é protagonista, se associa a outra tática empresarial de dominação no Brasil, a individualização da saúde e segurança do trabalho, que há décadas hegemoniza esse campo.

Individualização é a forma de abordar a saúde e segurança do trabalho que foca o indivíduo, em detrimento do ambiente de trabalho. Os debates e as ações priorizam ou são exclusivamente direcionados à figura do trabalhador, especialmente ao seu comportamento e aos equipamentos de proteção individual (EPI). Desse modo, não se investe na eliminação ou controle dos riscos, e tende-se a transferir responsabilidades pelos agravos às próprias vítimas, mantendo intacta a forma de gestão do trabalho que engendra o adoecimento.

Nas últimas décadas, têm sido comuns as denúncias das práticas individualizantes concernentes à saúde e segurança do trabalho. Especialmente no que tange à explicação dos agravos, muitos autores têm questionado a "cul-

---
(3) Ressalte-se que a NR-12, como todas as NR, é produzida em consenso que envolve, diretamente, os próprios empresários. Ocorre que, na atual conjuntura, diferentemente do que ocorria em décadas passadas, o incremento de interdições pela Fiscalização do Trabalho tem dificultado o descumprimento da norma pelos empregadores, e esse é o real motivo da mobilização contra a norma (FILGUEIRAS, 2014).

pabilização" das vítimas, o caráter limitado da maioria das investigações dos acidentes e a tendência à reiteração dos infortúnios[4].

Contudo, é preciso perceber que esses elementos não são isolados; eles são consequências da individualização, uma matriz de apreciação e práticas que não se resume a uma questão "técnica", como se esta existisse fora da política. A individualização da saúde e segurança do trabalho é uma questão de classe, que contém e representa determinados interesses, em particular a defesa do padrão de gestão do trabalho predatório predominantemente no Brasil.

Trata-se de uma estratégia para tirar do capital a responsabilidade pela integridade física dos trabalhadores e a estes imputá-la, deixando intocados os fatores essenciais que provocam os agravos. Isso porque, se as causas dos acidentes residem nas ações do trabalhador, o ambiente e a organização do trabalho não são questionados e, portanto, não precisam mudar. Assim, a individualização contribui para legitimar e manter o padrão de gestão da força de trabalho vigente no país, perpetuando os acidentes.

A individualização da saúde e segurança como prática empresarial no Brasil tem sido fartamente constatada pela literatura (dentre muitos, Franco (1991); Barreto (2006)). Demonstra-se como o foco das ações se volta ao EPI, aos treinamentos e comportamentos dos trabalhadores, e, especialmente, como isso se manifesta nas posições e investigações de acidentes e do adoecimento laboral em geral. O próprio Ministério do Trabalho, na apresentação do seu Guia de Análise de Acidentes de Trabalho (2010), afirma que: "as análises realizadas pela maioria das empresas continuam frágeis, quase sempre apontando apenas falhas humanas e atribuindo culpa aos acidentados".

A postura predominante dos órgãos internos das empresas parece contribuir para reproduzir esse cenário. No Brasil, todas os empregadores, a partir de um determinado número de empregados, cotejado com o grau de risco de atividade empreendida, são obrigados a manter um Serviço Especializado em Engenharia de Segurança e em Medicina do Trabalho (SESMT), composto por profissionais especializados (médicos e enfermeiros e auxiliares de enfermagem do trabalho, engenheiros e técnicos de segurança) na condição de empregados. Segundo a NR 4, a finalidade do SESMT é "promover a saúde e proteger a integridade física do trabalhador no local de trabalho". Em consonância com esse objetivo mais geral, o SESMT tem por obrigação, dentre outras, analisar e registrar todos os acidentes de trabalho ocorridos na empresa e aplicar seus conhecimentos para reduzir, até eliminar, os riscos presentes no ambiente de trabalho. Todavia, várias pesquisas existentes na literatura indicam que a postura predominante dos SESMT é individualizar a explicação dos acidentes.

Por exemplo, em investigação efetuada em grande empresa metalúrgica da região metropolitana de São Paulo, Oliveira (2007) constatou que 71,6% dos acidentes eram classificados pelo SESMT como provocados exclusivamente ou simultaneamente por "atos inseguros" dos trabalhadores. Já no setor de extrativismo vegetal de Minas Gerais, Câmara, Assunção e Lima (2007) analisaram relatórios que indicavam insegurança ou distração nas ações das vítimas como causas dos acidentes. Vilela, Mendes e Gonçalves (2007) realizaram estudo de um acidente ocorrido numa máquina fresadora no interior de São Paulo e, assim como nos outros casos, também apuraram que a análise efetuada pelo SESMT culpava o trabalhador pelo evento. Martins Junior, Carvalho, Grecco, Fonseca, Pacheco e Vidal (2011) apresentam caso numa calandra sem proteção adequada, que deformou a mão de um trabalhador, sendo este considerado culpado pela análise realizada pelo SESMT. Segundo os últimos autores citados, 80% das análises culpam os trabalhadores pelos acidentes que sofrem.

Filgueiras (2011) realizou levantamento sobre a atuação dos SESMT na análise de acidentes de trabalho ocorridos em empresas instaladas no Brasil, sendo produto de uma investigação realizada em campo e por meio de fontes secundárias. A pesquisa partiu de uma amostra de 85 (oitenta e cinco) acidentes ocorridos em 42 (quarenta e duas) empresas espalhadas por duas unidades da federação, entre 2007 e 2010. A despeito dos diferentes anos, cidades, portes de empresa e setores econômicos, os resultados obtidos indicam que as investigações dos SESMT quase sempre culpam o trabalhador pelos acidentes. Dos 75 infortúnios para os quais houve relatório de investigação apresentado pela empresa, 70 (93,3%) concluem que as próprias vítimas foram responsáveis pelas causas dos acidentes. Três análises concluem ter sido o evento uma fatalidade imponderável, uma não chega a qualquer conclusão e uma atribui o acidente a defeito na proteção da máquina.

---

(4) Dwyer (2006), Almeida, Vilela, Iguti (2004), Almeida, Jakcson Filho (2007), Almeida, Binder (2004).

Relatórios atribuem expressamente a falhas dos trabalhadores ao descumprimento dos supostos procedimentos determinados (64 casos) e/ou desatenção/negligência dos trabalhadores na execução das tarefas (13 casos), dos quais se transcrevem alguns exemplos:

"O colaborador de forma negligente e assumindo uma posição insegura realizou a operação contra o procedimento.

Inobservância quanto aos procedimentos, diretrizes e instruções de trabalho promovidas, por parte dos operários envolvidos.

O acidente ocorreu devido à operadora ter tido falta de atenção.

A vítima agiu de forma negligente ao segurar a peça e pedir para a colega acionar a máquina."

Dentre as dezenas de casos analisados, um ocorreu numa obra de condomínio de luxo de grande empresa multinacional de capital brasileiro, no ano de 2007, quando um trabalhador caiu de uma escada de mão solta ao descer do telhado de uma casa, ficando gravemente ferido na cabeça. Em seu Relatório de Investigação de Acidente, o SESMT da empresa não indicou que a escada de mão da qual caiu a vítima não estava fixada nos pisos inferior e superior (nem possuía dispositivo que impedisse seu escorregamento). Sua conclusão a partir de suposta árvore de causas do acidente foi que o trabalhador cometeu os seguintes erros: *"forma incorreta de descer a escada"* e *"desatenção em executar a atividade"*.

Em outra multinacional brasileira, do ramo de calçados, entre 2006 e 2009 ocorreram dezenas de acidentes causados pelo contato entre as partes móveis de prensas (que não possuíam qualquer dispositivo de proteção) e os membros superiores dos empregados. Mesmo com os equipamentos desprotegidos, as análises dos SESMT reiteradas vezes concluíram que os infortúnios eram culpa dos trabalhadores, quase sempre decretando que "o colaborador de forma negligente e assumindo uma posição insegura realizou a operação contra o procedimento".

Numa fabricação de máquinas, em São Paulo, um trabalhador foi verificar se uma caixa de pó de um exaustor estava cheia, mas, por falta de iluminação no local, colocou a mão no interior da caixa, concluindo que o pó estava num nível baixo. Considerou a hipótese de o exaustor não estar funcionando e inseriu o braço no bocal do exaustor para conferir, quando foi atingido por um rolete que fica em seu interior, sofrendo amputação de partes de dois dedos. Apesar de o trabalhador não ter sido treinado para a atividade que realizava, tal atividade não ter sido objeto de análise de risco pela empresa, não haver iluminação suficiente para checagem do nível do pó, nem proteção nas partes móveis do equipamento, o SESMT da empresa identificou como causa do acidente o suposto fato de que "trabalhador não seguiu os procedimentos e não avaliou os riscos".

Numa pedreira, em 2008, um trabalhador operava um caminhão "fora de estrada" no âmbito do processo produtivo da empresa. O trabalhador — empregado irregularmente contratado por meio de empresa interposta —, por motivo não explicitado por trabalhadores e prepostos da empresa, operou o caminhão "fora de estrada", apesar de não ser motorista. O veículo não possuía bloqueio que impedisse seu acionamento por pessoa não autorizada (supostamente o caso do acidentado). O trabalhador alimentou o britador e depois desceu através da via interna da pedreira para coletar mais pedras. Quando da descida, o acidentado perdeu o controle do veículo e caiu da encosta da estrada existente no interior do estabelecimento, que não possuía leiras de proteção e tinha largura inferior ao exigido pela Norma Regulamentadora pertinente. O caminhão não possuía cinto de segurança, elemento agravante do acidente, pois o trabalhador foi arremessado para fora do veículo quando ocorreu a queda, vindo a óbito. Apesar de todos os fatores antes referidos, o SESMT da empresa se limitou a imputar à vítima exclusiva responsabilidade pela própria morte, por supostamente ter dirigido o veículo sem autorização.

As análises dos acidentes são sintomas mais patentes da individualização porque ocorrem depois da consumação do infortúnio, ou seja, após a evidência empírica de que individualizar a saúde e segurança não evita os acidentes. Mas vale ressaltar que todo o processo de gestão do trabalho tende a ser marcado pela individualização, como a formulação de documentos, programas, procedimentos, a execução de tarefas etc., nas quais o foco é o indivíduo, especialmente via previsão de treinamentos e fornecimento de EPI. Segue a descrição de um típico Programa de Prevenção de Riscos Ambientais (PPRA) analisado pela Fiscalização do Trabalho:

"O documento de 2008 é quase que exclusivamente burocrático, com informações muito parcializadas dos locais de trabalho e sem articulação com as atividades exercidas. Preocupa-se em nominar uma série de Equipamentos de Proteção Individual para cada um dos riscos elencados, sem preocupação no mesmo quilate com as questões referentes à proteção coletiva (SRTE RS, 2010.)"

5 HEGEMONIA, SENSO COMUM E INDIVIDUALIZAÇÃO

Essa predominância da individualização nas ações das empresas ocorre mesmo com redação das normas sobre saúde do trabalho que expressamente responsabiliza os empregadores por seu cumprimento e hierarquiza as ações a serem adotadas, sendo a proteção individual a última alternativa. Assim, a individualização da saúde e segurança do trabalho pelas empresas lida com uma contradição. Tanto na redação da legislação trabalhista (CLT), na legislação previdenciária, quanto nas NR, as empresas figuram como responsáveis pela observância das obrigações legais e, por conseguinte, pela integridade física dos trabalhadores, o que indicaria que a hegemonia burguesa no país estaria acompanhada de um padrão civilizatório mínimo (a vida), cuja responsabilidade seria assumida pelo capital. Essa responsabilização seria, em alguma medida, até previsível, já que as empresas monopolizam os meios de produção e subsumem o trabalho, controlando o processo de produção da riqueza social, consequentemente, controlam e gerem os riscos à saúde dos produtores. Nas últimas décadas, inclusive, o foco sobre o indivíduo foi cada vez mais transferido para o ambiente laboral, com as alterações na redação da NR-7 (Programa de Saúde Ocupacional — PCMSO), NR-9 (Programa de Prevenção de Riscos Ambientais — PPRA), NR-12 (máquinas e equipamentos) e, inclusive, a retirada do termo "ato inseguro" da NR-1.

A prescrição de regras é produto de lutas que determinam uma parcela do quadro jurídico vigente, em geral tendo impacto nas instituições do Estado e nas práticas dos demais agentes. Contudo, para muito além das práticas empresariais, o capital conseguiu tornar senso comum na sociedade brasileira exatamente o contrário das previsões legais, remetendo à proteção individual a saúde do trabalho e a prevenção dos acidentes, e esterilizando, em grande medida, a redação do conjunto de normas existentes.

A individualização da saúde e segurança do trabalho é mais do que um aspecto do padrão de gestão do trabalho no Brasil, sendo componente da hegemonia burguesa, parte de uma concepção de mundo. Cada formação social capitalista comporta particularidades na hegemonia que a constitui, incluindo seus sensos comuns. As ideias hegemônicas, baseadas em explicações elaboradas pela classe dominante sobre a realidade social e normalmente associadas a teorizações mais gerais (sendo a teoria econômica neoclássica um exemplo paradigmático), tendem a se irradiar, em seus aspectos fundamentais, se tornando senso comum na sociedade. Mesmo que poucas pessoas detenham o domínio sobre o arcabouço analítico que sustenta determinada explicação da realidade social, a maior parte da sociedade apreende e reproduz as suas premissas por meio de fragmentos, em geral naturalizando-as e sem sequer refletir sobre elas. A individualização é um senso comum gestado há décadas no Brasil, tendo seu fundamento acadêmico em trabalhos como os de Henrich (1959) e contando com apoio intensivo não apenas das empresas e seus representantes diretos para sua disseminação, mas também do Estado (GOMES, 2003, SILVA, 2015).

A altíssima probabilidade de que o leitor, ao se deparar com trabalhadores na periferia de um prédio em construção, volte seu olhar para a existência de capacetes e cintos de segurança, esquecendo dos guarda-corpos, é um sintoma desse senso comum. Partindo de uma premissa enviesada, qual seja, focar o indivíduo, ao invés do ambiente, cria-se um círculo vicioso de culpa e acidentes.

Ao individualizar a saúde do trabalho, mesmo que, de acordo com a redação das normas, a obrigação pelo fornecimento e exigência do uso dos EPI seja da empresa, floresce a possibilidade de imputar ao trabalhador a responsabilidade pela sua própria saúde ("ele que não usou o equipamento", "foi culpa exclusiva do trabalhador"), ao contrário das medidas de proteção coletiva ou de eliminação dos riscos, que inviabilizam tal estratégia. E essa imputação efetivamente ocorre, o que mostra como é arraigado o senso comum, ou seja, persiste apesar do frontal desacordo com as prescrições legais.

O senso comum da individualização contribui ao mesmo tempo em que é reproduzido pela postura dos SESMT na análise de acidentes, e se relaciona ao tipo de formação dada a esses profissionais. Segundo Almeida (2006, p. 186) "Durante anos, essa era a única abordagem de causalidade de acidentes estudada por profissionais de saúde e segurança do trabalho (SST) no Brasil", fato também citado por Martins Junior, Carvalho, Grecco, Fonseca, Pacheco e Vidal (2011).

Também nas instituições do Estado ainda há grande presença de individualização da saúde do trabalho, em que pesem as iniciativas para mudança desse quadro nas últimas décadas, em particular no que tange à forma de análise dos acidentes.

São fartas e sistemáticas as manifestações de instituições e agentes públicos que explicitam e reproduzem o senso comum da individualização. Para ilustrar, seguem algumas notícias recentes do Tribunal Superior do Trabalho (TST) sobre suas decisões.

Em um caso julgado em 2014, uma cozinheira que perdeu um dedo quando a mão foi sugada por um descascador de batatas teve seu pedido de indenização negado:

"A Quarta Turma do Tribunal Superior do Trabalho rejeitou o agravo de instrumento pelo qual a cozinheira pretendia discutir, no TST, decisão que considerou que o acidente decorreu exclusivamente por sua culpa, ao manusear de forma incorreta o equipamento. A cozinheira foi contratada pela Mesquita para trabalhar na cozinha industrial da Nacional no preparo de refeições para os funcionários desta. Sua função era descascar alimentos e colocá-los para cozinhar, organizar a cozinha e servir refeições. Segundo sua versão, o acidente aconteceu quando, ao abastecer a máquina de descascar batatas, sua mão direita se enroscou nas linhagens do recipiente e foi puxada para dentro dela, decepando seu dedo médio. O juízo considerou esclarecidos os motivos do acidente: a atitude imprudente da empregada, que, de modo atrapalhado, descarregou o saco na máquina. Com isso, afastou a culpa das empresas e julgou improcedentes os pedidos de indenização." http://www.tst.jus.br/noticias/-/asset_publisher/89Dk/content/empresas-se-isentam-de-responsabilidade-em-acidente-em-que-cozinheira-perdeu-dedo

Segundo a decisão, a empresa, cinco meses antes do acidente, teria fornecido calças, blusa, avental de napa e avental de pano, bota e touca à trabalhadora. Intrigante observar que o próprio documento afirma que "o uso de luvas de aço não é exigido para a função de cozinheira e, mesmo que eventualmente utilizadas, não seriam capazes de evitar o acidente ou minorar-lhe os efeitos, vez que a mão da obreira fora puxada para dentro da máquina por culpa exclusiva da trabalhadora" (PROCESSO N. TST-AIRR-1238-28.2012.5.03.0098).

Em outro caso, também julgado em 2014, uma operadora que teve a mão prensada ao tentar pegar um celular teve a indenização negada. Segundo o TST:

Uma empregada da GRI — Gerenciamento de Resíduos Industriais LTDA que teve a mão amassada ao tentar apanhar o próprio celular que estava sobre um equipamento de prensa não terá direito a receber indenização por dano moral. Para a Quarta Turma do Tribunal Superior do Trabalho, que restabeleceu sentença que julgou improcedente o pedido de indenização, a trabalhadora desrespeitou as normas de segurança da empresa e, assim, atraiu para si a culpa pelo acidente. De acordo com o laudo pericial, o acidente ocorreu quando a operadora de prensa tentou resgatar o celular ao ver que ele poderia ser prensado pelo equipamento que acabara de operar. Em recurso de revista da GRI para o TST, a ministra relatora do processo, Maria de Assis Calsing, avaliou que a trabalhadora desrespeitou as normas da empresa, atraindo para si o risco do acidente, que, de fato, veio a ocorrer. (RR-521-66.2012.5.04.0234) http://www.tst.jus.br/noticias-teste/-/asset_publisher/89Dk/content/id/9919770

Em 2016, outro trabalhador deixou de ser indenizado após sofrer acidente na operação de uma máquina porque o TST confirmou o entendimento do Tribunal Regional de que ele teria agido com imprudência:

"Para o TRT, ficou provado que o empregado recebeu orientação expressa no sentido oposto ao executado, uma vez que a testemunha por ele indicada afirmou categoricamente que "o empregado era orientado a não colocar a mão dentro da máquina, mas constantemente a colocava, apesar de advertido."

Em todos os casos, as decisões simplesmente ignoram a redação da CLT e da NR-12. Há décadas existe previsão de proteção das partes móveis das máquinas (zonas de operação) para evitar acidentes. Ou seja, as máquinas não podem permitir que os trabalhadores tenham acesso às zonas perigosas enquanto operam, como os ocorridos nos casos anteriormente citados. Não fosse suficiente, a atual redação da NR-12 é ainda mais explícita: "Os procedimentos de trabalho e segurança não podem ser as únicas medidas de proteção adotadas para se prevenir acidentes, sendo considerados complementos e não substitutos das medidas de proteção coletivas necessárias para a garantia da segurança e saúde dos trabalhadores". Entretanto, nas decisões citadas a individualização se sobrepôs à legislação de saúde e segurança, que sequer foi mencionada.

Pesquisas já haviam identificado a penetração da individualização nas instituições do Estado. Estudo realizado por Villela, Igutti e Almeida (2004) mostra que em 84% dos acidentes de trabalho investigados pela polícia em uma cidade do interior de São Paulo a conclusão da perícia foi de culpa da vítima, ou culpa dividida ente a vítima e seus mentores, mesmo havendo flagrantes infrações às normas de proteção ao trabalho diretamente relacionadas aos infortúnios. Martins Junior, Carvalho, Grecco, Fonseca, Pacheco e Vidal (2011) chegam à mesma conclusão relativamente às perícias judiciais realizadas para processos concernentes a acidentes de trabalho.

O senso comum da individualização é disseminado mesmo entre os trabalhadores, que frequentemente se sentem culpados pelos acidentes dos quais foram vítimas. Segundo Gomes (2003), Cohn et al. (1985) já identificava que o ponto de vista oficial, associado às estratégias individualizantes de gestão pelas empresas, engendrava a "produção da consciência culposa". Oliveira (2007) demonstra como a utilização nos relatórios do SESMT de uma empresa da ideia de "ato inseguro" contribui para que os trabalhadores incorporem tal perspectiva (em que pesem sinais pontuais de resistência de alguns empregados a tal discurso detectados pelo pesquisador). Saurin e Ribeiro, ao entrevistar operários e gerentes em um canteiro de obras, apuraram que:

> "Relativamente à principal causa de acidentes, os entrevistados foram unânimes em apontar a própria vítima como principal responsável pelo acidente, baseando-se na percepção de que ela assumiu o risco praticando ação insegura (...) É importante registrar que nenhum entrevistado manifestou preocupação ou consciência das diversas condições inseguras verificadas na obra, ficando evidente a tendência de relegar este fator a um plano secundário na prevenção de acidentes (p. 11)."

Mesmo nos processos judiciais os trabalhadores parecem externalizar esse senso comum. No supracitado processo do TST em que a trabalhadora teve a mão prensada ao tentar resgatar um celular, o Tribunal afirma que "é possível depreender da própria confissão da trabalhadora que, se não fosse a sua atitude imprudente, o acidente não teria ocorrido" (RR-521-66.2012.5.04.0234). Em outro processo, o TST utiliza novamente o depoimento em que o próprio trabalhador parece assumir a culpa pelo acidente:

> Restou confessado pelo próprio reclamante que as orientações foram passadas pelo Sr. Francisco "que inclusive chegou a me dizer que era para evitar de por a mão no local específico onde ocorreu o acidente". Assim, resta patente que a atividade, em que se deu o acidente, era exercida pelo autor com certa frequência (2 a 3 vezes na jornada), já tendo o autor razoável experiência anterior de um ano na mesma função, na mesma empresa, com o mesmo equipamento. Ademais, era de ciência do autor que não deveria colocar a mão no local específico onde ocorreu o acidente, tendo assumido que **"o acidente pode ter acontecido em razão de um descuido meu, porque eu sabia que não poderia colocar a mão no local específico"**. (grifos nossos)

Esse consenso da individualização forma uma ciranda que perpetua a culpabilização e a própria ocorrência dos agravos.

6 A INDIVIDUALIZAÇÃO COMO ASPECTO E INSTRUMENTO DE DEFESA DE UM PADRÃO DE GESTÃO

A individualização nada tem de contingencial. Pelo contrário, é uma prática (com variados graus de intencionalidade) que justifica e mantém o padrão de gestão da força de trabalho prevalecente no país.

Trata-se de um padrão de gestão do trabalho predominantemente predatório, que significa um comportamento empresarial que tende a buscar extrair o máximo de excedente do trabalho sem respeitar qualquer limite que considere entrave ao processo de acumulação, engendrando consequências deletérias para a saúde e segurança de quem trabalha, comumente caminhando no sentido da dilapidação, inutilização ou mesmo eliminação física dos trabalhadores.

Esse padrão de gestão é decisivo para a grande frequência de acidentes no Brasil, que é acompanhada por uma mortalidade (número de mortes em relação à população ocupada) muito mais alta do que em outros países. Um importante indicador das condições de saúde e segurança do trabalho no Brasil é a dinâmica pró-cíclica da acidentalidade, ou seja, os acidentes tendem a crescer paralelamente à expansão da economia. Esse caráter pró-cíclico no Brasil é também acentuado, e precisa ser ressaltado, pois o avanço da tecnologia poderia implicar exatamente o contrário, a redução sistemática do adoecimento laboral.

Uma das características do padrão de gestão predatório é o descumprimento pandêmico (FILGUEIRAS, 2012) das normas de saúde e segurança pelos empregadores no Brasil, inclusive dos itens mais elementares das Normas Regulamentadoras (NRs). Mesmo com seus limites, se essas normas fossem observadas, certamente grande parte do sofrimento e das mortes no trabalho seria evitada. Por exemplo, em 2013, 80% das mortes no trabalho apuradas pelo INSS foram relacionadas a: a) impactos de objeto contra pessoa, b) quedas, c) exposição a energia elétrica e d) aprisionamentos. (MTPS, 2015). Abarcando diferentes setores, esses eventos têm itens de NR específicas para evitar sua ocorrência, como a NRs 10, 12, 18, 31 e 35.

Uma publicação da Superintendência Regional do Trabalho do Rio Grande do Sul, que reuniu análises de 35 (trinta e cinco) acidentes fatais ocorridos naquele Estado, ilustra bem esse quadro. As conclusões sobre as causas dos diferentes tipos de acidente analisados são de que:

> "os riscos que produziram os acidentes, e as medidas de prevenção e segurança que deveriam ter sido tomadas, já são há longo tempo reconhecidas pela literatura técnica e pelas NRs. (...) De forma geral, todos esses acidentes representam o tratamento precário que ainda é dado à segurança e saúde no trabalho" (BRASIL, 2008, p. 52).

Em pesquisa realizada por Almeida, Igutti e Villela (2004, p. 576), concluiu-se que mais de metade dos eventos analisados, grande parte gerados por quedas, choques e máquinas, eram "acidentes com relativa facilidade para identificação de suas causas, por meio de inspeções simples, em situações onde é flagrante e visível o desrespeito às regras mínimas de segurança". Em praticamente todos os casos (mais de 95%) contemplados pela pesquisa realizada por Filgueiras (2011) houve descumprimento de um ou mais itens das normas de proteção ao trabalho diretamente relacionados aos infortúnios.

Resumindo, os infortúnios no Brasil estão corriqueiramente relacionados a riscos reconhecidos pela literatura técnica e sistematicamente de fácil identificação. Ocorre que é necessário dispêndio de recursos pelas empresas, mesmo que pequeno, para cumprir a legislação e evitar novos acidentes. Por vezes, simplesmente planejar e determinar a execução das atividades em ritmo menos intenso, o que também causa impacto no tempo de produção. Enfim, para proteger a integridade física dos trabalhadores são necessárias ações que minimamente atenuam a livre reprodução do capital. Do ponto de vista do capitalista individual tende a ser melhor não adotá-las.

Não por acaso, quando ocorrem acidentes, as análises efetuadas pelos SESMT, se muito, fazem recomendações para treinamento e dar ciência aos empregados que serão punidos se desobedecerem, mas quase nunca cogitam formas de eliminar o risco ou adotar medidas de proteção coletiva. A vítima é culpada pelos acidentes, pois é mais vantajoso para a empresa culpar o trabalhador do que gastar com ações que implicam gasto financeiro direto ou indireto, mudando sua gestão e evitando novos agravos.

Dentre os diversos exemplos possíveis que evidenciam as afirmações acima, podem ser citados os casos de duas grandes fábricas de calçados no interior da Bahia. Apesar das dezenas de graves acidentes de trabalho provocados pelos seus maquinários desprotegidos, as análises das empresas reiteradamente culpavam os trabalhadores. A despeito de serem necessárias medidas simples para proteção das máquinas, as empresas nada fizeram, e os acidentes continuavam ocorrendo. Elas só regularizaram a situação dos equipamentos após a interdição, pela Fiscalização, de todas as máquinas. Ou seja, conduziram seu processo de acumulação dilapidando a força de trabalho e socializaram os custos por meio do INSS enquanto não surgia, do seu ponto de vista, qualquer motivo racional para alteração de sua conduta. Apenas a intervenção de um agente externo à relação impôs um limite ao modelo de acumulação vigente e à própria relação.

Portanto, a culpabilização do trabalhador pelos acidentes de trabalho por meio das análises do SESMT é uma manifestação (do senso comum) do tipo de hegemonia vigente no Brasil, marcada pelo caráter predatório de gestão do trabalho, mas também ajuda a reproduzi-la, justamente onde a mesma tem início (no interior da empresa). Ela atinge as instituições do Estado, que têm acesso e utilizam esses documentos, muitas vezes acriticamente, nas suas ações. Essas análises ajudam também a incutir nos trabalhadores o discurso de imputação da culpa pelos acidentes.

Estamos, assim, diante de um processo de justificação e preservação do padrão predatório do uso da força de trabalho em nosso país. As empresas culpam os trabalhadores para transferir a responsabilidade e não alterar as condições que engendraram os acidentes, mantendo as mesmas condições de trabalho.

Não bastasse, na atual conjuntura, outro fenômeno contribui negativamente nesse processo, qual seja, a terceirização. Ela radicaliza a individualização, pois tende a distanciar ainda mais a empresa da responsabilidade por preservar a integridade física daqueles que produzem seus lucros. As declarações empresariais após os infortúnios, apesar de variarem na forma, quase sempre expressam que: "a empresa não tem nada a ver com isso, a culpa é do trabalhador, do terceirizado", ou seja, o mais distante possível da empresa contratante. Vários são os exemplos de como a terceirização externaliza e aprofunda a transferência dos riscos operada pela individualização:

"A engenheira repassou a culpa pelo acidente à empresa terceirizada responsável, entre outras atividades, pelo içamento de materiais pesados. Segundo o vice-presidente do Conselho, engenheiro mecânico e segurança do trabalho, Jaques Sherique, essa é uma atitude comum em tempos de muitas terceirizações de serviços na construção civil. "A terceirização no setor tem levado ao acréscimo de acidentes. Depois que eles acontecem, as empresas tendem a repassar a responsabilidade" (http://www.crea-rj.org.br/blog/acidente-do-vergalhao-e-apurado-pelocrea-rj/).

As empresas transferem a responsabilidade de fato aos entes interpostos, deixando de gerir de forma segura o processo de trabalho, e também tentam transferir a responsabilidade jurídica.

Nas obras da Copa do Mundo, nas quais 7 dos 9 trabalhadores mortos eram terceirizados, foram registrados exemplos reveladores desse processo de transferência e individualização dos riscos. Em diferentes oportunidades, empresas e seus representantes atribuíram diretamente a responsabilidade dos acidentes fatais aos trabalhadores, mesmo quando havia descumprimentos flagrantes da legislação, pelas empresas, relacionados aos infortúnios[5]. Essa individualização, quando associada à terceirização, tende a se profundar, conforme se depreende de reportagem de Thadeu (2014), intitulada "Odebrecht culpa terceirizada por acidente fatal no Itaquerão".

"O laudo da Odebrecht indica que a empreiteira seguiu a fiscalização nos procedimentos de operação da coluna, frisa que o piso era firme para serviços de tamanha magnitude, mas diz que o alerta do peso excedido na configuração da máquina era dever do sistema do guindaste operado pela Locar. 'Não nos foi possível compreender como o operador e/ou o supervisor da Locar decidiram prosseguir na operação [...] Só vemos duas hipóteses possíveis: ou o sistema estava fora de operação, ou os avisos foram desconsiderados, assumindo-se então o risco de prosseguir com a manobra', complementa o relatório."

Ou seja, a empresa contratante diz que não tem nada a ver com a execução das atividades, como se ela não tivesse qualquer poder sobre determinar o que, como e onde seria realizado o serviço. Na nota divulgada pela empresa contratante sobre o acidente a relação entre individualização e terceirização é evidente:

"A causa matriz do acidente com o guindaste Liebherr LR 11350, ocorrido em novembro de 2013, nas obras da Arena Corinthians, está no fato de que os responsáveis pela operação do equipamento, todos funcionários da empresa Locar, surpreendentemente não seguiram o Plano de *Rigging*, elaborado, avaliado e previamente aprovado, que define de que forma o guindaste deve pegar cada peça em sua posição inicial e lançá-la na sua posição final."

Portanto, para a empresa contratante, a responsabilidade seria dos funcionários da pessoa jurídica terceirizada. Entre o trabalhador (o culpado) e a empresa contratante aparece mais um candidato a responsável pelos acidentes, dos quais a empresa contratante se coloca o mais distante possível.

7 ALGUMAS NOTAS FINAIS

A narrativa de "novas formas" de organização do trabalho, referida no início do texto, consubstancia um novo adeus à classe trabalhadora, em outro patamar, mas com o mesmo cerne da profecia de décadas atrás: o trabalho assa-

---

(5) Por exemplo, após os acidentes fatais ocorridos na construção da Arena Amazonas, reportagem da BBC afirmou: "Para o secretário da Copa em Manaus, Miguel Capobiango, há uma coincidência que justifica as duas quedas fatais: o "relaxo" dos operários na utilização dos equipamentos de segurança". Disponível em: <http://www.bbc.co.uk/portuguese/noticias/2014/01/140124_estadio_manaus_rm>. Mas não foi divulgado que, em ambos os casos, as investigações da Fiscalização do Trabalho apontaram a existência de diversas infrações às normas de segurança e saúde do trabalho cometidas pelas empresas.

lariado perderia sua relevância na nossa sociedade. Antes, as previsões focavam o trabalho industrial, agora, o trabalho assalariado em geral. Esse novo adeus à classe trabalhadora divulga o desaparecimento da regulação protetiva do trabalho como inevitável, pleiteando ser inaplicável ou impossível efetivar direitos trabalhistas para os "novos" tipos de trabalho. Os trabalhadores seriam autônomos, empreendedores de si mesmos, sem vínculos com um ente específico que pudesse responder por seus direitos, cabendo a cada um cuidar do seu negócio e sobreviver nesse cenário inescapável.

Não bastasse, essa concepção em nome dessas "novas formas" de organização ou da "modernização do capitalismo globalizado", que defende a ideologia do empreendedorismo e da empregabilidade, é também empregada para os trabalhadores das "velhas formas de trabalho", negando o papel protetivo do Estado e de limites postos por uma legislação trabalhista e social, já que, nesta era do capitalismo, a hipossuficiência do trabalhador perde sentido.

É importante observar ainda que na atual fase do capitalismo flexível e da hegemonia neoliberal, a individualização, que tradicionalmente hegemonizou o campo da saúde e segurança do trabalho desde os primórdios do capitalismo no Brasil, se estende para todos os demais aspectos das relações de trabalho, contribuindo para a generalização da moderna precarização do trabalho.

Diante desse quadro, numa conjuntura inóspita para transformações que melhorem as condições de trabalho e de vida dos trabalhadores, reduzir a individualização da saúde e segurança do trabalho pelas empresas e superá-la como senso comum é uma missão de combate. Por ser um fenômeno de cunho fundamentalmente político, tendo natureza classista e representando interesses, apenas por meio de disputa política ela poderá ser reduzida. Há iniciativas acadêmicas muito importantes para tornar a análise dos acidentes menos reducionistas. Todavia, mais do que "a ampliação do perímetro" da análise, a investigação do acidente com base nas circunstâncias que o engendraram é uma luta no âmbito da hegemonia vigente no Brasil.

8 REFERÊNCIAS BIBLIOGRÁFICAS

ALMEIDA, I. M; VILELA R. A. G; IGUTI, A M. Culpa da vítima: um modelo para perpetuar a impunidade nos acidentes do trabalho. *Caderno de Saúde Pública*. Rio de Janeiro, 20(2):570-579, mar.-abr., 2004.

_____ ; Trajetória da análise de acidentes: o paradigma tradicional e os primórdios da ampliação da análise. *Comunicação, Saúde, Educação*, v. 9, n. 18, p. 185-202, jan./jun. 2006.

_____ ; BINDER, M. C. P. Armadilhas cognitivas: o caso das omissões na gênese dos acidentes de trabalho. *Caderno de Saúde Pública*, Rio de Janeiro, 20(5):1373-1378, set.-out., 2004.

_____ . Trajetória da análise de acidentes: o paradigma tradicional e os primórdios da ampliação da análise. *Comunicação, Saúde, Educação*, v. 9, n. 18, p. 185-202, jan./jun. 2006.

_____ ; JACKSON FILHO, J. M. Acidentes do trabalho e sua prevenção. *Revista Brasileira de Saúde Ocupacional*. Vol. 32, n. 115. Jan./jun. 2007.

BARRETO, Margarida. *Violência, saúde e trabalho*: uma jornada de humilhações. São Paulo: Editora PUC-SP, 2006.

BOLTANSKI, L.; CHIAPELLO, E. *O novo espírito do capitalismo*. São Paulo: Martins Fontes, 2009.

BRASIL. Ministério do Trabalho e Emprego. Superintendência Regional do Trabalho e Emprego do Rio Grande do Sul. *Análises de acidentes do trabalho fatais no Rio Grande do Sul*: a experiência da Seção de Segurança e Saúde do Trabalhador — SEGUR. Porto Alegre: Superintendência Regional do Trabalho e Emprego do Rio Grande do Sul. Seção de Segurança e Saúde do Trabalhador/SEGUR, 2008.

CÂMARA, G. R.; ASSUNÇÃO, A. Á.; LIMA, F. P. A. Os limites da abordagem clássica dos acidentes de trabalho: o caso do setor extrativista vegetal em Minas Gerais. *Revista Brasileira de Saúde Ocupacional*. Vol. 32, n. 115. Jan./jun. 2007.

CONFEDERAÇÃO NACIONAL DA INDÚSTRIA. *101 propostas para modernização trabalhista* / Emerson Casali (Coord.), Brasília: CNI, 2012.

DARDOT, P. E.; LAVAL, C. *A Nova Razão do Mundo* — ensaio sobre a sociedade neoliberal. São Paulo: Boitempo, 2016.

DRUCK, G. Globalização, Reestruturação Produtiva e Movimento Sindical. In: *Caderno CRH*, Salvador, n. 24/25, jan.-dez./1996, p. 21-40.

_____ . Trabalho, precarização e resistências: novos e velhos desafios. *Caderno CRH* 2011; 24:37-57.

DWYER, T. *Vida e morte no trabalho*: acidentes de trabalho e a produção social do erro. Campinas: UNICAMP, 2006.

FILGUEIRAS, V. *Hegemonia, acidentes de trabalho e serviços especializados das empresas*: a culpabilização estratégica e as possíveis formas de resistência. Salvador, 2011. Disponível em: <https://indicadoresdeemprego.files.wordpress.com/2013/12/hegemonia-e-acidentes-de-trabalho.pdf>.

_____. *Estado e direito do trabalho no Brasil*: regulação do emprego entre 1988 e 2008. Salvador, Tese de Doutoramento do Programa de Pós-graduação em C. Sociais/FFCH/UFBA, 2012.

_____. *NR-12*: Máquinas, equipamentos, dedos, braços e vidas: padrão de gestão da força de trabalho pelo empresariado brasileiro. 2014. Disponível em: <http://indicadoresderegulacaodoemprego.blogspot.com.br/2014/06/nr-12-maquinas-equipamentos-dedos.html>.

FRANCO, T. Trabalho e saúde no polo industrial de Camaçari. *Caderno CRH*, n. 15, p. 27-46, jul./dez., 1991.

GOMES, R. *A produção social do infortúnio*: acidentes incapacitantes na construção civil. Dissertação de mestrado. Rio de Janeiro, Escola Nacional de Saúde Pública, 2003.

MARTINS JÚNIOR, M.; CARVALHO, P. V. R.; GRECCOC, C. H. S.; FONSECA, B. B.; PACHECO, R.; VIDAL, M. C. R. A necessidade de novos métodos para análise de acidentes de trabalho na perícia judicial. *Produção*, v. 21, n. 3, p. 498-508, jul./set. 2011.

MTE. *Guia de análise de acidentes de trabalho*. Brasília: SIT, 2010.

OLIVEIRA, F. A persistência da noção de ato inseguro e a construção da culpa: os discursos sobre os acidentes de trabalho em uma indústria metalúrgica. Acidentes do trabalho e sua prevenção. *Revista Brasileira de Saúde Ocupacional*. Vol. 32, n. 115. Jan./jun. 2007.

SAURIN. T. A; RIBEIRO. J. L. D. Segurança no Trabalho em um Canteiro de Obras: Percepções dos operários e da gerência. *Produção*. Vol. 10. Número 1. São Paulo, 2000.

SENNETT, R. *A corrosão do caráter*: impactos pessoais no capitalismo contemporâneo. São Paulo: Record, 1999.

SILVA, A. *Crítica do nexo causal na responsabilidade por acidentes do trabalho e doenças ocupacionais*. Dissertação de mestrado. São Paulo, USP, 2015.

SRTE RS. *Relatório de Fiscalização do Trabalho DOUX-FRANGOSUL*. Porto Alegre, abril de 2010.

THADEU, B. Do UOL, em São Paulo 05.08.2014. *Odebrecht culpa terceirizada por acidente fatal no Itaquerão*. Disponível em: <http://esporte.uol.com.br/futebol/ultimas-noticias/2014/08/05/odebrecht-responsabiliza-terceirizada-por-acidente-fatal-no-itaquerao.htm>.

VILELA, R. A. G.; MENDES, R. W. B.; GONÇALVES, C. A. Acidente do trabalho investigado pelo CEREST Piracicaba: confrontando a abordagem tradicional da segurança do trabalho. Acidentes do trabalho e sua prevenção. *Revista Brasileira de Saúde Ocupacional*. Vol. 32; n. 115. Jan./jun. 2007.

LA EPIDEMIA DE MESOTELIOMA MALIGNO PLEURAL, DESPUÉS DE MÁS DE 40 AÑOS DE TRANSFERENCIA DEL ASBESTO A MÉXICO

Guadalupe Aguilar-Madrid[*]
Cuauhtémoc Arturo Juárez-Pérez[**]
Rosalía Fascinetto Dorantes[***]

1 ANTECEDENTES

El asbesto de tipo crisotilo representa el 95% del asbesto que ha sido utilizado en el mundo. Canadá ha sido el principal exportador de crisotilo a nivel mundial, durante el siglo pasado y hasta 2012 que cerraron sus yacimientos de asbesto (Fig. 1). Actualmente Rusia, China y Brasil son los principales exportadores (Collegium Ramazzini, 1999, 2010, 2014.

El amplio e intenso uso del asbesto en diversas industrias en el mundo, originó que se usara en más de 3 mil productos, exponiendo a millones de trabajadores a esta fibra; con la consecuencia de graves daños a su salud: asbestosis, cáncer pulmonar, mesotelioma maligno pleural y peritoneal. También, se han expuesto ambientalmente a esta fibra las poblaciones que vivían y viven aledañas a las empresas, así como las propias familias de los trabajadores, causándoles estos mismos cánceres provocados por el asbesto (IARC, 1977). Los organismos internacionales como la Agencia Internacional de Investigación del Cáncer (IARC,1977), la Organización Mundial de la Salud (WHO, 2006), la Organización Internacional del Trabajo (ILO, 2006), con sustento en la incontrovertible evidencia científica internacional, la cual demuestra rotundamente, el incremento de los daños a la salud en los trabajadores, sus familias y en la población general por la exposición a esta fibra cancerígena, han declarado: *"todas las formas de asbesto son cancerígenas para el hombre, y no hay un nivel seguro de exposición"*. Por ello, la OMS y la OIT en junio del 2006 llamaron a los países miembros, entre ellos a México, a eliminar su uso. Actualmente, más de 57 países han prohibido su importación, uso, manufactura y exportación (IARC, 1977; IPCS, 1998; WHO, 2006; ILO, 2006).

---

[*] Investigadora en salud ambiental y ocupacional en la Unidad de Investigación en Salud en el Trabajo, Instituto Mexicano del Seguro Social, Centro Médico Nacional Siglo XXI, México, D.F.;
[**] Investigador en salud ambiental y ocupacional en la Unidad de Investigación en Salud en el Trabajo, Instituto Mexicano del Seguro Social, Centro Médico Nacional Siglo XXI, México, D.F.;
[***] Investigadora en salud ambiental y ocupacional en la Unidad de Investigación en Salud en el Trabajo, Instituto Mexicano del Seguro Social, Centro Médico Nacional Siglo XXI, México, D.F.

En el mundo, la OMS ha estimado anualmente la muerte de 100 000 a 140 000 trabajadores, por cánceres relacionados con el asbesto. En Europa Occidental, América del Norte, Japón y Australia 20,000 nuevos casos de cáncer de pulmón y 10, 000 casos de mesotelioma maligno pleural, ocurren cada año como resultado de la exposición al asbesto (WHO, 2006). Desafortunadamnte, en la actualidad no existe tratamiento curativo para el MMP, por lo tanto la supervivencia promedio es de seis meses, despues del diagnóstico MMP (un rango de 4 a 18 meses).

Sin embargo, a pesar de todas las evidencias científicas de la carcinogenicidad de todos los tipos de asbesto, el incremento de los casos de cáncer pulmonar y la epidemia mundial de mesotelioma maligno pleural (MMP) en el mundo, y en México igualmente el inicio y desarrollo de la epidemia de MMP (con 500 casos anuales desde 1998). Así como de los pronunciamientos de los organismos internacionales por *la prohibición mundial de su uso*; el gobierno mexicano ha sido omiso en adoptar políticas públicas que permitan la prevención, el control, y el reconocimiento de las patologías señaladas como enfermedades profesionales, así como adoptar medidas inmediatas para su prohibición. Las secretarías de gobierno e intituciones de seguridad social encargadas de la regulación ambiental y ocupacional, y el reconocimiento de enfermedades de trabajo, han sido igualmente negligentes, como son: la Secretaría de Salud (Ssa), Secretaría del Trabajo y Previsión Social (STPS), Secretaría de Economía (SE), Secretaría de Medio Ambiente y Recursos Naturales (SEMARNAT), y el Instituto Mexicano del Seguro Social (IMSS), Instituto de Seguridad Social al Serivico de los Trabajadores del Estado (ISSSTE) y Petróleos Mexicanos (PEMEX).

1 YACIMIENTOS DE ASBESTO EN MÉXICO

México no cuenta con yacimientos de asbesto en explotación, sin embargo en el periodo de 1962 a 1970, se realizaron estudios geológicos y trabajos exploratorios en siete yacimientos de asbesto, en los estados de Tamaulipas, San Luis Potosí, Zacatecas, Estado de México, dos yacimientos en Guerrero y Oaxaca, "con el objeto de definir genética y morfológicamente dichos yacimientos, determinando así sus reservas y las posibilidades económicas de explotación, co-estabilidad de su extracción y valor comercial" (García- Calderón J, 1978). Sin embargo, el reporte no señala, si posterior a este estudio hubo alguna explotación comercial de los yacimientos.

2 TRANSFERENCIA DE INDUSTRIA PELIGROSA. EL CASO DE MÉXICO

Migración de la industria del asbesto en México.- La primera empresa de asbesto en México se instaló en 1932, con el nombre Techo Eterno Eureka (filial del grupo Eternit, del magnate mundial del asbesto Sthepan Schmidheiny), en el estado de Jalisco (Gavira *et al*, 1990). Ésta producía y sigue produciendo aún productos de asbesto-cemento. Los sucesivos gobiernos mexicanos promovieron el "crecimiento y desarrollo" de las ciudades, especialmente de la Ciudad de México en el periodo del presidente Miguel Alemán Valdés (1946-1952), donde hubo un gran aumento en las obras de infraestructura, casas, edificios, multifamiliares e industrias. Ésto incrementó la demanda, y por lo tanto el aumento de la importación de asbesto, y la producción y uso de productos con asbesto-cemento, como: tanques de agua, láminas, tuberías de agua potable y drenaje profundo, y cientos de productos que requirió la industria de la construcción, química, petrolera, etc. El gran escritor mexicano, José Emilio Pacheco (1981) describe claramente esa época "...*a cada iniciativa del presidente (Miguel Alemán): contratos por todas partes, permisos de importación, constructoras, autorizaciones para establecer filiales de compañías norteamericanas; asbestos, leyes para cubrir todas las azoteas con tinacos de asbesto cancerígeno...*".

Sin embargo, es en la década de los años sesenta cuando se instala el mayor número de industrias manufactureras con productos de asbesto, provenientes mayoritariamente de Estados Unidos (Tabla 1). Esta migración geográfica de esas industrias, es debida a las demandas multimillonarias que pagaban las aseguradoras a los trabajadores norteamericanos afectados por los cánceres y enfermedades por el asbesto, así como por la negativa creciente de estas compañías a seguir asegurando a los trabajadores expuestos al asbesto, pues eso ya era un riesgo financiero para dichas empresas estadounidenses; así como por la enorme flexibilidad normativa de nuestro país (Castleman B, 2005; Aguilar-Madrid *et al*, 2003), y la desinformación de los trabajadores y la población de los riesgos a la salud por el asbesto.

Por lo cual, nuestro país desde esos años, se convierte en uno de los principales importadores de asbesto a nivel mundial y del Continente americano, proveniente principalmente de Canadá, el mayor exportador de asbesto crisotilo del mundo (Tabla 1; Fig. 1 y 2). Mientras tanto de 1970 a 1990, Estados Unidos disminuía sus importaciones de la fibra y simultáneamente México las aumentaba, para cubrir las demandas de las empresas estadounidenses, que trasladaron su industria peligrosa y sucia a nuestro país (Fig. 3) (Aguilar-Madrid, *et al*, 2003; Gaviria *et al*, 1990). Para el año 2000, en México había más de 1880 empresas instaladas que importaban asbesto crisotilo, mayormente de Canadá y en menor cantidad de Brasil. Estas industrias manufacturaban una diversidad de productos, que fueron y siguen siendo preferentemente exportados a Estados Unidos y Centroamérica. (Aguilar-Madrid *et al*, 2003; Aguilar-Madrid *et al*, 2010; Virta L, 2000). El círculo criminal de la transferencia de riesgos perfecto: compramos el riesgo, lo manufacturamos y al exportar estos productos, también exportamos el riesgo.

En nuestro país hemos documentado que las importaciones realizadas en los últimos 46 años (1960 a 2006), en más de 710, 000 toneladas de asbesto. El 75% provino de Canadá, el cual exportaba sólo crisotilo o asbesto blanco. Este tipo de asbesto ha sido el más utilizado en las industrias instaladas en México, y representa la fuente más importante de exposición de los trabajadores, sus familias, y la población mexicana (Aguilar-Madrid *et al*, 2003) (Fig. 4).

Así Canadá desde 1960, deliberadamente ha exportando asbesto a México y otros países menos industrializados. Ha encabezado una campaña mundial de revitalización del uso "seguro" del asbesto crisolito, descrita por el Dr., LaDou (LaDou J, 2003) como "la guerra del amianto" (la que ahora es encabezada por Rusia, China y Canadá); estos países han invertido importantes sumas de dólares, para hacer un lobby internacional para promover el uso del asbesto crisotilo y mantener la explotación de sus yacimientos. Al mismo tiempo, las empresas del asbesto de Estados Unidos que migraron a México, sabían la peligrosidad del asbesto, y apostaron a la desinformación de los trabajadores, al control sindical y al incumplimiento de las normas laborales y de salud, con anuencia de las autoridades mexicanas.

México, antes de la entrada en vigor del Tratado de Libre Comercio de Norteamérica (TLC-NAFTA) adoptó como una premisa fundamental la desregulación, lo que contribuyó a la parálisis normativa, al desmantelamiento de la poca infraestructura para la vigilancia de los centros de trabajo en los aspectos de seguridad e higiene laboral y medio ambiente -inexistencia de laboratorios de toxicología y/o de su "olvido presupuestario de los ya existentes" y del aumento al ferreo control sindical de los trabajadores. Ahora se cuenta con un débil marco jurídico y una deficiente vigilancia en su cumplimiento, lo que impacta en la casi nula protección de la salud de los trabajadores. Con instituciones omisas o en franco apoyo a los intereses de las empresas, así como con dirigencias sindicales que controlan a los trabajadores para evitar que conozcan los riesgos laborales a los que se exponen, especialmente con el asbesto. Por lo que no están en posibilidades de exigir mejores condiciones de trabajo, de salud y del reconocimiento de las enfermedades asociadas al asbesto y al trabajo. Existe un claro crecimiento de "organizaciones sindicales patronales" o casi nula sindicalización, aderezado con salarios precarios, de inseguridad en el empleo, (Márquez *et al.*, 2006; Rojas *et al.*, 2007), así como la falta de seguridad social, pues solo el 30% de la población económicamente activa de México tiene acceso al sistema de seguridad social (Sánchez-Román *et al*, 2006), por lo tanto, los trabajadores tampoco tienen la posibilidad de que les sean reconocidas las enfermedades de trabajo causadas por el asbesto.

A pesar de la epidemia de mas de 400 muertes anuales por mesotelioma maligno pleural en México, en el periodo de 1979 al 2015, tenemos 3200 muertes reportadas en los certificados de defunción solo por mesotelioma pleural (Fig. 4), fenómeno conocido por las autoridades mexicanas (Secretaría de Salud, Secretaría del Trabajo y Previsión Social, e Instituto Mexicano del Seguro Social) las empresas del asbesto han contado con la anuencia u omisión de las autoridades de salud, de trabajo y de seguridad social, de ambiente y de economía, y se les otorga licencias de importación y de funcionamiento, no existe vigilancia epidemiológica de los trabajadores, ni de sus familias, ni de la población que vive aledaña a las empresas; y menos aún se califican como enfermedades de trabajo a los MMP. Solo en el Distrito Federal y parte del Estado de México hemos ubicado a 28 grandes empresas manufactureras de productos con asbesto (Figuras 5 y 6). Del total de las empresas instaladas en México importadoras de asbesto, solo 32 tienen autorización para importar esta fibra. Las cuales fueron otorgadas por la Comisión Federal para la Protección contra Riesgos Sanitarios COFEPRIS (1998-2004) (Tabla 2).

3 DAÑOS A LA SALUD POR EL ASBESTO EN MÉXICO

Estudios clínicos y epidemiológicos en México.- Existen pocos estudios realizados y publicados en México, con relación a los efectos a la salud por exposición al asbesto. Un primer reporte se publicó por Cicero *et al* (1955), que describe cuatro casos de mesotelioma maligno pleural (MMP). El Dr. Muñoz *et al* (1988), describió tres casos de MMP familiar. Otro estudio clínico más reciente, del Dr. Cicero *et al* (2006) realizado en un centro hospitalario de tercer nivel, se señalan del total de causas neoplásica (26%) de derrame pleural, sólo cuatro casos fueron mesotelioma maligno pleural.

El primer estudio epidemiológico, relacionado con la exposición al asbesto, fue publicado por Pérez *et al* (1986). Se realizaron evaluaciones espirométricas y radiografías de tórax, en una muestra de trabajadores de la empresa Borg & Beck de México, donde se fabricaban embragues (clutch) y las pastas de asbesto. Esta industria era filial de Borg Warner en Chicago, Estados Unidos. Los trabajadores participantes presentaban alteraciones respiratorias propias de fibrosis pulmonar, con un promedio de antigüedad de 5 años de exposición al asbesto. Esta industria Borg & Beck de México despidió a todos los trabajadores que expuso al asbesto y nadie sabe sobre su estado de salud para despues venderla a finales de los años 90's, a la empresa alemana Sachs de México (ahora ZF), que sigue haciendo pastas de embragues y balatas aparentemente sin asbesto. (ZF en México).

Gavira *et al* (1990) (tomado de García López *et al*, 2000) identificaron 52 casos de MMP, en un periodo de seis años (1980 a 1985), en dos instituciones de seguridad social: el IMSS e ISSSTE. Pero ningún caso de MMP fue reconocido como enfermedad de trabajo.

Arenas–Huerta *et al* (1990) analizó 90 autopsias de tejido pulmonar de pacientes del Instituto Nacional de Enfermedades Respiratorias (INER); de los cuales se tomaron aleatoriamente 30 casos del año 1975, 30 casos de 1982 y 30 más de 1988. Las concentraciones de las fibras (CF) de asbesto encontradas, fueron mayores en los casos de quienes residían en el Distrito Federal, comparados con los casos de los otros estados de la república mexicana. Correlacionándose una mayor concentración de fibras intrapulmonares, con mayor presencia de cáncer broncogénico. Solo cuatro casos se clasificaron como exposición laboral a asbesto: dos mineros, un carpintero y un trabajador del asbesto, con concentraciones mayores de 1000 CF/ gr de tejido. Asimismo, de los casos del año 1975, el 58% presentó CF con una media de 4.2 CF/gr de tejido, de éstos el 11% tuvo como enfermedad principal cáncer broncogénico, predominantemente en obreros generales. De los casos de 1982, el 56% mostró una CF de asbesto promedio de 17 CF/gr de tejido, el 16% tuvo cáncer broncogénico y 11 % fibrosis intersticial, en ayudantes generales; y de los casos de 1988 el 76% mostró CF con centro de asbesto y una media 42.5 CF/gr de tejido, el 30% presentó cáncer broncogénico y 17 % fibrosis intersticial, los cuales habían laborado como obreros generales, profesionistas, secretarias, plomeros, carpinteros y albañiles de la industria de la construcción; también hubo casos de amas de casa (Arenas–Huerta *et al*, 1990).

En otro reporte, Arenas *et al* (1992) analizó 120 biopsias de tejido pulmonar de 1982 a 1988, en el INER. Más del 85% presentaba CF de asbesto; 30 casos con patología principal de fibrosis intersticial pulmonar, el 84% mostró CF de asbesto y una concentración media de 36 CF asbesto/gr de tejido; 20 casos con adenocarcinoma, el 95% de estos presentaba CF de asbesto; 22 casos de cáncer epidermoide de pulmón, el 87.5% con CF de asbesto; 8 casos con cáncer indiferenciado y el 100% de ellos con CF de asbesto. Los autores (Arenas *et al*, 1992) relacionan la presencia de la CF de asbesto a exposiciones diversas como uso de láminas y tinacos de asbesto en el hogar, desgaste de los frenos de los automóviles, y por la demolición de edificios debido al sismo de 1985 en la Ciudad de México. También se encontraron casos con más de 1000 CF de asbesto/gr, que se clasificaron como exposición ocupacional a asbesto como: trabajadores de metalúrgica, de minas, industria de la construcción (plomeros, carpinteros y albañiles), industria de metales pesados como estaño y plomo; así como trabajadores no dedicados a industria de la construcción. Se correlacionó una mayor exposición de partículas de asbesto en hombres con antecedentes de tabaquismo y residentes de la Cd. de México (20 años en promedio).

Los estudios de Arenas son interesantes, sin embargo tuvieron una limitación muy importante, no se realizó una minuciosa reconstrucción de la historia laboral de los pacientes recién diagnosticados, por lo que no le permitió identificar las fuentes de exposición laboral o ambiental al asbesto.

4 LA EPIDEMIA DE MESOTELIOMA MALIGNO PLEURAL EN MÉXICO

Realizamos un estudio (Aguilar-Madrid *et al.*, 2003), con los reportes de las actas de defunción de todo el país, del periodo de 1979 a 2000. En él observamos, hasta el año de 1997, un paulatino incremento de las muertes por mesotelioma maligno pleural (MMP). A partir de 1998 el incremento de la mortalidad por MMP se triplicó, en comparación a los observados, adoptando el comportamiento de una epidemia (Fig. 5). Éste predomina en los hombres, y probablemente es resultado de la creciente exposición al asbesto desde los años treintas y ha transcurrdo el largo tiempo de latencia para el desarrollo del MMP, que es de 15 a 50 años (Aguilar-Madrid *et al.*, 2003).

Sin embargo, consideramos las posibles limitaciones en el registro nacional de mortalidad, y decidimos realizar de 2004 a 2006 un estudio de casos incidentes de MMP y controles, en el hospital de oncología del Instituto Mexicano del

Seguro Social (IMSS). Se identificaron 119 casos incidentes de MMP confirmados por pruebas inmunohistoquímicas; se logró reconstruir una minuciosa historia laboral y ambiental, a través de una entrevista directa con cada paciente con mesotelioma. El 83% de los casos de MMP estuvieron asciados a la exposición laboral al asbesto. Se les siguió hasta su fallecimiento, y se preguntó a la familia los diagnósticos asentados en las actas de defunción. Solo en el 29% de estos certificados se registró el diagnóstico de MMP, como enfermedad que lo llevo a la muerte; se evidenció un subregistro del 71%. En base a este estudio estimamos que a partir de 2008 hay entre 400 a 500 casos solo de MMP por año en México (Fig. 4) (Aguilar-Madrid *et al.*, 2010).

Se considera el estudio de Nicholson *et al* (1982), quien ha estimado que por cada muerte por mesotelioma pleural, existen 2.2 (IC 2-2.7) defunciones por cáncer pulmonar asociadas a la exposición al asbesto; estimamos para México en el año 2008, entre 800 y mil casos de cáncer pulmonar (Fig. 4). Esto muestra la inconsistencia de los datos oficiales de mortalidad por MMP, y la ausencia de un registro de los cánceres en general, ni tampoco de cánceres de origen laboral, donde de reporte los canceres pulmonares y MMP asociados al asbesto en México.

Así, en 2008 se registraron en México 200 muertes por MMP; y en el periodo de 1979 a 2008, sumaron 2180 casos, de los cuales el 66% fueron hombres. Al comparar nuestros resultados y estimaciones con otros países, éstos son mayores, por ejemplo en el Reino Unido se presentan 3, 300 casos cada año, de muertes MMP. Italia espera 800 casos cada año (Tabla 3) (Pitarque *et al.*, 2007). En Australia se ha estimado para el 2023, más de 11 mil muertes por cánceres vinculados al amianto (mesotelioma y cáncer bronco-pulmonar). Sólo en Pakistán, entre 1995 y 2003, se han diagnosticado 601 casos de MMP, únicamente en la provincia nordeste del país (AISS, 2006).

Nuestros resultados hacen visible la creciente epidemia de MMP en nuestro país. Asimismo, mostramos la relación entre el uso industrial del asbesto crisotilo y el aumento de las muertes por MMP, entre los trabajadores mexicanos, así como su relación predominante con la exposición en el trabajo con el asbesto (Aguilar-Madrid G. *et al.*, 2010) (Figura 4). Esto plantea claramente la necesidad imperante de prohibir el uso del asbesto en México.

Nuestros datos se corroboran cuando analizamos las estadísticas del IMSS de riesgos de trabajo e invalidez por enfermedad general, que mostraron que entre 1995 a 1998 se notificaron solo 66 casos de asbestosis y en el periodo de 2010 a 2013 encontramos 109 casos, el 78.9% (86) fueron hombres y 21.1% (23) en mujeres de mesoteliomo maligno pleural, que se les otorgó una pensión por enfermedad general. Sin embargo, en este mismo periodo solo se reconoció un caso de mesotelioma pleural como enfermedad profesional (Memorias estadísticas IMSS 1998 del 2000 al 2013; Aguilar-Madrid *et al*, 2003)

5 COSTOS DE LA ATENCIÓN MÉDICA DEL MMP, EN EL SISTEMA DE SALUD MEXICANO

Hemos estimado (Aguilar-Madrid *et al.*, 2010) para el año 2015, el costo anual promedio de la atención médica de cada caso nuevo de MMP en el Instituto Mexicano del Seguro Social. Éste fue de $163 504 pesos ($8 175.20, dólares); con un mínimo de $65 790 pesos ($3 289.50 dólares) y un máximo de $665 461 pesos ($33 273.05 dólares). Con base en los 500 casos anuales estimados para 2015, el costo promedio anual erogado por el sistema de salud mexicano fue $ 81 752 140 pesos ($4 087 607 dólares); el 50% de los casos son atendidos en el IMSS, lo que significaría $40 876 070 pesos ($2 043 803 dólares) (tipo de cambio 20 pesos por cada dólar) (Tabla 4). –Si se consideran los mismos casos para el periodo de 2011 a 2015, así como el mismo tipo de cambio del peso mexicano frente al dólar, el sector salud habrá erogado $408 760 700 millones de pesos ($20 438 035 dólares.Estos gastos subestiman los costos reales, pues no se consideran las otras enfermedades y muertes relacionadas al asbesto, como: la asbestosis, el cáncer pulmonar, el mesotelioma peritoneal, cáncer de faringe, etc., pues no se ha estimado el subregistro, ni los costos de la atención médica. Los costos señalados, están muy por debajo de lo que costarían a nivel privado. Tampoco se toman en cuenta los gastos por pensiones de invalidez, viudez y orfandad, otorgados por el IMSS por los casos de MMP. Así, cuando el IMSS no califica los casos de MMP como enfermedad profesional, y otorga pensiones como invalidez (enfermedad general), como los 109 casos de MMP, durante el periodo 2010 al 2013. Sólo 10 casos de MMP se han calificado como enfermedades de trabajo en el IMSS, en el periodo de 1998 al 2015; a pesar de que demostramos que el 83% de los casos de MMP son atribuidos a exposición ocupacional al asbesto (Aguilar *et al.*, 2010).

Consideramos que estos costos son insostenible para el IMSS, pues la institución está siendo desfinanciada, por no recuperar las primas de riesgos de trabajo de las muertes de trabajo por MMP a las grandes empresas del asbesto. De esta manera, casi el 100% de estos casos son absorbidos por el IMSS, bajo el rubro de enfermedad general (invalidez), y no como enfermedad de trabajo; lo que significa que las empresas evaden el pago de estas primas de riesgos de trabajo, a pesar de que ellas son las responsables de esta epidemia de muertes por MMP. Esta evasión genera un impacto económico en las finanzas del IMSS, del sistema de salud y del país.

De acuerdo con la AISS (Asociación Internacional de la Seguridad Social), la indemnización incluye la cobertura de los costos médicos, que en el caso de estas enfermedades pueden ser extremadamente altos, así como la indemnización financiera vinculada a la pérdida de ingresos, y los costos de mantenimiento de los dependientes en caso de fallecimiento. En los Estados Unidos de América (EUA) las 10,000 muertes relacionadas con el asbesto, han significado indemnizaciones por 70,000 millones de dólares. Sus proyecciones ascienden de 150, 000 a 300,000 millones de dólares (AISS, 2006). De igual manera para Japón, sus costos vinculados a la utilización del asbesto serán de 27 mil millones de yenes. En efecto, se predice que el porcentaje de fallecimientos debido al mesotelioma maligno pleural será 49 veces más alto en los próximos 40 años, que en los años 90 (AISS, 2006).

6 LOS SUSTITUTOS DEL ASBESTO

Como lo afirma la AISS, los más de 57 países que han prohibido el asbesto, actualmente usan sustitutos para todos los productos donde se utilizaba esta fibra cancerigena, y son más seguros. Por ejemplo: para producir embragues, frenos, aislantes eléctricos, juntas, materias plásticas, tinacos y tubos de agua potable, de drenaje profundo revestimientos murales, aislantes térmicos, pisos en losas o en cilindros; se está sustituyendo FMA, aramidas, fibras de carbono, PTFE, acero, cobre y materiales no fibrosos (AISS, 2006). Actualmente hay empresas mexicanas productoras de pastas para frenos, que los hacen sin asbesto. Sin embargo, los siguen manufacturando con asbesto por ser "más barato" y por que tienen sus bodegas llenas de esta fibra que siguen importando de Rusia.

7 LA APLICACIÓN DE LA LEGISLACIÓN EN MÉXICO

La Costitución Política de los Estados Unidos Mexicanos (CPEUM) establece en su artículo 4º que: "Toda persona tiene derecho a la protección de la salud…" y a "…un medio ambiente sano para su desarrollo y bienestar…".

La Secretaría de Salud, a través de la Comisión Federal para la Prevención de Riesgos Sanitarios (COFEPRIS), debería realizar coordinaciones interinstitucionales, para desarrollar programas de vigilancia epidemiológica de los trabajadores y de la población en riesgo, promover la investigación sobre el asbesto en México y establecer un plan a corto plazo para prohibir su uso en nuestro país.

Sin embargo, la COFEPRIS continúa autorizando la importación de esta fibra cancerígena. Así, en el periodo de 1998 a 2004 le dió a 42 empresas, las "AUTORIZACIONES DE IMPORTACIÓN DE ASBESTO (del 26/10/1998 al 02/04/2004). De éstas, solo 32 le reportaron las cantidades que importaron en ese periodo; ascendiendo a 69 372 135 toneladas de asbesto, con una pureza de 90 a 98% de crisotilo. De ellas, 14 estaban afiliadas al Instituto Mexicano de Fibras (IMFI), la cual agrupa a los empresarios del asbesto (Tabla 2)

En el listado de COFEPRIS, no están registradas las 1880 empresas identificadas como importadoras de asbestos por SECOFI en el año 2000 y reportadas por Aguilar-Madrid *et al*, (2003); como es el caso de la compañía Eureka. ello muestra la ineficiencia de las autoridades para tener un registro o censo confiable de las empresas que importan asbesto y de las que lo manufacturan.

La COFEPRIS ha otorgado estas licencias de funcionamiento haciendo caso omiso de la carcinogenicidad de todas las formas de asbesto (IARC, 1977; OMS, OIT, 2006) y de las recomendaciones de otros organismos (AISS) sobre el tema. La Secretaría de Salud no puede argumentar que desconoce las evidencias de la carcinogenicidad del asbesto, la contundente evidencia en literatura científica mundial y la existencia de la epidemia de MMP en México, desde 1998, lo demuestran, pues desde 2006 le fueron enviados al Comisionado de manera oficial los resultados de las investigaciones de Aguilar-Madrid *et al* (2003), por el titular de la Coordinación de Salud en el Trabajo del IMSS en turno.

La postura de COFEPRIS en la Convención del Convenio de Rotterdam de 2006 a 2009, ha sido aliarse a Canadá y Rusia para impedir la inclusión del asbesto crisotilo en la lista de sustancias peligrosas de este Convenio. La declaración del funcionario de COFEPRIS, representando a México fueron: "**nosotros apoyamos la <u>no inclusión del crisotilo</u>, debido a que para México será difícil apoyar esta decisión**" (IBAS, 2006 — g.n.). Con esto respalda a los mayores países exportadores del asbesto (Canadá y Rusia), quienes postulan sin fundamento científico el "uso seguro del asbesto crisotilo" en México, a costa de la salud y la vida de miles de mexicanos. Esto es totalmente contrario a garantizar el derecho a la salud de los mexicanos.

Como parte de sus responsabilidades, COFEPRIS debe cumplir la NOM-125-SSA; que establece que las empresas del asbesto deben guardar los expedientes médicos de los trabajadores y monitoreos ambientales de las fibras, durante 20 años; y debe proporcionarle una copia a solicitud del trabajador. El examen deberá constar de: historia clínica actualizada, examen físico minucioso, rayos X de tórax y espirometría. La COFEPRIS nunca ha notificado públicamente los resultados de la vigilancia de esta norma, lo que incumple su papel de autoridad. En la elaboración de esta norma, no participaron el IMSS, el ISSSTE, el INER, los trabajadores o sindicatos, ni universidades o institutos de investigación. Actualmente, esta norma deberá derogarse pues perpetúa la exposición ocupacional al asbesto. Debería emitirse una nueva norma de vigilancia a la salud de las poblaciones expuestas ambiental y ocupacionalmente. Y a la par, la prohibición del uso del asbesto.

8 EL INTENTO ENGAÑOSO DE PROHIBIR EL ASBESTO EN MÉXICO

La Secretaria de Salud de México (SSa), el 09 de mayo del 2005 y con el número de registro 02/242/090505, envío a la Comisión Federal de Mejora Regulatoria COFEMER (de la Secretaría de Economía) un "Acuerdo por el que se prohíbe el uso, obtención, elaboración preparación, conservación, mezclado, acondicionamiento, envasado, manipulación, transporte distribución, importación, almacenamiento y expendio o suministro al público en fibra o roca, polvo o capas, desperdicio o desecho de asbesto anfíbolo variedad amosita, antofilita, crocidolita, tremolita, actinolita, así como de los productos que los contengan.". Y dos días después, el 11 de mayo del 2005, la COFEMER rechaza la propuesta de prohibición de los asbestos anfíbolos argumentando que ese "…anteproyecto es rechazado por no cumplir con el Acuerdo de Moratoria Regulatoria" (Diario Oficial 2005, p. 21). En el documento que COFEMER envía a COFEPRIS declara: "le informo que dicho anteproyecto si implica costos de cumplimiento para los particulares (*es decir la industria del asbesto, nota de los autores*) pues reduce o restringe el derecho de éstos a usar, obtener, elaborar preparar, conservar, mezclar, acondicionar, envasar, manipular, transportar, distribuir, importar, almacenamiento y expender o suministrar al público en fibra o roca, polvo o capas, desperdicio o desecho de asbesto anfíbolo variedad amosita, antofilita, crocidolita, tremolita, actinolita, así como de los productos que los contengan. INDEPENDIENTEMENTE DEL BENEFICIO QUE DICHA PROHIBICIÓN PUDIESE GENERAR A LA SALUD DE LA POBLACION", y firma Gustavo Adolfo Bello Martínez. Coordinador General de la COFEMER (Anexo 1).

Como se ve, la repuesta de la COFEMER se hace de manera expedita. Es evidente que pone por encima de la salud de los trabajadores y la población general el tema económico, favorable a los empresarios. ¿En dos días la COFEMER pudo realizar un detenido análisis de las consecuencias adversas a la salud, por el uso del asbesto? Es muy claro que no, pues le bastaron dos días para emitir su resolución. Esta pueril e indignante respuesta muestra claramente el total desprecio de la COFEMER por la salud de la población mexicana. Además, cabe destacar que el anteproyecto enviado por el Comisionado de la COFEPRIS, no incluyó al asbesto crisotilo, la fibra más utilizada en México (95%), y omite el conocimiento sobre la carcinogenicidad de esta fibra, ya señalada por la IARC, OIT, la AISS y la OMS. Esta actitud de COFEPRIS, es igualmente de negligente e irresponsable que COFEMER, ante la epidemia nacional de MMP.

Las preguntas que nos formulamos son: ¿Por qué la COFEMER y COFEPRIS encargadas de la regulación y en especial la Secretaría de Salud (SS), hacen caso omiso del conocimiento nacional e internacional sobre la carcinogenicidad del asbesto, así como de las recomendaciones internacionales?, ¿por qué la SS no incluyó en el acuerdo de prohibición, al asbesto crisotilo?.

9 EL PAPEL DE LA SECRETARÍA DEL TRABAJO Y PREVISIÓN SOCIAL

La Secretaria de Trabajo y Previsión Social (STPS) desde 2007 ha tratado de "actualizar" la norma para los niveles de exposición laboral al asbesto; ha convocado a las empresas, representantes oficiales de algunos sindicatos, el Instituto Mexicano de Fibras (IMFI) y del IMSS, para establecer un "nivel seguro" de exposición al crisotilo y los anfíboles. Nosotros les hemos presentado las evidencias nacionales e internacionales de la epidemia de MMP, pero han sido ignoradas. Incluso el representante del IMFI, ha dicho cinica y sarcásticamente que "el asbesto crisotilo no es dañino, pues hasta se puede comer untado en pan y mantequilla". El ambiente de trabajo en esta mesa mostró, por parte de la STPS, un franco apoyo a los empresarios del asbesto, ignorando así las recomendación de la OMS, OIT y IARC, el de caminar a la prohibición de todo tipo de asbesto (Aguilar-Madrid et al., 2010).

La norma oficial mexicana vigente permite los siguientes niveles de exposición al asbesto (todas sus formas): Amosita 0.5 f/cc, crisotilo 1 f/cc, crocidolita 0.2 f/cc, otras formas 2 f/cc (NORMA Oficial Mexicana NOM-010-S-TPS-1999). Permitir que estos niveles de asbesto sigan vigentes en México, y/o pretender establecer un "nivel seguro", significa perpetuar la epidemia de mesotelioma maligno pleural, pues no hay nivel seguro para evitar su presencia. La Administración de Seguridad y Salud Ocupacional (OSHA por sus siglas en ingles) en EUA (OSHA, 1997), ha mostrado claramente que una exposición de 0.1 f/cc resulta en: 11, 000,000 cc x 0.1 f/cc = 1.1 millón fibras/día. Debido a que un adulto en promedio inhala 7 a 8 litros de aire /min. Esto equivale a 11,000 litros de aire/día, lo que produce: 5 muertes de cáncer de pulmón y 2 muertes por asbestosis/ 1,000 trabajadores expuestos en su vida laboral (OSHA, 1997). Basados en este ejemplo, estimamos el número de muertes esperadas para el nivel de 1f/cc de crisotilo permitido, significa que un trabajador está aspirando al día 11 millones de fibras/día de asbesto, lo que produce 50 muertes por cáncer de pulmón y 20 muertes por asbestosis/ 1,000 trabajadores expuestos en su vida laboral. Por lo que la STPS debiera pronunciarse por su prohibición.

10 SEMARNAT

La Secretaria de Medio Ambiente y Recursos Naturales (SEMARNAT) es la encargada de regular e inspeccionar la operación de fuentes industriales, químicas, petróleo, asbesto, cementeras y de tratamientos de residuos peligrosos, etc., en todo el país. Para lo cual, las empresas requieren autorización o licencia previa de la SEMARNAT; en el caso del asbesto, su regulación ha sido muy laxa, pues diversas comunidades han presentado solicitudes de cierre de empresas del asbesto, que ponen en peligro su vida. Por ejemplo, el Barrio de San Lucas, en Iztapalapa, en la Ciudad de México ha solicitado a las autoridades federales y estatales de salud, trabajo y ambiente desde el año 2002, el cierre de la empresa American Roll (antes ITAPSA) que produce materiales de fricción con asbesto. La SEMARNAT, la STPS y la SSa han hecho caso omiso a esta solicitud de la población y no han tomado acciones para garantizar un ambiente libre de asbesto para los pobladores de esta comunidad. Por el contrario, SEMARNAT le otorgó licencia a la empresa American Roll en enero del 2002, y en 2010 actualizó la Cédula de operación y dos licencias ambientales (Anexo 2) (Revista Proceso).

En el mismo sentido, la comunidad de San Pedro Barrientos, Tlalnepantla, Estado de México, hay un incremento de la mortalidad por mesotelioma pleural y cáncer pulmonar, asociado a la exposición ocupacional y ambiental al asbesto, debido a que en esta comunidad estuvo la fábrica de Asbestos de México, S.A. de C.V. de 1942 a 1998 (el propieatario final fue Mexalit). Esta empresa fabricaba productos con asbesto cemento: tinacos y cisterna de agua, tubos de drenaje profundo y agua potable; láminas para techos.

Aunque desde los años 70 en Estados Unidos se alertó sobre el riesgo de cáncer que representa el escape de fibras de este producto al aire, Asbestos de México operó hasta 1998. Las aguas residuales vertidas a cielo abierto formaron una laguna donde los niños nadaban como recreo habitual.

"Han desarrollado cáncer obreros de esa fábrica, esposas de operadores que lavaban en sus casas la ropa de trabajo y vecinos que nunca fueron empleados ahí, pero que vivieron en el pueblo", puntualiza Aguilar Madrid.

"Algunos vecinos nos comentan que la empresa echaba agua adicional a los procesos para disminuir la emisión de polvos, pero eso es insuficiente para detener el lanzamiento de partículas al aire", indica.

Las fibras de asbesto respiradas pueden alojarse en las células del mesotelio y producir el cáncer, cuyos síntomas tardan 15 y hasta 50 años en manifestarse, cuando la enfermedad está avanzada, explica.

Aunque la fábrica fue desmantelada hace 15 años, no hay registro de limpieza del suelo donde ahora hay bodegas.

"No sabemos con precisión cuántos pacientes más han desarrollado enfermedades por esta contaminación. Hay vecinos que refieren defunciones de familiares y amigos por enfermedades relacionadas con los pulmones", advierte.

Tan sólo en la calle Adolfo López Mateos de San Pedro Barrientos, la señora María Inés Basurto Campos dice que en su familia ya van diez muertes por el mismo mal: cáncer de pulmón". En 2013, el periódico Reforma reportaba:

"Mónica Fragoso llegó a la sala de incineración el día de su cumpleaños 43. Horas antes, murió en brazos de su mamá. El asbesto y el cemento que respiró durante años en este pueblo se le volvieron cáncer y la asfixiaron" (El Reforma, 2013).

11 ¿POR QUÉ EL IMSS RECONOCE MUY POCOS CASOS DE MMP COMO ENFERMEDADES DE TRABAJO?

El Instituto Mexicano del Seguro Social (IMSS) asegura sólo aproximadamente al 30% de los trabajadores mexicanos (Sánchez Roman FR, *et al*, 2006) (población económicamente activa en México son 52 918 649 millones) (INEGI,-2015); y pertenece a la Asociación Internacional de la Seguridad Social (AISS). Este organismo en septiembre de 2004, en la Asamblea General de la AISS en Beijing, a través de la *Comisión Especial sobre la Prevención*, adoptó una declaración sobre el asbesto o amianto, en la cual exhortaba a todos los países para que prohibiesen lo más rápidamente posible la producción, comercio y utilización de todos los tipos de amianto y de los productos que lo contuviesen. El IMSS está absorbiendo los costos de esta mortal enfermedad, pues no se reconocen como enfermedades de trabajo. Por lo tanto, consideramos vital que el IMSS emita una directriz que garantice que todos los casos de MMP y de cáncer pulmonar diagnosticados en los trabajadores, en los hospitales de segundo y tercer nivel de atención del país, sean remitidos para su evaluación y estudio por probable enfermedad de trabajo, a los servicios de salud en el trabajo. Esto mejoraría sus estadísticas de enfermedades de trabajo relacionadas con el asbesto, y con ello hacer una recuperación económica de los gastos de atención médica e indemnización, que cobraría a las empresas, causantes de estas patologías. También tendría un impacto positivo en las finanzas de la institución.

12 LAS POLÍTICAS PÚBLICAS IGNORAN EL RIESGO DEL ASBESTO

La ayuda gubernamental, en todos los niveles al parecer, "ignora" el riesgo de enfermar de MMP por uso de objetos con asbesto. Así, en 2005 en la ciudad de Hermosillo, Sonora, el Director General Administrativo y de Finanzas el C.P. Enrique Alfonso Martínez, convoca a proveedores de tubería de asbesto-cemento de 30 pulgadas de diámetro tipo II, para la conducción de agua potable, para ser comprados por el gobierno estatal. Esto a pesar de que ya hay sustitutos libres de asbesto, en este tipo de tuberías en México (Diario oficial 2005, pág. 96). Asimismo, en las ayudas que se les proporciona a las comunidades de bajos recursos económicos, después de una catastrofe ambiental, les regalan láminas de asbesto para los techos de sus casas. (Hernandez Hernandez M., 2007).

13 LAS "ORGANIZACIONES" SINDICALES Y SU "DEFENSA" DEL USO DEL ASBESTO

En México, la mayoría de los contratos colectivos son de protección patronal, con la anuencia de las autoridades de la STPS. Por tanto, los trabajadores no tienen la libertad sindical, para demandar mejores condiciones de trabajo, pues inmediatamente son despedidos. El vínculo control-corrupción tiene hondas raíces políticas y sociales, asociadas especialmente con el partido en el poder, el Partido Revolucionario Institucional (PRI) (Bouzas, 2000). El abogado Arturo Alcalde Justianiani señala que "buena parte de los problemas nacionales se enfrentan al viejo modelo de complicidades, en el que participan empresarios, gobiernos y los conocidos liderazgos que entienden al sindicato como un negocio personal" (El Universal, 2009).

Buena parte de los sindicatos en México están agrupados en diversas centrales, en especial la Central de Trabajadores de México (CTM). Esta central obrera tiene un largo historial de antidemocracia y de control de los trabajadores, para impedir que luchen por la defensa de sus derechos, a través de la intimidación, la represión física y el despido de los trabajadores, en contubernio con las empresas y las autoridades del trabajo (Bouzas, 2000; El Universal, 2009). La CTM se ha constituído en uno de los principales promotores del uso del asbesto en México. Así, uno de sus representantes ha declarado en reuniones con la STPS, del 2006 a 2008, "…el asbesto crisotilo no es cancerígeno, y ellos defenderán las fuentes de empleo donde se usa asbesto…". También esta central, el 03 de marzo del 2010, realizó en México una reunión en defensa de las industrias del crisotilo, en la cual asistió también la Alianza internacional del Crisotilo y Movimiento pro-crisotilo, encabezado por Serge Boislard. En esta misma reunión los representantes de la CTM (Arturo Contreras Cuevas y Fernando Salgado Delgado) declararon al periódico El Universal que ellos "Acordaron cerrar filas para conservar la fuente de empleo donde se maneja el asbesto crisotilo, pues serían 8000 empleos perdidos si cierran las empresas", además Fernando Salgado declaró que: "La campaña de desprestigio es originada de fuentes con intereses económicos muy fuertes, que no han demostrado que el crisotilo sea cancerígeno, que el crisotilo es noble y puede utilizarse en forma segura". Además, Arturo Contreras "Explicó que la reunión mencionada, es el seguimiento de los talleres que se han realizado en países como Rusia (uno de los principales productores de asbesto), Kazajstán, Austria y Ucrania. Los talleres tienen como objetivo, analizar y determinar la posición de los sindicatos mexicanos y del mundo para defender las fuentes laborales que genera la industria del asbesto y del cemento, que son de poco más de ocho mil trabajos directos y un número no cuantificado de indirectos." (El Universal, 2009). De igual manera, el representante de la Alianza internacional del Crisotilo negó que el crisotilo sea cancerígeno, finalmente Serge Boislard regreso "muy motivado de México".

El caso ITAPSA (Echlin en EEUU) ilustra los abusos y la antidemocracia sindical en México; lo que impide la libre organización de los trabajadores para mejorar sus condiciones de trabajo. En 1997, los trabajadores de ITAPSA (ahora American Roll) decidieron crear un sindicato independiente y afiliarse al Frente Auténtico del Trabajo (FAT), ésta es una central obrera independiente de la CTM, desde 1970. Los trabajadores de esta empresa fabricaban frenos para automóviles, en el valle de México. Como este sindicato estaba "afiliado" a la CTM, estos últimos coludidos con el gobierno (STPS) despidieron a los líderes naturales. Legalmente se solicitó y convocó, el 09 de septiembre de 1997, a una libre elección de sus legítimos representantes sindicales. La noche previa a la elección, dos autobuses llenos de jóvenes armados con tubos, garrotes, cuchillos y algunos con pistolas, se introdujeron a la planta con la anuencia de la empresa y de las autoridades del trabajo. Amenazaron a los trabajadores, diciéndoles "…si querían sus trabajos y sus vidas deberían votar por el sindicato de la CTM…". Esta práctica se repite comunmente en México, por la falta de libertad sindical y de libre asociación (Hathaway D, 2002).

Durante el conflicto sindical de ITAPSA, afloraron las demandas para mejorar las condiciones de salud, seguridad e higiene. Un testimonio de los trabajadores de esta empresa, señaló: "…los accidentes eran solo una parte del problema". Otro trabajador testificó *sobre la vulnerabilidad de los derechos laborales y los problemas de seguridad laboral en la planta, y del polvo de asbesto de los frenos que se fabricaban, cubría tanto a las máquinas como a las personas*". Los obreros recurrieron a la Oficina Nacional Administrativa (NAO por sus siglas en ingles), creada por los acuerdos paralelos al Tratado de Libre Comercio de América del Norte (México-Estados Unidos-Canadá) (NAFTA por sus siglas en ingles), para esgrimir conflictos laborales (Bacon, 2003). -Frente al caso, la resolución de la NAO fue: ante la violación a los derechos de libre organización de los trabajadores, así como al incumplimiento de las normas de seguridad e higiene; esta instancia solo podía emitir recomendaciones al gobierno mexicano (Tabla.5). Sin embargo, ITAPSA no recibió ninguna sanción, ni multa, ni se reinstaló a los trabajadores despedidos, y tampoco se obligaba a la empresa a cumplir con las leyes y normas mexicanas, sobre seguridad e higiene, omitiendo la responsabilidad de la STPS y COFEPRIS. El resolutivo de la NAO dice: "…*se confirma la excesiva exposición al asbesto en el proceso de manufactura de balatas…*". El caso de los trabajadores de ITAPSA finalizó con el despido de 56 trabajadores más (NAO, 1997).

14 LA PERCEPCIÓN DEL RIESGO DE LOS TRABAJADORES

En el año 2000, realizamos una encuesta a puerta de fábrica. En una muestra aleatoria de 250 trabajadores, un 7% del total (4051), que laboraban en 28 empresas del asbesto instaladas en el Valle de México; se les aplicó un cuestionario acerca de su percepción del riesgo al asbesto. El 86% (214) fueron hombres, el promedio de edad fue de 30.4 años (16 a 53), su antigüedad laboral promedio fue de 5.5 años, y el 75% tenían menos de ocho años de antigüedad. El 37% (91) no sabía que manejaba asbesto, el 42% ignoraba que el producto era peligroso para su salud; y el 60% refirió desconocer si el asbesto le podía producir cáncer. Las etiquetas de advertencia de las bolsas de asbesto estaban en inglés o en portugués, esto a pesar de que la ley mexicana establece que se deben traducir al español (NOM-018-STPS-2000). Además, el 56% (140) de los trabajadores se llevaban sus ropas de trabajo a sus casas para ser lavadas por sus esposas; lo que viola lo establecido en la NOM-025-SSA, que dice claramente "Las empresas deben responsabilizarse del lavado de la ropa del personal ocupacionalmente expuesto a fibras de asbesto, con el fin de garantizar el control sanitario y prevenir daños a terceros".

Los resultados del estudio mostraron que los trabajadores que laboran en las empresas del asbesto: son jóvenes, con poca escolaridad (cuatro años de educación básica), con desconocimiento del riesgo a su salud por la exposición al asbesto y poca antigüedad en estas empresas. Esto quiere decir que las empresas del asbesto deliberadamente cambian su planta laboral cada cinco años, para evitar que cuando los trabajadores presenten daños a su salud por la exposición a esta fibra cancerígena, ya no estén laborando en la industria peligrosa (Tabla 6). De estas empresas donde laboraban los encuestados, el 47% producía balatas y pastas para clutch, 21% empaques y 14% impermeabilizantes (Fig. 6).

15 DISCUSION, CONCLUSIONES Y RECOMENDACIONES

La abrumadora investigación internacional da cuenta de la indiscutible relación causal del Mesotelioma Maligno Pleural, el Cáncer Pulmonar, el mesotelioma peritoneal y el cáncer de faringe, con la exposición a todos los tipos de asbestos, especialmente con el crisotilo o asbesto blanco, el más utilizado en nuestro país y el mundo. No existe tratamiento farmacológico, radioterapéuta o quirúrgico que brinde sobrevida y mejor calidad de vida a los pacientes con MMP.

Los países industrializados presentan crecientes epidemias de MMP, aún a pesar de haberlo prohibido hace apenas 15 años, pues el periodo de latencia de esta enfermedad es de 15 a 50 años; por lo que esperan llegar a su máximo de casos en algunos años más. Su prohibición en estos países respondió en algunos casos, a la muerte prematura y aún a edades productivas; al incremento de los gastos por diagnóstico, tratamiento e indemnización, así como por no contar con efectivas alternativas de tratamiento; además de contar ya con sustitutos del asbesto.

Sin embargo, países como Estados Unidos, a pesar de las costosas indemnizaciones, no ha prohibido el asbesto, pero ha transferido el riesgo a otros países, como México (Fig. 3; Tabla 1 y Tabla 2). Ahora Rusia, Kazajistán, Brasil y Zimbabwe, en su momento Canadá, están desarrollando una agresiva campaña para presionar a los gobiernos de los países en desarrollo, para que sigan utilizando el asbesto crisotilo en "forma segura" y para que los acuerdos internacionales no consideren al crisotilo como una sustancia peligrosa.

Estas presiones han sido efectivas en nuestro país, pues a pesar de estar documentada una epidemia creciente de MMP, las autoridades de Salud, de Trabajo, de Seguridad Social y de Ambiente han hecho caso omiso y se han abstenido de desarrollar efectivos programas de vigilancia epidemiológica de los trabajadores, las familias y de la población que vive aledaña a las empresas expuestas al asbesto. En la Tabla 7 mostramos las regulaciones que las diferentes Secretarías de Estado han emitido con respecto al asbesto, pero que no hay reportes de la vigilancia de su cumplimiento.

Ante el Convenio de Rotterdam, los representantes mexicanos se han negado a proponer al crisotilo como sustancia peligrosa. Asimismo, el reconocimiento del MMP como enfermedad profesional es casi nulo, lo que ha dado pie a que los gastos por esta patología causada por las empresas, sea absorbida totalmente por las instituciones de salud y no por las empresas. Es decir, los intereses económicos del mercado están por encima de la salud de los trabajadores y de la población de México; pues no se ha planteado a corto plazo la prohibición de su uso, a pesar de la epidemia de MMP en curso y de que ya existen sustitutos del asbesto; incluso, ya están siendo utilizados por algunas empresas mexicanas.

Por lo tanto, concluimos que se deben prohibir todos los tipos de asbesto en México, como lo han recomendado la OMS, OIT, AISS, la OMC y muchos organismos científicos internacionales. Por ello, la comunidad científica y la sociedad, así como el Consejo General de Salud, la Secretaria de Salud, la Comisión Federal para la Protección contra Riesgos Sanitarios (COFEPRIS), la Secretaria de Trabajo y Previsión Social (STPS), la COFEMER, el IMSS, el ISSSTE, las Cámaras de Diputados y Senadores mexicanos, deberán coincidir en una ley que prohíba su uso. Asimismo, se deberán tomar las siguientes medidas de acuerdo con las respectivas competencias:

1. Elaboración del Acuerdo de prohibición, que incluya al asbesto crisotilo, y lograr su aprobación.
2. La COFEMER deberá dar prioridad a la salud de la población, en la medida que ya existen sustitutos al asbesto.
3. Que la COFEPRIS informe periódicamente del cumplimiento de la NOM-025-SSA, relacionada con el uso del asbesto.
4. Generar un sistema de registro de cánceres relacionados con la ocupación, e incluir los causados por el asbesto.
5. Exigir el pago de los costos de la atención médica y las indemnizaciones a las víctimas y sus familias, a las empresas del asbesto nacionales e internacionales.
6. Desarrollar un programa de vigilancia epidemiológica a las poblaciones: trabajadoras, sus familiares y la población que vive o vivió aledaña a alguna empresa del asbesto.

7. Que el gobierno mexicano constituya un Fondo económico, con recursos aportados por las empresas nacionales e internacionales del asbesto, para absorber los gastos de atención médica, indemnización e investigaciónde clínica, epidemiologica y básica para responder a la epidemia en curso y desarrollar marcadores de disgnóstico temprano y de tamizaje.
8. El gobierno mexicano debe ratificar el Convenio 139, sobre el cáncer profesional, para verse obligado a determinar periódicamente las sustancias y agentes cancerígenos que deberán ser prohibidos o sujetos a autorización y control.
9. Que el gobierno mexicano realice una campaña informativa nacional a la población expuesta al asbesto, para prevenir los riesgos a la salud, su mejor control y diagnóstico oportuno.
10. El gobierno mexicano debe vigilar e incentivar a las empresas que usan productos con asbesto, para que sustituyan y reconviertan sus procesos, por los sustitutos del asbesto.

Algunos han dado en llamar a la epidemia mundial de MMP, como el "Núremberg ambiental", por las irremediables muertes, el ataque generalizado y sistemático, y estos crímenes se dan con anuencia de funcionarios gubernamentales.

Con relación al comportamiento gubernamental "... *uno puede concluir que es indignante el alud de torpezas y actos canallescos de la clase gobernante, la impunidad con que actúan ellos y las empresas. La impunidad ya no es una característica de la clase gobernante y las empresas en México, sino su razón de ser y su esencia...*" (Monsiváis, 2009). Y porque "*La impunidad cree estar sola, algo parecido a una "impunidad autista" y lo más descarado es la creencia gubernamental y empresarial de que nadie los supervisa, nadie se entera y nadie se informa. Ellos mismos son un prodigio de la ignorancia bipolar sostenida sobre la irracionalidad de la fuerza, la manipulación (el otro nombre de la falta de opciones) y el poder represivo*" (Monsiváis, 2009).

De no adoptarse la prohibición del uso del asbesto en México, las autoridades estarían contribuyendo a un "*asesinato premeditado*", como bien lo caracterizó Federico Engels (1892):

"Si un individuo produce a otro un daño físico tal, que el golpe le cause la muerte, llamamos a eso homicidio; si el autor supiera, de antemano, que el daño va a ser mortal, llamaremos a su acción asesinato premeditado. Pero si la sociedad reduce a centenares de trabajadores a un estado tal, que, necesariamente, caen víctimas de una muerte prematura y antinatural, de una muerte tan violenta como la muerte por medio de la espada o de una maza; si impide a millares de individuos las condiciones necesarias para la vida, si los coloca en un estado en el que no pueden vivir, si los constriñe con el fuerte brazo de la ley, a permanecer en tal estado hasta la muerte, muerte que debe ser consecuencia de ese estado; si esa sociedad sabe, y lo sabe muy bien, que esos millares de individuos deben caer víctimas de tales condiciones, y, sin embargo, deja que perdure tal estado de cosas, ello constituye, justamente, un asesinato premeditado, como la acción del individuo, solamente que un asesinato más oculto, más pérfido, un asesinato contra el cual nadie puede defenderse, que no lo parece, porque no se ve al autor, porque es la obra de todos y de ninguno, porque la muerte de la víctima parece "natural" y porque es tanto un pecado de acción, como un pecado de omisión". "Si los ha colocado en una situación tal que no pueden conservar la salud, ni vivir mucho tiempo que ella mina poco a poco la existencia de esos obreros, y que los conduce así a la tumba antes de tiempo; demostraré, además, que la sociedad sabe hasta qué punto semejante situación daña la salud y la existencia de los trabajadores, y sin embargo no hace nada para mejorarla. (Engels F, 1892 - g.n.).

Agradecimientos. A la Fundación MacArthur, el Programa Fogarty de Mount Sinaí en la Ciudad de Nueva York, EUA y el Fondo de Fomento a la Investigación del IMSS, el Consejo Nacional de Ciencia y Tecnología (CONACYT), que han apoyado a lo largo de los últimos 15 años, el desarrollo de las investigaciones sobre el tema del asbesto en México y sus efectos en la salud de los mexicanos. A los trabajadores mexicanos por su colaboración, a los vecinos de Iztapalapa, a todos aquellos que han muerto prematuramente, por una muerte no natural y prevenible. Donde los responsables siguen en la impunidad, generando una eutanasia social, que es consecuencia de la omisión del gobierno, las autoridades de salud y trabajo mexicanas. Un agradecimiento muy especial a las familias de las víctimas del asbesto, para que su duelo no sea en vano.

El presente trabajo es un pequeño reconocimiento a: Carlos Monsiváis (1938-2010), José Saramago (1922-2010) y Miguel Ángel Granados Chapa (1941- 2011); tres grandes escritores y humanistas, defensores de las causas justas, los derechos humanos (entre ellos el derecho a la salud) y la democracia. También con éste, reconocemos y agradecemos la participación de los trabajadores; quienes siempre han sido generosos, participando en los diversos proyectos que hemos emprendido.

16 REFERENCIAS

ACGIH. American Conference of Governmental Industrial Hygienists (ACGIH). *Asbestos:* TLV Chemical Substances 7th Edition Documentation. Publication #7DOC-040. Cincinnati OH: ACGIH, 2001;

AGUILAR-MADRID, Guadalupe *et alii. Globalization and the transfer of hazardous industry:* Asbestos in México, *1979-2000.* Int J Occup Environ Health. 2003; 9:272-279;

AGUILAR-MADRID, Guadalupe *et alii. Case-control study of pleural mesothelioma in workers with social security in Mexico.* Am. J. Ind. Med. 53:241-251, 2010. *Published Online:* 16 Dec. 2009;

AISS. LA ASOCIACIÓN INTERNACIONAL DE LA SEGURIDAD SOCIAL (AISS). *El amianto: hacia una prohibición mundial del asbesto.* 2006. La Asociación Internacional de la Seguridad Social (AISS). Disponible en internet: <http://www.issa.int/esl/Recursos/Publicaciones-de-la-AISS/El-amianto-hacia-una-prohibicion-mundial>;

ARENAS HUERTA, F. J. *Identificación de cuerpos ferruginosos en pulmones humanos. Estudio retrospectivo 1975, 1982, 1988.* Salud Pública Mex. 1990; 32: 644-652;

ARENAS HUERTA, F. J.; RAMIREZ-HERNANDEZ, A. *et al. Presencia de cuerpos ferruginosos en tejido pulmonar canceroso.* Salud Pública México 1992; 34: 449-454;

ASOCIACIÓN MEXICANA DE PRODUCTORES Y MANUFATUREROS DE ASBESTO-CEMENTO, A. C. *La Salud y el asbesto cemento.* AMFAC, México, 1985;

ATSDR. Agency for Toxic Substances and Disease Registry (ATSDR). *Toxicological Profile for Asbestos.* U.S. Department of Health and Human Services, Atlanta, GA, 2001. Disponible en internet: <http://www.atsdr.cdc.gov/toxprofiles/tp61.pdf>;

BACON, D. *Hijos del libre comercio. Deslocalizaciones y precariedad (titulo en ingles: The Children of NAFTA, Labor Wars on the U.S/ Mexico Border.* 2003. Publicado por la Universidad de California. Impreso en España. Consultado el 15 de julio del 2010 y Disponible en internet en: <http://books.google.com/books?id=bHPD6A7r4VMC&pg=PA167&lpg=PA167&dq=trabajadores+Itapsa+demandan+ante+la+nAO&source=bl&ots=JKEUgYNU58&sig=- rawKonJp2_2jadQVHsn85QOYwM&hl=es&ei=i_JeTO3hPML58AbugL22DQ&sa=X&oi=book_result&ct=result&resnum=3&ved=0CB8Q6AEwAg#v=onepage&q=ITAPSA&f=false>. Sitio en ingles: <http://books.google.com/books?id=SMn9-AdGXCMC&printsec=frontcover&dq=trabajadores+Itapsa+demandan+ante+la+nAO&hl=es&source=gbs_similarbooks_s&cad=1#v=onepage&q&f=false>;

BOUZAS ORTIZ, J. A. *Democracia Sindical en México.* Rev. Nueva Sociedad 2000; 169:139-152.Consultada en diciembre del 2010. Disponible en internet: <http://www.nuso.org/upload/articulos/2885_1.pdf>;

CASTLEMAN, B. I. *Asbestos Medical and Legal aspects.* Edition Aspen Publishers. United States. 2005: 493-509; 780-817;

CICERO, R.; PORTES, Y. B.; PÉREZ-TAMAYO, R.; GIL, R. *Mesotelioma pleural. Consideraciones sobre cuatro casos.* Rev. Mex Tuberc. 1955. V. 16:451-460;

CICERO-SABIDO, R.; PÁRAMO-ARROYO, R. F.; NAVARRO-REYNOSO, F. P.; PIMENTAL-UGARTE, L. *Procedimientos quirúrgicos en 156 casos de derrame pleural. Resultados inmediatos.* Cirugía y cirujanos. 2006. v.74 (6):409-414;

COFEMER. Comisión Federal de Mejora Regulatoria (COFEMER). (Secretaría de Economía) Disponible en internet y consultado 03 agosto de 2010. http://www.apps.cofemer.gob.mx/cofemerapps/scd_expediente.asp?id=02/242/090505;

COLLEGIUM RAMAZZINI. *Call for an international ban on asbestos.* J Occup Environ Med. 1999; 41(10):830-832;

_____ . *Asbestos Is Still with Us: Repeat Call for a Universal Ban.* 2010. Disponible en internet: <http://www.collegiumramazzini.org/>, <http://www.collegiumramazzini.org/download/Asbestos_RepeatCall_Collegium%20Ramazzini.pdf>;

_____ . *COMMENTS ON THE 2014 HELSINKI CONSENSUS REPORT ON ASBESTOS.* Disponible en internet: <http://www.collegiumramazzini.org/download/Helsinki_Consensus_Asbestos_comments(2015).pdf>;

CONFERENCIA INTERNACIONAL DEL TRABAJO. 95ª Reunión, Ginebra, junio de 2006. Comisión de la Seguridad y salud. Organización Internacional de Trabajo. Disponible en internet: <www.ilo.org/public/spanish/bureau/inf/features/06/asbestos.htm>. Consultado en: julio 2006;

COP3: the third Conference of the Parties to the Rotterdam Convention. Kazan- Allen L. *Introduction listing of chrysotile a priority at COP3.* Disponible en internet: <www.ibas.btinternet.co.uk>. Consultado: 20 octubre 2006;

COSTOS UNITARIOS IMSS. Publicado en el Diario Oficial de la Federación. Órgano del Gobierno Constitucional de los Estados Unidos Mexicanos, el 06 de marzo del 2009;

CPEUM. Constitución Política de los Estados Unidos Mexicanos, Título Primero, Capítulo I De los Derechos Humanos y sus garantías, Artículo 4º;

DALE, Hathaway. *El problema de la organización de los sindicatos, de las maquiladoras en una economía global antidemocrática.* El Cotidiano, 2002, vol. 19, núm. 16. Universidad Autónoma Metropolitana Azcapotzalco, México, D.F. Disponible en internet: <http://redalyc.uaemex.mx/pdf/325/32511606.pdf>. Consultado el: 15 de julio del 2010;

DAMGAARD BODIL — FLACSO. México. *Cinco años con el Acuerdo Laboral Paralelo.* Ponencia preparada para su presentación a la XXI Congreso Internacional de la *Latin American Studies Association,* Palmer House Hilton Hotel, Chicago, Illinois, 24 al 26 de Septiembre de 1998. Consultada el 20 de julio del 2010, disponible en internet: <http://lasa.international.pitt.edu/LASA98/Damgaard.pdf>;

DIARIO OFICIAL DE LA FEDERACIÓN. Órgano del Gobierno Constitucional de los Estados Unidos Mexicanos. Tomo DCXXIV No. 9 México, D.F., martes 13 de septiembre de 2005. Pág. Primera sección, pág. 21 y tercera sección pág. 96. Convocatoria para licitación. Gobierno de Sonora. Disponible en internet: <http://www.dof.gob.mx/PDF/130905-MAT.pdf>;

EL REFORMA. *Deja paraestatal legado de muerte. Salud.* 15 de abril de 2013. Disponible en internet: <http://www.zocalo.com.mx/seccion/articulo/deja-paraestatal-legado-de-muerte-1366009019>;

EL UNIVERSAL. *Advierte la CTM pérdida de empleos.* 03 de marzo de 2010. Consultado marzo 2010. Disponible en internet: <http://www.eluniversal.com.mx/notas/663154.html>;

_____ . *Sindicatos sumidos en la opacidad.* Jorge Octavio Ochoa 23 de marzo de 2009. Consultado marzo 2010. Disponible en internet: <http://www.eluniversal.com.mx/nacion/166585.html>;

ENGELS, F. La Situación de la clase obrera en Inglaterra. 1845. P. 155-156. Disponible en internet: <*http://www.marxists.org/espanol/m-e/1840s/situacion/index.htm*>. Consultado el: 13 agosto 2010;

GARCIA-CALDERÓN, Jorge. *Asbesto en México.* Bol Soc. Geol Mexicana. 1978. Tomo XXXIX; 2: 154-161. Disponible en internet: http://boletinsgm.igeolcu.unam.mx/epoca03/1978-39-2%20Garcia.pdf>. Consultado el: 15 mayo 2010.

GARCIA-LÓPEZ, M. P.; BARRERA-RODRIGUEZ, R. et al. *Mesotelioma maligno: descripción clínica y radiológica de 45 casos con y sin exposición a asbesto.* Salud Pública Mex. 2000; 42: 551-519;

GAVIRA, S. L.; MARTÍN, L. M.; URTIAGA, D. M. *El asbesto y la salud en la Ciudad de México: un caso de transferencia del riesgo y del consumo.* Salud Problema. 1990; 9:31-45;

IARC. International Agency for Research on Cancer (IARC). Lyon. *Monographs on the evaluation of carcinogenic risk to humans.* 1977. Vol. 14;

IBAS. International Ban Asbestos (IBAS). Disponible en internet: <http://www.ibasecretarial.org/chrys_hazard_rott_conv_06.pdf>. Consultada en: diciembre del 2009.

ILO. International Labour Organization (ILO). *ILO adopts new measures on occupational safety and health, the employment relationship, asbestos.* International Labour Organization, 2006. Disponible en internet: <http://www.ilo.org/public/english/bureau/inf/pr/2006/34.htm>;

INEGI. Instituto Nacional de Estadística y Geografía (INEGI). *Encuesta Nacional de Ocupación y Empleo (ENOE), marzo de 2015.* Disponible en internet: <http://www3.inegi.org.mx/sistemas/temas/default.aspx?s=est&c=25433&t=_>;

IPCS. International Programme on Chemical Safety (IPCS). *Environmental Health Criteria 203. Chrysotile asbestos.* 1998. World Health Organization, Geneva;

JUÁREZ PÉREZ, C. A. *Informe final de las actividades realizadas en la fábrica Borg & Beck de México, S. A. de C. V.* 1989. Tesis de pasante de la carrera de médico cirujano. Facultad de Medicina. Ciudad Universitaria. Universidad Nacional Autónoma de México. Disponible en Biblioteca Facultad de Medicina. UNAM;

LA DOU, J. *The asbestos war.* Int J Occup Environ Health. 2003 Jul-Sep; 9(3):173–193;

LA JORNADA. *Entregarán a COFEPRIS dictámenes médicos sobre daños por asbesto. Vecinos de Iztapalapa demandan la salida inmediata de American Roll de la zona.* Disponible en internet: <http://www.jornada.unam.mx/2010/05/19/capital/037n1cap>;

_____ . *Exigen cancelar permisos a American Roll.* Consultado agosto 2010. Disponible en internet: <http://www.jornada.unam.mx/2010/06/01/capital/033n3cap>.

MÁRQUEZ COVARRUBIAS, H.; DELGADO, Wise R. *Precarización de la fuerza de trabajo mexicana bajo el proceso de reestructuración productiva estadounidense.* Revista Theoma. Estudios sobre Sociedad, naturaleza y desarrollo. 2006; 14:92-109. Disponible en internet: <http://rimd.reduaz.mx/documentos_miembros/14786Precarizacion-fuerza-trabajo-mexicana.pdf>;

MARSILI, D. *La globalización del riesgo asbesto.* Rapporti ISTISAN 09/43. Available at: <http://www.iss.it/binary/publ/cont/0943web.pdf>. Consultado: 11 de febrero del 2009;

MEMORIA ESTADISTICA IMSS. Capitulo VI. Salud en el Trabajo, 2011-al 2014. Disponible en internet: <http://www.imss.gob.mx/conoce-al-imss/memoria-estadistica-2015>;

MUÑOZ, L.; GUZMÁN, J.; PONCE DE LEÓN, S. *Mesotelioma pleural maligno familiar. Informe de tres casos.* Rev Invest Clin 1988; 40:453-457;

NAO. National Administrative Office (NAO), submission 9703, 15 de diciembre de 1997. Disponible en internet: <http://www.dol.gov/ilab/media/reports/nao/submissions/Sub9703.htm> and <http://books.google.com/books?id=Hf12VNRekqEC&printsec=frontcover&dq=trabajadores+Itapsa+demandan+ante+la+nAO&hl=es&source=gbs_similarbooks_s&cad=1#v=onepage&q=ITAPSA&f=false>;

NCI. National Cancer Institute (NCI). *Factsheet—Asbestos: Questions and Answers.* Bethesda, MD: National Institutes of Health, 2003. Disponible en internet: <http://www.meb.uni-bonn.de/cancernet/600321.html>;

NICHOLSON, W. J.; PERKEL, G.; SELIKOFF, I. J. *Occupational exposure to asbestos: population at risk and project mortality-1980-2030.* 1982. Am J Ind Med 3:259-311;

NORMA OFICIAL MEXICANA NOM-010-STPS-1993, *Relativa a las condiciones de seguridad e higiene en los centros de trabajo donde se produzcan, almacenen o manejen sustancias químicas capaces de generar contaminación en el medio ambiente laboral.* 8 de julio de 1994 fue publicada en el Diario Oficial de la Federación. Disponible en internet: <http://www.stps.gob.mx/DGSST/normatividad/noms/Nom-010.pdf>;

NORMA OFICIAL MEXICANA NOM-018-STPS-2000, *Sistema para la identificacion y comunicacion de peligros y riesgos por sustancias quimicas peligrosas en los centros de trabajo.* Publicada en Diario Oficial de la Federación el 10 de marzo de 2000;

NORMA OFICIAL MEXICANA NOM-125-SSA1-1994. *Que establece los requisitos sanitarios para el proceso y uso de asbesto.* Se publicó en el Diario Oficial de la Federación 10 de agosto de 1996. Disponible en internet: <http://www.cofepris.gob.mx/work/sites/cfp/resources/LocalContent/1340/2/125ssa1.pdf>. Consultada: en febrero y marzo del 2010.

NTP. National Toxicology Program (NTP). *Report on Carcinogens*, 11th ed. U.S. Department of Health and Human Services, Public Health Service, 2004;

OSHA; NIOSH. (Stayner L, Smith R, Bailer J, Gilbert S, Steenland K, Dement J, Brown D, Lemen R. *Exposure-response analysis of risk of respiratory disease associated with occupational exposure to chrysotile asbestos.* Occ Env Med. 1997;54:646–65;

OSHA. Occupational Safety and Health Administration (OSHA). *Occupational exposure to asbestos: Final rule.* Fed Reg. 1994; 59:40964-41162;

PACHECO, José Emilio. *Las batallas en el desierto.* Ed. Era. 12ª Cap. III. Alí Babá y los Cuarenta Ladrones, p. 18. Reimpresión 2008. Impreso en México;

PÉREZ, L.; JUÁREZ, C.; MARTÍNEZ, L.; PAZ, P.; SELMAN, M. *Alteraciones Respiratorias y Exposición al Asbesto en Trabajadores de una Fábrica Automotriz.* (1986). Revista de Neumología y Cirugía de Tórax Vol. 4, N. 1-2, 1986;

PITARQUE, S.; BENAVIDES, F. G. *Amianto y mortalidad por mesotelioma: Una historia que continúa.* Por experiencia. Revista de Salud Laboral para Delegadas y Delegados de Prevención de CCOO. 2007. N. 38. Instituto Sindical de Trabajo, Ambiente y Salud ISTAS. CCOO. España. Disponible en internet: <http://www.porexperiencia.com/articulo.asp?num=38&pag=06&titulo=Amianto--y-mortalidad-por-mesotelioma-Una-historia-que-continua>. Consultado: 10 agosto 2010;

PROCURADURÍA AMBIENTAL Y DEL ORDENAMIENTO TERRITORIAL DEL DISTRITO FEDERAL — PAOT. Consultado en sep., 2010. Disponible en internet: <http://www.paot.org.mx/centro/paot/informe2005/doc/resol/2927_RESOLUCION.pdf>;

PROYECTO DE MODIFICACIÓN DE LA NORMA OFICIAL MEXICANA NOM-114-STPS-1994, *Sistema para la identificación y comunicación de riesgos por sustancias químicas en los centros de trabajo*, para quedar como NOM-018-STPS-2000, *Sistema para la identificación y comunicación de peligros y riesgos por sustancias químicas peligrosas en los centros de trabajo;*

RAKE. C; HATCH. J; DARNTON. A; HODGSON. J; PETO. J. *Occupational, domestic and environmental mesothelioma risks in the British population: a case-control study.* Br J Cancer. 2009; 100(7):1175-1183;

REVISTA PROCESO. Iztapalapa: Envenenamientos permitidos. Disponible en internet: <http://www.proceso.com.mx/104079/104079-iztapalapa-envenenamientos-permitidos>;

ROBERTSON, GEOFFREY. *Crímenes contra la humanidad. La lucha por una justicia global.* Edición: 2008. Plaza edición: MADRID, Siglo XXI.

Hernandez Hernandez, M. Tesis Antropología Social. *Inundación, reubicación y cotidianidad. El caso de Villahermosa,* Tabasco, 2007. Disponible en internet: <http://docencia.ciesas.edu.mx/Tesis/PDF/488.pdf>;

ROJAS GARCIA, G.; SALAS PÁEZ, C. *La precarización del empleo en México, 1995-2004.* Revista Latinoamerica, 2007; 13(19): 38-78. Disponible en internet : <http://www.google.com.mx/url?sa=t&rct=j&q=Situaci%C3%B3n+de+precarizacion+del+trabajo+en+M%C3%A9xico&source=web&cd=7&ved=0CEYQFjAG&url=http%3A%2F%2Fdialnet.unirioja.es%2Fservlet%2Ffichero_articulo%3Fcodigo%3D2739416%26orden%3D0&ei=Aa_PTumENIH6sQKAp7WzDg&usg=AFQjCNHgRFUfnmAvPPTzLDhWkUQWMsTAnQ&cad=rja>;

ROSSI, Giampiero. *La Lana de la Salamandra. La verdadera historia de la mortalidad por amianto en Casale Monferrato.* Traducción y coordinación al español Angel Carcoba. 1ª Edición castellano: julio de 2010. Edición e impresión GPS. Madrid, España;

SÁNCHEZ-ROMÁN, F. R.; JUÁREZ-PÉREZ, C. A.; AGUILAR-MADRID, G.; HARO-GARCÍA, L.; BORJA-ABURTO, V. H.; CLAUDIO, L. *Occupational health in Mexico.* 2006. Int J Occup Environ Health. 2006 Oct-Dec; 12(4):346-354;

SECOFI. Secretaría de Comercio y Fomento Industrial (SECOFI). Banco de México, Registros por fracción arancelaria. Importación de amianto como material en bruto (2524). Exportación de componentes a base de amianto (6811-13, 8546, 8547, 9406, 9703). 1992–2000;

SECRETARÍA DE DESARROLLO URBANO Y ECOLOGÍA. SEDUE. DETERMINACION DE LA NORMA TECNICA. Documento Técnico. EMISION DE ASBESTO NUMERO DE CONTRATO: 411 — 011 — 87... *INC. ARTURO DAVILA VILLARREA*, BLANCA MARIA TRUJILLO SANCHEZ, EFRAIN ROSALES AGUILERA 31 DE DICIEMBRE DE 1987, disponible en internet: <http://repositorio.ine.gob.mx/ae/ae_004394-1.pdf>. Consultado en: 12 junio 2010;

SEMARNAT. Secretaría de Medio Ambiente y Recursos Naturales (SEMARNAT). Licencia Ambiental, disponible en internet: <http://www.semarnat.gob.mx/temas/gestionambiental/resolutivos/Calidad%20del%20aire/HISTORICO%20RESOLUTIVOS%202002.pdf>;

SEMARNAT. Secretaría de Medio Ambiente y Recursos Naturales (SEMARNAT). Licencia Ambiental unica a la empresa American Roll. Disponible en internet: <http://www.semarnat.gob.mx/transparencia/comite/Documents/versiones%20publicas%202010.pdf>;

SISTEMA ÚNICO DE INFORMACIÓN DE RIESGOS DE TRABAJO. SUI-ST-5. Coordinación de Prestaciones Médicas. Coordinación de Salud en el Trabajo. Instituto Mexicano del Seguro Social. 1998. 1990-2008;

TRANSICIÓN 2009. Ed. Randon House Mondadori, SA de CV. México D.F., Carmen Aristegui, Ricardo Trabulsi. Carlos Monsiváis, p. 238;

VIRTA, R. L. *Worldwide asbestos supply and consumption trends from 1900 through 2003*: U.S. Geological Survey Circular 1298, 80 p., available only online. ISBN 1-411-31167-1;

_____ . *Mineral Commodity Profiles — Asbestos.* US Geological Survey Circular 1255-56 p. US Department of Interior — USGS 2005. Disponible en la dirección: <http://pubs.usgs.gov/circ/2005/1255/kk/Circ_1255KK.pdf>. Consulta: 5/1/2010;

_____ . *Mineral Commodity Summaries.* US Department of Interior — USGS August 2008. Disponible en la dirección: <http://minerals.usgs.gov/minerals/pubs/commodity/asbestos/mcs-2009-asbes.pdf; última consulta 5/1/2010>;

_____ . *Minerals Yearbook, Asbestos [Advance release]. 2007.* US Department of Interior — USGS August 2008. Disponible en la dirección: <http://minerals.usgs.gov/minerals/pubs/commodity/asbestos/myb1-2007-asbes.pdf>. Consulta: 5/1/2010;

_____ . *Worldwide Asbestos Supply and Consumptions Trends from 1900 to 2003.* Circular 1298, 80 p. U.S. Department of Interior — USGS 2006. Disponible en la dirección: <http://pubs.usgs.gov/circ/2006/1298/>. Consulta: 5/1/2010;

WHO. World Health Organization (WHO). *Eliminación de las enfermedades relacionadas con el amianto.* WHO/SDE/OEH/06.03. Septiembre 2006. Disponible en internet: <http://whqlibdoc.who.int/hq/2006/WHO_SDE_OEH_06.03_spa.pdf>. Consultado: junio 2007;

WTO. World Trade Organization (WTO). *European Communities—Measures Affecting Asbestos and Asbestos-containing Products.* WT/DS135/R. 2000;

ZF EN MÉXICO. Disponible en internet: <https://www.zf.com/mexico/es_mx/corporate/company_corporate/zf_in_country_corporate/index.html>.

AMIANTO E A DIVISÃO INTERNACIONAL DO RISCO: A FALÁCIA DO USO CONTROLADO

A "CATÁSTROFE SANITÁRIA"(*) QUE PODERIA TER SIDO EVITADA

Fernanda Giannasi(**)

1. O BRASIL E A GEOPOLÍTICA DO AMIANTO

O Brasil é atualmente o terceiro maior produtor mundial de amianto atrás da Rússia e da China; o terceiro maior exportador depois da Rússia e Cazaquistão; o quarto maior consumidor após a Rússia, China e Índia[1]. Faz coro, no comércio global dos tóxicos, dentro da lógica da divisão internacional do trabalho e dos riscos, com países sem tradição democrática, onde graça forte repressão aos movimentos sociais, que possam enfrentar de igual para igual os poderosos *lobbies* industriais, confirmando a tese de que estes tipos de tecnologias sujas, perigosas, desacreditadas, cancerígenas, como é o caso do **amianto**, só se sustentam em nações pobres, vulneráveis social e ambientalmente.

Os números em toneladas de 2015[2] confirmam a importância do Brasil na geopolítica do amianto, respondendo por 15,3% do total produzido mundialmente (2.026.200 ton.), sendo 34,3% da produção nacional exportada, principalmente, para os países asiáticos, como Índia, Indonésia, Sri Lanka, Tailândia, os latino-americanos, Colômbia, Bolívia e México, bem como Estados Unidos e Alemanha, especialmente para a indústria automotiva americana e as de cloro-soda em ambos os países. No ano de 2013, estas exportações foram da ordem de US$ 6.508.782,00 (aproximadamente 20 milhões de reais)[3].

> Produção: 311.000 t
> Exportação: 106.784 t
> Consumo aparente: 204.216 t

Brasil: Produção, exportação e utilização do amianto em 2015

(*) Relatório Oficial do Senado Francês de Outubro/2005 denomina o amianto "A MAIOR CATÁSTROFE SANITÁRIA DO SÉCULO XX" e culpa o Estado, as indústrias e até sindicatos pela contaminação da fibra cancerígena, proibida no país desde 1997. O Estado francês foi acusado de ter se deixado "anestesiar pelo *lobby* do amianto".

(**) Engenheira Civil e de Segurança do Trabalho. Consultora técnica. Auditora-Fiscal do Trabalho no Ministério do Trabalho em São Paulo por 30 anos (aposentada em 2013). Fundadora da ABREA-Associação Brasileira dos Expostos ao Amianto. Coordenadora da Rede Virtual-Cidadã pelo Banimento do Amianto na América Latina.

(1) Fonte: U.S. Geological Survey (USGS) / Dados de 2015.
(2) *Idem*.
(3) Disponível em: <http://www.sama.com.br/pt/noticias/arquivo/2013/08/Amianto-est-entre-produtos-mais-exportados-no-ms-de-julho.html>.

2 AS ESTRATÉGIAS INDUSTRIAIS

A indústria do amianto no Brasil[4], desde os seus primórdios, foi explorada principalmente por duas empresas multinacionais: o grupo francês Saint-Gobain do Brasil Produtos Industriais e para Construção Ltda. — Divisão Brasilit[5], que sucedeu a Compagnie-Pont-à-Mousson, e a filial do conglomerado suíço-belga, denominada ETERNIT[6] DO BRASIL CIMENTO AMIANTO S.A. (atualmente Eternit S. A.).

A Brasilit foi a primeira a se instalar no país, logo que obteve autorização para explorar a jazida da fazenda de São Félix do Amianto em Bom Jesus da Serra (anteriormente distrito de Poções, no Estado da Bahia), no final dos anos 30 do século passado, constituindo a empresa SAMA[7]. Ali permaneceu até 1967, quando, em sociedade com a ETERNIT, deu início à exploração da mina de Cana Brava no Município de Minaçu, Estado de Goiás, com composição societária de 55% da Brasilit e 45% da Eternit. Esta parceria durou até 1997, quando a Eternit S. A. assumiu o controle total das atividades de produção do amianto no Brasil e também do passivo ambiental da antiga mina da Bahia (sucessora em interesse).

Fazenda de São Félix do Amianto/Bahia. Usina de beneficiamento do minério da empresa SAMA e vila residencial ao fundo (década de 40)

Atualmente, a SAMA é a única mineradora de amianto crisotila ou do chamado "amianto branco" em atividade no país e uma das maiores do mundo (a terceira em produção).

Em total colaboração, os dois grupos industriais dividiram os lucros provenientes da mineração (1967-1997) e também das fábricas de cimento-amianto (1993-2004), por meio da fusão na *joint-venture* ETERBRAS Tecnologia Industrial Ltda. (55%-Brasilit e 45%-ETERNIT), fundada em 1991, após o anúncio oficial e mundial do afastamento de

---

(4) De acordo com o Departamento Nacional de Produção Mineral (DNPM) do Ministério de Minas e Energia, os estados e municípios onde se localizam as minas de amianto (inativas e ativas) são: <u>Bahia</u> — Itaberaba, Bom Jesus da Serra; <u>Minas Gerais</u>: São Domingos do Prata, Virgolândia, Nova Lima; <u>Goiás</u> — Pontalina, Barro Alto, Minaçu, <u>Alagoas</u> –Jaramataia; <u>São Paulo</u> — Itapira.
(5) A Brasilit tem 5 fábricas no Brasil: sendo 4 de fibrocimento (de Belém-Pará, Recife-Pernambuco, Capivari-São Paulo e a de Esteio-Rio Grande do Sul) e 1 de fio de polipropileno, que substituiu o amianto em sua produção, em Jacareí-São Paulo.
(6) O conglomerado Eternit possui 5 fábricas de fibrocimento em funcionamento (Simões Filho-Bahia, Goiânia-Goiás, Colombo-Paraná e Guadalupe no Rio de Janeiro-RJ), 1 subsidiária com a razão social de PRECON em Anápolis-Goiás e a SAMA (mina de amianto em Minaçu-Goiás).
(7) Atual denominação: SAMA S.A. — Minerações Associadas.

Stephan Schmidheiny[8], herdeiro do grupo Eternit, nos negócios que envolviam a produção e manufatura do amianto. Esta fusão, que passou a controlar 55% do mercado nacional de materiais de construção civil para coberturas, foi de pronto rejeitada pelo CADE — Conselho Administrativo de Defesa Econômica com base na lei antitruste, a qual foi "bypassada" com a constituição da nova empresa ETERNIT S/A.

Tanto a Brasilit como a Eternit contaram sempre com o apoio irrestrito da maioria dos seus sindicatos de trabalhadores "cordatos" aos seus interesses, conforme iremos debater adiante, organizados na CNTA-Comissão Nacional dos Trabalhadores do Amianto[9] e vinculados à CNTI-Confederação Nacional dos Trabalhadores na Indústria, que serviram de escudo para estas empresas tanto no tocante às mais simples reivindicações e direitos trabalhistas, como nos debates calorosos travados no país pela proibição do amianto, nos últimos 30 anos. Mais recentemente, protagonizaram no STF — Supremo Tribunal Federal (corte suprema constitucional do país) a deplorável tentativa de revogar as leis de banimento do amianto dos estados de São Paulo, Rio Grande do Sul, Rio de Janeiro e Pernambuco e do município de São Paulo, questionando as suas inconstitucionalidades, baseados na Lei Federal n. 9.055/95[10], que regulamenta o "uso controlado do amianto crisotila no Brasil". As ações propostas (ADI — Ação Direta de Inconstitucionalidade e ADPF — Arguição de Descumprimento de Preceito Fundamental), em curso no STF, questionam se houve a invasão de competência dos estados e município em matéria regulamentada por lei federal.

Em 8.5.2001, dez anos após a constituição da ETERBRAS, o então presidente Élio Martins, da Eternit S/A, em depoimento à Comissão Especial da Câmara Federal dos Deputados, que apreciava o Projeto de Lei n. 2.186/96 sobre "a substituição progressiva da produção e comercialização de produtos que contenham amianto no Brasil", assim explicou a composição acionária do grupo à época: "A Eternit é uma empresa nacional de capital aberto, com ações na bolsa de valores, não possuindo acionista controlador, sendo seus principais acionistas **DINAMO** — Fundo de Investimentos em Ações (**25,17%**); **Fundo de Pensão** do Banco Central — Previdência Privada — **CENTRUS (17,49%)**; **Saint-Gobain** (Brasilit) com **9,11%**; **Fundo de Participação Social do BNDES** (Banco Nacional de Desenvolvimento Econômico e Social) (**8,41%**); **AMINDUS HOLDING AG (6,81%)** e Empreendimentos e Participações **HOLPAR (4,31%)**."[11]

É interessante observar nesta composição societária, mais de 10 anos após o anúncio oficial do encerramento das atividades da utilização do amianto no Brasil, pelo grupo suíço-belga ETERNIT, que a empresa AMINDUS HOLDING AG, pertencente ao conglomerado do magnata Stephan Schmidheiny, ainda figurasse como acionista da Eternit S/A. Questionado o vértice empresarial helvético sobre a contradição entre discurso e prática empresarial, o porta-voz de Schmidheiny, Peter Schuermann, assim respondeu ao editor de "SonntagsBlick" em mensagem de 30.12.2004:

> É certo que Stephan Schmidheiny vendeu as ações da Eternit no Brasil em 1988; nem ele nem ninguém de suas *holdings* teve ou tem qualquer ação da empresa desde então. Ao longo de décadas houve várias empresas com o nome Amindus. No documento que me foi apresentado não há evidência que seja a Amindus Holding de Glarus que você está pensando, pois há apenas menção à Amindus Holding e Amindus Holding AG.[12]

Em 2004, o grupo Saint-Gobain encerra definitivamente suas atividades com o amianto no Brasil, pondo fim à parceria na ETERBRAS. Desde 1999, a Saint-Gobain vinha desenvolvendo uma nova tecnologia, para substituir o

---

(8) Stephan Schmidheiny foi processado e julgado culpado em 13 de fevereiro de 2012, na Itália, pelo Tribunal de Turim, e sentenciado originalmente a 16 anos de prisão e a pagar indenização da ordem de 100 milhões de euros pelos danos causados por sua empresa ETERNIT em diversas localidades daquele país (Casale Monferrato e Cavagnolo, ambos na região do Piemonte). A Corte de Apelo, de Turim, em junho de 2013, após apreciar volumosa defesa do empresário, majorou a pena para 18 anos de prisão pelo crime de desastre ambiental doloso permanente e acresceu 89 milhões de euros à indenização inicial para incluir os estabelecimentos da Eternit de Rubiera e Bagnoli, respectivamente sediados nas regiões da Emilia-Romagna e Campania. O minucioso trabalho feito pelos procuradores de justiça italianos de Turim não deixa dúvidas de que o empresário suíço comandou pessoalmente todas as estratégias do grupo empresarial para prosseguir com o uso do amianto em todo o mundo, mesmo depois de comprovada inequivocamente a nocividade da matéria-prima cancerígena. Infelizmente, todo este trabalho e expectativa gerada foram frustrados no julgamento ocorrido na Corte de Cassação, em Roma, em novembro de 2014, quando os juízes decidiram que os crimes estavam prescritos. O cálculo da *actio nata* (início da data prescricional) foi baseado sobre a data de fechamento da fábrica de Casale Monferrato, que declarou falência, e não da continuidade da obra que permaneceu até a demolição e total desamiantização do estabelecimento industrial localizado na via Oggero, no bairro de Ronzone. No local, a municipalidade construiu o Parque "ETERNOT".
(9) A CNTA foi criada em 1988, no auge dos debates sobre o banimento do amianto no país, e é comandada desde então pelo Sindicato dos Trabalhadores nas Indústrias da Construção, Mobiliário, Ceramistas, Ladrilhos, Hidráulicos e Produtos de Cimento de Capivari e Região, sede da maior fábrica da Brasilit no país. Há 30 anos na direção do sindicato, o mesmo grupo jamais organizou uma greve ou qualquer movimento reivindicatório em defesa de seus representados e controla com mãos-de-ferro em todo o país a defesa intransigente do "uso controlado do amianto" em nome dos trabalhadores da mineração e da indústria de fibrocimento. Esta autora tem denunciado reiteradamente a criação irregular e eivada de arbitrariedades deste sindicato "pelego" e suas práticas, muito mais voltadas à defesa dos interesses patronais do que dos seus representados e, por este motivo, respondeu a vários processos criminais, administrativos e civil. O *website* da CNTA é o <http://www.cnta.org.br/>.
(10) Disponível em: <http://www.abrea.org.br/19l9055.pdf>.
(11) Disponível em: <http://www.camara.gov.br/Internet/comissao/index/esp/asbestont080501.pdf>.
(12) *Idem*.

amianto, na fabricação de telhas e caixas d'água, inicialmente utilizando o PVA (poli-vinil álcool) e celulose, ambos importados. Em 2003, optou por substituir a fibra de PVA pelo polipropileno (PP), produzido nacionalmente, tendo para isto construído uma fábrica para a produção do fio sintético na cidade de Jacareí.

Portanto, a decisão de parar a utilização do amianto no processo de fabricação do fibrocimento no Brasil, como já tinha sido adotada, mais de uma década antes, pelo herdeiro suíço Stephan Schmidheiny, e de se livrar das ações da ETERNIT, teve como fator principal a proibição do mineral ocorrida em seu país de origem, a partir de 1º de janeiro de 1997, associado à pressão exercida pela mídia e opinião pública francesas sobre os acionistas da *holding* Saint-Gobain, que deixaram os dirigentes da corporação numa situação delicada, acusados de promover o chamado "duplo padrão ou dupla moral", que é uma prática condenada de se manter *standards* diferentes entre a matriz e as empresas afiliadas em países, geralmente, mais vulneráveis social e ambientalmente. É também conhecida como racismo ou injustiça ambiental. Nenhuma empresa moderna, que segue normas internacionais e *compliances*, quer ser acusada de tal prática.

Em função destas estratégias do mercado global, a ETERNIT S.A., 100% nacionalizada, passou a controlar os preços dos produtos de fibrocimento por deter a exploração da fibra mineral, por meio de sua subsidiária SAMA, sua distribuição e o custo da mão de obra pela "parceria" com sindicatos colaborativos e sócios no agressivo *lobby* de defesa do amianto. Por conseguinte, é a atual líder do mercado de coberturas onduladas, chapas e painéis lisos, embora também produza linhas de materiais *asbestos-free* (ou sem amianto) denominadas ETERFLEX e ETERPLAC. Este setor de materiais de construção, em especial as coberturas de fibrocimento com amianto, sempre foi cartelizado.

A ABRA-Associação Brasileira do Amianto, fundada e mantida, principalmente pela Brasilit, foi a principal porta-voz até final da década de 90 da defesa do mineral cancerígeno. A ABRA teve um papel central na criação do Comitê de Estudos do Amianto (CEA) no Brasil nos moldes do CPA francês (**Comité Permanent Amiante**), de composição tripartite, que incentivou a política governamental e a ação sindical para a adoção da tese do "uso controlado do amianto" e na ratificação e promulgação da Convenção n. 162[13] da OIT — Organização Internacional do Trabalho[14] e sua regulamentação[15] num prazo celérrimo, não usual em nosso país[16].

O CEA foi, por nós, extinto em 1991, por não concordarmos com a interferência que o patronato buscava exercer e diante da subordinação obsequiosa da representação sindical. Para nós, não havia mais sentido naquele fórum, onde os debates eram norteados pelos e para os interesses do setor empresarial.

Com a decisão dos franceses de banirem o amianto de seus produtos, a ABRA foi sucedida, na promoção do indefensável amianto, pelo Instituto Brasileiro do Crisotila (IBC)[17], fundado em 2000, com sede em Goiânia, estado de Goiás, e financiado, principalmente, pela ETERNIT, juntamente com as demais empresas de fibrocimento utilizadoras de amianto como matéria-prima, nos moldes da entidade-irmã canadense, o ex — *Asbestos Institute* (rebatizado como *Chrysotile Institute*[18]).

A composição acionária da ETERNIT se modifica quando a multinacional francesa Saint Gobain, que controlava a Eternit, decidiu abandonar tudo que envolvesse amianto e vendeu suas ações. Em 2017, também não mais conta com os fundos estatal e de pensão, e seu conselho de administração, que tem o poder de decisão nas mãos, é comandado, na atualidade, por corretor da bolsa de valores (formado em Wall Street). Os demais, na sua maioria, são investidores sem tradição no mercado de materiais de construção e empresários bem sucedidos de outros segmentos. Veem na ETERNIT apenas uma oportunidade de bons negócios e ganhos fáceis e rápidos já que o lucro da empresa cresceu 16% desde 2008, segundo a edição da revista empresarial *EXAME* de 11.4.2014[19].

---

(13) Convenção n. 162 da OIT/1986. Disponível em: <http://www.planalto.gov.br/ccivil_03/decreto/1990-1994/d0126.htm>
(14) Fundada em 1919, como parte do Tratado de Versalhes, que pôs fim à Primeira Guerra Mundial, com o objetivo de promover a justiça social, a Organização Internacional do Trabalho (OIT) se transforma em 1946 na primeira agência especializada das Nações Unidas (ONU). É também a única agência que tem estrutura tripartite, na qual representantes de governos, de organizações de empregadores e de trabalhadores de 183 Estados-membros participam em situação de igualdade das diversas instâncias da Organização.
(15) Regulamentação no Brasil da Convenção n. 162 da OIT. Disponível em: <http://www.abrea.org.br/19leisnr15.pdf>.
(16) Uma das mais rápidas tramitações de entrada em vigor de uma Convenção da OIT no Brasil ocorreu com a de n. 162, que trata da "Utilização do Asbesto com Segurança", aprovada pelo Congresso Nacional por meio do Decreto Legislativo n. 51, de 25.8.89, ratificada em 18 de maio de 1990, promulgada pela Presidência da República por meio do Decreto n. 126, de 22.5.91 (DOU 23.5.91) e regulamentada pelo Ministério do Trabalho em 28 de maio de 1991, por meio na NR-15, que alterou o seu Anexo 12 (ver em nota de rodapé 13). Isto se deveu, principalmente, às pressões exercidas pelo setor patronal, que precisava de um instrumento legal que garantisse a continuidade de seus negócios no Brasil, mesmo que temporariamente e que o mesmo contivesse diversas restrições e severas medidas de higiene industrial, inclusive a previsão de sua substituição ou proibição (art. 10º).
(17) Disponível em: <http://ibcbrasil.org.br/>.
(18) Disponível em: <http://www.chrysotile.com/en/about.aspx>.
(19) Segundo o *site* da *Revista Exame* de 11.4.2014. Disponível em: <http://exame.abril.com.br/revista-exame/edicoes/1063/noticias/racha-no-clube-do-bilhao>.

Na última década, a ETERNIT distribuiu anualmente em dividendos 10% do valor das ações, o triplo da média de mercado. Em 2013, 70% do lucro foi para os acionistas. Nos bastidores, segundo a revista, há uma disputa em curso por dois grupos rivais para o controle da empresa e, evidentemente, isto deve decidir também os rumos e o "futuro do amianto", pois como ela mesma menciona na reportagem reveladora "tudo acaba um dia — até a farra do amianto".

3 APLICAÇÃO DA CONVENÇÃO N. 162 DA OIT NO BRASIL E O FRACASSO DO MODELO TRIPARTITE

Em função das discussões travadas na OIT, que na sua 72ª Reunião em Genebra de 24.6.1986 aprovou a Convenção n. 162[20] e a Recomendação n. 172[21], surgiu em São Paulo, no final de 1985, uma articulação coordenada pelo Ministério do Trabalho chamado GIA — Grupo Interinstitucional do Asbesto, com caráter multidisciplinar e tripartite, nos moldes do preconizado pela OIT, que tinha como objetivos, entre outros: avaliar o grau de exposição dos trabalhadores ao amianto nas indústrias de fibrocimento do Estado de São Paulo e conhecer a real situação de produção, manipulação e usos do amianto, conscientização dos trabalhadores quanto ao risco e apresentação de propostas para subsidiarem a definição de uma política nacional para o setor referente ao uso desta matéria-prima, que vinha sofrendo crescentes restrições em todo o mundo em função de sua carcinogenicidade e alta letalidade, atestadas por eminentes órgãos científicos, entre os quais a IARC — Agência Internacional de Pesquisa sobre o Câncer[22], o IPCS — Programa Internacional de Segurança Química[23], ambos da OMS — Organização Mundial da Saúde e o INSERM — Instituto Nacional de Saúde e Pesquisa Médica da França[24], cujo dossiê foi decisivo para o banimento do amianto naquele país e, em efeito dominó, por conseguinte, para toda a União Europeia, que veio a se efetivar a partir de 1º.1.2005, por meio da *Diretiva* 1999/77/CE[25].

Inicialmente o GIA se dedicou a um levantamento bibliográfico sobre o amianto, especialmente da área médica, em busca da casuística de doenças relacionadas à exposição profissional, e a mapear a utilização do mineral em todo o território nacional.

Naquele momento histórico, de abertura política, findos 21 anos de ditadura militar e repressão aos movimentos organizados de trabalhadores, o Ministério do Trabalho representava uma esperança de renovação na política trabalhista e das práticas sindicais no país. O GIA se coadunava nesta perspectiva de dialogar com todos os atores sociais sobre o modelo de desenvolvimento industrial e os riscos associados a serem assumidos e seus custos socioambientais.

À época, 95% da produção do amianto no Brasil, já entre os cinco maiores no *ranking* mundial, era destinada ao setor de fibrocimento. Por se tratarem de multinacionais as principais produtoras e utilizadoras da fibra mineral, as discussões do GIA também ocorriam no campo da divisão internacional do trabalho e dos riscos.

Em reação a todos estes acontecimentos, o patronato rapidamente se mobilizou e em junho de 1987, por meio da ABRA, apresentou proposta de criação do CEA, como já foi dito anteriormente, à Presidência da Fundacentro, órgão de pesquisa em segurança e saúde dos trabalhadores do Ministério do Trabalho, que acolheu a ideia e o sediou até sua extinção em 1991, logo após a regulamentação da Convenção n. 162. O CEA fazia parte, portanto, junto com a Convenção n. 162, da ofensiva empresarial por uma sobrevida do uso do amianto e dos esforços mundiais, principalmente vindos do Canadá — ainda um grande produtor e exportador mundial — e da França — com interesse direto na produção brasileira pelo grupo Saint-Gobain.

---

(20) Convenção n. 162, da OIT/1986. Disponível em: <http://www.planalto.gov.br/ccivil_03/decreto/1990-1994/d0126.htm>.
(21) Recomendação n. 172, da OIT/1986. Disponível em: <http://www.abrea.org.br/legislação/sobre-o-amianto/118-oit-recomendação-172-sobre-o-asbesto--ou-amianto.html> (em espanhol).
(22) International Agency for Research on Cancer. Asbestos (chrysotile, amosite, crocidolite, tremolite, actinolite, and anthophyllite). IARC Monogr Eval Carcinog Risks Hum. 2012; 100C:219-309. Disponível em: <http://monographs.iarc.fr/ENG/Monographs/vol100C/mono100C-11.pdf> (em inglês).
(23) Environmental Health Criteria 203: Chrysotile asbestos. Geneva: World Health Organization, International Programme on Chemical Safety; 1998. Disponível em: <http://www.inchem.org/documents/ehc/ehc/ehc203.htm> (em inglês).
(24) Effets sur la santé des principaux types d'exposition à l'amiante. Disponível em: <http://www.ipubli.inserm.fr/bitstream/handle/10608/203/expcol_1997_amiante.pdf?sequence=1> (em francês).
(25) Disponível em: <http://eur-lex.europa.eu/legal-content/PT/TXT/PDF/?uri=CELEX:31999L0077&from=PT>.

Eram frequentes as visitas de franceses nas reuniões, seminários e atividades do CEA como as dos Dres. Prof. Jean Bignon[26] e Marianne Saux[27] e de representantes da CGT, a principal central sindical daquele país, sob a alegação de intercâmbio com os pares brasileiros, apresentando a bem-sucedida experiência francesa tripartite do "uso controlado do amianto" e a convivência pacífica dos membros do CPA. O modelo proposto era de um "pacto social" para o uso progressivo do mineral cancerígeno — um "crime social perfeito", já que se prenunciava o abandono de seu uso nos países desenvolvidos! O CEA, como já mencionado anteriormente, foi extinto em função, principalmente, da crescente ingerência dos representantes patronais, em querer determinar os rumos da política nacional sobre o amianto e em manipular a produção científica do comitê, com a qual muitos dos membros, especialmente os governamentais, não queriam compactuar.

O GIA, entre 1987-1989, fiscalizou as 9 fábricas de cimento-amianto do Estado de São Paulo, acompanhando todas as fases de implantação da Convenção n. 162 da OIT, promovendo debates com empregadores e empregados. Os resultados deste trabalho mostraram um grave panorama das condições de utilização do amianto, naquele período, no estado mais industrializado do país, e foram devidamente publicizados.[28][29].

Estas duas publicações são, portanto, um registro histórico das condições de trabalho do final da década de 80, no setor de fibrocimento, em geral, e, em particular, mostraram a grave exposição dos trabalhadores ao amianto, conforme quadro-resumo a seguir:

1. O trabalho de fiscalização abrangeu, inicialmente, em 1987, 3.456 trabalhadores, sendo 2.506 dos setores diretamente ligados à produção. No final do levantamento (1989) uma das fábricas já havia fechado, alegando excesso de rigor na exigência do cumprimento das leis e preferindo produzir em outros estados, onde a vigilância fosse menor. A automação de alguns processos mais perigosos fez com que houvesse uma redução do contingente de trabalhadores para 2.816 trabalhadores, sendo 2.228 dos setores de produção. Em maio de 2014, restavam em funcionamento no estado 4 fábricas produtoras de fibrocimento, sendo que uma[30] substituíra totalmente o amianto e três[31] que ainda o utilizavam, apesar da proibição contida na Lei Estadual n. 12.684/2007[32], por força de liminares obtidas em tribunais regionais onde se sediavam as respectivas fábricas, sob a alegação da impossibilidade tecnológica de uma substituição imediata e a ameaça de desemprego massivo. No final de 2017, as três fábricas deixaram de usar o amianto[33], após assinarem TACs — Termos de Ajuste de Conduta com o Ministério Público do Trabalho e se comprometerem em aprimorar os exames médicos dos expostos e a pagarem 1,6 milhões de reais para o fundo do dano moral coletivo, gerido pelo próprio MPT, para fins de fomento a pesquisas e atividades acadêmicas e científicas relacionadas ao amianto;
2. Em 50% das fábricas ocorreram interdições parciais (máquinas, equipamentos ou departamentos) ou totais (todo o setor produtivo);
3. Em 1987 havia 75 menores de dezoito anos (3%) trabalhando nas fábricas e em 1989 ainda restavam 8 trabalhadores menores (0,3%), reduzindo-se no período em 90% o trabalho infantil;
4. Houve, no período, um aumento de consumo de amianto de 12% enquanto diminuiu-se em 18% o número de trabalhadores, o que significou um aumento médio de 40% na quantidade do mineral manipulado por

---

(26) O Prof. Jean Bignon chegou a comparar o ar de Paris com o de Minaçu (a cidade que se desenvolveu em torno da mineração do amianto), afirmando a jornalistas que, depois de conhecer as instalações da SAMA, "o ar de Minaçu era mais limpo que o ar de Paris". Disponível em: <http://www.camara.gov.br/sileg/integras/769516.pdf>.
(27) Dra. Marianne Saux foi apresentada aos colegas brasileiros como sendo membro do Ministério do Trabalho francês, médica e chefe responsável pela fiscalização de saúde ocupacional. Ela vinha para apresentar a experiência de seu país no "uso controlado do amianto". Nunca se mencionou, por aqui, o fato de que ela ocupava também importante função como assessora da Saint-Gobain na área da medicina do trabalho. Esta denúncia foi primeiramente publicada por François Malye em seu livro *Amiante Le Dossier de L'air Contaminé*, publicado em 1996 por *Le Pré aux Clercs e Sciences et Avenir*.
(28) In: Imprensa Oficial do Estado. Secretaria de Estado das Relações de Trabalho com o título de "Grupo Interinstitucional do Asbesto (GIA) — A ação interinstitucional no Controle da Exposição ao Asbesto dos Trabalhadores das Indústrias de Fibrocimento no Estado de São Paulo", julho de 1988.
(29) O Ministério do Trabalho em 1993 também publicou os resultados alcançados pelo GIA sob o título de "Asbesto no setor de fibrocimento".
(30) A fábrica da Brasilit da cidade de Capivari, a maior do grupo Saint-Gobain, substituiu o amianto no início de 2000.
(31) Infibra e Permatex de Leme e Confibra de Hortolândia.
(32) Lei n. 12.684/2007, de autoria do Deputado Marcos Martins, que "Proíbe o uso, no Estado de São Paulo de produtos, materiais ou artefatos que contenham quaisquer tipos de amianto ou asbesto ou outros minerais que, acidentalmente, tenham fibras de amianto na sua composição". Disponível em: <http://www.abrea.org.br/LEI12684sancionadaserra.pdf>.
(33) Disponível em: <http://www.prt12.mpt.mp.br/procuradorias/prt-florianopolis/376-em-acordo-de-r-1-6-milhao-empresas-de-sp-se-comprometem-a-banir-o-amianto-ate-2017>.

trabalhador, potencializando os riscos de exposição, embora tenham sido implantados sistemas de exaustão e medidas de higiene industrial mais eficientes que os encontrados no início das fiscalizações;

5. Embora tenham sido regularizados, do ponto de vista legal e formal, todos os Serviços Especializados em Engenharia de Segurança e em Medicina do Trabalho (SESMT), com a contratação de profissionais de engenharia e medicina do trabalho, bem como as Comissões Internas de Prevenção de Acidentes (CIPA), com a participação dos trabalhadores 50% eleitos pelos seus pares, o funcionamento deixava muito a desejar, principalmente no tocante aos cursos ministrados para os membros da CIPA sob os riscos à exposição ao amianto, que eram ainda muito elementares e superficiais;

6. O controle médico, exames clínicos e complementares, realizados pelas empresas, em 50% delas continuavam falhos por não realizarem as provas de função pulmonar (espirometria) e em 37% das empresas continuavam não informando adequadamente os resultados aos trabalhadores examinados;

7. Embora 100% das empresas tenham regularizado o fornecimento dos uniformes, 37% ainda não promoviam a sua lavagem dentro da própria empresa, permitindo levar as roupas de trabalho para casa e, com isto, possibilitando a contaminação indireta dos familiares;

8. 100% das empresas em 1989 não etiquetavam seus produtos[34] conforme legislação federal trabalhista vigente[35], que exige a seguinte rotulagem: *"Atenção: contém amianto"*, *"Respirar poeira de amianto é prejudicial à saúde"* e *"Evite risco: siga as instruções de uso"*. Em 2014, os fabricantes de fibrocimento adotaram a rotulagem de seus produtos com os seguintes dizeres: "**Contém Amianto. Ao cortar ou furar não respire a poeira gerada, pois pode prejudicar gravemente a saúde**", conforme determina a legislação ambiental do estado de São Paulo[36]. Em nenhum momento, porém, a rotulagem dos produtos advertiu para o risco do câncer e o efeito tardio das doenças relacionadas ao amianto (DRAs);

9. Em 2014, a totalidade dos produtos de fibrocimento com amianto continuou a não apresentar as instruções de uso[37], que devem conter, entre outras, informações sobre o tipo de fibra, risco à saúde e doenças relacionadas (DRAs), medidas de controle coletivo e de proteção individual (EPI) a serem empregadas;

10. Em 1989, os resíduos/rejeitos eram tratados de forma inadequada com reutilização das embalagens de amianto e feltros das máquinas de lastra impregnados de fibras. Mais de 50% das empresas continuavam reprocessando seus rejeitos de forma precária e 25% continuavam a não dispor de equipes próprias de limpeza. Existia, nesta época, a prática de as empresas doarem seus resíduos para os empregados utilizarem como materiais de construção em suas casas na confecção e reparo de pisos e contrapisos; os feltros para serem utilizados como tapetes e cortinas e as sacarias de aniagem, que embalavam o mineral, para confecção de roupas, inclusive íntimas, externalizando o risco fabril para ambientes e pessoas sem qualquer controle das instituições de saúde[38].

Pode-se afirmar que a prática de doação de resíduos é recorrente nas empresas do amianto e que persiste até os dias de hoje. Muda-se a forma, adotando-se um discurso mais moderno e engajado política e socialmente, mas no fundo revela a mesma perversidade de sempre que é se livrar de algo incômodo e que custa caro dar uma destinação final adequada. A empresa de mineração, pertencente ao grupo Eternit, propagandeia seu programa "educacional" chamado Sambaíba (Programa de Responsabilidade Socioambiental da SAMA), em que justifica a doação dos resíduos da mineração à população de baixa renda para confecção de artesanatos, com o objetivo, segundo ela, de *"gerar uma fonte alternativa de renda e emprego para a comunidade"*. Segundo nossa previsão nada otimista, uma fonte de promover futuras e prováveis doenças nesta população, que sequer entrarão nas estatísticas oficiais por os mesmos não possuírem vínculo formal de trabalho[39].

---

(34) Esta desobediência foi protagonizada pela Saint-Gobain/Brasilit por julgar antimercadológica tal rotulagem, sendo acompanhada pela Eternit, que deixou de etiquetar seus produtos.
(35) Disponível em: <http://www.abrea.org.br/19leisnr15.pdf>.
(36) O Governo do Estado de São Paulo, por meio da Resolução de Diretoria da CETESB — Companhia Ambiental do Estado de São Paulo n. 01/97/P de 7.1.97, publicada no DOE de 15.1.97, instituiu rotulagem para os produtos contendo amianto ou asbesto.
(37) Disponível em: <http://www.abrea.org.br/19leisnr15.pdf> em seu item 10.
(38) A ETERNIT, que alegava ter ciclo de rejeito zero, conforme publicou Meirelles, W.J. na *Revista Brasileira de Saúde Ocupacional*, N. 63, Vol. 16, Julho/Agosto/Setembro de 1989, p. 69-70, sob o título de *Ciclo de Rejeito Zero na Indústria de Cimento Amianto*, na prática provou-se o contrário, pois ela revendia seus resíduos com nota fiscal para a empresa N. J. Embalagens Ltda., em São Paulo, onde trabalhavam menores de dezoito anos e outros tantos sem registro. O resíduo era adicionado ao material plástico para a confecção de fitilhos reforçados para amarrar pacotes. A empresa que recebia estes resíduos foi por nós interditada em 28.4.92, após acidente grave de adolescente com amputação de membro superior em máquina sem qualquer proteção das partes móveis, e foi impedida de reaproveitar os resíduos contendo amianto da Eternit.
(39) Disponível em: <http://www.sama.com.br/en/sustentabilidade/programa_sambaiba/>.

A atuação tanto do GIA, como do CEA, baseados na concepção defendida pela OIT, foi se revelando uma verdadeira armadilha em prol da legitimação do "uso controlado do amianto". Na verdade, só havendo duas partes nas negociações travadas (bipartismo): governo x defensores intransigentes do amianto.

Ao final do trabalho desenvolvido pelo GIA, em 1989, no setor de fibrocimento, houve o empoderamento dos sindicatos dos trabalhadores do ramo da construção civil que se aliaram à representação dos trabalhadores da mineração de Minaçu, criando a CNTA[40], que se transformou num poderoso e articulado braço sindical da defesa do mineral cancerígeno e um dos principais tentáculos do *lobby* pró-amianto. Estes sindicatos, na contramão da história, celebraram com o patronato, a partir de 1989, o Acordo Nacional para o Uso Seguro e Responsável do Amianto Crisotila, que é um instrumento, como o próprio *site* da entidade define, "que respalda a atividade do mineral no Brasil."[41]

O tal *Acordo,* renovado a cada dois anos, restringia-se aos trabalhadores na ativa. A partir do momento em que adoeciam, eram descartados e ficavam abandonados à própria sorte, tendo de se submeter a pífios acordos extrajudiciais de indenização oferecidos pelas empresas e endossados pelos sindicatos ou optar por engrossar a lista dos excluídos *pelo* e *para* o trabalho, para quem só há o débil amparo do Estado e suas instituições sucateadas. Na realidade, todas as propostas aprovadas em qualquer destas negociações dependiam basicamente do aceite pelo patronato, já que não há organização de base dos trabalhadores de forma autônoma, que possa fazer frente à cúpula da CNTA. Este braço sindical da indústria resiste a qualquer tentativa de modificar o processo produtivo, substituindo o amianto, mesmo que haja garantia da manutenção dos postos de trabalho e a existência de material sucedâneo mais seguro para os trabalhadores.

Diversas denúncias sobre a lesividade do acordo da CNTA foram feitas em diversas instâncias. Entre elas, a que foi apresentada pela ABREA — Associação Brasileira dos Expostos ao Amianto, cuja atuação abordaremos mais à frente, junto à OIT, com base no art. 2º da Convenção n. 98, que **trata** sobre a Aplicação dos Princípios do Direito de Sindicalização e de Negociação Coletiva[42]. Na cláusula 55ª do Acordo[43] da CNTA, que prevê que "*Caberá ao Instituto Brasileiro do Crisotila (IBC) apoiar, inclusive financeiramente a CNTA — Comissão Nacional dos Trabalhadores do Amianto, visando ao desenvolvimento de ações relacionadas à divulgação e promoção do uso controlado e responsável do amianto crisotila, bem como a realização de cursos e treinamentos*", ficam patentes estes atos de ingerência previstos no art. 2º da Convenção n. 98 da OIT.

Artigo da *Folha de São Paulo* de 23.6.2008 estampou denúncia sob o título *Sindicatos recebem verba para defender o amianto*[44] e, em editorial de 24.6.2008, o mesmo jornal assim se manifestou diante desta situação absurda:

> No Brasil, quinto maior produtor mundial, a legislação federal é tíbia. Alguns Estados e municípios criaram normas locais que proíbem o uso do amianto, mas elas são contestadas no STF. E pela Confederação Nacional dos Trabalhadores na Indústria. Há razões para temer quais possam ser os resultados de tanto sindicalismo de resultados. [45],[46].

Entretanto, a Ação Civil Pública (ACP)[47] ajuizada pelo Ministério Público do Trabalho foi a que maior dano causou a este acordo espúrio perpetrado pelos defensores do amianto. Em setembro de 2015 o MPT processou as 17 entidades patronais e de representação de trabalhadores ligadas a segmentos da economia que se utilizavam do amianto/asbesto no processo produtivo, alegando que "algumas cláusulas do 'Acordo Nacional para Extração, Beneficiamento e Utilização Segura e Responsável do Amianto Crisotila' trazem prejuízos incalculáveis à saúde, segurança e meio ambiente laboral de milhares de trabalhadores brasileiros". O juízo da 6ª Vara do Trabalho de Campinas decidiu pela proibição dos sindicatos de representação de trabalhadores receberem ajuda financeira de entidades patronais ligadas a

---

(40) Disponível em: <http://www.cnta.org.br/>
(41) Disponível em: <http://www.cnta.org.br/arquivos/Acordo%20Nacional%20para%20Uso%20Controlado%20do%20Amianto%20Crisotila.pdf>.
(42) Disponível em: <http://www.oitbrasil.org.br/node/465>. O art. 2º prevê que: 1. As organizações de trabalhadores e de empregadores deverão gozar de proteção adequada contra quaisquer atos de ingerência de umas e outras, quer diretamente quer por meio de seus agentes ou membros, em sua formação, funcionamento e administração. 2. Serão particularmente identificados a atos de ingerência, nos termos do presente artigo, medidas destinadas a provocar a criação de organizações de trabalhadores dominadas por um empregador ou uma organização de empregadores, ou a manter organizações de trabalhadores por outros meios financeiros, com o fim de colocar essas organizações sob o controle de um empregador ou de uma organização de empregadores (grifo nosso).
(43) Disponível em: <http://www.cnta.org.br/arquivos/Acordo%20Nacional%20para%20Uso%20Controlado%20do%20Amianto%20Crisotila.pdf>.
(44) Disponível em: <http://www1.folha.uol.com.br/fsp/dinheiro/fi2306200807.htm>.
(45) Disponível em: <http://www1.folha.uol.com.br/fsp/opiniao/fz2406200802.htm>.
(46) Sindicalismo de resultado: concepção de sindicalismo norte-americano defendida pela ex-AFL (Federação Americana do Trabalho), contrária a reformas ou mudanças da sociedade e não vinculada a correntes doutrinárias e políticas, na defesa apenas de resultados.
(47) Disponível em: <http://www.prt15.mpt.mp.br/2-uncategorised/439-justica-mantem-liminar-que-protege-trabalhadores-da-exposicao-ao-amianto>.

fabricantes de produtos feitos com amianto e de pactuarem cláusulas de acordo coletivo entre as duas partes que invadam a atribuição do Estado nas áreas de fiscalização do trabalho, Previdência Social e vigilância sanitária. No mesmo diapasão, o Tribunal Regional do Trabalho da 15ª região denegou Mandado de Segurança impetrado pelo Sindicato dos Trabalhadores nas Indústrias Extrativas e Beneficiamento de Minaçu/GO e Região (STIEBEMGOR), mantendo a decisão do juízo de primeiro grau, que proibiu o acordo coletivo nocivo à saúde e segurança do trabalhador, por meio da interferência à atuação do Estado.

Mais um exemplo concreto do fiasco do modelo de atuação tripartite ficou patente no acordo entre a indústria automotiva (SINDIPEÇAS, ANFAVEA, SINFAVEA) e os representantes dos trabalhadores metalúrgicos das então centrais sindicais CUT, CGT e FORÇA SINDICAL, para substituição do amianto no setor de autopeças em 1994. O Ministro do Trabalho, à época, Marcelo Pimentel, se recusou a assinar o acordo da substituição do amianto, mas, por outro lado, referendou o da CNTA para o uso progressivo do mineral no setor de fibrocimento e mineração, que continuou sendo sistematicamente reconhecido e ratificado pelo Ministério por muitos anos.

4 A IDEOLOGIA FALACIOSA DO "USO CONTROLADO DO AMIANTO": DISCURSO E PRÁXIS DIAMETRALMENTE OPOSTOS

No Brasil, a indústria do amianto enaltece, com frequência, as eficientes medidas de segurança adotadas em suas instalações, em especial na extração do minério e seu beneficiamento, bem como nas fábricas de fibrocimento, que, segundo o *lobby* amiantífero, sempre utilizaram o mineral fibroso de maneira "controlada e responsável", sob vigilância de seus empregados participantes da "comissão de fiscalização para controle do uso seguro do amianto", treinados pela CNTA com financiamento do IBC.

Alegam também que no Brasil, diferentemente dos países europeus e dos Estados Unidos, não se aplicaram tecnologias perigosas (como a *flocagem* ou *spray*) e que não houve o uso dos anfibólios, a quem atribuem a infortunística laboral causada pelo amianto. Atestam a pretensa segurança da crisotila brasileira ou amianto branco pelo seu alto grau de pureza, isento de contaminantes como a tremolita (anfibólios) e por ter uma das mais baixas biopersistências[48] entre todos os amiantos estudados.

Justificam a ausência de dados epidemiológicos e de registros confiáveis no país de doenças relacionadas ao amianto, como sendo devida à menor nocividade da crisotila nacional, comparada com a usada em qualquer outra parte do mundo. AQUI VALE A PENA ENFATIZAR QUE AUSÊNCIA DE PROVAS NÃO É PROVA DE AUSÊNCIA!

4.1 Uso controlado: quando e onde?

A barbárie que testemunhamos ao longo de 3 décadas na Auditoria Fiscal do Trabalho poderia ter sido prevenida e confirma nossa tese de que esta "*catástrofe sanitária poderia ter sido evitada*" e que não temos ainda mensurada a real dimensão dos efeitos do uso irresponsável e descontrolado do amianto no Brasil, já que o *boom* da produção e utilização da fibra *killer* se deu a partir de meados dos anos 60, quando o país passou a ter autossuficiência na produção do mineral cancerígeno. Vivíamos em um período de regime de exceção, quando o país estava mergulhado nas trevas da ignorância e da repressão, favorecendo os interesses mais mesquinhos, travestidos de um cínico discurso desenvolvi-

---

(48) A tese da biopersistência vem sendo repetida à exaustão pelo *lobby* do amianto tal qual a "tese dos anfibólios", em que se atribui todos os casos de doenças, principalmente o mesotelioma, ao uso do amianto do tipo anfibólio ou de minerais por ele contaminados. A biopersistência utiliza experimentos animais e modelos matemáticos mais sofisticados do que a simplista tese dos anfibólios, mas ambas igualmente são inconsistentes e não têm respaldo científico das academias e dos acadêmicos mais respeitados em todo o mundo. Serve muito mais à máquina de propaganda do *lobby* do amianto e se embasa em trabalhos com viés (*biased*) como os do controvertido pesquisador Dr. David Bernstein, que publicou com seus colegas vários artigos, entre os quais "A Biopersistência da Crisotila Brasileira" na *Revista Inhalation Toxicology*, Vol. 16, ns. 11-12, 2004, em que afirmam que "*observou-se que a crisotila brasileira é removida mais rapidamente do pulmão. Fibras maiores que 20 µm foram depuradas em um tempo médio de 1,3 dias, muito provavelmente por dissolução e quebra em fibras menores. As fibras menores também foram rapidamente depuradas do pulmão — com fibras de 5 a 20 µm sendo depuradas ainda mais rapidamente (T1/2 = 2,4 dias) do que as de comprimento < 5 µm*" e que "*esses resultados sustentam as evidências de que as fibras de crisotila, em relação às fibras de anfibólio, são eliminadas rapidamente do pulmão*", o que dá argumentos ao *lobby* do amianto concluir e publicizar que o amianto crisotila brasileiro tem pouca ou nenhuma chance de provocar câncer nos expostos e muito menos o mesotelioma, reforçando a indefensável tese do "uso seguro". Dr. Bernstein foi denunciado em minucioso artigo investigativo, em que sua ligação com a indústria do amianto e o financiamento de suas pesquisas pelo interessado em seus resultados, numa prova cabal do seu conflito de interesses, estão plenamente comprovados. O artigo, a que nos referimos, foi publicado no *blog* VIOMUNDO, sob o título "Perito 'suíço' em amianto foi pago pela indústria brasileira do amianto" e está disponível em: <http://www.viomundo.com.br/denuncias/perito-suico-em-amianto-foi-pago-pela-industria-brasileira-do-amianto.html>.

mentista e de progresso a qualquer custo. Custo socioambiental este que só agora começamos finalmente a conhecer em função do longo período de latência[49] das DRAs.

Como já dissemos antes, é um crime perfeito, em que milhões de brasileiros e brasileiras inocentes e desconhecedores do potencial de risco são expostos diuturnamente a milhares de fibras respiráveis contendo um dos mais nefastos elementos químicos presentes na natureza.

4.2 *Avanços e Retrocessos Legais na Luta pelo Banimento no Brasil: a "judicialização" do Amianto*

No que diz respeito à situação jurídica, a questão do amianto no Brasil é ainda bastante complexa e, por que não dizer, confusa, tendo evoluído com o passar dos anos, apesar das constantes tentativas de retrocesso, como debateremos a seguir.

Até 1991, se adotava na legislação trabalhista um limite de tolerância de 4.0 f/cc, quando foi reduzido para 2,0 f/cc no processo de regulamentação da Convenção n. 162 da OIT.[50]

O setor empresarial do amianto tão logo percebeu, no início da década de 90, as movimentações no legislativo federal para aprovação de lei nacional de banimento, tratou de organizar uma forte base parlamentar em apoio à tese do uso controlado. Esta frente, liderada basicamente por políticos de Goiás, denominada a "bancada da crisotila"[51] e envolvida em vários escândalos, foi ganhando força e, mediante vários artifícios, conseguiu barrar as principais iniciativas no sentido de se aprovar uma data final para a extração e utilização do amianto no país.

Uma das mais eficientes manobras realizadas pela bancada parlamentar do amianto crisotila foi transformar o projeto de lei de autoria do então deputado federal Eduardo Jorge por São Paulo de proibição gradativa do amianto até seu banimento final na presente lei federal do uso controlado (9.055/95), que foi regulamentada pelo Decreto n. 2.350/97 em prazo recorde de 2 anos[52],[53].

Esta lei proíbe a utilização do amianto anfibólio e o jateamento (*spray* ou *flocagem*), ambos muito pouco utilizados no país, e autoriza todos os tipos de uso do amianto crisotila sob "restritas condições de segurança", que não são verificadas, na prática, na maior parte dos casos, conforme mencionado anteriormente.

Como reação a este golpe, os movimentos sociais organizados no país, os quais abordaremos adiante, inverteram sua estratégia, passando a atuar não mais somente na esfera federal e no Congresso Nacional e foram buscar apoio junto aos parlamentos municipais e estaduais, em todo o país, obtendo com isto a conscientização, o necessário convencimento, a mobilização e a formação de uma opinião pública favorável por meio da promoção de centenas de audiências públicas e seminários. Em 1996, novo projeto de lei de banimento total do amianto, o PL n. 2.186/96[54], de autoria dos deputados federais Eduardo Jorge (SP) e Fernando Gabeira (RJ), foi apresentado e novamente sofreu estas manobras parlamentares, patrocinadas pelo *lobby* do amianto, que criou uma comissão especial, cuja relatoria ficou a cargo do então deputado Ronaldo Caiado, hoje senador da República, que confessou no documentário francês *A morte lenta pelo amianto*[55] ter sido financiado, em sua campanha eleitoral, pela empresa mineradora SAMA, "*algo normal no Brasil*", segundo o dizer do mesmo. Seu parecer e o substitutivo por ele apresentado, salvaguardando o amianto branco ou crisotila, como era de se esperar, se encontra desde 2002 na mesa diretora da Câmara dos Deputados, aguardando que seja apreciado pelo plenário.

Por meio de um trabalho árduo e exaustivo dos movimentos sociais, obteve-se relativo êxito na aprovação de vários projetos de leis de proibição do amianto, como as **10** leis estaduais que proíbem total ou parcialmente o mineral cancerígeno, quais sejam: Rio de Janeiro, Rio Grande do Sul, São Paulo, Pernambuco, Mato Grosso, Minas Gerais,

---

(49) Período de latência é contado entre a primeira exposição e o momento do diagnóstico.
(50) Convenção n. 162 da OIT/1986. Disponível em: <http://www.planalto.gov.br/ccivil_03/decreto/1990-1994/d0126.htm>
(51) A bancada parlamentar da crisotila foi denunciada em diversos meios de comunicação como sendo financiada em suas campanhas eleitorais pela indústria do amianto. Mais recentemente, os mais ilustres membros da bancada, como o governador do estado, senador e deputado federal por Goiás foram também denunciados na "Operação Monte Carlo" pela Polícia Federal por envolvimento com o crime organizado. Foi publicizado em: <http://www.viomundo.com.br/denuncias/operacao-monte-carlo-atinge-em-cheio-lobby-parlamentar-do-amianto-perillo-demostenes-e-lereia.html> e replicado em: <http://www.conversaafiada.com.br/brasil/2012/05/10/gilmar-entre-perillo-e-lereia-viva-o-brasil/>.
(52) Disponível em: <http://www.abrea.org.br/19l9055.pdf>.
(53) Disponível em: <http://www.abrea.org.br/19ld2350.pdf>.
(54) Disponível em: <http://www.abrea.org.br/EJorgeGabeiraPL2186.pdf>.
(55) Disponível em: <https://www.youtube.com/watch?v=iT0cpxqOC-w>.

Santa Catarina, Amazonas, Pará e Maranhão, além de 45 leis municipais, sendo em diversas capitais como Curitiba, Fortaleza, João Pessoa, Boa Vista e importantes cidades do país[56].

Outras unidades da federação brasileira tentaram aprovar suas leis, mas não lograram o mesmo êxito, como ocorreu com a lei do Mato Grosso do Sul, que foi revogada pelo Supremo Tribunal Federal (STF), e as dos estados do Espírito Santo, Rio Grande do Norte e a do Distrito Federal, que não possuem indústrias de amianto e que sucumbiram às pressões do *lobby amiantífero* sob o falso argumento de que elas gerariam desemprego. Mais uma falácia do *lobby* do amianto!

As leis estaduais estão vigorando no país, mas 4 delas (São Paulo, Rio de Janeiro, Rio Grande do Sul e Pernambuco) e a Lei Paulistana n. 13.113/2001[57] estão sendo questionadas no STF pela CNTA/CNTI, como já foi mencionado anteriormente, uma vez mais advogando em prol dos interesses da indústria, em Ações Diretas de Inconstitucionalidade (ADI) e Arguição de Descumprimento de Preceito Fundamental (ADPF), respectivamente. Este pseudossindicato utilizou como pretexto o fato de haver uma lei federal superveniente, a do "uso controlado" (9.055/95), que impediria a aprovação das leis estaduais e municipal.

Alegaram uma pretensa invasão de competência, que, segundo eles, seria exclusiva do governo federal. Este foi, pois, o entendimento adotado pelo STF, à época, na revogação das leis do Mato Grosso do Sul e da primeira lei de proibição aprovada em 2001 no Estado de São Paulo. O poder concorrente dos entes federados, garantido pelo pacto federativo na Constituição Federal de 1988, foi ignorado pelos ministros do STF à época[58].

Ocorre que ex-presidentes do STF aposentados foram contratados como advogados e consultores pela indústria do amianto e usam de seu trânsito e prestígio na mais alta Corte do país para tentar influenciar nos julgamentos das ações em curso. É nisto que o *lobby* do amianto está apostando: tornar as leis já aprovadas inconstitucionais ou, pelo menos, postergar ao máximo as decisões que ponham fim à produção e utilização da fibra cancerígena.

Os empresários já assumiram publicamente que o amianto irá acabar em todo o mundo, mas reivindicam prazos de transição entre 5 a 10 anos para se adaptarem às novas tecnologias de substituição. Foi o que fizeram na aprovação da lei de Minas Gerais. Ao invés de simplesmente se oporem à aprovação da lei, como sempre fizeram no passado, trataram de garantir junto ao então governador do Estado, Antonio Anastasia, uma sobrevida de 10 anos para que o dispositivo aprovado possa produzir seus efeitos legais.

Para eliminar o óbice existente da lei superveniente — a Lei Federal n. 9.055/95 — as associações nacionais de magistrados do trabalho (ANAMATRA) e de procuradores do trabalho (ANPT) propuseram uma Ação Direta de Inconstitucionalidade (ADI n. 4.066)[59], para que a dita lei do "uso controlado" seja declarada como inconstitucional, por afrontar os princípios basilares de nossa Carta Magna do direito à saúde e ao meio ambiente ecologicamente equilibrado (arts. 196 e 225 da Constituição Federal — CF, respectivamente).

Apesar da lentidão exasperante em que ocorrem os julgamentos no STF[60], tivemos alguns pequenos sinais de avanços, como a cassação de liminar que impedia a Lei do Estado de São Paulo, a 12.684/2007[61], de vigorar. A decisão histórica e muito celebrada, ocorrida em 4.6.2008, no âmbito da ADI n. 3.937[62], por 7 votos favoráveis e 3 contrários, parece ter mudado a jurisprudência anterior[63] sobre o poder concorrente de estados em legislar em matérias atinentes à saúde e meio ambiente. Neste sentido, o próprio STF em seu Relatório de Atividades do ano de 2008 assim analisou este avanço: "Sobre a situação do amianto — produto considerado tóxico e proibido mundo afora, inclusive pela União Europeia — o STF novamente reviu sua jurisprudência ao julgar constitucional, em pedido de liminar, uma lei de São Paulo que proibiu a utilização do produto no Estado. Foi a primeira vez que o Tribunal, por maioria de votos, conside-

---
(56) Disponível em: <http://www.abrea.org.br/legislação/estadual-e-municipal.html>.
(57) Disponível em: <http://www.abrea.com.br/19l13113.pdf>.
(58) Disponível em: <http://www.abrea.org.br/legislação/ações-no-stf.html>.
(59) Disponível em: <http://www.stf.jus.br/portal/processo/verProcessoAndamento.asp?numero=4066&classe=ADI&codigoClasse=0&ORIGEM=JUR&recurso=0&tipoJulgamento=>.
(60) *A revista britânica The Economist classificou o STF como "o tribunal mais sobrecarregado do mundo". In Brazil's supreme court: When less is more. The Economist, 21 de maio de 2009.*
(61) Disponível em: <http://www.abrea.org.br/LEI12684sancionadaserra.pdf>.
(62) Disponível em: <http://www.stf.jus.br/portal/processo/verProcessoAndamento.asp?numero=3937&classe=ADI&codigoClasse=0&ORIGEM=JUR&recurso=0&tipoJulgamento=>.
(63) Conforme o relatório de atividades do STF de 2008. Disponível em: <http://www.stf.jus.br/arquivo/cms/SobreStfConhecaStfRelatorio/anexo/STF_Relatorio_de_Atividades_2008_capa2.pdf>.

rou que o princípio constitucional da proteção da saúde deveria se sobrepor ao entendimento de que normas estaduais não podem dispor sobre a comercialização de produtos com amianto, questão de competência da União".

Em compensação, em outro julgamento, na ADPF n. 234[64], que foi requerida pela Associação Nacional do Transporte de Cargas e Logística, assistiu-se, em 28.9.2011, a um verdadeiro retrocesso quando se deliberou pela autorização do transporte interestadual de carga de amianto e para fins de exportação, por portos e aeroportos, através das rodovias do Estado de São Paulo. No nosso entendimento, inclusive do próprio STF, em julgados anteriores, e vencido nesta ocasião, a lei estadual de banimento do amianto impedia o transporte do mineral cancerígeno através das rodovias no território paulista. Várias ações de interdição foram por nós realizadas, nas ações de fiscalização, obrigando o retorno da carga para o produtor infrator da lei estadual, no caso a SAMA, em Goiás, dentro do princípio do *poluidor-pagador*[65].

Os ministros presentes ao julgamento não levaram em consideração os acidentes, muito comuns, no transporte do amianto, bem como a manipulação da carga nos armazéns do porto de Santos, o maior do Brasil, localizado no estado de São Paulo, no aguardo de ordem para embarque nos navios, gerando trabalho de movimentação, manuseio e estocagem provisória da carga, não admitidos pela lei estadual, bem como os passivos relativos aos resíduos gerados.

Por falta de conhecimento técnico sobre a questão, os ministros entenderam que a carga viria da mineração diretamente para o interior dos navios, desconsiderando os riscos de contaminação em cada fase de seu processamento. Nesta decisão, somente limitaram o transporte para abastecimento de matéria-prima para as fábricas do interior do estado de São Paulo, onde está vigendo a proibição do uso da fibra cancerígena.

Os argumentos técnicos foram, portanto, ignorados, o que nos deixa apreensivos sobre futuras decisões a serem emanadas da Suprema Corte brasileira.

Audiências públicas ocorreram em 24 e 31.8.2102[66], em Brasília, na tentativa de municiar tecnicamente os juízes do STF sobre aspectos relativos ao amianto, seus usos e riscos. Houve a participação dos mais renomados profissionais nacionais e internacionais e estudiosos da matéria, mas, infelizmente, isto não surtiu os efeitos desejados sobre o relator da ADI n. 3.937, Ministro Marco Aurélio, que continua a sustentar de forma implacável e obstinada a tese em torno da inconstitucionalidade da lei estadual por invasão de competência, que, segundo ele, seria exclusiva da União.

Ainda resta pendente o julgamento de mérito da ADI n. 3.937, que se iniciou em 1º.11.2012, em conjunto com a ADI n. 3.357[67], que também pede a inconstitucionalidade da lei do estado do Rio Grande do Sul. Tivemos na ocasião somente os votos dos 2 relatores: um a favor e outro contrário às respectivas leis[68]. Retomados os debates no julgamento ocorrido em 23.11.2016[69], o Ministro Edson Fachin votou pela constitucionalidade das leis estaduais, questionadas nas ADIs, e na ADP 109 contra a lei de proibição do amianto no município de São Paulo.

Portanto, enquanto não houver a decisão final, todas as leis contestadas no STF continuam em vigor, produzindo os efeitos cabíveis.

De todos os retrocessos sofridos, um caso que reputamos de extrema gravidade foi a liminar[70] concedida pelo Superior Tribunal de Justiça (STJ)[71], em 12.12.2006, a 17 empresas, lideradas pela ETERNIT, para não informarem ao SUS — Sistema Único de Saúde / Ministério da Saúde, os nomes dos empregados (ex — e atualmente expostos) e os que adquiriam quaisquer das patologias relacionadas ao amianto (DRAs), conforme exigido pela Portaria Ministerial MS n. 1.851/2006[72].

Por outro lado, alguns avanços significativos foram obtidos, e não podemos nos olvidar, apesar das dificuldades e contínuas ofensivas perpetradas pelo feroz *lobby* do amianto, ao longo destes anos. Entre os mais expressivos, podemos citar:

---

(64) Disponível em: <http://www.stf.jus.br/portal/processo/verProcessoAndamento.asp?incidente=4071000>.
(65) Disponível em: <https://youtu.be/wucSgpCwMMA>.
(66) As transcrições das audiências públicas estão disponíveis no *site* do STF em: <http://www.stf.jus.br/arquivo/cms/ProcessosAudienciasPublicasAcoesAmianto/anexo/Transcricoes__Audiencia_sobre_Amianto__Texto_consolidado.pdf>.
(67) Disponível em: <http://www.stf.jus.br/portal/processo/verProcessoAndamento.asp?numero=3937&classe=ADI&co>.
(68) Disponível em: <http://www.stf.jus.br/portal/cms/verNoticiaDetalhe.asp?idConteudo=222748>.
(69) Disponível em: <http://www.stf.jus.br/portal/cms/verNoticiaDetalhe.asp?idConteudo=330281>.
(70) Disponível em: <http://www.abrea.org.br/mandadoportaria1851.pdf>.
(71) O STJ é responsável por julgar, em última instância, todas as matérias infraconstitucionais não especializadas, que escapem à Justiça do Trabalho, e não tratadas na Constituição Federal (CF), como o julgamento de questões que se referem à aplicação de lei federal ou de divergência de interpretação jurisprudencial.
(72) Disponível em: <http://bvsms.saude.gov.br/bvs/saudelegis/gm/2006/prt1851_09_08_2006.html>.

1. A Resolução n. 348/2004 do CONAMA — Conselho Nacional do Meio Ambiente, que incluiu o amianto na lista dos resíduos perigosos da construção civil a serem dispostos em aterro industrial projetado e licenciado para este fim[73];
2. A suspensão pelo CONAR — Conselho Nacional de Autorregulamentação Publicitária, em 2004 e 2009, em todas as mídias faladas e escritas, das campanhas publicitárias do Instituto Brasileiro do Crisotila (IBC), em apologia ao uso do amianto[74],[75], por denúncia da ABREA — Associação Brasileira dos Expostos ao Amianto;
3. As ações de indenização por dano moral ou patrimonial, decorrentes das relações de trabalho, que, em função da Emenda Constitucional n. 45, de 30.12.2004, transferiram a competência da esfera cível para a trabalhista e, portanto, os processos de indenização das vítimas do amianto, que anteriormente levavam até 12 anos ou mais para serem concluídos, estão experimentando uma tramitação mais célere de, em média, 5 anos. Também aumentou o grau de sucesso para estas ações, que passaram de 10,8%, na área cível para 75,6% na esfera trabalhista[76]. Tem se observado, nas últimas decisões judiciais, um substancial incremento nos valores arbitrados que estão sendo, em média, 1.000% superiores aos tímidos valores arbitrados anteriormente;
4. Decisão de grande relevância do Tribunal Superior do Trabalho (TST), a última instância da esfera trabalhista, em 7.5.2013, que condenou a Eternit a pagar 1 milhão de reais de indenização à família de engenheiro que trabalhou de 1964-1967 e morreu de mesotelioma de pleura em 2005[77],[78];
5. A inclusão do amianto na Lista Nacional de Agentes Cancerígenos para Humanos — LINACH[79] no grupo 1 — agentes confirmados como carcinogênicos para humanos pela Portaria Interministerial n. 9, de 7.10.2014;
6. As ações civis públicas (ACPs) ajuizadas pelo Ministério Público do Trabalho contra as empresas do cartel do amianto para obtenção de sua substituição, a atenção integral à saúde dos atuais e ex-empregados e danos morais coletivos para financiamento de pesquisas e ações de conscientização sobre os riscos do mineral cancerígeno dentro do princípio do poluidor-pagador. Em algumas delas, acordos foram obtidos mediante assinatura de Termos de Ajuste de Conduta (TAC), como ocorrido com os grupos INFIBRA[80],[81] de Leme, CONFIBRA[82] de Hortolândia, Casalite/RJ[83],[84], Multilit[85] e Isdralit[86]/Paraná. Em outras, os avanços obtidos somente vieram por via de decisões judiciais, tais como: Eternit (antiga fábrica de Osasco[87]) e Eternit do Rio de Janeiro[88],[89]. A Eternit do Paraná[90],[91] foi a última ACP ajuizada e aguarda decisão. Nas ACPs, o Ministério Público do Trabalho acusou a Eternit de ser responsável pelas doenças (como câncer de pulmão,

---
(73) Disponível em: <http://www.abrea.org.br/conama348.pdf>.
(74) Disponível em: <http://portalimprensa.com.br/portal/ultimas_noticias/2009/02/13/imprensa26151.shtml>.
(75) Disponível em: <http://www.migalhas.com.br/dePeso/16,MI11318,71043-O+amianto+e+a+etica+na+propaganda>.
(76) In: **Mônica da Silva Stella**. "A exposição dos trabalhadores ao risco do amianto avaliada a partir da análise de acórdãos judiciais de 1999 até 2009". Dissertação apresentada à Faculdade de Saúde Pública da Universidade de São Paulo para obtenção do título de Mestre em Saúde Pública.
(77) Disponível em: <http://g1.globo.com/brasil/noticia/2014/05/tst-amplia-para-r-1-mi-indenizacao-familia-de-vitima-do-amianto.html>.
(78) Disponível em: <http://www.tst.jus.br/noticias/-/asset_publisher/89Dk/content/eternit-e-condenada-em-r-1-milhao-por-morte-de-trabalhador-por-contato-com-amianto>.
(79) Disponível em: <http://www.normaslegais.com.br/legislacao/anexo-port-mps-mte-ms-9-2014.pdf>.
(80) Disponível em: <https://www.blogger.com/blogger.g?blogID=1527160526762860094#editor/target=post;postID=5847728304911441232;onPublishedMenu=allposts;onClosedMenu=allposts;postNum=30;src=postname>.
(81) Disponível em: <http://www.prt15.mpt.gov.br/2-uncategorised/418-em-acordo-de-r-1-6-milhao-empresas-de-sp-se-comprometem-a-banir-o-amianto-ate-2017>.
(82) Disponível em: <http://amianto-amianto.blogspot.com.br/2015/12/termo-de-ajustamento-de-conduta-tac-com.html>.
(83) Disponível em: <https://www.blogger.com/blogger.g?blogID=6386734585428859773#editor/target=post;postID=8663844753599483176;onPublishedMenu=allposts;onClosedMenu=allposts;postNum=2;src=postname>.
(84) Disponível em: <http://www.prt1.mpt.mp.br/informe-se/noticias-do-mpt-rj/623-mpt-rj-firma-acordo-com-empresa-para-banir-uso-de-amianto>.
(85) Disponível em: <http://www.gazetadopovo.com.br/vida-publica/justica-e-direito/duas-empresas-paranaenses-fazem-acordo-para-banir-o-uso-de-amianto-ate-2018-12dl2kc0axi35jljm22rkgtsc>.
(86) Idem.
(87) Disponível em: <https://www.blogger.com/blogger.g?blogID=6386734585428859773#editor/target=post;postID=4829898285692495216;onPublishedMenu=allposts;onClosedMenu=allposts;postNum=4;src=postname>.
(88) Disponível em: <https://www.blogger.com/blogger.g?blogID=6386734585428859773#editor/target=post;postID=7525784357244021067;onPublishedMenu=allposts;onClosedMenu=allposts;postNum=1;src=postname>.
(89) Disponível em: <http://m.oglobo.globo.com/economia/justica-condena-eternit-substituir-amianto-a-pagar-30-milhoes-21105584>.
(90) Disponível em: <https://www.blogger.com/blogger.g?blogID=1527160526762860094#editor/target=post;postID=2670950537753153508;onPublishedMenu=allposts;onClosedMenu=allposts;postNum=2;src=postname>.
(91) Disponível em: <https://www.bemparana.com.br/noticia/488963/ministerio-publico-pede-indenizacao-de-r-85-milhoes-contra-a-empresa-eternit#.WKwroJdDd14.email>.

mesotelioma e doenças em geral malignas e não malignas relacionadas ao amianto) e pela morte de vários empregados. De acordo com o MPT, a empresa manteve a planta industrial de Osasco funcionando por mais de 50 anos, mesmo sabendo das consequências do uso do amianto e que isto envolveu mais de 10 mil trabalhadores. A ação também pede indenização de 1 bilhão de reais por dano moral coletivo.

A "judicialização do amianto", portanto, passou a ser a única saída disponível para aqueles que buscam reparação para os danos sofridos pela exposição ao amianto e para obtenção dos avanços socioambientais, diante da inércia reinante nos outros poderes constituídos e da retórica vazia de nossos parlamentares e governantes.

5 CONTRAPODERES: A GÊNESE DA REDE VIRTUAL-CIDADÃ PELO BANIMENTO DO AMIANTO NA AMÉRICA LATINA E DA ASSOCIAÇÃO BRASILEIRA DOS EXPOSTOS AO AMIANTO (ABREA)

A *Ban Asbestos Network*[92] foi constituída em março de 1994 após o *Seminário Internacional do Amianto: Uso Controlado ou Banimento?*[93], realizado em São Paulo, dando continuidade às discussões, ocorridas no simpósio *Bastamianto* em abril de 1993, na Itália, promovido pela *Federação Europeia Ban Asbestos*, o qual em seu documento final, intitulado *Apelo de Milão*[94], aponta para a necessidade da integração internacional das ações contra o amianto "*por ser inadmissível que os grandes industriais da fibra mortal continuem a transferir riscos para os países do terceiro mundo, onde a ausência de leis e de vigilância apropriada favorecem o ataque à saúde de grande parcela da população*" e finaliza afirmando que "*a proibição é urgente não só na Europa, mas em todo o planeta*".

O evento no Brasil ocorreu sob protestos e pressões do *lobby* industrial e sindical pró-amianto, nacional e vindos do estrangeiro, como por exemplo o governo do Canadá (à época o segundo maior produtor mundial e o principal exportador) e, principalmente, do Comitê Permanente do Amianto (CPA) francês, que enviou correspondência ao Ministério do Trabalho brasileiro, que apoiava naquele momento as ações de banimento (recuando em anos posteriores), exigindo que ele impedisse a realização da conferência.

Apesar de todas as pressões e chantagens, fazendo com que o então Ministro do Trabalho, Valter Barelli, não comparecesse à abertura dos trabalhos, criando um clima tenso e de apreensão entre os participantes, foi um momento marcante para os ativistas antiamianto, nacionais e internacionais, em que se estabeleceram os princípios que nortearam a criação de uma *cybercommunity*, ou como preferem outros denominar: "*um grupo de ação ou de pressão coletiva transnacional*", comunidade esta operando principalmente no mundo virtual. Naquele momento, estes novos movimentos sociais ainda não tinham se apropriado devidamente das ferramentas existentes na rede mundial de computadores — a *internet* — e nem das tecnologias das mídias e redes sociais.

Entre os principais pontos definidos nesta plataforma ali aprovada, estavam:

1. O compromisso de lutar conjuntamente por um mundo livre da presença de amianto, apesar das barreiras geográficas, linguísticas e políticas;
2. Denunciar as multinacionais do amianto e suas formas de intimidação e desinformação, que tentam confundir com a tese do "uso controlado do amianto";
3. Apelar aos governos que ainda não proibiram o amianto sob todas as formas que o façam imediatamente; que promovam o uso de produtos substitutos comprovadamente menos nocivos, criando novos postos de trabalho e preservando os existentes (*safety transition* ou transição segura dos empregos); a retirada de todas as estruturas contendo amianto (desamiantização) e ações para cuidar, acompanhar (*follow up*) e indenizar as vítimas do amianto.

A *Rede Ban Asbestos* se consolidou com suas iniciativas espontâneas, denominadas em alemão *bürgerinitiativen* (iniciativas de cidadãos), com a popularização do uso da *internet*, ganhando, assim, uma aliada importantíssima contra os defensores do uso do amianto na disputa pela informação, na veiculação de suas ideias e na proposta de reunir

---
(92) A Rede Virtual-Cidadã pelo Banimento do Amianto na América Latina é a representante da Ban Asbestos Network para a América Latina.
(93) Disponível em: <http://www.abrea.org.br/20declsp.htm>.
(94) Disponível em: <http://www.abrea.org.br/21apmila.htm>.

estudiosos da matéria e apoiadores da causa em todos os continentes para trocar experiências, organizar a resistência, promover campanhas de conscientização sobre os riscos do amianto, ajudar as vítimas e lutar por um mundo livre do uso comercial da fibra cancerígena.

Utilizando-se de todas as facilidades do ambiente virtual, principalmente a simplicidade e a velocidade da dispersão da informação, os membros da Rede se empoderaram para contrapor-se aos interesses hegemônicos das corporações industriais e seus apoiadores, se constituindo em verdadeiros **contrapoderes**[95], para lutar contra as mais perversas formas de desapropriação das oportunidades de vida.

Em maio de 1995, em Osasco, iniciou-se a demolição da mais antiga fábrica da ETERNIT no país, a qual foi por nós interditada em função do alto risco da operação pela falta de medidas de proteção contra a liberação e dispersão de poeira de amianto para o meio ambiente, das condições precárias de trabalho e da manipulação incorreta dos resíduos ainda existentes na fábrica, que estavam sendo dispostos de maneira imprópria.

Nossa ação teve grande repercussão na mídia local, que fez com que fôssemos procurados por ex-empregados preocupados com seu estado de saúde, já que tinham conhecimento de muitas mortes que estavam ocorrendo entre seus ex-companheiros e tinham dúvidas sobre as doenças, as chances de desenvolverem-nas e sobre os seus direitos.

Com base nestes contatos com os ex-empregados, organizamos uma série de reuniões na sede do Ministério do Trabalho de Osasco para tentar dimensionar o problema e iniciar a busca ativa dos doentes e ex-expostos ao amianto.

Houve uma resposta muito positiva destes ex-empregados, que começaram a lotar as assembleias, obrigando-nos a pensar numa estrutura que os representasse de fato e de direito. No final de 1995, fundamos a ABREA-Associação Brasileira dos Expostos ao Amianto[96], a primeira associação de familiares e vítimas da fibra *killer*, que definiu que suas principais ações seriam a luta pelo banimento, a busca ativa dos que foram expostos ao longo da existência da empresa — 54 anos —, o reconhecimento das doenças, a indenização dos que foram vitimados pela fibra cancerígena e a recuperação ambiental dos sítios degradados.

Antes disto até, nos idos de 1992-1993, reuníamo-nos com trabalhadores da empresa *Thermoid*, produtora de lonas pesadas de freios para caminhões, na zona leste de São Paulo, que constituíram uma *comissão de fábrica clandestina* em que discutiam os problemas de saúde relacionados ao amianto, mas nunca chegaram a constituir formalmente uma associação. A *Thermoid* pertencia à base do Sindicato dos Metalúrgicos de São Paulo, cujo conjunto da diretoria nunca apoiou de maneira contundente uma proibição do amianto.

Osasco foi um dos primeiros municípios brasileiros a proibir o uso, produção e comercialização de amianto no Brasil[97], graças à ação da ABREA, que organizou o Congresso Mundial do Amianto (*Global Asbestos Congress — GAC*), em 2000, em que ao final o então prefeito da cidade, Silas Bortolosso, anunciou sua decisão de erradicar a fibra cancerígena daquela comunidade. Ao evento compareceram representantes estrangeiros de 32 países e mais de 300 delegados.

A ABREA inicialmente representava só os doentes da planta da Eternit de Osasco, desativada em 1993, mas com a disseminação e conhecimento dos riscos relacionados ao amianto e a publicização dos trabalhos desenvolvidos, outros grupos de vítimas foram se organizando, agregando e expandindo sua ação, principalmente nos estados do Rio de Janeiro (ABREA/Rio), Paraná (APREA de São José dos Pinhais e Londrina), Bahia (ABEA de Simões Filho e de Bom Jesus da Serra), Pernambuco (APEA) e mais recentemente em Minas Gerais (Pedro Leopoldo). No estado de São Paulo, ex-empregados da Brasilit da fábrica de São Caetano do Sul, a mais antiga planta de cimento-amianto pertencente à multinacional francesa Saint-Gobain, também organizaram seu grupo local de vítimas e se juntaram à ABREA.

Tão logo, os grupos de vítimas passaram a se reunir e a iniciar suas demandas judiciais por tratamento de saúde e indenização, a ETERNIT e BRASILIT, ainda reunidas na ETERBRAS, contrataram um dos maiores escritórios de advocacia empresarial do país, que elaborou um leonino acordo extrajudicial para abortar qualquer tentativa de levar as empresas às barras dos tribunais.

Entre as cláusulas mais abusivas, para os que aceitassem o instrumento particular de transação (IPT), estavam o condicionamento de se submeterem a uma junta médica unilateralmente indicada pela empresa, que definiria as classes de indenização (I, II ou III), o tratamento médico e hospitalar necessário e as futuras reclassificações em caso de agravamento

---

(95) "CONTRAPODERES" **são definidos como** *movimentos sociais* organizados em torno de uma causa específica, constituídos criticamente contra o sistema de dominação estabelecido e não estruturados como os sistemas clássicos de representação coletiva (como partidos, sindicatos).
(96) Disponível em: <http://www.abrea.org.br/>.
(97) Disponível em: <http://www.abrea.org.br/legislação/estadual-e-municipal.html>.

do caso com os pagamentos correspondentes, bem como à renúncia a futuras demandas judiciais e a perda dos "direitos" ali acordados em caso de banimento do amianto, de a empresa estar impedida de produzir ou de falência.

Para obter a aquiescência das vítimas e familiares, as empresas buscaram os meios mais criativos para atraí-los para esta verdadeira *arapuca*: churrascos, festas, bailes, torneios esportivos, comemorações natalinas com distribuição de cestas de brindes e as mais diversas celebrações em outras datas festivas, como a copa do mundo etc.[98],[99] Estima-se que as empresas obtiveram êxito com mais de 4.000 ex-empregados e familiares, que aceitaram se submeter aos acordos extrajudiciais, sempre sobre a égide da CNTA[100].

O grupo de vítimas da mineradora SAMA, que se constituiu como AGEA — Associação Goiana dos Expostos ao Amianto, sucumbiu, pois foi o que mais sofreu as pressões e o assédio da empresa e do Sindicato dos Trabalhadores da Mineração de Minaçu (STIEBEMGOR)[101], que possui **forte vínculo** com o IBC[102], como já demonstrado anteriormente. O STIEBEMGOR é chamado de "parceiro"[103] no *website* do instituto *lobbysta* do amianto, inclusive fazendo parte de seu *Conselho Superior*[104], tal qual a indefectível CNTA[105] que ocupa assento na *Diretoria Executiva*. Ela é onipresente em todos os debates e fóruns em que se discute o amianto no Brasil.

Podemos afirmar, sem receio de sermos acusados de levianos, que membros da AGEA foram "seduzidos" com promessas de empregos para si e seus familiares e outros tantos foram corrompidos para nos atacarem com calúnias, injúrias e difamações na tentativa torpe de nos intimidar, desacreditar e desmoralizar. O STIEBEMGOR está sendo processado por nós, tal qual o IBC e um pseudojornalista-blogueiro de Goiás, porta-voz das ofensas perpetradas pela indústria do amianto à nossa reputação. A Juíza da 39ª Vara Cível de São Paulo Capital concedeu-nos a antecipação dos efeitos da tutela, mandando retirar todas as matérias com ofensas pessoais sob pena de multa diária de 5 mil reais por artigo publicado[106],[107],[108].

A ABREA é a responsável pela articulação e diálogo com os diversos atores sociais e participa como *amicus curiae* e *litisconsorte* em ações judiciais nas diversas esferas do Poder Judiciário, bem como atua como controle social em Comissões de Saúde e em seus conselhos gestores municipais, regionais e estaduais e é chamada constantemente para prestar assessoria a diversas comissões parlamentares. Esta ação permanente e vigorosa no âmbito parlamentar, inclusive, propiciou a aprovação de leis estaduais e municipais de banimento do amianto, como já comentado anteriormente, bem como continua a atuar nas ações ainda em curso nos diferentes níveis do Poder Legislativo.

A ABREA foi uma das entidades ouvidas durante as audiências públicas no Supremo Tribunal Federal (STF) em agosto de 2012[109], bem como se apresentou em outras tantas audiências promovidas por outros órgãos do Judiciário brasileiro, em especial o Ministério Público do Trabalho (MPT), nosso parceiro institucional mais aguerrido na luta pela erradicação do amianto. Em todos estes eventos, a CNTA esteve sempre presente para protestar contra o banimento do amianto e contra a indenização das vítimas pela via judicial[110].

6 A LUTA PARA TORNAR SOCIALMENTE VISÍVEIS AS DOENÇAS DO AMIANTO NO BRASIL: O PROTAGONISMO DA ABREA

Até 1984, apenas 100 casos de doenças atribuídas ao amianto existiam na literatura médica nacional. Curiosamente, nenhum desses casos tinha registro na Previdência Social como acidente de trabalho. Na maioria, eram casos comunicados em congressos médicos, em trabalhos meramente acadêmicos, sem nenhuma repercussão social.

---

(98) Em coluna da articulista Mônica Bérgamo em *Folha de São Paulo*. Disponível em: <http://www1.folha.uol.com.br/fsp/ilustrada/136889-monica-bergamo.shtml> (Caixa Postal e Caixa Postal 2).
(99) Disponível em: <http://oglobo.globo.com/economia/eternit-cortejou-ex-funcionarios-contaminados-com-amianto-para-evitar-acao-na-justica-diz-mpt-10741388>.
(100) Disponível em: <http://www.cnta.org.br/>.
(101) Disponível em: <http://stiebemgor.org.br/>.
(102) Disponível em: <http://www.ibcbrasil.org.br/>.
(103) Disponível em: <http://www.ibcbrasil.org.br/parceiro/stiebemgor>.
(104) Disponível em: <http://www.ibcbrasil.org.br/quem-e-quem>.
(105) *Idem*.
(106) Disponível em: <http://colunas.revistaepoca.globo.com/felipepatury/2012/08/09/justica-condena-blogueiro-defensor-do-amianto/>.
(107) Disponível em: <http://colunas.revistaepoca.globo.com/felipepatury/tag/fernanda-giannasi/>.
(108) Disponível em: <http://fernandagiannasi.blogspot.com.br/2012/08/justica-de-sao-paulo-determina-aos.html>. Processo n. 583.00.2012.161487-1 — Fórum Central Cível João Mendes Júnior.
(109) Disponível em: <http://www.stf.jus.br/portal/cms/verTexto.asp?servico=ProcessosAudienciasPublicasAcoesAmianto>
(110) Disponível em: <http://www.gazetadopovo.com.br/vidaecidadania/conteudo.phtml?id=1380992>.

Isto fez soar um alarme, uma emergência sanitária sobre a gravidade da ausência dos dados destas doenças (DRAs) no país — o chamado **silêncio epidemiológico** — parte causado pela omissão do poder público em fazer a busca ativa dos expostos e doentes e parte por uma deliberada ocultação dos casos pelas empresas produtoras e utilizadoras da fibra mineral cancerígena.

Outros mecanismos que tornam os doentes pelo amianto invisíveis em nossas estatísticas são:

a. A população de baixa renda não tem acesso a serviços de saúde especializados;

b. A rede básica de atenção à saúde (postos de saúde) não dispõe de retaguarda de alta complexidade oncológica para fazer diagnóstico diferencial do mesotelioma — o câncer do amianto;

c. Somente de 5 a 10% dos trabalhadores obtêm o correto diagnóstico das doenças relacionadas ao trabalho de modo geral;

d. 25% das mortes são atestadas de maneira genérica;

e. Longo período de latência das doenças relacionadas ao amianto. Em média, acima de 20 anos, para doenças não malignas; acima de 35 anos, para as doenças malignas (o câncer e o mesotelioma), quando os trabalhadores já não estão, em geral, mais na ativa e estão longe do local gerador da doença, o que dificulta o estabelecimento do nexo causal. A indústria garante que quem trabalhou a partir de 1980, após ter-se adotado o "uso seguro do amianto", não desenvolverá doença. Dados obtidos pelo MPT, por denúncia da ABREA, mostraram que isto é mais uma das falácias propaladas apenas para dar sobrevida ao moribundo amianto. Costumamos dizer que estas tergiversações estão mais para o campo da "futurologia" do que propriamente da ciência médica atinente à epidemiologia;

f. Formação médica insuficiente no país para diagnóstico de doenças relacionadas ao trabalho, em geral, e em particular as do amianto (DRAs);

g. Somente a partir da 10ª versão da Classificação Internacional de Doenças (CID-10) o mesotelioma passou a ter código específico (C-45). Nas versões anteriores da CID, o mesotelioma pulmonar era incluído na categoria de câncer de pleura. O Ministério da Saúde brasileiro só autorizou a utilização da CID-10, pelos profissionais e serviços de saúde, para codificação de mortalidade, a partir de 1º de janeiro de 1996, e para morbidade em janeiro de 1997. Portanto, antes disto, os mesoteliomas não apareciam em nenhum dos registros oficiais do país, isto é, repousavam na vala comum de cânceres em geral, ora como câncer de pulmão, ora de pleura, que são os mais comuns;

h. A liminar[111] do STJ que concede "segurança jurídica" para 17 empresas não informarem ao SUS — Sistema Único de Saúde quem são os seus empregados (atualmente e ex-expostos) e aqueles que estão doentes;

i. Acordos extrajudiciais celebrados pela Eternit e Brasilit com mais de 4.000 ex-empregados e familiares, que até recentemente não geravam informações nem para a Previdência Social nem para os órgãos de Saúde (SUS). O acordo serve como uma "Lei da Mordaça", pois quem transacionou jamais irá se manifestar com receio de perder o seguro de saúde privado, que faz parte dos termos da transação pactuada, e de ter de devolver o dinheiro recebido por quebra de contrato;

j. O trabalho da mulher em atividades tidas como "insalubres" era invisível até a aprovação da Lei n. 7.855/89. Os dados de saúde das mulheres que trabalhavam na indústria têxtil do amianto, especialmente no Rio de Janeiro e São Paulo, onde tivemos as maiores empresas produtoras, são escassos. Algumas destas fábricas eram subsidiárias das empresas norte-americanas *Johns Manville* e *Long Garlock*, envolvidas em processos milionários de vítimas em seu país;

k. Rotatividade de mão de obra. No trabalho desenvolvido pelo Grupo Interinstitucional do Amianto — GIA, chegamos a encontrar empresa de fibrocimento com até 90% de rotatividade/ano. Essa é uma estratégia empresarial para limitar o tempo de exposição. Quando os efeitos tardios se manifestarem, dar-se-ão longe da fonte geradora;

l. Insuficiência de fiscais nos órgãos públicos de saúde, trabalho, meio ambiente e previdência social e a falta de especialização, tornando as ações de vigilância pouco eficientes ou praticamente inócuas;

---

(111) Disponível em: <http://www.abrea.org.br/mandadoportaria1851.pdf>.

m. Desinformação da população sobre os riscos e as doenças relacionadas ao amianto (DRAs), a qual tem acesso apenas à *mass media*, que somente veicula as milionárias campanhas publicitárias da indústria com informações distorcidas e tendenciosas, como, por exemplo, as que estão presentes nos campos de futebol nos campeonatos mais importantes do país.

Esta "ausência de doentes oficiais" provocada pelos mecanismos de invisibilidade, comentados anteriormente, corrobora enormemente para o discurso do "uso controlado, seguro e responsável do amianto" — o mantra do *lobby* do amianto —, repetido *ad nauseam*, e que já atrasou em mais de duas décadas o banimento do amianto no país.

A ABREA tem protagonizado, nestes 21 anos de existência, a luta pelo fim deste silêncio epidemiológico das vítimas da fibra *killer* no Brasil. Denunciou ao Ministério Público do Trabalho as empresas Brasilit e Eternit por seus acordos extrajudiciais, que, além dos valores pífios pagos a título de indenização, tornavam invisíveis os doentes aos órgãos públicos de saúde e previdência social. Termos de Ajustes de Conduta (TAC) foram estabelecidos pelo MPT do Estado de São Paulo com as duas empresas: a Brasilit concordou em informar à Previdência Social (INSS) os quase 1.000 casos de doenças das suas 4 fábricas de fibrocimento no Brasil. A Eternit só concordou em fornecer 337 comunicações de acidentes de trabalho (CAT) da antiga fábrica de Osasco e, mesmo assim, não cumpriu o que foi compromissado e, por isso, foi multada em 1,75 milhões de reais em agosto de 2013.

Em 8 de outubro de 2016, a ABREA realizou o Encontro Nacional de Familiares e Vítimas do Amianto em Campinas, no âmbito do *Seminário Internacional: Uma Abordagem Sociojuírida*[112], promovido pelo DIESAT — Departamento Intersindical de Estudos e Pesquisas de Saúde e dos Ambientes de Trabalho e pelo Ministério Público do Trabalho. Ao final, os quase 300 participantes aprovaram o documento intitulado a Carta de Campinas, reiterando compromissos assumidos anteriormente em reuniões nacionais e internacionais.[113]

---

(112) Disponível em: <http://www.abrea.com.br/notícias/publicações/98-revista-do-diesat-trabalho-saúde-publica-encarte-especial-amianto-mata.html>.
(113) CARTA DE CAMPINAS
Nós, os participantes do I Encontro Nacional de Familiares e Vítimas do Amianto, reunidos em Campinas no dia 8.10.2016, com a presença de políticos, sindicalistas, técnicos, assessorias e apoiadores da luta antiamianto e representantes da Itália, Estados Unidos, Portugal e Reino Unido, reafirmamos os compromissos anteriores, assumidos no Congresso Mundial do Amianto (GAC/2000), em Osasco, cuja Declaração se encontra em: <http://www.abrea.com.br/18congressog.htm> e nos comprometemos em nos empenhar cada vez mais para:
1. lutar pelo banimento do amianto em nossas cidades, estados e em todo o território brasileiro, envidando esforços junto às Câmaras Municipais e Assembleias Legislativas, para avançar a vigilância à saúde dos expostos, a proteção ao meio ambiente e a promoção de conscientização sobre os riscos do maligno amianto para a população em geral;
2. participar ativamente de todas as atividades e esforços para a consecução dos objetivos de promover o banimento do amianto e justiça para as vítimas, cobrando de nossos representantes legais e de classe os compromissos assumidos e novas iniciativas para os avanços socioambientais;
3. instituir a semana do dia 28 de abril de cada ano para promover atividades de conscientização e ações para relembrar os mortos e lutar pela preservação da vida;
4. promover a solidariedade entre os ativistas antiamianto, organizar novos grupos de vítimas e apoiar outras organizações na luta pelo banimento do amianto e por justiça para as vítimas;
5. assistir e orientar as vítimas do amianto e familiares da melhor forma possível sobre seus direitos, inclusive o de processar as empresas na busca de justa reparação pelos danos sofridos, tanto diretamente pela própria vítima quanto por seus descendentes e dependentes;
6. divulgar em nossas regiões para a população em geral e, em especial, para os familiares e vítimas do amianto, as informações relativas ao amianto, incluindo decisões legais e judiciais atualizadas, pesquisas médicas, novas legislações, tratamentos disponíveis e outros temas de interesse;
7. realizar visitas aos doentes e familiares atingidos pela tragédia promovida pelo amianto, prestando toda a solidariedade necessária;
8. lutar para a instituição e fiscalização da logística reversa dos resíduos contendo amianto;
9. engajar-se nas redes sociais para atualizar-se periodicamente, bem como participar ativamente de grupos de WhatsApp e outros, que permitam a troca rápida de informações e a organização de mobilizações e atividades em prol do banimento do amianto e por justiça para as vítimas;
10. enviar para as Assembleias Legislativas dos estados do Paraná, Bahia e Santa Catarina as moções de apoio, aprovadas neste I Encontro, às leis de banimento tramitando nestes estados;
11. manifestar o nosso apoio à ADAO — Asbestos Disease Awareness Organization em sua luta permanente nos Estados Unidos pelo banimento do amianto e atualmente atuando junto à EPA-Agência de Proteção Ambiental para a sua inclusão na lista dos 10 maiores riscos tóxicos do TSCA (ato de controle das substâncias tóxicas) para fins de avaliação e regulação).
12. Criar o clique denúncia das empresas de comércio de materiais de construção com amianto nos estado e municípios que o proíbem.
Assinam:
Associação Brasileira dos Expostos ao Amianto — ABREA de São Paulo, Londrina e Rio de Janeiro
Associação Baiana dos Expostos ao Amianto — ABEA de Simões Filho e Bom Jesus da Serra
Associação Pernambucana dos Expostos ao Amianto — APEA
Associação Paranaense dos Expostos ao Amianto — APREA
DIESAT — Departamento Intersindical de Estudos e Pesquisas de Saúde e dos Ambientes de Trabalho com a participação internacional de membros da ADAO-
-Asbestos Disease Awareness Organization (Estados Unidos), IBAS-International Ban Asbestos Secretariat (Reino Unido), AFeVA- Associação Famigliari Vitime Amianto (Itália), QUERCUS- Associação Nacional de Conservação da Natureza (Portugal) e ANDEVA- Association Nationale de Défense des Victimes de l'Amiante (França)

7 CONCLUSÃO

A cidadania de protesto como contraponto *à* falácia do "uso controlado'

A ABREA juntamente com as associações regionais de vítimas, cada uma com sua autonomia administrativa, funcionando em estreita colaboração, estão organizadas em rede — que é uma alternativa às estruturas tradicionais piramidais e verticalizadas de poder -, pois seus integrantes se ligam horizontalmente a todos os demais, diretamente ou por intermédio dos que os cercam.

O conjunto resultante é como uma malha de múltiplos fios, que pode se espalhar indefinidamente para todos os lados, sem que nenhum dos seus nós possa ser considerado principal ou central, nem representante dos demais. Não há um *chefe* neste movimento, o que há é uma vontade coletiva de realizar determinado objetivo: **lutar pelo banimento do amianto e por justiça para as vítimas**.

Constituem-se, desta forma, no principal movimento brasileiro de resistência ao discurso enganoso da exploração e utilização segura de um mineral reconhecidamente carcinogênico para os seres humanos e, como já dito, na luta contra a "*desapropriação das oportunidades de vida*".

Com a elaboração da Carta de Campinas, em 2016, as associações de vítimas do amianto se consolidaram como o principal vetor de contraposição à falácia do "uso controlado" e como a principal referência na luta pelo banimento do mineral cancerígeno no País. A participação ativa e permanente de tais organismos cidadãos nessa batalha mantém cada vez mais viva e forte a esperança que inspirou, na já longínqua década de 1990, o surgimento da ABREA.

Apesar do fortalecimento das associações e da cidadania de protesto por elas exercida, estamos plenamente cientes de que a luta pelo banimento do amianto e, nessa esteira, pela implosão da injusta divisão internacional do risco a envolver a exploração, o beneficiamento, o comércio, o transporte e o consumo do mineral consabidamente cancerígeno ainda envolve várias batalhas que, certamente, aquelas bravas organizações saberão enfrentar.

8 REFERÊNCIAS BIBLIOGRÁFICAS

BERNSTEIN, David. A Biopersistência da Crisotila Brasileira. In: *Inhalation Toxicology*, Vol. 16, Ns. 11-12, 2004.

MALYE, François. *Amiante: le dossier de l´air contaminé*. Paris: Science Avenir, 1996.

STELLA, Mônica da Silva. *A exposição dos trabalhadores ao risco do amianto avaliada a partir da análise de acórdãos judiciais de 1999 até 2009*. Dissertação apresentada à Faculdade de Saúde Pública da Universidade de São Paulo para obtenção do título de Mestre em Saúde Pública.

THE ECONOMIST. Brazil's supreme court: When less is more. *The Economist*, 21 de maio de 2009.

<http://www.sama.com.br/pt/noticias/arquivo/2013/08/Amianto-est-entre-produtos-mais-exportados-no-ms-de-julho.html>.
<http://www.cnta.org.br/>.
<http://www.abrea.org.br/19l9055.pdf>.
<http://www.camara.gov.br/Internet/comissao/index/esp/asbestont080501.pdf>.
<http://www.planalto.gov.br/ccivil_03/decreto/1990-1994/d0126.htm>.
<http://www.abrea.org.br/19leisnr15.pdf>.
<http://ibcbrasil.org.br/>.
<http://www.chrysotile.com/en/about.aspx>.
<http://exame.abril.com.br/revista-exame/edicoes/1063/noticias/racha-no-clube-do-bilhao>.
<http://www.planalto.gov.br/ccivil_03/decreto/1990-1994/d0126.htm>.
<http://monographs.iarc.fr/ENG/Monographs/vol100C/mono100C-11.pdf> (em inglês).
<http://www.inchem.org/documents/ehc/ehc/ehc203.htm> (em inglês).
<www.ipubli.inserm.fr/bitstream/handle/10608/203/expcol_1997_amiante.pdf?sequence=1> (em francês).
<http://eur-lex.europa.eu/legal-content/PT/TXT/PDF/?uri=CELEX:31999L0077&from=PT>.
<http://www.camara.gov.br/sileg/integras/769516.pdf>.

<http://www.abrea.org.br/LEI12684sancionadaserra.pdf>.
<http://www.prt12.mpt.mp.br/procuradorias/prt-florianopolis/376-em-acordo-de-r-1-6-milhao-empresas-de-sp-se-comprometem-a-banir-o-amianto-ate-2017>.
<http://www.abrea.org.br/19leisnr15.pdf>.
<http://www.abrea.org.br/19leisnr15.pdf> em seu item 10.
<http://www.sama.com.br/en/sustentabilidade/programa_sambaiba/>.
<http://www.cnta.org.br/>.
<http://www.cnta.org.br/arquivos/Acordo%20Nacional%20para%20Uso%20Controlado%20do%20Amianto%20Crisotila.pdf>.
<http://www.oitbrasil.org.br/node/465>.
<http://www.cnta.org.br/arquivos/Acordo%20Nacional%20para%20Uso%20Controlado%20do%20Amianto%20Crisotila.pdf>.
<http://www1.folha.uol.com.br/fsp/dinheiro/fi2306200807.htm>.
<http://www1.folha.uol.com.br/fsp/opiniao/fz2406200802.htm>.
<http://www.prt15.mpt.mp.br/2-uncategorised/439-justica-mantem-liminar-que-protege-trabalhadores-da-exposicao-ao-amianto>.
<http://www.viomundo.com.br/denuncias/perito-suico-em-amianto-foi-pago-pela-industria-brasileira-do-amianto.html>.
<http://www.conversaafiada.com.br/brasil/2012/05/10/gilmar-entre-perillo-e-lereia-viva-o-brasil/>.
<http://www.abrea.org.br/19l9055.pdf>.
<http://www.abrea.org.br/19ld2350.pdf>.
<http://www.abrea.org.br/EJorgeGabeiraPL2186.pdf>.
<https://www.youtube.com/watch?v=iT0cpxqOC-w>.
<http://www.abrea.org.br/legislação/estadual-e-municipal.html>.
<http://www.abrea.com.br/19l13113.pdf>.
<http://www.abrea.org.br/legislação/ações-no-stf.html>.
<http://www.stf.jus.br/portal/processo/verProcessoAndamento.asp?numero=4066&classe=ADI&codigoClasse=0&ORIGEM=JUR&recurso=0&tipoJulgamento>.
<http://www.stf.jus.br/portal/processo/verProcessoAndamento.asp?numero=3937&classe=ADI&codigoClasse=0&ORIGEM=JUR&recurso=0&tipoJulgamento>.
<http://www.stf.jus.br/arquivo/cms/SobreStfConhecaStfRelatorio/anexo/STF_Relatorio_de_Atividades_2008_capa2.pdf>.
<http://www.stf.jus.br/portal/processo/verProcessoAndamento.asp?incidente=4071000>.
<https://youtu.be/wucSgpCwMMA>.
<http://www.stf.jus.br/arquivo/cms/ProcessosAudienciasPublicasAcoesAmianto/anexo/Transcricoes__Audiencia_sobre_Amianto__Texto_consolidado.pdf>.
<http://www.stf.jus.br/portal/processo/verProcessoAndamento.asp?numero=3937&classe=ADI&co>.
<http://www.stf.jus.br/portal/cms/verNoticiaDetalhe.asp?idConteudo=222748>.
<http://www.stf.jus.br/portal/cms/verNoticiaDetalhe.asp?idConteudo=330281>.
<http://www.abrea.org.br/mandadoportaria1851.pdf>.
<http://bvsms.saude.gov.br/bvs/saudelegis/gm/2006/prt1851_09_08_2006.html>.
<http://www.abrea.org.br/conama348.pdf>.
<http://portalimprensa.com.br/portal/ultimas_noticias/2009/02/13/imprensa26151.shtml>.
<http://www.migalhas.com.br/dePeso/16,MI11318,71043-O+amianto+e+a+etica+na+propaganda>.
<http://g1.globo.com/brasil/noticia/2014/05/tst-amplia-para-r-1-mi-indenizacao-familia-de-vitima-do-amianto.html>.
<http://www.tst.jus.br/noticias/-/asset_publisher/89Dk/content/eternit-e-condenada-em-r-1-milhao-por-morte-de-trabalhador-por-contato-com-amianto>.
<http://www.normaslegais.com.br/legislacao/anexo-port-mps-mte-ms-9-2014.pdf>.
<https://www.blogger.com/blogger.g?blogID=1527160526762860094#editor/target=post;postID=5847728304911441232;onPublishedMenu=allposts;onClosedMenu=allposts;postNum=30;src=postname>.
<http://www.prt15.mpt.gov.br/2-uncategorised/418-em-acordo-de-r-1-6-milhao-empresas-de-sp-se-comprometem-a-banir-o-amianto-ate-2017>.
<http://amianto-amianto.blogspot.com.br/2015/12/termo-de-ajustamento-de-conduta-tac-com.html>

<https://www.blogger.com/blogger.g?blogID=6386734585428859773#editor/target=post;postID=8663844753599483176;onPublishedMenu=allposts;onClosedMenu=allposts;postNum=2;src=postname>.

<http://www.prt1.mpt.mp.br/informe-se/noticias-do-mpt-rj/623-mpt-rj-firma-acordo-com-empresa-para-banir-uso-de-amianto>.

<http://www.gazetadopovo.com.br/vida-publica/justica-e-direito/duas-empresas-paranaenses-fazem-acordo-para-banir-o-uso-de-amianto-ate-2018-12dl2kc0axi35jljm22rkgtsc>.

<https://www.blogger.com/blogger.g?blogID=6386734585428859773#editor/target=post;postID=4829898285692495216;onPublishedMenu=allposts;onClosedMenu=allposts;postNum=4;src=postname>.

<https://www.blogger.com/blogger.g?blogID=6386734585428859773#editor/target=post;postID=7525784357244021067;onPublishedMenu=allposts;onClosedMenu=allposts;postNum=1;src=postname>.

<http://m.oglobo.globo.com/economia/justica-condena-eternit-substituir-amianto-a-pagar-30-milhoes-21105584>.

<https://www.blogger.com/blogger.g?blogID=1527160526762860094#editor/target=post;postID=267095053773153508;onPublishedMenu=allposts;onClosedMenu=allposts;postNum=2;src=postname>.

<https://www.bemparana.com.br/noticia/488963/ministerio-publico-pede-indenizacao-de-r-85-milhoes-contra-a-empresa-eternit#.WKwroJdDd14.email>.

<http://www1.folha.uol.com.br/fsp/ilustrada/136889-monica-bergamo.shtml>.

<http://oglobo.globo.com/economia/eternit-cortejou-ex-funcionarios-contaminados-com-amianto-para-evitar-acao-na-justica-diz-mpt-10741388>.

<http://stiebemgor.org.br/>.

<http://www.ibcbrasil.org.br/>.

<http://www.ibcbrasil.org.br/parceiro/stiebemgor>.

<http://www.ibcbrasil.org.br/quem-e-quem>.

<http://colunas.revistaepoca.globo.com/felipepatury/2012/08/09/justica-condena-blogueiro-defensor-do-amianto/>.

<http://colunas.revistaepoca.globo.com/felipepatury/tag/fernanda-giannasi/>.

<http://fernandagiannasi.blogspot.com.br/2012/08/justica-de-sao-paulo-determina-aos.html. Processo nº: 583.00.2012.161487-1 — Fórum Central Cível João Mendes Júnior>.

<http://www.stf.jus.br/portal/cms/verTexto.asp?servico=ProcessosAudienciasPublicasAcoesAmianto>.

<http://www.gazetadopovo.com.br/vidaecidadania/conteudo.phtml?id=1380992>.

<http://www.abrea.org.br/mandadoportaria1851.pdf>.

<http://www.abrea.com.br/notícias/publicações/98-revista-do-diesat-trabalho-saúde-publica-encarte-especial-amianto-mata.html>.

AS MUDANÇAS NO MUNDO DO TRABALHO E SUAS REPERCUSSÕES SOBRE A SAÚDE DO TRABALHADOR: REVISÃO E TENDÊNCIAS PARA O INÍCIO DO SÉCULO XXI

Heleno Rodrigues Corrêa Filho[*]

1 APRESENTAÇÃO

Este trabalho está aberto a outras abordagens sobre as implicações sociais das disputas sobre causalidade. Revê as correntes de pensamento social que influem sobre o desenvolvimento das ciências da saúde e seus impactos sobre a compreensão do mundo do trabalho e da Saúde do Trabalhador. Revisa fundamentos das ciências sociais e saúde e seus impactos nas práticas corporativas e na política internacional. Toma posição baseada na sociologia dos grupos sociais em conflito e nas correntes de simbolismo, subjetividade e poder. O *texto não pretende revisar a economia política* em suas vertentes pós-revolução industrial embora termine avaliando mudanças à interpretação de resultados obtidos a partir dos modelos de conhecimento biológico dominante listando prováveis impactos nas práticas científicas, filosóficas e jurídicas decorrentes das mudanças no paradigma dominante. Destaca duas mudanças principais do pensamento científico em Saúde do Trabalhador: — A exposição e não a dose é o que determina as doenças além das gerações presentes; e, o ônus da prova de isenção da exposição recai sobre quem promove e se beneficia da exposição seja ela na produção ou no ambiente.

2 INTRODUÇÃO

A globalização pressupõe, entre outras coisas, o livre trânsito do dinheiro e de mercadorias através das fronteiras mundiais, incluindo entre as mercadorias bens culturais, artísticos, estruturas educacionais, serviços comerciais e em períodos mais recentes até prisões e exércitos mercenários. Aspectos negativos e positivos da globalização fazem a balança oscilar dependendo do grau de autonomia dos estados e nações contra o grau de submissão da vontade dos povos, a subordinação a condições de exploração degradantes para a saúde e para o ambiente (SANTOS, 2001; SANTOS, 2004).

Entre os aspectos da saúde e do ambiente que podem ser promovidos ou degradados pela globalização estão a Saúde Coletiva e seu subconjunto, a ***Saúde do Trabalhador***. A Saúde Coletiva é definida como a prática da Saúde

---

[*] Médico graduado pela UnB. Doutor em saúde pública pela USP/FSP. PD-Fellow junto à Johns Hopkins-JHBSPH e Livre Docente em epidemiologia pela UNI-CAMP/FCM. Atualmente é pesquisador colaborador voluntário junto ao Departamento de Saúde Coletiva da Faculdade de Ciências da Saúde da UnB. Trabalhou como sanitarista na rede de serviços do Estado de São Paulo. Foi professor de Medicina Preventiva na PUC-SOROCABA-CCMB e analista de ciência e tecnologia (CNPq).

Pública subordinada ao controle social organizado por meio de democracia participativa direta. Dentro desse conceito a Saúde do Trabalhador foi desenvolvida como a prática da Saúde Coletiva nos ambientes de trabalho subordinada ao controle dos trabalhadores organizados e livres de práticas antissindicais — p. 13 (COSTA, CARMO et al., 1989) e p. 29 (PIMENTA, CAPISTRANO-FILHO et al., 1988).

Os métodos produtivos que causam degradação ambiental e doenças nos países dependentes convergem com interesses de classe, políticos e econômicos locais para utilizar os mesmos processos de controle da poluição e destruição praticadas anteriormente nas matrizes (SIQUEIRA, 2003).

A globalização subordinada antagoniza a proteção e promoção da saúde dos trabalhadores decorrentes da economia dos processos produtivos. A globalização dependente cria necessidade de remediação e controle a cada nova etapa de expansão. Existe uma "corrida para o fundo do poço".

A epidemiologia tem potencial para fornecer informação que favoreça a população e os trabalhadores na luta contra processos degradantes que fogem ao controle dos governos (FRUMKIN, 1999; HASTINGS, 2012). O conhecimento epidemiológico do processo saúde-doença nas relações de produção envolve trabalhadores (ODDONE, MARRI et al., 1986) e o ambiente (SIQUEIRA, 2003).

Os países que mais privatizaram e entregaram seus sistemas de saúde para as corporações das seguradoras são também aqueles em que os trabalhadores fazem menos greves por condições de trabalho e por salário. Os EUA são citados por Vicenç Navarro como um exemplo de país onde o número de greves é muito reduzido pela ameaça de demissão dos trabalhadores que esta forma de luta representa. Naquele contexto, o trabalhador perde de uma só vez o emprego, o salário e o seguro-saúde que mantém sua família e suas condições já abaladas de saúde, uma vez que a maioria dos seguros custa caro e são pagos em grupo pelo empregador (NAVARRO, 2008).

A interpretação dos fatos científicos é tema da filosofia das ciências que orienta as correntes de investigação com consequências sobre divergências nos diagnósticos, pensamento causal, políticas públicas e intervenção. "Fatos científicos" considerados "universais" geram condutas distintas quando se transformam em fatos sociais, dependendo do momento histórico e dos grupos sociais atuantes (JACOB, 1983).

3 INFLUÊNCIA DAS CONCEPÇÕES DE SOCIEDADE SOBRE A CIÊNCIA

O pensamento científico pós-moderno, ou seja, após a segunda grande guerra mundial, foi influenciado por concepções que emergiram nos quatrocentos anos anteriores, embora prejudicado pela massificação do acesso às interpretações modernas e pós-modernas desvinculadas da explicitação das correntes de pensamento que lhes deram base, agravadas pelo desconhecimento dos textos originais. Para fins práticos demarcamos três grandes correntes ou "fases" do pensamento e interpretação do mundo pós-moderno segundo Nunes (NUNES, 2006):

Fase 1 — Funcionalismo — Propõe sistemas solidários em que a filosofia de diagnóstico, tratamento e prevenção se ajustam à suposta funcionalidade harmônica do sistema da economia e da política. Nas ciências sociais os paradigmas são representados por Talcot Parsons (EUA); Friedrich Auguste Von Hayek — Professor de Economia Política, cidadão da Áustria e da Inglaterra que lecionou nos EUA e criou os "Chicago Boys", cuja corrente de pensamento modelou os planificadores e economistas que deram suporte aos governos dos golpes militares no Brasil (01.05.1964) e no Chile (11.09.1973); e Karl Popper, filósofo da ciência britânico criador da teoria do falsificacionismo dedutivo. Popper e Friedrich Von Hayek fazem parte do grupo criador do Fórum Econômico de Davos desenvolvendo teorias neoliberais 'duras', como as de Milton Friedman nos EUA, contrárias às teorias socialistas de organização do mundo pós-segunda grande guerra cujos expoentes foram Gunnar Myrdal da Suécia e John Maynard Keynes dos EUA que fundamentou a Social-democracia de mercado (NUNES, 2006).

Fase 2 — Sociologia dos grupos de conflito — Avalia a organização social pela produção, o trabalho e as classes sociais como no estruturalismo e marxismo, representada por Marx e alguns expoentes da escola de Frankfurt, além de renovadores do Marxismo como Gramsci; Georg Luckács; Vigotski; Eric Hobsbawn e Slavoj Zizek.

Fase 3 — SIMBOLISMO e o PODER — Analisa, para além dos conflitos de classes sociais aqueles que ocorrem entre estratos e os grupos sociais, a criação da dinâmica cultural, a língua (linguística e semiótica) e os valores subjetivos em produção e consumo. Baseiam-se na filosofia, na antropologia, na psicologia e na economia política pós-moderna. São exemplos: Foucault; Deleuze; Pierre Bordieu e Noam Chomsky.

4 O CONCEITO DE DETERMINANTES EM CIÊNCIAS

A metafísica (Meta= "lateral a") é o conjunto das teorias sobre a realidade a partir do pensamento puro e que cujas leis e axiomas não se baseiam em medidas materiais do que hoje chamamos de física. O pensamento metafísico determinístico surgiu após a renovação do pensamento da concepção religiosa da filosofia escolástica. Dele derivaram concepções da determinação a partir do pensamento (idealismo), da matéria (materialismo), e da subjetividade (fenomenologia e relativismo cultural) (THE NEW ENCYCLOPAEDIA BRITANNICA, 1987).

Determinismo em filosofia é a "teoria em que todos os eventos, incluindo as escolhas morais, são completamente determinados pelas causas existentes anteriormente que impedem o livre arbítrio e a possibilidade de que o homem pudesse ter agido de outra forma. Nas palavras do poeta persa Omar Khayyam em suas quadras 'E o primeiro alvorecer da Criação escreveu / Aquilo que o juízo final lerá no último anoitecer' " (vol. 4-p.40-1ª) (THE NEW ENCYCLOPAEDIA BRITANNICA, 1987).

A filosofia empírico-dedutivista que deu origem ao positivismo avançou, após René Descartes, com a concepção de que o mundo real era determinado por leis imutáveis que permitiam predizer o desfecho dos fenômenos naturais e sociais em função das características presentes anteriormente no mundo material. As leis deduzidas por ideias não determinam um desfecho e sim, a matéria e suas propriedades.

Na física delineada por Isaac Newton tudo estava pré-determinado pela conservação do movimento das massas, forças acumuladas, energias potenciais, direção das forças, que resultam em movimento, velocidade, ganho de velocidade em movimento (aceleração) e atração gravitacional. As leis newtonianas são determinísticas. Conhecida a massa, a direção, e a velocidade de movimento de um corpo pode-se determinar a energia que irá transferir ao se chocar com outro. Essas regras permitem prever tudo no mundo físico incluindo as partículas do "indivisível" mundo dos átomos.

A relatividade física de Einstein veio depois que Heisenberg enunciou o princípio da incerteza dizendo que ao saber a posição de um elétron não é mais possível saber sua energia, ou vice-versa. Logo a seguir Einstein diz que a trajetória dos "corpúsculos" da luz não é mais previsível uma vez que pode ser modificada pela gravidade dos astros e que, as medidas de tempo e de espaço podem variar em função da velocidade ondular ou corpuscular da luz. Essas conclusões foram tiradas vendo a mudança de posições RELATIVAS de estrelas durante os eclipses do sol, mostrando a curvatura do movimento dos feixes de luz no espaço sideral. Se até os movimentos da luz e das partículas subatômicas são relativos o determinismo da física moderna do século XVIII pode ser quebrado em várias dimensões.

Na matemática foi criado por Descartes e por Newton um sistema de cálculos para resolver a previsão de movimentos de corpos, decorrentes de suas massas, velocidade e forças aplicadas. Descartes acreditava que o movimento se conservava infinitamente. Newton partiu dessa premissa. Einstein estabeleceu posteriormente que a energia se conserva e não o movimento. Como forças e movimentos têm uma direção e também um sentido (indo ou vindo), foram criados cálculos para os vetores dos movimentos estudados na física determinística. Associar cálculos de movimentos de um ou mais corpos significa associar as medidas de velocidade, massa e aceleração de mais de uma medida e mais de um corpo.

Os matemáticos e físicos criaram assim os cálculos em que vários vetores são transformados em anotações de valores em colunas que anotam "lado a lado" uma sequência de medidas, montando registros das medidas tomadas de forma consecutiva, até deduzir uma ou mais equações que resumem todas as características de massa, força e movimento.

O cálculo vetorial derivou da teoria das Matrizes de Gottfried Whilhelm Leibniz (1693). Foi baseado em sistemas de equações que descrevem as medidas desses vetores sob a forma de matrizes de determinantes que podem ser resumidas por sistemas de equações com incógnitas comuns (massa, força, peso, velocidade, aceleração). A resolução do valor matemático simbolizado por cada grandeza é denominada incógnita. O cálculo de sua importância na determinação é expresso pelos coeficientes ou pelo peso que multiplica os valores das incógnitas para resolver as equações que os descrevem. O cálculo das matrizes de determinantes é tão exato e "duro" em suas previsões que utiliza nomes como Matriz Canônica (santificada! Imutável!) e matriz canônica do tipo da Jordânia (da Terra Santa).

A expressão do determinismo na matemática é o cálculo das matrizes dos vetores originados na física newtoniana. O mundo da engenharia deriva da física aplicada e faz suas contas de massa e forças baseadas nesses conceitos. As matrizes de determinantes são chamadas assim pela concepção determinística da física newtoniana (THE NEW ENCYCLOPAEDIA BRITANNICA, 1987).

A astrofísica moderna é relativística e não mais newtoniana. O determinismo físico e matemático serve para calcular a engenharia, mas não serve para interpretar viagens espaciais ou descrever os movimentos celestes. Mandar um foguete para espionar o planeta Marte pode ser planejado com a física newtoniana. Trazê-lo de volta pode exigir algo mais.

O determinismo filosófico vem da tradição religiosa medieval escolástica ligada ao Catolicismo, e também ao Islamismo, além de ter influenciado o Judaísmo. Passa de São Thomás de Aquino, a Bergson e a Spinoza, se expressa em Auguste Comte e também nos escritos de Hyppólite Leon Denizard Rivail [Allan Kardec]. A discussão interior ao determinismo perpetuou a pergunta sobre o grau de livre arbítrio pertinente às escolhas humanas. Influiu também sobre as concepções materialistas da economia política em Marx. Muito do que se acredita ser hoje pensamento do 'senso comum' deriva de concepções filosóficas seculares alinhadas com essas tradições.

O pensamento pan-islâmico unificou as filosofias ocidental e do oriente islâmico com sua expressão máxima em Averroes [Ibn Rushd] i — o pensador árabe que viveu na Espanha e traduziu para o Latim, que era lido pelos padres, boa parte dos textos gregos conhecidos apenas na versão árabe. O pensamento do sertanejo moderno isolado das grandes cidades costuma revelar concepções de mundo encontradas puras em São Thomaz de Aquino ou "Áquinas" na versão latino-saxônica. Exemplos são encontrados nos diálogos de personagens da literatura brasileira como em Guimarães Rosa — Grande Sertão Veredas.

A epidemiologia do início do século XXI utiliza cálculos determinísticos, portanto newtonianos, conferindo pesos aos componentes sociais, biológicos e mesmo físicos e químicos, chamando-os de "fatores". É difícil medir e comparar resultados de exames de sangue e colocar no mesmo raciocínio categorias como "consciência de classe ou classe para si" e "grupo social ao qual pertence pela propriedade ou não de meios de produção ou classe em si".

O pensamento determinístico é frequentemente traído pela realidade que não concretiza os resultados epidêmicos ou biológicos previstos. Surgiu daí a lógica de modelos condicionais hierárquicos estocásticos e dos modelos do caos nebuloso ou lógica "fuzzy" para prever condições que não se encaixam nas medidas de parâmetros físicos ou matemáticos.

Nem por isso alguém irá se colocar na frente de uma locomotiva em movimento esperando que a determinação do atropelamento não seja concretizada por influências relativísticas que modifiquem sua direção, massa e movimento. A "incerteza" de Heisenberg não pode ser usada para esperar o atropelamento e não fazer a prevenção. A precaução baseada na incerteza defende a vida. A ideia de deixar acontecer para depois consertar os danos interessa aos que desejam lucrar com a morte alheia, como é o caso da indústria de amianto, do tabaco, de cultivares transgênicos dependentes de agrotóxicos, e de armas antipessoais como as minas e bombas de fragmentação (*cluster bombs*).

O assunto da definição de determinantes é complexo por que a palavra tem diversos sentidos na epidemiologia e na filosofia. A palavra determinante está muito utilizada na epidemiologia clássica na definição de Brian MacMahon, como definição positivista e empiricista, na linha dos idealistas céticos, do filósofo britânico David Hume: "Determinante é o fator causal de maior importância na linha de eventos causais de um fenômeno, no caso o binômio saúde-doença (MACMAHON e PUGH, 1975)".

Outra definição de determinantes é a da filosofia materialista de Marx derivada da crítica ao idealismo de Hegel, mas ainda assim, dele decorrente. Marx retomou seu pensamento determinístico segundo as leis da dialética do idealismo em Hegel. Segundo Marx determinantes são categorias materiais (biológicas, físicas, químicas) econômicas e políticas, e, portanto, categorias materialistas, que montam a superestrutura que regula o funcionamento da sociedade e constrói a história.

Dessas categorias derivam as condições que geram os eventos da vida da humanidade. Um conjunto de determinantes superpõe e engloba (ou subsume) os modos de viver, trabalhar, adoecer e morrer, tal como a vida no Brasil durante a escravatura criava condições para que a vida média fosse de trinta anos de idade. Abaixo dos determinantes é possível tecer redes ou vias de causalidade segundo o pensamento materialista histórico.

Os dois conceitos de determinação positivista e materialista histórico se conflitam nas áreas científicas do século XIX ao XXI. O conceito positivista domina a epidemiologia na atualidade, embora existam trabalhos que utilizam o conceito de determinação da filosofia materialista e da economia política. A metodologia de análise depende da filiação do pesquisador e dos textos científicos que adota para basear seus estudos, ou seus 'marcos referenciais'[1]. Quem estuda a dialética marxista não se prende ao conceito de determinação positivista e coloca em hierarquia decrescente o conceito de causalidade quando estuda fatores próximos no desencadeamento de doenças. Reconhece a determinação histórica no surgimento das doenças dentro da sociedade.

A filosofia moderna buscou superar essa dicotomia entre determinantes e causalidade com vertentes de novos filósofos que trabalham o universo micropolítico (Foucault) e o poder (Giles Deleuze). Na epidemiologia a discussão hegemônica ainda está passando do século XIX para o XX e não chegou ao existencialismo ou pós-modernismo do século XXI. Se os pensadores que nos precedem quatro séculos de nossa época vivessem hoje certamente nos avisariam de que pensar modelos determinísticos não significa pensar modelos de sequência de eventos inexoráveis. Eles hoje considerariam o raciocínio probabilístico em suas vertentes frequentista, Bayesiana e até da lógica do caos nebuloso ou lógica "fuzzy".

Nesse início de século XXI a palavra determinante tem significados opostos dependendo do referencial adotado por quem a utiliza. Quem não declara qual é seu conceito de determinação geralmente está partindo do pressuposto empírico-positivista ("que Alah tenha piedade deste infiel!" diria Malba Tahan). Além da citação original do livro de Brian MacMahon — capítulo 1 p. 1 (MACMAHON e PUGH, 1975) — temos outras fontes que podem ajudar no aprofundamento sobre os Determinantes empírico-positivistas (LEAVELL e CLARK, 1976; MAUSNER e KRAMER, 1985; LILIENFELD e STOLLEY, 1994; GORDIS, 1996; ROTHMAN e GREENLAND, 1998) e também sobre os Determinantes sociais (FERRARA, ACEBAL *et al.*, 1976; BREILH e GRANDA, 1986; BREILH, 1990; BREILH, CAMPAÑA *et al.*, 1990; FACCHINI, 1994).

Pesquisadores do campo da Saúde Coletiva analisam as visões sobre esse conflito de conceitos (BARISON, 1995; PINHEIRO, 1996; AYRES, 1997; AYRES, 2002). Alertam sobre a diferença entre causalidade direta nos processos epidemiológicos e a dificuldade de conciliar teorias de causalidade com as de determinação como as publicadas por Asa Cristina Laurell (LAURELL e NORIEGA, 1989), que escreveu sobre determinação no sentido da filosofia Marxista, como uma das vertentes do materialismo histórico.

Buscando resumir, o determinismo está em uma esfera superior à da causalidade porque os mecanismos de causalidade mediata ou imediata são subordinados (subsumidos) por mecanismos sociais humanos decorrentes do modo de produção capitalista — um objeto de trabalho, um meio de produção, e a mais valia obtida. Isso determina, ou "subsume" todos os processos sociais, biológicos, e hoje se diz até os climáticos e geológicos são determinados pelo aquecimento global agravado pela produção capitalista destrutiva. A causalidade é determinada por algo maior, que no referencial de Marx é a economia política. Segundo essa visão a determinação social subsume a causalidade biológica.

Falando em modo anedótico geral — o capitalismo DETERMINA quem pega malária e tuberculose. O protozoário, o bacilo, a desnutrição e aglomeração humanas desempenham papéis causais suplementares e, embora essenciais, não são determinantes de quem pega e sim a mera explicação de "por quê pegou", uma vez constatado o contágio e a doença.

Para estudar isso temos a tese de Sérgio Arouca — *O Dilema Preventivista* — editada pela Hucitec. Ele abordou o tema sem se comprometer com a solução. Arouca era maduro o suficiente — e bom socialista — para não se meter nessa briga, aproveitando ambas as vertentes de acordo com o contexto (AROUCA, 1975).

A vertente causacionista dominante ao fim do século XX é de linhagem filosófica baseada na obra antissocialista do filósofo Karl Popper, que juntamente com o economista 'do mercado' Friedrich Von Hayek são líderes espirituais dos neoliberais ou antissocialistas do pós-guerra (HARVEY, 2005). Deles sai o referencial de causalidade que Keneth Rothman publicou no primeiro capítulo do livro "epidemiologia moderna" (ROTHMAN e GREENLAND, 1998). Lá existem causas "necessárias", "suficientes" e "componentes" sem compromisso com determinação. Isso torna a epidemiologia culpada de assassinato conceitual *a priori*, para aqueles que não estudam filosofia.

A vertente determinística materialista vem sendo aplicada na Saúde Coletiva e notadamente nos textos das ciências sociais que circulam em nossos livros. Para buscar seu início pode-se estudar a filosofia da Idade Média com os Nominalistas (Padre William de Okham), os Rizomáticos ou buscadores do pensamento por conjecturas, descritos por Humberto Eco em *"O Nome da Rosa"* no personagem de William de Baskervile — interpretado por Shean Connery, na versão cinematográfica Holiwoodiana. Tarefa adicional é tentar descobrir como o determinismo de origem idealista ou

---
[1] Não é uma pessoa com prenome 'Marcos' apesar das piadinhas de alguns colegas.

escolástica (religiosa) se ramificou após o aparecimento do Humanismo. O Humanismo rejeitou a dualidade de céu e inferno da escolástica propondo a presença unificada de Deus em tudo e todos — como no Pan-enteismo de Marcilio Ficcino.

Quatrocentos anos depois Willam de Okham o jovem Engels, filho de industriais ricos, teria colaborado com Marx para escrever 'O Capital' baseado na teoria da determinação social (ENGELS, (1845)-2008). Juán César Garcia, que foi pesquisador contemporâneo do Professor Everardo Duarte Nunes em Washington na OPAS, buscou traduzir essa visão dos determinantes para a Saúde Coletiva nos anos 70 (NUNES, 1989). Esse tema gerou reformulação filosófica e teórica na Saúde Coletiva tentando retomar o referencial materialista histórico que vem sendo abandonado por ações imediatas mais voltadas para controle de causas de doenças e modificações de perfis de morbidade. (BREILH, GUIMARÃES *et al.*, 2011)

Nessas brigas científicas os epidemiologistas geralmente são considerados como a "Geni" da ópera Calabar de Chico Buarque, por que falam de "fatores causais", e lidam com causalidade 'esquecendo' ou 'obscurecendo' a determinação social das doenças e calamidades que estudam quando pretendem controlar, conforme dizem alguns críticos, sem mudar o sistema de produção. Reacionários! Acusam os marxistas. Teóricos sem compromisso com a assistência! Devolvem os causacionistas. No meio ficam os usuários da Saúde que esperam pela oferta de serviços preventivos em saúde. É algo assim como dizer que "fator é a sua mãe, seu epidemiologista reacionário!".

Este ainda não é o final da história. Os epidemiologistas e sanitaristas se digladiam e condenam muitas vezes por não utilizar as ferramentas adequadas para separar determinismo idealista, determinismo materialista histórico, relativismo e pensamento pós-moderno.

Podemos pensar de forma prática que o conceito de causalidade é para a epidemiologia em saúde pública e controle de doenças. Determinismo é para formular políticas públicas e a luta legislativa e social na Saúde Coletiva. Nexo Causal é um conceito por meio do qual médicos, engenheiros e advogados costumam descaracterizar a culpa do capital na determinação e mesmo na causação das doenças e mortes decorrentes do trabalho. É terreno do inferno humano como teria dito Averroes.

A Organização Mundial da Saúde tornou-se palco de conflitos sobre os tipos de determinação que excluem a economia política e os atribuem a outros campos do conhecimento: — A determinação psicossocial e a ambiental e cultural.

A discussão sobre o que são Determinantes recebe resposta diferente segundo organizações internacionais multilaterais como a comissão da OMS/WHO para os Determinantes Sociais da Saúde (SOLAR e IRWIN, 2010), o Banco Mundial — World Bank (MILANOVIC, 2012), e segundo sejam considerados Determinantes de natureza psicossocial (HILL, 1965; TARLOV, 1999; MARMOT, BAUM *et al.*, 2006; SOLAR e IRWIN, 2010; CDC, 2014). Todas elas contrariam as posições da economia política sustentadas por Laurell (LAURELL e NORIEGA, 1989), Breilh (BREILH, 1990; BREILH, CAMPAÑA *et al.*, 1990), Navarro (NAVARRO, 2009) e Juan Samaja (SAMAJA, 2003).

Graças ao uso judicial e comercial da incerteza para evitar ações de prevenção e promoção da saúde ao contrário de promover ações de Precaução, O CEBES — Centro Brasileiro de Estudos de Saúde — tem discutido e documentado aspectos relacionados com causalidade e os trabalhos de professores brasileiros podem ser encontrados na página de Internet do cebes.org.br no tópico Determinação em Saúde — CEBES — 2010 (ALMEIDA FILHO, 2009; CEBES — CENTRO BRASILEIRO DE ESTUDOS DA SAÚDE, 2010; FLEURY-TEIXEIRA, 2010; PASSOS, 2010)

Discussões adicionais seguem as concepções de determinação e causalidade, dentre elas qual uso que se deve fazer da incerteza. A incerteza dos céticos (David Hume) ou a dos Precaucionistas (TICKNER, 2003)? Pode-se buscar as fontes sobre o que é a incerteza em Renato Lieber (LIEBER e ROMANO-LIEBER, 2003), e David Michaels (MICHAELS, 2008). Delas pode-se partir para perguntar: o que é causalidade e risco? Nesse caso, leituras adicionais irão buscar Sir Austin Bradford Hill (HILL, 1965), Rita Barradas (BARRADAS, 1998; 1999), Ricardo Ayres (AYRES, 2002), Maurício Barreto(BARRETO, 1998), Ignaz Semmelweiss (SEMMELWEIS, 1988(1855)), Keneth Rothman & Sander Greenland — chapt2 p. 7-28 (ROTHMAN e GREENLAND, 1998) e VINEIS & David Kriebel (VINEIS e KRIEBEL, 2006) .

5 CAUSALIDADE DE CONCEPÇÕES

A noção moderna sobre causalidade ou causação decorre do aprimoramento ocidental da formulação da tradição filosófica de Platão e Aristóteles descritos como: — material, formal, eficiente e final. Segundo eles a causa é fenômeno que sempre antecede o efeito ou desfecho. É atribuída a John Stuart Mill (1806-1873) a elaboração de princípios de causalidade baseados em discussão sobre os princípios de necessidade e de suficiência. Stuart Mill constatou que é possível encontrar múltiplas sequências de eventos com o mesmo desfecho.

Nestas sequências cada componente pode ser essencial, acessório, ou mesmo meramente um dos que desencadeiam os desfechos estudados. Estes princípios foram de certa maneira ignorados pelos desenvolvedores das teorias causais fundadas na microbiologia e nas doenças infecto-contagiosas dos séculos XVIII ao XIX como Semmelweis, para quem a presença contaminante de partículas infectantes seria considerada a fonte inevitável das doenças (SEMMELWEIS, 1988(1855)).

O Pensamento causal de Francis Bacon propunha métodos de testar a causalidade assim esquematizados, considerando que foge ao propósito deste texto examinar em detalhe cada método:

Método da concordância

Método da diferença

Método da concordância e diferença

Método dos resíduos

Método da variação concomitante

As formulações modernas na passagem do século XX para o XXI sofrem as influências de uma visão absolutista daqueles métodos de atribuição de causalidade, tomados como definitivos e totalizados, em que pesem as evidências constatadas por Bacon, de que nem todas as causas se concretizam em "efeitos", e nem todos os "efeitos" decorrem da totalidade da presença dos requisitos de causação. Na ciência moderna a incerteza tem sido utilizada de muitas formas, inclusive como evidência, o que é um brutal paradoxo em qualquer linha de pensamento.

A formulação filosófica mais popular no ambiente médico científico é o trabalho de Sir Austin Bradford Hill, publicado em 1965 (HILL, 1965). Hill acrescentou as informações do mundo microbiológico aos princípios que vinham sendo formulados antes por Francis Bacon, por influência do pensamento empírico demonstrativo que se opunha ao conceito aristotélico e de São Thomas de Aquino que valorizava o raciocínio dedutivo (LAURENTI e KASS, 2007).

Esses critérios poderiam ser resumidos em:

1. Temporalidade

2. Força

3. Dose-resposta

4. Replicação

5. Plausibilidade biológica

6. Explicações alternativas

7. Cessação da exposição

8. Especificidade

9. Consistência com outros conhecimentos (HILL, 1965).

Os chamados "nove critérios" de Austin Bradford Hill passaram a ser tomados por muitos pesquisadores como critérios totais, ou tábua bíblica de valores a serem completados para que somente após um longo trabalho investigativo empírico se pudesse afirmar algum nível de causalidade, em que pese a afirmativa atribuída a John Maynard Keynes — "in the long run we are all dead" (a longo prazo estaremos todos mortos). Dessa maneira é comum o emprego judicial sofístico de que um determinado produto tóxico não pode ser banido por que não foram cumpridos todos os "nove critérios de Hill", especialmente quando o advogado é pago pelo vendedor (LAX, 2000; DOVERS, 2002; LEVINS, 2003).

Esse uso regressivo ou bloqueador das medidas do princípio de precaução recebeu advertência em contrário do próprio Hill, no penúltimo parágrafo da publicação original:

"All scientific work is incomplete — whether it be observational or experimental. All scientific work is liable to be upset or modified by advancing knowledge. That does not confer upon us a freedom to ignore the knowledge we already have, or to postpone the action that it appears to demand at a given time."

No final do século XX outros pesquisadores retomaram a tentativa de unificar as duas linhas de pensamento empírico e dedutivo, colocando ao lado dos nove princípios de Hill as noções de suficiência e necessidade de John Stuart Mill, em modelos causais de múltiplos componentes suficientes e necessários (ROTHMAN e GREENLAND, 1998).

A maior parte do conhecimento científico sobre causalidade é incompleta em relação a TODOS os nove critérios de causalidade de Hill. Isso ocorre de maneira notável em relação às doenças cujos modelos experimentais, animais e em humanos sejam impossíveis de serem construídos em experimentos. O mais comum é que só se encontrem algumas daquelas 'nove' evidências, sem que com isso seja negado todo o arsenal científico existente.

6 NEXO

Um termo utilizado por profissionais médicos e operadores do direito é a palavra nexo. Esse termo é frequentemente utilizado para descrever o reconhecimento de uma associação causal na linguagem jurídica, forense, previdenciária e securitária. Ele subentende uso de evidências acumuladas sobre a associação entre fator precedente (causa) e efeito (desfecho). Frequentemente é baseado no uso de outro termo — a PROVA — que é termo técnico para designar uma evidência isolada, e que no meio jurídico nunca tem valor absoluto, embora a linguagem comum interprete como "irrefutável". O valor da prova depende inversamente da possibilidade de ser contestada ou refutada.

A evidência de associação causal mais empregada é associação epidemiológica. Ela se baseia em modelo quantitativo probabilístico que compara o quanto aumenta ou diminui o número de afetados em um grupo exposto [incidência] em relação a outro grupo não exposto [efeito relativo do aumento da incidência entre expostos comparados aos não expostos].

Em consequência a expressão probabilística da causalidade em epidemiologia é relacionada com o primeiro critério de Hill, a força da associação, e ela é expressa pela categoria RISCO. O risco pode ser absoluto medido pela incidência no grupo exposto, ou relativo, comparando grupos expostos e não expostos.

Por isso técnicos que julgam casos individuais estabelecem seus pressupostos sobre causa para uma doença ou agravo de qualquer natureza e avaliam seu nexo provável com o trabalho ou qualquer atividade ou circunstância vivida pela pessoa em questão. Assim sendo, a causa pode ser atribuída a qualquer exposição que precede um diagnóstico.

Na presença de muitas exposições, o NEXO é atribuído para aquela exposição que o avaliador julga mais provável, no campo de suas experiências pregressas. É, portanto, um julgamento subjetivo que depende de quem avalia. Diante de várias exposições causais o 'nexo' é atribuído ou não segundo a visão do avaliador (técnico) ou julgador (geralmente juiz).

Estamos aqui diante de um paradoxo científico porque, ao considerarmos uma pessoa ou um único indivíduo, não faz nenhum sentido atribuir causa ou nexo sem examinar ou relatar a ocorrência de casos semelhantes entre seus colegas, vizinhos e pessoas com quem convive. Mesmo este julgamento probabilístico é também sujeito a erro porque o que é experiência comum entre o grupo a que a pessoa pertence pode não se aplicar à própria pessoa, por ser mais fraca, suscetível, ou até mesmo mais resistente que os outros membros do seu grupo. O indivíduo sob análise pode ser completamente diferente de todo o grupo.

Na experiência clínica e epidemiológica recentes, e talvez na jurídica, o que se verifica é que os suscetíveis adoecem primeiro, antes que a maior parte do grupo experimente efeitos de exposições consideradas danosas. Se as providências forem tomadas *a posteriori* sem precaução estarão todos dependentes de medidas no mesmo 'longo prazo' referido por Keynes.

Para fins práticos de Saúde Pública e que poderiam ser adotados no mundo jurídico o Risco de adoecer, calculado pela probabilidade da associação entre exposição e desfecho (doença) é considerado evidência, "prova" e pode ser forte ou fraco, na opinião de quem julga. Alguns vão esperar riscos relativos acima de 1,5, outros vão exigir riscos "maiores que 4,0", todos baseados na experiência de que técnicos avaliam riscos e outras pessoas se expõem.

O problema é que riscos relativos considerados "pequenos" (menor que 1,5) aplicados a populações numerosas produzem número maior de casos de doença ou danos quando comparados ao número de casos gerados por riscos "grandes" (maior que 3,0) em populações de tamanho limitado como grupos de mergulhadores, trabalhadores em campos de alta pressão e áreas confinadas.

Um bom exemplo de que a categoria risco não é suficiente para julgar o perigo de adoecer ou apresentar problemas funcionais é o caso da Síndrome de Down que tem alto risco de ocorrer entre gestantes acima de 40 anos de idade. Apesar do risco acima de 40 anos a maioria dos casos de Down é de nascituros de mães entre 20 e 40 anos. Assim sendo, a idade das mães não pode ser considerada "causa" para o aparecimento da síndrome em seus filhos.

A gerência ou avaliação de riscos deve sempre levar em conta o grau de informação revelada aos expostos para que eles — os trabalhadores — decidam coletivamente se o risco é ou não aceitável. Essa decisão não deveria e não poderia ser tomada por outras pessoas que não se expõem e que não atuam nos campos de exposição, que não deveriam decidir por eles o que deve ou não ser aceito com as tecnologias de proteção coletiva e controles disponíveis. Técnicos deveriam homologar ou referendar as decisões coletivas e não decidir em nome de grupos ou coletivos expostos.

Na explosão da usina elétrica atômica de Fukushima, ocorrida depois de um maremoto na costa do Japão (12/março/2011), foi empregado o trabalho de 'voluntários' que se expuseram a doses letais de radiação para entrar na usina e controlar os vazamentos do núcleo radioativo que continuava queimando e ejetando material radioativo depois de exposto à água do mar e da chuva. O mesmo fenômeno de 'trabalhadores suicidas' já tinha acontecido na explosão da usina atômica de Tchernobyl na Ucrânia (26/abril/1986) com trágica mortalidade imediata após a exposição. Um filme japonês extremamente trágico e culturalmente complexo já abordou esse tipo controverso de decisão de se deixar morrer em benefício dos sobreviventes, especialmente os mais jovens (A Balada de Narayama/Narayama-bushi Kô, 1983).

Em ambos os casos não sabemos se os trabalhadores que "decidiram se expor" foram corretamente informados sobre sua expectativa de risco de adoecer e morrer antes de trabalharem nesse 'voluntariado'. Será que eles sabiam que estavam comprando um bilhete de passagem de ida-sem-volta ("one way ticket")?

Todos os julgamentos sobre o que é um risco aceitável são igualmente subjetivos e com uma certeza de 'Hermengarda', um personagem humorístico machista e chauvinista do rádio brasileiro dos anos 1950. Muitas vezes atores externos julgam sobre qual nível de exposição foi ou é submetida a vida alheia sem se perguntar sobre qual é o nível de risco aceitável (LOWRANCE, 1976).

O único julgamento razoável sobre o nível de risco a ser aceito parece ser o consenso do grupo exposto depois de corretamente informado. Esses são os princípios do 'direito de saber' e do 'controle social organizado' que são adotados pela tradição brasileira em Saúde do Trabalhador.

7 CONFLITO DE INTERESSE E PESQUISA EPIDEMIOLÓGICA

Necessitamos analisar que os riscos são "aceitos" por técnicos. As decisões de expor ou não expor pessoas ao trabalho ou ao consumo de produtos danosos são determinadas por fatores "extratécnicos" segundo Carlos Gentile de Mello — (p. 123) — (MELLO, 1977).

O emprego do **diclorodifeniltricloroetano** (DDT) como inseticida universal foi relacionado com o desaparecimento de pássaros na primavera. A publicação clássica de contestação ao uso indiscriminado do DDT começou com o livro "Primavera silenciosa" por Rachel Carson (CARSON, 1962).

A reação às necessidades de acreditar em boas fontes de informação que não escondam interesses comerciais cujos casos típicos são a indústria do tabaco, do amianto, do monopólio de agricultura transgênica dependente de agrotóxicos, das armas antipessoais (bombas de fragmentação, minas antipessoais, venenos de resíduos, revólveres elétricos convulsivantes, granadas de 'efeito moral' para vômitos, micção e defecação involuntária), dos medicamentos como dietilbestrol e talidomida. Esses conflitos geraram a organização de estudos que buscam evitar o controle econômico das pesquisas pelos grupos interessados em vender e explorar a produção que se acredita perigosa.

Por esse motivo, trabalhadores, sindicalistas e epidemiólogos buscam acompanhar grupos de trabalhadores por longo prazo (coortes) e analisar suas exposições profissionais de acordo com métodos aceitos pela academia e por organismos multilaterais (ONU, OMS, IARC).

A prática de pesquisa que evita conflitos de interesse não resolveu plenamente os conflitos de ordem econômica, política e jurídica nos quais sempre as "provas completas" com os nove princípios de Hill são exigidos antes de medidas de Precaução, apesar do aviso em contrário deixado por quem criou tais princípios.

8 A SAÚDE DOS TRABALHADORES E O PENSAMENTO SOCIAL E CIENTÍFICO

O processo produtivo moderno cria condições aceleradas e múltiplas de exposição de trabalhadores a perigos, riscos e danos. Essa exposição gera adoecimento e morte que são compreendidos muito tardiamente, depois que se consumaram produção, trabalho e lucro. A interposição de medidas antes que tais desfechos aconteçam depende da vigilância constante e da precaução. A vigilância é compreendida melhor na história militar dos últimos séculos. A Precaução só está aparecendo na filosofia, no ideário sanitarista e ambiental e nos argumentos e sentenças judiciais após 1990 (SIQUEIRA, 2003).

Dois pressupostos são mais frequentemente encontrados na organização do pensamento científico sobre pesquisa, etiologia, causalidade e determinantes em saúde. São os pressupostos funcionalista e o estrutural descritos a seguir.

O pressuposto funcionalista estabelece que se forem combinas a ação política e a economia todas as iniciativas deverão convergir para um ajuste que reduzirá os impactos negativos da produção. Alternativas funcionalistas foram levadas ao Fórum Econômico de DAVOS por Kofi Anan, ex-Secretário-Geral da ONU, e tem sido demonstrado durante os anos seguintes que os NOVE Princípios propostos para as corporações econômicas globais simplesmente "não funcionaram". Devemos observar que é mera coincidência tratarem-se de outros nove princípios que não têm nada em comum com os nove princípios de causalidade de Hill (UN SECRETARY-GENERAL, 1999):

"A Compact for the New Century"

At the World Economic Forum, Davos, on 31 January 1999, UN Secretary-General Kofi A. Annan challenged world business leaders to "embrace and enact" the Global Compact, both in their individual corporate practices and by supporting appropriate public policies. These principles cover topics in human rights, labour and environment:

Human Rights

The Secretary-General asked world business to:

Principle 1:support and respect the protection of international human rights within their sphere of influence; and

Principle 2: make sure their own corporations are not complicit in human rights abuses.

Labour Standards

The Secretary-General asked world business to uphold:

Principle 3: freedom of association and the effective recognition of the right to collective bargaining;

Principle 4: the elimination of all forms of forced and compulsory labour;

Principle 5: the effective abolition of child labour; and

Principle 6: the elimination of discrimination in respect of employment and occupation.

Environment

The Secretary-General asked world business to:

Principle 7: support a precautionary approach to environmental challenges;

Principle 8:undertake initiatives to promote greater environmental responsibility; and

Principle 9: encourage the development and diffusion of environmentally friendly technologies.

O segundo pressuposto é o estrutural e tem como premissa divergir do pensamento funcionalista. Os estruturalistas e marxistas pensam que os grupos que não detêm o poder devem apropriar-se dele pelo empoderamento ou 'apoderamento' (CARVALHO, 2005). Devem participar de forma atuante na escolha dos processos econômicos, políticos e produtivos. Não se trata de participação consultiva e sim deliberativa. Para isso todos os envolvidos devem mudar suas perspectivas analíticas formadas sob a óptica funcionalista e neoliberal. Exemplos de organização estrutural: — Constituição Brasileira; SUS; Sistemas Sindicais Transnacionais da União Europeia [ETUC].

9 O PENSAMENTO ANTIGO E O NOVO OU "PÓS-MODERNO"

9.1 O princípio da precaução

A maior novidade do pensamento científico e do planejamento das ações de desenvolvimento do final do século XX foi o estabelecimento das diretrizes do Princípio da Precaução. Elas gradualmente passaram a ser consideradas nas ações de desenvolvimento de projetos empresariais, na solução de conflitos e no julgamento de casos de desastres e danos populacionais e ambientais (KRIEBEL e TICKNER, 2001; DOVERS, 2002; RIECHMANN e TICKNER, 2002; TICKNER, 2002; 2003):

- Tomar conduta preventiva face a incertezas.
- Direcionar os danos e ressarcimento de prejuízos para quem propõe realizar atividades potencialmente danosas.
- Explorar leque amplo de alternativas para as ações possivelmente danosas.
- Aumentar a participação pública na tomada de decisões.

Embora a lista pareça simples e óbvia, as implicações são amplas do ponto de vista de operar processos produtivos. Passa a exigir maiores pesquisas sobre como proteger a vida antes, durante e depois de executar qualquer empreendimento. Num mundo que até recentemente acreditou que bastava monitorar níveis de produtos tóxicos e processos ambientalmente agressivos para conviver com seus efeitos "aceitáveis", passa a haver necessidade de uma atitude completamente nova em relação a proteger o ambiente e as pessoas como prioridade antes de desenvolver qualquer atividade extrativa, agrícola, industrial e comercial.

O emprego de agentes agressivos de natureza biológica, física ou química passa a ser subordinado ao critério principal de não expor ninguém, e trocar quaisquer produtos e subprodutos tóxicos antes de que aconteça qualquer exposição. Passa igualmente a ser inválido concluir que um trabalho é seguro baseado no monitoramento biológico dos indicadores de exposição, absorção e efeito em órgãos alvo das pessoas vitimadas (BRASIL, 2001).

Perde sentido falar em 'gerenciar riscos' se não forem articuladas formas de enclausurar processos produtivos, substituir exposições reconhecidamente danosas, mitigar efeitos e indenizar danos. A participação social no controle dos danos antes que ocorram passa a ser exercida principalmente pela organização social dos trabalhadores, da população e das ações da justiça em busca de resguardar, proteger e reparar danos causados por empreendimentos produtivos.

Outro impacto importante passa a ser a discussão prévia das políticas públicas, feita de maneira transparente e compreensível para o grande público, sobre as consequências a ação das corporações transnacionais nas transferências de processos produtivos de país para país com padrão rebaixado para escapar à regulação técnica, legal e social e para não aplicar princípios de precaução (NAVARRO, 2009). O princípio da Precaução abre um diferencial maior entre o velho e o novo no conhecimento, no direito de saber, e nas ações coletivas e da operação da justiça em defesa da vida.

9.2 Toxicologia

Paracelsus no século XVI (Philippus Aureolus Theophrastus Bombastus von Hohenheim) disse que "a dose faz o veneno" (KLAASSEN, AMDUR *et al.*, 1986). O corolário dessa afirmativa é: — aquilo que não pode ser dosado não existe e isso impede o estabelecimento de causalidade. Este corolário tem pressupostos equivalentes aos dos sistemas que convivem em ajuste funcional perfeito — os corpos biológicos, a natureza, o sistema produtivo humano na sociedade industrial e de agricultura intensiva planejada.

Esse ordenamento do pensamento de causa e efeito ignora a dinâmica social dos conflitos, as suscetibilidades (fragilidades, fraquezas) individuais, as determinações de classe social, e os efeitos de doses mínimas não detectáveis, a curto e longo prazo.

9.3 Exemplos de conhecimentos biológicos que derrubam conceitos

1. Conhecimento até 1950: a herança genética é determinada em proporções iguais por pais sobre a descendência. A partir de 1990 a genética estabeleceu que isso é falso porque a mãe cede óvulos com genética externa ao núcleo das células e aos cromossomos, especialmente grandes quantidades de DNA e RNA citoplasmático nas mitocôndrias e retículos endoteliais além de peptídeos autorreplicantes (Príons). Todos os humanos têm a "mãe-primitiva" comum, provavelmente uma mulher africana, negra, que cedeu quase todo o patrimônio genético da humanidade atual. A contribuição genética dos homens (pais) ao gerarem novos filhos (as) é menor que 50%, ao contrário do que se pensava antes, talvez menos que 30%.

2. Conhecimento até 1980: os cromossomos alterados por produtos tóxicos são responsáveis por doenças nas pessoas expostas e nos seus descendentes. Um exame que detectava isso era a contagem das trocas de segmentos entre cromossomos conhecida como "Trocas de cromátides irmãs". Quanto maior o número de trocas maior a toxicidade. Após 1980 a genética molecular identificou as proteínas, glicoproteínas e lipídeos, ou proteoglicanos que compõem os "andaimes" sobre os quais se montam os ácidos dos cromossomos (DNA) que "guardam memória" à semelhança dos ácidos nucléicos. Eles produzem enzimas e substâncias vivas que alteram a genética, criam deformidades e doenças em gerações posteriores. Não é possível detectar onde e fora dos cromossomos, quando e o que pode ser alterado por exposição no trabalho e no ambiente. Doses mínimas podem ser muito eficazes e passam despercebidas.

3. Conhecimento até 1990: as doses de xenobióticos, mutagênicos ou carcinogênicos eram consideradas efetivas quando superassem um limiar de concentração, intensidade e frequência das exposições gerando efeitos visíveis nos indivíduos expostos. Após 1990 tornou-se conhecido que doses mínimas de toxicantes são passíveis de absorção dentro de células e podem ser transmitidas provocando alterações na 2ª ou 3ª geração — câncer em filhas, malformações em netos. Podem não provocar efeitos na 1ª geração e não são perceptíveis em exames laboratoriais porque escapam à sensibilidade das técnicas de dosagem. A dose mínima compromete os suscetíveis. A dose alta pode não provocar efeitos reconhecíveis na geração exposta, o que invalida o princípio de Paracelso. Consequentemente não existe possibilidade de estabelecermos mecanismos diretos de causa e efeito sem observar grupos numerosos a longo prazo. Medir doses e efeitos sobre indivíduos não leva a conclusões válidas (DIAMANTI-KANDARAKIS, BOURGUIGNON et al., 2009a).

4. Princípio da Precaução — os produtos químicos e efeitos físicos de exposição passaram a ser objeto de precaução buscando não expor trabalhadores, população ou ambiente. No lugar de dosar efeitos de exposição trocam-se os produtos e subprodutos tóxicos. Em Saúde do Trabalhador essa prática invalida dizer que um trabalho é seguro, bastando que seja feito monitoramento biológico de indicadores de exposição, absorção e efeito em órgãos alvo. Não existe mais órgão alvo nem indicador de efeito. O "gerenciamento de riscos" perde sentido fora da visão de enclausurar processos, substituir exposições danosas, mitigar efeitos e indenizar danos. Consequentemente a organização dos trabalhadores e a ação da Justiça passam a ser fundamentais para impor novas práticas (RIECHMANN e TICKNER, 2002; TICKNER, 2003)

9.4 Consequências sobre a Atuação da Saúde Coletiva e da Saúde do Trabalhador

O paradigma de controle das políticas e ações de promoção, proteção e recuperação da Saúde do Trabalhador em serviços públicos universais passou a ser a representação participativa direta e organizada dos trabalhadores. Essa nova modalidade de gestão e ação em Saúde Pública modificou o que foi chamado no passado de Saúde Ocupacional (CORRÊA-FILHO, 2003). Este novo paradigma tem como implicações:

1. Troca a prioridade da vigilância sobre a exposição pelas medidas de precaução.
2. Estabelece medidas de precaução para empreendimentos novos colocando ênfase em novos processos produtivos, novas cadeias de processamento.
3. Incorpora a Saúde do Trabalhador e Saúde Ambiental ao conjunto de ações públicas da Saúde Coletiva (processo histórico conflituoso).
4. Disputa a prioridades de investimento e financiamento em pesquisa e o seu controle por parte dos interessados (trabalhadores e população) formando redes de trabalhadores organizados em sindicatos e de pesquisadores para a Observação da Globalização (SIQUEIRA, CASTRO et al., 2003).

5. Disputa nas políticas públicas para que seja feito o controle sobre a ação das corporações transnacionais nas transferências de processos produtivos de país para país, impedindo a implantação de padrões rebaixados visando a escapar à regulação técnica, legal e social e fugir à aplicação de princípios de precaução (SIQUEIRA e LEVENSTEIN, 2000; KRIEBEL e TICKNER, 2001; SIQUEIRA, CASTRO *et al.*, 2003).

9.5 Consequências sobre a administração da Justiça e das práticas do Direito

Com a mudança de modelos analíticos causais decorrente de conhecimentos novos sobre a expressão de efeitos de toxicantes sobre o ambiente, as pessoas e particularmente os trabalhadores, também aconteceram desdobramentos no campo da operação do direito quando se colocam em confronto os interesses de capital e trabalho.

1. Ocorre enfrentamento com velhas posições estabelecidas pelo pensamento científico antigo e ultrapassado de que aquilo que não se pode medir não existe. É custoso e difícil abandonar o conceito de NEXO CAUSAL individual com causa única para efeito único (Unicausalidade). Para ser rejeitado implicaria consolidar o ensino de que a experiência da saúde coletiva não pode ser reproduzida em cada pessoa e somente um grupo pode permitir medir consequências de determinadas exposições em alguns tipos de trabalho (LAX, 2000).

2. Está acontecendo inovação do pensamento jurídico pela penetração do princípio da precaução. É trabalho doloroso por que se inicia pela base nas promotorias e na justiça de primeira instância e chega tardiamente aos níveis de segundo e terceiro grau do sistema judiciário.

3. O conflito de interesses é a marca das pressões sobre os que administram a justiça e dificilmente é reconhecido como produtor de argumentos superados quando o que importa é apenas, e tão somente, o ritual do contraditório. Não existe opinião isenta embora consultores e peritos se digam isentos. Existe filiação a uma corrente de pensamento, um determinado princípio (dose ou precaução), uma determinada prática (estabelecimento de nexo causal individual contra a inversão do ônus da prova em casos coletivos). O conflito é jurídico, social, econômico e político. Tem intensidade máxima fora do aparato judicial extravasando para academias, partidos políticos, meios de comunicação, agências de publicidade (LAX, 2000).

4. O conflito em nível máximo pressiona a academia a conduzir ensino e pesquisa financiados pelos interessados. Remuneram melhor desde que os resultados compensem os investidores. Dirigentes de Estado e empresários forçam o argumento neoliberal de que a universidade "deve produzir para as empresas" mesmo que o único ente disposto a colocar financiamento nas universidades seja o Estado. Quem acredita nas pesquisas que dizem que um novo medicamento vendido pela indústria é bom ou melhor que seus antecessores (MICHAELS, 2008)?

Especialistas em Saúde Ocupacional e Saúde do Trabalhador discutem sobre quais seriam as implicações da exposição de trabalhadores DEPOIS de rompidos ou mudados seus vínculos de trabalho acontecidos em locais de reconhecido potencial de exposição com perigos e riscos de curta e longa latência.

Demonstraram assim sua preocupação com a pós-exposição pelo envolvimento altamente provável de todos os profissionais de saúde na prevenção, investigação, mitigação e reparo dos danos decorrentes de exposições ocupacionais.

A descrição dos condicionantes deste acompanhamento pós-exposição pode ser analisada a partir de um grupo de perguntas que servem de guia para compreender por que médicos do trabalho se preocupam com a mudança dos paradigmas de exposição e danos.

10 ATENÇÃO INTEGRAL À SAÚDE DOS TRABALHADORES

Perguntas temáticas de um Congresso de Especialistas:

— Muitos casos de adoecimentos do/no trabalho não são identificados graças ao chamado "silêncio epidemiológico"? Qual a importância da vigilância epidemiológica nesse sentido?

— Quais programas de controle as empresas precisam manter e como é possível prevenir o impacto dessas indústrias à saúde da comunidade trabalhadora e do entorno?

— Como a empresa deve conduzir situações de contaminação e os adoecimentos de forma responsável, evitando novos casos? Como os profissionais de SST podem colaborar neste sentido?

— Tendo acompanhado de perto o caso da Shell e Basf, como o senhor avalia o recente acordo judicial no TST — Tribunal Superior do Trabalho (BRASIL, 2001)? Que aspectos positivos este episódio traz e de alguma forma este caso pode servir para mudar a forma como as empresas se relacionam com os trabalhadores e a comunidade do entorno em relação à SST?

Uma tentativa de responder estas questões, ainda que parcialmente, foi formulada com base nos princípios da Vigilância Epidemiológica em Saúde do Trabalhador (PINHEIRO, 1996; RIGOTO, PORTO et al., 2012).

A ampliação da atenção à Saúde dos Trabalhadores será concretizada por meio dos sistemas públicos e universais de saúde. As contribuições empresariais serão sempre indiretas tal qual são as contribuições individuais dos trabalhadores para caixas únicas de Previdência e Assistência Social. Existe tendência de construir caixa financeiro para investimentos de pesquisa em poluição ambiental e acompanhamento de longo prazo para trabalhadores que mudam de empresas e de funções.

Um dado importante é que as empresas desaparecem, se transmutam, recompõem grupos societários e mudam as áreas de atuação produtiva e econômica. Isso transfere ao Estado e ao poder público as responsabilidades pela manutenção de registros sobre exposição no trabalho e sobre a saúde dos trabalhadores.

As pesquisas têm apontado a existência de um desencontro entre o surgimento de queixas judiciais, casos hospitalizados e diagnósticos de doença e causas de óbitos que não são notificados relacionados com exposições no trabalho.

Definimos "silêncio epidemiológico" como a divergência entre os dados de mortalidade e adoecimentos que não reconhecem a tipologia — doenças incomuns para a idade, o sexo e o grupo humano em particular — e não reconhecem a emergência de números incomuns de determinado grupo de patologias comentadas pelos trabalhadores, pelos sistemas de previdência e seguro social, pela população, e pelos meios de comunicação geral.

A revelação sobre o silenciamento surge a partir de casos índice notórios ou eventos que quebram as regras sociais e éticas vigentes. Costuma aparecer em grupos vulneráveis ou gravemente expostos. Silenciar diagnósticos é:

1. Deixar de notificar porque supostamente se espera "por confirmação". "Será que batemos mesmo em um iceberg?": — pergunta o capitão do Titanic.
2. Silenciar é atribuir a terceiros a obrigação de suspeitar e notificar. "Eu sou apenas o executor. Cabe a quem manda tomar as decisões."
3. Silenciar é colocar-se na posição de quem poderá ser chamado a testemunhar tendo sido acusado de "não produzir informação" embora fosse o encarregado legal e social daquela função.

Esperar pela confirmação pode ter vínculo com a latência. O intervalo entre exposição a um ou vários processos toxicantes de trabalho e determinada morbidade pode levar décadas em uma única série temporal de trabalhadores expostos. A capacidade de vigilância em saúde hoje é de no máximo alguns anos graças à alta volatilidade dos postos e dos processos de trabalho (MENDES, 2013).

A latência não se expressa mais no tempo de vida de uma geração. O primeiro exemplo foi a talidomida. Hoje se fala em epigenética. As gerações subsequentes são expressão biológica latente da seleção desencadeada pela exposição das gerações parentais. (DIAMANTI-KANDARAKIS, BOURGUIGNON et al., 2009b). O fim dos efeitos da exposição aos múltiplos processos de trabalho é transgeracional. (IGUTI, VILELA et al., 2001)

O silêncio epidemiológico tem dupla face. A primeira, da negação, e a segunda, da impossibilidade de reconhecer incertezas, acumular e analisar evidências. (WISNER, 1994; WOODING e LEVENSTEIN, 1999)

A negação do vínculo entre adoecimentos e a exposição múltipla a processos de trabalho tem origem na ontologia da formação científica pós-moderna. (KRIEBEL e TICKNER, 2001; QUINLAN, MAYHEW et al., 2001; DOVERS, 2002; TICKNER, 2002; LEVINS, 2003). Negar e duvidar é a essência do progresso da ciência positiva. (COMTE, 1973 (1844); POPPER, 1975 (1934;1958).

Negar e duvidar mesmo quando existem evidências foi, entretanto, a essência da inquisição segundo o "Práctica de La Inquisición en la depravación herética" em que Bernardo Guy (Guidoni) reforçou em 1308 os métodos de tortura da inquisição criada pelo Papa Lucio III em 1184 (p. 436) (AGUINIS, 1997; MICHAELS, 2008).

Negar e duvidar mesmo quando existem evidências é também a base do criacionismo moderno que nega igualdades e direitos com intenções fundamentalistas. Prefere a doutrina única e compartilha com a inquisição o ódio aos livros, cuja cultura organizada ameaça os argumentos sectários.

Apresentamos a seguir uma lista de iniciativas práticas de boa evidência para profissionais de Saúde do Trabalhador e do Direito sobre como se devem construir evidências que fundamentem ações de prevenção, mitigação, proteção, e reparo da saúde dos trabalhadores envolvidos:

Deve-se *registrar* de forma organizada a sequência de eventos de pequeno impacto e curta duração se possível criando e mantendo **prontuário eletrônico individualizado com dados de postos de trabalho**. Os registros de morbidade e relatórios de licenças menores que 15 dias, bem como incidentes perigosos na atividade laboral devem conter dados sociais que permitam vínculos entre futuras bases de dados como **nome da mãe, data de nascimento, CPF, número SUS e Número de Identificação do Trabalhador (NIT), datas de início, mudanças de função e desligamento.**

Discussão: os profissionais de saúde também mudam constantemente seus vínculos empregatícios e locais de trabalho. Em consequência torna-se muito difícil senão impossível o acompanhamento individual pelos profissionais que produzem a informação. Somente a Vigilância à Saúde do SUS e a Previdência Social pública, nacional, compulsória e solidária, têm competência técnica para unificar bases de dados regionais e nacionais para localizar pessoas e vincular registros. Para que os dados de saúde do trabalhador sejam tratados de forma unificada é necessário o repositório público da informação pré-codificada e identificada. Somente o uso de bases que unificam os tipos de exposição, os tempos decorridos e os desfechos permitem analisar.

É necessário *documentar* com fichas de notificação e análise de incidentes os eventos de maior impacto com dados além dos habituais em bases múltiplas.

Discussão: os profissionais de saúde das empresas devem notificar simultaneamente em bases do SUS e bases criadas e mantidas pelas empresas. Não há garantias de que notificando em apenas uma base será possível recuperar os dados suficientes para futura análise. Pecar por excesso é mais seguro que pecar por omissão. Especialmente não se deixar levar pelos conselhos dos velhos profissionais de que notificações só devem ser feitas com casos "confirmados". É exatamente o contrário. Notificação é algo que se faz sob suspeita. Depois de confirmado o caso a ausência de notificação prévia será apenas mais uma prova de que o responsável pela suspeita deixou de cumprir a obrigação de notificar. Torna muito fácil descarregar a responsabilidade gerencial e de direção sobre contratados e subcontratados.

É obrigatório por lei acumular registros de saúde individuais e coletivos de exposição e *notificar continuamente ao SUS* (SINAN, SIGAB, CAT-WEB) diagnósticos com relato de componentes da exposição múltipla em trabalhadores ativos. As notificações feitas pelos SESMTs podem contribuir tanto para evitar subnotificação quanto duplicações.

A Lei determina a *obrigação de documentar processos laborais de alta agressividade* com base em dados de produção coletiva e não apenas dados clínicos individuais.

Discussão: o princípio do poluidor-pagador está largamente incorporado na legislação internacional e nacional. A jurisprudência recente atribui responsabilidade às empresas que empreenderam trabalho agressivo com exposição múltipla de pessoas e do ambiente. Trabalhar com processos de trabalho que resultam em perigo reconhecido a médio e longo prazo implica na "inversão do ônus da prova". Cabe encontrar evidências de que a exposição não poderia causar eventos coletivos e não casos individuais. A discussão sobre nexo causal individual passa a ser epidemiológica e não mais de julgamento individual subjetivo.

É necessário guardar por tempo indefinido sem destruir, danificar ou permitir a destruição dos registros de Saúde do Trabalhador com a prática permanente de *Duplicar documentação* em backups incrementais múltiplos e externos, sob guarda e responsabilidade dos profissionais de saúde.

Discussão: os profissionais de Saúde do Trabalhador terão sempre dificuldades em provar que cumpriram suas obrigações legais de notificação, vigilância e guarda dos registros de saúde. Se deixarem aos cuidados apenas dos departamentos das empresas serão fatalmente confrontados com a ausência ou desaparecimento de seus próprios trabalhos em ocasiões de discussão sobre causas e efeitos dos ambientes de trabalho pelos quais foram responsáveis.

É científica e eticamente necessário *garantir a validação externa na documentação epidemiológica* compartilhando no SUS e com serviços similares.

Discussão: os profissionais de saúde são um dos pontos fracos na relação conflituosa entre capital e trabalho. A validade dos registros guardados apenas no ambiente empresarial é limitada e volátil. Deve-se buscar a garantia de que seus registros no SUS estejam corretamente identificados quando emitem notificações. A judicialização dos conflitos trabalhistas pressupõe que os profissionais de saúde sejam os primeiros chamados a ser confrontados com queixas em juízo. Notificando-se corretamente pode-se evitar desgaste futuro entre colegas de profissão apenas para delonga da aplicação dos princípios que hoje responsabilizam os empregadores.

Seria sempre conveniente aos profissionais de SESMTs e da Saúde do Trabalhador retomar as recomendações de organizações multilaterais como a ONU que recomendam o que denominam Ações empresariais positivas — boas práticas traduzindo-as em termos institucionais e locais para sua própria 'governança' (UN SECRETARY-GENERAL, 1999):

1. Tornar independentes os serviços de assessoria médica patronal em relação aos serviços de medicina e segurança do trabalho. Assessor não examina ninguém. Somente recebe informações tabulares e calcula denominadores e índices.
2. Contribuir para fundos científicos e tecnológicos estatais de pesquisa em precaução.
3. Não derrubar governos nem se associar a grupos golpistas.
4. Não estabelecer padrões duplos de segurança e prevenção em distintos países e regiões.
5. Não mascarar a produção com rótulos verdes, mas, publicar os verdadeiros avanços na precaução.
6. Não exercer práticas antissindicais.
7. Não exercer práticas antiambientais aplicando os princípios de Precaução (RIECHMANN e TICKNER, 2002; TICKNER, 2003; BREILH, BRANCO *et al.*, 2005).

Se estas práticas estivessem implantadas, muito do que se vê em lutas nas lides judiciais poderia ser evitado. São exemplos de discussão que deveriam ocorrer no meio científico e não nos tribunais.

Um dos exemplos é a discussão sobre causalidade das doenças mentais como decorrência das condições de trabalho. Discutir saúde mental é terreno de incertezas para todos os especialistas. Não há motivos para profissionais de Saúde do Trabalhador serem envolvidos em discussão etiológica quando a epidemiologia apontar aumento de incidência ou de prevalência. "Os diagnósticos são apresentados em juízo como coisas objetivas e não o são. São baseados em julgamentos clínicos baseados na observação e interpretação de comportamentos, relatos pessoais, e, portanto, sujeitos à variabilidade e vieses."

É uma completa estupidez a avaliação do comportamento de pacientes baseados em registros das modernas redes sociais virtuais de Internet. O psicopata é sempre sedutor e cativante. O suicida é sempre alegre e bem-disposto. O depressivo é sempre realizado e assertivo.

Isso se constituirá em limites permanentes e presentes para discussões sobre a confiabilidade e validade de diagnósticos que fogem da área individual e somente encontram respaldo em diagnósticos coletivos de fontes múltiplas. Cair no terreno da disputa de nexo individual é falsear evidências científicas e provavelmente perder qualquer questão judicializada.[2]

11 A NEGAÇÃO DA CAUSA COMO OBSTÁCULO À DEFESA SOCIAL E JURÍDICA DA SAÚDE DO TRABALHADOR

Esse tópico foi inicialmente comunicado a alunos de pós-graduação em Saúde Coletiva sob o título: **Escola da negação das relações de causa e efeito nas doenças do trabalho.** Buscamos abordar parte das explicações para a motivação de técnicos e especialistas em negar relações de causalidade imediata entre agravos à saúde e suas origens nos processos e ambientes de trabalho. Argumentamos que a atitude 'negacionista' se intensifica à medida que aumenta a tensão do debate sobre direitos dos trabalhadores e da sociedade. Concluímos apresentando aspectos da linguagem

---

(2) Disponível em: <http://www.guardian.co.uk/society/2013/may/12/medicine-dsm5-row-does-mental-illness-exist]>.

técnica que evidenciam a opção de quem afirma ou nega as relações de causalidade discutindo a origem das palavras utilizadas no discurso das negativas.

11.1 O Negacionismo como escola e movimento

O "*negacionismo*" da causa e efeito das doenças relacionadas ou agravadas pelo trabalho tem relação com fé absoluta, autoritária e fundamentalista que despreza evidências. É equivalente ao *criacionismo*, que diz que a raça humana foi criada por Deus há quinze mil anos quando as evidências geológicas, paleológicas e antropológicas dizem que a espécie humana deixou traços de sua atividade há mais de cinquenta mil anos e que existe vida de animais multicelulares registrada há mais de 65 milhões de anos (DAWKINS, 2009).

A luta no mundo científico para definir o que é suficiente para considerar uma evidência de causalidade é diretamente proporcional aos interesses dos grupos envolvidos (BREILH, BRANCO *et al.*, 2005; EGILMAN e BOHME, 2005). Ninguém discute causalidade diante de um muro desabando e todos correm para se colocar a salvo além de estabelecer normas de construção para que não aconteça novamente.

Mapear o conflito de interesses é fundamental na análise do viés manifestado em escritos técnicos e científicos quando se pergunta quem paga; quem recebe; quem orienta, e quem é beneficiado pelos resultados finais. Não existe ciência neutra e os representantes da ciência da negação têm aumentado o uso desse princípio para negar ainda mais. Quando são exigidos quanto a requisitos científicos se dizem "neutros" (LEVINS, 2003).

O discurso simplificador ou negacionista qualifica como causa o que em geral é fator presente na exigência prévia da seleção para pertencer aos grupos atingidos: — Mulheres, mulheres brancas, mulheres com sobrepeso, escolaridade maior, ter filhos, idade acima de 30 anos, ser casada, cuidar da família. Em geral são requisitos para compor a força de trabalho, ter estudado e ter conseguido especialização suficiente para a capacitação para o trabalho, ser mãe com probabilidade menor de vir a engravidar e se ausentar do serviço durante o parto e puerpério, ser casada e ter menor probabilidade de pedir demissão ou se rebelar diante de ordens de serviço, e outras condições 'marcadoras'. Por esse motivo a maioria dos marcadores da vida social é indevidamente transformada em "causa" para excluir da discussão aquilo que é óbvio — o trabalho.

Do ponto de vista científico existem várias denominações para características das pessoas e da vida social que estão presentes nos grupos de trabalhadores. Um desses termos é a palavra "marcador" que remete ao conceito que exprime aquilo não é causa embora tenha presença associada. Em epidemiologia, podem existir ainda outras associações peculiares chamadas de fator de confundimento ou adicionalmente de sinalizador de presença do efeito (KLEINBAUM, KUPPER *et al.*, 1982).

A epidemiologia identifica as relações mais importantes e pode analisar quais tipos de trabalho são geradores do maior número de agravos. O problema é que as informações sobre os processos de trabalho são geralmente consideradas segredo empresarial e patronal. Assim ficam evidentes só os fatores ou "causas" associadas que estão visíveis e disponíveis para observadores externos ao processo de trabalho (KASSIRER, 2001; KAILA-KANGAS, KESKIMÄKI *et al.*, 2006).

11.2 Funcionalidade e avaliação multiprofissional

Muito se discute sobre qual profissão de saúde, das ciências humanas ou das engenharias seria aquela eleita para avaliar a capacidade de trabalho e julgar quando alguém está incapacitado para exercer determinada função. O senso comum e as práticas governamentais estabelecem geralmente a primazia da avaliação feita por médicos o que vem sendo crescentemente contestado pela evolução dos critérios de avaliação. O código mais conhecido por expressar agravos de saúde é a décima revisão da Classificação Internacional de Doenças da Organização Mundial da Saúde conhecida como CID-10 (WHO — WORLD HEALTH ORGANIZATION, 1999).

Os fisioterapeutas, terapeutas ocupacionais, psicólogos, sociólogos, e mesmo antropólogos estudam as características de interação humana no trabalho que não são determinadas por funcionalidades biomecânicas ou bioquímicas. Algumas especialidades médicas como a Psiquiatria não têm o diagnóstico formulado pelo local anatômico de lesões ou por estruturas celulares ou moleculares disfuncionais. A sede anatômica da maioria das doenças mentais não é conhecida e o tratamento é ministrado com base em diagnósticos funcionais. A psiquiatria é das especialidades médicas aquela que mais compreende a dependência de outras abordagens não anatômicas.

Resulta da submissão a conceitos antigos que a avaliação médica exclusiva seja empregada por sistemas de avaliação de direitos a benefícios previdenciários, securitários e sociais. Dessa designação ora exclusiva ora compartilhada de maneira subordinada ou irregular resultam conflitos sobre a natureza causal, a extensão, o tipo e a duração das incapacidades. Consequentemente ocorrem desacordos sobre a forma de estabelecer prognósticos quanto à duração dos agravos e das suas consequências. Fica impossível evitar a discussão fora do âmbito avaliativo com acusações recíprocas e principalmente conflitos de interesse nos quais os avaliadores são identificados como representantes de uma das partes envolvidas, em geral a mais forte.

11.3 Funcionalidade não é a integridade de um órgão ou sistema corporal

A visão do corpo humano como máquina deriva de conceitos iluministas que são tomados parcialmente, ignorando a importância que o iluminismo dava à expressão da mente, da inteligência e da sensibilidade. Deriva dessa visão o risco de se avaliar como propenso e bom para o trabalho alguém que possa ser classificado como saudável apesar de ser um 'perfeito idiota'.

Graças à formação orientada para mecanismos anatômicos e fisiológicos, em geral os médicos não são capacitados para avaliar a capacidade para o trabalho sem dialogar com outros profissionais. Quando atuam isoladamente são induzidos pelo tipo de formação que recebem a superestimar suas próprias avaliações (WHO, 2001).

A formação médica é segmentada ao campo das lesões com sede anatômica ao passo que a capacidade para funcionar socialmente e trabalhar resulta de interações que as avaliações corporais, exames de segmentos anatômicos, tecidos, células e química dos fluidos corporais não conseguem totalizar.

Médicos têm reduzida formação sobre funcionamento psíquico, percepção e propriocepção, tempo de recuperação dos sistemas límbico, núcleos e ritmos hormonais, bem como sobre fisiologia da interação socioneural.

Algumas especialidades médicas são extremamente segmentadas quanto ao tipo de conhecimento operacional que mobilizam, impedindo o aprimoramento fora de seu campo. Agravam assim o paradoxo do saber especializado: — quanto mais um especialista estuda seu próprio campo menos sabe sobre o que o circunda. Corre-se o risco de saber-se tudo sobre anatomia e função de um determinado membro ou órgão e saber-se muito pouco sobre caminhar em equilíbrio com postura adequada.

11.4 Biomecânica, estrutura e função

A valorização do conhecimento sobre como funcionam as partes do corpo leva ao desenvolvimento da Biomecânica. Esse conhecimento busca padrões de capacidade de esforço de segmentos corporais, amplitude dos movimentos e alcance útil dos sentidos. Entretanto essa disciplina não responde de maneira soberana às variações individuais dos tempos celulares e pessoais de recuperação da funcionalidade após o trabalho.

A avaliação da funcionalidade não pode ser somente de caráter biomecânico. Um batráquio retirado da lagoa tem biomecânica perfeita para pular embora não seja capaz de operar na sociedade humana.

Existem pessoas com limitações biomecânicas que são capacitadas funcionalmente para várias atividades, desde que não sejam assediadas, oprimidas, ou exigidas além de seu tempo de recuperação.

Pode-se morrer trabalhando com lesões incapacitantes e produzir arte e escultura como fez o "Aleijadinho". Pode-se chegar ao suicídio por dor corporal ou sofrimento psíquico sem lesão biomecânica que possa ser detectada ao exame clínico tal como fizeram os cinco engenheiros da Renault em 2006-2007 em Guyancourt — Paris e na France Télécom com 25 suicídios após 2000.[3]

11.5 Lesão, recuperação e funcionalidade

Com a ênfase nos aspectos de diagnóstico de funcionalidade para o reconhecimento de direitos dos trabalhadores tem sido dada muita ênfase ao conhecimento das estruturas e funções que sofrem lesões consequentes ao trabalho. Pouca atenção tem sido dada para o fato de que lesões biomecânicas que não são tratadas e posteriormente submetidas

---

(3) Disponível em: <http://publico.pt/sociedade/noticia/um-suicidio-no-trabalho-e-uma-mensagem-brutal-1420732>.

a procedimentos para reabilitação não recuperam a funcionalidade. Ocorre a cura com incapacidade ou impedimento proporcional à extensão das cicatrizes.

O característico dos processos de lesão biomecânica macroscópica, localizada em tendões, nervos, e músculos, é que o processo inflamatório tem fases determinadas que resultam em cicatrizes. Toda cicatriz diminui o tamanho original da estrutura atingida e implica em rigidez pelo acúmulo de fibroblastos — células que se agrupam em núcleos fibrosos endurecidos.

As lesões agudas ocorrem com pouca ou nenhuma inflamação. As rupturas microscópicas de tendões e dos pontos de inserção dos tendões nos ossos (ênteses) não apresentam sinais citopatológicos ou bioquímicos ou aos exames de imagem mais sofisticados como a ressonância nuclear magnética ou RNM/"MRI". A inserção dos nervos nos músculos ou junção neuromuscular é ultramicroscópica sendo possível estudá-la apenas com técnicas de isolamento de preparados musculares em microscopia fina com tecidos seccionados para observação em bancada de laboratório. Não há estudos *in vivo* para esses processos de neurotransmissão.

Para estudar as "entesopatias" que também integram os quadros dolorosos das patologias genericamente denominadas 'LER/DORT' é necessário pesquisar em modelos animais ou realizar biópsias com cirurgias mutilantes. Nesses estudos é muito difícil identificar mudanças nas estruturas microscópicas dos tecidos danificados. Não é por acaso que os negacionistas dizem que não encontram inflamação nas tendinites.

O fenômeno inflamatório é estudado a mais de cinquenta anos e é fato conhecido que examinar depois de alguns dias ou semanas da lesão aguda implica ver a resolução dos processos inflamatórios e não a inflamação propriamente dita (GUYTON e HALL, 2006):

As etapas conhecidas do processo inflamatório são:

1 — Lesão com extravasamento de líquidos celular e extracelular para fora de seus compartimentos;

2 — Acúmulo de substâncias químicas que provocam migração de leucócitos;

3 — Aumento do volume líquido local com formação de barreiras de fibrina;

4 — Aumento da temperatura local e rubor com maior vascularização;

5 — Aparecimento de células migratórias tipo leucócitos e histiócitos;

6 — Reabsorção do líquido pela diminuição do edema;

7 — Migração de fibroblastos com substituição do tecido inflamado por cicatriz;

8 — Redução de volume da estrutura celular, tissular ou estrutural;

9 — PERDA DE FUNÇÃO das estruturas danificadas consequentes à cicatrização.

Todo estudante de ciências biológicas e da saúde conhece estas fases do processo inflamatório e sabe que um exame local, cirúrgico, com imagens de raios infravermelhos, Raios-X, Ressonância Magnética, ou eletroneuromiografia feitos depois de quinze dias do início dos sintomas e sinais vai encontrar a última fase do processo.

A imagem de um nervo ou tendão inflamado se tornará normal a partir do segundo ou terceiro mês apesar de que a dor não permitirá o funcionamento pleno da região afetada.

Um exame de imagem feito de um a dois meses depois da lesão iniciada não vai encontrar alteração na forma, no tamanho, e talvez nem na capacidade de contrair e relaxar um grupo de músculos. Só irá encontrar dor. E a dor infelizmente não é sentida por quem examina.

O médico escreverá no prontuário: consegue se vestir de maneira rápida. Não tem problemas para retirar os sapatos. A mão tem força para segurar a caneta e o aperto de mão. Consegue resistir a manobras de extensão, rotação, compressão, abdução e adução (com todos os nomes e siglas estrangeiras que as disfarçam). Consegue abaixar-se para pegar o papel que jogo ao chão (lombalgia do simulador).

O médico clínico ou cirurgião dificilmente perguntará:

O senhor ou a senhora tem problemas para limpar-se ou lavar as partes íntimas depois de usar a privada? Evita usar banheiros fora de casa porque não consegue fazer a limpeza pessoal? Consegue colocar as cuecas (ou calcinha e sutiã) sem ajuda? Consegue pentear os cabelos de trás da cabeça? Pode olhar para trás? Consegue subir num ônibus com a força das mãos? Pode girar a chave na fechadura de casa?

Um terapeuta, fisiatra, ou um psiquiatra provavelmente faria essas e várias outras perguntas. Poderia perguntar: — O Senhor ou a Senhora tem vergonha de seus colegas de trabalho? Tem medo de falar com seus chefes? Tem medo de contar em casa que pode perder o emprego? Tem medo de não levantar para ir ao trabalho? Consegue lavar sua roupa? Consegue pegar um pé de sapato debaixo da cama? Consegue amarrar um cadarço de sapato? Consegue girar uma chave de fenda em um parafuso? Consegue contar um maço de notas de dinheiro? Consegue suspender uma folha de papel acima da máquina do caixa no banco? Consegue escolher feijão ou arroz para cozinhar? Consegue descascar batatas? Parou de fazer sexo por que sente dor? O senhor está satisfeito com a forma como leva a sua vida? O que é maior — a sua dor ou a vontade de trabalhar?

Em exames médicos clínicos e especializados, em caso extremo, a percepção de dor e desconforto pode ser vista em membros perfeitos e até ausentes. As pessoas que tiveram membros amputados relatam sentir dor e comichão em mãos e pés que já não possuem.

As repetições das lesões inflamatórias com lesões no mesmo segmento corporal podem levar à destruição completa da função sem alterar a forma e a funcionalidade aparente do órgão ou do corpo. Nesses casos médicos não descrevem as lesões existentes com uma palavra terminada com "ite" que significa inflamação. Descrevem com a terminação "ose" que significa 'distúrbio' sem causa definida (BRAUNWALD, ISSELBACHER et al., 1987).

Existe, portanto, uma lista infindável de argumentos negativos para reconhecer a presença e a origem dos mecanismos de dor, incapacidade e disfuncionalidade causados pelo trabalho. O reconhecimento depende da capacidade dos avaliadores, pesquisadores e trabalhadores para unir evidências e colocá-las disponíveis para o público interessado em prevenir adoecimentos e tornar o trabalho um espaço criativo de crescimento individual e coletivo.

12 O TRABALHO COMO ESPAÇO CRIATIVO E SUSTENTADOR DA VIDA

É necessário examinar a dupla característica do trabalho como fonte de vida e fonte de ameaças à saúde e à vida individual e coletiva. Um dos sinalizadores sociais dessa ambivalência é a luta dos trabalhadores pela celebração do dia 28 de abril — Dia Mundial em Memória das Vítimas de Acidentes e Doenças do Trabalho.

Esse dia de mobilização social surgiu no Canadá, por iniciativa do movimento sindical, como ato de denúncia e protesto contra as mortes e doenças causados pelo trabalho, espalhando-se por diversos países. Esse dia foi escolhido em razão de um acidente que matou 78 trabalhadores em uma mina no Estado da Virgínia, nos Estados Unidos, no ano de 1969. (Centrais Sindicais do Brasil, 2011, 2012)

A partir daí se faz necessário identificar as posições que se confrontam quando se analisa o trabalho como fonte de vida e dignidade.

Segundo a Visão do Trabalhador: o trabalho é meio de criar a identidade e garantir a sustentação da vida. Para o trabalhador não se separa festa, trabalho e pão. Segundo a Visão do Investidor: o trabalho é fonte de lucro. O conflito entre as formas de buscar o lucro e as de sustentar a vida se reduz ao objetivo final. Não existe festa nem pão. Só trabalho.

Os Estados de bem-estar social surgidos após as duas guerras mundiais do século XX trazem a Visão do Estado Democrático, expressa nas resoluções de organizações como a Organização Internacional do Trabalho — OIT/ILO. Segundo esta visão o trabalho é fonte da legitimidade das instituições sociais reguladas e mediadas pelos poderes de Estado perante os conflitos entre capital e trabalho. Do trabalho derivam o produto social, as riquezas, os bens culturais e o sustento. Sem o Estado de bem-estar social não há festa, nem garantia de trabalho. O pão é riqueza de poucos.

A ampliação do poder social de regular as forças produtivas para que não destruam a fonte da vida levam ao socialismo, em suas múltiplas formas e estágios, desde a social-democracia europeia aos Estados socialistas asiáticos do século XX. A subordinação de tudo ao objetivo do lucro conduz ao liberalismo capitalista, à selvageria, às guerras e à barbárie genocida.

A Saúde do Trabalhador surgiu no Brasil nos anos 1980 com objetivo de incentivar a construção de mecanismos capazes de promover, proteger e vigiar a saúde do trabalhador propõe que os mecanismos de funcionamento e as políticas sejam controlados por trabalhadores organizados em participação direta em todos os níveis, local, municipal, estadual e federal. A Saúde do Trabalhador fica definida como a prática da Saúde Coletiva subordinada ao controle social dos trabalhadores organizados (PIMENTA, CAPISTRANO-FILHO et al., 1988).

Segundo a visão dos sanitaristas, profissionais, técnicos e atores sociais envolvidos nesta construção, é de certa maneira um consenso a ideia de que a organização dos trabalhadores para participação na democracia direta não se dá apenas por mecanismos formais como emprego, sindicatos e centrais (ESTABROOK, SIQUEIRA et al., 2000).

São pensadas outras formas de organização social e do mundo do trabalho, que permitem compreender que a construção de muitas formas de organização local e comunitária abre espaço para que o SUS brasileiro construa Alianças Comunitárias e Sindicais para o controle da Saúde do Trabalhador mesmo onde não existem sindicatos (SIQUEIRA e LEVENSTEIN, 2000; SIQUEIRA, CASTRO et al., 2003; PORTO, 2005; TATTERSALL, 2006).

12.1 A conjuntura social para o Direito e a Saúde do Trabalhador

Diante da crise econômica provocada em 2008 pela cobrança de juros bancários contra a produção econômica no Hemisfério Norte os países da América Latina foram, até 2014, verdadeiros paraísos não sufocados pela "Troika" — Comissão Econômica Europeia da CEE; Banco Central Europeu instalado em Frankfurt; Fundo Monetário Internacional — FMI.

Os bancos internacionais criaram promessas de lucros para grandes especuladores, acionistas e rentistas que exigem sacrifícios dos trabalhadores expondo-os ao desamparo da velhice sem aposentadoria, ao desemprego e à fome nas ruas dos países mais poderosos.

A associação entre países com economias primárias mais fortes e não completamente financeirizados resultou em clima de crescimento econômico contrário à recessão da Europa, América do Norte, e sudeste asiático.[4]

Na América Latina avançaram os mecanismos de acordos econômicos multilaterais (MERCOSUL — <http://www.mercosul.gov.br/>), e os acordos políticos e sociais (UNASUL — <http://www.brasil.gov.br/sobre/o-brasil/brasil-no-exterior/brasil-e-america-do-sul-1/unasul>). Esses grupos multilaterais ajudaram a enfrentar as pressões dos bancos internacionais para precipitar a crise social, inflacionar as moedas, elevar os juros, causar desemprego e aumentar a renda dos rentistas e banqueiros. Até 2015 a 'Troika' da Europa não conseguiu ainda impor sua política abaixo do Equador.

O clima econômico e político repete o período 1940-1950 quando os países periféricos cresceram enquanto a Europa se destroçava na guerra e o colonialismo tinha seus dias contados com a emergência das independências das colônias africanas.

Os portugueses foram os últimos derrotados nas guerras anticoloniais de Angola e Moçambique. Seguiram a derrota francesa iniciada no Vietnã e seguida pela queda da Argélia e do Congo. Os holandeses já tinham sido derrotados na África do Sul e os Ingleses deixaram o Zimbabwe depois de anos de exploração e êxodo rural com semiescravagismo.

Nesse cenário o Brasil cresceu e se industrializou. Havia felicidade relativa apesar da repressão social anticomunista e antissocialista aliada ao progresso econômico. Getúlio Vargas criou legislação protetora do trabalho que subordinava o sindicalismo ao Estado, ao mesmo tempo em que reprimia a sindicalização autônoma e tornava ilegais os partidos comunistas. Os trabalhadores expulsos do campo encontravam emprego nas cidades. Os pais podiam ter certeza de que a vida de seus filhos seria melhor que a sua com educação primária pública universal. O desenvolvimento social brasileiro foi interrompido com a derrubada pelo golpe militar contra o governo trabalhista de João Marques Belchior Goulart substituído por camadas políticas que passaram a exportar capitais brasileiros, invertendo o fluxo de desenvolvimento que voltou a ser maior no hemisfério norte durante a guerra fria — 1945-1989.[5]

---
(4) Disponível em: <http://www.itamaraty.gov.br/temas/mecanismos-inter-regionais/agrupamento-brics>.
(5) Disponível em: <http://www.sohistoria.com.br/resumos/guerrafria.php>.

No período 2003-2013 ocorreu novamente no Brasil um surto de progresso social para as classes trabalhadoras com a criação de políticas universais de Estado contra a miséria e a fome, associadas ao Programa de Aceleração do Crescimento. O Estado voltou a criar obras de infraestrutura tal como nos anos 40 e 50.[6]

O preço pago pelos trabalhadores no regime presidencialista foi sustentar governos de coalizão em que a maioria parlamentar só é possível atendendo a interesses de frações da classe que vive de rendas bancárias e concentração de propriedades. Os partidos políticos de esquerda não eram maioria no Congresso. O sistema eleitoral não permitiu eleições igualitárias pela existência de financiamento privado para eleger políticos lobistas. A política dos trabalhadores arriscou-se à divisão em partidos cada vez mais minoritários e mais frágeis. A emergência da legalidade para novas centrais sindicais a partir de 2008 também se apresentou como nova barreira para a unificação de pautas de defesa dos direitos sociais, dentre elas, resultando em prejuízos para o Sistema Único de Saúde e para a Saúde do Trabalhador.[7]

12.2 Recuos e Avanços

As frações da classe trabalhadora avançaram em suas múltiplas formas de organização social e algumas aderiram às políticas das classes dominantes. Aceitaram trocar direitos sociais consagrados por garantias de acesso a bens e serviços privados especialmente nos planos pré-pagos de convênios e seguros de saúde. Grupos sindicais se fracionaram e se acusaram reciprocamente de adesão, criando palavras de ordem que confundem e desunem os trabalhadores.

Ficou enfraquecida a defesa unitária da proteção à saúde e reforçou-se a busca da solução de mercado preocupada em consumir serviços de saúde privados enfraquecendo a defesa da prevenção e assistência pública do SUS.

Lobistas continuaram se elegendo para cargos do legislativo porque foi continuamente permitido o financiamento privado e não existiu o financiamento público exclusivo das campanhas eleitorais.

As Resoluções da Organização Internacional do Trabalho, apesar de reconhecidas e assinadas pelos governos e referendadas pelo Congresso Nacional, ainda não encontram aplicação automática. Encontra-se em exposição acentuada à disputa na política social. A mídia amplifica os movimentos contrários à Reforma Agrária, Industrialização Sustentável, Proteção às populações de indígenas e migrantes, Promoção dos Direitos Humanos defendidos por feministas e gays.

A liberdade de crenças tem sido atacada num concerto entre o ataque deliberado contra o Estado laico e as liberdades civis. Os crucifixos se espalham por repartições públicas e os neopentecostais investem contra o Estado laico e contra as outras religiões e crenças.

Isso aumentou a fragilidade dos trabalhadores expostos ao trabalho selvagem com adoecimentos e mortes no trabalho intensificado e sem proteção. Aumentou também o assassinato de militantes sindicais urbanos e rurais e avançou a destruição do ambiente. A produção tóxica poluente causou danos irreparáveis às gerações futuras, impossíveis de avaliar com as técnicas disponíveis.

As Centrais Sindicais brasileiras oscilam na divisão e na unidade pela defesa da unificação da Saúde do Trabalhador nas políticas públicas. Os servidores públicos dessa área se perguntam: então, vigiar para quê? Conceitualmente toda a equipe multiprofissional é unidade sentinela. (Graziela Almeida Silva, Fórum AT 2010). Mas quem dá apoio? Quem fala pelo trabalhador junto aos sistemas públicos de Saúde do Trabalhador e de Vigilância à Saúde?

As palavras de ordem sindicais continuam não questionando a produção sociotécnica do trabalho tóxico. *"No más muertes! No más poluición! Trabajo sin moléstias!"* são palavras universais que não encontram respaldo prático. A divulgação dessa postura política é fraca e não é participativa nas vigilâncias à saúde no SUS. Os representantes dos trabalhadores têm se ausentado da representação direta e participativa nos Conselhos Municipais, Estaduais e Nacional de Saúde, e têm trabalhado em busca de pautas específicas, fracionando as categorias e suas lutas.

Uma grande vitória conquistada na Lei n. 8.213 do Legislativo Federal Brasileiro foi a universalização do direito de emitir Comunicações de Acidentes do Trabalho (CATs). Pela lei, sindicalistas, técnicos e gestores do SUS, e até o próprio trabalhador podem emitir o documento. Só não dispõem das senhas criadas pelo sistema federal que recebe as notificações. As senhas eletrônicas são entregues aos serviços de Recursos Humanos das empresas. As cinco a seis

---
(6) Disponível em: <http://www.pac.gov.br/>.
(7) Disponível em: <http://www.ipea.gov.br/desafios/index.php?option=com_content&view=article&id=2911:catid=28&Itemid=23>.

vias impressas em papel ficam mais facilmente jogadas em arquivos e montes de papéis sem processamento pelas repartições da Previdência Social no país. O documento escrito em papel por entidades não patronais era recusado, abandonado ou destruído. Agora o documento eletrônico nem pode ser feito.

O sistema WEB-CAT não é de acesso público, não pode servir para emissão de notificação de acidente no trabalho pelo cidadão e não pode ser usado de forma tabular pelo gestor do SUS.

As tentativas de reformar o sistema podem servir para o avanço de congressistas lobistas na retirada da obrigação de notificar. Também são vistas como ameaça burocrática pelos sindicalistas e técnicos que conquistaram no passado a universalização do direito de emitir. Julgam que conseguiram muito e pensam que não podem perder agora o tudo-por-nada. Como os médicos patronais detêm a exclusividade de emitir o documento eletrônico a CAT-Web continua servindo para negar e encobrir os adoecimentos e mortes do trabalho.

O Sistema de Notificação de Agravos de Notificação Compulsória — SINAN — incorporou algumas modalidades de acidentes e doenças do trabalho. No entanto o SINAN não permite também a emissão social compartilhada. Sindicatos, associações, trabalhadores e mesmo gestores locais não têm acesso à emissão e à tabulação de dados com desagregação local. Dessa forma o SINAN deixa de gerar informação para a vigilância local em Saúde do Trabalhador.

As Empresas aproveitam-se da inércia do sistema político e público e burlam a lei. Não notificam. Mais tarde quando forem cobradas jogarão a culpa sobre seus antigos médicos e técnicos de saúde dizendo que era responsabilidade deles e não uma obrigação patronal. Haverá culpados e o processo de trabalho não será responsabilizado. O passivo social e ambiental será também um passivo jurídico com miríades de processos cíveis e criminais contra os antigos gestores dos Programas de Controle (?) Médico de Saúde Ocupacional — PCMSO. Será mais um caso em que o capataz pagará pelo serviço que prestou ao patrão. Pergunta-se o que aconteceria se de repente, tocados por um raio, os gestores de PCMSO resolvessem cumprir a lei e notificar pelo SINAN? Por acaso receberiam senhas de acesso ao sistema? Emitiriam documentos aceleradamente negando causas relacionadas com o trabalho para confundir o sistema?

Enquanto os sistemas dos Ministérios da Previdência, da Saúde e do Trabalho e Emprego não são unificados e a possibilidade de inativação ou desativação da CAT persiste na prática, os técnicos de assessoria sindical em saúde não têm proposta que diferencie a Saúde do Trabalhador da plataforma geral da classe média neoliberal que visa ascender pela via exclusiva da democratização do consumo de planos de saúde.

Alguns braços da organização sindical disputam além da associação com planos privados de saúde o controle de Órgãos Gestores de Mão de Obra (OGMO) em que paradoxalmente trabalhadores assumem o papel patronal livrando os empresários do encargo das garantias trabalhistas. Nessa gestão dos OGMOs, típico dos portos comerciais de carga, o trabalho é igualmente intensificado e precário.

12.3 Sucessos locais em Saúde do Trabalhador

Pesquisadores brasileiros têm se preocupado em destacar quais são os sucessos na vigilância em Saúde do Trabalhador (SANTANA, 2010). Ressaltam que falta a gestão baseada em evidências. Em que pesem as iniciativas sindicais como o Observatório de Saúde do Trabalhador (<http://www.observatoriost.com.br>); o Fórum de Acidentes do Trabalho (<http://www.moodle.fmb.unesp.br/course/view.php?id=52>) o Centro Colaborador de Vigilância dos Acidentes do Trabalho da UFBA (<http://www.ccvisat.ufba.br/>) além da experiência do CEREST de Piracicaba — SP na construção de um sistema local de vigilância de emergências hospitalares do trabalho — Relatório de Atendimento ao Acidentado no Trabalho — RAAT cujo lema era "Conte para nós! Conte conosco!" (VILELA, 2001).

Para fazer a gestão baseada em evidências precisamos reforçar os sistemas existentes — CAT-Web e SINAN, ou o que venha a substituí-los — para cobrir o universo de atendimento hospitalar privado e as empresas com registros que não permitam o uso de classificações anatômicas (CID-10 Grupo XIX) e tenhamos o registro das CAUSAS dos adoecimentos e acidentes (CID-10 Grupo XX).

12.4 Agendas Conflitantes e Propostas Ineficazes

A mídia propulsiona os trabalhadores e a população geral para o combate à corrupção como forma de combater a organização social e política popular quando a esquerda ganha eleições. A mídia não fala em combate às desigualdades, não quer reforma eleitoral e política, não quer reforma tributária para deixar de taxar o rendimento assalariado. Fala de ética para perseguir técnicos que revelam doenças de trabalhadores e denunciam condições degradantes de trabalho.

A ética que serve para perseguir os trabalhadores é ética de classe que destaca o segredo patronal, ética corporativa para proteger capatazes, ética do consumo privado ampliado, e a ética do controle da força de trabalho pelo acesso ao segredo dos prontuários dos trabalhadores dentro dos muros das empresas. Essa ética se opõe ao uso da informação pública pelos gestores.

Os governos de coalizão adotam políticas oscilantes tendentes à privatização (EBSERH) e retiram financiamento público inclusive para pesquisa e comunicação social. Não promovem pesquisa para gestão baseada em evidências. Não comunicam suas ações por imprensa própria ou comunitária.

Os técnicos do Sistema Público de Saúde (SUS) trabalham sob coação entre as instâncias de governo. Equilibram-se para enfrentar pressões empresariais e corporativas em nome da ética da classe não trabalhadora e também nas dificuldades de atender a demandas sindicais conflituosas. Lembramos que 14% dos Acidentes de Trabalho notificados no SINAN são informais.

Os trabalhadores se afastam do SUS quando estão desunidos e renunciam à ação política pública. O controle pela participação direta se anula mesmo quando é possível e historicamente conquistado. As Centrais Sindicais investem na comunicação própria sem pautas para a unidade nas políticas de saúde. O Conflito político da adesão ou recusa de referendo às pressões neoliberais desvia a atenção dos trabalhadores dos Serviços Públicos de Saúde do Trabalhador para a supremacia de contratos de convênios e seguros privados. Com isso os instrumentos intersindicais são desarticulados, desativados ou subfinanciados, como o DIESAT e o '*Observatoriost*' (PEDRA, CASTRO *et al.*, 2009).

12.5 Os adversários do controle social na Saúde do Trabalhador

É provável que grupos que investem em vender serviços tampão para a classe patronal reforcem as teses que negam as relações causais entre adoecimentos, mortes e o trabalho.

Esta proposta teórica associa a continuação dos movimentos negacionistas com a defesa de que também se deve continuar a negar acompanhamento após a exposição e evitar a aplicação do princípio das leis que determinam que o poluidor tenha que pagar pelo dano causado — princípio do poluidor-pagador.

Essa tendência de pensamento irá na contramão dos desenvolvimentos legais e judiciais recentes no Brasil. Alguém terá que pagar e provavelmente os técnicos dos PCMSO [Programas de Controle Médico de Saúde Ocupacional] serão "deixados para trás" para o ajuste de contas quando seus CEOs ['Chief-Executive Officers'] estiverem longe e as firmas tiverem fechado e seus sócios migrarem ou desaparecerem do país.

Outra iniciativa patronal e também corporativa recente é criminalizar e judicializar a vigilância e a pesquisa em Saúde do Trabalhador (ST). Embora a reação do Ministério Público do Trabalho (MPT) seja clara no encaminhamento das ações judiciais para impor o princípio do poluidor-pagador algumas instâncias judiciais ainda resistem e o conflito pela responsabilização permeia os poderes do Estado.

Os técnicos patronais e corporativos buscam saídas para bloquear notificações, descaracterizar vínculos e nexos causais e manter privilégios antiéticos de acesso patronal corporativo a exames de trabalhadores para demissão precoce.

Contra essa iniciativa de encobrir o passivo social ficara a ameaça de acúmulo de um passivo jurídico acumulado para posterior ajuste de contas econômicas, cíveis e criminais. Muitos gestores de PCMSO se converteram em advogados trabalhando juridicamente em causa própria após condenações recentes na Justiça do Trabalho.

Isso faz com que a saída de judicializar e criminalizar não seja boa para os técnicos que defendem hoje as políticas desinformadoras e os privilégios corporativos. O tempo está correndo e esvazia a ação dos técnicos de ST dos serviços do SUS além de sobrecarregar a Justiça do Trabalho em todos os seus níveis. É como uma hemorragia gotejante que enfraquece e não mata. Os governos em coalizão retrocedem e a direita liberal avança nas privatizações e segmentação do consumo. A privatização está fazendo muita poeira na estrada.

13 UMA AGENDA PARA SAÚDE E DESENVOLVIMENTO

Este tópico busca analisar a história recente dos direitos sociais em busca de uma pauta política. Descreve parcialmente a discussão que considerou aspectos globais da Seguridade Social englobando o SUS e a Previdência Social como direito humano e constitucional que deve ser conquistado e discutido na 4ª Conferência Nacional de Saúde do Trabalhador do Brasil.

No período 1999 a 2013 os analistas econômicos das corporações de mídia passaram a considerar os trabalhadores do campo como culpados por terem adquirido em 1971 o direito a aposentadoria por tempo de serviço concedido pelo antigo FUNRURAL depois convertido em benefício pelo INSS. Os direitos da Seguridade Social estabelecidos pela Constituição Federal de 1988 nunca foram aceitos pela mídia que representa seguradoras e bancos interessados na privatização da Previdência Social Brasileira (BRASIL — CONGRESSO NACIONAL, 1971; BRASIL, 1991).

Interessa aos jornais, revistas e televisões dizer que a Previdência Social dá prejuízo para defender a sua privatização (CUNHA, 2013). As medidas políticas e econômicas que perdoam dívidas com a Previdência Social comprometem a arrecadação de contribuições. Até 2013 o saldo de caixa de arrecadação da Previdência Social é positivo considerando-se receita e despesa com trabalhadores que contribuem. No entanto ao discutir a preocupação com o equilíbrio entre a receita e a despesa da Previdência Social é mais fácil culpar o benefício concedido aos trabalhadores do campo na aposentadoria por idade e forjar um déficit causado pela ausência de contribuições do tesouro para cobrir as aposentadorias de trabalhadores e trabalhadoras do campo que não pagavam INSS antes de 2012.

Segundo a Constituição Federal o Sistema Único de Saúde (SUS) é parte da Seguridade Social e a Educação deve planejar a formação de trabalhadores que vão prestar serviços de saúde de forma a garantir o seu funcionamento. O planejamento de currículos das universidades em geral desconsidera decisões sobre a Saúde dos Trabalhadores e Trabalhadoras (BRASIL — PRESIDÊNCIA DA REPÚBLICA, 2011; BRASIL — MINISTÉRIO DA SAÚDE, 2012).

A maior parte das Universidades Públicas e Privadas não forma profissionais de saúde para o trabalho no SUS. Atende primeiramente ao mercado privado de clínicas e hospitais filiados e planos privados de saúde, levando à carência de profissionais de saúde para o trabalho na assistência primária especialmente nas cidades menores e nas áreas rurais.

A formação de especialistas está restrita a condições não planejadas pelo Estado, a exemplo do setor médico onde se forma número insuficiente de anestesistas, cirurgiões ortopedistas, neurocirurgiões, radiologistas e especialistas em imagens médicas, e mesmo pediatras (BRASIL — PRESIDÊNCIA DA REPÚBLICA, 2013).

Os trabalhadores são frequentemente levados a pensar que é melhor comprar saúde do que exigir seus direitos junto ao SUS e à Previdência Social. Os governos praticam renúncia fiscal (perdão de impostos) e dão subsídios que representam grande incentivo econômico e político para as seguradoras e planos privados de saúde (BRASIL — ANS, 2012).

Pelo lado relativo aos profissionais já formados, não existe obrigação de que os profissionais formados com dinheiro público trabalhem pelo menos dois anos no SUS e a mídia chama isso de "direito individual" dos profissionais que estudaram com financiamento público. Falta um Serviço Civil Obrigatório para os profissionais de saúde recém-formados e existe resistência de órgãos da corporação médica contra a aceitação de diplomas de medicina de brasileiros e estrangeiros formados no exterior que desejam trabalhar no Brasil (BRASIL — MINISTÉRIO DA EDUCAÇÃO — MINISTÉRIO DA SAÚDE, 2011).

Para as lideranças sindicais importa saber com quais políticas converge ou diverge a defesa do progresso social e do desenvolvimento com trabalho e saúde no campo. As divergências estão claramente explicitadas.

As entidades corporativas representantes da categoria profissional dos médicos têm liderado movimentos contra as medidas governamentais que buscam atender os trabalhadores, os moradores das periferias e do campo. Em que pesem as dificuldades criadas por medidas do próprio Poder Executivo ao criar programas de contratação de médicos formados no exterior, as pressões políticas contra a extensão de cuidados médicos para os trabalhadores rurais entram em conflito com as necessidades de atendimento nas áreas mais distantes dos grandes centros urbanos (CORRÊA FILHO, 2013a; c; b).

A atuação política das entidades médicas corporativas no período 2006-2013 chegou ao extremo de disputar com o Estado buscando capturar a regulação privada e corporativa dos conteúdos de currículos escolares e a capacitação de profissionais e especialistas em saúde, como cursos de residência para especialidades médicas, descendo ao nível de proibir que sejam atendidas e criadas casas de parto (CREMESP, 2012a; b; CRMERJ, 2012). Combatem a capacitação de profissionais de saúde para atender malária, tuberculose e vacinações em áreas onde os médicos são ausentes ou escassos. Nesse tópico as entidades corporativas profissionais se colocam contrárias aos interesses dos trabalhadores e criam obstáculos para a organização do SUS e da Saúde dos trabalhadores do campo (CORRÊA FILHO, 2012c; d; b; a).

A atuação recente das entidades médicas só pretende ou aceita reforçar o SUS na defesa da criação de carreiras de Estado para os médicos. Nesse ponto a política corporativa converge com os interesses das classes trabalhadoras ao reforçar a política pública de atendimento com equidade para os trabalhadores rurais e urbanos.

Outros interesses políticos poderão convergir com o interesse das classes trabalhadoras se buscarem reforçar a participação popular nos Conselhos Municipais, Estaduais e Nacional de Saúde. O reforço à democracia participativa é ponto de convergência importante para a defesa de uma verdadeira política de saúde para trabalhadores e trabalhadoras.

Uma divergência importante na área da política internacional está presente no ataque ideológico e financeiro contra os países que tentam fortalecer os Sistemas Públicos Universais de saúde e previdência social. Existe pressão política muito forte contra o Brasil, a Venezuela e a África do Sul por que são países que têm defendido e organizado a extensão de planos públicos universais de saúde e de previdência social.

Para esses países a proposta das grandes seguradoras internacionais não é atendimento público universal e gratuito como a do SUS. Desejam criar uma cunha econômica com o novo conceito de Cobertura Universal à Saúde, de caráter compulsório, sob controle de seguradoras privadas, subsidiado com dinheiro público e capaz de extorquir das pessoas uma "contribuição para moderar o uso dos serviços". O modelo internacional, até agora fracassado no país de origem, tem sido chamado de "Obama-care". Segundo esse modelo, o governo nacional paga seguradoras e elas decidem quem deve ser atendido e como. Quem procurar o serviço paga taxa adicional de acesso segundo o nível de pobreza em que foi classificado.

A reunião internacional de março de 2014 em que se confundiram planos de direitos universais com planos de seguros privados para extensão de cobertura ocorreu na África do Sul e contou com a presença de técnicos brasileiros, sul-africanos, indianos e chineses. As seguradoras e bancos internacionais são contrários a essas iniciativas e farão tudo o que estiver ao alcance para convencer jornais, revistas, tevês e seus *lobbies* na Organização Mundial da Saúde, de que o melhor é comprar planos privados de saúde e aposentadoria.

A luta dos neoliberais contra sistemas nacionais universais vem sendo liderada por financeiras internacionais que têm interesse em transformar a água de beber, a energia elétrica dos lares, saúde, previdência, educação e até as prisões em produtos de venda internacional. A venda privada de serviços que deveriam ser direitos dos cidadãos é parte da grande divergência entre a economia política internacional e o interesse das classes trabalhadoras. É fundamental constatar o poder determinante dos interesses de bancos e financeiras internacionais que ou usam forças armadas dos próprios países ou, quando invadem, usam exércitos mercenários para destruir governos nacionais e sistemas de direitos sociais.

Depois dos serviços sociais o capital internacional tem como objetivo controlar todas as fontes de água doce e de energia. O conceito de energia vai da energia dos alimentos até a energia contida no petróleo. Para controlar os alimentos a grande arma internacional são os agrotóxicos e o monopólio das sementes de vegetais transgênicos (SMITH, 2003; SMITH, 2007; 2009; AUGUSTO, CARNEIRO *et al.*, 2012; CARNEIRO, PIGNATI *et al.*, 2012; RIGOTO, PORTO *et al.*, 2012). O interesse dos trabalhadores diverge do interesse das companhias que vendem sementes que só nascem uma vez e das plantas que exigem agrotóxicos para crescer.

A água doce significa insumo para indústrias e para serviços, incluindo escolas, mercados, bancos, e redutos turísticos privados ("resorts"). Como combustível da vida a água doce também significa a geração de energia hidroelétrica, ainda que para isso tenha que se destruir grandes potenciais de vida humana, animal e vegetal. Hidroeletricidade é a interface entre água e energia.

A Energia está sendo planejada e disputada no século XXI para três campos principais: — A nanotecnologia, as comunicações e o armamento. Outros campos de domínio econômico tendem a se comportar de maneira subsidiária dentro da geração de energia como petróleo, gás, mineração, usinas nucleares, química "suja", e manufaturas obsoletas.

Dentro dos três campos de disputa de ponta no domínio da energia a nanotecnologia implica o controle da computação, da química fina, dos biofármacos, e da genética que visa monopolizar pelo patenteamento pirata as fontes de alimentos e várias formas de vida.

As comunicações resistem a desempenhar papel de avanço para relações sociais e políticas que estão em disputa com o controle das grandes corporações internacionais, das comunicações para fins militares e do segmento de comunicação restrito a canais de altíssimo poder financeiro como videoconferências, canais restritos de alta velocidade, canais pagos e controlados por satélites de países que violam a privacidade e o planejamento de países fracos.

Os campos da nanotecnologia e das comunicações se completam com a produção de controle do armamento convencional estratégico e fundamentalmente do não convencional, com besouros e libélulas espiões, aviões sem piloto, e armas capazes de matar sem deixar rastro.

Nenhum desses campos opera sem trabalhadores. Não abrem mão de qualificar e capacitar quem seja útil e também não abrem mão do descarte ilimitado de trabalhadores doentes, desgastados ou subqualificados. O planejamento da mão de obra do século XXI é para descarte como forma de controle contra rebeliões e contra exigências de direitos pelos trabalhadores.

Impõe-se pensar em uma forma de passar das condições mais selvagens e predatórias do capitalismo, que repete no século XXI o que o pirata Francis Drake foi autorizado pelo rei da Inglaterra a fazer nos mares do sul. É necessário forçar a fronteira móvel entre essa forma assassina de explorar o trabalho em direção às conquistas de direito à reprodução social, biológica e política dos trabalhadores. Essa transição justa no Brasil e em outros países depende de momentos como a 4ª Conferência Nacional de Saúde do Trabalhador e da Trabalhadora.

Como ousadia apresentamos alguns tópicos que podem ser apontados como favorecedores da transição justa para os trabalhadores no Brasil:

1. É necessário **quebrar o segredo ilegal estabelecido por empresas e** órgãos **de governo sobre as doenças e acidentes do trabalho** alegando direitos comerciais e ameaças à individualidade que simplesmente não existem na Constituição Brasileira;
2. É necessário **quebrar o paradigma do nexo causal individual** que expressa a recusa de profissionais e pesquisadores em reconhecer que somente grupos coletivos de trabalhadores podem expressar frequências modificadas de adoecimento, de acidentes na forma de cálculos de risco epidemiológico sobre grupos humanos e não obrigando trabalhadores solitários a "provar" que estejam expostos ou doentes;
3. É necessário **quebrar o paradigma da "culpa da vítima"**. O trabalhador que morre é sempre o culpado pelo que os seus chefes deixaram de fazer em prevenção, promoção da saúde e recuperação quando estão doentes (VILELA, IGUTI *et al.*, 2004);
4. Devemos **impedir todas as formas de negociar a vida**, especialmente as tentativas de negociar garantias das leis que protegem a vida. Não é possível colocar horas de amamentação em bancos de horas. É necessário reconhecer o direito ao trabalho mais lento, ser solidário com trabalhadores que envelhecem, com as pessoas com deficiência, com as minorias étnicas e sociais. **Devemos devolver o direito de posse da terra para sua finalidade social**, combater todas as formas de terceirização, de assédio moral como estratégia produtiva, e reforçar as garantias de pausa durante as jornadas de trabalho para evitar adoecimento em massa;
5. Os trabalhadores precisam **combater a gestão privada e privatizante do Sistema Único de Saúde — SUS**.

A defesa do SUS pelos trabalhadores é uma pauta internacional. Coincide com a defesa do uso das águas sem taxação para agricultores e para uso doméstico familiar. Entra em conflito com a privatização da água de beber e com a cobrança da água encanada para os moradores das cidades quando existe esse serviço. Nos países desenvolvidos como o Canadá a água encanada domiciliar é gratuita e ninguém pensaria em cobrar pelo fornecimento de água para beber. O que foi ofensa no passado hoje é considerado natural. As companhias e bancos internacionais defendem que o pobre e o trabalhador paguem para beber água.

A pauta política dos trabalhadores do campo depende e coincide com as políticas universais de saúde do SUS, com programas de extensão universal como o Mais Médicos e a Estratégia de Saúde da Família. São necessários avanços para instalar policlínicas regionais de especialidades em saúde que incluam especialistas médicos, odontólogos, enfermeiros, fisioterapeutas, terapeutas ocupacionais, nutricionistas, que façam reabilitação de trabalhadores para poderem voltar a viver normalmente quando se recuperarem de lesões, de acidentes no trabalho e de doenças comuns e do trabalho.

É com essa pauta que os trabalhadores e os profissionais de Saúde do Trabalhador irão buscar reduzir a poucos itens suas reivindicações políticas nacionais de saúde e previdência social. Quanto menor a lista mais forte serão os trabalhadores e suas organizações sindicais. É com a concentração da vontade política em lista pequena que os trabalhadores poderão ser mais fortes politicamente para não perder o confronto com os interesses do capital que deseja juros bancários que custam a fome, a sede e façam as pessoas ficarem em casa no escuro sem alimentos, luz e energia elétrica.

13.1 Sugestões práticas para o SUS que a Justiça do Trabalho pode reforçar

Como desfecho listamos uma sequência de propostas para Diretrizes de Prioridades em Vigilância Epidemiológica em Saúde do Trabalhador que podem servir também de guia para busca de advogados, procuradores e juízes nos pontos em que falham os mecanismos de proteção e prevenção.

Essa lista tem como fundamento: vigiar exposições novas e intensivas com base no Princípio da Precaução. Seus objetivos são: — Mitigar e substituir exposições agressivas e reparar danos.

Sua Meta válida e ainda não atingida pelos atuais serviços públicos de Saúde do Trabalhador bem como pelas políticas públicas de justiça, saneamento e ambiente seria: — Monitorar Transferência ou relocação de processos econômicos agressivos no território bem como manter alerta para processos de adoecimento coletivo já conhecidos, informando os serviços e a sociedade civil.

Os alvos principais daquela vigilância epidemiológica e também previdenciária, trabalhista e judiciária seriam:

Manufatura com trabalho intensificado (metalomecânica, química, eletrônica, nanotecnologia, couro e vestuário);

Serviços de transporte e comunicação (exemplo: motofrete);

Modificação fundiária por agroindústria e monoculturas;

Mineração e barragens;

Surgimento de séries locais de agravos que sobrecarregam serviços de atenção à saúde.

Como Meios de Atingir a meta poderiam ser listados:

— Coletar Notificação mediante SUSPEITA e investigação epidemiológica com detalhes somente depois de registrada ação da autoridade sanitária.

— Criar e manter instrumentos de vigilância abertos à notificação pública, identificada ou não, por Internet aberta 24/7 (24 horas por dia 7 dias por semana), em sistemas universalmente compatíveis com campo para qualificação do notificador segundo a origem, todos com possível endereço ou destino de devolução da informação sobre o que foi feito — exemplo: e-mails anônimos com identidade virtual por apelido; e-mails individuais; endereços para carta ou telefone para contato em caso de desejo do notificante:

1. "Sindicalista" (obriga a retorno da responsabilidade sanitária);

2. "Anônimo" (como nos disque-denúncia);

3. "Cidadão" — com ou sem identificação para retorno;

4. "Profissional" (com ou sem identificação de profissão, ocupação, atividade);

5. "Profissional de Saúde" (com identificação de profissão, ocupação, atividade);

6. "Profissional de Saúde com responsabilidade sanitária" (obriga a retorno da responsabilidade sanitária);

7. Outros: — registrar assim todas as fontes não previstas inclusive as não suspeitadas como "A Presidenta da República", "O Governador do Estado", "Comandante da Região Militar, Naval, ou Aérea", "Capitania dos Portos", e outros que se não forem respondidos darão enorme confusão.

14 REFERÊNCIAS BIBLIOGRÁFICAS

AGUINIS, M. *A saga do marrano*. Tradução de SENDACZ, H. São Paulo: Página Aberta — Scritta, 1997.

ALMEIDA FILHO, N. D. A problemática teórica da determinação social da saúde — Nota breve sobre Desigualdades em Saúde como objeto de conhecimento. Saúde em Debate — *Revista do Centro Brasileiro de Estudos de Saúde* [S.I.], v. 33, n. 83, p. 349-370, set./dez. 2009 2009.

AROUCA, A. S. D. S. *O Dilema preventivista: contribuição para compreensão e crítica da medicina preventiva*. (1975). 197 f. Tese de Doutorado (Doutorado em Medicina) — Departamento de Medicina Preventiva e Social — Faculdade de Ciências Médicas, UNICAMP-Universidade Estadual de Campinas, Campinas SP, 1975. Disponível em: <http://teses.icict.fiocruz.br/pdf/aroucaass.pdf>. Acesso: february 13, 2012.

AUGUSTO, L. G. et al. *Agrotóxicos, saúde, ambiente e sustentatibilidade (Parte 2)*. Porto Alegre RS: ABRASCO — Associação Brasileira de Saúde Coletiva — Grupo Inter GTs de Diálogos e Convergências — X Congresso Brasileiro de Saúde Coletiva, 2012. Disponível em: <http://www.abrasco.org.br/UserFiles/Image/DOSSIE2f.pdf >. Acesso em: 28 nov. 2012.

AYRES, J. R. D. C. M. *Sobre o risco:* para compreender a epidemiologia. São Paulo: HUCITEC — Humanismo, Ciência e Tecnologia, 1997. (Saúde em Debate).

AYRES, J. R. D. C. M. Epidemiologia, promoção da saúde e o paradoxo do risco. *Revista Brasileira de Epidemiologia*, v. 5, p. 28-42, 2002. Disponível em: <http://www.scielo.br/scielo.php?script=sci_arttext&pid=S1415-790X2002000400005&nrm=iso>.

BARATA, R. B. Epidemiologia e saber científico. *Revista Brasileira de Epidemiologia*, v. 1, p.14-27, 1998. Disponível em: <http://www.scielo.br/scielo.php?script=sci_arttext&pid=S1415-790X1998000100003&nrm=iso >.

_____. Epidemiologia no século XXI: perspectivas para o Brasil. *Revista Brasileira de Epidemiologia*, v. 2, p.6-18, 1999. Disponível em: <http://www.scielo.br/scielo.php?script=sci_arttext&pid=S1415-790X1999000100002&nrm=iso>.

BARISON, E. D. M. *Processo saúde-doença e causalidade:* uma arqueologia das relações entre a Clínica e a Saúde Pública. *(1995)*. 177 f. Tese de Doutorado — Doctorate Dissertation (Doutorado em Medicina) — Departamento de Medicina Preventiva, USP — Universidade de São Paulo, São Paulo — SP, 1995.

BARRETO, M. L. Por uma epidemiologia da saúde coletiva. *Revista Brasileira de Epidemiologia*, v. 1, p. 123-125, 1998. Disponível em: <http://www.scielo.br/scielo.php?script=sci_arttext&pid=S1415-790X1998000200003&nrm=iso>.

BRASIL — ANS. Agência Nacional de Saúde Suplementar — Agência Reguladora de Planos de Saúde (Privados) no Brasil — *Composição da Câmara de Saúde Suplementar*. In: ANS, B.-. (Ed.). *Participação da Sociedade*. v. 2012. n. 25Janeiro. Brasília DF: ANS 2012. p. Webpage Institucional.

BRASIL — CONGRESSO NACIONAL. *[FUNRURAL] Lei Complementar N. 11 — de 25 de maio de 1971 — Institui o Programa de Assistência ao Trabalhador Rural, e dá outras providências*. — DOU de 26.5.1971, republicado em 5.8.71, rep. em 24.11.71, rep. em 25.11.71 e retificado em 26.11.1971. Brasília DF, 1971. Disponível em: <http://pesquisa.in.gov.br/imprensa/jsp/visualiza/index.jsp?jornal=1&pagina=1&data=09/05/2013>. Acesso em: 26 maio 1971.

BRASIL — MINISTÉRIO DA EDUCAÇÃO — MINISTÉRIO DA SAÚDE. *Portaria Interministerial 278/2011 — Institui o REVALIDA — Exame Nacional de Revalidação de Diplomas Médicos expedidos por universidades estrangeiras. Diário Oficial da União*, v. 2011, n. 53:12-17, p.12-17, 2011. Disponível em: <http://www.in.gov.br/imprensa/visualiza/index.jsp?jornal=1&pagina=12&data=18/03/2011>. Acesso em: 15 jun. 2012.

BRASIL — MINISTÉRIO DA SAÚDE. *1823: Portaria Ministerial n. 1.823 de 23.8.2012 — Institui a Política Nacional de Saúde do Trabalhador e da Trabalhadora*. Brasília DF, 2012. Disponível em: <http://pesquisa.in.gov.br/imprensa/jsp/visualiza/index.jsp?data=24/08/2012&jornal=1&pagina=46&totalArquivos=240>.

BRASIL — PRESIDÊNCIA DA REPÚBLICA. *7.602: Decreto n. 7.602 de 7.11.2011 — Dispõe sobre a Política Nacional de Segurança e Saúde no Trabalho — PNSST*. Brasília DF, 2011. Disponível em: <http://www.in.gov.br/visualiza/index.jsp?jornal=1&pagina=9&data=08/11/2011>; <http://www.planalto.gov.br/CCIVIL_03/_Ato2011-2014/2011/Decreto/D7602.htm>.

BRASIL — PRESIDÊNCIA DA REPÚBLICA. *DOU — Diário Oficial da União: Medida Provisória N. 621 de 8 de Julho de 2013 — Institui o Programa Mais Médicos e dá outras providências — 2013*. Disponível em: <http://www.planalto.gov.br/CCIVIL_03/_Ato2011-2014/2013/Mpv/mpv621.htm>; <http://www.in.gov.br/visualiza/index.jsp?jornal=1&pagina=1&data=09/07/2013>. Acesso em: 8 jul. 2013.

BRASIL. *Lei n. 8.213/91 — Dispõe sobre os Planos de Benefícios da Previdência Social e dá outras providências*. v. 2009, n. 14 outubro de 2009, p. Meio digital eletrônico, 1991. Disponível em: <http://www.planalto.gov.br/ccivil_03/leis/L8213cons.htm>; <http://www3.dataprev.gov.br/SISLEX/paginas/42/1991/8213.htm>. Acesso em: 20 fev. 2013.

_____. *Inquérito Civil Público 10425. Ministério Público do Trabalho — Procuradoria Regional do Trabalho da 15ª Região* — Campinas — São Paulo — Brasil, 2001.

BRAUNWALD, E. *et al.* Introduction to clinical medicine. In: BRAUNWALD, E. *et al* (Ed.). *Harrison's Principles of Internal Medicine*. New York, NY: McGraw-Hill Book Co., 1987. p. 5. death definition. (Principles of Internal Medicine).

BREILH, J. Reprodução social e investigação em saúde coletiva. In: CZERESNIA, D. (Ed.). *Epidemiologia*: teoria e objeto. São Paulo: HUCITEC — ABRASCO', 1990. p. 137-165. (Saúde em Debate).

BREILH, J. *et al*. Texaco and its consultants. *Int J Occup Environ Health* [S.I.], v. 11, n. 2, p. 217-20, Apr-Jun 2005.

BREILH, J. *et al. Deterioro de la vida*: un instrumento para análisis de prioridades regionales en lo social y la salud. QUITO, ECUADOR: Corporacion Editora Nacional & Centro de Estudios y Asesoría en Salud — CEAS, 1990. (Biblioteca de Ciencias Sociales Volumen 28).

BREILH, J.; GRANDA, E. *Investigação da saúde na sociedade*: Guia pedagógico sobre um novo enfoque do método epidemiológico. Trad. MANÇO, A. R. X. *et al*. São Paulo SP: Instituto de Saúde — SES — São Paulo & ABRASCO, 1986. (Biblioteca de Medicina Social "Cecília Donnângelo").

BREILH, J. *et al*. Determinantes sociais da saúde: entrevista com Jaime Breilh. *Blog do CEBES*, n. Publicado em: 1º.11.2011 10:10:37, 2011. Disponível em: <http://www.cebes.org.br/verBlog.asp?idConteudo=1664&idSubCategoria=38>.

CARNEIRO, F. F. *et al*. *Agrotóxicos, segurança alimentar e nutricional e saúde (Parte 1)*. Rio de Janeiro RJ: ABRASCO — Associação Brasileira de Saúde Coletiva — Grupo Inter GTs de Diálogos e Convergências — X Congresso Brasileiro de Saúde Coletiva, 2012. Disponível em: <http://www.abrasco.org.br/UserFiles/Image/_Dossie%20abrasco%20port.pdf>. Acesso em: 28 nov. 2012.

CARSON, R. *Silent spring*. Boston, MA: Houghton Mifflin, 1962.

CARVALHO, S. R. *Saúde coletiva e promoção da saúde*: Sujeito e mudança. São Paulo/SP: HUCITEC — Humanismo Ciência & Tecnologia, 2005. (Saúde em Debate, 163).

CDC. *Social determinants of Health — Frequently asked questions*. CDC Home Page, n. January 24, 2014, 2014Disponível em:<http://www.cdc.gov/socialdeterminants/FAQ.html>. Acesso em: march 5, 2014.

CEBES — CENTRO BRASILEIRO DE ESTUDOS DA SAÚDE. *Determinação social da saúde na visão do CEBES*. In: PASSOS, R. N. (Ed.). v. 2010. n. 15 Maio. Rio de Janeiro — RJ: CEBES, 2010. p. Editorial — Blog do CEBES — 2 p.

COMTE, A. Curso de filosofia positiva — Discurso sobre o espírito positivo — Catecismo positivista. In: CIVITA, V. (Ed.). *Os Pensadores — Coletânea de Textos — Abril Cultural*. São Paulo SP: Abril Cultural, 1973 (1844). Cap.I. p. 10-301. (Os Pensadores).

CORRÊA-FILHO, H. R. Redes de saúde de trabalhadores e ambiente: uma construção social que responde à globalização corporativa neoliberal. *Ciência & Saúde Coletiva* [S.I.], v. 8, p. 859-860, 2003.

CORRÊA FILHO, H. R. *Desobediência civil e debilidade democrática: o exame do CREMESP em 2012*. Blog do CEBES, n. 17 de Dezembro de 2012, p. 1, 2012a. Disponível em: <http://www.cebes.org.br/verBlog.asp?idConteudo=3947&idSubCategoria=56>. Acesso em: 17 dez. 2012.

_____ . *Mais novos médicos nacionais, médicos estrangeiros e corporação médica no Brasil: o certo, o torto e o errado*. Blog do CEBES e Viomundo — Carlos Azenha/Conceição Lemes, n. 08/06/2012 17:52:16 e 11/06/2012 11:46, p. 3, 2012b. Disponível em: <http://cebes.org.br/verBlog.asp?idConteudo=3069&idSubCategoria=56>; <http://www.viomundo.com.br/voce-escreve/heleno-correa-o-certo-o-torto-e-o-errado.html/comment-page-1#comment-347503>. Acesso em: 28 jul. 2012.

_____ . *Polícia administrativa médica: Estado, fascismo e saúde*. Blog Saúde Brasil — Blog do CEBES, n. 27/7/2012, p. 3, 2012c. Disponível em: <http://blogsaudebrasil.com.br/2012/07/27/policia-administrativa-medica-estado-fascismo-e-saude/>; <http://.org.br/internaEditoria.asp?idConteudo=3396&idSubCategoria=30>. Acesso em: 28 jul. 2012.

_____ . *Sobre o exame de Ordem dos Conselhos Regionais de Medicina*. Blog do CEBES, n. 27/7/2012, p.3, 2012d. Disponível em: <http://cebes.org.br/verBlog.asp?idConteudo=3395&idSubCategoria=56>. Acesso em: 28 jul. 2012.

_____ . *A ameaça dos médicos cubanos*. Blog do CEBES, n. 13/Maio/2013, p. 3, 2013a. Disponível em: <http://www.cebes.org.br/verBlog.asp?idConteudo=4405&idSubCategoria=56>. Acesso em: 13 maio 2013.

_____ . *Comentários à Medida Provisória n. 621/2013*. Blog do CEBES, n. 28/Julho/2013, p. 2, 2013b. Disponível em: <http://www.cebes.org.br/imprimir.asp?idConteudo=4754&idSubCategoria=>. Acesso em: 28 jul. 2013.

_____ . *Divergências sobre a importação de médicos para o SUS*. Blog do CEBES, n. 17.6.2013, p. 2, 2013c. Disponível em: <http://www.cebes.org.br/internaEditoria.asp?idConteudo=4577&idSubCategoria=30>. Acesso em: 17 jun. 2013.

COSTA, D. F. *et al. Programa de Saúde dos Trabalhadores. A experiência da Zona Norte: Uma alternativa em Saúde Pública*. São Paulo — SP: HUCITEC — Editora Humanismo, Ciência e Tecnologia, 1989. (Saúde em Debate).

CREMESP. *Exame do Cremesp: Resolução n. 239 torna obrigatória a avaliação para o registro profissional*. Notícias, 2012a. Disponível em: <http://www.cremesp.org.br/?siteAcao=NoticiasC&id=2568>. Acesso em: 25 jul. 2012.

_____ . *Mais da metade dos recém-formados em medicina no Estado de São Paulo foi reprovada no exame obrigatório*. CREMESP NOTICIAS, n. 12-12-2012, 2012b. Disponível em: <http://www.cremesp.org.br/?siteAcao=NoticiasC&id=2715>. Acesso em: 15 dez. 2012.

CRMERJ. *265; 266/2012: Resoluções ns. 265 e 266/2012. 265 Dispõe sobre a proibição da participação de médico em partos domiciliares. 266 Dispõe sobre a responsabilidade do diretor técnico em relação à assistência perinatal prestada por pessoas não habilitadas e/ou de profissões não reconhecidas na área da saúde*. Rio de Janeiro RJ, 2012. Disponível em: <http://www.cremerj.org.br/legislacao/detalhes.php?id=715&item=1>; <http://www.cremerj.org.br/legislacao/detalhes.php?id=714&item=1>. Acesso em: 13 jul. 2012.

CUNHA, J. R. A. O princípio da proibição do retrocesso social frente à crise econômica mundial: reflexos no direito à saúde. *Revista Crítica do Direito*, v. 48, Maio — 2013, 2013. Disponível em: <http://www.criticadodireito.com.br/todas-as-edicoes/numero-2-volume-48>; <http://www.criticadodireito.com.br/todas-as-edicoes/numero-2-volume-48/cunha>. Acesso em: 2 abr. 2014.

DAWKINS, R. *O maior espetáculo da terra*: as evidências da evolução. Trad. MOTTA, L. T. São Paulo/SP: Companhia das Letras — Editora Schwarcz, 2009.

DIAMANTI-KANDARAKIS, E. et al. *Endocrine-Disrupting Chemicals: An Endocrine Society Scientific Statement*. Endocr Rev, v. 30, n. 4 (June), p.293-342, 2009a.10.1210/er.2009-0002.

_____ . *Endocrine-Disrupting Chemicals: An Endocrine Society Scientific Statement*. Endocr Rev [S.I.], v. 30, n. 4, p. 293-342, June 1, 2009 2009b.

DOVERS, S. *Precaution, prediction, proof, and policy assessment*. New Solutions [S.I.], v. 12, n. 3, p. 281-296, 2002 2002.

EGILMAN, D. S.; BOHME, S. R. *Chevron-Texaco's Science*. Letters [S.I.], v. 11, n. 4, p. 456-457, oct/dec 2005 2005.

ENGELS, F. *A situação da classe trabalhadora na Inglaterra*. Trad. SCHUMANN, B. A. São Paulo/SP: Boitempo Editorial, (1845)-2008.

ESTABROOK, T. et al. *Labor-Community alliances in petrochemichal regions in the United States and Brazil: What does it take to win? Capitalism, Nature, Socialism: Labor, Community, Ecology* [S. I.], v. 11, n. 3, p. 113-145, 2000.

FACCHINI, L. A. *Por quê a doença? A inferência causal e os marcos teóricos de análise* — Capítulo 3. In: ROCHA, L. E. et al (Ed.). *Isto é trabalho de gente? Vida, doença e trabalho no Brasil*. Petrópolis — RJ: Vozes, 1994. p. 33-55 (672p).

FERRARA, F. A. et al. *Medicina de La Comunidad: Medicina Preventiva; Medicina Social; Medicina Administrativa*. 2. ed. Buenos Aires, AR.: InterMédica editorial S.A.I.C.I., 1976.

FLEURY-TEIXEIRA, P. *Determinação social da saúde*. In: PASSOS, R. N. (Ed.). v. 2010. n. 15 Maio. Rio de Janeiro — RJ: CEBES, 2010. Revisão — Blog do CEBES — 12p.

FRUMKIN, H. *Across the water and down the ladder*: occupational health in the global economy. Occupational Medicine [S.I.], v. 14, n. 3, p. 637-663, July-September, 1999.

GORDIS, L. *Epidemiology*. Philadelphia, PA: W.B. Saunders Co., 1996.

GUYTON, A. C.; HALL, J. E. *Tratado de fisiologia médica. [Textbook of Medical Physiology]*. Tradução de MARTINS, B. D. A. E. A. 11a. ed. Rio de Janeiro: Elsevier, 2006.

HARVEY, D. *A brief history of neoliberalism*. 1. ed. Oxford, NY: Oxford University Press, 2005.

HASTINGS, G. *Why corporate power is a public health priority. The marketing campaigns of multinational corporations are harming our physical, mental, and collective wellbeing*. BMJ — British Medical Journal [S.I.], v. 345, n. e5124, p. 5, 2012.

HILL, A. B. *The environment and disease*: association or causation? Proceedings of the Royal Society of Medicine, v. 58, n. 5 May, p. 295-300, 1965. Unavailable. Disponível em: <http://www.ncbi.nlm.nih.gov/pmc/articles/PMC1898525/pdf/procrsmed00196-0010.pdf>. Acesso em: 1965.

IGUTI, A. M. et al. Uma revisão sobre as dioxinas. *Revista Brasileira de Saúde Ocupacional* [S.I.], v. 26, n. 99/100, p. 121-144, September 2001.

JACOB, F. *A lógica da vida*: uma história da hereditariedade. Trad. SOUZA, Â. L. D. 1 (Brasil). ed. Rio de Janeiro — RJ: Edições GRAAL Ltda., 1983. (Biblioteca de filosofia e história das ciências).

KAILA-KANGAS, L. et al. *How consistently distributed are the socieconomic differences in severe back morbidity by age and gender? A population based study of hospitalisation among finnish employees*. Occup Environ Med [S.I.], v. 63, p. 278-282, 2006.

KASSIRER, J. P. *Financial conflict of interest: an unresolved ethical frontier*. American Journal of Law & Medicine [S.I.], v. 27, n. 2 &3, p. 149-162, 2001 2001.

KLAASSEN, C. D. et al. *Cassarett and Doull's Toxicology*: the basic science of poisons. 3. ed. New York: Collier Macmillan Canada, Inc., 1986.

KLEINBAUM, D. G. et al. *Epidemiologic research*: principles and quantitative methods. 1. ed. NEW YORK: Van Nostrand Reinhold, 1982. (Carol Beal).

KRIEBEL, D.; TICKNER, J. *Reenergizing Public Health through precaution*. American Journal of Public Health [S.I.], v. 91, n. 9, p. 1351-1355, September, 2001.

LAURELL, A. C.; NORIEGA, M. *Processo de produção e saúde*: trabalho e desgaste operário. Trad. COHN, A. et al. São Paulo — SP: HUCITEC — Editora Humanismo, Ciência e Tecnologia, 1989. (Saúde em Debate).

LAURENTI, C.; KASS, M. J. R. *Explicação causal na filosofia de Francis Bacon e o modelo padrão de explicação científica*. DISSERTATIO, n. 26, p. 137-153, 2007. Disponível em: <https://www.researchgate.net/publication/237228517>; <http://www.ebooksbrasil.org/eLibris/norganum.html>. Acesso em: 16 jul. 2016.

LAX, M. *The fetish of the objective finding*. New Solutions [S.I.], v. 10, n. 3, p. 237-256, 2000.

LEAVELL, H. R.; CLARK, E. G. *Medicina Preventiva*. Trad. DONNÂNGELO, M. C. F. et al. São Paulo: McGraw-Hill do Brasil, Ltda./MEC — Fundação Nacional do Material Escolar, 1976.

LEVINS, R. *Whose scientific method? Scientific methods for a complex world*. New Solutions [S.I.], v. 13, n. 3, p. 261-274, 2003.

LIEBER, R. R.; ROMANO-LIEBER, N. S. Risco, incerteza e as possibilidades de ação na saúde ambiental. *Revista Brasileira de Epidemiologia*, v. 6, p. 121-134, 2003. Disponível em: <http://www.scielo.br/scielo.php?script=sci_arttext&pid=S1415--790X2003000200006&nrm=iso>.

LILIENFELD, D. E.; STOLLEY, P. D. *Foundations of epidemiology*. 3rd. ed. New York: Oxford University Press, 1994. (Epidemiology).

LOWRANCE, W. W. *Of acceptable risk*: science and the determination of safety. Los Altos, CA: William Kaufmann, Inc., 1976.

MACMAHON, B.; PUGH, T. F. *Principios y métodos de epidemiologia*. Trad. TEMOCHE, A. 2. ed. Mexico DF: La Prensa Médica Mexicana, 1975. (Epidemiologia).

MARMOT, M. et al. WHO — World Health Organization — Comission on Social Determinants of Health. Ref. WHO/EIP/EQH/01/2006, 2006. Disponível em: <http://apps.who.int/iris/bitstream/10665/69350/1/WHO_EIP_EQH_01_2006_eng.pdf>. Acesso em: march 5 — 2014.

MAUSNER, J. S.; KRAMER, S. *Mausner & Bahn Epidemiology: An introductory Text*. 2nd. ed. Philadelphia, PA: W. B. Saunders Co., 1985.

MELLO, C. G. D. *Saúde e assistência médica no Brasil*. São Paulo SP: HUCITEC — Editora de Humanismo, Ciência e Tecnologia coedição CEBES, 1977. (Coleção Saúde em Debate do Centro Brasileiro de Estudos de Saúde -CEBES-, 1).

MENDES, R. Fatos Portadores de futuro — Responsabilidade sem fim: forma-se jurisprudência sobre a vitaliciedade de vigiar e cuidar da saúde. *Revista Proteção* [S.I.], v. 2013, n. 4, p. 256 (2p.), Abril 2013.

MICHAELS, D. *Doubt is their product*: how industry's assault on science threatens your health. Oxford: University Press, 2008.

MILANOVIC, B. *Global income inequality by the numbers*: in History and now — An overview — Policy research working paper 6259. *WPS6259 — The World Bank Development Research Group — Poverty and Inequality Team*, n. November, 2012, p. 30, 2012. Disponível em: <http://www-wds.worldbank.org/external/default/WDSContentServer/IW3P/IB/2012/11/06/000158349_20121106085546/Rendered/PDF/wps6259.pdf>. Acesso em: 23 dez. 2012.

NAVARRO, V. *The politics of health care reforms in U.S. Presidential elections — The Deficits of U.S. Democracy and the Implications for Health and Social Policy. International Journal of Health Services, Volume 38, Number 4, Pages 597–606 2008*, v. 38, p. 597-606, 2008. doi: 10.2190/HS.38.4.a Disponível em: <http://baywood.com/hs/ijhs384.pdf>. Acesso em: 8 april 2014.

_____. Social determinants of health: What we mean by social determinants of health. *International Journal of Health Services* [S.I.], v. 39, n. 3, p. 423-441, 2009.

NUNES, E. D. *Juan César García*: Pensamento social em saúde na América Latina. São Paulo: Cortez Editora — ABRASCO, 1989. (Pensamento social e saúde).

_____. Sociologia da saúde: história e temas [Parte 1: Abrindo o campo]. In: CAMPOS, G. W. D. S. et al (Ed.). *Tratado de Saúde Coletiva (871 p.)*. São Paulo, Rio de Janeiro: HUCITEC, EDITORA FIOCRUZ, 2006. Cap. 1. p. 19-51.

PASSOS, R. Rediscutindo a questão da determinação social da saúde — Termo de referência para seminário do CEBES. In: PASSOS, R. N. (Ed.). v. 2010. n. 15 maio. Rio de Janeiro: CEBES, 2010. p. Editorial — Blog do CEBES — 4p.

PEDRA, F. et al. Observatório de Saúde do Trabalhador. In: PEDRA, F. M. (Ed.). v. 2009-2011. n. 18 nov. 2011. Rio de Janeiro: Forum das Centrais Sindicais Brasileiras, 2009. *Clearing House Multimedia Home-Page*.

PIMENTA, A. L. et al. *Saúde do trabalhador*. São Paulo: HUCITEC — Editora Humanismo, Ciência e Tecnologia, 1988. (Saúde em Debate).

PINHEIRO, T. M. M. *Vigilância em saúde do trabalhador no Sistema Único de Saúde*: a vigilância do conflito e o conflito da vigilância. (1996). 189 f. Tese de Doutorado (Doutorado) — Medicina Preventiva e Social, UNICAMP — Universidade Estadual de Campinas, Campinas, 1996. Disponível em: <http://www.bibliotecadigital.unicamp.br/document/?code=000135428>.

POPPER, K. R. A lógica da investigação científica. In: MARICONDA, P. R.; CIVITA, V. (Ed.). *Os Pensadores — Coletânea de Textos — Abril Cultural*. São Paulo SP: Abril Cultural, 1975 (1934;1958). Cap. I a X. p. 263-403. (Os Pensadores).

PORTO, M. F. Saúde do trabalhador e o desafio ambiental: contribuições do enfoque ecossocial, da ecologia política e do movimento pela justiça ambiental. *Ciência & Saúde Coletiva* [S.I.], v. 10, p. 829-839, 2005.

QUINLAN, M. C. et al. The global expansion of precarious employment, work disorganization, and occupational health: a review of recent research. *International Journal of Health Services* [S.I.], v. 31, n. 2, p. 335-414, 2001.

RIECHMANN, J.; TICKNER, J. *El principio de precaución en medio ambiente y salud púlica: de las definiciones a la práctica*. 1. ed. Barcelona: Greenpeace, Fundación Ecología y Desarrollo, ISTAS — Instituto Sindical de Trabalho Ambiente y Salud, Lowell Center for Sustainable Production UMASS/LOWELL, 2002. (ICARIA — Más Madera).

RIGOTO, R. M. et al. *Agrotóxicos, conhecimento científico e popular*: construindo a ecologia de saberes. *(Parte 3)*. Porto Alegre, RS: ABRASCO — Associação Brasileira de Saúde Coletiva — Grupo Inter GTs de Diálogos e Convergências — X Congresso Brasileiro de Saúde Coletiva, 2012. Disponível em: <http://greco.ppgi.ufrj.br/DossieVirtual/>. Acesso em: 28 nov. 2012.

ROTHMAN, K. J.; GREENLAND, S. *Modern epidemiology*. 2nd. ed. Philadephia: Lippincott Wiliams & Wilkins — Wolters Kluwer Co., 1998.

SAMAJA, J. Desafíos a la epidemiología (pasos para una epidemiología "Miltoniana"). *Revista Brasileira de Epidemiologia*, v. 6, p. 105-120, 2003. Disponível em: <http://www.scielo.br/scielo.php?script=sci_arttext&pid=S1415-790X2003000200005&nrm=iso>.

SANTOS, B. D. S. *A crítica da razão indolente*: contra o desperdício da experiência [Para um novo senso comum: A ciência, o direito, e a política na transição paradigmática]. 3. ed. São Paulo: Cortez Editora, 2001. (A crítica da razão indolente).

SANTOS, M. *O espaço dividido*: os dois circuitos da economia urbana dos países subdesenvolvidos. Trad. VIANA, M. T. R. 2. ed. São Paulo: EDUSP — Editora da Universidade de São Paulo, 2004. (Coleção Milton Santos).

SEMMELWEIS, I. Etiologia, concepto y profilaxis de la fiebre puerperal. In: BUCK, C. et al (Ed.). *El desafio de la epidemiologia*: problemas y lecturas selecionadas. Washington, D.C.: OPAS — Organizacion Panamericana de la Salud, 1988 (1855). p. 47-62. (The challenge of Epidemiology: Issues and selected readings).

SIQUEIRA, C. E. *Dependent convergence*: The struggle to control petrochemical hazards in Brazil and the United States. Amityville, N.Y.: Baywood Publishing Co., Inc., 2003. (Work, health, and environment series).

SIQUEIRA, C. E. et al. A globalização dos movimentos sociais: resposta social à globalização corporativa neoliberal. *Ciência & Saúde Coletiva* [S.I.], v. 8, n. 4, p. 847-858, 2003.

SIQUEIRA, C. E.; LEVENSTEIN, C. Dependent convergence: the importation of technological hazards by semiperipheral countries. *International Journal of Health Services* [S.I.], v. 30, n. 4, p. 681-697, 2000 2000.

SMITH, J. M. *Seeds of deception*. Fairfield, IA: Yes! Books, 2003.

SMITH, J. M. *Genetic roulette*: The documented health risks of genetically engineered foods. Fairfield — Iowa,: Yes! Books., 2007.

_____ . *Roleta genética*: riscos documentados dos alimentos transgênicos sobre a saúde. São Paulo: Ética da Terra, 2009.

SOLAR, O.; IRWIN, A. WHO — A conceptual framework for action on the social determinants of health. Social determinants of Health Discussion — Paper 2 (Policy and Practice). *The Series: The Discussion Paper Series on Social Determinants of Health*, 2010. Disponível em: <http://apps.who.int/iris/bitstream/10665/44489/1/9789241500852_eng.pdf?ua=1>. Acesso em: March 5 — 2014.

TARLOV, A. R. Public Policy Frameworks for Improving Population Health. *Annals of the New York Academy of Sciences* [S.I.], v. 896, n. 1, p. 281-293, 1999.

TATTERSALL, A. Pistes de renouveau syndical: défis et enjeux/Paths to Union Renewal: Challenges and Issues. *Relations industrielles / Industrial Relations* [S.I.], v. 61, n. 4, p. 589-614, 2006.

THE NEW ENCYCLOPAEDIA BRITANNICA. *Matrix Theory — Mathematics, the history of.* 15th. ed. Chicago USA — London UK: Encyclopaedia Britannica Inc., 1987. (Macropaedia — Knowledge in depth).

TICKNER, J. A. Developing scientific and policy methods that support precautionary action in the face of uncertainty — The Institute of Medicine Committee on Agent Orange. *Public Health Reports* [S.I.], v. 117, p. 534-545, nov.-dec., 2002 2002.

_____ . *PRECAUTION, environmental science, and preventive public policy*. Washington D.C.: Island Press, 2003.

UN SECRETARY-GENERAL. *The Global Compact Initiative* — At the 1999 World Economic Forum in Davos, UN Secretary-General Kofi Annan In: SECRETARIAT, U. N.-U.-H. (Ed.). *UN Initiatives*. v. 2013. may/13/2013. Geneva SW: UN, 1999. p. UN call for a global ethics initiative for enterprises — The Nine Principles.

VILELA, R. A. G. et al. Culpa da vítima: um modelo para perpetuar a impunidade nos acidentes do trabalho. *Cadernos de Saúde Pública* [S.I.], v. 20, p. 570-579, 2004.

VINEIS, P.; KRIEBEL, D. Causal models in epidemiology: past inheritance and genetic future. *Environmental Health: A Global Access Science Source* [S.I.], v. 5, n. 21, 2006.

WHO — WORLD HEALTH ORGANIZATION. *International Statistical Classification of Diseases and Related Health Problems (IDC-10) in Occupational Health*. WHO/SDE/OEH/99.11 — Finnish Institute of Occupational Health. Geneva, SW, p. 42, 1999.

WHO. *International Classification on functioning, disability and health: ICF short version*. Geneva: WHO, 2001. (WHO Classifications).

WISNER, A. *A inteligência no trabalho:* textos selecionados de ergonomia. Trad. FERREIRA, R. L. 2ª re mpressão. São Paulo: Fundacentro, 1994. (Textos Técnicos Fundacentro).

WOODING, J.; LEVENSTEIN, C. *The point of production:* work environment in advanced industrial societies. New York, London: The Guilford Press, 1999. (Democracy and Ecology)

CONTRASSENSOS SANITÁRIOS DO CONTROLE VETORIAL DA DENGUE, ZICA E CHICUNGUNYA: ONDE FICA O DIREITO A UM AMBIENTE SAUDÁVEL?

Lia Giraldo da Silva Augusto[*]
Finn Diderichsen[**]
Solange Laurentino dos Santos[***]

1 INTRODUÇÃO

Desde 2015, o Brasil vem sofrendo três epidemias concomitantes: dengue, zika e chikungunya. Surtos de dengue têm sido frequentes desde 1986, cuja incidência tem sido em escala crescente. Em 2015 foram registrados mais de 1,5 milhões de casos no Brasil, com mais de 800 mortes confirmadas nesse ano.

O vírus Chikungunya foi registrado pela primeira vez na América em 2013 e em 2015 mais de 38.000 casos foram relatados no Brasil. O registro de mortes começou tardiamente, uma vez que os casos de Chikungunya começaram a ser diagnosticados a partir do segundo semestre de 2015. Centenas de casos com sintomas graves e duradouros de dor nas articulações têm retirado do trabalho por longo período uma grande quantidade de pessoas.

Em maio de 2015, os primeiros casos de infecção pelo vírus Zika foram relatados no Brasil e em poucos meses o vírus se espalhou rapidamente para outros 22 países. Enquanto os sintomas da infecção por Zika por si só são leves e podem até ser inexistentes, seus efeitos podem ser devastadores. Distúrbios neurológicos e má-formação congênita têm sido relatados como associados a essa infecção. A mais grave é a microcefalia em bebês de mães infectadas durante a gravidez.

(*) Possui graduação em Medicina pela Universidade de São Paulo (1974), mestrado em Clínica Médica pela Universidade Estadual de Campinas (1991) e doutorado em Ciências Médicas pela Universidade Estadual de Campinas (1995). Fez especializações em: Pediatria, Saúde Pública, Medicina do Trabalho, Epidemiologia e Psicanálise. Atualmente é professora adjunta da Faculdade de Ciências Médicas da Universidade de Pernambuco (UFPE) e pesquisadora titular aposentada da Fiocruz, permanece no quadro permanente de docentes da Fundação Oswaldo Cruz.
(**) Professor Emérito da Universidade de Copenhagen (Dinamarca). Especialista em saúde pública.
(***) Possui graduação em Odontologia pela Universidade Federal de Pernambuco (1986). Doutora em Saúde Pública (2009) e Mestre em Saúde Pública (2003) pelo Centro de Pesquisas Ageu Magalhães/CPqAM da Fundação Oswaldo Cruz pelo qual recebeu menção honrosa no Prêmio em Ciência e Tecnologia do SUS 2003. Cursou especialização em Odontopediatria (1998) e Morfologia (2000) na UFPE. Atualmente é Professora Adjunta do Departamento de Medicina Social da Universidade Federal de Pernambuco (UFPE). Membro Permanente dos Programas de Pós-graduação em Saúde Coletiva (PPGISC) e DO Programa de Pós-Graduação em Desenvolvimento e Meio Ambiente — PRODEMA.

A epidemia pelo vírus Zika foi declarada uma emergência nacional e alguns meses depois a Organização Mundial da Saúde a classificou como uma emergência global até o segundo semestre de 2016, quando essa situação é suspensa, mesmo sem grandes modificações do quadro epidemiológico e dos riscos em expansão.

Desde o início do surto de microcefalia e de outras anomalias congênitas do sistema nervoso, possivelmente relacionadas ao Zika, até fevereiro de 2016, foram registrados 5.640 casos suspeitos. Destes, 745 foram confirmados clinicamente como decorrentes da infecção por esse vírus, sendo que 12% (88 casos) tiveram o diagnóstico confirmado sorologicamente. Quanto às mortes, houve 120 registros de crianças que foram a óbito (após o nascimento ou durante a gravidez) com microcefalia e/ou alteração do sistema nervoso central, dessas 25% estavam infectadas pelo vírus Zika.

Embora os Estados do Nordeste brasileiro tenham sido os primeiros a registrar casos de Zika, atualmente está sendo observado em 1.101 municípios de 25 Estados brasileiros. O Amapá e o Amazonas são os únicos entes da federação que ainda não têm casos registrados até o presente momento.

Vários estudos têm demonstrado uma relação inversa entre riqueza e infecção por dengue. Estudos brasileiros têm evidenciado grandes desigualdades sociais em sua ocorrência e nas taxas de sobrevivência, quando se compara o viver em áreas desfavorecidas com o de áreas mais abastadas. As áreas desfavorecidas apresentam a menor proporção de domicílios com abastecimento regular de água, e se sabe que as interrupções no abastecimento de água estão associadas ao aumento dos casos de dengue.

A pobreza urbana e outros determinantes sociais contribuem fortemente para a transmissão da dengue nessas áreas, que possuem enorme deficiência de saneamento básico, especialmente com baixo acesso a água potável, com coleta de lixo, rede de esgoto e drenagem de águas superficiais inexistentes ou inadequadas.

Esta situação cria excelentes condições para a existência de criadouros de mosquitos, como o *Aedes aegypti* e o *Culex*. Infelizmente, ao invés de se corrigir essas deficiências, o governo vem há mais de 30 anos lançando mão do uso de larvicidas químicos despejados em recipientes de água para consumo humano nas áreas mais pobres e da pulverização de inseticidas sob pressão (Baixo Ultra Volume), para eliminar o mosquito adulto.

Essa forma de enfrentamento do problema tem sido ineficaz, e por ser mantida é perdulária e perigosa. Expõe milhares de trabalhadores da saúde, que aplicam esses venenos, a produtos tóxicos. A população é levada a acreditar que o veneno utilizado só faz mal ao mosquito. O ocultamento do risco realizado pelas autoridades sanitárias leva as populações pobres, incomodadas pelas pragas urbanas, especialmente o *Culex* (conhecido também como pernilongo ou muriçoca) a reivindicar a borrifação, desconhecendo completamente sua nocividade para a saúde.

Os equívocos em centralizar as ações sanitárias no mosquito têm levado ao fracasso do controle vetorial do *Aedes aegypti*, o vetor do dengue. Apesar dessa falta de efetividade, o Ministério da Saúde intensifica o mesmo método usado para dengue para fazer o enfrentamento das novas epidemias de Zika e Chikungunya. Sucessivamente os governos protelam as políticas públicas de infraestrutura, de capacitação técnica continuada, e de empoderamento social com mobilização permanente das comunidades vulneradas.

2 AS RAZÕES DA INEFICÁCIA DOS GASTOS

Não há até agora nenhum tratamento ou vacina disponível para qualquer um dos três vírus e é provável que o vírus continue a se espalhar em áreas geográficas onde há pessoas imunologicamente virgens e onde haja abundância de condições propícias para a procriação dos mosquitos tais como o *Aedes aegypti*, *Aedes albopictus* entre outros.

As espécies de Aedes estão amplamente presentes no Brasil e são vetores adequados para pelo menos dengue, Chikungunya e provavelmente também para o vírus Zika. Embora para este vírus existam evidências científicas de transmissão pelo mosquito Culex, as autoridades sanitárias não querem aceitá-las. Há uma diferença ecológica entre esses mosquitos quanto a sua estratégia de reprodução. O *Aedes aegypti* utiliza recipientes com água para se procriar e o Culex utiliza as águas dos esgotos à céu aberto e das fossas.

Para o governo aceitar que o Culex é também transmissor do vírus Zika exigiria uma mudança radical em sua estratégia de controle vetorial, uma vez que a vigilância entomológica não ficaria restrita aos reservatórios de água para abastecimento humano. Esses, em geral, são intra e/ou peridomiciliar, e as autoridades sanitárias quase sempre responsabilizam os moradores pelo não adequado condicionamento da água. Deixam de esclarecer as verdadeiras razões para as pessoas armazenarem água em vasilhames inadequados. Não assumem responsabilidade pública pela baixa oferta de água. A maioria dos bairros pobres sofre frequente intermitência de oferta de água e precisa improvisar o seu armazenamento.

Diante das duas novas epidemias (Zika e Chicungunya) e suas graves consequências, especialmente a microcefalia pelo vírus da Zika, o Ministério da Saúde, em dezembro de 2015 decidiu intensificar o controle do *Aedes aegypti* com a mesma estratégia comprovadamente ineficaz.

Há 30 anos o descontrole sanitário é tratado com inseticidas piretróides e organofosforados. Estes têm sido usados com a ideia de eliminar ou controlar a infestação de mosquitos. Mesmo com conhecidos dados toxicológicos sobre a nocividade desses produtos, que foram desenvolvidos para uso na agricultura (são agrotóxicos) o Ministério da Saúde faz repetidas aplicações nas áreas de maior vulnerabilidade sem realizar avaliação de seus impactos negativos na saúde humana e no ambiente.

O malation, por exemplo, que vem sendo utilizado há anos nos chamados fumacês e nebulizadores (UBV) para matar o mosquito adulto, foi declarado, em 2015, um provável cancerígeno humano pela Agência Internacional de Pesquisa sobre Câncer (IARC), órgão da Organização Mundial da Saúde.

Nesses mais de trinta anos, diferentes inseticidas foram sucessivamente trocados por causa do fato de que os mosquitos desenvolvem resistência a agrotóxicos. Os mosquitos sobreviventes criam novas gerações geneticamente resistentes. Nesse contexto, novos produtos, mais tóxicos, são adquiridos ou maior concentração do produto é feita para tentar aumentar a potência biocida. O fenômeno da resistência do mosquito se repete e os humanos ficam sujeitos a cada vez mais exposição à toxicidade desses venenos. Exposição humana inútil, pois não levam à solução para a infestação do *Aedes aegypti*.

Esse modelo até agora não foi capaz de prevenir qualquer epidemia de dengue ou propagação geográfica do vetor. Isto tem sido observado em todo o mundo. O uso dos inseticidas não produz o efeito esperado no controle dos surtos de dengue, no entanto há claramente os cartéis das indústrias químicas e o *lobby* sobre a Instituições Internacionais e Nacionais de Saúde Pública, no convencimento para seu uso. No Brasil, os Congressos de Medicina Tropical, de modo geral, são fortemente apoiados e financiados pela indústria química desses venenos.

As epidemias de dengue têm sido recorrentes e cada vez mais graves. Os estudos experimentais em termos de ensaios controlados em campo sobre a eficácia desses venenos para eliminação ou controle vetorial não fornecem provas de eficácia.

No entanto, temos evidências de que as intervenções comunitárias no ambiente, com eliminação de criadouros, por métodos mecânicos e biológicos, apresentam melhor resultado.

A estratégia até agora seguida pelo Ministério da Saúde brasileiro se concentra inteiramente no mosquito como o único elo vulnerável na cadeia de transmissão do vírus. Novas biotecnologias vêm sendo desenvolvidas, porém mantendo o modelo mosquitocêntrico, sem que medidas estruturantes sejam levadas a cabo.

Muitos recursos de pesquisa estão sendo aplicados para o desenvolvimento de mosquitos tecnificados para competir com o selvagem, tais como mosquitos infectados por bactéria, mosquitos transgênicos e ainda mosquitos irradiados. Há ainda quem proponha a utilização do mosquito, como difusor do inseticida para atingir o intradomicílio ou locais de difícil acesso.

Em nosso parecer, estas alternativas só atendem aos interesses de mercado e terminam por desviar o foco dos problemas sociais e ambientais que são os que possibilitam a existência dos criadouros do mosquito, especialmente nas áreas urbanas mais pobres.

3 O USO DE LARVICIDA EM ÁGUA POTÁVEL E A POTENCIALIZAÇÃO DA NOCIVIDADE

Desde 1968, no Brasil, vem sendo realizada uma guerra química contra os mosquitos. Desde essa época até 2012, aproximadamente, no Nordeste do País foi adicionado o temefós, um organofosforado, em água potável para consumo humano.

O Ministério da Saúde, na norma técnica operacional para aplicação dos larvicidas, orienta o cálculo da quantidade do produto a ser adicionada nos reservatórios de água, pela capacidade física do mesmo, desconsiderando a real quantidade de água existente no interior do vasilhame.

A orientação menciona apenas a capacidade máxima do reservatório. Como já referimos acima, ocorre que na maioria dos bairros periféricos há racionamento de água, especialmente do Nordeste e das grandes cidades. Nesse contexto, as pessoas acabam por beber água com uma concentração maior de larvicida do que é recomendada e supostamente considerada segura pelas autoridades sanitárias. Esta condição coloca os consumidores sob risco de intoxicação crônica a esses produtos tóxicos. Efeitos negligenciados, tais como o câncer, neuropatias, má-formação congênita, distúrbios endócrinos entre outros.

Esse erro de diluição foi identificado em 1998 e publicado em uma carta ao editor da revista científica Cadernos de Saúde Pública, alertando sobre esse perigo, além de fazê-lo em sucessivos Congressos de Medicina Tropical no Brasil e em dissertações, teses e outras publicações de ampla difusão.

Infelizmente esse erro persiste para todos os larvicidas nas norma técnicas de controle do dengue. As famílias pobres das principais cidades do Nordeste brasileiro, onde há transmissão de dengue, continuamente bebem água com esses pesticidas.

No início dos anos 2.000 já havia evidência científica de que o *Aedes aegypti* estava resistente ao inseticida temefós. Mesmo assim, continuou sendo recomendado por mais uma década, quando então foi substituído por novos larvicidas (diflubenzuron, nuvaluron, piriproxifeno), que produzem um efeito inibidor do desenvolvimento da larva. Esses produtos causam no inseto má-formação em sua genitália e inibem o desenvolvimento do seu exoesqueleto.

O uso de inseticidas e larvicidas para o controle de vetores continua dominando os recursos públicos que são mal gastos, e que poderiam ser dirigidos para um saneamento mais abrangente e para melhoria ambiental das cidades brasileiras.

4 NOCIVIDADES RECONHECIDAS

Estudos realizados pela Universidade Federal de Pernambuco demonstraram o potencial carcinogênico para humanos em diversos produtos utilizados no controle vetorial do dengue, como o fenitotrion, a cipermetrina e o temefós. E como já apresentamos acima, o malation que hoje é o principal produto utilizado está classificado como provável cancerígeno para humanos. Além do que são neurotóxicos e alergênicos.

Diversos grupos de especialistas da Associação Brasileira de Saúde Coletiva (ABRASCO) publicaram conjuntamente uma nota técnica que critica a Organização Mundial da Saúde (OMS) e a Organização Panamaricana da Saúde (OPAS) por ainda recomendarem inseticidas para o controle de vetores.

Trata-se de outro contrassenso, pois vez vem dando ênfase aos determinantes sociais da saúde, na orientação de como enfrentar as doenças. No entanto, essas mesmas instituições constituem poderosos fundos para seleção e compra de venenos para fazer frente a vetores, não dando ênfase para o enfrentamento das iniquidades sociais e a necessidade de investimentos em saneamento para um efetivo controle da dengue, Zika e Chicungunya.

Na Nota Técnica InterGts da Abrasco também é denunciado o *lobby* das empresas que produzem inseticidas/larvicidas. Estas fazem pressão em favor do modelo químico contra vetores em todo o mundo. Uma verdadeira guerra química contra as populações pobres sob o beneplácito das Agências de Saúde Pública. Sem falar dos trabalhadores da saúde que aplicam esses venenos, desnecessariamente expostos cotidianamente, com precárias condições de trabalho e de controle da saúde.

Diversos estudos também foram realizados sobre os agravos à saúde dos trabalhadores da saúde que fazem a aplicação desses venenos. No entanto, não existe uma Norma Técnica de Higiene e Segurança no Trabalho para os milhares de trabalhadores contratados e voluntários mobilizados nas campanhas de saúde pública para o controle vetorial, de modo que estes são levados a crer que não estão sob perigo. No entanto, normas regulamentadoras da *Occupational Safety and Health Administration* (OSHA), órgão público dos Estados Unidos da América, estabelecem claramente medidas protetoras diante da nocividade desses produtos.

Há uma necessidade urgente de mudar a estratégia de controlar vetores, pois esses insetos são capazes ainda de transmitir outros vírus desconhecidos em nosso meio. O modelo de controle das enfermidades a eles associadas precisa levar em consideração o contexto social e ambiental onde vivem e trabalham as pessoas potencialmente expostas.

Sem considerar a determinação social dessas doenças, sem garantir o que está previsto na Declaração dos Direitos Humanos e na Constituição Brasileira de 1988 sobre o direito à saúde e ao ambiente saudável, a saúde pública brasileira continuará a produzir e reproduzir agravos iatrogênicos legitimados por normas técnicas pseudocientíficas. Precisamos de um modelo que seja sustentável, solidário e biosseguro para o enfrentamento das epidemias por arboviroses.

5 REFERÊNCIAS BIBLIOGRÁFICAS

BOWMANN, L. R.; DONEGAN, S.; Mc CALL, P. J. *Is Dengue vector control deficient in effectiveness or evidence? PLoS Negl.Trop.Dis 10(3):e000455, 2016.*

INTERNATIONAL AGENCY FOR RESEARCH ON CANCER (IARC). *Malathion. IARC, Monographs 112-07* Lyon. WHO; 2015. p. 1–124. Disponível em: <http://monographs.iarc.fr/ENG/Monographs/vol112/mono112-07.pdf.>. Acesso em: 22 jan. 2017.

KIKUTI, M. *et al. Spatial distribution of dengue in a Brazilian urban slum setting. PLoS Negl.Trop.Dis; 9(7):e0003937, 2015.*

MINISTÉRIO DA SAÚDE. ASSESSORIA DE COMUNICAÇÃO SOCIAL — ASCOM. *Prevenção e Combate. Dengue, Chikungunya e Zika.* Disponível em: <http://combateaedes.saude.gov.br/noticias/401-ministerio-da-saude-anuncia-r-10-milhoes-para-pesquisas-contra-o-virus-zika>. Acesso em: 22 jan. 2017.

PAVÃO, A. C.; LEÃO, M. B. C. Riscos de carcinogênese química no controle do Aedes. In: Augusto LGS *et al* (Org). *Abordagem ecossistêmica em saúde. Ensaios para o controle da dengue.* 1. ed. Recife: Universitária da UFPE. 2005, v. 1, p. 213-26.

PETERSEN, E. *et alii. Rapid spread of Zika Virus in the Americas. Int J Infect Dis; 44: 11-5, 2016.*

REINER, R. C. *et alii. Quantifying the epidemiological impact of vector control on Dengue. PLoS Negl.Trop.Dis. 10(5):e0004588, 2016.*

RODRIGUES, F. N. *et alii. Epidemiology of Chikungunya Virus in Bahia,* Brazil, 2014-15. PLoS Current Outbreaks. Febr 1st 2016.

SILVA, Augusto L. G. da; TORRES, J. P. M.; COSTA, A. M.; PONTES, C.; NOVAES, T. C. P. Programa de erradicação do Aedes aegypti: inócuo e perigoso (e ainda perdulário). *Cad. Saúde Pública 14(4):876-86, 2008.*

SILVA, Augusto L. G. da. *et alii* (Org.). *Abordagem ecossistêmica em saúde. Ensaios para o controle da Dengue.* 1. ed. Recife: Universitária da UFPE. 2005.

REESTRUTURAÇÕES E PRESSÃO POR METAS DE PRODUÇÃO: UMA BREVE ARQUITETURA DA SUJEIÇÃO E DO ASSÉDIO LABORAL

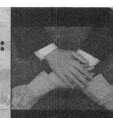

Margarida Barreto[*]
Roberto Heloani[**]

1 INTRODUÇÃO

"Na década de 80 e no início da década de 90, o mundo capitalista viu-se novamente *às* voltas com problemas da *época* do entre-guerras, que a Era de Ouro parecia ter eliminado: desemprego em massa, depressões cíclicas severas, contraposição cada vez mais espetacular de mendigos sem teto e luxo abundante, em meio a rendas cada vez mais limitadas e despesas ilimitadas de Estado."

Eric Hobsbawm

Entre 1950 e 1973, a economia internacional experimentou um notável crescimento. Nos anos 1970, em razão da crise geral e dos significativos problemas de ajustes econômicos à crise do petróleo (1973), o *Welfare State*, visto como benéfico pela grande maioria dos países europeus, passa a ser contestado. Os governos de Ronald Reagan, nos EUA (1980), Margaret Thatcher, na Inglaterra (1979), Yasuhiro Nakasone, no Japão (1982), e Helmut Kohl, na Alemanha (1982), começam a advogar o Estado Mínimo, fiscal, ou "Estado Guarda-Noturno", que atua de modo contido e pontual, objetivando mormente garantir a "lógica do mercado", um Estado Neoliberal em oposição à ideia de um Estado Positivo, keynesiano, interventor, sim, nos setores essenciais da economia e da vida social (HELOANI, 2003).

A vitória desses governos neoliberais, neoconservadores, em nosso entender, foi revigorada pela falência dos países do leste europeu, cujo símbolo máximo foi a derrubada do muro de Berlim em 1989. Com essa vitória, a polí-

---

[*] Doutora em Psicologia Social — Departamento de Psicologia Social, PUC/SP. Coordenadora da Rede Nacional de Combate ao Assédio Laboral e outras manifestações de Violência no Trabalho.
[**] Formado em Direito e Psicologia. Professor Titular e pesquisador da Faculdade de Educação (FE) e do Instituto de Filosofia e Ciências Humanas (IFCH) da Universidade Estadual de Campinas (UNICAMP). Também é conveniado à Universidade de Paris X.

tica de dominação financeira apresenta-se de forma emblemática no chamado Consenso de Washington, também em 1989, em que são elaboradas as políticas gerais que tornariam exequíveis o programa de estabilização e as reformas estruturais sancionadas pelo FMI e Banco Mundial. O Fundo Monetário Internacional, alegando a busca do equilíbrio do sistema financeiro internacional, empresta dinheiro a países em dificuldades em troca de adoção de rígidas políticas econômicas; e o Banco Mundial, por sua vez, objetiva financiar projetos sociais de infraestrutura em países em desenvolvimento (HELOANI, 2003).

Assim, o discurso da *ampla reforma do Estado* surge como um dos fundamentos das políticas públicas na década de 1980. Nas organizações privadas e públicas, termos como *empregabilidade, desregulamentação, privatização, mercado,* downsizing, *terceirização, flexibilização dos contratos de trabalho e administração pública gerencial* tornam-se recorrentes em todos os níveis hierárquicos e gozam de inaudito concurso da mídia e de alguns *intelectuais orgânicos,* gerando "novas teorias" sobre o "fim da História", a "obsolescência" dos clássicos e a "total inutilidade" de todo pensamento crítico. Dessa forma, *a priori*, o pensamento crítico é tido como não instrumental, não diretamente aplicável ao "mundo prático".

Assim, o que o neoliberalismo propõe é a "despolitização" radical das relações sociais, em que qualquer regulação política de mercado (quer por via do Estado ou de outras instituições) é já a princípio repelida. Na verdade, o que temos é um neoliberalismo convertido em concepção ideal do pensamento antidemocrático contemporâneo, que serve aos interesses do capital. É o que aponta Przeworski (*apud* Netto, 1995, p. 80-81), afirmando que a grande burguesia não se ilude com o abstencionismo estatal nem acredita em um mercado totalmente "livre". O que ela pretende, como bem afirma Netto, em *Crise do socialismo e ofensiva neoliberal*, é direcionar a intervenção do Estado para seus particulares interesses de classe, transformando o "Estado Mínimo" em "Estado Máximo para o capital" de forma que este circule beneficiando-a sem restrições (HELOANI, 2003).

Como se verifica, o processo de privatização, como elemento propiciador do enxugamento do Estado, vem acompanhado de forte aparato ideológico que começa a estruturar-se nos anos 1970, em decorrência do novo ambiente econômico que sinalizava a inadequação do modelo fordista em manter o repasse da produtividade para os salários. O processo consolida-se na década de 1980, quando o empresariado articula três pontos de ataque em sua política econômica: a produção globalizada, a diminuição da atuação do Estado-Previdência e a desindexação dos salários, características básicas do que se convencionou chamar de pós-fordismo. Ademais, a mobilidade do capital, unida à flexibilidade tecnológica e social propiciada pela desregulamentação de direitos consagrados e pela hegemonia ideológica nos principais setores de formação de opinião, possibilita a mercantilização de praticamente tudo, solapando fronteiras e soberanias nacionais.

Os investimentos da produção são deslocados para o setor de serviços, o que impulsiona a "terceirização" (*tertiarized middle classes*). Esse deslocamento do capital para o beneficiamento do setor de serviços, graças ao aumento dos custos de produção, já havia se esboçado no período de 1968 a 1974, período de crise, de fuga do trabalho, marcado por elevado absenteísmo e *turnover*. Esse deslocamento do capital gerou um aumento ainda maior da desigualdade na distribuição de renda nos países de capitalismo central.

Com a desativação do Estado-Previdência, aumentou a dependência dos setores em crescimento em relação ao mercado internacional, e o capital, privilegiando o setor terciário, gerou uma contradição entre: (a) setores em expansão, que adotam novas tecnologias microeletrônicas e (b) setores em estagnação — setores industriais como siderurgia, eletrônica, confecções etc. Trata-se de uma contradição que se expressa no ordenamento do espaço urbano. No item *a*, temos as cidades globais em expansão, voltadas para a internacionalização da economia e serviços (como Miami e Los Angeles). Em *b*, observamos as velhas cidades industriais (como New York e Detroit) que, sofrendo os efeitos da desindustrialização, ilustram a estagnação (HELOANI, 2000).

Como consequência da diminuição de sua produção siderúrgica e de automóveis, Detroit chegou a ter redução em sua população no início dos anos 1980. Por causa da globalização da economia, a nova divisão do trabalho criada pelo pós-fordismo mostrou-se muito competitiva e intensiva em tecnologia microeletrônica. A cooperação do operariado com os programas de elevação da produtividade tornou-se primordial e, para consegui-la, foram criadas novas formas de gestão da produção. Investiu-se pesadamente em equipamentos e serviços de manutenção (*software*) e os trabalhadores tornaram-se responsáveis não só por manter equipamentos tão dispendiosos, mas também por conseguir novos ganhos de produtividade e repassá-los à organização do trabalho, ao desenho e programação de novos equipamentos. O fato é que com a microeletrônica o número de empregados decresce, mas o capital não consegue prescindir do trabalho humano (HELOANI, 2003).

Embora não seja possível analisar aqui todas as experiências da gestão da produção, há uma característica fundamental, comum a todas elas, que queremos ressaltar: a tentativa de "harmonizar" um maior grau de autonomia dos trabalhadores, para organizar um setor de produção, com o desenvolvimento de controles mais sutis, que objetivam colocar o trabalho numa posição de "dependência" ou "incapacidade" em relação ao capital. Com esses novos mecanismos, revela-se, a nosso ver, uma notória modificação na organização de poder dentro do espaço fabril — a formulação de uma gramática de dominação que, nas palavras de Max Pagès, age pela extensão dos mecanismos de poder, chegando à "manipulação do inconsciente" (Pagès *et al.*, 1987, p. 227).

Essas formas de controle sutil sofisticam-se de tal maneira, que a dominação como meio de exercício do poder estará mais baseada na introjeção dessas normas ou regras das organizações do que numa repressão mais explícita. A empresa neocapitalista lidará basicamente com a *gestão dessa dimensão psicológica de dominação* (HELOANI, 2000).

Nesse rápido cenário, surgiram novas formas de dominação ao lado dos novos riscos, que estão no campo da invisibilidade, responsáveis pelo aparecimento de novas doenças, em especial dos transtornos mentais. Esse aspecto nos leva a afirmar que o desemprego foi um jeito importante que os empresários encontraram para disciplinar o mundo do trabalho, aumentar seus ganhos e diminuir os gastos.

Desde 2007, os países europeus enfrentam uma crise conjuntural e estrutural no âmbito econômico e social, cada vez mais grave, o que acarretou consequências globalizadas, a tal ponto que os organismos internacionais (OIT, 2013b) chamam nossa atenção, em especial, para a problemática dos jovens e das mulheres nesse novo cenário laboral. Os jovens têm três vezes maiores probabilidades de ficar desempregados que os trabalhadores com mais idade, expressando que mais de 75 milhões de jovens no planeta estão necessitando de emprego. Essa nova geração de trabalhadores vive uma situação delicada, na qual predomina crescente insegurança em relação ao futuro ante empregos precarizados, aumento do trabalho terceirizado e quarteirizado. Eles fazem parte de uma geração denominada "nem-nem-nem" (nem estuda, nem trabalha e nem procura emprego). Essa dimensão nos revela incertezas quanto ao futuro e desencanto com o mundo do trabalho, mostrando uma tênue fronteira entre a precária inserção social e uma possível cooptação de muitos desses jovens por parte do crime organizado.

O último informe da Organização Internacional do Trabalho (OIT, 2013a) apresenta-nos um quadro desolador: apesar da maior presença da mulher no mercado de trabalho, o desemprego as atinge mais intensamente, fazendo com que as taxas sejam mais altas para elas se comparadas às dos homens, sem perspectiva de melhoras nos próximos anos. Persiste a segregação profissional nos diferentes ramos da economia, na medida em que as mulheres estão concentradas em determinadas funções e setores, estando destinadas à realização de trabalho repetitivo, dito de menor complexidade, o que ainda justifica os salários menores quando comparados aos dos homens.

Por outro lado, nas economias mais desenvolvidas a crise afetou mais intensamente aos homens que trabalham no comércio, enquanto na América Latina, e em especial no Brasil, as mulheres foram as mais afetadas. Portanto, entre 2002 e 2007, enquanto a taxa de desemprego feminino alcançou níveis de 5,8%, a taxa relativa aos homens atingiu 5,3%. A consequência foi o desaparecimento de 13 milhões de empregos para as mulheres (OIT, 2013a).

Em síntese, o capitalismo reestruturou sua forma de produzir, agir e administrar o trabalho, conseguindo aumentar as metas e a lucratividade, mesmo que à custa de demissões, maior pressão e opressão moral, sequestro das emoções e pensamentos, ao mesmo tempo em que impôs maior sofrimento psíquico aos trabalhadores. Nesse contexto, as terceirizações e quarteirizações cresceram e as subcontratações dominam o mercado.

Se não bastasse a reestruturação produtiva, novas ações ganharam vigor na "pele" da política de flexibilização e competitividade enquanto uma voz *única* ecoa por todos os corredores do intramuros: "vamos enxugar a máquina"; "temos que diminuir gastos"; "olha, pessoal, vamos dar produção, senão a empresa fecha". E, atônitos, trabalhadores passaram a vivenciar e testemunhar, com medo e em silêncio, as demissões, os afastamentos por doença e passaram a trabalhar, mesmo adoecidos. Assim, os novos modos de organizar o trabalho, associados à competitividade, ao individualismo e ao esgarçamento dos laços afetivos, influíram profundamente em valores identitários, transformando todos em colaboradores ativos e sujeitados, competitivos e individualistas.

2 DO DISCURSO QUE DESTRÓI A AUTONOMIA DO SUJEITO

No século XVI, o filósofo holandês Spinoza escreveu que "*o maior bem de um homem é o outro homem*"; portanto, ao nos tornarmos mais solitários, perdemos. Enfraquecemos-nos e nos entristecemos. Isolamo-nos e nos tornamos testemunhas em silêncio. Negamos a nós mesmos e ao outro o amor e a solidariedade necessários para enfrentar as asperezas da vida. Ao contrário, quando homens e mulheres se aglutinam, relacionam-se e se organizam, para juntos combaterem as agruras que assolam a todos, podem superar e conquistar novos espaços, criar novas formas de organizar o trabalho, transformar seu entorno e a sociedade em que vivem. Entretanto, no mundo do trabalho contemporâneo, os colaboradores vivem com frequência o aviltamento, a exploração, as desqualificações, as humilhações, as discriminações e o adoecimento, o desemprego e a exclusão social. Esses são elementos presentes na sociedade contemporânea, desenhada pelos liberais e sua política de permanente reestruturação produtiva, com desregulamentações, baixos salários e sobrecarga de trabalho. Os novos regimes e as regras impostas à execução do trabalho (enquanto criador de valores e propiciador da atividade cotidiana) impactaram a construção do Eu e do Outro, alterando a imagem da identidade de si.

Aos novos discursos foi acrescida a história das doenças e morte no e do trabalho, em presença de um mundo em constante mutação, cujo traço dominante do processo produtivo é a sua destrutividade, na medida em que se apropria das riquezas, do excedente do trabalho, estimula a competitividade, o individualismo e o consumismo desenfreado, sendo este o que alimenta e conserva o metabolismo social do próprio capital (MÉSZÁROS, 1989). A tendência destrutiva da lógica de produção e da concorrência capitalista, que se intensifica neste momento histórico-social, tem se convertido em deterioração acelerada das forças produtivas, do trabalhador como ser humano, da natureza e do meio ambiente (ANTUNES, 2001).

O excesso de trabalho que exige ultrapassar a meta sempre flexível e ascendente a cada jornada, a responsabilidade com a qualidade da peça que deve ter seu defeito zerado, as avaliações individuais que não reconhecem o que o trabalhador faz, mas só o resultado..., a competitividade estimulada que leva à indiferença e à quebra dos laços fraternos e de amizade, a indiferença e a opção pelo silêncio ante o sofrimento do outro e as humilhações constantes e sistemáticas levam-nos lentamente para a morte, e nem sempre a uma morte intencionalmente causada por si, mas aos mais diversos tipos de morte, ao desgosto pela vida, ao abandono de si mesmo, ao medo de perder o emprego e ao sentimento de traição ante o silêncio dos colegas (BARRETO; BERENCHTEIN NETTO; BATISTA, 2010).

Nesse contexto, a violência no local de trabalho — expressa em velhas e novas roupagens — adquire uma nova configuração: intensificação e densificação do trabalho, impulsionada por sua reorganização (terceirizações, trabalho parcial e temporário); diminuição de gastos e voraz apelo produtivo aos colaboradores, com promessas sedutoras de ascensão profissional. Enquanto isso, aumentou o número de acidentes, doenças e óbitos do trabalho; surgiram novas patologias relacionadas aos transtornos psíquicos, ocasionadas por longas jornadas, falta de descanso, sobrecarga de trabalho, discriminações, desqualificações e punições constantes para aqueles que não alcançaram a meta de produção, dentro de uma lógica insana de exigência por produzir cada vez mais e mais rapidamente.

Ao lado dessa realidade e como forma de maior controle e desmobilização da classe trabalhadora, aumentaram as demissões de dirigentes combativos e até mesmo ocorrem homicídios, quer na cidade quer no campo. Desse modo, convivemos com formas diferentes de exploração: o trabalho infantil, o trabalho forçado, o desemprego que exclui o ser humano das relações sociais e o "demite" da vida, a discriminação dos gays, negros e grupos minoritários (ANTUNES, 2001).

Cada uma dessas formas de expressão da luta de classe e a violência no mundo do trabalho infringe os direitos humanos, seja pela ameaça ao direito à vida seja pelo atentado à dignidade. É nesse contexto que os assédios ocorrem, constituindo uma das faces de um fenômeno mais amplo, a violência social, e nesse sentido devemos atentar que o conceito de violência vai além da mera agressão física. Inclui o uso de poder e da força, que pode ser física, política, econômica, psicológica ou moral, o que envolve relações laborais no âmbito individual ou coletivo, quer sejam simétricas quer não e cuja origem está na organização do trabalho e na forma de administrá-lo (FREITAS; HELOANI; BARRETO, 2008). Portanto, o assédio laboral em suas diferentes configurações e manifestações (individual ou coletiva) é um processo de destruição insidioso e de devastação da vida, atingindo mais as mulheres que os homens. Esse ritual de humilhações causa danos à saúde física e mental e pode levar ao suicídio. Em outras palavras:

> "O assédio moral é uma conduta abusiva, intencional, frequente e repetida, que ocorre no ambiente de trabalho e que visa diminuir, humilhar, vexar, constranger, desqualificar e demolir psiquicamente um indivíduo ou um grupo, degradando as suas condições de trabalho, atingindo a sua dignidade e colocando em risco a sua integridade pessoal e profissional" (FREITAS; HELOANI; BARRETO, 2008, p. 37).

Estudando há muito tempo a violência no e do trabalho, estamos convictos de que, nos dias atuais, o trabalho pode enlouquecer, sim, em especial pelas duplas mensagens. Todas as organizações hoje, em maior ou menor grau, respondem à metáfora da dominação, ou seja, todas as empresas lidam com os trabalhadores como se fossem seus "recursos humanos". Melhor dizendo, dispensando-os quando já não lhes são mais úteis, quando adoecem, quando são críticos, quando não aceitam participar das práticas ilícitas.

Nesse sentido, o sofrimento e o constrangimento no trabalho constituem fenômeno pouco visível, porém não menos importante, provocado pela nova realidade de precarização das relações laborais, tendo como consequência a criação de uma nova subjetividade, que se fortalece precarizando a si mesma e ao outro em suas relações afetivas.

Logo, não se pode brincar com o limite de tolerância à violência no trabalho, pois toda a violência é paga. Socialmente, temos a violência estrutural, exercida pelos mercados financeiros e que traz como consequência as reestruturações, as demissões, a perda de segurança, o trabalho precário, as doenças e mortes no e do trabalho. Temos também o aumento dos suicídios, da criminalidade, da delinquência, das drogas, do alcoolismo, entre outros. São atos incontáveis, grandes e pequenos, que expressam a violência cotidiana vivida no intramuros. Não nos esqueçamos de que a cultura dominada está marcada pela cultura dominante, porém a cultura dominante deve também suas propriedades mais fundamentais ao fato de que ela sempre se define negativamente em relação às culturas dominadas. Isto se dá até em nível do consumo material e também simbólico (BOURDIEU, 2003).

Vale ressaltar que só haverá os dominantes se houver os dominados, sendo que a relação entre eles é complementar e necessária. É uma via de mão dupla em que as ideias dominadoras, o Sujeito em letra maiúscula, ou seja, o ideário dominante, só se constitui como tal, ao se mirar no dominado e vice e versa. Temos então uma relação duplamente especular. O sujeito que para obter reconhecimento adere e pratica o ideário que serve aos interesses dominantes na sua sede de amar e obedecer. E é o caráter parcial, minoritário, privilegiado desses dominantes que desperta os anseios narcisistas dos dominados. Afinal, "serei grande como esses poucos", se não, pelo menos que eu seja reconhecido como um colaborador dessa grandeza e não um excluído de seu projeto. Assim, percebe-se que a base de qualquer ideologia ao interpelar as pessoas como sujeitos, é espetacular. Ou melhor, constitui-se como estrutura em espelho — duplamente, portanto, espetacular. É essa duplicação que constitui a ideologia e dá aval para o seu devido funcionamento. (ALTHUSSER, 1996, p. 137)

Segundo Althusser "*a ideologia tem uma existência material.*" (Althusser, 1996, p. 128). Se o sujeito acredita em algo, por mais distorcido que seja, ele pauta as suas ações de forma concreta nessa direção e, portanto, cumpre rituais, segue regras tais como, por exemplo, ajoelhar-se, fazer o sinal da cruz, um olhar, uma penitência, um monitoramento constante de *e-mail* e mensagens do trabalho. Assim desaparece a concepção de ideias enquanto dotadas de uma existência ideal, de uma essência desconectada da concretude da existência. Portanto: "*não existe prática, a não ser através de uma ideologia e dentro dela.*" (ALTHUSSER, 1996, p. 131)

É certo que as mudanças na forma de organizar e administrar o trabalho estão desenhadas nas novas relações de trabalho, nas quais o trabalhador inexiste como sujeito, ficando em seu lugar o empreendedor, o colaborador, apesar de produzir mais que antes e ser explorado mais intensamente. Mas cremos que o assujeitamento a que os trabalhadores estão submetidos não os anula totalmente. Há alienação, fetichismo, estranhamento, pois o chão de fábrica deixa marcas na alma, quer seja ela de face toyotista, fordista, taylorista ou outra qualquer. Para esse trabalhador que não se sente totalmente engajado no ideário da empresa, que não tem no "flexitempo" a centralidade de sua vida e que, ao mesmo tempo, foi consumido pelas doenças e sofrimento, resta-lhe a demissão.

Perguntamos: como se sentem os demitidos? Talvez fracassados e, com certa frequência, se não se reinserem no mercado, caminham para o suicídio, pelo frequente sentimento de impotência e vergonha dominante. E como se sentem aqueles que testemunham os desligamentos? Inseguros e plenos de incertezas quanto ao futuro. Desanimados e dominados pelo medo de ser o próximo a ser excluído, passam a trabalhar, mesmo que adoecidos.

3 DAS CONTRADIÇÕES: COLABORADOR SUJEITADO E SEM AUTONOMIA

No novo mundo do trabalho, apesar do discurso para os colaboradores agirem "como um time", realizarem um "trabalho em equipe", promessas de crescimento e sucesso, etc., a prática revela que predomina a popular "Lei de Murici": cada um por si. Impossível solidariedade, compromisso, laços de amizade, companheirismo, em um sistema que joga todos contra todos. Quando existe é exceção, não regra! O que ocorre, na maior parte das vezes, é competitividade, indiferença com o sofrimento alheio. Compreendemos que os novos métodos de trabalho são inseparáveis de um modo específico de viver, de pensar e sentir a vida. Sabemos que todos os trabalhadores, hoje, vivem os riscos cotidianamente, na medida em que a instabilidade das organizações flexíveis impõe a eles a necessidade de correr riscos (BARRETO; BERENCHTEIN NETTO; BATISTA, 2011). Por outro lado, os trabalhadores tentam provar, cotidianamente, o seu valor e a capacidade produtiva pelo trabalho que desenvolvem e fazem, mesmo que isso signifique uma competição exacerbada, constante e extenuante — e concomitante isolamento dos seus.

Quanto aos transtornos mentais relacionados ao trabalho, eles resultam de processos de trabalho patogênicos em que os trabalhadores ficam expostos durante toda a jornada laboral a constrangimentos, ameaças, coações, desqualificações, discriminações e humilhações. Esse quadro acontece durante os períodos prolongados e sem pausa, estendendo-se, muitas vezes, para além do trabalho na organização.

Nesse sentido, todos os trabalhadores submetidos ao parcelamento das tarefas associadas à grande quantidade de informação e exigências durante o processo produtivo vivem uma vida contraída. Ou seja, passam a viver pensamentos repetitivos transversados por sentimentos tristes que, ao longo do tempo, caracterizam-se por microtraumas que obstruem as conexões psíquicas, o que favorece os chamados transtornos psíquicos. Portanto, quando as humilhações se repetem por longo tempo, causam sequelas psíquicas. São aspectos resultantes do processo de trabalho, provenientes de fatores pontuais e que se articulam com a organização do trabalho e também com a administração que a mantém e sustenta. Daí a responsabilidade solidária na permissão ou conivência da estrutura hierárquica organizacional assimétrica, autoritária, instituindo um terreno propício para o assédio laboral.

Inspecionar, prevenir e erradicar a violência no local de trabalho é responsabilidade das empresas, sendo necessária a avaliação dos riscos, que devem incluir os fatores psicossociais, as relações de gênero, as políticas de gestão e o sistema de mando que existe. Ou melhor, faz-se mister uma política de metas e produção compatível com o trabalho decente. Ressaltamos que para combater a violência laboral, é necessária uma atuação interdisciplinar e multiprofissional de vários atores comprometidos.

Só assim poderemos almejar a uma vida digna e saudável para todos aqueles que vivem da sua força de trabalho.

4 REFERÊNCIAS BIBLIOGRÁFICAS

ALTHUSSER, L. Ideologia e aparelhos ideológicos do Estado. In: *Um mapa da ideologia*. ZIZEK, S. (Org.). Rio de Janeiro: Contraponto, 1996.

ANTUNES, R. As formas de violência no trabalho e seus significados. In: SILVA, J. F.; LIMA, R. B.; ROSSO, S. D. (Org.). *Violência e trabalho no Brasil*. Goiânia: Editora da Universidade Federal de Goiânia; Brasília: MNDH, 2001.

BARRETO, Margarida. *Assédio moral:* violência psicológica que põe em risco sua vida. São Paulo: STIQPF JCA Gráfica, 2001. (Coleção Saúde do Trabalhador, 6).

BARRETO, Margarida. *Uma jornada de humilhações*. 2000. Dissertação (Mestrado em Psicologia Social) — Pontifícia Universidade Católica, São Paulo, 2000.

BARRETO, Margarida; BERENCHTEIN NETTO, Nilson; BATISTA, Lourival. Suicídio e trabalho: manual de promoção à vida para trabalhadores e trabalhadoras. São Paulo: Sindicato dos Químicos de São Paulo, 2010. (*Coleção Saúde do Trabalhador e Meio Ambiente*, 8).

BOURDIEU, Pierre. *A miséria do mundo*. São Paulo: Vozes, 2003.

FREITAS, Maria Ester; HELOANI, Roberto; BARRETO, Margarida. *Assédio moral no trabalho*. São Paulo: Cengage, 2008.

HELOANI, Roberto. *Gestão e organização no capitalismo globalizado:* história da manipulação psicológica no mundo do trabalho. São Paulo: Atlas, 2003.

_____. *Organização do trabalho e administração: uma visão multidisciplinar*. 5. ed. São Paulo: Cortez, 2000.

HIRIGOYEN; Marie-France. Assédio moral: *a violência perversa no cotidiano*. Rio de Janeiro: Bertrand Brasil, 2000.

MARX, Karl. *O capital:* crítica da economia política. Rio de Janeiro: Civilização Brasileira, 1971. t. 2.

MÉSZÁROS, István. *Produção destrutiva e Estado capitalista*. São Paulo: Ensaio, 1989.

ORGANIZAÇÃO INTERNACIONAL DO TRABALHO — OIT. *Seguridad y salud en el trabajo*. 2013a. Disponível em: <http://www.ilo.org/global/topics/safety-and-health-at-work/lang--es/index.htm>. Acesso em: 9 dez. 2013a.

_____. *Tendencias mundiales del empleo juvenil. Una generación en peligro 2013*. Disponível em: <http://www.ilo.org/empelm/units/employment-trends/lang--es/index.htm>. Acesso em: 9 dez. 2013b.

ENERGIA NUCLEAR: SAÚDE E DIREITO DOS TRABALHADORES

Maria Vera Cruz de Oliveira Castellano[(*)]

1 ENERGIA NUCLEAR E SAÚDE

O conhecimento dos efeitos das radiações ionizantes sobre a saúde humana foi fundamentado em estudos experimentais e na vasta experiência que desafortunadamente o Japão acumulou após a queda das duas bombas atômicas em 1945 nas cidades de Hiroshima (Urânio) em 6 de agosto, e Nagasaki (Plutânio) em 9 de agosto.

No caso da bomba atômica a destruição foi causada não só pelas radiações, mas pelo calor e deslocamento de ar provocado pela explosão da mesma. Acredita-se que a dissipação da energia proveniente da bomba foi 50% pelo deslocamento de ar, 35% pelo calor e 15% pela radiação. A pressão elevada causou ventos que alcançaram 280 mts/segundo em torno do hipocentro até 28 mts/segundo a 3,2 km de distância.

A radiação inicial emitida pela bomba atômica era composta de raios gama e nêutrons. A radiação residual é classificada em: A. Produtos da fissão nuclear (raios gama, beta e alfa) e B. Radiação que atingiu o solo. Após um ano o número de mortes por causa da bomba atômica em Hiroshima foi de 118.661, 88,7% destas ocorreram nas duas primeiras semanas.

Os efeitos agudos das radiações ionizantes (que ocorrem até a segunda semana) são: náuseas, vômitos, diarreia, febre, hemoptisis, hematemesis, hematuria e enterorragias. Podem ocorrer choque e morte. As alterações patológicas incluem destruição dos tecidos hematopoiéticos e mucosites. Os efeitos subagudos (da segunda à oitava semana após a exposição) são náuseas, vômitos, diarreia, queda de pelos e cabelos, astenia, hematemesis, enterorragia, hematuria, epistaxis, hemorragias genitais e do subcutâneo, febre, estomatites, leucopenia e anemia. Patologicamente observa-se destruição da medula óssea, dos linfonodos e do baço. Há menor resistência às infecções e muitas mortes ocorrem por septicemia. Também podem ocorrer alterações atróficas da glândula pituitária, tireóide e adrenal.

(*) Médica desde 1980. Atua nas áreas de pneumologia e medicina do trabalho. Trabalha na Secretaria Municipal de Saúde desde 1990 no Centro de Referência em Saúde do Trabalhador de Santo Amaro (São Paulo-SP). Diretora do serviço de pneumologia do Hospital do Servidor Público Estadual — São Paulo desde 2011. Membro das Sociedades Brasileira e Paulista de Pneumologia e Tisiologia em cargos executivos e comissões. Cofundadora e membro da ANTPEN (Associação Nacional dos Trabalhadores da Produção de Energia Nuclear) fundada em 1º.6.2006. Acompanha os trabalhadores da Nuclemon desde 1991. Participou da Audiência Pública na Câmara dos Deputados em outubro de 2005 sobre Fiscalização e Segurança Nuclear. Participou em 2013 de treinamento sobre efeitos das radiações ionizantes na saúde humana promovido pelo HICARE (*Hiroshima International Council for Health Care of the Radiation-Exposed*) em Hiroshima/Japão.

A recuperação ocorre com a normalização dos leucócitos e eritroblastos, e o crescimento dos cabelos. Os efeitos sobre as células reprodutivas continuam, entre eles diminuição do número de espermatozóides nos homens e alterações menstruais nas mulheres. As mulheres grávidas durante a exposição podem ter recém-nascidos com microcefalia.

Os efeitos tardios são doenças exatamente iguais àquelas que ocorrem na população geral por diversas etiologias, mas que passam a ocorrer com maior frequência na população exposta à radiação, o que permite o estabelecimento de nexo causal — observando-se inclusive os períodos de latência conhecidos. Desta forma, por meio das conclusões do RERF (Fundação para pesquisa sobre os efeitos das radiações USA/Japão) que observou a coorte de 35 anos (1950-1985) pode-se afirmar que ocorreu aumento na prevalência dos tumores malignos (leucemia, câncer de tireóide, mama, pulmão, gástrico, intestino e mieloma múltiplo), catarata, aberrações cromossômicas, e mutações de células somáticas nos expostos. Retardo do crescimento e do desenvolvimento nos expostos nos primeiros anos de vida, além de anormalidades funcionais da tireóide e paratireóide, tendência a aumento da prevalência do câncer de esôfago, das glândulas salivares, trato urinário, ovário, linfoma e pele, além de maior mortalidade por doenças não malignas. Não foi observado aumento dos casos de leucemia linfóide crônica, osteosarcoma ou anormalidades congênitas. Os filhos dos sobreviventes não apresentam maior mortalidade ou maior frequência de alterações cromossômicas.

Em relação aos períodos em que ocorreu o aumento da prevalência de câncer, podemos dizer que os casos de leucemia foram predominantes entre 1950-53, os de tireóide aproximadamente 10 anos após a exposição, os de mama e pulmão 20 anos após, os casos de tumor gástrico, de colon e mieloma múltiplo 30 anos após. Em relação ao câncer de pulmão observou-se um efeito sinérgico do tabagismo, e o tipo histológico mais frequente foi o adenocarcinoma.

Em Chernobyl observou-se 10 anos após o acidente ocorrido numa usina nuclear o aumento exponencial dos casos de câncer de tireóide, principalmente entre as crianças e adolescentes.

Observa-se uma relação dose-resposta na gênese dos tumores causados por radiação, muito embora esteja bem estabelecida na literatura médica a relação entre a exposição a baixas doses de radiações ionizantes e o aumento da mortalidade por tumores sólidos. O risco de morte por câncer sólido aumentou 5% por 100mGy de exposição, sendo que uma em cada 100 mortes (com exceção da leucemia) pode ser atribuída à exposição à radiação no ambiente de trabalho. Estes dados foram extraídos de um estudo publicado em 2005 na respeitada revista médica *British Medical Journal*. Em 2015 a mesma revista publicou novo estudo que tem como autores principais Richardson e Cardis, realizado na França, Reino Unido e Estados Unidos e que confirma estes mesmos achados.

A exposição às radiações ionizantes se correlaciona com maior prevalência de diabetes, doença cardíaca isquêmica e patologias cérebro-vasculares. Os casos de doença intersticial fibrosante dos pulmões são mais frequentes entre os expostos às radiações e diferem na apresentação da pneumonite actínica que ocorre após radioterapia. Parece haver relação entre a exposição às radiações e hepatite crônica, cirrose e hepatoma primário. Os estudos sobre alterações imunológicas apontam para efeitos principalmente sobre os linfócitos T. Há estudos que apontam para os efeitos psicológicos que ocorrem nessa população.

O IAEA (*International Atomic Energy Agency*) é a organização que legisla sobre as questões relacionadas à energia atômica. Ela relata que entre 1944 e 2006 ocorreram 428 acidentes nucleares. Quanto à classificação Chernobyl (1986) foi um acidente Grau VII, assim como Fukushima (2011).

É importante ressaltar que na medicina as fontes radioativas são essenciais e imprescindíveis, e o uso das radiações ionizantes representa um grande avanço em várias áreas da medicina com papel fundamental no diagnóstico e tratamento. Estão presentes nas clínicas de medicina nuclear, de radioterapia, de radiologia e nos laboratórios de análises clinicas para a realização de radioimunoensaios.

2 A SITUAÇÃO NUCLEAR NO BRASIL

O Brasil possui usinas nucleares localizadas em Angra dos Reis, conhecidas minas de extração de Urânio e Tório como Caetité, Poços de Caldas e muitas outras situadas em todo o território nacional, unidades de enriquecimento isotópico de Urânio (em Iperó — SP e em Resende — RJ) e o histórico de um grave acidente radioativo com Césio 137 ocorrido em 1987 em Goiânia. Neste último, após o rompimento de um equipamento pertencente ao Instituto Goiano de Radioterapia — IGR, que abandonou o mesmo em um prédio que acabou sendo demolido. Em setembro de 1987, quatro meses após o início da demolição do prédio que não foi concluída, dois catadores de papel levaram consigo a bomba de Césio e a romperam com marteladas num ferro velho, até alcançar a janela de irídio, onde estava armazenada a substância radioativa. A coloração reluzente da fonte do Césio provocou curiosidade e a contaminação do solo, de três depósitos de ferro-velho, um quintal, algumas residências, um escritório da Vigilância Sanitária, e locais públicos diversos. As consequências imediatas foram 297 pessoas com níveis de radiação acima do normal (das 112.800 monitoradas pela CNEN), 49 internações por síndrome radioativa para medicação com Azul da Prússia, e 4 mortes nos primeiros 2 meses após o acidente.

Este e outros 16 acidentes nucleares ocorridos no Brasil entre os quais os altos índices de radiação e a contaminação de trabalhadores da Nuclemon e do Instituto de Pesquisas Energéticas e Nucleares (Ipen) estão descritas no relatório do grupo de trabalho da Câmara dos Deputados: Fiscalização e Segurança Nuclear publicado em 2006.

Em relação às usinas nucleares de Angra dos Reis, o que causa dúvidas é o plano de emergência que não esclarece pontos fundamentais como: locais para abrigo da população, previsão de apoio médico e rotas de evacuação.

O lixo radioativo permanece muitas vezes em locais e condições inadequadas como é o caso do lixo retirado das instalações da Nuclemon e que resultaram do descomissionamento após a demolição das instalações da indústria nuclear localizada no bairro residencial do Campo Belo, e que ocorreu entre 1992 e 1998. Este lixo está num local aberto na Avenida Interlagos, ao lado de vários prédios residenciais. Existem depósitos de materiais e rejeitos radioativos situados no Rio de Janeiro, Minas Gerais, São Paulo e Goiás.

O licenciamento e a fiscalização do setor nuclear brasileiro com vistas à verificação do real cumprimento da legislação nuclear estão atribuídos, por Lei, à Comissão Nacional de Energia Nuclear — CNEN, criada pelo Decreto n. 40.110, de 10.10.1956. Suas competências, além da fiscalização, abrangem ainda um amplo espectro de atividades relacionadas à questão nuclear, como formulação de política nuclear, regulação, guarda de rejeitos radioativos, prestação de serviços, realização de pesquisas científicas, produção e comercialização de materiais e equipamentos, além da fixação de preços de materiais nucleares. A CNEN também tem competência para exercer o monopólio sobre as atividades nucleares por meio de suas empresas controladas, Indústrias Nucleares do Brasil (INB), Nuclebras Engenharia Pesada (NUCLEP) e Eletrobras Eletronuclear.

No Brasil, todas as atividades e operações com radiações ionizantes ou substâncias radioativas estão relacionadas na Norma Regulamentadora n. 15 (NR15) em anexo acrescentado pela Portaria n. 3.393, de 17.12.1987 (Lei n. 6.514, de 22 de dezembro de 1977).

3 A QUESTÃO NUCLEAR E O TRABALHO

Pelos riscos ao trabalhador exposto às radiações ionizantes, algumas responsabilidades cabem ao empregador como: reduzir os riscos da exposição dos trabalhadores às radiações ionizantes pela utilização de técnicas e procedimentos que mantenham o nível de dose tão baixo quanto o possível; prestar aos trabalhadores todas as informações sobre os riscos e medidas de controle existentes; programar e promover treinamentos periódicos em proteção radiológica e avaliação de riscos a todos os trabalhadores expostos. Quando as doses recebidas excederem os limites estabelecidos, a atividade deverá ser considerada de grave e iminente risco estando sujeita à interdição enquanto as condições de trabalho permaneçam inalteradas. Quando essa situação ocorrer, ou por recomendação médica, o trabalhador deverá ser mudado de função ou local de trabalho. As atividades que exponham os trabalhadores a radiações ionizantes são consideradas insalubres em grau máximo. Estas atividades não podem ser realizadas por menores de 18 anos ou mulheres grávidas.

Os trabalhadores que realizarem atividades consideradas perigosas ou permanecerem eventualmente em áreas de risco devem estar sujeitos a todos os procedimentos e controles de proteção radiológica, incluindo licença de trabalho e uso de equipamentos de proteção individual. Os procedimentos e controles de proteção radiológica periódicos devem ser registrados e mantidos por pelo menos 30 anos.

Deve ser utilizada sinalização específica de áreas para locais com presença de fontes radioativas, em conformidade com a simbologia específica internacional de radiação ionizante. Os serviços de radiodiagnóstico, radioterapia e medicina nuclear devem expor essa sinalização no acesso dos referidos serviços.

As instalações radioativas e nucleares devem dispor de Plano de Emergência, conforme preconizado pela Agência Internacional de Energia Atômica (AIEA).

Periodicamente deve ser realizada revisão dos dados referentes ao monitoramento dos trabalhadores e dos locais de trabalho, com o objetivo de comprovar se os limites de exposição estão abaixo daqueles determinados pela legislação.

Todos os trabalhadores deverão ser submetidos a controles médicos específicos auais, mesmo após a demissão. Este controle inclui além das informações clínicas, ocupacionais e exame físico, exames complementares como hemograma completo com contagem de plaquetas, avaliação oftalmológica e outros que se fizerem necessários. No mesmo momento devem ser avaliados os dados radiométricos como resultado da monitoração individual externa (dosimetria) e da monitoração individual interna (bioanálise *in vivo* — contador de corpo inteiro; e *in vitro* — análise radioquímica de urina e fezes). Imediatamente após a ocorrência ou suspeita de exposição acidental deve ser realizada avaliação clínica, dosimetria citogenética e exames complementares.

Devem ser fornecidos ao trabalhador cópias dos resultados dos exames médicos, laboratoriais, radiológicos e dosimétricos, contrarecibo por ocasião dos exames admissionais, periódico e demissional. O mesmo procedimento ocorrerá por ocasião dos exames pós-demissionais. O registro médico e o controle radiométrico individual e de área, devem ser mantidos atualizados por toda vida laboral e conservados pelo empregador após o término do contrato de trabalho e mesmo após o óbito do trabalhador.

4 O CASO NUCLEMON

A USAM, posteriormente chamada de Nuclemon, iniciou suas atividades em 1949, processando as chamadas areias minerais pesadas, associação de monazita, zirconita, ilmenita e rutilo, minerais encontrados nas areias monazíticas, que ocorrem no litoral do sul da Bahia, Espírito Santo e Rio de Janeiro. O processamento da monazita era realizado mediante separação eletromagnética, seguida de moagem e ataque alcalino com soda cáustica, com posterior dissolução clorídrica. Os produtos gerados eram embalados e comercializados (cloreto de terras raras) ou estocados para futuro uso (urânio e tório sob a forma de Torta II). Os produtos finais eram: 1. Compostos radioativos (Urânio e Torio); 2. Fosfato trissódico (detergentes e desengraxantes); 3. Cloreto de terras raras (vidros ópticos); 4. Zirconita (Indústria cerâmica); 5. Rutilo (solda elétrica); 6. Sílica livre (Indústria cerâmica).

Em 1991 após acidente de trabalho ocorrido na empresa foi feita uma inspeção pelo Centro de Referência em Saúde do Trabalhador de Santo Amaro (PMSP), Sindicato dos Químicos de São Paulo, Delegacia Regional do Trabalho, Fundacentro e Ministério Público do Trabalho. Foram observadas várias irregularidades que colocavam em risco a saúde dos trabalhadores: poeira (sílica e terras raras) em suspensão no ar, níveis elevados de ruído, e presença de radiações ionizantes. Não havia sistema de exaustão e ventilação adequados no ambiente de trabalho, os trabalhadores não usavam equipamentos de proteção individuais (EPI) recomendados para o trabalho realizado naquele ambiente e o contador Geiger — que mede radiações ionizantes provenientes de partículas alfa, beta, e gama, apontou a presença de energia nuclear em locais não sinalizados, embora tenham sido observadas bombonas sinalizadas. Também observou-se a falta de EPIs, de armários duplos e vestiários adequados.

Em julho de 1992 a Nuclemon/INB paralisou suas atividades e entrou no processo de descomissionamento (desativação de uma instalação que processa material nuclear), tendo sido o mesmo concluído em julho de 1998. A paralisação das atividades da Nuclemon ocorreu por processar material radioativo sem as condições de segurança necessárias. Outra razão inquestionável para o fechamento da empresa foi estar localizada em plena área residencial da cidade de São Paulo, representando risco para as famílias que viviam no entorno.

A empresa estava instalada num galpão onde os setores não tinham separação física, ou seja, os trabalhadores de todos os setores, inclusive administrativo, tinham exposição a ruído, calor e radiações ionizantes.

A empresa tinha os seguintes setores:

1. Tratamento físico de minérios (TFM): zirconita, rutilo e monazita
2. Tratamento químico da monazita (TQM)
3. Tratamento físico da ambligonita (TFA)
4. Tratamento químico da ambligonita (TQA)
5. Separação de terras raras (STR)
6. Laboratório de controle de qualidade

7. Divisão de manutenção mecânica
8. Administração

Em laudo fornecido pela empresa e datado de 21 de setembro de 1998 e na SB40/PPP fornecida a alguns trabalhadores da Nuclemon, é admitido que em relação às condições de trabalho existiam riscos ocupacionais evidentes:

Riscos Químicos:

— Toxicidade química decorrente do tratamento químico de monozita e ambligonita.

— Exposição às poeiras minerais cuja granulometria encontrava-se na faixa média de diâmetro da ordem de 0,25 mm, portanto menores que 1,0 mm e potencialmente causadoras de pneumoconiose (fibrose intersticial pulmonar).

Riscos Físicos:

— Ruído presente nas áreas de moagem da zirconita e da monazita, variando de 92 e 101 dB(A). Sendo mais acentuado na TFM. A NR15 (Atividades e operações insalubres/de 8 de junho de 1978) define como níveis de ruído toleráveis para ruído contínuo ou intermitente — 85dB(A)/8hs, e progressivamente 92dB(A) /3hs e 100dB(A)/1hora.

— Calor, variando de 22,9⁰ (IBUTG) a 27,6⁰ (IBUTG) — Utilidades/Caldeiras, 28,8⁰ (IBUTG) — mais acentuado na TFM (junto ao forno de calcinação).

— Radiações ionizantes:

O risco radiológico, referente às radiações ionizantes, aos quais os trabalhadores estavam expostos decorria da presença residual de materiais radioativos (Torta II e mesotório), representados pelo Urânio, Tório, Rádio e seus produtos de decaimento. Os riscos decorrentes da presença destes elementos pressupõem a irradiação externa, por causa da emissão beta e gama de alguns produtos de decaimento do urânio e do tório, bem como de eventual contaminação interna, via inalação, visto que boa parte dos materiais radioativos estava aderida às poeiras. É referida a existência de um programa de proteção radiológica ocupacional que visava não só o controle individual (filmes dosimétricos) como o monitoramento de áreas.

Em vários PPP (Perfil Profissiográfico Previdenciário) é citado o fator de risco: radiações ionizantes com o comentário "Nas atividades descritas o empregado esteve exposto ao agente nocivo radiação ionizante de modo habitual permanente, não ocasional nem intermitente. Não existe, para o presente estado de tecnologia, meio de proteção coletiva (EPC) ou individual (EPI) 100% efetiva contra as radiações ionizantes, ou seja não há como conferir ao trabalhador uma proteção eficaz em relação à nocividade deste agente.

No "Plano de Radioproteção da Usina Santo Amaro" é citado que os trabalhadores podiam estar expostos aos campos de radiação beta e gama, sendo que o nível desses campos de radiação dependia do tipo, idade, concentração e quantidade de material radioativo. Os riscos de exposição externa assumem significância principalmente nos estágios finais da precipitação, filtração, embalagem e armazenamento do concentrado. O urânio e o tório recentemente purificados são essencialmente emissores alfa, porém com o passar do tempo, a quantidade dos produtos filhos aumenta, e em consequência aumentam os níveis dos campos de radiação beta e gama. Os riscos de contaminação interna ocorrem em locais onde os materiais radioativos são processados sem o confinamento total e, em consequência, os materiais radioativos processados podem dar origem à contaminação do ar e das superfícies dos locais de trabalho, e podem ser inalados ou ingeridos pelos trabalhadores. Essa situação ocorria, segundo informações dos trabalhadores, nas áreas de recepção e estocagem do concentrado de monazita para processamento, TFM, TQM, área de estocagem de produtos intermediários e rejeitos.

As radiações ionizantes causam alterações do DNA e efeitos tardios como alterações hematológicas, leucemias, e tumores sólidos de forma geral. A avaliação da exposição à radiação ionizante é feita por meio da bioanálise *in vivo* e *in vitro*, que são respectivamente a dosimetria interna e a avaliação de compostos radioativos nas excretas (urina e fezes); e da dosimetria externa. Estes exames a que se submeteram alguns trabalhadores não trazem referência às condições de coleta como, por exemplo, quanto tempo após a última manipulação de material radioativo havia sido feita a avaliação. Em julho/agosto de 1990 foram realizadas pesquisas de tório na urina e nas fezes e de 19 amostras quatro foram anormais na urina e 13 anormais nas fezes. Já em 13 avaliações feitas com contador de corpo inteiro, cinco resultaram anormais. Em outubro/novembro de 1992 foram feitas análises de Urânio 238 (7 amostras), sendo três anormais nas fezes e uma na urina; Urânio 234 (7 amostras), sendo três anormais nas fezes e uma na urina; Tório 232 (7 amostras), sendo seis anormais nas fezes; e Tório 228 (7 amostras), sendo seis anormais nas fezes. Avaliamos alguns relatórios de dosimetria externa e os mesmos mostram vários problemas como uso de unidades diferentes (mR e mSv), ausência de data padrão para início e término das medições, falta de anotações sobre férias e outros afastamentos, ausência de anotações sobre limites de tolerância, e várias anotações de dosímetro extraviado, danificado ou não devolvido.

A incidência de neoplasia de próstata na população acima de 45 anos conforme dados da literatura médica brasileira é de 2%, e nesta amostra de trabalhadores da Nuclemon alcança o valor de 9%. Conforme literatura médica específica sobre esse tema, qualquer tipo de neoplasia pode ocorrer secundariamente à exposição às radiações ionizantes. Existe uma relação entre a exposição às radiações ionizantes, ainda que em baixa dose, e a ocorrência de qualquer tipo de neoplasias, inclusive de próstata. Em relação à neoplasia de próstata o gen ATM pode ser relacionado à maior prevalência de câncer de próstata quando ocorrem mutações em BRCA2, BRCA1 e CHEK2, sendo estas alterações mais frequentes quando há exposição às radiações ionizantes. Sobre o tema radiação ionizante e ocorrência de neoplasias é citada bibliografia anexa, inclusive revisão sobre a relação entre o câncer e várias exposições ocupacionais incluindo metais, solventes, pesticidas, radiações ionizantes e radiações não ionizantes. Em outro estudo o autor afirma que há relação linear dose-resposta entre leucemia e a maioria dos tumores sólidos e a exposição às radiações ionizantes.

Em vista das informações acima se conclui que embora a indústria Nuclemon tenha sido desativada e suas instalações desfeitas, há documentação que comprova os riscos a que os trabalhadores estavam expostos. Os trabalhadores referem que o ambiente de trabalho era abafado, barulhento, havia muita poeira em suspensão no ar e que não sabiam que manipulavam material radioativo. Os trabalhadores levavam as roupas contaminadas para serem lavadas em casa e às vezes até se alimentavam no meio da produção.

Em 2005 um grupo de trabalhadores entrou com um processo na Justiça do Trabalho reivindicando seus direitos e até agora receberam somente o plano de saúde. Em paralelo existem inúmeros processos individuais de trabalhadores da empresa que adoeceram em razão das condições de trabalho inadequadas e que aguardam a conclusão e a resposta às suas reivindicações.

5 LEGISLAÇÃO SOBRE EXPOSIÇÃO À ENERGIA NUCLEAR E TRABALHO

As doenças causadas por exposição às radiações ionizantes podem ter um período de latência de até 30 anos ou mais. Segundo a *International Agency of Research on Cancer* (IARC) da OMS (Organização Mundial da Saúde) a exposição a radiações ionizantes é reconhecidamente cancerígena para os seres humanos e qualquer exposição do trabalhador a radiações ionizantes constitui risco à saúde e deve ser evitada, sempre que possível. Da mesma forma a *International Commission of Radiological Protection* (ICRP) recomenda a redução sistemática da exposição ocupacional às radiações ionizantes e dos limites de dose estabelecidos. No Brasil a normatização destes cuidados é estabelecida pela norma CNEN — NN 3.01, Diretrizes Básicas de Proteção Radiológica, publicada na Resolução CNEN n. 027, de 17 de dezembro de 2004. A Organização Internacional do Trabalho (OIT) estabelece na Convenção n. 115, que os trabalhadores da indústria nuclear passem por exames periódicos mesmo após a demissão e pelo restante da vida. O governo brasileiro assinou a Convenção n. 115 da OIT em 1960, a ratificou em 05.09.1966 e promulgou o Decreto n. 62.151, de 19.01.1968 (DOU 23.1.1968), mas não a regulamentou. A Recomendação n. 114 da OIT (1960) dispõe sobre os limites de exposição e a proteção dos trabalhadores.

No Brasil as doses resultantes de exposição ocupacional às radiações ionizantes devem obedecer aos limites estabelecidos na Norma CNEN NN-3.01, de 20 mSv/ano. As Diretrizes Básicas de Proteção Radiológica estabelecidas nesta mesma norma determinam que os empregadores (principais responsáveis pela aplicação da mesma) devem implantar, implementar e documentar um sistema de proteção radiológica; identificar e corrigir falhas, manter registros, e assegurar que os indivíduos ocupacionalmente expostos estejam cientes de suas responsabilidades e obrigações. Também são responsabilidades do empregador observar que somente pessoal treinado e autorizado opere fontes de radiação, que providencie os recursos necessários para minimizar a probabilidade de ocorrência de acidentes e o treinamento para atuação em situação de acidente.

O Conselho Nacional de Saúde por meio da Resolução n. 6, de 21.12.88 estabeleceu os requisitos de proteção em radiologia diagnóstica e intervencionista.

A ANVISA, por meio da Portaria n. 453, de 1º de junho de 1998, dirigida às pessoas jurídicas e físicas envolvidas com produção e comercialização de equipamentos de raios-x diagnósticos, componentes e acessórios; e prestação de serviços que impliquem na utilização de raios-x diagnósticos para fins médicos e odontológicos. Os princípios básicos da Portaria n. 453 são: justificação da prática e das exposições médicas individuais, otimização da proteção radiológica, limitação de doses individuais e prevenção de acidentes. Nesta Portaria está inserido o regulamento técnico "Diretrizes de Proteção Radiológica em Radiodiagnóstico Médico e Odontológico" e a inobservância de seus requisitos constitui infração de natureza sanitária nos termos da Lei n. 6.437, de 25 de agosto de 1977, sujeitando o infrator ao processo e penalidades previstas, sem prejuízo das responsabilidades civil e penal cabíveis.

6 REFERÊNCIAS BIBLIOGRÁFICAS

BERAL, V. et al. Mortality of employees of the United Kingdom Atomic Energy Authority, *1946-1979* ("Mortalidade dos empregados na Empresa de Energia Atômica no Reino Unido, 1946-1979"). *British Medical Journal* 1985;291:440-447.

CARDIS, E. et al. Risk of cancer after low doses of ionising radiation: retrospective cohort study in 15 countries ("Risco de câncer após baixas doses de radiação ionizante: estudo retrospectivo em 15 países"). *British Medical Journal* 2005.

CLAPP, R. W. et al. Environmental and occupational causes of cancer (Causas ambientais e ocupacionais de câncer). New evidence, 2005-2007. *Rev Environ Health* 2008;23(1):1-37.

GILBERT, E. S. Ionizing radiation and cancer risks: what have we learned from epidemiology? ("Radiação ionizante e risco de câncer: o que aprendemos da epidemiologia?"). *Int J Radiat Biol* 2009;85(6):467-482.

INTERNATIONAL LABOUR ORGANIZATION. *Encyclopaedia of occupational health and safety.* 4th Ed. *International Labour Organization* 1998.

RICHARDSON, D. B. et al. Risk of cancer from exposure to ionizing radiation: a retrospective cohort study of workers in France, the United Kingdon, and the United States (INWORKS). *British Medical Journal* 2015.

S. ANGÈLE et alii. ATM polymorphisms as risk factors for prostate cancer development ("Polimorfismo ATM como fator de risco para o desenvolvimento de câncer prostático"). *British Journal of Cancer.* 2004;91(4):783-787.

SAMET, Jonathan. Epidemiological studies of ionizing radiation and cancer: past successes and future challenges ("Estudos epidemiológicos sobre radiação ionizante e câncer: sucessos do passado e desafios futuros"). *Environmental Health Perspectives* 1997;105(4):883-889.

SANTOS, Ubiratan de Paula. *Ruído. Riscos e prevenção.* São Paulo: Hucitec (1994).

SHIGEMATSU, I. et al. *Effects of A-bomb radiation on the human body.* Copyright 1995 by Bunkodo Co., Ltd.

VALVERDE, N. J. et al. *Atendimento inicial de radioacidentados.* Arq. Bras. de Med. Naval. 1988;49(1):9-20.

A POSSIBILIDADE DE TORNAR REAL A UTOPIA DO TRABALHO SAUDÁVEL, SOB A PERSPECTIVA DO "PRINCÍPIO ESPERANÇA", DE ERNST BLOCH (1885-1977)

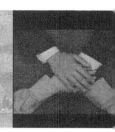

René Mendes[*]

"Onde não se pode mais nada e onde nada mais é possível, a vida parou."
(Ernst Bloch, em *Princípio Esperança*, Volume I, Capítulo 18)

"Utopia não é um estado duradouro; mas então carpe diem,
só que autenticamente num presente autêntico" (Idem, Capítulo 20)

1 INTRODUÇÃO

A imensa maioria das pessoas, ao longo de milênios e em quase todos os lugares do mundo, associa o Trabalho às ideias de castigo, de pena, de sofrimento, invocando ora a suposta "maldição do Éden" (equivocadamente interpretada, segundo penso); ora a etimologia da palavra *trabalho* (esquecendo a riqueza da palavra *labor* e os termos equivalentes a trabalho, em outros idiomas...), ou apegada a constatações históricas e observações cotidianas que confirmam essa associação e, de certa forma, reforçam e perpetuam esse conceito, ou pior, essa ideologia.

Não nos iludamos, contudo, com a falácia enganosa do *Arbeit mach Frei* ("o trabalho liberta") inscrito nos portões de entrada dos campos de extermínio nazistas; tampouco com as mensagens otimistas do General Yamashita, utilizadas para impor o trabalho escravo na construção da lendária ponte do Rio Kway[1] pelos prisioneiros de guerra no

---

[*] Médico especialista em Saúde Pública e em Medicina do Trabalho. Mestre, Doutor e Livre-Docente em Saúde Pública/Saúde Ambiental, pela Universidade de São Paulo (USP). Foi Professor-Doutor da Unicamp, por 15 anos, e, a partir de 1991, Professor Titular da Faculdade de Medicina da UFMG, onde se aposentou. Professor Sênior Associado da Escola de Saúde Pública da Johns Hopkins University, em Baltimore, EUA, de 1983 a 2014. Ao longo de seus 44 anos de carreira e experiência profissional, ele exerceu cargos de direção na Fundacentro, no Ministério da Saúde, no Ministério do Trabalho, na Organização Pan-Americana/Organização Mundial de Saúde (OPS/OMS), em Washington, e na Organização Internacional do Trabalho (OIT). Presidiu a Associação Nacional de Medicina do Trabalho (ANAMT) e é o atual Editor Chefe da Revista Brasileira de Medicina do Trabalho; Membro Honorário da Comissão Internacional de Saúde no Trabalho (ICOH). Organizador e autor principal do tratado "Patologia do Trabalho" (2. vols.), atualmente na sua 3ª edição (2013). São Paulo — SP.

[1] História imortalizada por livro, filme e música.

sudeste asiático, ambos os fatos ocorridos há apenas pouco mais de 70 anos. Ou outros *cantos de sereia*, que visam a forçar a adoção de ideologias ditadas pelo "espírito do capitalismo", já denunciadas por Marx, estudadas por Weber, e ao longo do tempo crescentemente metamorfoseadas e travestidas em sutis e magnetizantes embalagens e rótulos, tal como denunciam autores como Sennett, Castel, Paugam — entre outros — e com destaque, entre nós, o Prof. Ricardo Antunes e o Prof. Élio Estanislau Gasda[2], entre outros.

Há que se reconhecer que no caso da saúde e segurança dos trabalhadores e das trabalhadoras em nosso país, foram se infiltrando ideologias e culturas que favorecem a perpetuação do estado lastimável de condições de trabalho que ainda vigoram em muitos setores e segmentos, e de inaceitáveis indicadores de saúde dos que neles labutam, medidos, por exemplo, pela incidência de acidentes do trabalho e de doenças relacionadas ao trabalho, com sua carga de sofrimento, incapacidade e mesmo morte.

Como exemplos, destaco, nesta Introdução, o que denomino "cultura da inerência" ou a cultura do "risco inerente", lembrando que inerência é conceituada como *"estado de coisas que, por natureza, são inseparáveis e que somente por abstração podem ser dissociadas"* (Houaiss). Lamentavelmente, nosso constituinte ajudou a reforçar esta ideologia, ao assim redigir, na rubrica dos Direitos Sociais, o Inciso XXII do art. 6º da CF: *"... redução dos riscos <u>inerentes</u> ao trabalho, por meio de normas de saúde, higiene e segurança"* (grifo introduzido)

Destaco, ainda, a cultura do "infortúnio do trabalho" e da respectiva "infortunística do trabalho", lembrando que infortúnio é *"desgraça, má fortuna, adversidade, desdita, infelicidade; acontecimento, fato infeliz que sucede a alguém ou a um grupo de pessoas"* (Houaiss). Quanta "carga ideológica" perniciosa à cultura da prevenção dos acidentes e doenças do trabalho!

Devo destacar, outrossim, a perpetuação da cultura da "monetização do risco" e dos respectivos adicionais de insalubridade e de periculosidade, contra a qual, há muitos anos, os movimentos de trabalhadores mais esclarecidos, lutava sob a bandeira de "saúde não se vende" ou "saúde não se troca por dinheiro". Contudo, muitas vezes, o combate a essa cultura mórbida tem levado a que se retirem os adicionais de insalubridade ou periculosidade, sem retirar a insalubridade ou a periculosidade, ou, simplesmente, que se retire uma fração substancial da remuneração dos trabalhadores, sem qualquer compensação efetiva, nem de qualidade das condições de trabalho, nem da remuneração do trabalhador e da trabalhadora.

Cabe destacar ainda a cultura do "ato inseguro" e a da "culpabilização da vítima", as quais, ainda que velhas e abjetas, também estão se metamorfoseando em modelos explicativos dos acidentes de trabalho, baseados em teorias do comportamento humano, abusivamente utilizadas por psicólogos, gestores, engenheiros e médicos, entre outros.

Destaco, ainda, a cultura da "naturalização" dos riscos e dos acidentes, que anda de mãos dadas com a cultura da "banalização" dos acidentes e danos causados pelo trabalho. A sobrecarga física e mental imposta pelo trabalho, os acidentes e as doenças relacionados com o trabalho seriam "ossos do ofício"...

Frente a tudo isto, contrapôs-se o conceito da "anti" Patologia do Trabalho, baseado na transformação das condições e ambientes de trabalho *insalubres* (que fazem mal à saúde), em condições e ambientes supostamente *salubres*, que, também supostamente, não fariam mal à saúde. Considero esse estágio como obrigatório, necessário. Como se verá ao longo deste texto porém, é necessário, mas não suficiente. Mais adiante, será dedicada uma seção ao que denomino "primeiro estágio", o da luta contra a periculosidade e insalubridade do trabalho, com o objetivo de torná-lo não perigoso e não insalubre.

Se o chamo de "primeiro estágio" é porque tenho em vista outros... Pelo menos mais um. Com efeito, defendo neste capítulo a tese de que existe um estágio, um patamar, um horizonte mais ousado, que é o de construir o trabalho que não apenas não cause dano à saúde das pessoas, mas possa, quiçá, contribuir para a sua melhoria, o seu fortalecimento. "*Ora (direis) ouvir estrelas (...) perdeste o senso (...) tresloucado amigo...*" é coisa de poetas e sonhadores, em referência literal ao poeta Bilac, no seu imortal poema *Via Láctea*. Mas é isto mesmo que pretendo propor neste capítulo. Aliás, antes de mim, a Professora Elizabeth Costa Dias, da UFMG, o fez de forma pioneira e extremamente qualificada, ao escrever o instigante "Posfácio" do tratado *Patologia do Trabalho*, por ela intitulado "a utopia do trabalho que também produz saúde: as pedras no caminho e o caminho das pedras" (DIAS, 2013).

---

[2] Leituras recomendadas: "Trabalho e Capitalismo Global: atualidade da doutrina social da Igreja" (Paulinas, 2011) e "Cristianismo e Economia: repensar o trabalho além do capitalismo" (Paulinas, 2014).

Tal como a Professora, tentaremos ir pelo viés da *utopia*, o que, por si só, já acarreta complicações, tendo em vista uma contradição intrínseca: utopia é, etimologicamente, a agregação da partícula grega *où*, não, negação, com a partícula *tòpos*, lugar, e, portanto, palavra com significado literal de *não lugar, sem lugar, nenhum lugar*. Como e por que colocá-la como referência para nosso texto, aliás, nossa luta?

Por certo, não será esta a primeira vez que utopias são consideradas inúteis, fúteis, quando não até perigosas e indesejáveis, possíveis ameaças ao *status quo* social, político, econômico, e mesmo cultural e religioso. Thomas More (1477-1535), quando inaugurou o uso do termo *utopia*, que deu título à sua obra, publicada em 1516, situou sua cidade ideal numa ilha ou local imaginário, o qual, distante ou perto no espaço, poderia tornar próximos e reais seus sonhos de um mundo melhor (ele já pensava que *um outro mundo seria possível*...). Morreu decapitado, por ordem de Henrique VIII. Exatamente 400 anos depois, foi canonizado pelo Papa Pio XI.

Muito antes de More, Platão situara suas utopias sobre a Justiça em uma imaginária *República*, a qual, apesar de ter servido e ainda servir de inspiração para muitos, nunca se concretizou na sua plenitude, nem no espaço e nem no tempo. Tommaso Campanella (1568-1639) localizou suas utopias em uma *Cidade do Sol* (1602), mais perto, talvez, de um lugar mais *milenarista* que *utópico*, cidade mais perto, talvez que *A Cidade de Deus*, de Santo Agostinho (354-430), bispo de Hipona. Francis Bacon (1560-1626) localizou a sede de suas utopias num lugar imaginário que denominou *A Nova Atlântida* (1623). Étienne Cabet (1788-1856) situou suas utopias na *Icária* (1840), a qual, muito embora existente enquanto nome de uma pequena ilha grega no Mar Egeu, não sediou fisicamente a utopia. Seu nome serviu como "sede provisória" de ideias ousadas, tanto para projetos experimentais no Novo Mundo (que não sobreviveram), como para inspiração de "socialistas utópicos", dos séculos XVIII e XIX — Robert Owen (1771-1858) e Pierre-Joseph Proudhon (1809-1865), entre outros — alimentando, também, as raízes das ideias sociais de Karl Marx (1818-1883), Friedrich Engels (1820-1895) e Paul Lafargue (1842-1911), entre outros. *Icaria* homenageava o mitológico Ícaro, aquele que tentara deixar Creta, voando. Daí a analogia com as utopias, tentativas de *voar*, no seu sentido figurado que até hoje utilizamos. Os "icários" e assemelhados do século XIX localizaram seus sonhos utópicos (e sua luta) mais proximamente, tanto no espaço como no tempo, focando temas e lutas bem terrestres, no *chão de fábrica*, literalmente...

Pois é por este viés que introduzo meu texto neste livro, isto é, buscar plantar a utopia no *aqui e agora* do mundo do Trabalho! O despertar que proponho, na verdade, não deixa de ser — de certa forma — o resgate de uma utopia de mais de 400 anos, quando Campanella prescrevia que os trabalhadores de sua cidade imaginária escolheriam suas profissões livremente; seriam respeitados e honrados pela sociedade, e o trabalho não lhes prejudicaria a saúde. Pelo contrário, dizia Campanella: o trabalho não causaria dano à sua saúde; ela seria conservada, e mais: a saúde poderia até melhorar, tornar-se mais vigorosa, graças ao trabalho. Mas isso seria na *Cidade do Sol*... E na *cidade dos homens* (não a de Santo Agostinho, mas a nossa)? Essa utopia nunca se concretizou como *possibilidade* real e alcançável, utilizando a ênfase de Ernst Bloch (1885-1977) em sua obra *O Princípio Esperança*. Não por faltarem conhecimento, tecnologia e meios, mas existirem, em excesso, insensibilidade, omissão e negligência, creio eu...

Afinal, para que servem as utopias? Atribui-se ao jornalista e escritor uruguaio Eduardo Galeano, morto em abril de 2015, a mesma pergunta, ou melhor, sua encantadora resposta: *Para que serve a utopia?/Ela está diante do horizonte./Me aproximo dois passos/e ela se afasta dois passos./Caminho dez passos/e o horizonte corre/dez passos mais à frente./Por muito que eu caminhe/nunca a alcançarei. Para que serve a utopia?/Serve para isso: para caminhar.*

Com essa Introdução, antecipamos que este capítulo irá discutir, em seguida, as linhas gerais do que denominei "primeiro estágio" de combate à insalubridade e periculosidade do trabalho, para prosseguir, na última seção, com a proposição de um "segundo estágio", caracterizado pela construção do "trabalho saudável", isto é, aquele que favorece, ajuda, contribui, promove a saúde de trabalhadores e trabalhadoras, como expressão do que *ainda não é, mas poderá vir a ser* (conceito-chave da utopia *blochiana*). Ainda não é, mas *deveria* ser, penso...

2 PRIMEIRO ESTÁGIO DA LUTA CONTRA A PERICULOSIDADE E INSALUBRIDADE DO TRABALHO: TORNÁ-LO "NÃO PERIGOSO" E "NÃO INSALUBRE"

Retomamos aqui o que enunciamos na Introdução deste capítulo: a obrigação moral, ética e social — inalienável — de aplicar a política, a ciência e a tecnologia na transformação de condições e ambientes de trabalho *insalubres* (que fazem mal à saúde), em condições e ambientes *salubres*, que, pelo menos, não prejudicam a saúde. Trata-se de um estágio minimamente obrigatório. Obrigatório e necessário. Necessário, porém não suficiente, como se verá mais adiante, em outra seção.

Para que nossas palavras não fiquem apenas como *profissão de fé*, serão utilizadas, nesta seção, primeiro as normas internacionais do trabalho, preconizadas pela Organização Internacional do Trabalho (OIT), muitas das quais já vigentes no Brasil, na medida em que, no caso das "convenções", foram adotadas pelo país, por meio de decreto legislativo. Para além das "convenções" e "recomendações" da OIT, mencionaremos, também, alguns documentos internacionais, vigentes, por exemplo, no âmbito da União Europeia, onde têm *status* oficial de "diretivas" que devem nortear as legislações nacionais dos países-membros. Para nós, poderiam servir como referências.

Convenções da OIT adotadas pelo Brasil

Com este propósito, e seguindo, aproximadamente, a cronologia das Convenções da OIT, começaremos por lembrar a **Convenção n. 139**, que tem mais de 40 anos, sobre a *"Prevenção e Controle de Riscos Profissionais Causados pelas Substâncias ou Agentes Cancerígenos"* (1974), ratificada pelo Brasil, em 1986 (Decreto n. 157, 2.7.1991).

Enfocando a questão da prevenção do câncer relacionado ao trabalho, a **Convenção n. 139** da OIT estabelece, em seu art. 1º, que *"todo Membro que ratifique a presente Convenção deverá determinar, periodicamente, as substâncias e agentes cancerígenos aos quais estará proibida a exposição no trabalho, ou sujeita a autorização ou controle, e aqueles a que se devam aplicar outras disposições da presente Convenção."* (grifo introduzido)

Estas disposições são ampliadas no art. 2º da Convenção: *"Todo Membro que ratifique a presente Convenção deverá procurar de todas as formas substituir as substâncias e agentes cancerígenos a que possam estar expostos os trabalhadores durante seu trabalho, por substâncias ou agentes não cancerígenos ou por substâncias ou agentes menos nocivos. Na escolha das substâncias ou agentes de substituição, deve-se levar em conta suas propriedades cancerígenas, tóxicas e outras."* (grifo introduzido)

Como se pode notar claramente, não se convive com a "insalubridade", muito menos se gratifica ou compensa financeiramente a convivência com a "insalubridade". Neste instrumento da OIT utilizam-se, na verdade, posições mais fortes e radicais, a saber: "proibição da exposição", "autorização da exposição", "controle da exposição", e a busca de todas as formas de "substituição" das substâncias e agentes cancerígenos por agentes não cancerígenos ou por agentes menos nocivos.

Nesta mesma linha destacam-se os preceitos da **Convenção n. 148** da OIT, sobre *"Proteção dos Trabalhadores Contra os Riscos Profissionais Devidos à Contaminação do Ar, ao Ruído e às Vibrações no Local de Trabalho"*, de 1977, ratificada pelo Brasil, em 1986 (Decreto n. 93.413, 15.10.1986).

Saliente-se que a Convenção é clara quando, entre as "disposições gerais", estabelece que *"a legislação nacional deverá dispor sobre a adoção de medidas no local de trabalho, para prevenir e limitar os riscos profissionais devidos à contaminação do ar, ao ruído e às vibrações e para proteger os trabalhadores contra tais riscos."* (grifo introduzido)

Ao enunciar as "medidas de prevenção e de proteção" (Parte III da Convenção), o instrumento da OIT, ratificado pelo Brasil, é explícito:

"Na medida do possível, dever-se-á eliminar todo risco devido à contaminação do ar, ao ruído e às vibrações no local de trabalho:

a) mediante medidas técnicas aplicadas às novas instalações e aos novos métodos de sua elaboração ou de sua instalação, ou mediante medidas técnicas aduzidas às instalações ou operações existentes, ou quando isto não seja possível,

b) mediante medidas complementares de organização do trabalho." (grifos introduzidos)

Mais adiante, em seu art. 11, a **Convenção n. 148** da OIT determina:

"Quando, por razões médicas, seja desaconselhável a permanência de um trabalhador em uma função sujeita à exposição à contaminação do ar, ao ruído ou às vibrações, deverão ser adotadas todas as medidas compatíveis com a prática e as condições nacionais para transferi-lo para outro emprego adequado, ou para assegurar-lhe a manutenção de seus rendimentos, mediante prestações da previdência social, ou por qualquer outro meio.

As medidas tomadas para aplicar a presente Convenção não deverão afetar desfavoravelmente os direitos dos trabalhadores previstos na legislação sobre a previdência social ou seguros sociais." (grifos introduzidos)

Percebe-se aqui, também, que os enfoques enunciados pela **Convenção n. 148**, longe de contemporizarem a convivência com o perigo e o risco — ainda que se gratifiquem os trabalhadores expostos — são fortes e radicais, e não poderiam ser, no caso brasileiro, tomados de forma mais leve: "prevenir e limitar os riscos profissionais", "eliminar o risco", "adotar medidas técnicas", "adotar medidas complementares de organização do trabalho", "transferir para outro emprego adequado" (sem ônus para o trabalhador), entre outras.

Não são diferentes as determinações da **Convenção n. 155** da OIT, sobre *"Segurança e Saúde dos Trabalhadores e o Meio Ambiente de Trabalho"*, de 1981, ratificada pelo Brasil, em 1994 (Decreto n. 1.254, 29.9.1994).

Neste sentido, estabelece a **Convenção n. 155** da OIT que, em nível das empresas:

"Deverá ser exigido dos empregadores que, na medida do que for razoável e possível, garantam que os locais de trabalho, o maquinário, os equipamentos e as operações e processos que estiverem sob seu controle são seguros e não envolvem risco algum para a segurança e a saúde dos trabalhadores.

Deverá ser exigido dos empregadores que, na medida do que for razoável e possível, garantam que os agentes e as substâncias químicas, físicas e biológicas que estiverem sob seu controle não envolvem riscos para a saúde, quando tomadas medidas de proteção adequadas." (grifos introduzidos)

Como ações a serem tomadas em nível nacional, a **Convenção n. 155** da OIT determina que:

"(...) a autoridade ou as autoridades competentes deverão garantir a realização progressiva das seguintes tarefas:

a) A determinação, quando a natureza e o grau de risco assim o requererem, das condições que regem a concepção, a construção e o acondicionamento das empresas, sua colocação em funcionamento, as transformações mais importantes que forem necessárias e toda modificação dos seus fins iniciais, assim como a segurança do equipamento técnico utilizado no trabalho e a aplicação de procedimentos definidos pelas autoridades competentes.

b) A determinação das operações e processos que serão proibidos, limitados ou sujeitos à autorização ou ao controle da autoridade, ou autoridades competentes, assim como a determinação das substâncias e agentes aos quais estará proibida a exposição ao trabalho, ou bem limitada, ou sujeita à autorização ou ao controle da autoridade, ou autoridades competentes; deverão ser levados em consideração os riscos para a saúde decorrentes da exposição simultânea a diversas substâncias ou agentes." (grifos introduzidos)

Percebe-se que também na **Convenção n. 155** da OIT são utilizados conceitos fortes, tais como "locais de trabalho, maquinário, equipamentos, operações e processos (...) seguros e que não envolvem risco algum para a segurança e a saúde dos trabalhadores"; "agentes e substâncias químicas e biológicas [que] não envolvem riscos para a saúde, quando tomadas medidas de proteção adequadas"; "operações e processos proibidos, limitados ou sujeitos à autorização ou ao controle da autoridade"; "exposição proibida ou limitada" e, por último, mas não menos importante, os "riscos para a saúde, decorrentes da exposição simultânea a diversas substâncias ou agentes". Que pauta ambiciosa e ousada, quando comparada com a pobreza de enfoques conservadores e de monetização do risco, ainda remanescentes em nosso meio, principalmente na CLT e na NR-15!

Nesta mesma linha está a **Convenção n. 170** da OIT, que trata da *"Segurança na Utilização de Produtos Químicos no Trabalho"*, de 1990, ratificada pelo Brasil, em 1998 (Decreto n. 2.657, 3.7.1998).

Esta Convenção da OIT determina que

"...é essencial prevenir as doenças e os acidentes causados pelos produtos químicos no trabalho ou reduzir a sua incidência;

a) Garantindo que todos os produtos químicos sejam avaliados a fim de se determinar o perigo que representam;

b) (...)

c) Proporcionando aos trabalhadores informações sobre os produtos químicos utilizados nos locais de trabalho, bem como as medidas adequadas de prevenção que lhes permitam participar eficazmente dos programas de proteção, e

d) Estabelecendo as orientações básicas desses programas, para garantir a utilização dos produtos químicos em condições de segurança."

Sobre as medidas de "**controle operacional**", assim determina a **Convenção n. 170** da OIT:

1. Os empregadores deverão avaliar os riscos oriundos da utilização de produtos químicos no trabalho, e assegurar a proteção dos trabalhadores contra tais riscos, pelos meios apropriados, e especialmente:

a) *Escolhendo os produtos químicos que eliminem ou reduzam ao mínimo o grau de risco;*

b) *Elegendo tecnologia que elimine ou reduza ao mínimo o grau de risco;*

c) *Aplicando medidas adequadas de controle técnico;*

d) *Adotando sistemas e métodos de trabalho que eliminem ou reduzam ao mínimo o grau de risco;*

e) *Adotando medidas adequadas de higiene do trabalho;*

f) *Quando as medidas que acabam de ser enunciadas não forem suficientes, facilitando, sem ônus para o trabalhador, equipamentos de proteção pessoal e roupas protetoras, assegurando a adequada manutenção e zelando pela utilização desses meios de proteção.*

2. Os empregadores deverão:

a) *Limitar a exposição aos produtos químicos perigosos, para proteger a segurança e a saúde dos trabalhadores;*

b) *Proporcionar os primeiros socorros;*

c) *Tomar medidas para enfrentar situações de emergência.* (grifos introduzidos)

Por último, mas não menos importante, a **Convenção n. 170** da OIT dispõe sobre a questão da "informação e formação", com quatro obrigações explícitas dos empregadores; sobre a questão da "cooperação" entre empregadores e trabalhadores, sobre a questão dos "direitos dos trabalhadores e seus representantes", com quatro tópicos e vários desdobramentos, todos de interessante qualidade.

É quase redundante salientar, uma vez mais, as "palavras-chave" que estão nestes enunciados, posto que elas contêm conceitos, enfoques, estratégias e providências práticas que, necessariamente, deveriam ser adotados no âmbito das organizações de trabalho no Brasil, individualmente, como em âmbito nacional, como resultado de um processo participativo que vise ao aperfeiçoamento das atuais normas de Saúde e Segurança do Trabalho, em nosso país.

Diretivas e Outros Instrumentos Vigentes na União Europeia

Prosseguindo na identificação de como a questão dos riscos ocupacionais é abordada em nível internacional, no referente à questão da "insalubridade" e do "adicional de insalubridade", será citada a **Diretiva n. 89/391/CEE**, de 1989, a qual estabeleceu, entre outras "obrigações das entidades patronais", aquilo que foi denominado "**princípios gerais de prevenção**", os quais são aqui resgatados, dada sua universalidade e aplicabilidade sem fronteiras.

Com efeito, os "**princípios gerais de prevenção**" (de obrigação patronal) foram não apenas listados, mas também dispostos em ordem de prioridade, tal como segue:

a) *Evitar riscos;*

b) *Avaliar os riscos que não podem ser evitados;*

c) *Combater os riscos na origem;*

d) *Adaptar o trabalho ao homem, especialmente no que se refere à concepção dos postos de trabalho, bem como à escolha dos equipamentos de trabalho e dos métodos de trabalho e de produção, tendo em vista, nomeadamente, atenuar o trabalho monótono e o trabalho cadenciado, e reduzir os efeitos destes sobre a saúde;*

e) *Ter em conta o estádio de evolução da técnica;*

f) *Substituir o que é perigoso pelo que é isento de perigo ou menos perigoso;*

g) *Planificar a prevenção com um sistema coerente, que integre a técnica, a organização do trabalho, as condições de trabalho, as relações sociais e a influência dos fatores ambientais no trabalho;*

h) *Dar prioridade às medidas de proteção coletiva, em relação às medidas de proteção individual;*

i) *Dar instruções adequadas aos trabalhadores.* (CCE, 1998 — grifos introduzidos)

A mesma Diretiva estabelece que, sem prejuízo das restantes disposições, a entidade patronal, de acordo com a natureza das atividades da empresa e/ou estabelecimento, deve:

a) *Avaliar os riscos para a segurança e a saúde dos trabalhadores, inclusive na escolha dos equipamentos de trabalho e das substâncias ou preparados químicos e na concepção dos locais de trabalho.*

b) *Sempre que confiar tarefas a um trabalhador, tomar em consideração as suas capacidades em matéria de segurança e de saúde;*

c) *Proceder de forma que a planificação e a introdução de novas tecnologias sejam objeto de consulta aos trabalhadores e/ou aos seus representantes, no que diz respeito às consequências sobre a segurança e a saúde dos trabalhadores, em matéria de escolha dos equipamentos, de organização das condições de trabalho, e de impacto dos fatores ambientais no trabalho;*

d) *Tomar as medidas adequadas para que só os trabalhadores que tenham recebido uma instrução adequada possam ter acesso às zonas de risco grave e específico.* (CCE, 1998 — grifos introduzidos)

Não faltam, portanto, recomendações, diretrizes, diretivas e tantos outros referenciais internacionais — muitos dos quais já incorporados na legislação brasileira — que apontam caminhos considerados adequados para corrigir a insalubridade das condições e ambientes do trabalho, como obrigação moral e ética dos empreendedores e dos governos. Sua adoção plena já significaria um grande passo para a construção do Trabalho Decente, conceito preconizado pela OIT e, em teoria, perseguido pelo Brasil.

3 SEGUNDO ESTÁGIO DA LUTA CONTRA A PERICULOSIDADE E INSALUBRIDADE DO TRABALHO: CONSTRUIR O "TRABALHO SAUDÁVEL"

O Trabalho como promotor e determinante de Saúde

O combate ao trabalho perigoso e insalubre não se confunde com o combate ao trabalho. Tampouco se limita — tão somente — ao objetivo de evitar que trabalhadores e trabalhadoras se acidentem, adoeçam, se incapacitem ou morram em decorrência das condições e ambientes em que o trabalho é realizado, e tal entendimento nasce de duas constatações que se completam: a da importância do trabalho como *promotor de saúde* de quem trabalha, e a da importância do trabalho como *determinante de saúde*, no nível individual, e no nível coletivo, social e econômico.

No nível individual, como bem destaca o Professor Oscar Betancourt — uma das lideranças mais lúcidas da Saúde Pública e Saúde do Trabalhador na América Latina — o trabalho sempre foi essencial ao ser humano. Ele permitiu o desenvolvimento e a transformação da humanidade. Até nas condições mais precárias, o trabalho pode proporcionar esses resultados. Para este autor, o desenvolvimento das capacidades físicas, intelectuais e emotivas surge ao se realizar uma atividade, ao dominar um meio de trabalho determinado, ao relacionar-se com seus companheiros, ao transformar o objeto em produto e ao oferecer um serviço. (BETANCOURT, 1999)

Existem tarefas que, por suas características de riqueza e diversidade, permitem o desenvolvimento de capacidades físicas ou mentais profundas. Igualmente, as atitudes de solidariedade e companheirismo criam um ambiente agradável de trabalho. As relações harmônicas são uma condição importante para o bem-estar. Como bem destaca o autor: *"... é necessário reconhecer e detectar estas qualidades do trabalho para proporcioná-las na hora de executar os programas de saúde dirigidos aos trabalhadores."* (BETANCOURT, 1999)

De igual maneira, nas pessoas não existem tão somente manifestações que refletem problemas de saúde. Ao contrário, múltiplas qualidades, capacidades e valores do ser humano expressam-se no trabalho e na vida extralaboral, constituindo o que o mesmo autor denomina "manifestações positivas". É possível que surja sensação de bem-estar, realização plena, alegria, desenvolvimento e exercício dos valores característicos do ser humano, como solidariedade, companheirismo, amizade com os companheiros e companheiras de trabalho. Além disso, capacidade física para o trabalho, desenvolvimento muscular, níveis altos de rendimento cardiopulmonar, habilidades e destrezas, capacidade de realizar as atividades sem dificuldade são algumas das expressões positivas que se deve tomar em conta, para sua promoção.(BETANCOURT, 1999)

Nessa mesma linha, citamos aqui os professores franceses Christophe Dejours e Elizabeth Abdoucheli, quando, no contexto da Psicopatologia do Trabalho, afirmam que:

"o trabalho revela-se como um mediador privilegiado, senão único, entre inconsciente e campo social e entre ordem singular e ordem coletiva. (...) O trabalho não é apenas um teatro aberto ao investimento subjetivo, ele é também um espaço de construção do sentido e, portanto, de conquista da identidade, de continuidade e historização do sujeito. Dessa forma, ao lado da economia das relações amorosas, a dinâmica das relações sujeito-organização do trabalho poderá ocupar um lugar significativo no processo de reapropriação e de emancipação de um homem sempre em luta contra a ameaça de tornar-se doente, sempre em luta para conservar sua identidade na normalidade, sempre em busca de ocasiões para trazer uma contribuição original à construção social, num movimento que (...) parece tão essencial quanto aquele que anima sua demanda de amor." (DEJOURS e ABDOUCHELI, 1994).

Saliente-se que essas reflexões de estudiosos do Trabalho — enquanto promotor e determinante de Saúde — alinham-se com o princípio constitucional fundante da ordem econômica e financeira do Brasil, como preconizado pela Constituição Federal: *"a ordem econômica, fundada na valorização do trabalho humano e na livre iniciativa, tem por fim assegurar a todos existência digna, conforme os ditames da justiça social..."* (art. 170 da CF, grifos introduzidos). Existência e dignidade, inseparáveis.

Com efeito, este princípio, de aplicação individual e coletiva, está em linha com o que preconiza o art. 196 da CF, ao vincular o direito universal à Saúde ao dever do Estado de garantir *"políticas sociais e econômicas que visem à redução do risco de doença e de outros agravos"*, além do acesso universal e igualitário às ações e serviços para sua promoção, proteção e recuperação. Decerto, essas políticas se expressam — ou deveriam se expressar — pelo direito de acesso ao trabalho, base da economia. Aliás, o supracitado art. 170 da CF é complementado por vários "princípios", neles incluídos o Inciso VIII, relativo à *"busca do pleno emprego"*. Permanece a dúvida se se trata do "pleno emprego", ou da "busca do pleno emprego", posto que nos dias atuais tem se tornado mais comum a busca do que o emprego propriamente dito...

O art. 196 da CF e os que se seguem são fundantes, também, da Lei Orgânica da Saúde (Lei n. 8.080/90), a qual, no seu art. 3º reforça o conceito de que *"a saúde tem como fatores determinantes e condicionantes, entre outros, a alimentação, a moradia, o saneamento básico, o meio ambiente, o trabalho, a renda, a educação, o transporte, o lazer e o acesso aos bens e serviços essenciais."* (grifos introduzidos)

Assim, para além de "promotor da Saúde" o Trabalho constitui-se, também, segundo a Lei da Saúde, em um dos "fatores determinantes e condicionantes" da Saúde. Num primeiro nível — por certo — como meio de "ganhar a vida", economicamente falando, — "renda" segundo alguns entendem — porém, embora essencial, literalmente vital, o papel do Trabalho sobre a vida das pessoas não se esgota nessa dimensão, como acabamos de discutir acima.

Saliente-se, também, que não é qualquer trabalho, pois então o meio de ganhar a vida pode se tornar um meio de perdê-la... Seja pela morte precoce, seja pela incapacidade, seja pela doença, seja pelo sofrimento. A vida pode ser perdida de muitas formas...

A "Promoção da Saúde" como marco de referência para o "Trabalho Saudável"

Já utilizamos os termos e conceitos de "promotor", "determinante" e "condicionante" de Saúde, todos atribuídos ao Trabalho (ao lado de muitos outros!), e até mesmo presentes em enunciados legais de nosso país. Melhor assim, pois sendo o autor deste capítulo um médico, escrevendo num livro de Direito, não foi preciso forçar a introdução dessas ideias-força, as quais abrem o caminho para nossa tese do "trabalho saudável", como paradigma mais avançado no enfrentamento da insalubridade do trabalho.

Abre-se, destarte, a oportunidade de trazer a este texto o referencial da "**Promoção da Saúde**", tal como ela foi definida a partir da *Primeira Conferência Internacional sobre a Promoção da Saúde*, promovida pela Organização Mundial da Saúde (OMS) e realizada em Ottawa, no Canadá, em novembro de 1986.

Com efeito, a *Carta de Ottawa*, um dos mais importantes marcos da história da Saúde no mundo, assim a conceituou:

"Promoção da saúde é o nome dado ao processo de capacitação da comunidade para atuar na melhoria de sua qualidade de vida e saúde, incluindo uma maior participação no controle deste processo. Para atingir um estado de completo bem-estar físico, mental e social os indivíduos e grupos devem saber identificar aspirações, satisfazer necessidades e modificar favoravelmente o meio ambiente. A saúde deve ser vista como um recurso para a vida, e não como objetivo de viver. Nesse sentido, a saúde é um conceito positivo, que enfatiza os recursos sociais e pessoais, bem como as capacidades físicas. Assim, a promoção da saúde não é responsabilidade exclusiva do setor saúde, e vai para além de um estilo de vida saudável, na direção de um bem-estar global." (OMS, 1986)

Após conceituá-la, a mesma *Carta de Ottawa* defendeu a construção de "**políticas públicas saudáveis**", e o fez em termos muito explícitos e, de certa forma, inovadores, os quais têm aplicabilidade no contexto deste capítulo, como se pode notar pelo trecho selecionado:

"A promoção da saúde vai além dos cuidados de saúde. Ela coloca a saúde na agenda de prioridades dos políticos e dirigentes em todos os níveis e setores, chamando-lhes a atenção para as consequências que suas decisões podem ocasionar no campo da saúde, e a aceitarem suas responsabilidades políticas com a saúde. A política de promoção da saúde combina diversas abordagens complementares, que incluem legislação, medidas fiscais, taxações e mudanças organizacionais. É uma ação coordenada que aponta para a equidade em saúde, distribuição mais equitativa da renda e políticas sociais. As ações conjuntas contribuem para assegurar **bens e serviços mais seguros e saudáveis**, **serviços públicos saudáveis** e **ambientes mais limpos e desfrutáveis.** A política de promoção da saúde requer a identificação e a remoção de obstáculos para a adoção de **políticas públicas saudáveis** nos setores que não estão diretamente ligados à saúde. O objetivo maior deve ser indicar aos dirigentes e políticos que as **escolhas saudáveis** são as mais fáceis de realizar." (OMS, 1986 — negritos introduzidos)

É neste contexto que nasce o conceito de **"saudável", isto é, favorecedor da saúde, que valoriza a saúde, que leva em conta questões de saúde, que contribui para a saúde. Saúde como valor em decisões técnicas e em decisões políticas.**

Mais adiante, na mesma *Carta de Ottawa*, enfatiza-se a necessidade de serem criados "**ambientes favoráveis à saúde**", e entre eles, a Conferência destacou:

"Mudar os modos de vida, de **trabalho** e de lazer tem um significativo impacto sobre a saúde. **Trabalho e lazer deveriam ser fontes de saúde para as pessoas**. A organização social do trabalho deveria contribuir para a constituição de uma sociedade mais saudável. A promoção da saúde gera condições de vida e trabalho seguras, estimulantes, satisfatórias e agradáveis." (OMS, 1986 — negritos introduzidos)

Com efeito, a partir da década de 1980, criaram-se movimentos mundiais em prol de "cidades saudáveis"; de "edifícios saudáveis" (em contraposição aos edifícios afetados pela "síndrome dos edifícios doentes"); de "hospitais saudáveis"; de "organizações de trabalho saudáveis"; de "empresas saudáveis"; de "trabalho saudável"; de "ambientes de trabalho saudáveis", e assim por diante. A Organização Internacional do Trabalho (OIT) passou a adotar o termo e conceito de "**trabalho seguro e saudável**" e a Organização Mundial da Saúde (OMS) conceituou como "**ambiente de trabalho saudável**", utilizando o seguinte enunciado:

"... aquele em que os trabalhadores e os gestores da organização colaboram na aplicação de um processo de melhoria contínua para proteger e promover a saúde, a segurança e o bem-estar de todos os trabalhadores e a sustentabilidade do local (lugar) de trabalho, tendo em conta as seguintes considerações estabelecidas de acordo com necessidades previamente determinadas:

— Preocupações [olhares, interesses, valores] de saúde e segurança no ambiente físico de trabalho;

— Preocupações [olhares, interesses, valores] de saúde e segurança e bem-estar no ambiente psicossocial do trabalho, incluindo a organização do trabalho e a cultura laboral;

— Recursos de saúde pessoal no lugar de trabalho;

— Participação na comunidade, para melhorar a saúde dos trabalhadores, suas famílias e outros membros da comunidade." (OMS, 2010 — Palavras explicativas introduzidas)

Nós mesmos, em outras oportunidades, definimos **"Organização/empresa saudável"** de forma um tanto mais ambiciosa, utilizando o seguinte conceito:

> "...um processo contínuo de melhoria da qualidade de vida no trabalho, da saúde e bem-estar de todos os trabalhadores, através da melhoria do meio físico, psicossocial, organizacional e econômico, e do crescimento e empoderamento pessoal (...). É uma empresa ou organização que se orienta pelo processo de melhoria contínua das condições de saúde e de vida de seus trabalhadores, considerando, também, as necessidades de desempenho e competitividade próprias da atividade. Através da efetiva participação dos trabalhadores em todas as fases do processo produtivo, busca a eliminação ou controle dos fatores de risco para a saúde no trabalho, sejam ambientais, econômicos, organizacionais, psicossociais, biológicos, de natureza individual e do meio--ambiente geral, visando o bem-estar geral dos trabalhadores."[3]

Termo muito utilizado — Alcance ainda não esgotado

Como já mencionado, a OIT passou a utilizar o termo "**trabalho saudável**" associando-o ao "**trabalho seguro**", na construção de uma "cultura nacional de prevenção em matéria de saúde e segurança", a saber:

> "A expressão **cultura nacional de prevenção em matéria de saúde e segurança** diz respeito a uma cultura em que o direito a um **meio ambiente seguro e saudável** *é respeitado em todos os níveis*, em que governo, empregadores e trabalhadores participam ativamente em iniciativas destinadas a assegurar um **meio ambiente de trabalho seguro e saudável** através de um sistema de direitos, responsabilidades e deveres, definidos e que seja atribuída a máxima prioridade ao princípio da prevenção." (OIT — Convenção n. 187, 2006 — negritos introduzidos)

Na mesma linha, o documento oficial da OIT, intitulado *Trabalho Decente nas Américas: Uma Agenda Hemisférica, 2006-2015*" (2006) enuncia que:

> "a política de segurança e saúde no trabalho deve definir as prioridades, a orientação e as ações a serem implementadas, garantindo assim **ambientes de trabalho saudáveis e seguros** e condições de trabalho adequadas. Essa política (...), revisada a partir dos avanços tecnológicos mais recentes, deveria identificar os principais problemas, definir métodos eficazes para abordá-los, formular e estabelecer prioridades para a ação com base nos problemas identificados nacionalmente e por setor, e avaliar os resultados obtidos." (OIT, 2006 — negrito introduzido)

Depreende-se, portanto, que "ambientes de trabalho saudáveis e seguros" fazem parte das prescrições básicas relativas ao "Trabalho Decente" (ou "Trabalho Digno", como foi traduzido em Portugal), o que já eleva o termo e o conceito a um *status* internacional extremamente importante. Sobretudo se o entendimento da OIT e dessa referência forem equivalentes ao que está sendo aqui interpretado e proposto... (OIT, 2007)

Refletindo a Convenção n. 187 da OIT (2006) e os compromissos com a agenda do "Trabalho Decente", promovida pela mesma Organização, o documento da *Política Nacional de Saúde e Segurança no Trabalho — PNSST*, assinado pela Presidente da República (Decreto n. 7.602, 7.11.2011), também utilizou em seu texto relativo às competências do Ministério da Saúde a expressão "*ambientes e processos de trabalho saudáveis*", como segue:

> "... fomentar a estruturação da atenção integral à saúde dos trabalhadores, envolvendo a **promoção de ambientes e processos de trabalho saudáveis**, o fortalecimento da vigilância de ambientes, processos e agravos relacionados ao trabalho, a assistência integral à saúde dos trabalhadores, reabilitação física e psicossocial e a adequação e ampliação da capacidade institucional" (BRASIL, 2011 — grifos introduzidos)

---

(3) DIAS, E. C.; MENDES, R. *Estratégias de Promoção da Saúde nos Locais de Trabalho*. 2002. [Mimeo].

E em linha com o referido Decreto n. 7.602/11, assim também o fez o Ministério da Saúde, por meio da Portaria n. 1.823, de 23 de agosto de 2012, que instituiu a *Política Nacional de Saúde do Trabalhador e da Trabalhadora* (BRASIL. Ministério da Saúde, 2012), pois, ao longo do extenso texto, utilizou diversas vezes expressões como: "*promover a saúde e ambientes e processos de trabalhos saudáveis*", "*manutenção de ambientes de trabalho saudáveis*" e, de forma mais abrangente, "*... a aplicação de tecnologias limpas e/ou com reduzido impacto à saúde dos trabalhadores e ao meio ambiente, bem como voltadas à produção de alternativas e substituição de produtos e processos já reconhecidos como danosos à saúde, e formas de organização de trabalho saudáveis*". Alvíssaras!

Ao finalizarmos esta seção, aflora a combinação de um sentimento de grande alegria pelo movimento em direção ao "trabalho saudável", com o sentimento de ansiosa inquietude a respeito de onde se situam os limites deste conceito. Ou melhor, até onde poderíamos ir, ao tentarmos tornar real este conceito, no cotidiano, no aqui e agora do mundo do Trabalho? Talvez tenhamos utilizado indevidamente a palavra *limite*... A resposta antiga seria: *O Céu é o Limite*[4], mas essa resposta não serve para nós! É a Terra, mesmo, segundo o *Princípio Esperança*, de Ernst Bloch...

4 CONSIDERAÇÕES FINAIS

"Ó vida futura! Nós te criaremos." — Carlos Drummond de Andrade (1902-1987),
poema *Mundo Grande*, livro *Sentimento do Mundo* (1940)

Ao encerrarmos nossas reflexões e provocações feitas ao longo deste capítulo — infelizmente, demasiadamente curto *vis-à-vis* a intensidade de nossas inquietudes e o tamanho dos nossos sonhos — afloram tantas outras inquietudes como, por exemplo, a natureza real do verdadeiramente "saudável", bem como a respeito do "caminho das pedras"[5] a ser palmilhado para transformar o atual paradigma da *insalubridade* — e às vezes, até da *não insalubridade* (trabalho que não prejudica a saúde do trabalhador ou da trabalhadora) — em paradigmas mais ousados, em que o trabalho possa, além de não causar dano às pessoas, contribuir, de fato, para sua saúde.

A maior parte das questões ficará sem resposta, mas o mais importante não é "chegar lá", e sim o percurso, relembrando as bonitas palavras de Eduardo Galeano, citadas na Introdução. Os sonhadores e utópicos sempre quererão mais...

Aliás, o Capítulo 33 do *Princípio Esperança* (Parte IV, Volume 2) de Ernst Bloch (1885-1977) intitula-se "um sonhador sempre quer mais". E parafraseando a parábola dos talentos, contada por Jesus, afirma Bloch:

"de quem não possui nada e se contenta com isso será tirado o que possui. Porém, a demanda pelo que falta nunca acaba." (BLOCH, 2006a)

Para a Professora Suzana Albornoz, maior estudiosa e intérprete da obra de Ernst Bloch no Brasil,

"na concepção blochiana, o utópico efetivamente impulsiona o real na direção do futuro, do progresso, do mundo melhor sonhado; o utópico é sinal do que ainda não é, mas pode vir a ser, no novo que está como germe e possibilidade no presente..." (ALBORNOZ, 2010)

Por certo este *germe* já está presente, porém ele não se autocriou a si mesmo, tampouco se multiplicou por "geração espontânea", e sim, com muita luta.

Não nos iludamos, contudo, antes, prestemos atenção às críticas de Bloch (capítulo 36) a respeito do *lugar* e do *significado* do Trabalho nas mais conhecidas utopias, como a de Thomas More e de Tommaso Campanella, por exemplo. Assim, muito embora a carga horária da jornada de trabalho fosse relativamente pequena e os trabalhos fossem

---
(4) Dirigido por J. Silvestre (João Silvestre, 1922-2000), o programa "O Céu é o Limite" estreou na TV Tupi do Rio de Janeiro, em 1955, tendo sido o precursor dos programas de perguntas e respostas da TV brasileira, com enorme sucesso. Nos anos 1970, o programa atingiu 84 pontos de audiência, uma das maiores audiências da TV brasileira.
(5) Essa expressão, também utilizada pela Profa. Elizabeth Dias em seu magistral ensaio de "Posfácio" ao tratado *Patologia do Trabalho*, foi complementada pelo reconhecimento da dialética existência de "pedras no caminho", as quais, obviamente, devem ser identificadas e ultrapassadas na medida do possível, porém jamais deveriam deter a utopia...

objetivamente pouco fatigantes, os trabalhadores seriam seres 'comandados' por poder autocrático; regidos pela disciplina do relógio (até para o lazer) e escravos dos rigores da ordem, na distante *Utopia* e na *Cidade do Sol*, privados da liberdade, da autonomia, do poder, da voz, da força, enfim, dos mais importantes requisitos e expressões de Vida e de Trabalho, essenciais para estes poderem ser qualificados como de fato "saudáveis".

5 BIBLIOGRAFIA E REFERÊNCIAS

ALBORNOZ, S. *Ética e utopia:* ensaio sobre Ernst Bloch. 2. ed. Porto Alegre/Santa Cruz do Sul: Movimento/FISC, 2006.

_____. *O enigma da esperança:* Ernst Bloch e as margens da história do espírito. 2. ed. Petrópolis: Vozes, 1999.

_____. *Violência ou não-violência:* um estudo em torno de Ernst Bloch. Santa Cruz do Sul: EdUNISC, 2000.

_____. Utopia. In: BARRETTO, V. P. (Coord.). *Dicionário de Filosofia Política*. São Leopoldo: Unisinos, 2010.

_____. *Trabalho e utopia na modernidade:* de Thomas More a Paul Lafargue. Porto Alegre: Movimento/Nova Harmonia, 2011.

BETANCOURT, O. *Salud y seguridad en el trabajo*. Quito: OPS/ OMS-FUNSAD, 1999.

BLOCH, E. *O princípio esperança*, Volume I. Rio de Janeiro: EdUERJ/Contraponto, 2005. [Tradução de Nélio Schneider]

_____. *O princípio esperança*, Volume II. Rio de Janeiro: EdUERJ/Contraponto, 2006a. [Tradução e notas e Werner Fuchs]

_____. *O princípio esperança*, Volume III. Rio de Janeiro: EdUERJ/ Contraponto, 2006b. [Tradução de Nélio Schneider]

BRASIL. *Constituição Federal*, 1988. Disponível em: <http://www.planalto.gov.br/ccivil_03/constituicao/constituicaocompilado.htm>. Acesso em: 26 jun. 2016.

BRASIL. *Lei n. 8.080, de 19.9.1990 — Dispõe sobre as condições para a promoção, proteção e recuperação da saúde, a organização e o funcionamento dos serviços correspondentes e dá outras providências*. Disponível em: <http://www.planalto.gov.br/ccivil_03/leis/L8080.htm>. Acesso em: 26 jun. 2016.

BRASIL. *Decreto n. 93.413, de 15 de outubro de 1986. Promulga a Convenção n. 148 da Organização Internacional do Trabalho — OIT, sobre a Proteção dos Trabalhadores Contra os Riscos Profissionais Devidos à Contaminação do Ar, ao Ruído, às Vibrações no Local de Trabalho, assinada em Genebra, em 1º de junho de 1977*. Disponível em: <http://www.planalto.gov.br/ccivil_03/decreto/1980-1989/D93413.htm>. Acesso em: 26 jun. 2016.

BRASIL. *Decreto n. 1.254, de 29 de setembro de 1994. Promulga a Convenção n. 155 da Organização Internacional do Trabalho — OIT, sobre Segurança e Saúde dos Trabalhadores e o Meio Ambiente de Trabalho, concluída em Genebra, em 22 de junho de 1981*. Disponível em: <http://www.planalto.gov.br/ccivil_03/decreto/1990-1994/D1254.htm>. Acesso em: 27 jun. 2016.

BRASIL. *Decreto n. 2.657, de 3 de Julho de 1998. Promulga a Convenção n. 170 da OIT, relativa à Segurança na Utilização de Produtos Químicos no Trabalho, assinada em Genebra, em 25 de junho de 1990*. Disponível em: <http://www.planalto.gov.br/ccivil_03/decreto/D2657.htm>. Acesso em: 27 jun. 2016.

BRASIL. *Decreto n. 7.602, de 7.11.2011 — Dispõe sobre a Política Nacional de Segurança e Saúde no Trabalho — PNSST*. Disponível em: <http://www.planalto.gov.br/ccivil_03/_Ato2011-2014/2011/Decreto/D7602.htm>. Acesso em: 27 jun. 2016.

BRASIL. *Ministério da Saúde — Portaria n. 1.823, de 23.8.2012 — Institui a Política Nacional de Saúde do Trabalhador e da Trabalhadora*. Disponível em: <http://www.conselho.saude.gov.br/web_4cnst/docs/Portaria_1823_12_institui_politica.pdf>. Acesso em: 27 jun. 2016.

CONSELHO DAS COMUNIDADES EUROPEIAS (CCE). *Diretiva n. 89/391/CEE do Conselho, de 12 de junho de 1989, relativa à aplicação de medidas destinadas a promover a melhoria da segurança e da saúde dos trabalhadores no trabalho*. Disponível em: <http://eur-lex.europa.eu/LexUriServ/LexUriServ.do?uri=CELEX:31989L0391:pt:HTML>. Acesso em: 27 jun. 2016.

DEJOURS, C.; ABDOUCHELI, E. Itinerário teórico em psicopatologia do trabalho. In: DEJOURS C ABDOUCHELI E, JAYET C (Eds.). *Psicodinâmica do trabalho:* Contribuições da Escola Dejouriana à análise da relação prazer, sofrimento e trabalho. São Paulo: Atlas, 1994.

DIAS, E. Posfácio — A utopia do trabalho que também produz saúde: as pedras no caminho e o caminho das pedras. In: MENDES R. (Org.). *Patologia do Trabalho*, 3. ed., vol. 2, 2013. p. 1881-92.

ORGANIZAÇÃO INTERNACIONAL DO TRABALHO (OIT) — *Convenção n. 187 da OIT, sobre o Quadro Promocional para a Segurança e Saúde no Trabalho*. Disponível em: <http://www.ilo.org/dyn/normlex/es/f?p=NORMLEXPUB:12100:0::NO::P12100_INSTRUMENT_ID:312332>. Acesso em: 27 jun. 2016.

ORGANIZAÇÃO INTERNACIONAL DO TRABALHO (OIT). *Trabalho Decente nas Américas: uma Agenda Hemisférica, 2006-2015*. Brasília: OIT, 2006. Disponível em: <http://www.oit.org.br/sites/default/files/topic/decent_work/pub/agenda_hemisferica_303.pdf>. Acesso em: 27 jun. 2016.

ORGANIZAÇÃO INTERNACIONAL DO TRABALHO (OIT) — *Locais de Trabalho Seguros e Saudáveis: Tornar o trabalho digno uma realidade. Relatório do BIT para o Dia Mundial da Segurança e Saúde no Trabalho.* Genebra, 2007. Disponível em: <http://www.ilo.org/public/portugue/region/eurpro/lisbon/pdf/relatseg_07.pdf>. Acesso em: 27 jun. 2016.

ORGANIZAÇÃO MUNDIAL DA SAÚDE (OMS). *Carta de Ottawa:* Primeira Conferência Internacional Sobre Promoção da Saúde. Ottawa, novembro de 1986. Disponível em: <http://bvsms.saude.gov.br/bvs/publicacoes/carta_ottawa.pdf>. Acesso em: 27 jun. 2016.

ORGANIZAÇÃO MUNDIAL DA SAÚDE (OMS). *Ambientes de trabalho saudáveis:* um modelo para ação: para empregadores, trabalhadores, formuladores de política e profissionais. /OMS; tradução do Serviço Social da Indústria. — Brasília: SESI/DN, 2010. Disponível em: <http://www.who.int/occupational_health/ambientes_de_trabalho.pdf>. Acesso em: 27 jun. 2016.

SEÇÃO 2

ANÁLISES JURÍDICAS DE TEMAS AFETOS AO MEIO AMBIENTE DO TRABALHO

O MEIO AMBIENTE DO TRABALHO NAS PRISÕES SOB CUSTÓDIA. O OLHAR SOBRE OS AGENTES PENITENCIÁRIOS: *ENCARCERADOS SEM PENAS* PELO ESTADO INFRATOR[*]

Alessandro Santos de Miranda[**]

1. INSERÇÃO DOS AGENTES PENITENCIÁRIOS NO SISTEMA SOCIAL CARCERÁRIO E VICE-VERSA

O presente estudo tem como objetivos identificar e analisar os dados que podem ser destacados como de maior relevância com relação às condições de segurança, higidez e saúde — física e mental — e aos processos vivenciais de inserção e assimilação dos Agentes Penitenciários na estrutura institucional e organizacional carcerária. Inicialmente, assume-se o compromisso crítico e filosófico de atuar na cognição das realidades sociais específicas destes profissionais para, com base nos conhecimentos empíricos e jurídicos, promover a melhoria das condições de trabalho dessa importante categoria profissional.

A denominação *Agente Penitenciário*[1] aplica-se ao trabalhador que desempenha funções diretamente relacionadas à segurança (custódia, vigilância e escolta), disciplina, atendimento e orientação, além de atividades administrativas e que objetivam a reinserção social das pessoas custodiadas em estabelecimentos prisionais. Como exigências para admissão à referida carreira pública, o candidato deve ter ensino médio completo e submeter-se a: concurso público de provas objetivas; avaliação de aptidão física; sindicância da vida pregressa e investigação social; avaliação psicológica; e, por último, aprovação no curso de formação profissional (com aulas teóricas e atividades práticas a serem desenvolvidas no complexo carcerário)[2].

A atividade deste profissional é exclusiva de Estado[3], de caráter civil (não militar nem penal), essencial à administração da Justiça, sendo responsável pela execução e supervisão de todas as penas e medidas privativas de liberdade,

---

[*] MIRANDA, Alessandro Santos. O Meio Ambiente do Trabalho nas Prisões sob Custódia. O Olhar sobre os Agentes Penitenciários: Encarcerados sem Pena pelo Estado Infrator. Brasília: *Revista do Ministério Público do Trabalho*, ano XXIII, n. 46, set/2013, p. 13-35. Texto ganhador do primeiro lugar do XIII Prêmio Evaristo de Moraes — categoria Melhor Arrazoado — da Associação Nacional dos Procuradores do Trabalho, em 2013.

[**] Procurador-Chefe do Ministério Público do Trabalho no Distrito Federal e no Estado de Tocantins — PRT 10ª Região. Procurador do Trabalho aprovado no VIII Concurso (1999). Mestre em Direito Constitucional pela Universidade de Sevilha, Espanha. Coordenador Nacional da Defesa do Meio Ambiente de Trabalho do Ministério Público do Trabalho entre dezembro/2005 e outubro/2010.

[1] O Departamento Penitenciário Nacional utiliza a nomenclatura *Oficial de Execução Penal*, uniformizando a vasta denominação utilizada nos diversos estabelecimentos prisionais do país: agentes penitenciários, agentes de segurança, monitores de segurança, agentes prisionais, entre outras (BRASIL, 2013).

[2] DISTRITO FEDERAL. Disponível em: <http://download.universa.org.br/upload/17/2007112611233713.pdf>. Acesso em: 12 ago. 2013.

[3] Para garantir maior profissionalização e continuidade na gestão, sustenta-se neste estudo que o Agente Penitenciário seja servidor público efetivo (BRASIL, 2013).

restritivas de direitos e cautelares (exceto os mandados de prisão), tanto de pessoas processadas quanto de condenadas no âmbito da Justiça Criminal, observando o princípio da proteção integral da pessoa humana[4].

Ao descrever o conteúdo de suas próprias tarefas, o Agente Penitenciário vê-se como o intermediário entre o detento e todas as atividades a ele ligadas. Assim, a alimentação, a condução ao advogado, ao médico e ao fórum ou qualquer outro contato do preso com o mundo exterior são realizados com intervenção daquele profissional. Embora seja descrito como um trabalho com tarefas preestabelecidas, o cárcere oculta uma violência própria que a qualquer momento transforma a rotina de todos os que nela trabalham ou estão custodiados. Neste sentido, a violência transforma-se no fundamento de toda atividade ligada à segurança nas prisões[5].

Desta forma, a consciência aguçada do risco da atividade faz com que os Agentes Penitenciários nunca abandonem precauções individuais e coletivas, visando garantir sua sobrevivência em meio a um mundo onde a violência é endêmica e estrutural. Em nenhum momento, no exercício de suas atividades, aqueles podem se descuidar do estado permanente de vigilância e agressividade, e estas se revelam como processo natural e necessário ao controle institucional, pois, no ambiente carcerário, a violência explode em ciclos e, além de manter a disciplina, o Agente precisa antever quaisquer problemas que possam surgir[6].

Assim, é tarefa primordial dos Agentes Penitenciários neutralizar o contrapoder oriundo das conjunções horizontais dos reclusos[7]. Dessa forma, devem evitar os contágios maléficos de grupos; decompor as resistências coletivas (agitações, revoltas, organizações espontâneas, conluios e tramas); analisar as pluralidades fugidias; estabelecer as presenças e ausências; saber onde e como encontrar os custodiados; instaurar as comunicações úteis e interromper as demais. Enfim, cabe-lhes vigiar o comportamento de cada um, apreciá-lo e sancioná-lo, o que o faz exercendo seu poder disciplinar[8].

Essa não é outra que a ideia do panoptismo[9], constituindo a prisão um espaço fechado, vigiado em todos os seus pontos, onde cada indivíduo (detentos e Agentes — "vigias") é constantemente localizado, examinado e controlado[10]. Nas penitenciárias, os menores movimentos são observados e todos os acontecimentos são registrados.

O poder disciplinar dos Agentes Penitenciários se exerce tornando-se invisíveis, pois os reclusos é que devem ser vistos. O indivíduo disciplinar[11] está submetido a um campo de visibilidade obrigatória, e sabe disso, submetendo-se às limitações impostas pelo poder carcerário, fazendo-as funcionar espontaneamente sobre si mesmo[12]. Daí decorre o efeito mais importante do modelo panóptico: induzir no detento um estado consciente e duradouro de visibilidade que assegura o funcionamento automático do poder disciplinar. O essencial, pois, é que ele se saiba vigiado[13].

A este respeito, ganha importância a questão que diz respeito ao equilíbrio entre confinamento e repressão. Pela própria natureza da instituição penal, concentrando pessoas cujas carências mais emergentes se colocam no campo da perda de direitos, é atribuído ao Agente Penitenciário o pleno exercício do controle, da vigilância e da punição, mesmo que conseguidas por meio de procedimentos repressivos, incompatíveis com as relações de cidadania. A rigor, a presença do Agente vem concretizar a estratégia institucional imposta às prisões: manter indivíduos confinados — em situação desumana — o mais dóceis possível. Os procedimentos utilizados para obter referido intento acabam sendo justificados naturalmente como parte imprescindível da armadura institucional.

Com efeito, pretende-se vislumbrar o cotidiano carcerário com enfoque na saúde, higidez e segurança dos Agentes Penitenciários — neste estudo considerados como categoria de segurança pública —, em contraposição à tendência

---

(4) BRASIL, 2013. BRASIL, 2013.
(5) VASCONCELOS, 2000, p. 34-35.
(6) VASCONCELOS, 2000, p. 34.
(7) FOUCAULT, 1987, p. 193.
(8) FOUCAULT, 1987, p. 131.
(9) O panoptismo corresponde à observação total. É a tomada integral, por parte do poder disciplinador, da vida de um indivíduo. Ele é vigiado durante todo o tempo, sem que veja o seu observador, nem que saiba em que momento está a ser vigiado. Aí reside sua finalidade: *induzir no detido um estado consciente e permanente de visibilidade que assegura o funcionamento autoritário do poder. Fazer com que a vigilância seja permanente nos seus efeitos* (FOUCAULT, 1987, p. 166).
O panóptico era um edifício em forma de anel, no meio do qual havia um pátio com uma torre no centro (na torre havia um "vigia"). O anel dividia-se em pequenas celas que davam tanto para o interior quanto para o exterior. Em cada uma dessas pequenas celas havia, segundo o objetivo da instituição, uma criança aprendendo a escrever, um operário a trabalhar, um prisioneiro a ser corrigido, um louco tentando corrigir a sua loucura, entre outros. (Disponível em: <http://www.educ.fc.ul.pt/docentes/opombo/hfe/momentos/sociedade%20disciplinar/Pan%C3%B3ptico.htm>. Acesso em: 17 ago. 2013).
(10) FOUCAULT, 1987, p. 176.
(11) *Ibidem*, p. 167.
(12) *Ibidem*, p. 179.
(13) *Ibidem*, p. 177-178.

clássica de identificar, no referido ambiente, somente os detentos em cumprimento de penas, priorizando um dos grupos desse sistema organizacional quando, de fato, não é o único que o constitui. Assim, a bibliografia recorrente revela um olhar, via de regra, em direção única aos reclusos, em detrimento dos demais grupos sociais que se vinculam, direta ou indiretamente, ao ambiente penitenciário, esquecendo-se, sobretudo, daqueles que possuem relação de trabalho direta com o drama da privação da liberdade.

Não será possível melhorar o nefasto ambiente carcerário sem que se compreenda a complexidade e totalidade de suas estruturas, processos e dinâmicas enquanto elementos de um sistema social peculiar: o sistema prisional. Neste, os Agentes Penitenciários, entre outros trabalhadores que desenvolvem suas atividades nos presídios[14], compõem um grupo social que aguarda e exige a atenção de um olhar técnico-jurídico-filosófico sobre seus vínculos com o sistema carcerário, mesmo que se admita, em comparação com a sociedade livre, que existam importantes correspondências entre suas realidades, em especial no que concerne às relações de poder.

Sob aludido enfoque, percebe-se que o estabelecimento prisional não é uma miniatura da sociedade em liberdade, mas um sistema particular, cuja característica principal é a relação de poder disciplinar e hierárquico pertinente à política criminal, na medida em que serve para "adestrar" os indivíduos ao *status quo* vigente[15]. Este poder utiliza formas sutis de inserção social, como a normalidade da sanção. Assim, nesta sociedade específica, com fins próprios e cultura particular, emerge a interação de duas realidades, a oficial (prescrita) e a interno-informal (real), o que, naturalmente, enseja o surgimento de conflitos, os quais são gerenciados por meio de processos de acomodação e resignação por parte de cada integrante (trabalhadores e detentos) do sistema[16].

Ao se propor analisar a inserção dos Agentes Penitenciários na estrutura prisional, e vice-versa, a fundamentação empírico-teórica do presente estudo originou-se das inspeções realizadas pelo autor em oito estabelecimentos prisionais do Distrito Federal[17] em julho de 2013 com o objetivo de investigar, com maiores detalhes, o processo de trabalho e a dinâmica própria da categoria em comento no intuito de promover melhorias no meio ambiente laboral, com repercussão direta na qualidade de suas vidas — profissional e pessoal -, bem como, consequentemente, no grupo recluso (presos provisórios e condenados).

Como postulados básicos para a análise e solução das condições laborais dos Agentes Penitenciários, assume-se que[18]:

a) os Agentes são parcela integrante do sistema carcerário[19], sendo este seu ambiente de trabalho;

b) o ambiente penitenciário deve ser reconhecido como uma instituição estruturada no modelo típico de organização pelo exercício do poder (vigilância hierárquica e agressividade);

c) às penitenciárias, pelo ordenamento jurídico atual[20], são atribuídos basicamente três objetivos organizacionais quanto ao grupo apenado que a ela se encontra vinculado: punir, recuperar e prevenir novos delitos[21];

---

(14) No sistema prisional podem coexistir trabalhadores de diversas categorias: Agentes de Polícia Civil; Agentes Penitenciários da Polícia Civil; Agentes de Atividades Penitenciárias; Policiais Militares; servidores administrativos; servidores de apoio da Polícia Civil; terceirizados, entre outros. Neste estudo será adotada a nomenclatura *Agente Penitenciário*, ou *Agente*, para referir-se a todos os que trabalham diretamente neste meio ambiente laboral.

(15) BENITES, 2009, p. 47.

(16) THOMPSON, 1991, p. 19/20.

(17) O conjunto de unidades prisionais do Distrito Federal é formado por prisões antigas e por outras recentemente construídas, configurando realidades distintas. São elas: a) Penitenciária do Distrito Federal — PDF I (abriga os detentos em regime fechado); b) Penitenciária do Distrito Federal II — PDF II (alberga os internos em regime fechado e semiaberto sem benefício); c) Centro de Detenção Provisória — CDP (destina-se ao recebimento dos presos provisórios, sendo ainda o presídio de entrada e classificação para os demais estabelecimentos do sistema penitenciário); d) Centro de Internamento e Reeducação — CIR (abriga os detentos em regime semiaberto sem benefício; possui ala especial para a custódia de ex-policiais e detentos com direito à prisão especial; também possui ala com celas destinadas a extraditandos cautelarmente custodiados e à disposição do Supremo Tribunal Federal); e) Diretoria Penitenciária de Operações Especiais — DPOE (responsável pela realização de atividades tipicamente operacionais, tais como: transporte de detentos, escolta de autoridades, investigações, captura de foragidos e intervenções em situações de emergência; além de participar da segurança interna e externa do complexo penitenciário da Papuda); f) Penitenciária Feminina do Distrito Federal — PFDF (estabelecimento prisional de segurança média, destinada ao recolhimento de sentenciadas a cumprimento de penas privativas de liberdade em regimes provisório, fechado e semiaberto — com e sem benefício -, bem como de presas provisórias que aguardam julgamento pelo Poder Judiciário); g) Ala de Tratamento Psiquiátrico — ATS (cuida-se de ala destinada aos internos do sexo masculino com necessidades de atenção psiquiátrica); h) Centro de Progressão Penitenciária — CPP (destinado ao recebimento de sentenciados em regime semiaberto de cumprimento de pena e que já tenham direito aos benefícios legais de trabalho externo e de saídas temporárias).

(18) CHIES, 2005.

(19) Foucault assinala que o Agente Penitenciário é, antes de tudo, um fragmento do ambiente prisional, que o assimila e é por aquele assimilado como parte integrante deste, antes de ser "uma coragem ou uma honra" (FOUCAULT, 1987, p. 148).

(20) Lei de Execução Penal n. 7.210, de 11 de julho de 1984.

(21) Foucault acentua o caráter antagônico das finalidades da pena privativa de liberdade, justificando o fato de que *"ao querer ser corretiva ela perde sua força de punição e que a verdadeira técnica penitenciária é o rigor"*. (FOUCAULT, 1995). No mesmo sentido, Lopes assinala que as *"instituições prisionais, locais criados para segregar, vigiar e punir, são aqueles onde a violência é constantemente reproduzida"* (LOPES).

d) o papel do Agente Penitenciário está intimamente ligado à sua conduta, pois o ser humano deve ser considerado em sua totalidade e não numa visão fragmentada[22];

e) os Agentes Penitenciários assimilam e incorporam, graças à exposição significativa ao ambiente prisional, um processo especial de socialização, com hábitos de conduta, padrões de comportamento, vocabulários, códigos e valores peculiares àquela estrutura social, vez que o presídio se constitui em um ambiente diferenciado daquele existente fora dos limites da instituição.

Assim, decorre da admissão da complexidade e perversão do sistema penitenciário c reconhecimento de que todos os seus aspectos e dimensões deverão ser objeto de enfrentamento, não mais sendo possível que o enfoque dado àquele limite-se a privilegiar apenas um de seus grupos sociais, qual seja, o dos apenados, em detrimento das condições dignas de trabalho que devem ser conferidas pelo Estado[23] aos Agentes Penitenciários para propiciar o bom funcionamento de toda a organização prisional.

O presente estudo focaliza, também, a problemática ocupacional referente aos agravos à saúde sofridos pelos Agentes Penitenciários no exercício da atividade profissional, analisando a inter-relação entre a trajetória de trabalho, as dificuldades encontradas na execução das diversas tarefas e a salubridade da função. Registre-se, de antemão, a carência de serviços de atenção à saúde capazes de prevenir ou minorar o sofrimento desse grupo de trabalhadores.

A realidade que se propõe modificar é que o sistema penitenciário brasileiro — em decorrência da superpopulação carcerária; da escassez de recursos e de investimentos; das péssimas condições em que se encontram as cadeias; do descaso do Estado em implementar políticas públicas capazes de proporcionar melhores condições de vida para os trabalhadores e detentos; da falta de pessoal especializado, entre outros problemas —, privilegia somente questões ligadas à segurança e disciplina máximas, em que o importante é o preso não infringir as regras disciplinares e, principalmente, não fugir.

Neste sentido, o papel estatal atribuído ao trabalho do Agente Penitenciário, em detrimento de sua intenção de possibilitar a ressocialização dos internos, passa a ser única e erroneamente o de impedir que haja fugas e rebeliões nas unidades prisionais, usando como recurso práticas repressivas. Entretanto, para imprimir referida ação-poder, seria necessário haver, no mínimo, treinamentos adequados e constantes para lidar corretamente com as exigências do cotidiano. Mas o que se percebe na prática é a carência de uma política de formação profissional e de mecanismos que assegurem o acompanhamento na realização das tarefas do sistema carcerário.

Como agravante, todo o trabalho do Agente Penitenciário é permeado pelo fenômeno da violência — intrínseca ao sistema prisional —, a qual transforma e invade os sujeitos intimamente, introjetando em suas vidas a angústia e o medo em serem identificados como algozes da violência.

2 O DEGRADANTE MEIO AMBIENTE LABORAL NOS ESTABELECIMENTOS PRISIONAIS

Para análise do trabalho desenvolvido pelos Agentes Penitenciários, é necessário demarcar duas espécies de atividades: as chamadas funções administrativas e aquelas diretamente ligadas à segurança e à disciplina.

Antes de especificar cada uma delas, é importante destacar a existência de atribuições comuns da aludida categoria profissional, independentemente da função ou posto que ocupa, tais como: executar, sob supervisão, atividades relacionadas à manutenção da ordem, segurança, disciplina e vigilância dos estabelecimentos penais; escoltar detentos; revistar presos, celas e visitantes; zelar pela segurança de pessoas ou bens; participar ativamente dos programas de reabilitação social, tratamento e assistência aos presos, entre outras.

De início, alguns Agentes podem ser designados pela administração prisional para desempenhar tarefas burocráticas em seções técnico-administrativas, tais como: despacho, arquivo, classificação, subsistência, almoxarifado, zeladoria e atividades gerais. Nesses casos, em princípio, o Agente não estabelece relação direta com o efetivo carcerário e é chamado de diarista, por trabalhar com jornada fixa (7 ou 8 horas) apenas em dias úteis.

---

(22) MARTINS, 1996, p. 61.
(23) Tendo em vista que o trabalho dos Agentes nas prisões é um serviço público, estas devem ser bem administradas pelo poder estatal com o objetivo de contribuir para o bem comum, tanto dos trabalhadores quanto dos reclusos.

Por outro lado, há Agentes Penitenciários que executam tarefas típicas em contato direto com a massa prisioneira, via de regra, em turnos de plantão de 24 horas trabalhadas por 72 de repouso (ou 12 x 36), sendo o trabalho dividido em turmas, de acordo com as necessidades de cada unidade prisional.

Na prática, o desvio de função tornou-se habitual, com a lotação de Agentes em funções burocrático-administrativas. Isso ocasiona um desfalque ainda maior nas turmas que realizam as atividades típicas, com implicações negativas para as condições de trabalho daqueles, sendo uma necessidade premente a recomposição, por meio de concurso público, do quadro de pessoal. Além disso, os que são desviados de função vivem em constante estado de tensão, com receio de perderem seus cargos: um Agente que tenha problemas com a direção (ou, simplesmente, quando há troca do diretor) não tem nenhuma segurança em permanecer na função, sendo comum, também, a troca de jornada (expediente normal para plantões, ou vice-versa), em prejuízo e retaliação àqueles.

Na realidade, os Agentes Penitenciários ressentem-se da sobrecarga de atividades durante seus horários de plantão. Isso ocorre como consequência direta do reduzido quantitativo de servidores que exercem as atribuições típicas, da superpopulação carcerária e da precariedade estrutural das prisões, obrigando-os a exercer diferentes tarefas ao mesmo tempo (administrativas e/ou carcerárias típicas), configurando a condição de penosidade no trabalho.

Observa-se que o sistema de trabalho pode ser o mesmo, mas as singularidades de cada estabelecimento carcerário fazem com que as tensões e o ritmo laboral se modifiquem. Assim, o serviço penitenciário requer atenção constante pela própria fragilidade estrutural ou sucateamento da prisão. O movimento diário torna o trabalho estafante, sobretudo daqueles que exercem suas atividades nas alas, blocos ou galerias dos detentos, cujos postos demandam a vigilância de um quantitativo desumano de internos a exigir o estado de alerta permanente por parte de um quadro defasado de Agentes.

A bem da verdade, o que se verifica em qualquer dos ambientes de trabalho nas unidades carcerárias é que os Agentes Penitenciários desempenham tarefas complexas que, por causa da escassez de pessoal, lhes exigem preparo para trabalhar em múltiplas atividades, sendo corriqueiras as mudanças de postos de trabalho, seja por necessidades operacionais, seja a pedido do próprio Agente.

Também, há uma lacuna em relação ao aperfeiçoamento do ensino. Faltam treinamentos — admissionais e periódicos (de capacitação e reciclagem) — adequados às necessidades práticas para todos os Agentes Penitenciários lidarem corretamente com as exigências do cotidiano, em especial os seguintes cursos: de tiro; utilização de armamentos (pistolas, *sprays* de pimenta, entre outros); gerenciamento e controle de crises e massas; imobilização; defesa pessoal; escolta; direção defensiva e ofensiva; utilização de tonfas[24], algemas, entre outros. A formação poderia, também, abranger uma programação que inclui Direitos Humanos, Psicologia, Relações Humanas e Saúde do Trabalhador, com o fito de desenvolver nos Agentes uma visão mais abrangente acerca do real sentido social de seu trabalho[25].

Essa carência na preparação prática dos Agentes leva-os a complementar o aprendizado inicial obtido no curso de formação profissional por meio da observação e da imitação dos que já trabalham há mais tempo, situação que pode não ser a mais adequada. Sem recursos materiais disponíveis e tendo que conviver com o modo degradado de funcionamento da prisão, o Agente utiliza, como saída para a falta de racionalidade do trabalho, a intuição e a experiência acumulada, implementando arranjos para realizar o serviço.

Essa experiência, adquirida e executada na base do improviso, acaba por originar o medo, que leva igualmente à violência, formando um círculo vicioso que se instala em um universo brutal e impiedoso. O respeito e o controle dos apenados é obtido por meio de práticas repressivas com consequências e reações imprevisíveis, em que ninguém tem o efetivo domínio sobre qualquer coisa. Tal situação penaliza, sobretudo, a saúde do Agente Penitenciário, vítima das mazelas decorrentes do trabalho em situações precárias.

Esse aprendizado conquistado com a experiência no desenvolvimento cotidiano de suas atividades não se faz sem um enorme custo psíquico e identitário, uma vez que impõe ao Agente mimetizar-se naquele que ele percebe como a sua antítese — o recluso. A dinâmica dos processos de naturalização permite aos Agentes Penitenciários internalizar elementos que, caso não fossem tomados como naturais, causariam estranhamento e choques. Esse processo de familiarização tem por função produzir uma economia psíquica fundamental ao equilíbrio do trabalhador carcerário[26].

---

(24) Espécie de cassetete, em tamanho menor.
(25) LOPES.
(26) MORAES, 2005, p. 221-222.

Assim, neste processo, o Agente Penitenciário digladia, a todo o tempo, com a identificação e a proximidade com o preso, elevando os riscos de sua contaminação moral pela massa carcerária[27].

Outra questão se refere à valorização profissional, constituindo uma das grandes frustrações dos Agentes Penitenciários. Não há planos de cargos e salários que lhes permita uma mudança qualitativa por meio de promoções asseguradas legalmente. Assim, subentende-se a falta de estímulo, revelando sentimentos de frustração e desesperança diante da impossibilidade de alcançarem patamares mais qualificados. As chefias, única oportunidade de melhoria de cargos e salários da categoria, são ocasionais e temporárias, geralmente seguindo critérios de indicação política, muitas vezes ofertadas a pessoas externas à carreira carcerária (Delegados da Polícia Civil, por exemplo).

A inexistência de melhores horizontes profissionais é compensada, no entanto, pelo salário que, embora não seja satisfatório, é apontado como razoável, sendo considerado um dos melhores dentro da carreira policial. Outro fator assinalado como vantajoso é a escala de serviço, permitindo trabalharem 24 horas e folgarem 72 (ou 12 x 36). Isso proporciona a alguns Agentes o exercício de outras atividades nos dias de folga, complementando a renda familiar.

Nesse sentido, é importante ressaltar a carga laboral imposta àquele que exerce outra profissão. Depois de cumprir seu longo plantão na unidade prisional, ele sai diretamente para a outra atividade, voltando para casa apenas no fim do dia, sem ter gozado de horas de repouso satisfatórias, ocasionando, na maioria das vezes, desgastes tanto físicos quanto mentais.

Entretanto, não são muitos os Agentes que possuem atividades laborais paralelas às funções penitenciárias, o que pode ser justificado pelo fato frequente de trabalharem em horas extras nos estabelecimentos prisionais, o que lhes impede de exercer outras profissões fora deste sistema[28].

Como se pode constatar nas reflexões anteriores, o trabalho do Agente Penitenciário é permeado por contradições. Ao mesmo tempo que a escala de trabalho se destaca como atrativo em termos monetários, ao oportunizar outra fonte de renda, a relação entre custo e benefício desse ganho contabiliza perdas valiosas em termos de qualidade de vida. O salário é apontado como razoável, mas a necessidade de realizar trabalhos extras demonstra sua insuficiência e traz, como contrapartida, reclamações derivadas da sobrecarga laboral.

Quanto ao trabalho dos Agentes, convém observar que nem todos executam as mesmas tarefas, variando de acordo com os postos para os quais estão designados. Isso faz com que alguns Agentes Penitenciários, durante o plantão, sejam mais exigidos que outros. Alguns postos de trabalho, como as galerias, onde o contato direto com os presos é constante, ou os de revista (dos visitantes, dos internos e das celas) são considerados os piores. Em outros, no entanto, como portarias, guaritas e pátios de visita (ou de "banho de sol"), não se percebe maiores queixas quanto à carga laboral, embora haja reclamações quanto à monotonia da atividade.

Importante ressaltar que, embora haja distinção, os postos de trabalho são, de certa maneira, dependentes entre si. Se o Agente Penitenciário de determinada galeria detecta alguma alteração na rotina da cadeia, necessitará contar com os responsáveis pelas outras alas, pátios internos, portarias, entre outros postos. Por essa razão, o trabalho em equipe é muito valorizado[29], o que não é de se admirar, dado que todas as exigências e carências da instituição terminam por eleger o trabalho de equipe como única alternativa viável diante da gritante desproporção numérica entre Agentes e encarcerados.

Além disso, coexistem diversas irregularidades cruciais no ambiente de trabalho prisional: equipamentos e sistemas de informática desatualizados; falta de sistema de proteção contra incêndio; problemas em instalações sanitárias; infiltrações e vazamentos nas edificações; instalações elétricas sem manutenção; alojamentos mal dimensionados; camas e armários inadequados; ausência de vestiários; bebedouros sem troca de filtro (afetando a qualidade da água); refeitórios sem dedetização; viaturas danificadas, muito antigas e sem manutenção; falta de pagamento de adicionais de insalubridade e periculosidade; problemas relacionados à ergonomia (mobiliário, trabalho em pé e sentado e organização do trabalho); desconforto térmico e de iluminação nos ambientes laborais; excesso de ruído, umidade e mau odor provenientes das celas; repetitividade e monotonia das tarefas; quantitativo insuficiente de Agentes; excesso de jornada; ausência de treinamentos periódicos e de reciclagem; detectores de metais e outros equipamentos avariados;

---
(27) MORAES, 2005, p. 230.
(28) MARTINS, 1996, p. 79.
(29) Entretanto, ao contrário da solidariedade natural, parece mais adequado pensar numa agregação por coerção (MORAES, 2005, p. 224).

indisponibilidade de materiais e armamentos; dificuldade de transporte público regular (devido ao fato de os estabelecimentos prisionais situarem-se afastados dos centros urbanos, em regra), entre tantas outras.

Ainda, os Agentes Penitenciários representam um grupo de risco importante para infecção ocupacional pelo bacilo da tuberculose, além de gripes, hepatite do tipo "C", aids (estas duas via transmissão sanguínea, vez que os Agentes podem entrar em contato com internos feridos), doenças cutâneas (entre elas, as micoses), tétano, pitiríases[30], escabioses[31] e outras doenças infectocontagiosas, as quais expõem não só a saúde coletiva e individual da população carcerária, como também os Agentes em razão do contato constante com aquela. Isto porque as celas são locais úmidos, sem iluminação e ventilação naturais, mal higienizadas e com confinamento de excessivo numerário de internos, o que potencializa o risco de proliferação de doenças, inclusive endêmicas, nos ambientes prisionais em comparação à população livre[32].

Frise-se que, em contrapartida à permissividade ilegal da existência de prisões celulares abarrotadas de detentos, de acordo com a Lei de Execução Penal (art. 88), as celas deveriam ser individuais e conter dormitório, aparelho sanitário e lavatório, tendo como requisitos básicos a *salubridade do ambiente pela concorrência dos fatores de aeração, insolação e condicionamento térmico adequado à existência humana*, com área mínima de seis metros quadrados. Assim, o estabelecimento penal com superlotação carcerária não se mostra compatível com sua estrutura e finalidade (art. 85) nem com as boas condições laborais dos Agentes.

Referido instrumento normativo estabeleceu, também, que, no prazo de seis meses após a sua publicação (em 11 de julho de 1984), deveriam *as Unidades Federativas, em convênio com o Ministério da Justiça, projetar a adaptação, construção e equipamento de estabelecimentos e serviços penais previstos nesta lei* (art. 203, § 1º). Todavia, desde a publicação do aludido diploma, a sociedade brasileira vê-se diante de um caos cada vez maior no âmbito prisional, posto que as políticas públicas (ou a ausência delas) relegaram o assunto a um dos últimos nas listas de prioridades nacionais.

Esse cenário se deve basicamente ao binômio "ausência de interesse popular" (ou, subliminarmente, de interesse político dos representantes do povo) e "acomodação do Estado no enfrentamento do problema"[33], um consequente do outro. Primeiro, é inconteste que o tema sempre se mostrou indigesto à sociedade brasileira, a qual, por sua histórica dificuldade de compreender o complexo papel do Estado na organização social, não se mostra sensível ao assunto. Em segundo lugar, a notória inoperância das autoridades públicas no sistema prisional sempre foi a tônica das parcas políticas destinadas à sua melhoria[34].

Assim, o encarceramento como forma de controle social perverso é visto pela grande maioria da população como legítimo, sendo uma forma de exercício do poder visto como natural, ou seja, uma *violência simbólica derivada e mantenedora do poder simbólico* (este entendido como o poder invisível, o qual só pode ser exercido com a cumplicidade daqueles que não querem saber que o exercem)[35].

Com maior exatidão, ao mesmo tempo que o Estado tem o dever de zelar pela integridade física e psíquica dos reclusos sob sua responsabilidade, além de efetivar os importantes papéis de prevenir o crime e orientar o retorno à convivência social[36], de igual maneira deve cumprir sua parte na melhoria do meio ambiente do trabalho — físico e mental — dos Agentes Penitenciários[37]. No entanto, o alto custo do sistema prisional serve de mote para o congelamento das ações públicas.

---

(30) Pitiríase é uma enfermidade cutânea provocada por leveduras ou fungos que se caracteriza pela mudança na pigmentação da pele, com o aparecimento de manchas brancas, amarelas, acastanhadas ou róseas. Esta infecção também é conhecida pelos nomes tínea ou tinha versicolor, pano branco e micose de praia. Disponível em: <http://in-fungos.blogspot.com.br/p/pitiriases-pitiriase-e-uma-enfermidade.html>. Acesso em: 5 ago. 2013.
(31) A escabiose (também conhecida como sarna) é uma reação comum da pele acompanhada por prurido (coceira) causada por um ácaro parasita, o *sarcoptes scabiei*, que afeta apenas seres humanos. Disponível em: <http://www.drashirleydecampos.com.br/noticias/21337>. Acesso em: 18 ago. 2013.
(32) FERNANDES, 2002, p. 808.
(33) Sem contar que a grande massa carcerária é privada do voto durante o cumprimento da pena, o que torna ainda mais frágil o poder de persuasão daqueles que frequentam a prisão celular. (CARRARD, 2012, p. 115).
(34) CARRARD, 2012, p. 115.
(35) MORAES, 2005, p. 255, citando BOURDIEU, P. *Sistemas de ensino e sstemas de pensamento. A Economia das Trocas Simbólicas*. São Paulo: Perspectiva, 1982. p. 203-230.
(36) Lei de Execuções Penais, art. 10.
(37) "O empregador, independentemente de sua personalidade jurídica — nos termos da Declaração Universal dos Direitos do Homem; das Convenções Internacionais ns. 155 e 161 da Organização Internacional do Trabalho — OIT; dos arts. 1º, incisos III e IV; 5º, caput, incisos III e XXIII e §§ 1º e 2º; 6º; 7º, inciso XXII; 37, caput e § 6º; 39, § 3º; 170; 196; 200, inciso VIII; 201, inciso I; e 225 da Constituição da República; da jurisprudência e Súmula n. 736 emanadas da Suprema Corte e Tribunais Trabalhistas; da Lei Complementar n. 75/93, arts. 83, inciso XII e 84, incisos II, III; dos arts. 68, 185, 186, 211, 212, 213 e 214 da Lei n. 8.112/90; bem como dos arts. 154 a 159 consolidados e das diversas disposições das normas regulamentadoras do Ministério do Trabalho e Emprego, entre outros — é responsável pela adoção não só

Percebe-se, portanto, que os requisitos mínimos exigidos para que um estabelecimento mereça ser classificado como prisional são totalmente negligenciados como resultado inexorável da situação em que se encontra o sistema penitenciário brasileiro, o que influencia direta e negativamente na saúde e segurança dos Agentes Penitenciários.

Essa distorção social contraria expressamente a ordem constitucional, a qual, ao consagrar a dignidade humana como princípio fundamental da República, não excluiu qualquer pessoa, mesmo aquelas submetidas à medida restritiva da liberdade ou de direitos. Assim, tanto os detentos quanto os Agentes Penitenciários desfrutam de tal valor, e a eles deve ser reconhecida a intangibilidade de suas integridades física, mental e moral.

3 A ABSORÇÃO DO AMBIENTE SOCIAL CARCERÁRIO NA VIDA DOS AGENTES PENITENCIÁRIOS. CONSTRUÇÃO DE UMA NOVA IDENTIDADE PELOS PROFISSIONAIS EM EXAME

Inicialmente, identifica-se o conflito no que diz respeito ao importante papel social correspondente aos Agentes Penitenciários (punir ou retribuir, prevenir novos delitos e ressocializar os encarcerados) e ao grau de invisibilidade[38] que atinge a categoria profissional, pois a sociedade lhes imputa visões estereotipadas relacionadas aos temidos algozes do passado. Esta situação é agravada pelo sofrimento suportado por aqueles diante da necessidade de trabalharem em ambientes permeados pelas péssimas condições de saúde, higiene e segurança, em paridade quase total com as condições impostas aos próprios detentos.

Assim, aludida categoria profissional atua sob a constante pressão de níveis insuficientes de valorização que são atribuídos à quase totalidade dos grupos que se vinculam à atividade penitenciária, o que, indubitavelmente, permeia o sofrimento advindo da falta de percepção do real valor de seu trabalho, afetando-lhe a autoestima e a saúde mental[39]. A escolha para exercer a atividade penitenciária não deveria ser um acidente de percurso na vida de uma pessoa[40], mas, sim, uma opção por um trabalho reconhecido pela sociedade civil e pelo Estado.

Essa depreciação profissional imposta pela sociedade faz com que os Agentes se sintam mais valorizados pelos membros daqueles grupos que deles mais dependem em suas relações interpessoais horizontais — seja por critérios de necessidade de apoio ou de prestação de serviços —, a saber: Administração e servidores penitenciários, Membros do Ministério Público, advogados e os próprios reclusos.

Na percepção dos Agentes, haja vista o excedente de presos e a escassez de profissionais nas prisões, seu papel real distancia-se do trabalho prescrito e direciona-se, prioritariamente, às atividades voltadas à garantia da disciplina e da segurança, vinculando-se aos aspectos de contenção e ordem no ambiente penitenciário, o que pode afetar negativamente sua autoestima, vez que sua contribuição aos objetivos maiores da organização (recuperar os detentos e prevenir novos delitos) é restringida pela falta de condições laborais[41].

Cabe destacar que fatos dessa natureza adquirem preponderância no cotidiano desses Agentes, uma vez que ocorre uma contaminação involuntária, decorrente das exigências do trabalho, em todas as dimensões de suas vidas. Deste modo, medo, anseio, insegurança e agressividade estão também presentes nas relações que esses trabalhadores mantêm extramuros, indicando a falta de repouso do papel de Agente, que invade o lar e o mundo, o antes e o depois do trabalho[42].

A este respeito, notam-se algumas alterações comportamentais (ou desenvolvimentos de novos hábitos) graças à exposição corriqueira ao ambiente prisional[43]:

a) quanto à exigência de disciplina por parte de terceiros (familiares, amigos, entre outros), agem com maior rigor disciplinar;

---

das medidas de caráter material (dispositivos de caráter individual ou coletivo) ou pedagógicas (regras de segurança), como também das medidas coletivas que visem prevenir, preservar e proteger a saúde e a segurança dos trabalhadores" (MIRANDA, 2012).
(38) A invisibilidade pública está especialmente ligada à segregação das classes sociais. (COSTA, 2004).
(39) VASCONCELOS, 2000, p. 38.
(40) Os depoimentos dos Agentes revelam que o ingresso nesse trabalho obedece a fontes de motivação de naturezas diversas, sejam de cunho pessoal (aptidão, vontade de seguir a carreira policial) ou aquelas que derivam de circunstâncias externas (falta de opção no mercado de trabalho, desemprego, facilidade em conseguir um emprego estável).
(41) CHIES, 2005, p. 323.
(42) VASCONCELOS, 2000, p. 44.
(43) CHIES, 2005, p. 328.

b) com relação à forma de se expressar, mesmo aqueles que afirmam não terem alterado o linguajar declaram que se policiam para não adotar a gíria penitenciária.

Como novo fator complicador, tem-se que grande percentual dos Agentes reside em bairros populares, convivendo, muitas vezes, com os seus atuais custodiados, o que alimenta possíveis enfrentamentos fora das prisões. Em decorrência desse conflito, aqueles se sentem ameaçados também fora dos limites carcerários. Receiam a todo momento ser interpelados por ex-detentos em ambientes públicos e sofrer algum tipo de retaliação, levando para fora do ambiente laboral o estresse que permeia suas atividades profissionais.

Isso significa que as estratégias empregadas dentro da penitenciária não se resumem apenas ao mundo do trabalho. É preciso estar sempre alerta, principalmente nas horas de lazer com a família ou amigos. O medo — real ou imaginário — de sofrer alguma agressão, até mesmo fatal, persiste em todas as instâncias, momentos e lugares de sua vida. Os Agentes Penitenciários sentem-se encarcerados nesse micromundo violento que perpassa sutilmente os muros prisionais. A ameaça está sempre à espreita, não de um ou outro preso, mas do conjunto deles, uma vez que o Agente é conhecido por todos dentro das celas, mas não consegue distinguir com exatidão quem um dia esteve sob sua custódia[44].

Assim, essa conformação panóptica, sutilmente arranjada para que o Agente Penitenciário possa observar tantos detentos diferentes, permite também a qualquer um destes vigiá-lo (panoptismo difundido). Assim, a sociedade vigiada transporta a técnica da instituição penal para o corpo social inteiro, traduzindo-se no encarceramento extrapenal do Agente[45].

4 SOFRIMENTOS PSICOLÓGICOS DECORRENTES DO AMBIENTE CARCERÁRIO

Quanto aos sentimentos experimentados pelos Agentes quando em suas rotinas de trabalho dentro dos estabelecimentos penitenciários, demonstram uma predominância das sensações típicas de tensionamento e situações de perda de liberdade: a insegurança, a ansiedade, a sensação de ser vigiado, o próprio sentimento de perda da liberdade fazem parte significativa de seus cotidianos[46].

Neste sentido, as ocupações que se caracterizam pelo contato com um contingente de indivíduos determinam o envolvimento dos trabalhadores com as manifestações de descontentamento desse grupo. Os Agentes Penitenciários enfrentam, habitual e permanentemente, as reclamações dos encarcerados contra o sistema penal, e essa atitude negativa dos sujeitos com os quais se trabalha implica sofrimento mental naqueles. Percebe-se que, de forma trágica, referidas sensações confundem-se e correlacionam-se com aquelas experimentadas pelos membros do grupo de reclusos.

As consequências das sobrecargas advindas do ambiente de trabalho psicologicamente insatisfatório e das condições infraestruturais e organizacionais inadequadas sobre a saúde dos Agentes Penitenciários podem se revestir em índices alarmantes de distúrbios psiquiátricos e emocionais, apresentando diversos sintomas: desajustamento e afetação da sociabilidade; desenvolvimento de doenças psicossomáticas; estresse debilitante; distúrbios do sono; nervosismo; paranoia; ansiedade; sintomatologia depressiva, entre outros.

Assim, os Agentes, após ingressarem no serviço penitenciário, passam a desconfiar mais das pessoas; desenvolvem problemas no relacionamento com familiares; apresentam dificuldades para estabelecer novas relações de amizade; desenvolvem algumas doenças decorrentes da situação de sobrecargas e acumulações físicas e emocionais, entre outras reações colaterais.

Convém reforçar que o trabalho do Agente Penitenciário é demarcado por um distanciamento importante entre a organização do trabalho prescrito e a realização do trabalho real. Apesar de a prescrição das tarefas definir o que deve ser realizado em determinado posto de trabalho, constituindo uma útil e necessária referência, na prática observa-se que uma gama de fatores suscita nos Agentes um certo grau de apreensão — ou mesmo de medo: a precariedade das instalações; a desproporção numérica entre Agentes e detentos; o risco de serem agredidos; a falta de preparo na for-

---
(44) VASCONCELOS, 2000, p. 47.
(45) FOUCAULT, 1987, p. 263.
(46) CHIES, 2005, p. 330.

mação; a desvalorização profissional; e, principalmente, o caráter violento que permeia toda a atividade, invadindo, sem medida, a vida fora do trabalho.

Essa apreensão decorre não tanto do perigo de uma agressão física, mas da constante ameaça de algo dar errado, rompendo a rotina aparentemente tranquila da prisão. Essa rotina é calcada, principalmente, nas artimanhas engendradas nas situações cotidianas, seja por meio da experiência acumulada, seja por acordos estabelecidos com o coletivo de presos, que embora ultrapassem as normas estabelecidas, concretizam um tipo de relação bem diferente da prescrita[47].

Não é de se admitir o fato de os Agentes Penitenciários lançarem mão dessas artimanhas, já que a instituição carcerária, diante de todas as suas contradições, exige daqueles, além de uma postura rígida e de atenção constante, o implemento de estratégias em suas ações mais corriqueiras como defesa necessária diante do perigo — ainda que imaginário — representado por uma desestabilização no ambiente carcerário.

Outro comportamento defensivo consiste em fazer uso de atitudes agressivas nas expressões faladas e gestuais, particularmente no relacionamento com os internos. Desta forma, gestos rígidos e palavras duras dirigidas aos presos transformam-se em ferramentas de controle necessárias. Não se pode esquecer que, por trabalharem desarmados, os Agentes fazem uso do próprio corpo, por meio de gestos determinados e voz elevada, revelando uma postura rígida, sem interferências afetivas ou emocionais, impondo respeito e disciplina no ambiente carcerário.

No caso, a disciplina prisional, baseada na humilhação e na violência tanto em nível psicológico como, por vezes, físico, define as relações nas penitenciárias, estabelecendo uma cuidadosa engrenagem entre Agentes e internos e compondo forças opostas para obter um aparelho eficiente[48]. Na prática, a ordem advinda do poder hierárquico não tem que ser explicada, nem mesmo formulada, sendo necessário e suficiente que provoque o comportamento desejado[49][50].

Ser coerente e correto, diante de uma população confinada e agredida pela própria situação em que se encontra, não é tarefa fácil. A justa medida de uma autoridade exorbitante, capaz de obter o respeito do coletivo dos apenados, em número muito superior, torna-se o mais difícil propósito a ser alcançado nesse turbilhão de conflitos e tensões. Neste contexto, a disciplina tem o papel preciso de introduzir assimetrias e de excluir reciprocidades entre Agentes e reclusos.

Por consequência, na vida pessoal dos Agentes Penitenciários paira a consciência do embrutecimento sofrido após alguns anos de trabalho, pois são vítimas e algozes de um ambiente hostil que transforma as pessoas, não encontrando outras soluções diante da estrutura do atual sistema penitenciário.

Com efeito, a exacerbação desencadeadora dessa violência no ambiente prisional encontra amparo em três fatores fundamentais: na necessidade de manter a segurança das unidades, principalmente em casos de tentativas de fugas ou rebeliões; como resposta a uma agressão velada aos próprios Agentes Penitenciários, vítimas do desprezo social, das más condições de trabalho e do funcionamento panóptico dos estabelecimentos prisionais; por fim, nos próprios conflitos entre os presos (brigas e acertos de contas), que exigem a interferência do corpo de Agentes na resolução do problema[51].

Dessa forma, os comportamentos agressivos são sempre justificados na consciência coletiva dos Agentes Penitenciários, fazendo parte das exigências impostas pela atividade laboral.

Uma diferença peculiar entre cada unidade prisional é a rotina de trabalho, a qual vai depender do número de internos e do perfil da massa carcerária, exigindo dos Agentes mudanças constantes nas estratégias utilizadas para manter a segurança e a disciplina. Como exemplo, cite-se um presídio de segurança média, com uma população prisional considerada de menor periculosidade, até mesmo pelas penas a que submetidos. O Agente Penitenciário, embora sempre atento, não enfrenta maiores dificuldades em manter a disciplina. Já em unidades cujo propósito é custodiar presos perigosos, cujo número de internos é menor, a tônica determinante de trabalho consiste na vigilância acentuada com vistas à máxima segurança. Nestas, os internos, com condenações à reclusão por muitos anos, tensionam o ambiente diante da longa permanência na prisão.

---

(47) VASCONCELOS, 2000, p. 48.
(48) FOUCAULT, 1987, p. 139.
(49) FOUCAULT, 1987, p. 149.
(50) *O exercício da disciplina supõe um dispositivo que obrigue pelo jogo do olhar; um aparelho onde as técnicas que permitem ver induzam a efeitos de poder, e onde, em troca, os meios de coerção tornem claramente visíveis aqueles sobre quem se aplicam* (FOUCAULT, 1987, p. 154).
(51) VASCONCELOS, 2000, p. 51.

Passando a analisar mais detidamente a saúde ocupacional da categoria em comento, predomina a dicotomia entre doenças do corpo e da mente. As primeiras vêm em consequência direta do contato com os detentos e com o putrefato ambiente penitenciário. As segundas referem-se ao conjunto de ansiedades, receios e insatisfações decorrentes das exigências do trabalho: a fadiga rotineira, a precária alimentação, a violência inerente às tarefas cotidianas, a tensão permanente, a incapacidade de lidar com esquemas rígidos e impessoalizados compõem o arsenal propício ao adoecimento mental[52].

Interessante destacar, portanto, que as doenças físicas de que acometidos os Agentes Penitenciários relacionam-se ao contato com os reclusos, ao passo que os problemas mentais surgem das exigências da própria atividade laboral. Desta forma, a aproximação física com os internos e a possibilidade de contrair determinadas doenças não se reveste como a principal problemática decorrente do trabalho mas, sim, as dificuldades em obter um equilíbrio mental diante das tarefas do cotidiano. Da observação dos malefícios à saúde — física e mental — decorrentes da atividade dos Agentes Penitenciários, tanto a longa permanência em um ambiente caracterizado pela tensão e insalubridade — onde não é permitido, sequer nas horas de descanso, um desligamento do estado de alerta e tensão -, quanto a percepção de que determinados postos são mais exigidos que outros, aumentando a carga do trabalho, imprimem um sentido ainda mais grave às dificuldades que esses trabalhadores enfrentam no desenvolvimento das tarefas corriqueiras.

Assim, as condições de risco à integridade física e à saúde a que estão submetidos os Agentes Penitenciários, sujeitos que são de condições insalubres, perigosas e penosas de trabalho, decorrem: da falta de equipamentos (ou equipamentos sem manutenção) para o desempenho da função; das condições precárias de trabalho; do acúmulo de trabalho graças ao número insuficiente de pessoal; do desvio de função; da falta de treinamentos; do prolongamento da jornada de trabalho e do ritmo intenso; da má remuneração; da grande responsabilidade social e da pressão da população usuária, entre outros.

Embora o custo psíquico sofrido com as agressões no trabalho varie muito de acordo com as características de cada um, ele sempre existirá. À angústia correspondem a ansiedade e o medo ligados às decisões a tomar e às situações perigosas. Os Agentes experimentam, durante toda a jornada, uma incerteza quanto à eficiência da segurança no local de trabalho. A possibilidade de rebelião, fugas, resistência (armada ou não) de detentos em decorrência de falhas na segurança são preocupações diárias. Como fator agravante, os Agentes não participam das decisões gerenciais do sistema carcerário, sobre o qual possuem expertise, e isso potencializa as tensões e medos[53].

Os indicadores do desgaste decorrente destas condições impróprias de trabalho, entre os quais estão os distúrbios mentais, físicos e sociais, sinalizam a necessidade de implementação de um serviço humanizado de atendimento à saúde dos Agentes do sistema penitenciário (e de seus familiares[54]) para se antever os agravos e prevenir a saúde física e psíquica dos mesmos, buscando melhorias no meio ambiente laboral.

Portanto, faz-se necessário avaliar a repercussão das atividades profissionais nas representações sociais e de saúde dos Agentes Penitenciários objetivando contribuir para a adoção de políticas de melhorias de suas condições de trabalho.

5 CONCLUSÃO. VIOLÊNCIAS INVISÍVEIS PRATICADAS PELO ESTADO INFRATOR

Para a sociedade em geral, não é novidade que a prisão se constitui em um instrumento de controle social absolutamente falido. Os ângulos negativos, acobertados atrás dos muros da prisão, não são fáceis de ser solucionados justamente pelos males infligidos não só aos internos, como também a todo o corpo de funcionários da segurança pública.

Verifica-se, como principal resultado após a análise das condições laborais impostas aos Agentes Penitenciários, que estes absorvem todo o sofrimento — físico e mental — inerente ao sistema prisional por meio de suas rotinas laborais em ambientes inseguros e insalubres, caracterizadas pelo vínculo com o encarceramento, a exclusão e a violência.

Trata-se de um processo social que, não obstante de relativa menor intensidade que o experimentado pelos detentos, mesmo existindo a possibilidade de minimização de seus efeitos nocivos e perversos, constitui-se como inevitável na hipótese de permanência da atual estrutura organizacional penitenciária.

---

(52) VASCONCELOS, 2000, p. 55.
(53) FERNANDES, 2002, p. 813.
(54) MARTINS, 1996, p. 112.

Assim, sob o clamor dos direitos humanos[55], mister a implementação de melhorias mediatas nas condições laborais e qualidade de vida dos Agentes Penitenciários tendo, por consequência direta, a melhoria da qualidade de vida também dos reclusos.

Mas, para além das péssimas condições laborais verificadas, constatou-se a existência de outra perversidade do sistema punitivo penitenciário: o *encarceramento sem pena*[56] dos Agentes vinculados ao sistema social penitenciário, os quais, para servir ao próprio Estado, se expõem a condições degradantes e humilhantes de trabalho, comparadas a penas cruéis — estas, proibidas pelo comando constitucional (art. 5º, XLVII) —, além de serem absorvidos pela essência nefasta daquele, em desrespeito à sua integridade física, mental e moral.

É imperioso reconhecer que o sistema carcerário é um fenômeno complexo dentro de uma sociedade multíplice. Disto decorre, em primeiro lugar, a necessidade de compreendê-lo para, após muita reflexão sociojurídica-filosófica sobre o tema, enfrentar seus antagonismos, de forma a produzir o conhecimento científico e crítico que aponte para a melhoria das condições de trabalho a que são submetidos os Agentes Penitenciários — sendo este o objetivo deste estudo.

Desta forma, é importante verter um olhar multidisciplinar dos campos e conhecimentos científicos, sem o qual o complicado fenômeno social carcerário será sempre desvelado de forma parcial e, portanto, com insuficiente contributividade para a solução das mazelas do sistema.

Como corolário, não mais se sustenta a validade de que sobre o sistema penitenciário sejam direcionados olhares com a perspectiva privilegiadora de apenas outros personagens da cena — os reclusos oficialmente encarcerados —, ou mesmo das questões jurídicas que a estes afetam. Deve-se, portanto, direcionar também as melhorias propostas neste estudo aos demais integrantes vinculados ao ambiente organizacional penitenciário, em especial aos Agentes Penitenciários.

Quanto à Lei de Execuções Penais, analisada sob a ótica do respeito à dignidade humana, seja dos apenados ou dos Agentes Penitenciários, está-se diante de norma invalidada pela falta de eficácia[57]. Tal realidade representa uma afronta ao sistema preconizado pela Constituição Federal, que tem por premissa básica um Estado Democrático de Direito, no qual as regras devem ser respeitadas pelos entes públicos, notadamente quando destinadas a garantir a dignidade dos indivíduos (Agentes e reclusos).

No entanto, percebe-se que o que mantém referido diploma válido é muito mais seu viés opressor do que suas virtudes garantistas. De qualquer forma, as notórias deficiências no atendimento a direitos básicos — dos apenados e dos Agentes — colocam à prova sua validade. E, nesse aspecto, a Lei de Execuções Penais trilha caminho perigoso, pois sua inocuidade no que tange aos direitos básicos dos detentos e dos Agentes a expõe a constantes julgamentos.

Atentar para a percepção dos Agentes Penitenciários sobre o sistema prisional pode permitir a identificação de problemas que normalmente sequer são mencionados nas constantes reformas de que são alvo as prisões, inclusive porque este grupo profissional é sempre alijado dos processos de mudança.

O grande embate é dotar a administração estatal de visão estratégica na gestão de pessoal, condicionada à garantia dos direitos dos Agentes Penitenciários — com ênfase na melhoria do meio ambiente laboral, afastando a precarização do trabalho —, para que se sintam motivados, também, a promover o respeito da dignidade humana, trazendo, como consequência, mais segurança a toda sociedade.

6 REFERÊNCIAS BIBLIOGRÁFICAS

BENITES, Agripino Bogarim. *Segurança pública & direitos humanos*: estudo de caso sobre meio ambiente de trabalho dos agentes penitenciários no estabelecimento penal de regime semiaberto, aberto e assistência aos albergados de dourados — MS. Monografia apresentada no Curso de Especialização em Segurança Pública e Cidadania realizado pela Faculdade de Direito em Convênio com a Secretaria Nacional de Segurança Pública — SENASP. Dourados: 2009.

BRASIL. Ministério da Justiça. Departamento Penitenciário Nacional. *Relatório do Grupo de Trabalho instituído pela Portaria n. 279, de 24 de setembro de 2013*.

---

[55] BENITES, 2009, p. 56.
[56] CHIES, 2005, p. 332.
[57] CARRARD, 2012, p. 122.

CARRARD, Rafael. A eficácia na teoria pura do direito e o meio ambiente prisional brasileiro. *Revista Síntese Direito Penal e Processo Penal*, Ano XIII, n. 76, out./nov. 2012, p. 109-122.

CHIES, Luiz Antônio Bogo (coord.). Prisionalização e sofrimento dos agentes penitenciários: fragmentos de uma pesquisa. *Revista Brasileira de Ciências Criminais*. Porto Alegre: Revista dos Tribunais, n. 52, jan./fev. 2005.

COSTA, Fernando Braga da. *Homens invisíveis*: relatos de uma humilhação social. São Paulo: Globo, 2004.

DISTRITO FEDERAL. *Edital n. 1 do Concurso Público 1/2007 — SEJUSDH, de 22 de novembro de 2007. Edital de Concurso Público para Provimento de Vagas para o Cargo do Técnico Penitenciário*. Disponível em: <http://download.universa.org.br/upload/17/2007112611233713.pdf>. Acesso em: 12 ago. 2013.

FERNANDES, Rita de Cássia Pereira (coord.). Trabalho e cárcere: um estudo com agentes penitenciários da região metropolitana de Salvador, Brasil. Rio de Janeiro, *Caderno de Saúde Pública*, n. 18, maio/jun. 2002, p. 807-816.

FOUCAULT, Michel. *Vigiar e punir*: história da violência nas prisões/nascimento da prisão. 12. ed. Trad. Raquel Ramalhete. Petrópolis: Vozes, 1995.

LOPES, Rosalice. *Psicologia jurídica*. O cotidiano da violência: o trabalho do agente de segurança penitenciária nas instituições prisionais. Disponível em: <http://www.psicolatina.org/Cero/psicologia_juridica.html>. Acesso em: 16 ago. 2013.

MARTINS, Rejane Beatriz Grillo (coord.). O papel do agente penitenciário: visão analítica e interpretativa. *Revista do Conselho Nacional de Política Criminal e Penitenciária*, jan./jun. 1996, p. 59-129.

MIRANDA, Alessandro Santos. Aplicabilidade das normas de saúde e segurança laborais na Administração Pública e atuação do Ministério Público do Trabalho. *Revista do Ministério Público do Trabalho/Procuradoria-Geral do Trabalho*. Brasília, Ano XXII, n. 44, set./2012, p. 297-318.

MORAES, Pedro Rodolfo Bodê de. *Punição, encarceramento e construção de identidade profissional entre agentes penitenciários*. São Paulo: Instituto Brasileiro de Ciências Criminais, 2005.

NEDEL, Ana Paula. O agente penitenciário; vigiar ou recuperar? Uma pesquisa realizada no presídio regional de Pelotas. *Revista Transdisciplinar de Ciências Penitenciárias*, v. 3, n. 1, jan./dez. 2004, p. 213-235.

RUDNICKI, Dani. *Três dias no presídio central de Porto Alegre. O cotidiano dos Policiais Militares*. Disponível em: <http://www.susepe.rs.gov.br/upload/1340290222_Tr%C3%AAsdiasno%20PCPA.pdf>. Acesso em: 16 ago. 2013.

THOMPSON, Augusto. *A questão penitenciária*. 3. ed. Rio de Janeiro: Forense, 1991.

VASCONCELOS, Ana Sílvia Furtado. *A saúde sob custódia*: um estudo sobre agentes de segurança penitenciária no Rio de Janeiro. Dissertação apresentada como parte dos requisitos para a obtenção do título de Mestre em Ciências na Área de Saúde Pública da Fundação Oswaldo Cruz — Escola Nacional de Saúde Pública. Rio de Janeiro: 2000.

A RESPONSABILIDADE POR DANOS LABOR-AMBIENTAIS NO SETOR AUTOMOBILÍSTICO

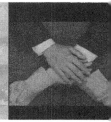

Andrea da Rocha Carvalho Gondim[(*)]

1 INTRODUÇÃO

A análise da organização do modo de produção é de suma importância para a caracterização da responsabilidade do dano labor-ambiental. Se o empregador decide reestruturar sua cadeia de fornecedores, terceirizando ou quarteirizando parte essencial de sua produção, e, o pior, emprestando máquinas defeituosas às empresas que fazem parte de sua cadeia produtiva, com risco de dano labor-ambiental iminente, deverá ser o responsável pela saúde de seus trabalhadores (diretos ou indiretos).

No caso específico da indústria automobilística, foi constatado que a organização dos meios de produção, com terceirização e quarteirização de setores considerados periféricos, oculta o fato de que todos os níveis da cadeia existem para fomentar a dinâmica produtiva final da grande indústria (montadoras de veículos). Ademais, o sistema adotado externaliza linhas de produção, com o empréstimo de máquinas e equipamentos defeituosos (ex. prensas sem cortina de luz), a título gratuito, à empresa terceirizada que presta serviço à tomadora (grande montadora) e devolve a peça produzida para e em benefício desta.

Os trabalhadores ativados nessa cadeia de produção perversa são expostos a risco de dano labor-ambiental, constatado, inclusive, pelo Ministério do Trabalho e Emprego[(1)], graças ao desacordo das máquinas e equipamentos com a NR n. 12, do MTE[(2)].

[(*)] Procuradora do Trabalho. Mestranda em Direito do Trabalho pela Faculdade de Direito da Universidade de São Paulo (FD-USP). Especialista em Direito Processual Civil.

[(1)] A título ilustrativo, seguem algumas das irregularidades constatadas pelo MTE que foram arroladas no bojo da ACP n. 1000412-27.2016.5.02.0468, tramitando na 8ª Vara do Trabalho de São Bernardo do Campo, em face de Grande Montadora de Veículos: I) Ausência de Sistemas de Segurança nas Zonas de Prensagem, sem quaisquer sistemas de proteção que garantam a segurança dos operadores, sendo utilizados apenas "pinças e tenazes"; II) Ausência de válvula de segurança específica com fluxo cruzado com monitoramento dinâmico e livre de pressão residual; III) Ausência de monitoramento da posição do martelo por meio de sinais elétricos produzidos por equipamento acoplado mecanicamente ao eixo da máquina, que atendam aos requisitos na NR-12, para as prensas mecânicas excêntricas com freio ou embreagem e similares, com zona de prensagem não enclausurada, ou cujas ferramentas não sejam fechadas; IV) Ausência de dispositivos de parada de emergência que garantam a parada segura do movimento da máquina ou equipamento, conforme itens 12.56 a 12.63 e seus subitens da NR-12; V) Ausência de dispositivos de alívio de peso, tais como balancins móveis ou tripés, para minimizar a sobrecarga do trabalho, para as operações em que se faz necessário a utilização de pinças e tenazes; VI) *Inexistência de sistemas de retenção mecânica com intertravamento e monitorado por interfaces de segurança, para travar o martelo no início das operações de trocas, ajustes e manutenções das ferramentas;* VII) *Inexistência de proteções fixas ou móveis dotadas de intertravamento, conforme itens 12.38 a 12.55 e subitens da NR-12, nas zonas perigosas não monitoradas por cortina de luz* e VIII) As proteções existentes em algumas prensas não possuíam intertravamento por meio de chaves com ruptura positiva e aquelas dotadas de intertravamento não estavam sendo monitoradas por interface de segurança, conforme preconiza a NR-12.

[(2)] Em 26 de junho de 2015, o Ministério do Trabalho e Emprego (MTE) publicou a Portaria n. 857, que alterou alguns dispositivos da Norma Regulamentadora n. 12 (NR-12) sobre segurança no trabalho em máquinas e equipamentos. Segundo o primeiro item da NR-12, do MTE, esta Norma Regulamentadora e seus anexos

A relação de interseção entre o Direito do Trabalho e o Direito Ambiental requer do intérprete uma abordagem que confira a maior coerência possível entre os princípios normativos que regem esses dois ramos, sempre guiado pela efetividade das normas que tutelam a saúde, a vida e a dignidade da pessoa humana, fundamento axiológico de nosso sistema constitucional.

Nesse sentido, afirma Paulo Lemgruber Ebert:

> "Supera-se, assim, a concepção tradicional da doutrina juslaboralista pátria, calcada apenas nas normas da CLT e nas Normas Regulamentadoras do Ministério do Trabalho e Emprego, que preconizam o meio ambiente do trabalho tão somente sob a perspectiva dogmática e formal da medicina, higiene e segurança do trabalho"[3].

Seguindo este entendimento, Norma Sueli Padilha destaca o caráter transversal do Direito Ambiental que atua sobre qualquer área jurídica impondo a reestruturação do modelo socioeconômico atual com o necessário equilíbrio do meio ambiente, tendo em vista a sadia qualidade de vida:

> "Tal relação transversal obriga que se leve em conta a proteção ambiental em cada um dos diversos ramos do Direito, inclusive no campo afeto ao Direito do Trabalho, pois o meio ambiente do trabalho não se satisfaz apenas com a proteção jurídica referente às normas contratuais mas necessita do auxílio do regime sistemático do Direito Ambiental"[4].

E nesse enfoque global do meio ambiente do trabalho, Sebastião Geraldo de Oliveira adverte que tudo o que está em volta interfere no bem-estar do empregado: *"E não só o ambiente físico, mas todo o complexo de relações humanas na empresa, a forma de organização do trabalho..."*[5].

A desobediência de normas que tutelam a saúde do trabalhador coloca em risco o meio ambiente do trabalho, com profundos desafios jurídicos e sociais, porém antes de adentrarmos na temática do meio ambiente do trabalho propriamente dito, é oportuno contextualizar a evolução do capitalismo que leva à reestruturação produtiva das empresas, sob o pseudoargumento de necessidade de redução de custos sociais para incrementar a competitividade.

2 BREVE ANÁLISE DA TERCEIRIZAÇÃO NO SETOR AUTOMOBILÍSTICO

O sistema capitalista, desde o seu surgimento, no final do século XIV até os dias atuais, passou por diferentes eventos que alteraram sua dinâmica e características, com reconhecimento da existência de três fases: comercial, industrial e financeira.

Inicialmente, ele constituiu-se em sua **fase comercial**, em que as trocas envolvendo mercadorias estavam no centro da economia. Em meados do século XVIII, o capitalismo passou à **fase industrial**, com a centralidade da economia com as fábricas e o advento da Primeira Revolução Industrial na Inglaterra. A terceira fase conhecida como capitalismo **financeiro**, surgiu no contexto da Segunda Revolução Industrial, integrando o setor industrial ao lucro dos grandes bancos, já no início do século XX[6]. O sociólogo Manuel Castells acrescenta que atualmente vivenciamos uma nova fase a que ele atribui o nome capitalismo informacional[7].

---

definem referências técnicas, princípios fundamentais e medidas de proteção para garantir a saúde e a integridade física dos trabalhadores e estabelece requisitos mínimos para a prevenção de acidentes e doenças do trabalho nas fases de projeto e de utilização de máquinas e equipamentos de todos os tipos, e ainda à sua fabricação, importação, comercialização, exposição e cessão a qualquer título, em todas as atividades econômicas, sem prejuízo da observância do disposto nas demais Normas Regulamentadoras — NR aprovadas pela Portaria n. 3.214, de 8 de junho de 1978, nas normas técnicas oficiais e, na ausência ou omissão destas, nas normas internacionais aplicáveis.

(3) EBERT, Paulo Roberto Lemgruber. O meio ambiente do trabalho. Conceito. Responsabilidade civil e tutela. *Jus Navigandi*, Teresina, ano 17, n 3.377, 29 de set. de 2012. Disponível em: <https://jus.com.br/revista/texto/22694>. Acesso em: 2 mar. 2016.
(4) PADILHA, Norma Sueli. Meio ambiente do trabalho: o diálogo entre o direito do trabalho e o direito ambiental. In: FELICIANO, Guilherme Guimarães; URIAS, João (Coords.). *Direito ambiental do trabalho*: apontamentos para uma teoria geral. São Paulo: LTr, 2013. v. 1, p. 112.
(5) OLIVEIRA, Sebastião Geraldo de. *Proteção jurídica à saúde do trabalhador*. 6. ed. rev. e atual. São Paulo: LTr, 2011. p. 74.
(6) O desenvolvimento do capitalismo, desde seu início, é um estudo complexo, não sendo a intenção aprofundar a temática no presente estudo, sendo seu caráter meramente demonstrativo.
(7) A obra do sociólogo espanhol Manuel Castells é referência obrigatória na discussão das transformações sociais deste final de século. Ele afirmou, em entrevista concedida no *Programa Roda Viva* em 05.07.1999, que: "O fato de que os grandes processos de circulação do capital, os grandes processos de informação, tudo o que

A Terceira Revolução Industrial ocorrida a partir de 1940 e capitaneada pelos EUA trouxe ao cenário do capitalismo a globalização, a intensificação de um sistema financeiro global com a integração de todas as bolsas de valores e com o dólar como a principal moeda internacional de trocas comerciais.

A evolução do capitalismo foi acompanhada pelo surgimento de modelos produtivos, notadamente da indústria automobilística, dos quais se destacam o **fordismo**, o **taylorismo** e, mais recentemente, o **toyotismo**.

Henry Ford, no início do século XX, implantou um conjunto de mudanças no processo de trabalho com o sistema de linha de montagem acoplada à esteira rolante que evitava o deslocamento dos trabalhadores e mantinha um fluxo contínuo e progressivo das peças e partes, permitindo a redução do tempo morto de trabalho. No taylorismo, o trabalho industrial foi fragmentado, pois cada trabalhador passou a exercer uma atividade específica no sistema industrial. A organização foi hierarquizada e sistematizada, e o tempo de produção passou a ser cronometrado, muito bem ilustrado no filme Tempos Modernos, de Charles Chaplin (1936)[8].

O terceiro modelo produtivo é o toyotismo, inspirado na indústria automobilística japonesa com organização empresarial flexível e horizontalizada, que passou a vigorar no mercado ocidental, a partir da década de 1970. Este modelo inspirou a nova empresa enxuta que subcontrata de empresas terceiras as atividades ditas periféricas, buscando máxima flexibilização produtiva, capaz de lhe assegurar diversidade com menor custo de produção.

A Revolução Industrial tornou hegemônico o modo de produção capitalista, impondo um olhar para a degradação da saúde do trabalhador decorrente da industrialização. O momento atual é marcado pela acumulação flexível do capital com intensa reconfiguração das relações de trabalho como pontua Luiz Assumpção:

"A reestruturação do sistema capitalista, baseada no que se convencionou chamar de acumulação flexível, produziu uma série de fenômenos importantes, que desde a gestão dos modelos de produção — toyotismo — passando pela terciarização da atividade industrial, reconfigurou sobremaneira as relações de trabalho, chegando mesmo a solapar as bases principiológicas do próprio Direito do Trabalho"[9].

A ideia originária do Direito do Trabalho de apaziguar as tensões na estrutura tradicional da relação de emprego está ultrapassada, pois o poder diretivo desloca-se da relação empresa-empregado para a relação empresa-empresa, sendo uma relação aparentemente horizontal que mascara uma relação essencialmente vertical, consoante Christiana Oliveira que arremata:

"Em outras palavras, dá-se a pulverização da atividade empresarial em atividades setoriais, seja por intermédio de empreendimentos de menor porte, seja por meio de pretensos prestadores de serviço autônomo, às vezes até mesmo com a utilização do trabalho informal, todos com o intuito de fomentar a dinâmica produtiva final da grande indústria"[10].

O setor automobilístico acompanha a desconstrução dos direitos trabalhistas com o incremento da terceirização precarizante, consoante notícia veiculada pela Central Brasileira do Setor de Serviços (Cebrasse): *"Essa tendência pela terceirização da linha de produção toma conta das montadoras no Brasil e hoje já representa 70% dos funcionários da Fiat, por exemplo"*.[11] No mesmo sentido, a professora Maria da Consolação Vegi da Conceição alerta para a redução do número de empregados nas montadoras em São Paulo, senão vejamos:

"A desverticalização (terceirização) da unidade da Volkswagen em São Bernardo ilustra também o quão irrealista é a visão de que a terceirização gera empregos. A fábrica Anchieta, que já chegou a possuir mais de 43.000

---

conta no mundo está organizado globalmente, e não em nenhum Estado e que como Estado possa controlá-lo... Neste sentido perdeu-se a soberania". MANUEL Castells — 5.7.1999. *O sociólogo espanhol faz uma análise da dinâmica social e econômica na nova era da informação [Entrevista]. Memória Roda Viva*. Disponível em: <http://www.rodaviva.fapesp.br/materia/141/entrevistados/manuel_castells_1999.htm>. Acesso em: 10 mar. 2016. São obras do autor: *The Information Age: Economy, Society and Culture* (trilogia): Vol. I. *The Rise of the Network Society. The Information Age*.
(8) SANTANA, Marco. Tempos modernos. *Revista Tela Crítica*, n. 1, 2004.
(9) ASSUMPÇÃO, Luiz. *A terceirização precarizante e a (in)capacidade emancipatória das cooperativas de trabalho*. Sindicato Nacional dos Auditores Fiscais do Trabalho. Disponível em: <https://www.sinait.org.br/arquivos/artigos/Artigo_191.pdf>. Acesso em: 13 mar. 2016.
(10) OLIVEIRA, Christiana D'Arc Damasceno. *(O)direito do trabalho contemporâneo*: efetividade dos direitos fundamentais e da dignidade da pessoa humana no mundo do trabalho. São Paulo: LTr, 2010. p. 39.
(11) TERCEIRIZAÇÃO avança nas montadoras de autos. *Diário Comércio e Indústria*. 11 de maio de 2006. *CEBRASSE. Central Brasileira do Setor de Serviço*. Disponível em: <http://www.cebrasse.org.br/noticias.php?id_noticia=946>.

trabalhadores no final da década de 70, possuía 16.300 em 2001, e hoje — já após a primeira fase dessa reestruturação recente — conta com apenas 14.500. Mais ainda: a empresa já chegou a mencionar a necessidade de um quadro de pessoal no futuro breve não superior a 7 mil funcionários. É difícil acreditar que as empresas de autopeças e de serviços fornecedoras da Volkswagen consigam incrementar seu volume de emprego na mesma proporção da queda que se implementa na fábrica Anchieta"[12].

Para que não restem dúvidas sobre a dinâmica adotada por grandes montadoras de veículos, temos o seguinte exemplo: a montadora X, cede, em comodato, o maquinário e a ferramenta (em desacordo com a NR n. 12 do MTE) necessários à produção das portas de seus veículos à empresa terceirizada Y. Estas portas são de desenho que só servem única e exclusivamente aos veículos de certo modelo de X e a nenhuma outra montadora. Antes desta 'externalização', as portas eram produzidas dentro da fábrica X que, sem tais portas, sequer finalizaria seus veículos. A empresa terceirizada Y recebe fiscalização de X em relação à qualidade das peças, sem qualquer liberdade de crias as peças. Todavia, não há qualquer fiscalização em relação ao meio ambiente do trabalho da linha de montagem em que há o risco incrementado pelo empréstimo de maquinário defeituoso pela empresa X a Y.

A natureza jurídica do contrato entre a montadora e a empresa fornecedora de peças (empresa terceirizada) pode ser, por exemplo, o comodato que, conforme art. 579 do Código Civil, *é o empréstimo gratuito de coisas não fungíveis*. Todavia, a forma como se dá o empréstimo da máquina ou ferramenta é inteiramente regulada pela montadora e em benefício desta, sendo comum encontrar cláusulas de contratos que estabelecem que a empresa terceirizada/comodatária deve: 1. Vender todas as peças fabricadas pelas ferramentas para a comodante; 2. Zelar pela integridade das ferramentas, não podendo alterá-las sem o expresso consentimento da comodante e 3. Permitir que a comandante verifique o uso e o estado das ferramentas.

Resta evidenciada, portanto, a subordinação estrutural[13] das empresas terceirizadas, com forte gestão na qualidade dos produtos fabricados, além da definição de peças, modelos, materiais e cores, e a subordinação jurídica, pois a empresa terceirizada não possui autonomia em relação ao produto que fornece à grande montadora.

O fenômeno delineado esconde que a montadora precisa destes empregados ditos indiretos que, embora tenham o contrato de trabalho formalizado por meio de empresa prestadora de serviço, nada mais fazem que produzir peças com as ferramentas da própria montadora e para uso exclusivo desta, em clara intermediação de mão de obra. Sobre o tema, Souto Maior esclarece que:

> "...o que chamam de terceirização não é nada além do que a intermediação de mão de obra que já existia nos momentos iniciais da Revolução Industrial, e cujo reconhecimento da perversidade gerou, na perspectiva regulatória corretiva, a enunciação do princípio básico do Direito do Trabalho de que "o trabalho não deve ser considerado como simples mercadoria ou artigo de comércio" (Tratado de Versalhes, 1919), do qual adveio, inclusive, a criminalização, em alguns países como a França, da "marchandage", ou seja, da intermediação da mão de obra com o objetivo de lucro"[14].

Tão odiosa quanto a terceirização na indústria automobilística é a forma precarizante como ela ocorre, mediante instrumento jurídico utilizado para justificar o empréstimo do maquinário defeituoso pela montadora de veículo à empresa fornecedora de peças (empresa terceirizada), com claro intuito de transferir sua produção de maneira irresponsável e descompromissada com normas mínimas de saúde e segurança do trabalho, pondo em risco a vida e a saúde de empregados que compõem sua cadeia produtiva.

---

(12) CONCEIÇÃO, Maria da Consolação Vegi da. O direito e a terceirização na indústria automobilística. *Revista Jus Navigandi*, Teresina, ano 10, n. 819, 30 set. 2005. Disponível em: <https://jus.com.br/artigos/7375>. Acesso em: 20 maio 2016.
(13) Termo cunhado pelo Min. Mauricio Godinho Delgado que utiliza quando há a inserção do trabalhador dentro da dinâmica da atividade econômica do tomador de seus serviços, pouco importando se receba ou não ordens diretas deste, mas, desde que a empresa o acolha, dentro de sua estrutura, utilizando a sua prestação de serviços na dinâmica de organização e funcionamento da empresa, hipótese em que será possível a configuração da relação de emprego. *Vide* DELGADO, Mauricio Godinho. *Curso de direto do trabalho*. 14. ed. São Paulo: LTr, 2015. p. 315.
(14) SOUTO MAIOR, Jorge Luiz. *Terceirização*: desabafo, desmascaramento e enfrentamento. Blog da Boitempo. Disponível em: <http://blogdaboitempo.com.br>. Acesso em: 12 abr. 2016.

Por fim, em relação à terceirização, cumpre pontuar que a Lei n. 13.429/2017 dispõe sobre as relações de trabalho nas empresas de prestação de serviços a terceiros, notabilizando-se por alterar a Lei n. 6.019/1974 (Lei do Trabalho Temporário) e acrescentar artigos relativos à terceirização que foi complementada pela lei que instituiu a Reforma Trabalhista (Lei n. 13.467/2017), representando inominável perda para a classe trabalhadora, como esclarecido por Germano Siqueira:

> "Se na intermediação de qualquer produto no mercado o custo para o consumidor fica mais caro no final da cadeia de consumo, no caso da terceirização ocorre o contrário. O emprego direto custa mais caro e contrato de trabalho com intermediação (terceirizado) fica mais barato. Quem paga o prejuízo?... O trabalhador...".[15]

O padrão jurídico criado pela aprovação da Lei n. 13.467/2017 e da Lei n. 13.429/2017 revela claro movimento no sentido de precarização do trabalho humano, mascarado de modernização, desvinculando-se da função histórica do Direito do Trabalho que é proteger o trabalhador para alcançar a igualdade substancial entre as partes uma vez que, como ensina Plá Rodriguez[16], a liberdade contratual entre pessoas com capacidade econômica e poder desiguais conduz a diferentes maneiras de exploração.

Apesar de a terceirização ser um tema desafiador, o interesse deste estudo é analisar a responsabilidade da indústria automobilística poluidora pelo dano ao meio ambiente do trabalho, em razão do risco incrementado à cadeia produtiva labor-ambiental de natureza sistêmica.

3 DO MEIO AMBIENTE DO TRABALHO

A Constituição Federal consagrou como fundamento do Estado, dentre outros, a dignidade da pessoa humana, o valor social do trabalho (art. 1º, I, III e IV), com uma ordem econômica baseada na valorização do trabalho, tendo por fim assegurar a todos uma existência digna, conforme ditames da justiça social observando a função social da propriedade e a defesa do meio ambiente (art. 170).

O texto constitucional positivou o meio ambiente do trabalho, em seu art. 200, VIII, dispondo que ao Sistema Único de Saúde compete, além de outras atribuições, nos termos da lei, colaborar na proteção do meio ambiente, nele compreendido o do trabalho (art. 200, VIII da CF). Houve o reconhecimento de que o meio ambiente é uno, mas dividido para fins de estudo. Desse modo, doutrinariamente o meio ambiente é subdividido em meio ambiente natural (ex. rios, lagos, florestas), artificial (ex. edificações), cultural (ex. sítios de valor histórico) e do trabalho, todos considerados manifestações particulares do meio ambiente[17].

O direito ao meio ambiente ecologicamente equilibrado é base para o desenvolvimento de uma vida digna. Seguindo esta leitura Norma Sueli Padilha pontua que:

> "A valorização do meio ambiente do trabalho implica numa mudança de postura ética, ou seja, na consideração de que o homem está à frente dos meios de produção. O meio ambiente do trabalho deve garantir o exercício da atividade produtiva do indivíduo, não considerado como máquina produtora de bens e serviços, mas sim como ser humano ao qual são assegurados bases dignas para manutenção de uma sadia qualidade de vida"[18].

A Lei n. 6.938/81, art. 3º, I, adotou o conceito de meio ambiente como o "*conjunto de condições, leis, influências e interações de ordem física, química e biológica, que permite, abriga e rege a vida em todas as suas formas*". No inciso IV, considera a poluição como "*a degradação da qualidade de vida ambiental resultante de atividade que, direta ou indire-*

---
(15) Pontuou, ainda, que: "Não há dúvidas, portanto, que há forte interesse do poder econômico em torno do projeto. Nas palavras de Adam Smith, teórico do liberalismo, 'frequentemente os patrões fazem conchavos destinados a baixar os salários (...). Essas combinações sempre são conduzidas sob o máximo silêncio e sigilo, que perdura até o momento da execução (...) e quando os trabalhadores cedem, como às vezes fazem, sem resistir, embora profundamente ressentidos, isso jamais é sabido em público' ("Riqueza das Nações")". Sob o título "Uma bomba plantada contra a economia e os direitos sociais!", o artigo é de autoria de Germano Siqueira, ex-presidente da Associação Nacional dos Magistrados da Justiça do Trabalho (Anamatra). SIQUEIRA, Germano. *Uma bomba plantada contra a economia e os direitos sociais!* Blog do Fred, 5 maio 2015. Disponível em: <www.anamatra.org.br/uploads/banner/clipagem-anamatra.pdf>. Acesso em: 10 maio 2016.
(16) PLÁ RODRIGUES, Américo. *Princípios de direito do trabalho*. São Paulo: LTr, 2015. p. 85.
(17) PADILHA, Norma Sueli. *Meio ambiente do trabalho*: o diálogo entre o direito do trabalho e o direito ambiental, cit., v. 1, p. 119-120.
(18) *Ibid.*, p. 112.

tamente, prejudiquem a saúde, a segurança, e o bem-estar da população ou afetem as condições estéticas ou sanitárias do meio ambiente".

Celso Antônio Pacheco Fiorillo conceitua o meio ambiente do trabalho como:

> "local onde as pessoas desempenham suas atividades laborais, sejam remuneradas ou não, cujo equilíbrio está baseado na salubridade do meio e na ausência de agentes que comprometam a incolumidade físico-psíquica dos trabalhadores, independentemente da condição que ostentem (homens, mulheres, maiores, menores de idade, celetistas, servidores públicos, autônomos etc.)"[19].

Analisando a definição legal de meio ambiente, Guilherme Guimarães Feliciano[20] esclarece que o termo conjunto não satisfaz mais, pois, em verdade, o meio ambiente humano seria um sistema, em razão da percepção de que a retirada de uma parte prejudica o conhecimento do todo, daí porque utiliza o termo *Gestalt*. Na linha do pontuado, conceitua o meio ambiente do trabalho como "*o conjunto (= sistema) de condições, leis, influências e interações de ordem física, química, biológica e psicológica que incidem sobre o homem em sua atividade laboral, esteja ou não submetido ao poder hierárquico de outrem*"[21].

Ronaldo Lima dos Santos assevera que "o conceito de meio ambiente do trabalho não se limita às relações de emprego, abrangendo todos aqueles que participam de uma organização empresarial, independentemente da natureza jurídica da sua relação de trabalho, uma vez que estão todos inseridos no contexto da proteção do meio ambiente equilibrado"[22]. A lesão ao meio ambiente do trabalho pode ter alcance além dos muros do empreendimento[23], atingindo o homem em seus mais diversos papéis na sociedade[24], razão pela qual o entendimento citado se coaduna com a maior efetividade do direito a um meio ambiente equilibrado.

No plano internacional, na busca por uma tutela mais efetiva ao meio ambiente, a Declaração Universal dos Direitos Humanos de 1948, consagra como direito humano do trabalhador, dentre outros, "*o direito a condições justas e favoráveis de trabalho*" (Art. XXIII, 1). No mesmo sentido, o Pacto Internacional dos Direitos Econômicos, Sociais e Culturais de 1966, ratificado pelo Brasil, reconhece o direito de toda pessoa de gozar de *condições de trabalho justas e favoráveis* (art. 7º, *caput*), com melhoria "*de todos os aspectos de higiene do meio ambiente e da higiene industrial*" (Art. 12, 2, 'b').

O Protocolo de San Salvador de 1988 (Protocolo Adicional ao Pacto de San José da Costa Rica de 1969) prevê como direito humano do trabalhador, nos arts. 7º, 'e', 10 e 11.1, "*segurança e higiene no trabalho*"," direito à saúde, entendida como o gozo do mais alto nível de bem-estar físico, mental e social" e "*direito a viver em meio ambiente sadio*".

Em 1972, a Declaração das Nações Unidas sobre o Meio Ambiente Humano reconheceu que o *"homem é ao mesmo tempo obra e construtor do meio ambiente que o cerca"* (art. 1º). No mesmo sentido, a Declaração do Rio sobre o Meio Ambiente e Desenvolvimento (1992).

A Organização Internacional do Trabalho (OIT), adotando política de proteção do operário, aprovou a Convenção n. 155/81, ratificada pelo Brasil, que determinou a definição e execução de uma política nacional com o objetivo

---

(19) FIORILLO, Celso Antônio Pacheco. *Curso de direito ambiental*. São Paulo: Saraiva, 2002. p. 22.
(20) Segundo o autor, *o meio ambiente não deve ser tomado com a soma de elementos a isolar, analisar e dissecar, mas como sistema constituindo unidades autônomas*. Vide FELICIANO, Guilherme Guimarães. *Tópicos avançados de direito material do trabalho*. São Paulo: Damásio de Jesus, 2006. v. 1, p. 113.
(21) FELICIANO, Guilherme Guimarães. O meio ambiente do trabalho e a responsabilidade civil patronal — reconhecendo a danosidade sistêmica. In: FELICIANO, Guilherme Guimarães; URIAS, João (Coords.). *Direito ambiental do trabalho*: apontamentos para uma teoria geral. São Paulo: LTr, 2013. v. 1, p. 13.
(22) SANTOS, Ronaldo Lima dos. Evolução histórico-normativa da tutela jurídica do meio ambiente do trabalho e instrumentos de proteção. In: JARDIM, Philippe Gomes; LIRA, Ronaldo José de (Coords.). *Meio ambiente do trabalho equilibrado*: homenagem aos dez anos de CODEMAT.) São Paulo: LTr, 2013. p. 224.
(23) O recente desastre ambiental ocorrido com a mineradora Samarco, em Minas Gerais, é um exemplo da unidade do meio ambiente e da importância de se zelar pela saúde do homem, incluindo o homem-trabalhador, pela imbricação presente na lesão ao meio ambiente como um todo. Outro triste exemplo de lesão ao meio ambiente e aos trabalhadores locais foi a contaminação provocada por pesticidas pela empresa Shell/Basf em Paulínia, São Paulo.
(24) Segundo notícia extraída da revista Veja: "Com 317 anos, o distrito de Bento Rodrigues, na cidade mineira de Mariana, tinha história. O vilarejo de 600 habitantes fez parte da rota da Estrada Real no século XVII e abrigava igrejas e monumentos de relevância cultural. Em 5 de novembro, em apenas onze minutos, um tsunami de 62 milhões de metros cúbicos de lama aniquilou Bento Rodrigues. Dez mortes haviam sido confirmadas até a tarde da última sexta-feira e dezoito pessoas continuavam desaparecidas. A onda devastou outros sete distritos de Mariana e contaminou os rios Gualaxo do Norte, do Carmo e Doce. Moradores de cidades em Minas e no Espírito Santo tiveram a rotina afetada por interrupções no abastecimento de água. O destino final da lama deve ser o mar do Espírito Santo, onde o Rio Doce tem sua foz. O que causou a tragédia foi o rompimento de duas barragens no complexo de Alegria, da mineradora Samarco. As barragens continham rejeito, o resíduo não tóxico resultante da mineração de ferro. Eram três as barragens de rejeito em Alegria: a de Germano, a de Fundão e a de Santarém". GONÇALVES, Eduardo; GARCIA, Gabriela; FUSCO, Nicole; VESP, Talyta. Tragédia em Mariana: para que não se repita. *Veja*. Disponível em: <http://veja.abril.com.br/complemento/brasil/para-que-nao-se-repita>. Acesso em: 14 maio 2016.

de *"prevenir os acidentes e os danos para a saúde que sejam consequência do trabalho, guardem relação com a atividade profissional ou sobrevenham durante o trabalho, reduzindo ao mínimo, na medida do possível, as causas dos riscos inerentes ao meio ambiente do trabalho"* (art. 4º).

Mais específica ao presente estudo é a Convenção n. 119 da OIT, ratificada pelo Brasil, que trata da proteção de máquinas. Cabe relembrar que estar normas internacionais têm força de norma supralegal, nos termos do art. 5º, § 3º CF[25].

A Convenção n. 119 da OIT estabelece que a utilização das máquinas, com elementos perigosos, deverá ser proibida pela legislação nacional ou impedida por outras medidas igualmente eficazes (art. 6º). Estabelece que: *"a venda e a locação de máquinas, cujos elementos perigosos estiverem desprovidos de dispositivos de proteção apropriados, deverão ser proibidas"* e acrescenta que *"a cessão, a qualquer outro título e a exposição de máquinas, cujos elementos perigosos estiverem desprovidos de dispositivos de proteção apropriados, deverão, na medida determinada pela autoridade competente, ser proibidas pela legislação ou impedidas por outras medidas igualmente eficazes"* (art. 2º).

Tão odiosa quanto a terceirização na indústria automobilística, é a forma precarizante como ela ocorre, com o incremento do risco de acidentes por meio de empréstimo de maquinário defeituoso pela montadora de veículo à empresa prestadora de serviço, com claro intuito de transferir sua produção de maneira irresponsável e descompromissada com normas mínimas de saúde e segurança do trabalho, pondo em risco a vida e a saúde de empregados que compõem sua cadeia produtiva.

O direito à saúde não é suspenso no curso do contrato de trabalho, uma vez que a subordinação existente não é capaz de apartar do homem-trabalhador sua condição de titular ao direito à vida digna. O modelo de produção adotado pelo empregador, com externalização de linhas de produção e cessão de maquinários defeituosos, não pode ser usado como escudo para que o poluidor não seja responsabilizado. Desse modo, a tutela efetiva do meio ambiente do trabalho perpassa pela aplicação dos princípios de direito ambiental como o do poluidor-pagador, da prevenção e da melhoria contínua ao estado da técnica, como forma de prevenir o dano e de responsabilizar o poluidor, em razão do risco de dano incrementado por sua conduta.

O princípio do poluidor-pagador foi consagrado pela Declaração do Rio sobre Meio Ambiente e Desenvolvimento (Rio-92), no princípio 16: "As autoridades nacionais devem procurar promover a internacionalização dos custos ambientais e o uso de instrumentos econômicos, tendo em vista a abordagem segundo a qual o poluidor deve, em princípio, arcar com o custo da poluição, com a devida atenção ao interesse público e sem provocar distorções no comércio e nos investimentos internacionais".

A saúde é um direito de todos, trabalhadores ou não, razão pela qual o poluidor, não importa se é empregadora ou não, deve ser responsável pelo dano ao meio ambiente. Contudo, esta responsabilização não é um salvo-conduto para poluir, com a obrigação de o empregador em seu empreendimento, antes mesmo de poluir, deve agir de maneira que o dano ao meio ambiente, nele inserido o do trabalho, sequer ocorra, observando os princípios ambientais da prevenção e precaução.

O princípio da prevenção não se confunde com o da precaução. Aquele busca evitar dano possível e previsível, enquanto este busca a adoção de medidas para evitar o dano, em caso de incerteza científica, e é consagrado na máxima, *in dubio pro ambiente*, expressamente previsto na Declaração do Rio sobre Meio Ambiente e Desenvolvimento (Rio-92), no princípio 15, de maneira que existindo ameaça de dano grave: "... a ausência de certeza científica absoluta não será utilizada como razão para o adiamento de medidas economicamente viáveis para prevenir a degradação ambiental".

No caso em análise, há afronta ao princípio da prevenção porque a montadora de veículos incrementa o risco ao repassar maquinário que sabe defeituoso e em desacordo com norma regulamentadora do MTE. Atua com má-fé ao retirar a ocorrência do acidente, e a estatística correspondente, de dentro de sua planta industrial, em total desacordo com a norma que expressamente veda a cessão, a qualquer título, de maquinário defeituoso, nos termos da NR-12 do MTE (v. item 15.2, Anexo VIII). Ultrapassa, pois, o limite de risco suportável pela sociedade (a exposição de trabalhadores a maquinário que sabe ser defeituoso e ultrapassado), não atualizando seu parque fabril ao atual estado

---

(25) Decisões extraídas das decisões proferidas no RE 466.343-SP e HC 87.585-TO. Vide em SUPREMO TRIBUNAL FEDERAL. Disponível em: <www.stf.jus.br>. Acesso em: 29 mar. 2016.

da técnica, de modo que o risco incrementado é de base sistêmica[26] e passa a caracterizar a poluição no meio ambiente do trabalho, como leciona Guilherme Feliciano[27], malferindo o **princípio da melhoria contínua** (tópico 6.1, Anexo 13-A, NR-13).

Como já explicitado no tópico anterior, a forma como se dá o empréstimo da máquina ou ferramenta defeituosa evidencia o controle da produção (e do trabalho propriamente dito dos empregados diretos e indiretos), pois há controle da indústria automobilística sobre as empresas prestadoras de serviços, com definição de peças, modelos, materiais e cores, e a subordinação estrutural. Nessa linha, merece destaque a Convenção n. 155 da OIT, ratificada pelo Brasil, que estabelece, para fins de interpretação, que a expressão "local de trabalho" abrange todos os lugares onde os trabalhadores devem permanecer ou onde têm que comparecer, e que esteja sob controle, direto ou indireto, do empregador (art. 3º, c).

A NR n. 12, do MTE estabelece *"medidas de proteção para garantir a saúde e a integridade física dos trabalhadores e estabelece requisitos mínimos para a prevenção de acidentes e doenças do trabalho nas fases de projeto e de utilização de máquinas e equipamentos de todos os tipos, e ainda à sua fabricação, importação, comercialização, exposição e cessão a qualquer título, em todas as atividades econômicas, sem prejuízo da observância do disposto nas demais Normas Regulamentadoras"* (item 12.1).

O Ministério do Trabalho e Emprego possui atribuição de editar normas atinentes à prevenção de acidentes de trabalho e doenças, conforme disposto no art. 155, I, c/c art. 200, todos da CLT. A lei trabalhista está em sintonia com o art. 7º, XXII, da Constituição Federal, que reconhece como direito dos trabalhadores a redução dos riscos inerentes ao trabalho, por meio de normas de saúde, higiene e segurança.

A norma regulamentadora em questão não padece de qualquer vício, pois confere "concretude aos mandamentos constitucionais inscritos nos arts. 6º e 7º, XXII, da Carta de 1988", como já decidido pelo Colendo Tribunal Superior do Trabalho em casos semelhantes[28].

Desta feita, não resta dúvida de que a NR n. 12 do MTE encontra-se em total regularidade, formal e material, com a Constituição Federal de 1988, e em consonância com normas internacionais, notadamente o art. 2º da Convenção n. 119, da OIT[29], apesar dos reclamos da Federação das Indústrias do Estado de São Paulo (FIESP) que a considera de alto custo para implementação, exigindo níveis de proteção que superam o padrão europeu[30], com a existência, inclusive, de Projeto de Decreto Legislativo do Senado (PDS n. 43/15) para dispor sobre sua revogação[31].

O direito de proteção ao meio ambiente, cujo caráter de direito humano fundamental é indiscutível, deve superar os subterfúgios do capital que incrementa o risco à saúde dos trabalhadores, sobretudo quando a realidade nos mostra que os acidentes com prensas podem ser mutilantes ou fatais[32].

O meio ambiente do trabalho equilibrado é conteúdo mínimo do trabalho decente, não se limitando ao espaço físico do empregador, motivo pelo qual resta incluído no dever legal de proteção da empresa a responsabilidade pelo fornecimento de máquinas, equipamentos e/ou ferramentas de acordo com a Norma Regulamentadora n. 12, do Mi-

---

(26) Vide a respeito o procedimento promocional n. 504.2010.02.001/6, Procuradoria do Trabalho no Município de São Bernardo do Campo (PRT 2ª Região), no qual foram juntados os relatórios de ação fiscal do MTE. Para que se tenha noção do risco diuturno a que os trabalhadores estão expostos, no relatório apresentado pela Gerência Regional do Trabalho e Emprego foi citada a ocorrência de 195 (cento e noventa e cinco) acidentes de trabalho, no ano de 2011, apenas em relação à máquina prensa.
(27) FELICIANO, Guilherme Guimarães. *Tópicos avançados de direito material do trabalho*, cit., p. 140.
(28) RR n. 14000-33.2008.5.24.0001, Relator Ministro Douglas Alencar Rodrigues, j. 25.2.2015, 7ª Turma, DEJT 6.3.2015.
(29) Referida Convenção foi ratificada pelo Brasil em 16.04.1992, promulgada pelo Decreto n. 1.255, de 29 de setembro de 1994, com caráter supralegal por tutelar a saúde do trabalhador.
(30) FEDERAÇÃO DAS INDÚSTRIAS DO ESTADO DE SÃO PAULO. Disponível em: <www.fiesp.com.br>. Acesso em: 12 abr. 2016.
(31) Em 08.09.2015, foi realizada audiência na Comissão de Direitos Humanos do Senado Federal, no qual Rômulo Machado, do Ministério do Trabalho e Emprego, defendeu a aplicação da NR n. 12, e apresentou números sobre acidentes em nosso país envolvendo máquinas e equipamentos, que considera "estarrecedores". Somente entre 2011 e 2013, 12 trabalhadores por dia em média foram amputados. No total foram 13.724 amputados, somados a 601 mortes, o que daria um óbito por dia útil de trabalho. Segundo ele, entre 2011 e 2013, ocorreram 221.843 acidentes, totalizando uma média de 270 fraturados por semana. A notícia foi veiculada em VIEIRA, Sergio. *Revogação de norma de segurança no trabalho perde urgência e terá debate. Agência Senado*, 08 set. 2015. Disponível em: <http://www12.senado.leg.br/noticias/materias/2015/09/08/revogacao-de-norma-de-seguranca-no-trabalho-perde-urgencia-e-tera-debate>. Acesso em: 10 fev. 2016.
(32) A principal área de risco em uma prensa, segundo relatório de ação fiscal juntado ao IC 138.2013.02.001 do MPT, é aquela compreendida entre a ferramenta superior e inferior (área de prensagem). O equipamento principal constituído de prensa e ferramentas produz a peça estampada para a grande montadora. As ferramentas podem ser abertas ou fechadas, sendo aquelas sem proteção e sua área de prensagem é a principal causa de morte e mutilações. A proprietária da ferramenta, neste caso a grande montadora, pode obtê-la ou fazê-la de dois tipos: a) Ferramenta fechada ou enclausurada, onde não há risco de prensagem de parte do corpo de operadores ou auxiliares que se movimentam em torno da prensa; b) Ferramenta aberta, onde a zona entre a ferramenta superior e inferior fica completamente desprotegida.

nistério do Trabalho e Emprego, mormente quando a montadora de veículos, incrementando risco não permitido, cede máquinas defeituosas para empresa terceirizada (utilizadas em benefício exclusivo da grande montadora).

4 DA RESPONSABILIDADE DA INDÚSTRIA AUTOMOBILÍSTICA POR DANO LABOR-AMBIENTAL SISTÊMICO

A lesão ao meio ambiente do trabalho gera o direito à reparação em razão de violação ao valor jurídico supremo que é o direito à vida (no qual se inclui o direito à saúde), tendo, portanto, fundamento constitucional, destacando-se os seguintes dispositivos: art. 1º, I e IV; art. 3º I e II; art. 4º, II; art. 5º, X e XXIII; art. 7º, XXVIII; art. 186, II e III; art.170, III e VI; art. 193; art. 200, II e art. 225, V.

Cabe salientar que o Código Civil de 1916 consagrava a teoria subjetiva da responsabilidade, conferindo relevância ao elemento dolo ou culpa do agente para aferir responsabilidades.

Com o advento da Constituição Federal de 1988, o art. 7º, XXVIII consagrou a responsabilidade subjetiva, ao dispor como direito dos trabalhadores o seguro contra acidentes de trabalho, a cargo do empregador, sem excluir a indenização a que este está obrigado, quando incorrer em dolo ou culpa. Houve, ainda, a adoção da teoria da responsabilidade objetiva, na tutela do meio ambiente, ao reconhecer o direito de todos ao meio ambiente ecologicamente equilibrado, sujeitando os infratores a sanções penais e administrativas, independentemente da obrigação de reparar os danos causados (art. 225, § 3º, CF).

A Lei Maior inspirou o legislador do Código Civil de 2002 que adotou a responsabilidade subjetiva e objetiva, sendo esta última aplicável quando houver previsão legal ou quando o empregador desempenhar atividade que, por sua natureza, gere risco para os direitos de outrem (art. 927, parágrafo único, CC).

Por fim, a legislação ambiental trouxe a previsão de responsabilidade objetiva ao estabelecer que o poluidor é obrigado, independentemente da existência de culpa, a indenizar ou reparar os danos causados ao meio ambiente e a terceiros, afetados por sua atividade (Lei n. 6.938/81, art. 14, § 1º), mesmo nos casos em que o poluidor é o empregador e a degradação ambiental ocorre no local de trabalho porque somente ele deve responder pelo custo de sua atividade. Nesse sentido, ensina Guilherme Guimarães Feliciano, citando Michel Prieur: "Ora, é princípio informador do Direito Ambiental que '*os custos sociais externos que acompanham a produção industrial (como o custo resultante da poluição), devem ser internalizados, isto é, levados à conta dos agentes econômicos em seus custos de produção*'[33]". E continua:

> "...eis o ***princípio do poluidor-pagador***, devidamente enunciado. Pois bem: parece evidente que, se há poluição, também nos locais de trabalho (inclusive na acepção da Lei n. 6.938/81), então os custos oriundos dos danos por ela provocados — ao entorno ambiental (=efeitos exógenos) ou a terceiros direta ou indiretamente expostos, como os trabalhadores (=efeitos endógenos) — devem ser igualmente *internalizados*, independentemente da perquirição de culpa (art. 14, § 1º, da Lei n. 6.938/81), para que os suporte o próprio *agente poluidor*". (Grifo no original).

Segundo o escólio de Sueli Padilha[34] não haveria antinomias entre as normas citadas, haja vista que o acidente previsto no art. 7º, XXVIII da CF seria o acidente individual, atraindo a responsabilidade subjetiva, diferente do dano labor-ambiental ocasionado pela montadora de veículos sabedora dos riscos indevidos a que expõe seus empregados diretos ou indiretos.

A exposição dos trabalhadores a máquina ou equipamento inseguro impõe ao poluidor o dever de indenizar, independentemente de a lesão, ou o risco de lesão, ocorrer dentro de seu parque industrial, em razão do modelo de produção adotado. Ademais, o poluidor (a indústria automobilística/ montadora de veículos) é obrigado, independentemente de culpa, a indenizar os danos causados ao meio ambiente e a terceiros, afetados por sua atividade, nos termos do art. 14, § 1º, da Lei n. 6.938/81, a despeito do disposto no art. 7º, XXVIII da CF, que trata de responsabilidade do empregador em caso de dolo ou culpa.

---
(33) FELICIANO, Guilherme Guimarães. *O meio ambiente do trabalho e a responsabilidade civil patronal — reconhecendo a danosidade sistêmica*, cit., p. 19.
(34) PADILHA, Norma Sueli. *Do meio ambiente do trabalho equilibrado*. São Paulo: LTr, 2002. p. 68.

O trabalhador, o lado mais vulnerável na relação, não pode ver seu direito à vida e à saúde esvaziados pela terceirização precarizante que incrementa o risco a que expõe os trabalhadores, só porque a linha de montagem foi transferida a empresas terceiras, no mais das vezes inidôneas, exercendo atividades essenciais à montagem dos veículos daquela. Como pontua Jackson Filho[35], as alterações nas formas de organização do trabalho, suas relações, a gestão da produção e das empresas, a reorganização das cadeias de fornecedores acarretam impactos nefastos à saúde do trabalhador.

A grande montadora se beneficia por não arcar com os custos da adequação do maquinário à NR n. 12 do MTE, por diminuir o custo com mão de obra, por não vincular sua imagem ao alto índice de adoecimento gerado pela inadequação de seu maquinário. A bandeira de qualidade que os clientes compram não se estende ao meio ambiente laboral quando uma linha de montagem é retirada de dentro da montadora, com pleno conhecimento de que as ferramentas e/ou equipamentos que são fornecidos à empresa terceirizada são defeituosos e colocam em risco a saúde de seus empregados, sendo evidente o descaso com a saúde e a busca desenfreada por lucro, sem qualquer responsabilidade social.

Nos casos de criação de risco proibido ou incremento do risco permitido, o intérprete baseia-se na análise da conduta do agente com base em seu papel social e o cumprimento das expectativas dele decorrentes, de modo que a análise se fundamenta na existência de nexo normativo e não de nexo naturalístico (relação de causalidade).

Nesse sentido, importante ressaltar a sentença do juiz André Sentoma Alves, no bojo da ação civil pública ajuizada pelo Ministério Público do Trabalho em São Bernardo do Campo, com esteio em fiscalizações realizadas pelo Ministério do Trabalho e Emprego (ACP n. 1000412-27.2016.5.02.0468) que reconheceu a responsabilidade direta da montadora Mercedes-Bens do Brasil LTDA. por descumprimento de normas de saúde e segurança do trabalho:

> Ressalte-se que ao na qualidade de atuante no mercado econômico (exploradora de mão de obra humana, de forma direta e indireta), a reclamada assume os riscos do negócio. Nessa toada, ao terceirizar parte de sua cadeia produtiva, não é dado à demandada descuidar da saúde e segurança dos trabalhadores de suas prestadoras de serviços e fornecedoras de peças (arts. 1º, III e IV, 3º, I, 7º, XXII, e 170, e *caput* III, todos da CF). Com efeito, a ré não pode adotar condutas que, de alguma forma, incentivem a exposição dos empregados das fornecedoras a ricos à saúde e segurança. Registre-se que ao comprar peças de empresas que não atendem às normas legais de saúde e segurança do trabalho, assim como ao emprestar ferramentas sem a exigência do atendimento a tais normas, a reclamada acaba por incentivar a exposição dos trabalhadores a riscos ambientais. Assevere-se que descuidar da integridade física de trabalhadores, mesmo dos empregados das fornecedoras, importa na transferência dos riscos do negócio à parte hipossuficiente, o que não pode ser aceito. De fato, os trabalhadores não podem dispor de sua saúde para que as empresas obtenham lucros. Ora, ao explorar atividade laboral humana, ainda que de forma indireta, a reclamada assumiu uma responsabilidade social na qual se inclui a proteção da vida e saúde dos trabalhadores que atuam em seu benefício.
>
> À reclamada, portanto, incumbe demandar que as fornecedoras proporcionem a seus obreiros um ambiente de trabalho livre de riscos à sua saúde e integridade física. Porém, a conforme as fiscalizações do trabalho realizadas, isso não ocorre. Dessarte, a responsabilidade é atribuível à acionada.

Desse modo, com o incremento do risco para além dos limites de tolerância social, o poluidor (indústria automobilística) deve ser responsabilizado pelo dano labor-ambiental em razão de um risco, vedado pelo ordenamento jurídico (descumprimento de norma regulamentadora), e incrementado ao ceder maquinário defeituoso à empresa terceirizada. É, portanto, razoável defender a aplicação da teoria da imputação objetiva do direito penal em casos tais[36].

---

(35) JACKSON FILHO, José Marçal; MAENO, Maria. Desenvolvimento da Análise ergonômica do trabalho no Brasil no contexto da 'desorganização do trabalho'. *Revista Brasileira de Saúde Ocupacional*, São Paulo, v. 40, n. 131, p. 6, 2015.

(36) Nessa esteira as lições de Gunter Jakobs em *A imputação objetiva no direito penal*. 4. ed. rev. São Paulo: Revista dos Tribunais, 2013 e de Guilherme Guimarães Feliciano em *Teoria da imputação objetiva no direito penal brasileiro*. São Paulo: LTr, 2005. Não cabe neste estudo analisar toda a teoria da imputação objetiva, interessando apenas salientar a possibilidade de sua aplicação por várias razões: 1) há indiscutível intermediação de mão de obra que oculta a necessidade real da indústria automobilística por trabalhadores para produzirem suas peças, sem as quais, logicamente, seu veículos não são finalizados; 2) Não se pode perder de vista que a indústria automobilística é a responsável pela organização dos meios de produção retirando, muitas vezes, linhas de produção inteiras de dentro de seu parque industrial, muito embora continue se beneficiando da produção externalizada; 3) a indústria automobilística é a responsável pela organização dos meios de produção que preciaza o meio ambiente do trabalho com exposição dos empregados diretos e indiretos a risco não tolerado pelo ordenamento jurídico. A conduta irresponsável de repassar prensas defeituosas, por exemplo, configura dano labor-ambiental sistêmico, que expõe uma gama de trabalhadores a risco de adoecimento, restando claro o nexo normativo entre a poluição e o dano causado.

5 CONCLUSÃO

A reestruturação da cadeia produtiva adotada pela indústria automobilística com repasse de maquinário em desacordo com a NR n. 12, do MTE, expõe os empregados diretos e indiretos a risco significativo de dano labor-ambiental sistêmico, com profundos desafios jurídicos e sociais que impõem uma evolução nos parâmetros de responsabilização, de modo a imputar ao poluidor a responsabilidade objetiva, nos termos do art. 14, § 1º da Lei n. 6.938/81.

A interpretação ora defendida, numa perspectiva corretiva, confere efetividade à tutela do meio ambiente do trabalho sob a lente dos direitos humanos, responsabilizando objetivamente o poluidor/empregador pelo risco injustamente suportado pela coletividade de empregados direitos e indiretos, com uma responsabilização passando não só pelas normas de direito do trabalho e direito constitucional, mas também pelas normas de direito ambiental, em razão de sua transversalidade com os demais ramos, nunca perdendo de vista que a vida humana é o que há de mais importante na tutela do meio ambiente.

6 REFERÊNCIAS BIBLIOGRÁFICAS

ASSUMPÇÃO, Luiz. *A terceirização precarizante e a (in)capacidade emancipatória das cooperativas de trabalho*. Sindicato Nacional dos Auditores Fiscais do Trabalho. Disponível em: <https://www.sinait.org.br/arquivos/artigos/Artigo_191.pdf>. Acesso em: 13 mar. 2016.

CONCEIÇÃO, Maria da Consolação Vegi da. O direito e a terceirização na indústria automobilística. *Revista Jus Navigandi*, Teresina, ano 10, n. 819, 30 set. 2005. Disponível em: <https://jus.com.br/artigos/7375>. Acesso em: 20 maio 2016.

DELGADO, Mauricio Godinho. *Curso de direto do trabalho*. 14. ed. São Paulo: LTr, 2015.

EBERT, Paulo Roberto Lemgruber. O meio ambiente do trabalho. Conceito. Responsabilidade civil e tutela. *Jus Navigandi*, Teresina, ano 17, n. 3377, 29 de set. 2012. Disponível em: <https://jus.com.br/revista/texto/22694>. Acesso em: 2 mar. 2016.

FELICIANO, Guilherme Guimarães. O meio ambiente do trabalho e a responsabilidade civil patronal — reconhecendo a danosidade sistêmica. In: FELICIANO, Guilherme Guimarães; URIAS, João (Coords.). *Direito ambiental do trabalho*: apontamentos para uma teoria geral. São Paulo: LTr, 2013. v. 1.

_____ . *Teoria da imputação objetiva no direito penal brasileiro*. São Paulo: LTr, 2005.

_____ . *Tópicos avançados de direito material do trabalho*. São Paulo: Damásio de Jesus, 2006. v. 1.

_____ ; URIAS, João (Coords.). *Direito ambiental do trabalho*: apontamentos para uma teoria geral. São Paulo: LTr, 2013.

FIORILLO, Celso Antônio Pacheco. *Curso de direito ambiental*. São Paulo: Saraiva, 2002.

GONÇALVES, Eduardo; GARCIA, Gabriela; FUSCO, Nicole; VESP, Talyta. Tragédia em Mariana: para que não se repita. *Veja*. Disponível em: <http://veja.abril.com.br/complemento/brasil/para-que-nao-se-repita>. Acesso em: 14 maio 2016.

JACKSON FILHO, José Marçal; MAENO, Maria. Desenvolvimento da análise ergonômica do trabalho no Brasil no contexto da 'desorganização do trabalho'. *Revista Brasileira de Saúde Ocupacional*, São Paulo, v. 40, n. 131, 2015.

JAKOBS, Gunther. *A imputação objetiva no direito penal*. 4. ed. rev. São Paulo: Revista dos Tribunais, 2013.

CASTELLS, Manuel — 5/7/1999. O sociólogo espanhol faz uma análise da dinâmica social e econômica na nova era da informação [Entrevista]. *Memória Roda Viva*. Disponível em: <http://www.rodaviva.fapesp.br/materia/141/entrevistados/manuel_castells_1999.htm>. Acesso em: 10 mar. 2016.

OLIVEIRA, Christiana D'Arc Damasceno. *(O)direito do trabalho contemporâneo*: efetividade dos direitos fundamentais e da dignidade da pessoa humana no mundo do trabalho. São Paulo: LTr, 2010.

OLIVEIRA, Sebastião Geraldo de. *Proteção jurídica à saúde do trabalhador*. 6. ed. rev. e atual. São Paulo: LTr, 2011.

PADILHA, Norma Sueli. *Do meio ambiente do trabalho equilibrado*. São Paulo: LTr, 2002.

_____ . Meio ambiente do trabalho: o diálogo entre o direito do trabalho e o direito ambiental. In: FELICIANO, Guilherme Guimarães; URIAS, João (Coords.). *Direito ambiental do trabalho*: apontamentos para uma teoria geral. São Paulo: LTr, 2013. v. 1.

SANTANA, Marco. Tempos modernos. *Revista Tela Crítica*, n. 1, 2004.

SANTOS, Ronaldo Lima dos. Evolução histórico-normativa da tutela jurídica do meio ambiente do trabalho e instrumentos de proteção. In: JARDIM, Philippe Gomes; LIRA, Ronaldo José de (Coords.). *Meio ambiente do trabalho equilibrado*: homenagem aos dez anos de CODEMAT. São Paulo: LTr, 2013.

SIQUEIRA, Germano. *Uma bomba plantada contra a economia e os direitos sociais!* Blog do Fred, 5 maio 2015. Disponível em: <www.anamatra.org.br/uploads/banner/clipagem-anamatra.pdf>. Acesso em: 10 maio 2016.

SOUTO MAIOR, Jorge Luiz. *Terceirização: desabafo, desmascaramento e enfrentamento*. Blog da Boitempo. Disponível em: <http://blogdaboitempo.com.br>. Acesso em: 12 abr. 2016.

TERCEIRIZAÇÃO avança nas montadoras de autos. *Diário Comércio e Indústria*. 11 de maio de 2006. *CEBRASSE. Central Brasileira do Setor de Serviço*. Disponível em: <http://www.cebrasse.org.br/noticias.php?id_noticia=946>.

VIEIRA, Sergio. *Revogação de norma de segurança no trabalho perde urgência e terá debate*. Agência Senado, 08 set. 2015. Disponível em: <http://www12.senado.leg.br/noticias/materias/2015/09/08/revogacao-de-norma-de-seguranca-no-trabalho-perde-urgencia-e-tera-debate>. Acesso em: 10 fev. 2016.

Sites consultados

ANAMATRA. Disponível em: <www.anamatra.org.br>.

FAPESP. MEMORIA RODA VIVA. Disponível em: <http://www.rodaviva.fapesp.br>.

FEDERAÇÃO DAS INDÚSTRIAS DO ESTADO DE SÃO PAULO. Disponível em: <www.fiesp.com.br>. Acesso em: 12 abr. 2016.

SUPREMO TRIBUNAL FEDERAL. Disponível em: <www.stf.jus.br>. Acesso em: 29 mar. 2016.

SOBREJORNADA E MEIO AMBIENTE DO TRABALHO: PRINCÍPIO DA INSIGNIFICÂNCIA OU BAGATELA?

Gisele Santos Fernandes Góes[*]

1 INTRODUÇÃO

O Poder Judiciário se afirma na crescente realização dos direitos fundamentais e mais especificamente, a seara trabalhista deve cumprir esse papel de efetivação dos direitos sociais.

A Justiça do Trabalho lida diariamente com a dimensão *jusfundamental* do direito ao trabalho digno que somente pode ser exercitado num meio ambiente hígido e saudável.

Portanto, não existe espaço interpretativo na relação capital e trabalho em prol da propriedade privada e/ou pública em detrimento do ser humano que labora, tornando-o "coisificado" e como alvo de uma mera relação quantitativa, de porte estatístico voltada ao lucro empresarial. Impõe-se, nesse direcionamento, definição de meio ambiente do trabalho na judicialização das demandas, sejam individuais, sejam coletivas, norteada por visão interdisciplinar, levando em consideração aspectos psicológicos, antropológicos, sociológicos etc., e não somente os de alcance técnico-jurídico para se galgar verdadeiramente a inteireza dos problemas que desafiam os magistrados nas demandas judiciais. Não existe bagatela em se tratando de meio ambiente de trabalho.

2 FUNÇÃO JURISDICIONAL LABORAL E TUTELA INDIVIDUAL DE PROJEÇÃO COLETIVA E TUTELA COLETIVA — NECESSIDADE DE PROTEÇÃO

Hodiernamente, clama-se do Poder Judiciário o enfrentamento das questões atinentes aos direitos fundamentais. O exercício da função jurisdicional adquiriu um novel contorno.[1]

A jurisdição estava assentada sob o conceito clássico de *juris* + *dictio*, dizer o direito no caso concreto, segundo os moldes da teoria clássica de caráter declaratório, com esteio no magistério de Giuseppe Chiovenda.[2]

---

[*] Doutora (PUC/SP). Mestre (UFPA). Procuradora-Chefe da PRT 8ª Região. Professora Adjunta de Direito Processual da UFPA. Membro do IBDP e do Instituto Ibero-Americano de Derecho Procesal.
[1] BOBBIO, Norberto. *A era dos direitos*. Rio de Janeiro: Elsevier, 2004. *passim*.
[2] CHIOVENDA, Giuseppe. *Instituições de direito processual civil*. Vol. II. São Paulo: Saraiva, 1943. p. 11-26.

Sob esse modelo, sempre predominou a tutela cognitiva, cuja *ratio* era conhecer e julgar e não logo efetivar — realizar. O conflito restaria solucionado com o manuseio do processo como instrumento para se atingir a paz social.[3]

O paradigma desenhado foi estruturado num contexto histórico totalmente definido e de roupagem liberal-individualista.

Com as relações sociais a cada dia mais complexas, inovações tecnológicas, especializações de empresas e funções, repartição de atribuições, terceirização, quarteirização, segmentos de multinacionais fortes no cenário econômico pátrio, emergiram novas necessidades sociais. Esses anseios não se centralizam em um indivíduo, e sim transbordam comunidades inteiras, cidades, grupos, categorias, estados, países, podendo-se afirmar drasticamente que a escala não é mais simplesmente aritmética, mas de porte geométrico.

Do paradigma liberal, focado no indivíduo, buscamos algo maior, dimensionado no coletivo ou no indivíduo, porém, analisando a sua projeção coletiva como parte de um todo, numa visão de sistema.[4]

A função jurisdicional laboral atual está numa tríade inseparável, qual seja, conhecer — assegurar — efetivar no âmbito do paradigma de proteção social, no balanceamento dos interesses em jogo, decidindo no sopesamento pelos direitos fundamentais, especialmente os que envolvem o meio ambiente laboral digno e saudável.

O trinômio citado para a Justiça do Trabalho se condensa e irradia na perspectiva do neoprocessualismo que nada mais é do que a exteriorização do neoconstitucionalismo como face de concreção dos direitos fundamentais pelo processo que tenha resultados justos.[5]

Os problemas existem no mundo do trabalho e precisam ser avaliados, primordialmente, sob a tutela do garantismo[6], nos níveis de segurança e saúde do trabalhador e, na ótica da primazia do acertamento[7], portanto, como uma técnica normativa direcionada a assegurar a máxima correspondência entre texto — regras e realização dos direitos fundamentais.

O trabalhador corre riscos de doenças psicológicas e orgânicas, muitas vezes perde a sua vida e não há o que se fazer no Judiciário? Basta a ameaça, que se deve agir via tutela preventiva no Judiciário trabalhista, dentro desse novo contexto que se apresenta a tutela jurisdicional no meio ambiente laboral.

O obreiro só tem seu salário como saldo positivo e, do outro lado, como parcela negativa, pode sofrer todo e qualquer risco na empresa, numa insegurança social total.[8]

Por isso, é imprescindível o Poder Judiciário trabalhista na compreensão do meio ambiente laboral e no ideal de efetivação dos direitos fundamentais sociais, exponencialmente, o do trabalho decente e em condições de dignidade.

3 MEIO AMBIENTE: ALGUNS APONTAMENTOS E MEIO AMBIENTE DO TRABALHO: DIMENSÕES

O termo meio ambiente é um macrobem (bem público de uso comum). E, como acentua Antonio Herman V. Benjamin, *"tal bem, sem seu sentido macro, tem um grande conteúdo de abstração, ao contrário dos elementos que o compõem que, via de regra, são bastante concretos (uma floresta, uma espécie rara, um manancial)."*[9]

Desse modo, o primeiro obstáculo a ser encarado pelo operador do direito no tratamento do meio ambiente reside na circunstância de nos depararmos com um conceito ou termo jurídico indeterminado, exteriorizando uma definição fluida, carregada de múltiplos valores e experiências.[10]

O texto normativo matriz para se explorar a proteção ambiental é, inquestionavelmente, a Constituição de 1988 (art. 225). Dela provêm as balizas para competência, níveis de responsabilidade por dano ao meio ambiente e, com efeito, auxilia na penosa tarefa do intérprete.

---

(3) DINAMARCO, Candido Rangel. *A instrumentalidade do processo*. 2. ed. São Paulo: RT, 1990. p. 206 e ss.
(4) CANARIS, Claus Wilhelm. *Pensamento sistemático e conceito de sistema na ciência do direito*. 2. ed. Lisboa: Calouste Gulbekian, 1996. p. 277 e ss.
(5) DINAMARCO, Candido Rangel. *Nova era do processo civil*. São Paulo: Malheiros, 2004. p. 12.
(6) FERRAJOLI, Luigi. *Direito e razão: teoria do garantismo penal*. 2. ed. São Paulo: RT, 2006. p. 21.
(7) Princípio da primazia do acertamento é uma técnica normativa que pretende a máxima efetividade de tutela de direitos, essencialmente os de proteção social com cunho previdenciário. Para aprofundamento, consulte SAVARIS, José Antonio. *Direito processual previdenciário*. 3 ed. Curitiba: Juruá, 2011.
(8) BECK, Ulrich. *Sociedade de risco*: rumo a outra modernidade. São Paulo: 34, 2010.
(9) BENJAMIN, Antonio Herman. *Dano ambiental. Prevenção, reparação e repressão*. Coord. Antonio Herman Benjamin. Vol. 2. São Paulo: Biblioteca de Direito Ambiental, 1993. p. 69.
(10) Para aprofundamento: ENTERRÍA, Eduardo Garcia e outro. *Curso de derecho administrativo*. Tomo I. 6. ed. Madrid: Civitas, 1993. p. 440-462.

Todavia, não basta a Constituição, sendo necessários outros textos normativos como as Declarações de Estocolmo 1972, do Rio de Janeiro de 1992 à guisa de ilustração, e a própria legislação interna (Lei n. 6.938/81), posto que enfatizam o rol de normas-princípio, os quais serão os vetores de toda compreensão do fenômeno ambiental.

Os princípios que devem ser destacados são: prevenção ou precaução; poluidor-pagador ou da responsabilização; e os da cooperação e desenvolvimento sustentado. Pode-se com segurança infirmar que a prevenção é o guia maior de todos os outros raciocínios, em virtude de que, se o agente poluidor toma medidas "antes" de qualquer evento danoso ou com potencial de lesão, não haverá responsabilidade de cunho reparatório e/ou indenizatório e estará exercendo a cooperação e desenvolvimento dentro de perspectiva de equilíbrio.

A tutela do meio ambiente veio de modo tardio na Constituição brasileira de 1988, posto que, por exemplo, na Espanha, desde a Constituição que data de 1978 (art. 45) já se encontrava prescrita a conservação, uso racional e indispensável solidariedade coletiva em matéria de meio ambiente.[11]

A tendência, sem sombra de dúvida, é mundial no caminho do meio ambiente preservado para as gerações presentes e futuras.[12]

Logicamente, não se pode alijar o meio ambiente do trabalho dessa realidade. A relação jurídica laboral está assentada em um local "sadio", onde os trabalhadores prestam seus serviços com dignidade, em que os detentores da força econômica fornecem os meios de produção e infraestrutura. Não pode haver dano à saúde física e psicológica do trabalhador.

É vital frisar que o local da prestação dos serviços não constitui o único critério de avaliação do meio ambiente de trabalho, pois existem outros, tais como a remuneração, jornada de trabalho e seus turnos, possibilidade de ascensão na carreira etc.

Abona-se o conceito amplo de meio ambiente do trabalho com Monica Maria Lauzid de Moraes, para quem "é a interação do local de trabalho ou onde quer que o empregado esteja em função da atividade e/ou à disposição do empregador, com os elementos físicos, químicos e biológicos nele presentes, incluindo toda sua infraestrutura (instrumentos de trabalho), bem como o complexo de relações humanas na empresa e todo o processo produtivo que caracteriza a atividade econômica de fins *lucrativos*."[13]

4 MEIO AMBIENTE DO TRABALHO E A QUESTÃO DA SOBREJORNADA

Pelos contornos apresentados, o meio ambiente do trabalho é um dos fatores de configuração do trabalho decente, pois como define a Organização Internacional do Trabalho é "aquele desenvolvido em ocupação produtiva, justamente remunerada e que se exerce em condições de liberdade, equidade, segurança e respeito à dignidade humana."

Nesse panorama, a Organização Internacional do Trabalho editou as Convenções n. 155 sobre seguridade e saúde dos trabalhadores e a 161 sobre serviços de saúde no trabalho. E, por meio do programa *safework* de 2003, a citada entidade promoveu um debate de trabalho sustentável, sendo que as linhas mestras da Convenção n. 187 sobre saúde e segurança no trabalho (SST) foram fomentadas a partir do programa mencionado e que tentaram disseminar a cultura da prevenção à adoção de práticas positivas no meio ambiente de trabalho.

No Brasil, a tendência a respeito da cultura de prevenção está concentrada no fenômeno do uso do epi/epc, para evitar o acidente do trabalho, no rumo da forma clássica de abordagem, ou seja, unicausal, no tratamento comportamental do ato inseguro, nas exclusivas visões da culpa e da inibição da conduta centralizadas no indivíduo. O acidente de trabalho, contemporaneamente, deve ser avaliado sob uma natureza multicausal, por conseguinte, numa cadeia de eventos, da distinção entre trabalho real e prescrito, prevenção com implementação de mecanismos de controle dos riscos organizacionais e na variabilidade do ambiente.[14]

---
(11) Art. 45 1. Todos tienen el derecho a disfrutar de um médio ambiente adecuado para el desarollo de la persona, así como el deber de conservalo. 2. Los poderes públicos velarán por la utilización racional de todos los recursos naturales, con el fin de proteger y mejorar la calidad de la vida y defender y restaurar el medio ambiente, apoyándose en la indispensable solidariedad colectiva. 3. Para quienes violen lo dispuesto em la apartado anterior, en los términos que la ley fije se establecerán sanciones penales o, em su caso, administrativas, así como la obligación de reparar el daño causado.
(12) BUSUTTIL, Salvino *and others*. *Our responsabilities towards future generations*. Foundation for International Studies at the University of Malta, 1990.
(13) MORAES, Monica Maria Lauzid de. *O direito à saúde e segurança no meio ambiente do trabalho*. São Paulo: LTr, 2002. p. 27.
(14) O TRT 8ª Região editou Enunciado no seminário de Prevenção de Acidentes do Trabalho (08 a 11.10.2012) nesse sentido: RELEITURA DOS FATOS GERADORES DO ACIDENTE DE TRABALHO. SUPERAÇÃO DO ATO INSEGURO PELO RECONHECIMENTO DA CONDIÇÃO INSEGURA DE TRABALHO. A

Elegeu-se a sobrejornada ou jornada excessiva/exaustiva, para se refletir sobre os aspectos do meio ambiente do trabalho, pois ela nunca esteve "sob as luzes da ribalta". Devem ser feitos os seguintes questionamentos:

1. A sobrejornada é prevista em lei e, por isso, pode ser habitual?
2. A sobrejornada não gera danos de qualquer ordem ao obreiro e, com efeito, desde que respeitado o limite diário de 2h e devidamente remunerado por esse serviço extraordinário, torna-se *insignificante* apurar essa circunstância nas empresas?
3. Deve o Ministério Público do Trabalho voltar seus olhos para a sobrejornada, quando o empregado recebe um *plus* salarial e se trata de um direito/interesse individual do mesmo?
4. O trabalhador é um "ser invisível"? Incide à hipótese o princípio da bagatela?

4.1 A sobrejornada no Brasil

A jornada de trabalho no Brasil é de 8h diárias e máxima de 44h semanais, de conformidade com o art. 7º, inciso XIII da Constituição de 1988. Já a sobrejornada é objeto de preocupação do legislador constitucional, em seu inciso XVI, no que pertine ao fator da remuneração superior a 50% da hora normal.

A hora extraordinária representa uma norma apenas formalmente constitucional, vez que sempre foi regida pela Consolidação das Leis do Trabalho em seus arts. 58 e ss e, em especial, no art. 59, nos critérios da remuneração, quanto ao patamar de 2h diárias e obrigatoriedade de acordo escrito entre empregador e empregado ou contrato coletivo de trabalho.

As horas suplementares podem existir, porém, não se justificam sob o argumento do aumento do lucro ou da produtividade empresarial. A lógica do paradigma liberal centrado no indivíduo e sob a perspectiva do crescimento de mercado a todo e qualquer custo, desprezando o trabalhador como ser humano não mais é aceitável numa esfera de modelo social, prestacional e assentado em uma ética de responsabilidade[15], cuja tônica resta definida na expressão dos direitos humanos de proporção universal e também nos direitos fundamentais emoldurados no direito nacional.

Um colaborador submetido rotineiramente a jornadas descomedidas tem a predisposição a desenvolver patologias, como Ler/Dort, fibromialgias, fobias, depressões, síndrome do pânico, além de outras tantas de origem psicológica que afetam o desempenho e resultados ao final do serviço prestado.

Com total acerto, sob essa ótica do Estado Social, destaca o Ministro Mauricio Godinho Delgado que a jornada de trabalho deve ser associada a uma política de saúde no trabalho.[16] E, arrematando-se com Amauri Mascaro Nascimento, a limitação do excesso de jornada é o meio adequado de se combater ou evitar a fadiga.[17]

A própria Consolidação das Leis do Trabalho instituiu seção acerca da prevenção da fadiga (arts. 198 e ss), no que patenteia que o assunto é de suma gravidade, tratando-se de norma relativa à saúde e segurança do trabalhador no meio ambiente laboral, podendo inclusive ocasionar a aplicação de multa, nos termos do art. 201.

4.2 Natureza jurídica das normas de jornada de trabalho

Enquanto no Brasil existe, ainda, a cultura de se estender a jornada de trabalho, por meio da prática reiterada de horas suplementares, visto que se visualiza a duração do trabalho apenas no quadrante do segmento econômico e, por isso, na necessidade de conclusão da cadeia produtiva, em detrimento da força de trabalho exercida pelos colaboradores, na França faz mais de 15 anos que a jornada laboral semanal foi estabelecida em 35 horas.

---

ocorrência do acidente laboral decorre da multiplicidade de elementos próprios da condição insegura de trabalho a que se encontra exposto o trabalhador, restando superada a visão limitada o ato inseguro em face da alteração da NR-1 com a nova redação dada ao item 1.7, item "b" pela Portaria n. 84, de 4.3.2009, da Secretaria de Inspeção do Trabalho do MTE.

(15) WEBER, Max. *Ciência e política — duas vocações.* São Paulo: Cultrix, 2006. p. 79 e ss.
(16) DELGADO, Mauricio Godinho. *Curso de direito do trabalho.* 8. ed. São Paulo: LTr, 2009. p. 775/776.
(17) NASCIMENTO, Amauri Mascaro. *Curso de direito do trabalho:* história e teoria geral do direito do trabalho: relações individuais e coletivas do trabalho. 20. ed. São Paulo: Saraiva, 2005. p. 876.

Também se ilustra que, na Suécia, na cidade de Gottemburgo, a Prefeitura reduzirá a jornada de trabalho de metade dos seus funcionários públicos para 6h diárias para avaliação de maior produtividade com melhor desempenho físico e mental em comparação ao restante no período de um ano.[18]

Definitivamente as normas que regem a jornada de trabalho, intervalos, repouso e labor extraordinário são de natureza pública, de nítida coloração imperativa, indisponível e irrenunciável.

A ordem pública espelha uma razão pública,[19] no rumo dos valores para a sociedade civil. No Estado Democrático de Direito, indubitavelmente, não resta mais onipotente o lado econômico na relação entre capital e trabalho.

A contrario sensu, no choque de interesses, quem vence é o trabalho, no contexto dos Direitos Humanos e fundamentais e, portanto, da dignidade, saúde e segurança do trabalhador.

A opção política deve ser pelo trabalho num ambiente saudável. No sopesamento entre o capitalismo, livre iniciativa/concorrência e necessidade de incremento das exportações e melhora dos níveis da balança comercial e, de outra banda, a jornada sem fadiga do trabalhador e com condições dignas, logicamente, na relação custo-benefício (proporcionalidade em sentido estrito),[20] preponderam as normas de proteção social.

O Poder Judiciário não pode estar alheio à razão pública que envolve o meio ambiente do trabalho e, primordialmente, a jornada de trabalho.

4.3 Dumping *social. Ministério Público do Trabalho e Justiça do Trabalho*

A jornada de trabalho e, consequentemente, o labor extraordinário foram considerados por um longo período de tempo como interesses individuais dotados de disponibilidade.

Esse cenário individual foi fruto da configuração do contexto histórico proveniente da Revolução Industrial em que a lógica do capital era desenfreada, somente se imaginava o lucro no mercado concorrencial e, como resultante, uma exploração sobre o trabalhador sem limites para se alcançar as metas econômicas.

Emergindo o Direito do Trabalho, ainda que num primeiro instante, sob o viés individual, já proporcionou aos obreiros uma função tutelar com a garantia dos direitos mínimos e sociais, no propósito de se dar conhecimento à classe trabalhadora dos seus direitos via codificação, tentando melhorar sua condição como um todo.[21]

No Brasil, merece ser salientado o período entre os anos de 1943 e 1964, com a explosão do mercado interno, crescimento do número de assalariados, sistematização da Consolidação das Leis do Trabalho, agregando-se mais uma função do Direito laboral, além das tutelar e social, a política, em razão do interesse público.

Os trabalhadores, caso se sentissem lesados financeiramente e/ou prejudicados orgânica e/ou psicologicamente, buscavam seus direitos no campo das tutelas ressarcitórias, de projeção de indenizações por danos materiais e/ou morais. Predominavam o reinado da tutela individual, espaço privado e campo de interesses caracterizados como de ordem particular.

Por mais que as situações fossem de dispensa coletiva, os ex-trabalhadores, cada qual, reclamavam na Justiça do Trabalho, fazendo a exposição dos seus problemas e as causas gravitavam só na relação jurídica processual triangular: juiz, reclamante-obreiro e reclamada-empresa.

Com a globalização e as crescentes demandas de um mercado internacional cada dia mais acirrado em termos de competitividade, buscou-se a prática do *dumping* social que pode traduzir-se em mão de obra barata para baixar o custo da mercadoria[22]; subsídios do Governo para exportar produto com preço inferior ao do mercado interno; acrescendo-se a isso a realização de manobras empresariais em total desrespeito aos direitos trabalhistas, tais como o trabalho infantil e do adolescente, jornada excessiva, trabalho escravo ou análogo à escravidão ou em condições degradantes, fazendo com que os produtos gerados nesse sistema sejam bem menores aos valores normais de mercado.

---
(18) Notícia veiculada pelo extra.globo.com no dia 30.4.2014.
(19) Conceito de razão pública extraído das lições de RAWLS, John. *A theory of Justice*. Cambridge: Harvard, 1994; _____. *Justiça como equidade*. São Paulo: Martins Fontes, 2003; HABERMAS, Jürgen. *Direito e democracia*: entre faticidade e validade. Rio de Janeiro: Tempo Brasileiro, 1997. Vols. 1 e 2.
(20) Consulte-se GÓES, Gisele Fernandes. *Princípio da proporcionalidade no processo civil*. São Paulo: Saraiva, 2004.
(21) CASSAR, Vólia Bomfim. *Direito do trabalho*. 2. ed. Niterói: Impetus, 2008. p. 12-13.
(22) Por isso, a busca por parte dos grandes conglomerados econômicos de mão de obra em países como a China, Tailândia, Bangladesh, Paquistão etc. e também porque a legislação trabalhista é precária e favorece a redução de custos sobre a produção.

O *dumping* social expõe o dano à coletividade e a necessidade de se tutelar a mesma, por meio de indenização suplementar, com fundamento na teoria do ato ilícito praticado e responsabilidade que dele desponta.

Por isso, os profissionais do Direito do Trabalho no Brasil, em prol da valorização do trabalho e da sua dignidade, reuniram-se e aprovaram o Enunciado n. 4[23], da 1ª Jornada de Direito Material e Processual da Justiça do Trabalho, organizada pela ANAMATRA e realizada entre os dias 21 e 23 de novembro de 2007 no Tribunal Superior do Trabalho em Brasília. O mencionado Enunciado referenda um modelo de capitalismo socialmente responsável[24], buscando-se sobre o *dumping* social[25] o exercício abusivo do direito, dando margem à aplicação integral dos arts. 186, 187 e 927 do diploma civil erigidos sob a moldura da responsabilidade/reparação e que conjugados ao art. 404, parágrafo único do mesmo estatuto legal, consistem no embasamento da ordem jurídico-positiva para se impor, por intermédio da Justiça do Trabalho, uma indenização suplementar.

Assim como a Justiça do Trabalho abraçou o foco da tutela coletiva, o Ministério Público do Trabalho passou a sentir a necessidade de se estruturar internamente de modo diferenciado, perante a complexidade das relações sociais. Nesse caminho, resolveu a instituição ministerial, a partir do ano de 2000,[26] após uma consulta ao Colégio de Procuradores do Trabalho, instituir Coordenadorias Temáticas e uma delas, como não poderia deixar de ser, foi a Codemat — Coordenadoria voltada ao meio ambiente de trabalho sadio e defesa da saúde do trabalhador.[27]

Na esteira do fenômeno do *dumping* social, o MPT assumiu postura proativa, essencialmente no tratamento da matéria da sobrejornada, colocando em evidência na CODEMAT o tema, desenvolvendo inúmeras investigações em diversos segmentos econômicos, eis que o dano à sociedade é clarividente, clamando pela tutela ressarcitória sob o núcleo do dano moral coletivo.

A técnica processual usada pelo MPT tem sido, na maioria das vezes, a ação civil pública, cujo rol de pedidos cumulados (art. 292 do Código de Processo Civil) abrange as tutelas inibitória/preventiva (ameaça), específica (cumprimento das obrigações de fazer e não fazer de porte mandamental) e ressarcitória na vertente do dano moral coletivo, no que não atrita com o individual.

À guisa de ilustração, destaca-se o projeto nacional de atuação em frigoríficos, em que houve a propositura perante um mesmo grupo econômico de várias ações civis públicas pelo não cômputo do tempo dispensado pelo empregado durante a troca de uniforme na sua jornada de trabalho que culminou na sonegação de horas extras/suplementares, chegando a atingir uma média de 8.000 (oito mil) colaboradores, ultrapassando-se economicamente a quantia de mais de R$ 30.000.000,00 (trinta milhões de reais) a título de sobrejornada. Importa salientar que os magistrados trabalhistas envolvidos tiveram o mesmo entendimento quanto ao tempo de troca de uniforme nas mais diversas localidades, tais como em Santa Catarina (Chapecó e Joaçaba), Goiás (Rio Verde), Minas Gerais (Uberlândia).

Fica clarividente que deve ser computado o tempo de troca de uniforme para atividades no setor de aves, suínos e industrializados. *In casu* o conjunto probatório colhido pela instituição ministerial chegou a 18 (dezoito) minutos diários para os funcionários do abatedouro de aves e 20 (vinte) minutos diários para o setor de frigorífico de suínos e industrializados.[28]

---

(23) Diz o Enunciado *verbis*: DUMPING SOCIAL. DANO À SOCIEDADE. INDENIZAÇÃO SUPLEMENTAR. As agressões reincidentes e inescusáveis aos direitos trabalhistas geram um dano à sociedade, pois com tal prática desconsidera-se, propositalmente, a estrutura do Estado Social e do próprio modelo capitalista com a obtenção de vantagem indevida perante a concorrência. A prática, portanto, reflete o conhecido "d*umping social*", motivando a necessária reação do Judiciário trabalhista para corrigi-lo. O dano à sociedade configura ato ilícito, por exercício abusivo do direito, já que extrapola limites econômicos e sociais, nos exatos termos dos arts. 186, 187 e 927 do Código Civil. Encontra-se no art. 404, parágrafo único do Código Civil, o fundamento de ordem positiva para impingir ao agressor contumaz uma indenização suplementar, como, aliás, já previam os arts. 652, *d*, e 832, § 1º. da CLT. ANAMATRA. Disponível em: <http://www.anamatra.org.br> e consultar também MASSI, Juliana Machado e VILLATORE, Marco Antonio. Dumping *social e a total possibilidade de tutela das minorias na atividade empresarial*. Artigo consultado no site <www.publicadireito.com.br>. Acesso em: 14 abril 2014.
(24) SOUTO MAIOR, Jorge Luiz. O dano social e sua reparação. *Revista LTr Legislação do Trabalho*, São Paulo, ano 71, n. 11. nov. 2007. p. 71-131.
(25) Com a mesma preocupação da Anamatra, o TRT 8ª Região editou o seguinte Enunciado: JORNADA EXCESSIVA/EXAUSTIVA. Cumulatividade: Dumping social, dano moral coletivo e dano moral individual. O trabalho em jornada excessiva/exaustiva consiste na constante realização do labor extraordinário e na supressão e/ou redução indevida dos intervalos intrajornada, interjornada e intersemanal, o que, além de configurar grave violação dos direitos fundamentais estruturantes da sociedade, constitui-se em prática econômica desleal alicerçada na maximização dos lucros e diminuição dos custos trabalhistas, comprometendo a existência do Estado Social. Constatada essa prática no âmbito do processo judicial, torna-se necessário declarar a existência do dumping social visando corrigir as distorções no mercado econômico mediante a reparação do dano causado à sociedade, sem prejuízo da indenização do dano moral individual e coletivo.
(26) A 1ª Coordenadoria foi a Coordinfancia criada via Portaria PGT, de 10.11.2000.
(27) Codemat foi implementada pela Portaria PGT 410, de 13.10.2003.
(28) ACP 479-62.2010.5.12.0008; ACP 207-38.2012.5.03.0044; ACP 1117-68.2012.5.18.0101; ACP 303-2010-12-00-7; ACP 2878-51.2010.5.12.009 — todas extraídas da ASCOM/MPT/PGT e ASCOM/MPT/SC — prt12.mpt (notícias de 17.6.2013).

No mesmo direcionamento, outro grande grupo econômico, também do setor de frigoríficos, foi condenado via instrumento da ação civil pública a pagar R$ 10.000.000,00 (dez milhões de reais) em horas extras a empregados nos últimos cinco anos de pausas não concedidas nas câmaras frigoríficas nos setores de movimentação de carne com osso, de paletização e embarque, de desossa, de supergelados etc. Nesses departamentos, é fundamental a manutenção da temperatura máxima de 12º C, segundo exigência do Ministério da Agricultura e o trabalhador tem direito à parada de 20 minutos a cada 1h40 trabalhada nas câmaras, consoante prescreve o art. 253 da Consolidação das Leis do Trabalho reforçada pelo Enunciado n. 438 do TST.[29]

Pelo exposto, é inegável o esforço da instituição ministerial em tornar o paradigma do Estado Social uma realidade e, nesse mister, busca abrigo na Justiça do Trabalho que deve a cada dia mais enfrentar essas novas demandas de cunho coletivo, da complexidade que emerge do *dumping* social, mas que inevitavelmente devem ser ferozmente reprimidas, como citados os casos de horas extraordinárias no setor de frigoríficos no bojo de dois dos maiores grupos econômicos do país.

5 CONCLUSÕES

Metodologicamente foram galgadas as respostas às hipóteses formuladas, visto que a sobrejornada é prevista em lei e, nem por isso, pode ser habitual. É uma das sérias fontes de ocasionar danos de múltiplas ordens ao obreiro.

Os atores sociais que, imediatamente, devem voltar os olhos para o problema são: o Ministério Público do Trabalho e a Justiça do Trabalho, pois não se trata de um direito/interesse individual do mesmo, ao revés, hodiernamente está inserida perfeitamente no seio da tutela dos direitos coletivos e requer proteção plural, seja frente à ameaça de lesão (tutela inibitória), seja na condenação ao cumprimento do rol das obrigações de fazer e/ou não fazer (tutela específica) atinentes ao meio ambiente de trabalho seguro e sadio, seja no campo da configuração do *dumping* social, delineando-se a tutela ressarcitória, amparada no dano moral coletivo, enfim, no dano à sociedade.

O último questionamento, ainda sem resposta: o trabalhador é um "ser invisível"? Incide à hipótese o princípio da bagatela?

O trabalhador não pode jamais ser considerado um "ser invisível"! E muito menos recai sobre a hipótese o preceito da bagatela.

Ao se decidir sobre esse tema para alinhavar algumas reflexões acerca do meio ambiente de trabalho, fez-se a opção pela sobrejornada porque se trata de uma circunstância que convive diariamente com os trabalhadores e é uma das maiores causas de produção de doenças silenciosas, tanto as de origem orgânica quanto psicológica essencialmente.

E mais do que isso... Tornou-se na sociedade brasileira um elemento insignificante? Então, essa expressão nos levou ao encontro do Direito Penal e suas bagatelas...

Como ensina Fernando Capez, "*segundo tal preceito, não cabe ao Direito Penal preocupar-se com bagatelas, do mesmo modo que não podem ser admitidos tipos incriminadores que descrevam condutas totalmente inofensivas ou incapazes de lesar o bem jurídico.*"[30]

Na visão do sistema jurídico laboral, a sobrejornada pode ser admitida como uma bagatela, sem ser a sua ocorrência suficientemente grave a ponto de não haver necessidade de punir o agente, nem de se recorrer aos meios judiciais? E, agora, valendo-se do problema, diante dessa máxima do sistema, o furto de um chiclete se equipara à sobrejornada? Basta, com efeito, remunerar o colaborador que não remanesce qualquer sorte de ameaça ou lesão ao mesmo? Há conduta ofensiva, periculosidade social da ação, grau de reprovabilidade do comportamento e lesão jurídica expressiva, portanto, todos os elementos que afastam a aplicação do princípio da insignificância, de conformidade com a compreensão pacífica do Supremo Tribunal Federal.[31]

---

(29) Fonte ASCOM já citada. "O empregado submetido a trabalho contínuo em ambiente artificialmente frio, nos termos do parágrafo único do art. 253 da CLT, ainda que não labore em câmara frigorífica, tem direito ao intervalo intrajornada previsto no *caput* do art. 253 da CLT." Frigorífico de Lins — notícia veiculada em: <www.jcnet.com.br> (Bauru e grande região) (5.10.2013).
(30) Extraído de: Assembleia Legislativa do Estado de São Paulo, em Jus Brasil <http://www.jusbrasil.com.br/noticias/1232617/opiniao-principio-da-insignificancia-ou-bagatela>.
(31) Segundo entendimento do Supremo Tribunal Federal, para aplicação do princípio da insignificância em direito penal, necessário a concomitância de quatro requisitos: 1) conduta minimamente ofensiva; 2) ausência de periculosidade social da ação; 3) reduzido grau de reprovabilidade do comportamento; e 4) lesão jurídica inexpressiva (HC 109231 — RA, 2ª T., rel. Ricardo Lewandowski, 04.10.2011 e HC 91.920-RS, 2ª T., rel. Joaquim Barbosa, 09.02.2010).

Justifica-se, nessa ordem de ideias, a judicialização e as tutelas ao norte expostas, primordialmente, a do dano moral coletivo no formato do *dumping* social.

A sobrejornada habitual e, como foi pontuado neste texto, no setor de frigoríficos, revela uma violência ou grave ameaça à pessoa do trabalhador, sua saúde e, lamentavelmente, não cumpre os valores regulados no texto constitucional, quanto à valorização do trabalho humano e à dignidade do trabalhador.

Pelo exposto, o problema da sobrejornada deve ser mensurado no país pelas instituições, como já fazem o Ministério Público do Trabalho e a Justiça do Trabalho, mas as duas não são somente elas suficientes!, pois deve haver uma transformação na relação capital e trabalho e, dessa maneira, uma verdadeira conscientização cultural de diversos atores sociais (sindicatos, associações, federações etc.) e, se for o caso, inclusive, reforma legislativa.

Finda-se este artigo com a última novidade na França, quanto ao acordo do 1º.04.2014 celebrado pelo sindicato das empresas de engenharia (Syntec) e relativo aos profissionais autônomos dessa área que estão sujeitos à jornada de 35h semanais, acerca da necessidade de desligar ferramentas de comunicação à distância, evitando-se jornadas extenuantes.[32]

Por conseguinte, qualquer assunto associado à sobrejornada, seja nos frigoríficos, com uma questão de minutos de troca de uniforme que parece ser irrelevante, seja também no teletrabalho ou telemática que pode conduzir ao raciocínio de liberdade de jornada, os dois setores citados e outros tantos sequer colacionados merecem seriedade de tratamento pelos operadores do direito — Justiça do Trabalho, Ministério Público do Trabalho, Ministério do Trabalho etc, porque ocasionam doenças silenciosas no meio ambiente de trabalho e, nesse contexto, não existe definitivamente insignificância, pois é a saúde do trabalhador, seu bem mais precioso, que está em jogo!

6 REFERÊNCIAS BIBLIOGRÁFICAS

BECK, Ulrich. *Sociedade de risco*: rumo a outra modernidade. São Paulo: 34, 2010.

BENJAMIN. Antonio Herman. *Dano ambiental. Prevenção, reparação e repressão*. Coord. Antonio Herman Benjamin. Vol. 2. São Paulo: Biblioteca de Direito Ambiental, 1993. p. 69.

BOBBIO, Norberto. *A era dos direitos*. Rio de Janeiro: Elsevier, 2004.

BUSUTTIL, Salvino *and others. Our responsabilities towards future generations*. Foundation for International Studies at the University of Malta, 1990.

CANARIS, Claus Wilhelm. *Pensamento sistemático e conceito de sistema na ciência do direito*. 2. ed. Lisboa: Calouste Gulbekian, 1996.

CASSAR, Vólia Bomfim. *Direito do trabalho*. 2. ed. Niterói: Impetus, 2008.

CHIOVENDA, Giuseppe. *Instituições de direito processual civil. Vol. II*. São Paulo: Saraiva, 1943.

DELGADO, Mauricio Godinho. *Curso de direito do trabalho*. 8. ed. São Paulo: LTr, 2009.

DINAMARCO, Candido Rangel. *A instrumentalidade do processo*. 2. ed. São Paulo: RT, 1990.

ENTERRÍA, Eduardo Garcia e outro. *Curso de derecho administrativo*. Tomo I. 6. ed. Madrid: Civitas, 1993.

FERRAJOLI, Luigi. *Direito e razão*: teoria do garantismo penal. 2. ed. São Paulo: RT, 2006.

GÓES, Gisele Fernandes. *Princípio da proporcionalidade no processo civil*. São Paulo: Saraiva, 2004.

HABERMAS, Jürgen. *Direito e democracia*: entre faticidade e validade. Rio de Janeiro: Tempo Brasileiro, 1997.

MASSI, Juliana Machado; VILLATORE, Marco Antonio. Dumping *social e a total possibilidade de tutela das minorias na atividade empresarial*. Disponível em: <www.publicadireito.com.br>.

MORAES. Monica Maria Lauzid de. *O direito à saúde e segurança no meio ambiente do trabalho*. São Paulo: LTr, 2002.

NASCIMENTO, Amauri Mascaro. *Curso de direito do trabalho*: história e teoria geral do direito do trabalho: relações individuais e coletivas do trabalho. 20. ed. São Paulo: Saraiva, 2005.

RAWLS, John. *A theory of justice*. Cambridge: Harvard, 1994.

_____. *Justiça como equidade*. São Paulo: Martins Fontes, 2003.

SAVARIS, José Antonio. *Direito processual previdenciário*. 3. ed. Curitiba: Juruá, 2011.

SOUTO MAIOR, Jorge Luiz. O dano social e sua reparação. *Revista LTr Legislação do Trabalho*, São Paulo, ano 71, n. 11, nov. 2007.

WEBER, Max. *Ciência e política — duas vocações*. São Paulo: Cultrix, 2006.

---

(32) Fonte da notícia: exame.com de 11.04.2014.

AMIANTO, MEIO AMBIENTE DO TRABALHO E RESPONSABILIDADE CIVIL DO EMPREGADOR

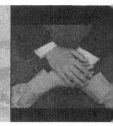

Guilherme Guimarães Feliciano[*]
Olívia de Quintana Figueiredo Pasqualeto[**]

1 INTRODUÇÃO

Zelar pelo meio ambiente do trabalho e pela saúde e segurança daqueles que lá se encontram é tarefa necessária, sobretudo quando a atividade econômica desenvolvida utiliza substâncias prejudiciais ao equilíbrio labor-ambiental, como se dá com o amianto. Ainda que comprovadamente nocivo não apenas à saúde dos trabalhadores, mas também aos consumidores e a todo o meio ambiente, o amianto continua sendo utilizado mundialmente em larga escala na produção de diversos itens, tais como telhas, caixas d'água, tecidos, tintas, instrumentos de laboratórios, papelão, dentre outras inúmeras aplicações.

Considerando esse descompasso entre prevenção pela não utilização do amianto e emprego de tal substância de forma irrestrita em diversos tipos de indústria (*e. g.* construção civil, bélica, aeroespacial, petrolífera, têxtil, naval etc.), este artigo tem como objetivo analisar a responsabilidade civil do empregador pelo meio ambiente do trabalho, especialmente quando se vale do amianto na atividade econômica que empreende. Nesse contexto, pretende-se lançar luzes sobre os perigos do amianto para o meio ambiente do trabalho.

Para tanto, a partir de pesquisa bibliográfica e documental, este texto foi organizado em três grandes partes: (*i*) no primeiro item, discorre-se sobre meio ambiente do trabalho a partir de uma abordagem propedêutica, buscando apresentar o conceito de meio ambiente do trabalho adotado pelos autores, bem como os princípios jurídicos que pautam seu estudo e proteção; (*ii*) no segundo item, debruça-se sobre as mazelas causadas pelo uso do amianto no trabalho, bem como as perspectivas de regulamentação de sua utilização no Brasil, com destaque para a análise da Ação Direta de Inconstitucionalidade (ADI) ajuizada pela Associação Nacional dos Magistrados do Trabalho (ANAMATRA) e Associação Nacional dos Procuradores do Trabalho (ANPT) e para o julgamento, pelo Superior Tribunal Federal (STF),

---

[*] Juiz Titular da 1ª Vara do Trabalho de Taubaté/SP. Professor Associado II do Departamento de Direito do Trabalho e da Seguridade Social da Faculdade de Direito da Universidade de São Paulo (USP). Livre-Docente em Direito do Trabalho e Doutor em Direito Penal pela Faculdade de Direito da Universidade de São Paulo. Doutor em Direito Processual pela Faculdade de Direito da Universidade de Lisboa. Presidente da Associação Nacional dos Magistrados da Justiça do Trabalho (ANAMATRA), gestão 2017-2019.
[**] Advogada trabalhista. Professora da Universidade Paulista (UNIP). Mestre e Doutoranda em Direito do Trabalho para Faculdade de Direito da Universidade de São Paulo.

sobre a proibição da utilização do amianto no Brasil; (*iii*) no terceiro item, dedica-se mais diretamente ao estudo da responsabilização civil do empregador em casos de desequilíbrio labor-ambiental em razão da utilização do amianto.

Por fim, encaminhando-se para a conclusão, evidencia-se a importância do cuidado com o meio ambiente do trabalho, especialmente a partir de estratégias de prevenção em face de acidentes e doenças oriundos do exercício laboral.

2 MEIO AMBIENTE DO TRABALHO: ABORDAGEM PROPEDÊUTICA

A saúde e segurança dos trabalhadores, seu estudo e tratamento jurídico, não raro, são reduzidos a discussões mesquinhas sobre adicionais de insalubridade e periculosidade.

Contudo, muito além de tal monetização, a proteção do meio ambiente do trabalho e, consequentemente, da saúde e segurança dos trabalhadores, envolve abordagens mais amplas e sistêmicas, que promovam a higidez labor-ambiental em todos os âmbitos e evitem a concreção de todo tipo de risco, seja ele físico (*e. g.* ruído, vibração, temperaturas extremas, pressões anormais, radiações ionizantes e não ionizantes etc.), químico (*e. g.* poeiras, névoas, fumos, gases e vapores, etc.), biológico (*e .g.* bactérias, fungos, helmintos, protozoários e vírus etc.), ergonômico (*e. g.* esforço físico, levantamento de peso, postura inadequada etc.) ou psicossocial (*e. g.* assédio moral, imposição e controle excessivo de metas etc.).

Partindo do entendimento de que as questões labor-ambientais são complexas e que, portanto, devem ser compreendidas a partir de uma perspectiva gestáltica, passa-se ao delineamento do que se entende por meio ambiente do trabalho e à análise dos princípios que pautam seu estudo.

2.1 Meio ambiente do trabalho: apontamentos conceituais

Definir "meio ambiente do trabalho" não é uma missão simples, visto tratar-se de conceito amplo e em constante construção. Assim, neste tópico, serão traçadas algumas linhas conceituais que compõem e balizam a noção de meio ambiente do trabalho, as quais, certamente, evoluirão progressivamente com o avanço das tecnologias e da ciência, inclusive da ciência jurídica.

Primeiro, importante frisar que o meio ambiente do trabalho faz parte do meio ambiente geral, *lato sensu* considerado e, dessa forma, seus conceitos estão intrinsecamente correlacionados. Dessa forma, para compreender aquele faz-se necessário, antes, assimilar o conceito deste.

Conforme definição legal dada pela lei que instituiu a Política Nacional do Meio Ambiente (Lei n. 6.938, de 1981), meio ambiente é entendido como "*o conjunto de condições, leis, influências e interações de ordem física, química e biológica, que permite, abriga e rege a vida em todas as suas formas*". Observa-se, contudo, que tal disposição normativa (*i*) não expressa o caráter gestáltico do meio ambiente, já que o define como um conjunto, isto é, como a soma de elementos e não como um sistema, categoria esta que pressupõe uma necessária relação de interdependência e interconexão entre os elementos coexistentes; (*ii*) não inclui no conceito apresentado as interações de ordem psicossocial que interferem no meio ambiente. Por tais motivos, entende-se necessário complementar tal definição legal, tornando-a mais holística e adequada às características do meio ambiente.

Assim, o meio ambiente pode ser compreendido como um sistema de elementos que circundam todas as formas de vida, inclusive a humana, impactando e sendo impactado por elas, as quais também são partes integrantes desse sistema. Trata-se, como resume Derani (2008, p. 52), em uma perspectiva antropocêntrica, do "*entourage do sujeito*", isto é, o seu entorno, aquilo que o circunda, o meio em que se encontra. Sendo tal visão centrada na vida humana, não seria possível excluir o meio laboral de sua abrangência. Há, sob esse prisma,

> uma indissociabilidade ontológica entre o meio ambiente natural e o meio ambiente humano, de modo que o meio ambiente — conceito e entidade — pode ser entendido como "*Gestalt*" ali em acepção filosófica (significando que a interpretação do objeto modifica ou condiciona a própria experiência com o objeto) e aqui em acepção fenomênica, o meio ambiente não deve ser tomado como soma de elementos a isolar, analisar e dissecar, mas como sistema constituído por unidades autônomas, manifestando uma solidariedade interna e possuindo leis próprias, donde resulta que o modo de ser de cada elemento depende da estrutura do conjunto e das leis que o regem, não podendo nenhum dos elementos preexistir ao conjunto (FELICIANO, 2002, p. 3).

O meio ambiente, portanto, envolve não apenas as dimensões natural, artificial e cultural, mas também a sua dimensão laboral, conforme dispõe o art. 200, inciso VIII da Constituição Federal, destacando constitucionalmente tal dimensão labor-ambiental.

Segundo, frisa-se que o meio ambiente do trabalho não se resume ao local de trabalho. Para além dos muros da empresa — espacial e material —, o meio ambiente do trabalho abrange também os próprios *"instrumentos de trabalho, o modo de execução das tarefas"* (MARANHÃO, 2017, p. 27), o clima organizacional, modalidade de pagamento, a maneira como o empregado é tratado pelo empregador e pelos seus pares (MELO, 2013), dentre inúmeros outros fatores — físicos, químicos, biológicos, ergonômicos, psicossociais — que influenciam sua vida no trabalho.

Com as intensas e rápidas mudanças que ocorrem no mundo do trabalho, essa dimensão "extramuros" ganha cada vez mais destaque, evidenciando que o meio ambiente do trabalho não se restringe às dependências físicas do empregador, podendo se prolongar para outros espaços, como a própria residência do trabalhador, como se dá com aqueles que prestam trabalho a distância em sua casa (*home office*).

Por fim, terceiro apontamento, sendo parte do meio ambiente geral, o meio ambiente do trabalho também deve ser protegido, e seu equilíbrio, essencial à qualidade de vida das pessoas, deve ser preservado e promovido (tal como previsto em normas nacionais e internacionais de máxima estatura, art. 7º, inciso XXII e art. 225, *caput*, da Constituição Federal; art. 18 da Convenção Sociolaboral do Mercosul; Convenção n. 155 da Organização Internacional do Trabalho, art. 12 do Pacto Internacional de Direitos Econômicos, Sociais e Culturais), de modo a ser *"impossível alcançar qualidade de vida sem ter qualidade de trabalho, nem se pode atingir meio ambiente equilibrado e sustentável ignorando o meio ambiente do trabalho"* (OLIVEIRA, 1998, p. 78-79).

2.2 *Princípios orientadores do Direito Ambiental do Trabalho*

O Direito Ambiental do Trabalho, um ramo afeto ao Direito Ambiental, é norteado pelos princípios que orientam a proteção do meio ambiente *lato sensu* considerado. Assim, são princípios fundantes do Direito Ambiental do Trabalho, sem excluir outros secundários que eventualmente sejam tratados na doutrina: (*i*) o princípio da prevenção, (*ii*) o princípio da precaução, (*iii*) o princípio da melhoria contínua, (*iv*) o princípio da informação-participação e (*v*) o princípio do poluidor-pagador.

Os princípios da prevenção (*i*) e da precaução (*ii*), apesar de semelhantes e corriqueiramente tomados como sinônimos, tecnicamente não se equivalem.

O princípio da prevenção (*i*) balizou a Declaração de Estocolmo (1972)[1] e pressupõe o dever (por parte de todos, sejam atores públicos ou privados) de evitar a concreção de riscos conhecidos, cientificamente comprovados que são danosos ao meio ambiente, impedindo "*a ocorrência de atentados ao meio ambiente mediante meios apropriados, ditos preventivos*" (PRIEUR, 2001, p. 306).

Diferentemente da prevenção, o princípio da precaução (*ii*), sintetizado no art. 15 da Declaração do Rio sobre Meio Ambiente e Desenvolvimento, preconiza que *"quando houver ameaça de danos sérios ou irreversíveis, a ausência de absoluta certeza científica não deve ser utilizada como razão para postergar medidas eficazes e economicamente viáveis para prevenir a degradação ambiental"* (ONU, 1992). Em outras palavras, ainda que não haja comprovação científica cabal sobre os riscos de determinada atividade, entende-se que há o dever, por parte dos agentes públicos ou particulares, de evita-lo.

Assim, ressalta-se que o ponto de divergência entre (*i*) e (*ii*) é a certeza científica sobre os possíveis danos que determinada atividade provoca ao meio ambiente, nele incluído o meio ambiente do trabalho. Importa ressaltar que o princípio da precaução não pretende inviabilizar ou proibir toda e qualquer atividade que cause algum tipo de impacto no meio ambiente: "*não se trata da precaução que tudo impede ou que em tudo vê catástrofes ou males. O princípio da precaução visa à durabilidade da sadia qualidade de vida das gerações humanas à continuidade da natureza existente no planeta*" (MACHADO, 2010, p. 72), ultrapassando a barreira da cientificidade para proteger bens e direitos (tais como a vida e saúde humanas) que não podem esperar o avanço das ciências e das tecnologias, pois, caso maculados, podem ser irreparáveis.

---

[1] "*Princípio 5: Os recursos não renováveis da terra devem empregar-se de forma que se evite o perigo de seu futuro esgotamento e se assegure que toda a humanidade compartilhe dos benefícios de sua utilização. [...] Princípio 7: Os Estados deverão tomar todas as medidas possíveis para impedir a poluição dos mares por substâncias que possam pôr em perigo a saúde do homem, os recursos vivos e a vida marinha, menosprezar as possibilidades de derramamento ou impedir outras utilizações legítimas do mar.*" (grifo nosso) (ORGANIZAÇÃO DAS NAÇÕES UNIDAS, 1972).

O princípio da melhoria contínua (*iii*) indica que a melhoria do meio ambiente, inclusive do meio ambiente do trabalho, deve ser buscada frequentemente, procurando sempre estar no mesmo compasso do mais avançado estado da técnica. Assim, não basta fornecer equipamentos de proteção aos trabalhadores; mais do que isso, é necessário atentar-se constantemente a novas tecnologias que eliminam o risco do meio labor-ambiental ou, se isso ainda não for possível, fornecer equipamentos de proteção mais protetivos; trocá-los quando do lançamento de outros mais modernos e seguros. Nesse sentido, segue o art. 7º, XXII da Constituição Federal, que dispõe sobre a redução de riscos inerentes ao trabalho, e o item 6.1 do Anexo 13-A (Benzeno) da Norma Regulamentadora (NR) n. 15 (Atividades e operações insalubres), que aborda o princípio de forma expressa:

> o **princípio da melhoria contínua** parte do reconhecimento de que o benzeno é uma substância comprovadamente carcinogênica, para a qual não existe limite seguro de exposição. **Todos os esforços devem ser despendidos continuamente** no sentido de buscar a tecnologia mais adequada para evitar a exposição do trabalhador ao benzeno. (grifo nosso)

Para que haja efetiva observância dos princípios analisados acima, é preciso que todos aqueles que participam do meio ambiente colaborem para a sua preservação. Assim também se dá no meio ambiente do trabalho, no qual todos os atores envolvidos devem colaborar para a manutenção de seu equilíbrio, inclusive os trabalhadores. Neste tocante, merece atenção o princípio da informação-participação (*iv*), segundo o qual os trabalhadores têm o direito de participar das decisões tomadas sobre o meio laboral, tal como ocorre nas Comissões Internas de Acidentes do Trabalho (CIPA) e, para que essa participação seja possível, adequada e não meramente *pro forma*, é preciso que também tenham a garantia de acesso à totalidade das informações sobre as questões labor-ambientais (informação), configurando ao empregador um verdadeiro dever prestar informações aos trabalhadores sobre o meio laboral em que se inserem. Tal dever consta no rol de deveres do empregador previsto no item 1.7 da NR n.1, segundo o qual:

> 1.7. **Cabe ao empregador**:
> a) cumprir e fazer cumprir as disposições legais e regulamentares sobre segurança e medicina do trabalho;
> b) elaborar ordens de serviço sobre segurança e saúde no trabalho, **dando ciência aos empregados** por comunicados, cartazes ou meios eletrônicos.
> c) informar aos trabalhadores:
> I — os riscos profissionais que possam originar-se nos locais de trabalho;
> II — os meios para prevenir e limitar tais riscos e as medidas adotadas pela empresa;
> III — os resultados dos exames médicos e de exames complementares de diagnóstico aos quais os próprios trabalhadores forem submetidos;
> IV — os resultados das avaliações ambientais realizadas nos locais de trabalho.
> [...] (grifo nosso)

Nesse mesmo sentido, conforme dispõe o art. 13 da Convenção n. 161 da OIT, "*todos os trabalhadores devem ser informados dos riscos para a saúde inerentes a seu trabalho*". Para tanto, a informação transmitida aos trabalhadores deve ser clara e objetiva, com linguagem acessível e amplamente divulgada (CLERC, 1982)

Acolhendo tal princípio, a NR n. 9 (Programa de Prevenção de Riscos Ambientais), em seu item 9.5.2, faz menção expressa ao direito (dever do empregador) de informação do trabalhador, dispondo que *"os empregadores deverão informar os trabalhadores de maneira apropriada e suficiente sobre os riscos ambientais que possam originar-se nos locais de trabalho e sobre os meios disponíveis para prevenir ou limitar tais riscos e para proteger-se dos mesmos"*.

Por fim, caso o dano ambiental — nele incluídos os danos labor-ambientais — tenha se concretizado, há o princípio do poluidor-pagador (*v*) — relevante em matéria de responsabilidade civil do poluidor (empregador) —, segundo o qual, aquele que polui o meio ambiente tem a obrigação de repará-lo. Nesse sentido, aquele que causa desequilíbrios no meio ambiente do trabalho deve arcar com os custos necessários para repará-lo. Tal mandamento é expresso na Lei n. 6.938/81, em seu art. 4º, VII, segundo o qual deve-se impor ao poluidor ambiental a "*obrigação de recuperar e/ou indenizar os danos causados e, ao usuário, da contribuição pela utilização de recursos ambientais com fins econômicos*".

Tais princípios, interpretados de forma sistêmica, proporcionam unidade ao sistema jurídico de proteção do meio ambiente do trabalho, firmando a necessidade de tratar tal temática a partir de uma visão preventiva, buscando, primeiro, eliminar os riscos presentes no meio labor-ambiental — sejam riscos, físicos, químicos, biológicos ou psicossociais —; segundo, caso não seja possível extingui-los, o dever de reduzi-los ao máximo, inclusive fornecendo equipamentos de proteção coletiva e individual aos trabalhadores; relegando a situações de caráter estritamente excepcional a sua monetização.

3 O TRABALHO COM AMIANTO: MAZELAS E PERSPECTIVAS

Amianto (latim) ou asbesto (grego) são nomes genéricos para designar uma série de minérios encontrados na natureza, tais como minerais constituídos por silicatos de ferro, alumínio, magnésio, cálcio, que se apresentam sob forma fibrosa e dividem-se em dois grupos: os anfibólios, que "*representam menos de 5% de todo o amianto explorado e consumido no mundo, estão banidos da maior parte do planeta*" (INSTITUTO NACIONAL DO CÂNCER); e as serpentinas, tipo mais utilizado, cuja variedade mais comum é a crisotila ou "amianto branco", caracterizado por apresentar fibras curvas e maleáveis.

Seu uso generalizado iniciou-se em finais do século XIX, já sob a segunda Revolução Industrial, graças a sua abundância na natureza e ao baixo custo de exploração. Seu sucesso, sobretudo na década de 1970, quando atinge seu auge, deve-se ao fato de ter sido

> considerado, por muito tempo, matéria-prima essencial por suas propriedades físico-químicas, tais como: grande resistência mecânica e às altas temperaturas, ao ataque ácido, alcalino e de bactérias. É incombustível, durável, flexível, indestrutível, resistente, sedoso, facilmente tecido e tem boa qualidade isolante (INSTITUTO NACIONAL DO CÂNCER).

Contudo, o avanço da ciência e das novas tecnologias, especialmente nos países desenvolvidos, permitiu descobrir que a utilização do amianto pode provocar danos irreversíveis à saúde daqueles que entram em contato com tal substância, a exemplo dos trabalhadores. Ademais, o contato com o amianto é particularmente preocupante porque tem um "*período de dormência excepcionalmente longo entre a exposição e o desenvolvimento do mesotelioma, que chega a 40 anos. Por esta razão, o número de doenças relacionadas ao amianto continuará a subir, mesmo em países que o proibiram há muitos anos*" (ORGANIZAÇÃO MUNDIAL DA SAÚDE, 2015, p. 7).

Ainda assim, sendo seus riscos conhecidos, segundo dados da Organização Mundial da Saúde (2016), há atualmente no mundo cerca de 125 milhões de pessoas que continuam expostas ao amianto em seu ambiente de trabalho. Calcula-se que a metade das mortes por câncer profissional são causadas pelo contato com o amianto, além de milhões de mortes atribuídas à exposição doméstica à substância. Nesse cenário, vale ressaltar a necessidade de constante preocupação com a utilização do amianto, o qual teve seus efeitos letais cientificamente demonstrados (ORGANIZAÇÃO MUNDIAL DA SAÚDE, 2015, p.6), porém continua sendo utilizado por diversas indústrias.

3.1 Amianto, câncer profissional e Convenção n. 139 da OIT

A exposição ao amianto se dá por inalação (e, em menor medida por ingestão) durante a extração, trituração e utilização da sustância ao longo do processo industrial, bem como pela utilização e contato com produtos que contêm amianto em sua composição. Dentre as principais enfermidades causadas pela exposição ao amianto, estão a asbestose[2] e os diversos tipos de câncer[3] (pulmão, laringe, trato digestivo, ovário, mesotelioma[4] etc.)[5], sendo esta a doença mais grave fruto da exposição ao amianto.

---

(2) "*A doença é causada pela deposição de fibras de asbesto nos alvéolos pulmonares, provocando uma reação inflamatória, seguida de fibrose e, por conseguinte, sua rigidez, reduzindo a capacidade de realizar a troca gasosa, promovendo a perda da elasticidade pulmonar e da capacidade respiratória com sérias limitações ao fluxo aéreo e incapacidade para o trabalho. Nas fases mais avançadas da doença esta incapacidade pode se estender até para a realização de tarefas mais simples e vitais para a sobrevivência humana*" (INSTITUTO NACIONAL DO CÂNCER).
(3) "*Câncer é o nome dado a um conjunto de mais de 100 doenças que têm em comum o crescimento desordenado (maligno) de células que invadem os tecidos e órgãos, podendo espalhar-se (metástase) para outras regiões do corpo. Dividindo-se rapidamente, essas células tendem a ser muito agressivas e incontroláveis, determinando a formação de tumores (acúmulo de células cancerosas) ou neoplasias malignas. Os diferentes tipos de câncer correspondem aos vários tipos de células do corpo. Outras características que diferenciam os diversos tipos de câncer entre si são a velocidade de multiplicação das células e a capacidade de invadir tecidos e órgãos vizinhos ou distantes (metástases)*" (INSTITUTO NACIONAL DO CÂNCER, 2012b).
(4) "*O mesotelioma é uma forma rara de tumor maligno, mais comumente atingindo a pleura, membrana serosa que reveste o pulmão, mas também incidindo sobre o peritônio, pericárdio e a túnica vaginal e bolsa escrotal. Está se tornando mais comum em nosso país, já que atingimos o período de latência de mais de 30 anos da curva de crescimento da utilização em escala industrial no Brasil, que deu-se durante o período conhecido como o "milagre econômico", na década de 70. Não se estabeleceu nenhuma relação do mesotelioma com o tabagismo, nem com doses de exposição. O Mesotelioma maligno pode produzir metátases por via linfática em aproximadamente 25% dos casos*" (INSTITUTO NACIONAL DO CÂNCER).
(5) "*Além das doenças descritas, o amianto pode causar espessamento na pleura e diafragma, derrames pleurais, placas pleurais e severos distúrbios respiratórios*" (INSTITUTO NACIONAL DO CÂNCER).

A via de absorção (seja ela respiratória, oral ou cutânea), a duração e a frequência da exposição aos agentes nocivos influenciam o grau de toxicidade. Contudo, importante salientar que não existem níveis seguros de exposição a agentes carcinogênicos (ORGANIZAÇÃO MUNDIAL DA SAÚDE, 2015), indicando que qualquer contato com um agente carcinogênico pode ser um ponto de partida para o desenvolvimento de doenças.

Além do amianto, há uma diversidade de substâncias classificadas pela Organização Mundial da Saúde (OMS) como cancerígenas: desde elementos mais associados ao desenvolvimento de tumores malignos, como o já citado amianto (ou asbesto), até produtos aparentemente inofensivos, como poeiras de madeira e de couro, medicamentos (*e. g.* antineoplásicos, por exemplo) etc.

No tocante ao meio ambiente trabalho, há uma série de agentes cancerígenos que estão ali presentes mais frequentemente: metais pesados, agrotóxicos, solventes orgânicos, formaldeídos e poeiras (amianto e sílica). Conforme estudo realizado pelo Instituto Nacional do Câncer (2012a), "*pelo menos 19 tipos de tumores malignos, como os de pulmão, pele, fígado, laringe, bexiga e leucemias podem estar relacionados à ocupação do paciente*".

Contudo, esse nexo entre meio ambiente do trabalho e o aparecimento do câncer é subdimensionado graças à dificuldade de se estabelecer uma relação entre os dois na própria consulta médica: "*raramente o médico pergunta ao paciente qual a ocupação dele*" (INSTITUTO NACIONAL DO CÂNCER, 2012a). Por isso, a importância dos profissionais da saúde conversarem com os pacientes diagnosticados com câncer sobre sua rotina laboral ao longo da vida. "*Só assim será possível identificar e registrar os casos de câncer relacionados ao trabalho no Sistema Nacional de Agravos do Ministério da Saúde*" (INSTITUTO NACIONAL DO CÂNCER, 2012a), mapeando sua taxa de incidência, causas mais comuns, tipos mais frequentes, dentre outras informações úteis para embasar uma política pública de saúde para esse fim e para dar efetividade às obrigações assumidas em função da ratificação da Convenção n. 139 da OIT[6].

A Convenção n. 139 da OIT dispõe sobre a prevenção e o controle de riscos profissionais causados por substâncias ou agentes cancerígenos, estabelecendo, aos Estados que a ratificaram, diferentes deveres para proteção do meio ambiente do trabalho e da saúde dos trabalhadores. Neste tocante, todo membro que tiver ratificado tal Convenção deverá "*determinar periodicamente as substâncias e agentes cancerígenos aos quais estará proibida a exposição no trabalho, ou sujeita a autorização ou controle*", atendendo ao princípio da melhoria contínua, e levar "*em consideração os dados mais recentes contidos nos repertórios de recomendações práticas ou guias que a Secretaria Internacional do Trabalho possa elaborar*" (art. 1º); "*procurar de todas as formas substituir as substâncias e agentes cancerígenos a que possam estar expostos os trabalhadores durante seu trabalho por substâncias ou agentes não cancerígenos ou por substâncias ou agentes menos nocivos e* "*a duração e os níveis dessa exposição devem ser reduzidos ao mínimo compatível com a segurança*" (art. 2º), atendendo aos princípios da prevenção e precaução e buscando um risco mínimo regressivo; "*prescrever as medidas a serem tomadas para proteger os trabalhadores contra os riscos de exposição a substâncias ou agentes cancerígenos*" (art. 3º); adotar medidas para que os trabalhadore recebam "*toda a informação disponível sobre os perigos que representam tais substâncias e sobre as medidas a serem aplicadas*", observando o princípio da informação (art. 4º); "*adotar medidas para assegurar que sejam proporcionados aos trabalhadores os exames médicos ou os exames ou investigações de natureza biológica ou de outro tipo*" que permitam avaliar o estado de saúde dos trabalhadores" (art. 5º).

Além das obrigações acima, de caráter eminentemente preventivo, a Convenção ainda estabelece que os membros que a ratificaram devem, ainda, proporcionar serviços de inspeção apropriados para zelar pela aplicação das disposições da presente Convenção ou certificar-se de que se exerce uma inspeção adequada no que se refere ao meio ambiente do trabalho e, consequentemente, a saúde e segurança dos trabalhadores.

3.2 Aspectos jurídicos em relação ao uso do amianto no Brasil

O contexto jurídico brasileiro em relação ao amianto é diversificado, encontrando-se abordagens sobre o tema no âmbito legislativo (federal, estadual e municipal), administrativo, jurisprudencial. Neste item, serão analisadas as normas existentes sobre a utilização do amianto no Brasil e o posicionamento do Superior Tribunal Federal sobre a (in)constitucionalidade do art. 2º da Lei n. 9.055/1995.

---

(6) Convenção aprovada na 59ª reunião da Conferência Internacional do Trabalho, em Genebra, no ano de 1974. Entrou em vigor no plano internacional em 10 de junho de 1976 e ratificada pelo Brasil em junho de 1990 (Promulgação pelo Decreto n. 157, de 2 de junho de 1991 e vigência nacional a partir de 27 de junho de 1991).

3.2.1 O amianto na legislação brasileira

O tratamento jurídico dado ao amianto no Brasil não é unívoco: há uma lei federal sobre o tema, variadas leis estaduais e municipais que restringem a sua utilização, além de uma norma administrativa sobre saúde e segurança do trabalho (Anexo 12 da Norma Regulamentadora n. 15, sobre os limites de tolerância do asbesto), tratada aqui como legislação em sentido *lato*.

No âmbito federal, a extração, a industrialização, a utilização, a comercialização e o transporte do amianto, bem como dos produtos que o contenham, são disciplinados pela Lei n. 9.055/1995 e, mais especificamente, a exposição labor-ambiental a tal substância é regulamentada no Anexo 12 da NR n. 15.

A Lei n. 9.055, de 1º de junho de 1995, proíbe o uso do amianto em sua variedade anfibólio (art. 1º, inciso I), a pulverização de todos os tipos de fibras, inclusive do amianto crisotila (art. 1º, inciso II), a venda a granel de fibras em pó de qualquer tipo, inclusive do amianto crisotila (art. 1º, inciso III); e autoriza o uso do amianto crisotila, bem como demais fibras, naturais e artificiais de qualquer origem[7], de acordo com balizamentos previstos na própria lei (art. 2º).

No tocante às questões labor-ambientais, a Lei n. 9.055/1995 preocupou-se em reiterar que as normas de saúde e segurança do trabalho (art. 3º), especialmente os limites de tolerância (art. 7º), previstos na NR n. 15 devem ser observados, indicando a obrigatoriedade da realização de exames médicos (art. 5º) e listagem dos trabalhadores que foram expostos ao amianto (art. 5º, *caput*).

Seguindo essa mesma lógica, a NR n. 15, em seu Anexo 12, também proíbe a utilização de qualquer tipo de amianto do grupo anfibólio e dos produtos que contenham essas fibras, permitindo a utilização do amianto na variedade crisotila, dentro do limite de tolerância de 2,0 f/cm3 (item 12) e de acordo com contornos estabelecidos na NR.

Dentre outras, tais contornos estabelecem a proibição do trabalho de menores de 18 anos em ambientes onde possa haver a poeira do amianto (item 6); necessidade de rotulagem do produto de forma adequada, suficiente e compreensível por parte dos fornecedores, inclusive quanto às instruções de uso, atendendo ao princípio da informação (itens 9 e 10); dever de realizar avaliação ambiental em relação à poeira do amianto em intervalos de, no máximo, 6 meses (item 11), a qual deverá ser informada aos trabalhadores (item 11.3) e acompanhada pelos sindicatos (item 11.2), atendendo aos princípios da prevenção e precaução e da informação-participação; "*o empregador deve garantir informações e treinamento aos trabalhadores, com frequência mínima anual, priorizando os riscos e as medidas de proteção e controle devido à exposição ao asbesto*" (item 20), observando os princípios da prevenção, precaução e informação.

Contudo, apesar de tais balizamentos, ambas as normas de âmbito federal se olvidaram da recomendação inequívoca da Organização Mundial da Saúde de que não há forma segura de contato com o amianto, isto é, qualquer exposição a tal substância é potencialmente lesiva (inclusive, cancerígena) ao ser humano (ORGANIZAÇÃO MUNDIAL DA SAÚDE, 2015, p. 6). Ademais, ainda que permitissem a manipulação do amianto crisotila, também se olvidaram de atualizar (e rebaixar)[8] seus limites de tolerância com base em normas internacionais sobre saúde e segurança do trabalho, conforme interpretação analógica do item 9.3.5.1, "c" da NR n. 9[9], o que consagraria o princípio da melhoria contínua.

No âmbito estadual, há leis mais restritivas do que a lei federal, proibindo a utilização do amianto. Merecem destaque a Lei n. 10.813/2001, do Estado de São Paulo, que dispõe sobre a proibição de importação, extração, beneficiamento, comercialização, fabricação e a instalação, no Estado de São Paulo, de produtos ou materiais contendo qualquer tipo de amianto; a Lei n. 12.684/2007 (regulamentada pelo Decreto estadual n. 58.695/2012), também do Estado de São Paulo, que proíbe o uso, no território paulista, de produtos, materiais ou artefatos que contenham quaisquer tipos de amianto ou asbesto ou outros minerais que, acidentalmente, tenham fibras de amianto na sua composição; a Lei

---

(7) Conforme dispõe o art. 2º, parágrafo único da Lei n. 9.055/1995, "*para os efeitos desta Lei, consideram-se fibras naturais e artificiais as comprovadamente nocivas à saúde humana*".

(8) Dados da Occupational Safety and Health Administration (OSHA), órgão norte-americano dedicado às questões relacionadas à saúde e segurança no trabalho indicam como limite de tolerância do amianto o índice de 0,1 fibra por centímetro cúbico em uma média de 8 horas de trabalho e a possibilidade excepcional de exposição, durante 30 minutos, no máximo, a 1 fibra de amianto por centímetro cúbico (OCCUPATIONAL SAFETY AND HEALTH ADMINISTRATION, 2014, p. 1). Note-se que o limite de tolerância fixado na legislação brasileira é de 2 fibras de amianto por centímetro cúbico, isto é, um limite 20 vezes maior do que aquele fixado pela OSHA.

(9) "*c) quando os resultados das avaliações quantitativas da exposição dos trabalhadores excederem os valores dos limites previstos na NR-15 ou, na ausência destes os valores limites de exposição ocupacional adotados pela ACGIH — American Conference of Governmental Industrial Higyenists, ou aqueles que venham a ser estabelecidos em negociação coletiva de trabalho, desde que mais rigorosos do que os critérios técnico-legais estabelecidos*".

n. 2.210/2001, do Estado de Mato Grosso do Sul, proibindo a comercialização de produtos à base de amianto destinados à construção civil no âmbito de Mato Grosso do Sul; a Lei n. 3.569/2001, do Estado do Rio de Janeiro, que dispõe sobre a substituição progressiva da produção e da comercialização de produtos que contenham amianto; a Lei n. 4.314/2001, do Estado do Rio de Janeiro, que dispõe sobre as obrigações das empresas de fibrocimento pelos danos causados à saúde dos trabalhadores no âmbito do Estado do Rio de Janeiro; o Decreto n. 40.674/20017, também do Estado carioca, sobre a vedação aos órgãos da administração direta e indireta de utilização de qualquer tipo de amianto; a Lei n. 11.643/2001, do Estado do Rio Grande do Sul, que proíbe a produção e comercialização de produtos à base de amianto no estado; a Lei n. 12.589/2004, do Estado de Pernambuco, sobre a proibição do amianto nas obras públicas; Lei n. 9.583/2011, que proíbe o uso de materiais ou artefatos que contenham quaisquer tipos de amianto ou asbesto ou outros minerais que, acidentalmente, tenham fibras de amianto na sua composição.

Todas essas leis foram objeto de ações judiciais para declaração de sua inconstitucionalidade em face da Lei Federal n. 9.095/1995 que autoriza a produção e o uso do amianto crisotila no Brasil. Destaca-se que as ações foram majoritariamente propostas pelo Estado de Goiás, um dos maiores produtores de amianto crisotila, já que no município de Minaçu/GO está localizada uma das três maiores minas de amianto crisotila do mundo, a "Cana Brava", sob o argumento de que, além de ferir dispositivo constitucional, tais normas estaduais prejudicariam a economia no Estado de Goiás (*e.g.* ADI n. 2656, ADI n. 2396); e pela Confederação Nacional dos Trabalhadores na Indústria, defendendo que a proibição de tal substância feriria o direito ao trabalho daqueles que laboram na indústria do amianto (*e. g.* ADI n. 3937, ADI n. 3406). A jurisprudência oscilou no tratamento dessas diversas ações, ora julgando-as procedentes, ora improcedentes. Nos itens seguintes, analisar-se-á uma das ADIs propostas que mais se relaciona com a preocupação do equilíbrio labor-ambiental e o julgamento mais recente do Supremo Tribunal Federal sobre o tema.

No âmbito municipal, em menor quantidade, também há iniciativas de proibição do uso do amianto. Merecem destaque a Lei Municipal n. 3.316/2000, do município de Mogi Mirim (SP), que proíbe os órgãos da administração pública direta e indireta de adquirir e utilizar materiais produzidos com amianto em suas edificações; a Lei Complementar n. 90/2000, do município de Osasco (SP), que proíbe no município de Osasco a utilização de materiais produzidos com amianto nas construções públicas e privadas; a Lei n. 13.113/200, do município de São Paulo (SP), que proíbe o uso de qualquer material e equipamento à base de amianto na construção civil; a Lei n. 9.264/2001, do município de Ribeirão Preto (SP), que também proíbe o uso do amianto na construção civil; a Lei n. 3.425/2001, do município de Barretos (SP), que dispõe sobre a proibição do uso do amianto na construção civil; a Lei Complementar n. 332/2001, do município de Jundiaí (SP), que proíbe o uso de materiais produzidos com amianto nas construções públicas e privadas no município; Lei municipal de Amaro (SP) n. 2.672/2001, que proíbe a fabricação e estabelece restrições ao uso e comercialização do amianto, definindo prazos para banimento de materiais produzidos com qualquer forma de amianto no município; Lei n. 5.693/2001do município de Guarulhos (SP), que proíbe a utilização do amianto na construção civil; Lei municipal de Taboão da Serra n. 1.368/2001, que proíbe o uso do amianto nas construções públicas; a Lei n. 10.874/2001 do município de Campinas (SP), que proíbe a fabricação, estabelece restrições ao uso e comercialização e define prazos para banimento de materiais produzidos com qualquer forma de amianto ou de outros minerais ou materiais que os contenham em sua composição; a Lei Municipal n. 2.738/2003 do município de Santa Barbara D'Oeste (SP) que proíbe a fabricação e regulamenta a comercialização de produtos à base de amianto; a Lei n. 2.172/1998 do município do Rio de Janeiro (RJ), que dispõe que os produtos de cimento amianto comercializados no âmbito do município deverão estampar através de carimbo ou adesivo, em tamanho que torne perfeitamente visível a seguinte frase: "*Este produto pode causar danos à saúde*"; Lei n. 2.762/199, do município do Rio de Janeiro, que proíbe a utilização de telhas de amianto em prédios municipais.

Interessante notar que grande parte das leis municipais dispõe sobre a proibição da utilização do amianto na indústria da construção civil, justamente uma das indústrias que mais utiliza materiais à base de tal substância, especialmente em telhas e cimentos.

3.2.2 ADI ajuizada pela ANAMATRA e ANPT

Cientes dos riscos labor-ambientais gerados pela exposição humana ao amianto e no âmbito de suas finalidades institucionais[10], em 2 de abril de 2008, a Associação Nacional dos Magistrados do Trabalho (ANAMATRA) e a

---

(10) Dentre as finalidades da Associação Nacional dos Procuradores do Trabalho (ANPT) constam as de *"promover a defesa judicial e extrajudicial dos direitos e interesses coletivos e individuais dos associados, relacionados à atividade profissional, desde que compatíveis com as suas finalidades"*, de *"colaborar com os Poderes*

Associação Nacional dos Procuradores do Trabalho (ANPT), em conjunto, ajuizaram uma Ação Direta de Inconstitucionalidade (ADI n. 4066/DF), com pedido liminar, para que seja declarada a inconstitucionalidade do art. 2º da Lei n. 9.055, de 1º.6.1995, em face da violação aos arts. 1º, III e IV, 170, *caput* e VI, 196 e 225, da Constituição Federal.

As razões para o ajuizamento da ADI centram-se, sobretudo, nas mazelas que o amianto pode trazer à saúde do ser humano, especialmente dos trabalhadores que estão em contato direto e prolongado com tal substância; e a todo o meio ambiente, que padece de danos irreparáveis em "*decorrência da total ausência de cuidados apropriados com os resíduos provenientes da atividade mineradora, em muitos casos despejados a céu aberto, em áreas de livre acesso e até mesmo em locais onde se faz presente a ocupação humana*" (ANAMATRA; ANPT, 2008, p.25).

Ademais, demonstra-se ao longo da peça que o Brasil anda em "*descompasso com os rumos tomados pelo cenário internacional, onde o amianto, em todas as suas modalidades, vem sendo sistematicamente abolido*[11], *não só pelos países desenvolvidos, mas também por muitas nações ainda em desenvolvimento*" (ANAMATRA;ANPT, 2008, p.12), registrando que

> o progresso tecnológico experimentado nas últimas décadas permitiu o desenvolvimento de fibras alternativas ao amianto, capazes de viabilizar o prosseguimento das atividades econômicas exploradas pelo setor de fibrocimento, sem impor aos trabalhadores e à população em geral o contato com a poeira cancerígena emanada do asbesto (ANAMATRA;ANPT, 2008, p.15).

As fibras referidas na ADI, tais como fios de polivinílico álcool (PVA) e de polipropileno (PP), além de serem economicamente viáveis e figurarem como uma alternativa adequada ao uso do amianto, "*têm sua utilização recomendada pela Organização Mundial de Saúde (Critério n. 203/1998 — OMS)*".

Por tais razões, as autoras requerem que seja deferida a liminar, com a consequente suspensão da eficácia do dispositivo legal impugnado, até o julgamento final da ADI e que seja julgada integralmente procedente a ação, com vistas à declaração de inconstitucionalidade do art. 2º da Lei n. 9.055/95.

3.2.3 Julgamento da (in)constitucionalidade do uso do amianto pelo STF

Em 24 de agosto de 2017, o Supremo Tribunal Federal (STF) concluiu o julgamento da ADI n. 4066/DF ajuizada pela ANAMATRA e ANPT em 2008.

> O Tribunal, por maioria, **conheceu da ação, reconhecendo a legitimidade ativa das autoras**, vencidos os Ministros Alexandre de Moraes e Marco Aurélio. No mérito, **o Tribunal computou cinco votos** (dos Ministros Rosa Weber (Relatora), Edson Fachin, Ricardo Lewandowski, Celso de Mello e Cármen Lúcia) **pela procedência da ação, e quatro votos** (dos Ministros Alexandre de Moraes, Luiz Fux, Gilmar Mendes e Marco Aurélio) **pela improcedência da ação**, e, por **não se ter atingido o quórum exigido pelo art. 97 da Constituição, não se pronunciou a inconstitucionalidade do art. 2º da Lei n. 9.055/1995, em julgamento destituído de eficácia vinculante**. Impedidos os Ministros Roberto Barroso e Dias Toffoli. Ausente, justificadamente, o Ministro Gilmar Mendes. Presidiu o julgamento a Ministra Cármen Lúcia. Plenário, 24.8.2017. (grifo nosso)

Nesse sentido, apesar de a maioria (simples) do Tribunal ter entendido ser o art. 2º da Lei n. 9.095/1995 inconstitucional, por 5 votos a 4, a decisão não tem efeito vinculante porque não se deu por maioria absoluta, conforme exigência do art. 97 da Constituição Federal, segundo o qual "*somente pelo voto da maioria absoluta de seus membros ou*

Públicos no desenvolvimento da justiça, na defesa dos interesses sociais" e de "*desenvolver ações nas áreas específicas das funções institucionais do Ministério Público*" (grifo nosso) e, no que tange à Associação Nacional dos Magistrados da Justiça do Trabalho (ANAMATRA), o art. 2º, § 3º de seu estatuto é expresso ao demonstrar a relação de pertinência entre o objeto da ação e as suas finalidades institucionais, ao dispor que: "*A ANAMATRA tem por finalidade congregar Juízes do Trabalho em torno de interesses comuns, promovendo maior aproximação, cooperação e solidariedade, defendendo e representando os seus interesses e prerrogativas perante as autoridades e entidades nacionais e internacionais, pugnando pelo crescente prestígio da Justiça do Trabalho. [...] § 3º A ANAMATRA deverá atuar na defesa dos interesses da sociedade, em especial, pela valorização do trabalho humano, pelo respeito à cidadania e pela implementação da justiça social, pugnando pela preservação da moralidade pública, da dignidade da pessoa humana, da independência dos Poderes e dos princípios democráticos.*" (grifo nosso)

(11) Na ADI, as autoras apresentam o seguintes panorama dos países que aboliram, baniram o amianto: "Islândia: 1983 — Noruega: 1984 — El Salvador: (metade da década de 80) — Dinamarca: 1986 — Suécia: 1986 — Suíça: 1989 — Áustria: 1990 — Holanda: 1991 — Finlândia: 1992 — Itália: 1992 — Alemanha: 1993 — França: 1996 — Eslovênia: 1996 — Polônia: 1997 — Principado de Mônaco: 1997 — Bélgica: 1998 — Arábia Saudita: 1998 — Burkina-Faso: 1998 — Inglaterra: 1999 — País de Gales: 1999 — Irlanda do Norte: 1999 — Escócia: 1999 — República da Irlanda/Eire: 2000 — Lativia: 2001 — Chile: 2001 — Argentina: 2001 — Espanha: 2002 — Luxemburgo: 2002 — Austrália: 2003 — Liechtenstein — Emirados Árabes — Nova Zelândia — República Checa — Vietnã: 2004 — Portugal: 2005 — Grécia: 2005 — Japão: 2004 — Honduras: 2004 — Uruguai: 2002 — Seychelles — Gabão — África do Sul: 2004" (ANAMATRA; ANPT, 2008, p. 13).

dos membros do respectivo órgão especial poderão os tribunais declarar a inconstitucionalidade de lei ou ato normativo do Poder Público".

Na prática, como a decisão do STF não tem efeito vinculante, visto não ter atingido a maioria qualificada dos votos, os juízes e tribunais do país ficam livres para decidir, de acordo com o caso concreto, se o uso do amianto e as leis estaduais e municipais são (in)constitucionais, exercendo o controle difuso de constitucionalidade.

Na mesma data, o STF julgou também a ADI n. 3937/SP, ajuizada pela Confederação Nacional dos Trabalhadores na Indústria sob o argumento de que a Lei Estadual n. 12.684 (que proíbe o uso, no Estado de São Paulo, de produtos, materiais ou artefatos que contenham quaisquer tipos de amianto ou outros minerais que, acidentalmente, tenham fibras de amianto na sua composição) seria inconstitucional.

O Tribunal julgou improcedente a ação direta, com a declaração incidental de inconstitucionalidade do art. 2º da Lei n. 9.055/1995, vencidos os Ministros Marco Aurélio (Relator) e Luiz Fux, que julgavam procedente a ação, e vencido parcialmente o Ministro Alexandre de Moraes, que julgava improcedente a ação, sem declaração incidental de inconstitucionalidade do art. 2º da Lei n. 9.055/95. Ausente, justificadamente, o Ministro Gilmar Mendes. Não votou o Ministro Roberto Barroso, sucessor do Ministro Ayres Britto. Nesta assentada, o Ministro Edson Fachin reajustou seu voto para acompanhar o voto do Ministro Dias Toffoli. Redator para o acórdão o Ministro Dias Toffoli. Presidiu o julgamento a Ministra Cármen Lúcia. Plenário, 24.8.2017.

Nesse cenário, a lei estadual paulista continua em vigor e o uso do amianto no Estado de São Paulo fica banido.

Mais recentemente, no dia 29.11.2017, o Supremo Tribunal Federal finalmente baniu o uso do amianto em todo o território nacional, por sua própria e direta decisão, com eficácia *erga omnes*. Na ocasião, julgando as ADI's ns. 3.470 e 3.406, ambas do Estado do Rio de Janeiro, a Corte fez mais que simplesmente reafirmar *incidenter tantum* a inconstitucionalidade de normas que permitiam a extração de amianto crisotila. Para além disso — e com certo ineditismo —, o STF declarou incidentalmente a inconstitucionalidade do art. 2º da Lei n. 9.099/1995 (que é lei nacional), mas com efeito vinculante e a referida eficácia *erga omnes*.

A incidentalidade deveu-se, no caso, ao fato de as ADI's em questão não tratarem propriamente da Lei n. 9.099/1995, mas sim da Lei Estadual n. 3.579/2001 (*i. e.*, da lei fluminense que proibia a exploração do amianto no Estado do Rio de Janeiro). Observou-se, no entanto, que, nos julgamentos anteriores — e especialmente no caso da lei paulista —, o Supremo havia criado um vácuo jurídico para os Estados que não tinham lei proibindo a fibra (veja-se, a propósito, o voto do Min. Alexandre de Moraes). E, a partir de tal constatação, terminaram por declarar, com 7 votos contra 2, a improcedência das ADI's contra a proibição do uso do amianto no Rio de Janeiro e, bem assim, os efeitos vinculantes e *erga omnes* da *ratio iuris* da decisão, quanto à inconstitucionalidade de leis que autorizassem a exploração da crisotila. A despeito da contrariedade de alguns ministros (como, na espécie, do Min. Gilmar Mendes), prevaleceu a intelecção proposta por Dias Toffoli e outros, no sentido de que, no âmbito do STF, o controle difuso também pode gerar efeito *erga omnes* e vinculante para todo o Brasil. E assim se decidiu.

4 (DES)EQUILÍBRIO LABOR-AMBIENTAL E RESPONSABILIDADE CIVIL DO EMPREGADOR

Todo aquele que provoca dano, fica obrigado a repará-lo. Além de ser uma das noções jurídicas mais elementares, essa é a disposição do art. 927 do Código Civil. Assim também se dá em relação ao meio ambiente, nele incluído o do trabalho. Nessa perspectiva, acolhendo o princípio do poluidor-pagador, todo aquele que degrada e, portanto, desequilibra o meio ambiente do trabalho, deve repará-lo. É o que se depreende do art. 225, § 3º da Constituição Federal, que assim dispõe: "*as condutas e atividades consideradas lesivas ao meio ambiente sujeitarão os infratores, pessoas físicas ou jurídicas, a sanções penais e administrativas, independentemente da **obrigação de reparar os danos causados***" (grifo nosso).

Também nesse sentido segue a legislação infraconstitucional no tocante ao meio ambiente, com destaque para a Lei n. 6.938/1991, que instituiu a Política Nacional do Meio Ambiente, segundo a qual, em seu art. 14, § 1º, "*sem obstar a aplicação das penalidades previstas neste artigo, é o poluidor obrigado, independentemente da existência de culpa, a indenizar ou reparar os danos causados ao meio ambiente e a terceiros, afetados por sua atividade*" (grifo nosso).

Nessa mesma lógica,

> quando o "habitat laboral" se revela inidôneo a assegurar condições mínimas para uma razoável qualidade de vida do trabalhador, teremos aí uma lesão ao meio ambiente do trabalho, e esse complexo de bens materiais e imateriais pode ser agredido e lesado tanto por fontes poluidoras externas como internas, provenientes de outros empreendimentos, trazendo à tona, inclusive, a questão da responsabilização pelos danos, uma vez que os danos ao meio ambiente do trabalho não ficam restritos ao ambiente em que o trabalhador exerce seu labuto, mas o acompanham após o fim do expediente (PADILHA, 2013, p. 181).

Observe-se que, em matéria ambiental, aquele que polui o meio ambiente fica obrigado a repará-lo independentemente da existência de culpa, ensejando, assim, a responsabilidade civil objetiva do poluidor ambiental (grifo anterior). Neste tocante, considerando ser o meio ambiente do trabalho parte integrante do meio ambiente geral, é possível estender tal responsabilidade objetiva para aquele (empregador) que provoque desequilíbrios labor-ambientais (?).

Contudo, se em matéria ambiental a lei indicou a responsabilidade objetiva do poluidor; em matéria laboral, há disposição expressa na Constituição Federal, consubstanciada em seu art. 7º, inciso XXVIII, sobre o direito de todo trabalhador a receber *"seguro contra acidentes de trabalho, a cargo do empregador, sem excluir a indenização a que este está obrigado, **quando incorrer em dolo ou culpa**"* (grifo nosso), adotando, portanto, a responsabilidade subjetiva do empregador em caso de acidentes do trabalho.

Tal circunstância traz o questionamento acerca de (aparente) antinomia jurídica no tocante ao tema, contrapondo-se as possibilidades de responsabilidade civil subjetiva do empregador e a responsabilidade objetiva do poluidor. Neste item, serão estudados esses dois modelos de responsabilidade, evidenciando que não se trata de antinomia jurídica, mas de disciplinas jurídicas diferentes para situações fáticas igualmente diferentes.

A responsabilidade civil subjetiva do empregador, isto é, aquela informada pela existência de dolo ou culpa, está prevista constitucionalmente no art. 7º, XXVIII, que dispõe sobre o direito dos trabalhadores de perceberem *"seguro contra acidentes de trabalho, a cargo do empregador, sem excluir a indenização a que este está obrigado, quando incorrer em dolo ou culpa"*.

Ao envolver tais elementos subjetivos — dolo e culpa —, a Constituição Federal consagra a responsabilidade civil subjetiva do empregador nos casos de acidente do trabalho (a ele equiparadas as doenças profissionais e do trabalho, conforme previsão do art. 20 da Lei n. 8.213/1991), disciplinada pelos arts. 186 e 927, *caput*, do Código Civil (culpa aquiliana em sentido lato).

Contudo, ao dispor sobre a responsabilidade daquele que lesa o meio ambiente, a Constituição Federal nada dispôs sobre a necessidade de constatação de dolo ou culpa para respectiva responsabilização, conforme art. 225, § 3º (*supra*). Interpretando sistematicamente o diploma constitucional e considerando seu art. 200, VIII, que deixa claro ser o meio ambiente do trabalho parte do meio ambiente geral, a responsabilização daquele que provoca danos ao meio ambiente do trabalho também não depende de demonstração de culpa ou dolo do agente.

Nessa perspectiva, entende-se que a disposição do art. 7º, XXVIII da Constituição Federal dirige-se àqueles casos em que os danos são oriundos de causalidades tópicas, isto é, problemas e situações pontuais, os quais não têm a magnitude de desequilibrar todo ou parte do meio ambiente laboral. Assim, em resumo, a responsabilidade civil subjetiva do empregador tem lugar quando o dano causado ao meio ambiente do trabalho foi tópico.

Nos casos de danosidade tópica, excepcionando a previsão do art. 7º, XXVIII da Constituição Federal, também é possível haver responsabilidade civil objetiva do empregador nos casos em que a atividade econômica por ele desenvolvida, em função de suas peculiaridades, oferecer riscos especialmente elevados aos trabalhadores, isto é, riscos superiores àqueles inerentes a quaisquer atividades econômicas. É o que dispõe o parágrafo único do art. 927 do Código Civil, segundo o qual *"haverá obrigação de reparar o dano, **independentemente de culpa**, nos casos especificados em lei, ou **quando a atividade normalmente desenvolvida pelo autor do dano implicar, por sua natureza, risco** para os direitos de outrem"* (grifo nosso). Sobre tais riscos inerentes superlativos, esta é a interpretação dada também pelo Centro de Estudos Judiciários do Conselho da Justiça Federal, expressa em seu Enunciado n. 38, indicando que *"a responsabilidade fundada no risco da atividade, como prevista na segunda parte do parágrafo único do art. 927 do novo Código Civil, configura-se **quando a atividade normalmente desenvolvida pelo autor do dano causar a pessoa determinada um ônus maior do que aos demais membros da coletividade**"*.

Para além da danosidade tópica, há danos sistêmicos provocados ao meio ambiente do trabalho, desequilibrando-o no todo ou em parte. Para estes casos, em que se observa um desequilíbrio caracterizador de poluição labor-ambiental, dirige-se o art. 14, § 1º, da Lei n. 6.938/1991, segundo o qual *"sem obstar a aplicação das penalidades previstas neste artigo, é o poluidor obrigado, **independentemente da existência de culpa**, **a indenizar ou reparar os danos causados ao meio ambiente e a terceiros, afetados por sua atividade**. [...]"*. Portanto, o empregador poluidor — isto é, *"a pessoa física ou jurídica, de direito público ou privado, responsável, direta ou indiretamente, por atividade causadora de degradação ambiental"* (artigo 3º, inciso IV, da Lei n. 6.938/1991) — fica obrigado a reparar os danos causados ao meio ambiente do trabalho e aos trabalhadores, independentemente de culpa ou dolo.

A fim de identificar um meio ambiente laboral poluído, Feliciano (2013, p. 23) sugere um rol de indícios caracterizadores de um desequilíbrio sistêmico: *a)* a afetação multitudinária dos trabalhadores, que são sujeitos às mesmas condições agressivas (*e. g.* insalubridade, periculosidade, penosidade etc.) e, por isso, tendem a sofrer lesões semelhantes (PADILHA, 2002); *b)* a reincidência, demonstrada por autuações administrativas anteriores com objeto igual ou similar àquele discutido nos autos; *c)* a imperícia organizacional, comumente verificável em casos de mudança recente do objeto social da empresa; *d)* a constatação pericial de riscos agravados ou proibidos naquele meio ambiente do trabalho. Para ilustrar a danosidade sistêmica e contrapô-la à tópica, o autor relata duas situações:

> Imagine-se, *e. g.*, a hipótese de um trabalhador sequelado por choque elétrico porque o seu encarregado esqueceu-se de colocar, na chave geral, o cadeado de segurança, vindo um terceiro a energizar acidentalmente o equipamento em conserto. Todos os procedimentos de segurança são, em geral, observados, ocupando-se a empresa de distribuir EPI bastantes, além de orientar e fiscalizar o uso (Súmula n. 289 do C. TST). O acidente deveu-se, claramente a uma falha humana, não a um quadro de desequilíbrio organizacional ou ambiental. Logo, terá havido **causalidade tópica**, a atrair a norma do art. 7º, XVIII, da CRFB (...). De outra parte, imagine-se que auditores fiscais do trabalho (MTE) identifiquem cerca de duas dezenas de trabalhadores portadores de disacusia neurossensorial bilateral, todas lotados na mesma seção de certa indústria metalúrgica. Perícias ambientais detectaram níveis locais de ruído variáveis entre 86,6 e 88,0 decibéis, enquanto perícias médicas revelaram que as perdas bilaterais dos empregados oscilam entre 13,52% e 16,21%. No processo judicial em que se reclamam indenizações individuais, as testemunhas ouvidas revelam o fornecimento insuficiente de protetores auriculares, aliado à inocorrência de orientação ou de efetiva fiscalização de uso. Aí estão suficientemente descritos elementos indicativos da **causalidade sistêmica** dos danos, a atrair a norma do art. 14, § 1º, da Lei n. 6.938/81. (FELICIANO, 2013, p. 22-23)

Nota-se, a partir dos exemplos traçados acima, que, em contraposição à causalidade tópica, a causalidade sistêmica ensejadora de poluição labor-ambiental tem relação direta com a própria organização do meio labor-ambiental, com os métodos de produção, com o desrespeito reiterado de obrigações legais, tratando-se de um desequilíbrio gestáltico.

Assim, conforme exposto é possível identificar três regramentos jurídicos (coerentes entre si) a respeito da responsabilização civil do empregador: *i)* responsabilidade civil subjetiva do empregador em função de danos tópicos, fundada em dolo ou culpa (prevista no art. 7º, XXVIII, da Constituição Federal e regulada pelos arts. 186 e 927, *caput*, do Código Civil); *ii)* responsabilidade civil objetiva do empregador decorrente de um risco especialmente elevado (risco inerente superlativo) gerado por sua atividade econômica (prevista no artigo 927, parágrafo único, do Código Civil); *iii)* responsabilidade civil objetiva do empregador decorrente do desequilíbrio do meio ambiente (poluição labor-ambiental), fundada no art. 14, § 1º, da Lei n. 6.938/1981, aplicável nos casos de danosidade sistêmica.

5 CONCLUSÃO

Considerando a disposição constitucional expressa sobre a configuração do meio ambiente do trabalho como parte integrante do meio ambiente humano (artigo 200, inciso VIII da Constituição Federal), aplicam-se às questões de saúde e segurança do trabalho — e, de modo mais abrangente, a todo o Direito Ambiental do Trabalho — os princípios protetores do Direito Ambiental; e, notadamente, o princípio da prevenção, o princípio da precaução, o princípio da melhoria contínua, o princípio da informação, o princípio da participação e o princípio do poluidor-pagador. Aplicam-se, mais, naquilo que for compatível, as leis que regem a proteção do meio ambiente, e, em especial, a Lei n. 6.938/1981.

Nessa perspectiva, os riscos inerentes à presença do amianto no meio ambiente do trabalho não podem ser corretamente avaliados, se não à luz dos princípios jurídicos acima relacionados. Sob o pálio da prevenção/precaução, resulta certo que a exposição de trabalhadores às diversas modalidades de amianto — inclusive o crisotila — deve ser prioritariamente eliminada e evitada; e assim haveria de ser, mesmo se houvesse incerteza científica a respeito de seu potencial cancerígeno (o que, a rigor, já não há, mercê dos próprios comunicados da Organização Mundial da Saúde).

Onde a eliminação não ocorra prontamente, ademais, à vista do modelo federativo brasileiro e das recentes decisões do STF, deverão ter curso todas as medidas adequadas para que os riscos sejam progressivamente diminuídos (princípio da melhoria contínua) e plenamente informados aos trabalhadores (princípio da informação), que, por sua vez, devem ser chamados a dialogar sobre as melhores estratégias de segurança laboral (princípio da participação) até o banimento final.

De resto, em relação aos danos laborais derivados do amianto já utilizado pela indústria nacional, está o empregador obrigado a reparar os danos que sua atividade causou (princípio do poluidor-pagador), independentemente de culpa ou dolo. Em outras palavras, o empregador-poluidor que manteve seus trabalhadores expostos ao amianto deverá ser responsabilizado objetivamente, seja porque sua atividade é superlativamente mais lesiva aos trabalhadores (art. 927, parágrafo único, do Código Civil), seja ainda — se assim não se entender — porque ambientes laborais expostos ao amianto ou por ele contaminados estão indelevelmente desequilibrados.

Como há um século e meio ponderou Abraham Lincoln, "[y]_ou cannot escape the responsibility of tomorrow by evading it today". Que assim seja, agora e doravante, para todas as chagas que a crisotila nos legou, e à posteridade.

6 REFERÊNCIAS BIBLIOGRÁFICAS

ASSOCIAÇÃO NACIONAL DOS MAGISTRADOS DO TRABALHO (ANAMATRA); ASSOCIAÇÃO NACIONAL DOS PROCURADORES DO TRABALHO (ANPT). *Ação Direta de Inconstitucionalidade*. 2008.

CLERC, J. M. Training as an instrument of a strategy for the improvement of working conditions and environment. *International Labour Review*, v. 121, 1982, p. 565.

DERANI, Cristiane. *Direito ambiental econômico*. 3. ed. São Paulo: Saraiva, 2008.

FELICIANO, Guilherme Guimarães. Meio ambiente do trabalho: aspectos gerais e propedêuticos. *Revista do Tribunal Regional do Trabalho da 15ª Região*, n. 20, 2002.

_____. O meio ambiente do trabalho e a responsabilidade civil patronal: reconhecendo a danosidade sistêmica. In: FELICIANO, Guilherme Guimarães; URIAS, João. (Coord.). Direito ambiental do trabalho. v. 1. *Apontamentos para uma teoria geral*: saúde, ambiente e trabalho: novos rumos da regulamentação jurídica do trabalho. São Paulo: LTr, 2013.

INSTITUTO NACIONAL DO CÂNCER (INCA). *Amianto*: prevenção e fatores de risco. Disponível em: <http://www2.inca.gov.br/wps/wcm/connect/cancer/site/ prevencao-fatores-de-risco/amianto>. Acesso em: 13 set. 2017.

_____. *Pelo menos 19 tipos de câncer podem estar relacionados ao trabalho*. 2012a. Disponível em: <http://www2.inca.gov.br/wps/wcm/connect/comunicacao informacao/site/home/sala_imprensa/releases/2012/pelo_menos_19_tipos_cancer_podem_estar_relacionados_trabalho>. Acesso em: 11 set. 2017.

_____. Coordenação Geral de Ações Estratégicas, Coordenação de Prevenção e Vigilância, Área de Vigilância do Câncer relacionado ao Trabalho e ao Ambiente. Fátima Sueli Neto Ribeiro (Org.). *Diretrizes para a vigilância do câncer relacionado ao trabalho*. Rio de Janeiro: INCA, 2012b.

MACHADO, Paulo Affonso Leme. *Direito ambiental brasileiro*. 18. ed. São Paulo: Malheiros, 2010.

MARANHÃO, Ney. Meio ambiente do trabalho: descrição jurídico-conceitual. In: FELICIANO, Guilherme Guimarães; URIAS, João; MARANHÃO, Ney. (Coord.) *Direito ambiental do trabalho*: apontamentos para uma teoria geral. v. 3. São Paulo: LTr, 2017.

MELO, Raimundo Simão de. *Direito ambiental do trabalho e a saúde do trabalhador*. 5 ed. São Paulo: LTr, 2013.

OCCUPATIONAL SAFETY AND HEALTH ADMINISTRATION. *Asbestos*. OSHA FactSheet, 2014.

OLIVEIRA, Sebastião Geraldo de. *Proteção jurídica à saúde do trabalhador*. 2. ed. São Paulo: LTr, 1998.

ORGANIZAÇÃO MUNDIAL DA SAÚDE. *Eliminación de las enfermedades relacionadas con el asbesto*. 2016. Disponível em: <http://www.who.int/mediacentre/factsheets/fs343/es/>. Acesso em: 12 set. 2017.

_____. *Asbesto crisotilo*. 2015. Disponível em: <http://apps.who.int/iris/bitstream/10665/178803/1/9789243564814_spa.pdf?ua=1&ua=1>. Acesso em: 11 set. 2017.

ORGANIZAÇÃO DAS NAÇÕES UNIDAS (ONU). *Declaração de Estocolmo sobre o ambiente humano de 1972*. 1972. Disponível em: <http://www.direitoshumanos.usp.br/index.php/Meio-Ambiente/declaracao-de-estocolmo-sobre-o-ambiente-humano.html>. Acesso em: 10 set. 2017.

_____ . *Declaração do Rio sobre meio ambiente e desenvolvimento*. 1992. Disponível em: <http://www.onu.org.br/rio20/img/2012/01/rio92.pdf>. Acesso em: 10 set. 2017.

PADILHA, Norma Sueli. Meio ambiente do trabalho: um direito fundamental do trabalhador e a superação da monetização do risco. *Revista do Tribunal Superior do Trabalho*, v. 79, n. 4, p. 173-182, out./dez. 2013.

_____ . *Do meio ambiente do trabalho equilibrado*. São Paulo: LTr, 2002.

PRIEUR, Michel. *Droit de l'environnement*. 4. ed. Paris: Dalloz, 2001.

EMPREGADOS SUJEITOS A RADIAÇÕES IONIZANTES EM HOSPITAIS

Parecer acerca da inconstitucionalidade da Portaria n. 595/2015 do MTE que suprimiu o adicional de periculosidade aos operadores de aparelhos móveis de raios-x

José Affonso Dallegrave Neto[*]

1 CONSULTA

Visando esclarecer a (in)constitucionalidade da Portaria n. 595/2015 do Ministério do Trabalho e Emprego[1], solicitou-se a elaboração de Parecer acerca do tema, apresentando-se os quesitos abaixo enumerados:

1. A Portaria n. 595/2015 respeita as normas legais e internacionais de proteção à saúde do trabalhador?
2. A Portaria n. 595/2015 observa as regras e princípios da Constituição Federal?
3. A edição da Portaria n. 595/2015 ofende o Princípio da Isonomia?
4. Em caso de validade, a Portaria n. 595/2015 pode ser aplicada de forma retroativa?

O Parecer versa sobre a (in)validade da supressão do direito ao adicional de periculosidade para determinadas situações e categorias profissionais, a partir da edição da Portaria do Ministério do Trabalho e Emprego, n. 595/2015 (DOU 8.5.2015).

(*) Mestre e Doutor em Direito das Relações Sociais pela Universidade Federal do Paraná — UFPR. Membro eleito da Academia Nacional de Direito do Trabalho. Membro da Associação Luso-brasileira de Juristas do Trabalho; Grau de Comendador da Ordem do Mérito Judiciário do Trabalho pelo TST; Professor da Escola da Magistratura Trabalhista do Paraná; Advogado membro do IAB — Instituto dos Advogados Brasileiros; Professor da Pós-graduação das Faculdades de Direito da PUC-PR e do UNICURITIBA; Professor convidado da Universidade Clássica de Lisboa, Portugal.

(1) Denominação atual do Órgão Ministerial. Desde a sua criação, em 1930, as denominações oficiais do Ministério foram as seguintes: *Ministério do Trabalho, Indústria e Comércio* (1930 a 1960); *Ministério do Trabalho e Previdência Social* (1960 a 1974); *Ministério do Trabalho* (1974 a 1990); *Ministério do Trabalho e da Previdência Social* (1990 a 1992); *Ministério do Trabalho e da Administração Federal* (1992 a 1999); *Ministério do Trabalho e Emprego* (1999 a 2015); *Ministério do Trabalho e Previdência Social* (a partir de 2015). Para facilitar a leitura, na sequência do Parecer o Órgão será referido abreviadamente como *Ministério do Trabalho*.

Mais precisamente, caberá investigar e analisar se é legalmente válida e eficaz a Nota Técnica, inserida na Portaria n. 595, que:

— deixou de considerar como perigosas, as atividades desenvolvidas em áreas que utilizam *equipamentos móveis de Raios X* para diagnóstico médico;
— retirou da classificação tida como *sala de irradiação perigosa*, as áreas tais como emergências, centro de tratamento intensivo, sala de recuperação e leitos de internação que utilizam *equipamentos móveis de Raios X*.

É importante ressaltar, desde logo, que o adicional de periculosidade dos trabalhadores expostos às radiações ionizantes e às substâncias radioativas prejudiciais à saúde é um direito assegurado há quase 30 (trinta) anos e remonta ao grave acidente com *Césio-137*, ocorrido em Goiânia/GO, no mês de setembro de 1987, considerado o maior infortúnio radiológico do Mundo[2]:

ACIDENTE RADIOLÓGICO EM GOIÂNIA COM BOMBA DE CÉSIO 137. DANO AMBIENTAL E PESSOAL. "A configuração do dano ambiental causado pelo maior acidente radiológico do mundo com a destruição da bomba de césio 137, na cidade de Goiânia, no ano de 1987, é fato público e notório e também fartamente documentado nos autos. (...) O dano ambiental decorrente da exposição radiológica provocou danos físicos que causaram a morte de quatro pessoas e atingiu, direta ou indiretamente, outras centenas, das quais foram assim distribuídas". (TRF 1ª Região. AC n. 2001.01.00.014371-2/GO. 5ª Turma. Rel. Des. Selene M. de Almeida. DJ: 15/08/2005. p. 45)

A partir desse trágico acidente, com amparo na delegação prevista no art. 200, VI, da CLT, o então Ministério do Trabalho editou a Portaria n. 3.393/1987, assegurando o adicional de periculosidade a todos os trabalhadores expostos às radiações ionizantes, cujo labor estivesse enquadrado nas condições elencadas no *quadro de atividades e operações perigosas* da Comissão Nacional de Energia Nuclear, que passou a integrar a NR-16 do Ministério do Trabalho.

A aludida Portaria do Ministério do Trabalho, n. 3.393/1987, baseava-se em dois pressupostos maiores, quais sejam:

"i) qualquer exposição do trabalhador às radiações ionizantes ou substâncias radioativas é potencialmente prejudicial à sua saúde;
ii) o presente estado da tecnologia nuclear não permite evitar, ou reduzir a zero, o risco em potencial oriundo de tais atividades, sob pena de impor à sociedade custo tão elevado que dificilmente o mesmo seria justificado."

Após breve período de revogação dos efeitos contidos na Portaria n. 3.393/1987[3], o Ministério do Trabalho editou a Portaria n. 518/2003, reafirmando seus termos e repristinando os efeitos antes contidos naquela Portaria de 1987.

Vale dizer, o adicional de periculosidade continuou sendo um direito de <u>todos</u> os empregados expostos à radiação ionizante nas *atividades de operação com aparelhos raios-X, com irradiadores de radiação gama, radiação beta ou radiação de nêutrons, incluindo diagnóstico médico e odontológico* em *salas de irradiação e operação de aparelhos raios-X e de irradiadores gama, beta ou nêutrons*[4]. Importa sublinhar que até a edição da Portaria n. 595/2015 jamais havia tido distinção entre os direitos dos trabalhadores expostos à radiação ionizante proveniente de aparelhos, móveis ou fixos, de raios-X.

Esta matéria encontra-se pacificada pelo Tribunal Superior do Trabalho, desde a edição da correta OJ n. 345 da Subseção I Especializada em Dissídios Individuais:

ADICIONAL DE PERICULOSIDADE. RADIAÇÃO IONIZANTE OU SUBSTÂNCIA RADIOATIVA. DEVIDO (DJ 22.6.2005). A exposição do empregado à radiação ionizante ou à substância radioativa enseja a percepção do adicional de

---

(2) Informação extraída da Revista Césio 137 — 25 anos. Disponível em: <http://www.sgc.goias.gov.br/upload/links/arq_4_3_RevistaCesio25anos.pdf>. Acesso em: 22.4.2016.
(3) Por meio da Portaria n. 496, de 11.12.2002, o Ministério do Trabalho revogou a Portaria n. 3.393/1987, de sorte que o adicional de periculosidade deixou de ser devido aos trabalhadores expostos aos efeitos das radiações ionizantes. Contudo, menos de quatro meses após, o Ministério do Trabalho revogou a Portaria n. 496, reestabelecendo o direito ao adicional de periculosidade nos mesmos termos da antiga Portaria n. 3.393/1987. A Portaria n. 496 vigeu apenas no período de 12.12.2002 a 06.04.2003.
(4) Atual Quadro Anexo da Portaria n. 518/2003 do Ministério do Trabalho, que, conforme já ressaltado, é oriundo do Conselho Nacional de Energia Nuclear (CNEN), a maior autoridade no País para a regulamentação e fiscalização das atividades que envolvam energia nuclear e atividades de radiológicas.

periculosidade, pois a regulamentação ministerial (Portarias do Ministério do Trabalho ns. 3.393, de 17.12.1987, e 518, de 7.4.2003), ao reputar perigosa a atividade, reveste-se de plena eficácia, porquanto expedida por força de delegação legislativa contida no art. 200, "caput", e inciso VI, da CLT. No período de 12.12.2002 a 6.4.2003, enquanto vigeu a Portaria n. 496 do Ministério do Trabalho, o empregado faz jus ao adicional de insalubridade.

A Portaria do Ministério do Trabalho n. 595/2015 incluiu uma nota explicativa no Quadro Anexo à Portaria n. 518/2003 para esclarecer que, doravante, não são consideradas perigosas as atividades desenvolvidas em áreas que utilizam equipamentos móveis de Raios X para diagnóstico médico.

Eis o singelo texto da Portaria n. 595/2015, cuja (in)constitucionalidade será objeto de análise desse Parecer:

O MINISTRO DE ESTADO DO TRABALHO E EMPREGO, no uso das atribuições que lhe conferem o inciso II do parágrafo único do art. 87 da Constituição Federal e os arts. 155 e 200 da Consolidação das Leis do Trabalho — CLT, aprovada pelo Decreto-Lei n. 5.452, de 1º de maio de 1943, **resolve**:

Art. 1º Incluir Nota Explicativa no final do Quadro Anexo da Portaria n. 518, de 4 de abril de 2003, DOU 7.4.2003, que dispõe sobre as atividades e operações perigosas com radiações ionizantes ou substâncias radioativas, com a redação que se segue:

Nota Explicativa:

1. **Não são consideradas perigosas, para efeito deste anexo, as atividades desenvolvidas em áreas que utilizam equipamentos móveis de Raios X para diagnóstico médico**.

2. Áreas tais como emergências, centro de tratamento intensivo, sala de recuperação e leitos de internação não são classificadas como salas de irradiação em razão do uso do equipamento móvel de Raios X.

Art. 2º Esta Portaria entra em vigor na data de sua publicação. (DOU 8.5.2015)

Considerando que o adicional de periculosidade encontra-se previsto no art. 7º, XXIII, da Constituição Federal, com *status* de direito social, faz-se mister, antes de fundamentarmos nossa posição, trazer à baila as principais lições que envolvem a eficácia dos direitos fundamentais à luz do sistema jurídico brasileiro.

2 O TEMA DENTRO DO SISTEMA JURÍDICO PÁTRIO

Desde a definição clássica de Kant, que caracterizou o sistema como *unidade, sob uma ideia de conhecimentos variados* ou *conjunto de conhecimentos ordenado segundo princípios*, todo conceito de sistema requer, na observação de Claus-Wilhelm Canaris[5], a presença de dois elementos: a) ordenação; b) unidade. *Ordenação* expressando um estado de coisas intrínseco, racionalmente apreensível, isto é, fundado na realidade. *Unidade* no sentido de recondução da multiplicidade do singular a alguns poucos princípios constitutivos. Assim, o sistema jurídico implica *uma unidade totalmente coordenada* [6].

O sistema jurídico é incompleto e inacabado, o que é perfeitamente compreensível se admitirmos que o direito visa regular anseios dos integrantes da sociedade, os quais, por sua essência, são mutantes e mutáveis. Esta metamorfose de valores é dialética, devendo o direito acompanhá-la, sob pena de a norma jurídica perder sua reflexividade e legitimidade.

Nesse compasso, exsurge a noção de sistema jurídico como o plexo de normas dinâmico, imbricado e hierarquizado. O Brasil adota o sistema jurídico do tipo aberto. Vale dizer, todo o aparato normativo se vincula ao quadro de princípios e valores proeminentes contidos na Constituição Federal. E, nessa perspectiva, o sistema atua como um filtro de adequação de toda a ordem legal aos valores e princípios constitucionais[7].

---
(5) CANARIS, Claus-Wilhelm. *Pensamento sistemático e conceito de sistema na ciência do direito*. Introdução e tradução de Antonio Menezes Cordeiro. 2. ed. Lisboa: Fundação Calouste Gulbenkian, 1996. p. 10/12.
(6) CANARIS, Claus-Wilhelm. *Op. cit.*, p. 12/76.
(7) A propósito, Juarez Freitas conceitua sistema jurídico como "a rede axiológica e hierarquizada de princípios gerais e tópicos, de normas e de valores jurídicos, cuja função é a de, evitando ou superando antinomias, dar cumprimento aos princípios e objetivos fundamentais do Estado Democrático de Direito, assim como se encontram consubstanciados, expressa ou implicitamente, na Constituição". FREITAS, Juarez. A *interpretação sistemática do direito*. São Paulo: Malheiros, 1995. p. 40.

O papel do sistema é o de traduzir e concretizar a adequação valorativa e a unidade interior da ordem jurídica[8]. Com efeito, a interpretação mais adequada de qualquer ato normativo é sempre a sistematizada em detrimento da exegese gramatical e isolada.

> "A interpretação mais prestante na ordem jurídica do texto constitucional é a interpretação sistêmica. Quer dizer, eu só consigo desvendar os segredos de um dispositivo constitucional se eu encaixá-lo no sistema. É o sistema que me permite a interpretação correta do texto." (STF, MS n. 27931, rel. Min. Celso de Mello, julgado em 27.3.2009)

A partir dessa noção conceitual, passa-se a analisar e esquadrinhar o tema da supressão de direitos fundamentais, em especial a possibilidade de uma simples Portaria do Ministério do Trabalho afastar o direito ao adicional de periculosidade para os trabalhadores expostos à radiação ionizante proveniente de aparelho móvel de raios-X, utilizado em áreas de emergências, centros de tratamento intensivo, salas de recuperação e leitos de internação.

Senão vejamos.

José Afonso da Silva[9] observa que os direitos fundamentais versam sobre situações jurídicas "sem as quais a pessoa humana não se realiza, não convive e, às vezes, nem mesmo sobrevive". Conforme observa Antonio Pérez Luño, os direitos fundamentais constituem a fase mais avançada de positivação dos Direitos Humanos[10]. Com efeito, se os direitos humanos são aqueles naturais, contemplados nas declarações e convenções internacionais, os direitos fundamentais são aqueles formalmente catalogados e positivados no direito interno constitucional.

Em face disso, o Ministro Celso de Mello, quando de sua posse na Presidência do Supremo Tribunal Federal, fez questão de sublinhar a importância de tutela incondicional dos aludidos direitos essenciais do homem:

> "Os juízes, em sua atuação institucional, não podem desconhecer a realidade insuprimível dos direitos essenciais da pessoa, trate-se de direitos de 1ª, 2ª ou 3ª gerações. (...)
>
> Em uma única palavra: o juiz é, e sempre deve ser, o instrumento da Constituição na defesa incondicional e na garantia efetiva dos direitos fundamentais da pessoa humana"[11].

Por tais razões de proeminência é que os direitos fundamentais contêm regras especiais de aplicação imediata, de catálogo de proteção progressivo e de *status* de Emenda Constitucional, *ex vi* dos §§ 1º a 3º do art. 5º da Constituição Federal, *verbis*:

> § 1º As normas definidoras dos direitos e garantias fundamentais têm *aplicação imediata*.
>
> § 2º Os direitos e garantias expressos nesta Constituição *não excluem outros* decorrentes do regime e dos princípios por ela adotados, ou dos tratados internacionais em que a República Federativa do Brasil seja parte.
>
> § 3º Os tratados e convenções internacionais sobre direitos humanos que forem aprovados, em cada Casa do Congresso Nacional, em dois turnos, por três quintos dos votos dos respectivos membros, serão *equivalentes às emendas* constitucionais.

Um dos princípios que regem os direitos fundamentais, aqui incluído o direito ao adicional de periculosidade (art. 7º, XXIII, da Constituição Federal), é o da primazia da norma mais favorável à vítima, consoante enunciado geral de todas as Declarações de Direitos Humanos, inclusive na nossa Convenção Americana (art. 29), e da Constituição da OIT (Organização Internacional do Trabalho), na parte em que consagra o *princípio* favor laboris:

> Art. 19, VIII: Em caso algum, a adoção, pela Conferência, de uma convenção ou recomendação, ou a ratificação, por um Estado-Membro, de uma convenção, deverão ser consideradas como afetando qualquer lei, sentença, costumes ou acordos que assegurem aos trabalhadores interessados *condições mais favoráveis que as previstas pela convenção ou recomendação*.

---

(8) Assim, nessa perspectiva, o sistema é uma ordem axiológica ou teleológica de princípios gerais de direito. O elemento de adequação valorativa se volta mais à ordem funcional e, o da unidade interna, aos princípios gerais. *Idem*, p. 23/78.
(9) SILVA. José Afonso da. *Curso de direito constitucional positivo*. 9. ed. rev. 4ª tiragem. São Paulo: Malheiros, 1994. p. 207/208.
(10) PÉREZ LUÑO, Antonio Enrique *et alli*. *Los derechos humanos, Significación, estatuto jurídico y sistema*. Sevilha: Publicaciones de la Universidad de Sevilla, 1979.
(11) A data da Sessão Solene em que foi proferido o discurso é 22.5.1997. Íntegra do discurso do Ministro Celso de Mello disponível no sítio eletrônico do STF: <http://www.stf.jus.br/bibliotecadigital/Plaquetas/210995/PDF/210995.pdf#search='210995210995>. Acesso em: 2 maio 2015.

Nessa esteira, o já mencionado § 2º do art. 5º da Carta da República dispõe que os direitos expressos na Constituição *não excluem outros decorrentes do regime de princípios por ela adotados, ou dos tratados internacionais* em que a República Federativa do Brasil seja parte. Diante disso, impende arrolar os seguintes princípios cardeais adotados pela nossa Constituição Federal, os quais servem de base exegética para o tema em debate:

— A) dignidade da Pessoa Humana: art. 1º. III e 3º. I;
— B) valorização do trabalho humano e da justiça social: arts. 170 e 193;
— C) não discriminação: art. 3º. IV;
— D) melhor condição social ao trabalhador: art. 7º, *caput*;

Aludidos princípios vinculam não só o julgador, mas também o legislador, nomeadamente o Ministério do Trabalho quando de sua competência normativa secundária para editar Portarias com força de lei. Veja-se que o último princípio acima arrolado propugna pela progressividade das condições sociais, princípio alcunhado de *proibição de retrocesso social*, o qual examinaremos adiante.

3. PRINCÍPIO DE PROIBIÇÃO DE RETROCESSO SOCIAL

Como é cediço, a nossa Carta Constitucional de 1988 deixou clara a sua intenção de construir e aperfeiçoar um Estado de Direito, Democrático e Social. Não por acaso que o art. 5º, § 2º, e o *caput* do art. 7º, ambos da Constituição Federal, ao mesmo tempo em que relacionam direitos sociais, fazem questão de assinalar que referido catálogo de direitos traduz um *minus* de proteção a ser aperfeiçoado de forma progressiva.

(...) É princípio basilar da nossa Constituição Federal a proteção dos direitos humanos, que, dentre outros princípios protetivos, alberga **a proibição do retrocesso social.** De acordo com este princípio, uma vez reconhecidos, os direitos fundamentais, dentre os quais se insere o direito ao trabalho justo, adequado e não prejudicial a vida e saúde do trabalhador e os direitos sociais laborais, não podem ser eles suprimidos ou diminuídos. (TRT 5ª R. RO n. 0001278-07.2013.5.05.0102. 2ª Turma. Rel. Graça Laranjeira. DEJT: 18.7.2014)

Como se vê, o norte jurídico é a *progressiva* condição social ao cidadão e ao trabalhador. Desses dois dispositivos mencionados, art. 5º, § 2º, e art. 7º, *caput*, ambos da Constituição Federal, já se percebe que o Brasil recepcionou o *princípio de não retrocesso social*, assim observado por Ingo Wolfang Sarlet:

"(...) **a proibição de retrocesso**, mesmo na acepção mais estrita aqui enfocada, também resulta diretamente do princípio da maximização da eficácia de (todas) as normas de direitos fundamentais. (...) portanto, além de estarem incumbidos de um dever permanente de desenvolvimento e concretização eficiente dos direitos fundamentais (inclusive e, no âmbito da temática versada, de modo particular os direitos sociais) não pode — em qualquer hipótese — suprimir pura e simplesmente ou **restringir de modo a invadir o núcleo essencial do direito fundamental** ou atentar, de outro modo, contra as exigências da proporcionalidade."[12]

Em igual toada, o jurista português Gomes Canotilho examina os contornos desse princípio constitucional:

"O princípio da proibição de retrocesso social pode formular-se assim: o núcleo essencial dos direitos sociais já realizado e efetivado através de medidas legislativas deve considerar-se constitucionalmente garantido, sendo **inconstitucionais quaisquer medidas que,** sem a criação de esquemas alternativos ou compensatórios, **se traduzam na prática em uma anulação**, revogação ou aniquilação pura e simples desse núcleo essencial. A liberdade do legislador **tem como limite o núcleo essencial** já realizado."[13]

Nesse sentido, por exemplo, é o correto fundamento utilizado na Súmula n. 437, item II, do TST, quando apregoa ser "*inválida cláusula de acordo ou convenção coletiva de trabalho contemplando a supressão ou redução do intervalo

---
[12] SARLET, Ingo Wolfgang. *A eficácia dos direitos fundamentais*. 4. ed. rev. atual e ampl. Porto Alegre: Livraria do Advogado, 2004. p. 420.
[13] CANOTILHO, Joaquim José Gomes. *Direito constitucional e teoria da constituição*. Coimbra: Almeidina, 2002. p. 227.

intrajornada porque este constitui medida de higiene, saúde e segurança do trabalho, garantido por norma de ordem pública (art. 71 da CLT e art. 7º, XXII, da CF/88), infenso à negociação coletiva". Nesse exemplo, o TST deixou clara a existência de um direito nuclear blindado e intocável: as medidas de saúde e segurança do trabalho.

Em igual direção segue a jurisprudência quando invalida norma coletiva que tolhe o adicional de periculosidade em detrimento dos empregados que atuam em área de risco, tema que se aproxima do aqui analisado pelo Parecer:

PERICULOSIDADE. ADICIONAL LEGAL. PREVALÊNCIA. Ainda que haja previsão convencional a respeito, uma vez comprovado o exercício das funções em condições de periculosidade é devido o adicional legal respectivo de, no mínimo, 30% (trinta por cento), independentemente do tempo de exposição à situação de risco. De acordo com esse entendimento, o pagamento do adicional de periculosidade em valor proporcional ao tempo de exposição do empregado ao risco eletricidade não pode prevalecer sobre preceito de caráter cogente, que garante o pagamento integral, **assegurando-se aos trabalhadores a redução dos riscos inerentes ao trabalho, por meio de normas de saúde, higiene e segurança (CF, art. 7º, XXII)**. (TRT 9ª Região. RO n. 0136300-68.2009.5.09.0004. 3ª Turma. Relator: Des. Altino Pedrozo dos Santos. Publicado no DEJT em 2.12.2011)

Registre-se, ainda, a posição similar do Excelso Supremo Tribunal Federal:

"Aos acordos e convenções coletivos de trabalho, assim como às sentenças normativas, não é lícito estabelecer limitações a direito constitucional dos trabalhadores, que nem à lei se permite". (STF-RE 234186/SP — 1ª Turma. Rel. Sepúlveda Pertence; DJ DATA-31-08-01)

Retornando ao caso em análise, não há dúvidas de que a indigitada Portaria do Ministério do Trabalho, n. 595/2015, ao suprimir o adicional de periculosidade dos empregados que laboram em áreas cujos equipamentos móveis de raios-X são utilizados para diagnóstico médico, feriu em cheio o *princípio de proibição de retrocesso social*, mormente porque assim o fez "sem a criação de quaisquer esquemas alternativos ou compensatórios", na feliz expressão mencionada por Canotilho.

Não se olvide que em boa parte dos Países que adotam o sistema jurídico do tipo aberto, a exemplo do Brasil, impera o *princípio de proibição de retrocesso social*, o qual, como o próprio nome sugere, atua como postulado protetivo da prevalência social. A jurisprudência do Excelso Supremo Tribunal Federal atesta essa recepção pela ordem jurídica pátria:

RECURSO EXTRAORDINÁRIO COM AGRAVO (LEI N. 12.322/2010). (...) Controle jurisdicional de legitimidade da omissão do poder público: atividade de fiscalização judicial que se justifica pela necessidade de observância de certos parâmetros constitucionais (**proibição de retrocesso social**, proteção ao mínimo existencial, vedação da proteção insuficiente e proibição de excesso). Doutrina. Precedentes do Supremo Tribunal Federal em tema de implementação de políticas públicas delineadas na Constituição da República (RTJ 174/687. RTJ 175/1212-1213. RTJ 199/1219-1220). Existência, no caso em exame, de relevante interesse social. (STF. ARE-AgR 745.745. MG. 2ª Turma; Rel. Min. Celso de Melo. DJE: 19.12.2014. p. 66)

Da mesma forma, o Colendo Tribunal Superior do Trabalho reforça a aplicação do *princípio de proibição de retrocesso social* na esfera judicante das relações de trabalho:

Não se pode olvidar que o art. 7º da Constituição Federal revela-se como uma centelha de proteção ao trabalhador a deflagrar um programa ascendente, sempre ascendente, de afirmação dos direitos fundamentais. Quando o *caput* do mencionado preceito constitucional enuncia que irá detalhar o conteúdo indisponível de uma relação de emprego, e de logo põe a salvo "outros direitos que visem à melhoria de sua condição social", atende a um postulado imanente aos direitos fundamentais: **a proibição de retrocesso**. Recurso de revista conhecido e provido. (TST-RR-001287-49.2011.5.01.0037. 6ª Turma. Rel. Min. Augusto César de Carvalho. DEJT: 19.2.16)

Em igual sentido caminha a conclusão do C. TST no processo RR-0000307-31.2011.5.03.0075, da 6ª Turma, tendo como Relatora a Ministra Kátia Magalhães Arruda (DEJT: 13.11.2015), bem como a jurisprudência majoritária dos Tribunais Regionais do Trabalho:

"Considerando que a Constituição Federal ao tratar dos direitos dos trabalhadores estabeleceu como premissa a melhoria de sua condição social, entende-se que a norma prevista no art. 384 da CLT, em homenagem ao **princípio do não retrocesso**

social, não foi suprimida. Recurso provido." (TRT 4ª Região. RO n. 0020528-29.2013.5.04.0401. 10ª Turma. Rel. Conv. Luis Carlos Pinto Gastal. DEJT: 24.6.2015)

Assim, se uma lei, ao regulamentar um mandamento constitucional, "instituir determinado direito, ele se incorpora ao patrimônio jurídico da cidadania e não pode ser absolutamente suprimido"[14]. É, pois, o caso do adicional de periculosidade, assegurado a todos os profissionais expostos às radiações ionizantes, desde a edição da Portaria n. 3.393, de 17 de dezembro de 1987[15], que integrou à ordem jurídica interna.

Diante dessa consolidação, ficam no ar duas perguntas:

— um direito social e fundamental, concretizado ao longo de quase 30 anos, pode ser posteriormente aniquilado ou restringido sem qualquer justificativa ou compensação financeira?

— aludido direito, social e fundamental, pode ser suprimido por uma mera Portaria do Ministério do Trabalho, sem o amparo de qualquer fundamentação científica ou jurídica?

A resposta é negativa para ambas as indagações, residindo aqui a primeira *inconstitucionalidade* da Portaria do Ministério do Trabalho n. 595/2015.

Conforme assinala o constitucionalista português Jorge Miranda, os direitos sociais previstos na Constituição da República, quando já concretizados, "não podem ser suprimidos, sob pena de retirar a eficácia das normas constitucionais"[16]. Não se ignore que as normas ordinárias que concretizam direitos sociais com elas formam uma unidade e assim "uma garantia institucional e um direito subjetivo" na expressão de Gomes Canotilho[17].

É, pois, o caso do direito ao adicional de periculosidade previsto no art. 7º, XXIII, da Constituição Federal. Quando o Ministério do Trabalho[18] declarou, durante quase trinta anos[19], ser perigosa a atividade dos trabalhadores sujeitos às radiações ionizantes, assim o fez como medida de proteção, a fim de atrair todo o cuidado e a atenção normativa que a atividade exige. Não se ignore, a propósito, a dicção do art. 7º, XXII, da Constituição Federal, que estabelece como direito fundamental a *redução dos riscos inerentes ao trabalho por meio de normas de saúde, higiene e segurança*. Aludido dispositivo vincula não só o empregador e o julgador, mas também o legislador.

4 A EXPOSIÇÃO À RADIAÇÃO IONIZANTE E O DIREITO À REDUÇÃO DOS RISCOS INERENTES AO TRABALHO

A Constituição Federal de 1988 alçou a saúde e a segurança ao catálogo de direitos sociais fundamentais do trabalhador urbano e rural, quando expressamente prescreveu que a *redução dos riscos inerentes ao trabalho* deverá ser implementada no direito interno do Estado brasileiro *por meio de normas de saúde, higiene e segurança*.

Nesse sentido é a dicção da Lei Maior:

Art. 7º, XXII, da CF/88: "São direitos dos trabalhadores urbanos e rurais, além de outros que visem à melhoria de sua condição social: (...); XXII — *redução dos riscos inerentes ao trabalho, por meio de normas* de saúde, higiene e segurança;"

Conforme já assinalamos alhures, com esteio nesse dispositivo, ao trabalhador é assegurado o direito fundamental de trabalhar em ambiente hígido e salubre, com redução e prevenção dos riscos concernentes à atividade laborativa,

---

(14) BARROSO, Luis Roberto. *O direito constitucional e a efetividade de suas normas*. 5. ed. Rio de Janeiro: Renovar, 2001. p. 158.
(15) Pro meio da Portaria n. 496, de 11.12.2002, o Ministério do Trabalho revogou a Portaria n. 3.393/1987, de sorte que o adicional de periculosidade deixou de ser devido aos trabalhadores expostos aos efeitos das radiações ionizantes. Contudo, menos de quatro meses depois, o Ministério do Trabalho revogou a Portaria n. 496, reestabelecendo o direito ao adicional de periculosidade nos mesmos termos da antiga Portaria n. 3.393/1987. A Portaria n. 496, vigeu apenas no período de 12.12.2002 a 6.4.2003.
(16) "Nisto consiste a regra de não retorno da concretização ou do não retrocesso social, fundada também no princípio da confiança inerente ao Estado de Direito". MIRANDA, Jorge. *Manual de direito constitucional*, Tomo IV. Direitos Fundamentais, 3. ed. Coimbra: Coimbra Editora, 2000. p. 397.
(17) CANOTILHO, José Joaquim Gomes. *Direito constitucional*. 6. ed. revista. Coimbra: Livraria Almedina, 1993. p. 393.
(18) Depois, denominado Ministério do Trabalho e Emprego.
(19) Desde a edição da Portaria n. 3.393, de 17 de dezembro de 1987 até 11.12.2002 e depois com a edição da Portaria n. 518, de 7.4.2003 até a indigitada Portaria n. 595 publicada no DOU em 8.5.2015.

de modo a preservar sua saúde e segurança física. Tal regra tem como destinatário o empregador, contudo, também vincula o legislador e o julgador[20].

Sidnei Machado bem observa que a eliminação do risco está contida implicitamente na norma constitucional e, portanto, não comporta restrição em norma infraconstitucional. Mas, quando a eliminação do risco não for possível graças às limitações fáticas, "deve-se reafirmar o direito do trabalhador a não suportar o risco supostamente inerente ao trabalho, na maioria das vezes artificialmente produzido por máquinas barulhentas, ambientes insalubres e organizações do trabalho opressivas"[21].

O pagamento dos adicionais de insalubridade e periculosidade, além de implicar indenização tarifada, sinaliza para esta reafirmação no sentido de que há um risco para a integridade física do trabalhador. É, pois, o caso da exposição à radiação ionizante, agente perigoso produzido artificialmente pela empresa e de grave risco à saúde do trabalhador, a exemplo dos operadores de aparelhos de raios-X, sejam eles móveis ou fixos, e dos demais trabalhadores da área da saúde que desempenham suas atividades em ambientes que utilizam tais aparelhos.

ADICIONAL DE PERICULOSIDADE. TÉCNICO DE ENFERMAGEM. RADIAÇÕES IONIZANTES. O trabalho que expõe o empregado a radiações ionizantes deve ser considerado como perigoso, pois configura grave risco à saúde, tendo como fundamento maior o disposto no **art. 7º, XXII, da Constituição Federal,** que define como direito dos trabalhadores a "redução dos riscos inerentes ao trabalho, por meio de normas de saúde, higiene e segurança". (TRT 4ª Região. RO n. 0010618-77.2013.5.04.0271. 1ª Turma. Rel. Des. Marçal Henri dos Santos Figueiredo. DEJT: 28.7.2014)

Ao excluir o adicional de periculosidade, a Portaria n. 595 expressa que as referidas atividades deixaram de ser consideradas como de risco e, portanto, prescindem de qualquer cuidado ou tutela. Ora, essa sinalização está em sentido diametralmente oposto à regra do art. 7º, XXII, da Constituição da República.

Não se negue, outrossim, que dentre os implícitos deveres anexos de conduta, inseridos em todos os contratos individuais de trabalho, existe o dever de proteção ao patrimônio físico, psicológico e moral do trabalhador. Nas palavras de José Cairo Júnior, impõe-se ao empregador "o dever de proporcionar segurança, higiene e saúde para os seus empregados, também denominada obrigação de custódia, dever de segurança ou cláusula de incolumidade"[22].

Logo, toda a cautela e tutela são necessárias quando se trata de risco inerente à execução do trabalho. A exposição radiológica do trabalhador é uma das mais graves nesse espectro de atividades perigosas.

A título ilustrativo, e a fim de reforçar a noção de gravidade, importa trazer o tema da exposição à radiação ionizante no contexto da responsabilidade civil objetiva. Senão vejamos.

Via de regra, enquanto a Constituição Federal (art. 7º, XXVIII, CF) condiciona o recebimento da indenização à comprovação de dolo ou culpa, o parágrafo único do art. 927 do Código Civil prevê situação em que a obrigação de reparar o dano independe de culpa do agente[23]. Tal dispositivo contempla a Teoria do Risco Criado, a qual atinge todos os casos em que a atividade empresarial normalmente desenvolvida implicar, por sua própria natureza, riscos aos seus empregados. São situações especiais que refogem à regra geral de responsabilidade por culpa (subjetiva) e, portanto, justificam o enquadramento na chamada *responsabilidade objetiva*. A exposição de empregados à radiação ionizante é uma delas.

EFEITOS DE RADIAÇÃO IONIZANTE. SALA DE RAIO-X. TEORIA DO RISCO PROFISSIONAL. É certo que a exposição a radiações ionizantes, em razão de trabalho em áreas onde é utilizado **aparelho de raio-X**, notadamente *setores hospitalares*, é capaz de gerar resultados danosos àqueles trabalhadores que trabalham nessas condições, mormente se considerar a habitualidade e o tempo na atividade. E, para tanto, segundo a teoria do risco da atividade profissional, incide a ***responsabili-***

---
(20) DALLEGRAVE NETO. José Affonso. *Responsabilidade civil no direito do trabalho*. 5. ed. São Paulo: LTr, 2014. p. 408.
(21) MACHADO, Sidnei. *O direito à proteção ao meio ambiente de trabalho no Brasil*. São Paulo: LTr, 2001. p. 88.
(22) CAIRO JÚNIOR, José. *O acidente do trabalho e a responsabilidade civil do empregador*. São Paulo: LTr, 2003. p. 69.
(23) Registre-se que o novo Código Civil Brasileiro de 2002, ao contrário de outros diplomas equivalentes (Código Civil Italiano e Português), adotou posição de vanguarda, pois enquanto naqueles a responsabilidade objetiva se limita às "atividades *perigosas* normalmente exercidas", e desde que o empregador não consiga demonstrar que se utilizou "de todos os meios para evitar o prejuízo", no sistema pátrio basta o *exercício de atividades que impliquem riscos a terceiros*. Reza o art. 2.050 do CC Italiano: "Aquele que ocasionar perigo a outrem no exercício de uma atividade perigosa, pela sua natureza ou pela natureza dos meios adotados, ficará obrigado à indenização se não provar ter adotado todas as medidas idôneas para evitar o prejuízo".
Reza o art. 493, § 2º do CC de Portugal: "Quem causar danos a outrem no exercício de uma actividade, perigosa por sua própria natureza ou pela natureza dos meios utilizados, é obrigado a repará-los, excepto se mostrar que empregou todas as providências exigidas pelas circunstâncias com o fim de os prevenir".

dade objetiva ao empregador, nos moldes do art. 927 do Código Civil. (TRT 6ª R.; RO 0000572-40.2010.5.06.0251; Segunda Turma; Rel. Conv. Maria das Graças de Arruda França; DEJTPE: 9.7.2012; p. 137)

Na prática, a configuração de *atividade normal de risco,* aludida no parágrafo único do art. 927 do Código Civil, dá-se por uma técnica que pode ser alcunhada de *método comparativo setorial*. A propósito, Cleber Lúcio de Almeida assinala:

"Diz-se *responsabilidade objetiva especial* porque vincula *aos riscos típicos* da atividade do empregador. Note-se que não se trata do risco relacionado à atividade preponderante do empregador, mas do risco de cada setor de sua atividade total (assim, em estabelecimento bancário, por exemplo, considera-se risco típico em membros superiores dos caixas digitadores)"[24].

Em igual sentido o TST decidiu que a responsabilidade objetiva se caracteriza não pela atividade da empresa como um todo, mas pelo trabalho específico do empregado definido como de risco:

ATIVIDADE DE RISCO. RESPONSABILIDADE OBJETIVA DO EMPREGADOR. (...) Em Sessão do dia 4.11.2010, ao examinar o Processo n. TST-9951600-43.2006.5.09.0664, a SBDI-1 decidiu que a responsabilidade é objetiva em caso de acidente em trabalho de risco acentuado, restando estabelecido que não é a atividade da empresa, mas o específico labor do empregado que define o risco. (...) Recurso de revista conhecido por violação do parágrafo único do artigo 927 do Código Civil e provido. (TST; RR 43940-45.2007.5.09.0664; 3ª Turma; Rel. Min. Alexandre de Souza Agra Belmonte; DEJT: 30.8.2013)

Vale dizer, nem sempre todo hospital e clínica se enquadrarão como atividade normal de risco, mas com certeza todas as salas e áreas de irradiação ionizante serão assim consideradas, nos termos do art. 927, parágrafo único, do Código Civil.

Observa-se que o próprio constituinte reforçou a opção de afastar da responsabilidade subjetiva os chamados *danos ambientais*, casos em que se enquadram o acidente de trabalho envolvendo exposição à radiação ionizante. Oportuna a transcrição do art. 225, § 3º da Constituição Federal:

"As condutas e atividades consideradas lesivas ao meio ambiente sujeitarão os infratores, pessoas físicas ou jurídicas, a sanções penais e administrativas, independentemente da obrigação de reparar os danos causados."[25]

Não se ignore que a opção do constituinte pela ampla proteção às vítimas em detrimento do agente parte de um sentimento geral de consciência da nossa coletividade em presumir que ela (a vítima) sofreu *injustamente* o dano ambiental e, por isso, merece ser reparada[26]. Com maior razão se dá a defesa do meio ambiente prevista como princípio da ordem econômica, disposto no inciso VI do art. 170 da Constituição Federal:

"Art. 170. A ordem econômica, fundada na valorização do trabalho humano e na livre iniciativa, tem por fim assegurar a todos existência digna, conforme os ditames da justiça social, observados os seguintes princípios: (...)

VI — *defesa do meio ambiente*, inclusive mediante tratamento diferenciado conforme o impacto ambiental dos produtos e serviços e de seus processos de elaboração e prestação."

Importa sublinhar aqui o amplo alcance do conceito de meio ambiente de trabalho. Sidnei Machado o define como "o conjunto de condições internas e externas do local de trabalho e sua relação com a saúde do trabalhador", observando que "fica cada vez mais difícil fazer qualquer separação entre o trabalho dentro da fábrica e fora dela"[27].

Salienta este Autor que a relação existente entre os ambientes interno e externo ao local de trabalho ocorre intensamente, pois a mesma empresa que lança ao ar produtos químicos contamina primeiramente o seu ambiente interno

---

(24) ALMEIDA, Cleber Lúcio de. *Responsabilidade civil do empregador e acidente do trabalho*. Belo Horizonte: Del Rey, 2003. p. 69.
(25) Em igual sentido é o art. 1º da Lei n. 6.938/81, que estabelece obrigação ao poluidor, independentemente da existência de culpa, de indenizar ou reparar os danos causados ao meio ambiente e a terceiros, afetados por sua atividade.
(26) MORAES, Maria Celina Bodin de. *Danos à pessoa humana: uma leitura civil-constitucional dos danos morais*. Rio de Janeiro: Renovar, 2003. p. 157.
(27) MACHADO, Sidnei. *O direito de proteção ao meio ambiente de trabalho no Brasil*. São Paulo: LTr, 2001. p. 66.

e, consequentemente, atinge a saúde dos seus trabalhadores[28]. O mesmo se diga em relação aos hospitais e nosocômios que emitem radiações ionizantes provenientes de aparelhos de raios-X fixos e móveis.

Ora, quando o constituinte, por meio do aludido art. 225, § 3º, referiu-se às "condutas e atividades lesivas ao meio ambiente" incluiu, nessa expressão, o meio ambiente do trabalho, conforme se infere da colação com o art. 200, VIII, que expressamente insere o local de trabalho no conceito de meio ambiente.

> DANO MORAL. INDENIZAÇÃO PROPORCIONAL. (...). A proteção da pessoa humana é o primado das normas constitucionais, podendo-se afirmar sua irradiação para o trabalhador, sua saúde, o meio ambiente de trabalho saudável e seguro, de modo a garantir a redução dos riscos inerentes ao trabalho e a conferir uma boa qualidade de vida ao ser humano, a teor dos arts. 6º, 7º, XXII, 196 e 225, *caput*, da Constituição Federal. A Constituição brasileira, quando assegura o direito fundamental à saúde, inclui a proteção do meio ambiente do trabalho (art. 200, VIII), o que significa a tutela, no âmbito ubíquo do direito ambiental, de todos os direitos que concorrem para preservar a saúde do homem em qualquer habitat laboral. (TST-RR-0007500-57.2007.5.21.0004. 6ª Turma. Rel. Min. Augusto César de Carvalho. DEJT: 25.2.16)

Assim, em um acidente causado por radiação ionizante dentro de uma clínica, fábrica ou hospital, haverá responsabilidade *objetiva* do agente tanto em relação às vítimas do dano ambiental extrafábrica quanto aos empregados intrafábrica.

Com efeito, com base nas diretrizes que norteiam a ordem jurídica; a força vinculante do art. 7º, XXII da Constituição e o aludido *princípio de proibição de retrocesso social*, desenha-se, em prol do cidadão e do trabalhador, uma espécie de *direito subjetivo negativo*, no sentido de ser possível:

a) impugnar judicialmente toda e qualquer medida que conflite com o teor da Constituição Federal, inclusive com os objetivos estabelecidos nas normas de cunho programático,
b) rechaçar medidas legislativas que venham subtrair, supervenientemente, o grau de concretização anterior que lhe foi outorgado pelo legislador;[29]

Canotilho e Vital Moreira falam de um *direito negativo* ou *direito de defesa*, isto é, de um direito a que o Estado se abstenha de atentar contra ele"[30]. Daqui resultam duas conclusões: (i) direito adquirido das situações fáticas individuais conquistadas. Vale dizer, nem a lei nova pode ferir direito adquirido (*ex vi* do art. 5º, XXXVI, CF); (ii) todo cidadão passa a ter uma pretensão imediata contra o Estado sempre que o grau de realização dos seus direitos econômicos e sociais for afetado em sentido negativo, qual seja a "sanção da inconstitucionalidade das normas que aniquilaram as conquistas sociais" [31].

Logo, é possível asseverar, sem hesitação, que é inconstitucional a Portaria n. 595/2015 do Ministério do Trabalho, quando deixou de considerar como perigosas as atividades desenvolvidas em áreas que utilizam equipamentos móveis de raios-X para diagnóstico médico. E assim o é porque revogou, sem justificativa o direito fundamental ao adicional de periculosidade, contemplado há trinta anos, em flagrante violação ao *princípio de proibição ao retrocesso social* e ao direito constitucional de redução de riscos inerentes ao trabalho, previstos no art. 7º, *caput* e inciso XXII, da Constituição Federal.

Não bastassem esses fundamentos, a indigitada Portaria n. 595 surge na contramão das normas internacionais que protegem os trabalhadores expostos à radiação ionizante.

5 CONVENÇÕES E NORMAS INTERNACIONAIS SOBRE O TEMA

Importa relembrar que, dentro da nossa ordem jurídica, os Tratados Internacionais, após ratificados e aprovados pelo Congresso Nacional (art. 49, I, CF), adentram no direito objetivo brasileiro com força de lei federal, a partir do Decreto de Promulgação do Presidente da República. Caso a aludida Convenção Internacional verse sobre direitos

---
(28) BRANDÃO, Cláudio. *Acidente do trabalho e a responsabilidade civil do empregador*. São Paulo: LTr, 2006. p. 71.
(29) SILVA, José Afonso. *Aplicabilidade das normas constitucionais*. 8. ed. São Paulo: Malheiros, 2012. p. 147 e 156.
(30) CANOTILHO, José Joaquim Gomes; MOREIRA, Vital. *Fundamentos da Constituição*. Coimbra: Coimbra Editora, 1991. p. 131.
(31) CANOTILHO. Joaquim José Gomes. *Direito constitucional e teoria da constituição*. Coimbra: Almedina, 2002. p. 393.

humanos, e seja aprovada pelo quórum qualificado previsto no § 3º do art. 5º da Constituição Federal, ganhará *status* de Emenda Constitucional.

Ademais, por força do § 2º do art. 5º, da Lei Maior, aludidas normas "preenchem e complementam o catálogo de direitos fundamentais previsto no texto constitucional"[32]. Com efeito, a sua importância ganha relevo, devendo a norma internacional incorporada ser sopesada não apenas como mero subsídio, mas como um valor jurídico proeminente que vincula o julgador e o legislador infraconstitucional.

Diante de suas densidades normativas, cabe destacar os principais Tratados e Normas internacionais sobre o tema:

Convenção n. 115 da OIT: sobre a proteção contra as radiações ionizantes, promulgada no Brasil pelo Decreto n. 62.151, de 19 de janeiro de 1968:

Art. 1º Todo Membro da Organização Internacional do Trabalho que ratificar a presente convenção se compromete a aplicá-la por meio de leis ou regulamentos, coletâneas de normas práticas ou por outras medidas apropriadas. Ao aplicar-se as disposições da convenção, a autoridade competente consultará representantes dos empregados e trabalhadores.

Art. 2º (...) 1. A presente convenção **se aplica a todas as atividades** que acarretam a exposição de trabalhadores às **radiações ionizantes**, durante o trabalho.

Art. 3º (...) 1. A luz da evolução dos conhecimentos, todas as medidas adequadas serão tomadas para assegurar uma **proteção eficaz** dos trabalhadores **contra as radiações ionizantes,** do ponto de vista da sua saúde e segurança.

Art. 5º Todos os esforços devem ser feitos para reduzir ao nível mais baixo possível a exposição dos trabalhadores às radiações ionizantes e **qualquer exposição inútil deve ser evitada** por todas as partes interessadas.

Convenção n. 148 da OIT: Proteção dos Trabalhadores contra os riscos profissionais devidos à **contaminação do ar,** promulgada no Brasil pelo Decreto n. 93.413, de 15 de outubro de 1986:

Lembrando as disposições das Convenções e Recomendações Internacionais do Trabalho pertinentes, em especial, (...) a Convenção e a Recomendação sobre a **Proteção contra as Radiações, 1960** ...

Artigo 1º (...) 1. A presente Convenção aplica-se a todos os ramos de atividade econômica.

Artigo 3º Para fins da presente Convenção:

a) a expressão 'contaminação do ar', compreende o ar contaminado por substâncias que, qualquer que seja seu estado físico, sejam nocivas à saúde ou contenham qualquer outro tipo de perigo;

Artigo 4º (...) 1. A legislação nacional deverá dispor sobre a adoção de medidas no local de trabalho para **prevenir e limitar os riscos profissionais** devidos à contaminação do ar, ao ruído e às vibrações, e para proteger os trabalhadores contra tais riscos (...).

Convenção n. 155 da OIT: Segurança e **Saúde dos Trabalhadores** e o Meio Ambiente de Trabalho, promulgada no Brasil pelo Decreto n. 1.254 de 29 de setembro de 1994:

Artigo 4º (...) 2. Essa política terá como objetivo **prevenir os acidentes e os danos à saúde** que forem consequência do trabalho, tenham relação com a atividade de trabalho, ou se apresentarem durante o trabalho, reduzindo ao mínimo, na medida que for razoável e possível, as causas dos riscos inerentes ao meio ambiente de trabalho.

Artigo 8º Todo Membro deverá adotar, **por via legislativa ou regulamentar** ou por qualquer outro método de acordo com as condições e a prática nacionais, e em **consulta às organizações representativas** de empregadores e de trabalhadores interessadas, as medidas necessárias para tornar efetivo o art. 4º da presente Convenção.

Com a finalidade de tornar efetiva a política referida no artigo 4 da presente Convenção, a autoridade ou as autoridades competentes deverão garantir a **realização progressiva** das seguintes tarefas: (...)

b) a determinação das operações e processos que serão proibidos, limitados ou sujeitos à autorização ou ao controle da autoridade ou autoridades competentes, assim como a determinação das substâncias e **agentes aos quais estará proibida a exposição** no trabalho (...)

Verificando essas normas internacionais, ratificadas pelo Brasil, não há dúvida de que toda cautela é pouca quando se trata de prevenir acidentes e doenças ocupacionais, sobretudo aqueles provocados por agentes nocivos, como é o caso da radiação ionizante. A tutela há que ser plena e progressiva, de sorte que qualquer tentativa normativa que pretenda reduzir o espectro protetivo, a exemplo do que fez a Portaria n. 595/2015 do Ministério do Trabalho, está

---

[32] OLIVEIRA. Sebastião Geraldo de. *Proteção jurídica à saúde do trabalhador*. 5. ed. rev. ampl. e atual. São Paulo: LTr, 2010. p. 71/72.

fadada à invalidade. Quanto mais perigosa for a operação, e mais exposto o trabalhador estiver ao perigo, maior deverá ser o cuidado exigido para a prevenção.

"O risco do negócio é sempre do empregador; assim sendo, quanto mais perigosa a operação, quanto mais exposto a risco estiver o empregado, tanto mais cuidado se exige daquele quanto à prevenção de acidentes." (TRT, 3ª Região, RO n. 1616-2005-075-03-00-7, 2ª Turma, Rel. Juiz Sebastião Geraldo de Oliveira, DJ 18.08.2006)

Essa máxima ganha relevância quando se está diante de radiação ionizante, considerada um dos agentes mais perigosos e letais para o organismo humano. Da simples distinção conceitual entre radiações ionizantes e não ionizantes, constata-se a proeminente gravidade das primeiras. Oberve-se o texto formulado pelo *The Federal Communications Commission (FCC)*, EUA:

> As **radiações ionizantes** são ondas eletromagnéticas de frequência muito elevada (raios X e gama), que contêm energia fotônica suficiente para produzir a ionização (conversão de átomos ou partes de moléculas em íons com carga elétrica positiva ou negativa) mediante a ruptura dos enlaces atômicos que mantêm unidas as moléculas na célula.
>
> As **radiações não ionizantes** constituem, em geral, a parte do espectro eletromagnético cuja energia fotônica é demasiado débil para romper as ligações atômicas. Entre elas encontram-se a radiação ultravioleta, a luz visível, a radiação infravermelha, os campos de radio frequências e microondas, os campos de muito baixas frequências e os campos elétricos e magnéticos estáticos.
>
> As *radiações não ionizantes*, mesmo quando são de alta intensidade, não podem causar ionização num sistema biológico. Contudo, provou-se que essas radiações produzem outros efeitos biológicos, como por exemplo, aquecimento, alteração das reações químicas ou indução de correntes elétricas nos tecidos e nas células[33].

Ora, se até mesmo a exposição às radiações não ionizantes, a exemplo da telefonia celular, vem ganhando progressiva proteção normativa internacional, com maior razão deve existir tutela aos trabalhadores expostos às gravíssimas radiações ionizantes, a exemplo dos operadores de aparelhos de raios-X e dos profissionais da saúde que laboram em áreas cuja utilização desses aparelhos seja frequente. Qualquer tentativa de mitigar essa tutela, como fez a indigitada Portaria n. 595/2015 do Ministério do Trabalho, contraria o bom senso e o sentido de todo o aparato normativo, constitucional e internacional, sobre o tema.

O mesmo se diga acerca da tentativa espúria de desconsiderar o enquadramento periculoso nos casos de exposição intermitente à radiação ionizante. A Portaria n. 595/2015, ainda que de forma implícita, parte dessa premissa, quando declara que não são classificadas como sala de irradiação, em razão do uso do equipamento móvel de raios-X, as áreas de emergência, CTI, sala de recuperação e leitos de internação.

Em primeiro lugar, impende esclarecer que **o agente tipificador**, acerca do trabalho tido como periculoso, é a **emissão da radiação ionizante e não o aparelho** que a emite. Com efeito, seja o aparelho de raios-X fixo ou móvel, o que importa é a emissão da energia fotônica que expõe os trabalhadores aos riscos decorrentes da radiação.

> ADICIONAL DE PERICULOSIDADE. RADIAÇÃO IONIZANTE. O autor laborava em área onde eram desenvolvidas operações com aparelho de raio-x, exposto a radiações ionizantes, o que enseja o **direito ao** pagamento do **adicional de periculosidade**, em face do risco iminente de dano efetivo a que estava exposto. Nesses termos, a decisão regional foi proferida em contrariedade à jurisprudência desta Corte, consubstanciada na OJ n. 345 da SBDI-1 do TST, que garante plena aplicação da regulamentação ministerial que reputa como perigosas as atividades realizadas em contato com radiação ionizante. (TST-RR-20137-67.2014.5.04.0004. 2ª Turma. Rel. Min. José Roberto Freire Pimenta. DEJT: 11.03.2016)

Não bastasse isso, a **Convenção n. 115 da OIT**, "*sobre a Proteção Contra as Radiações*", de 1960, ratificada pelo Brasil, estabelece em seu art. 12 que '*Todos os trabalhadores diretamente sujeitos a trabalhos sob radiação devem submeter-se a um exame médico apropriado antes ou pouco tempo depois da sujeição a tais trabalhos*. Verifica-se que em nenhum momento o aludido Tratado universal sobre o tema fez distinção quanto à mobilidade dos aparelhos emissores ou à exposição, permanente ou intermitente, dos trabalhadores.

Há, pois, uma nítida impropriedade na Nota Técnica n. 75/2015, que fundamenta as alterações trazidas pela Portaria n. 595/2015 no fato de que o adicional de periculosidade seria '*representado pelo contato permanente do empregado*

---

[33] Disponível em: <http://domoterapia.com.br/website/conceito-de-radiacao-ionizantes-e-nao-ionizantes/>. Acesso em: 19 abr. 2016.

com materiais ou formas de energia que eventualmente podem reagir e atingir a integridade física de forma violenta, tais como explosivos, inflamáveis ou energia elétrica'.

Aludida premissa mostra-se equivocada, confrontando-se, até mesmo, com o entendimento jurisprudencial uniforme do TST (Súmula n. 364), para quem o direito ao adicional de periculosidade *não se restringe ao empregado exposto permanentemente às condições de risco, mas se estende aos trabalhadores expostos de **forma intermitente***, caso dos profissionais de saúde que atuam em ambientes onde há o uso do equipamento móvel de radiologia.

5 DA FALTA DE CIENTIFICIDADE DA PORTARIA N. 595/2015

Importa destacar que a Nota Técnica n. 75/2015, ou qualquer outra que acompanhou o texto da Portaria n. 595/2015 do Ministério do Trabalho, em nenhum momento adentrou no tema dos níveis de tolerância da radiação, tampouco se baseou em qualquer fundamento científico acerca da suposta ausência de risco para os profissionais que atuam em ambientes em que se realizam operações radiológicas com aparelhos móveis de raios-X.

Hoje, é sabido que não existe dosagem segura de exposição ao raio-X e mesmo nos caso de baixas ou reduzidas doses, a radiação ionizante tem efeito acumulativo no organismo dos trabalhadores que operam aparelhos de raios-X, sejam eles móveis ou fixos. Vale dizer, qualquer exposição à nociva radiação ionizante implica risco à saúde e à vida do trabalhador[34].

> ADICIONAL DE PERICULOSIDADE. RADIAÇÕES IONIZANTES. O adicional de periculosidade é devido ao trabalhador exposto a possíveis infortúnios decorrentes do trabalho exposto a radiações ionizantes em áreas de risco, *independente de limites de tolerância*. (TRT 4ª Região. RO n. 0000654-62.2012.5.04.0411. 11ª Turma. Rel. Des. João Ghisleni Filho. DEJT: 20.3.2014)

No que diz respeito ao caso específico desses profissionais que utilizam aparelhos móveis de raios-X, importa sublinhar o tratamento dispensado pela Agência Nacional de Vigilância Sanitária (ANVISA), vinculada ao Ministério da Saúde e responsável pelo licenciamento e fiscalização dos estabelecimentos que utilizam esses equipamentos em diagnósticos médicos[35].

Ao disciplinar a utilização dos equipamentos móveis de raios-X para a realização de exames radiológicos em leitos hospitalares e ambientes coletivos de internação, o *Regulamento Técnico*, aprovado pela Portaria n. 453/1998 da ANVISA[36], é enfático ao permitir tal procedimento apenas quando for inevitável transferir o paciente para uma área com o equipamento fixo.

Aludida norma evidencia a periculosidade da utilização do equipamento móvel de raios-X. Eis o que se extrai do subitem "4.27" do *Regulamento Técnico* da ANVISA:

> (...) 4.27 A realização de exames radiológicos com equipamentos móveis em leitos hospitalares ou ambientes coletivos de internação, tais como unidades de tratamento intensivo e berçários, somente será permitida quando for inexequível ou clinicamente inaceitável transferir o paciente para uma instalação com equipamento fixo. Neste caso, além dos requisitos acima, deve ser adotada uma das seguintes medidas:
>
> a) Os demais pacientes que não puderem ser removidos do ambiente devem ser protegidos da radiação espalhada por uma barreira protetora (proteção de corpo inteiro) com, no mínimo, 0,5 mm equivalentes de chumbo.
>
> b) Os demais pacientes que não puderem ser removidos do ambiente devem ser posicionados de modo que nenhuma parte do corpo esteja a menos de 2 metros do cabeçote ou do receptor de imagem. (...)(g. n.)

De uma simples leitura desse texto normativo percebe-se que, mesmo em se tratando de aparelhos móveis de raios-X, a radiação ionizante emitida é de alta periculosidade e prejudicial à saúde humana. Deveras, a intensidade

---

(34) Segue um *link* extraído do *site* da Fundação Oswaldo Cruz, que atesta esse fato científico (doses de radiação): <http://www.fiocruz.br/biosseguranca/Bis/lab_virtual/radiacao.html>.
(35) Conforme a Portaria SVS/MS n. 452/1998 do Ministério da Saúde.
(36) Portaria SVS/MS n. 453/1998.

entre as radiações provenientes de aparelhos fixos ou móveis só traz uma distinção prática: a área de risco produzida. Enquanto a do aparelho fixo é de 3 (três) metros, a do móvel é de 2 (dois) metros.

Contudo, em face da natureza de onda eletromagnética, a radiação se espraia pelo ambiente, transformando-o em área de risco, sobretudo se não houver blindagens nas divisórias e paredes, nem a utilização de proteção de plumbíferos (*v. g.*: aventais de chumbo). Logo, o perigo existe até mesmo àqueles que trabalham nas proximidades do equipamento de raios-X móvel, sejam eles enfermeiros, médicos, técnicos de radiologia ou de enfermagem.

> PERICULOSIDADE. TRABALHO NAS PROXIMIDADES DE FONTE DE RADIAÇÃO IONIZANTE. Comprovado através de perícia que o labor do empregado era realizado em **condições perigosas, porquanto nas proximidades de equipamento** que traz exposição do trabalhador a radiações ionizantes ou substâncias radioativas, sendo potencialmente prejudicial à sua saúde, sem que houvesse como evitar ou eliminar o risco em potencial oriundo de tais atividades, procede a condenação da empresa no pagamento do adicional de periculosidade. (TRT 13ª Região. RO n. 0119200-47.2014.5.13.0026. 2ª Turma. Rel. Conv. Ana Paula de Azevedo Porto. DEJT: 19.11.15)

A Nota Explicativa inserida pela Portaria n. 595/2015, ao Quadro Anexo da Portaria n. 518/2003, desprezou todas essas normativas e diretivas técnicas que sinalizam para o alto risco inerente ao trabalho de todos os profissionais que se expõem à radiação ionizante. Com a palavra, a Engenheira Civil e de Segurança do Trabalho, Dra. Fernanda Giannasi, umas das maiores autoridades no assunto:

> "***Não há doses seguras de exposição ao raio-x.*** Atualmente, as denominadas *baixas* doses de radiação são as mais estudadas pelos efeitos de longa latência e pelos efeitos crônicos causados, relacionados principalmente ao *câncer*. Enquanto as denominadas "altas" doses têm efeitos agudos e causam acidentes, com vítimas em geral fatais (tais como nos acidentes de Fukushima, Chernobyl, Goiânia etc.), os efeitos das radiações nos seres humanos podem ocorrer de forma determinística ou estocástica.
>
> O primeiro efeito, causado de forma determinística, decorre da exposição a altas doses de radiações e tem como consequências a catarata, radiodermites, fadiga e náuseas, queimaduras, entre outros gravíssimos sintomas, e via de regra leva à morte.
>
> O segundo efeito, causado de forma estocástica, acontece com o **acúmulo de pequenas doses a longo prazo e pode acarretar**, entre outras intercorrências, câncer, sendo que os tecidos mais sensíveis à radiação são os gonadais, mamário, da medula óssea e linfático. Desse modo, qualquer exposição à radiação ionizante acarreta risco à saúde e à vida do trabalhador. (...)"[37].

A jurisprudência já se deu conta acerca dessa ilação técnica, conforme se verifica do aresto do TRT da 4ª Região, um dos mais sensíveis às questões de saúde do trabalhador:

DOENÇA OCUPACIONAL. EXPOSIÇÃO A RAIO-X. CÂNCER DE MAMA. A exposição continuada a raio-x em condições de trabalho em que inexiste proteção eficaz é fator de risco a ser considerado na **ocorrência de câncer**. Reconhecimento de doença ocupacional por nexo de concausalidade. Na ausência de outros fatores de risco conhecidos, salvo a idade do trabalhador, **a radiação ionizante constitui risco predominante** e acarreta responsabilidade majoritária para o empregador que não adotou as medidas preventivas necessárias. (TRT 4ª Região. RO n. 0000242-37.2011.5.04.0292. 6ª Turma. Relator: Des. José Felipe Ledur. DEJT: 4.7.2013)

Oportuno transcrever parte da escorreita fundamentação deste processo utilizado como precedente:

"As máquinas de raio-x são desenhadas de forma a limitar essa dissipação fazendo com que a saída se dê por meio de um duto, como um canhão, o que permite direcionar o feixe de radiação. Contudo, **mesmo direcionada e em linha reta, a radiação se espalha** (como acontece, por exemplo, com a luz de uma lanterna). Por isso, ainda que a máquina esteja apontada para o local a ser radiografado, **toda área contígua recebe a radiação** (...). Assim, embora a descarga da raio-x seja direcionada, em cada disparo uma pequena quantidade de **radiação ionizante é liberada por todo o ambiente** — por dissipação, reflexão ou fuga.

---

(37) GIANNASI. Fernanda. *Parecer sobre a Portaria n. 595/2015 do MTE que revogou o direito ao adicional de periculosidade aos expostos às radiações provenientes de aparelhos móveis de raios-X*, 2015.

Mesmo pequena, essa radiação pode ser danosa e implica risco às pessoas próximas. Como possui *efeito cumulativo*, esse risco se multiplica à medida que as pessoas são expostas de forma repetida. E mesmo ambientes separados por paredes são afetados já que **o raio-x consegue atravessar a alvenaria comum**. Por isso, salas de radiografia exigem instalações especiais e seus operadores têm de trabalhar com proteção específica.

Desde a década de 1930 sabe-se que o raio-x é prejudicial à saúde, estando associado ao risco de desenvolvimento de câncer. Nos últimos 80 anos, a ciência apenas confirmou esse risco, compreendendo melhor sua extensão e funcionamento. Os estudos médicos nesse sentido são abundantes e levam a restrições severas para o uso seguro do raio-x (com dados de <http://pt.wikipedia.org/wiki/Radiação_ionizante>, <http://en.wikipedia.org/wiki/Ionizing_radiation www.cancer.gov/cancertopics/wyntk>). (TRT 4ª Região. RO n. 00242-37.2011.5.04.0292. 6ª T., Rel. Des. José Felipe Ledur. DEJT: 04.07.13)

Além desses argumentos técnicos e científicos, a Dra. Fernanda Giannasi aponta importante contradição da Portaria n. 518/2003 quando, em suas considerações iniciais, acertadamente, diz que "*qualquer exposição do trabalhador às radiações ionizantes ou substâncias radioativas é potencialmente prejudicial à saúde*" e que "*o presente estado da tecnologia nuclear não permite evitar, ou reduzir a zero, o risco em potencial oriundo de tais atividades, sob pena de impor à sociedade custo tão elevado que dificilmente o mesmo seria justificado*", para depois, na Nota Explicativa inserida pela Portaria n. 595/2015, excluir do enquadramento perigoso os trabalhadores expostos à radiação ionizante proveniente de aparelho móvel de raios-X, utilizado em áreas de emergência centros de tratamento intensivo, salas de recuperação e leitos de internação.

Por tais razões ao final de seu Parecer técnico, Giannasi arremata:

"Do exposto, somos pelo parecer de que a Portaria n. 595/2015 carece dos requisitos técnicos mínimos para sua subsistência e padece de vícios formais e de conteúdo que exigem sua imediata e completa revogação"[38].

6 DA NECESSIDADE DE O DIREITO RESPONDER ÀS NOVAS DEMANDAS ORIUNDAS DOS AVANÇOS TECNOLÓGICOS

Se durante todo o século XX, lutou-se para impedir que o trabalho fosse reduzido a mera mercadoria, no início deste o objetivo é maior: impedir que a própria pessoa do trabalhador seja reduzida a condição mercantil, justamente neste momento em que as novas tecnologias e a exigência de intensificação dos ritmos das tarefas vêm precarizando o ambiente de trabalho, aumentando os riscos a ele inerentes e, por conseguinte, fomentando o número de acidentes e doenças ocupacionais[39]. Eis o desafio atual.

O avanço cibernético, sobretudo a nanotecnologia, sob o mote de propiciar conforto ao consumidor, instiga a concentração de várias ferramentas em micros e remotos espaços. Tal fenômeno não pode servir de justificativa para expor o cidadão e o trabalhador a novos riscos. E aqui trazemos dois exemplos emblemáticos e atuais.

O primeiro diz respeito à superexposição às radiações *não ionizantes*, de que são exemplos as antenas e os aparelhos de telefonia celular. O segundo incide justamente no caso em que versa o Parecer, qual seja, a exposição dos trabalhadores às radiações *ionizantes*, caso dos profissionais que operam aparelhos móveis de raios-X em diagnósticos médicos e dos demais trabalhadores que desempenham suas atividades laborativas em ambientes cujos equipamentos móveis são utilizados.

Ambos os exemplos importam graves riscos à saúde do trabalhador. E são riscos novos, que surgem a partir de cada nova descoberta ou avanço tecnológico. A tendência mundial é que referidos aparelhos portáteis substituam todos os aparelhos fixos, fenômeno similar ao ocorrido com os microcomputadores. O tamanho do aparelho não significa que sua potência na emissão de raios-X seja menor, necessariamente. A tecnologia se aperfeiçoa justamente para atender a esse binômio: redução do tamanho e aumento da eficiência dos equipamentos.

O direito, conforme visto antes, na parte em que descrevemos a reflexividade e legitimidade da norma jurídica, não pode ignorar as recentes demandas ocupacionais. Se por um lado a sociedade avança, ao obter maior conforto por

---

[38] GIANNASI. Fernanda. *Parecer sobre a Portaria n. 595/2015 do MTE que revogou o direito ao adicional de periculosidade aos expostos às radiações provenientes de aparelhos móveis de raios-X*, 2015.
[39] GEMIGNANI, Tereza Aparecida Asta; GEMIGNANI, Daniel. Meio ambiente de trabalho: precaução e prevenção, princípios norteadores de um novo padrão normativo. *Revista Fórum Trabalhista* — RFT, Belo Horizonte, ano 1, n. 1, p. 147, jul./ago. 2012.

meio de novas ferramentas tecnológicas, de outro, tem o ônus de investigar os novos riscos à saúde que o atual cenário causa ou potencialmente possa vir a causar.

Nos últimos tempos, a jurisprudência avançou para tutelar não apenas os danos consumados, mas também os danos em potencial. Impende lembrar que o art. 5º, XXXV, da CF/88 reza que não será excluída da apreciação do Poder Judiciário "a lesão ou *ameaça a direito*".

> "Dano moral — *O trabalho em condições inseguras* e degradantes enseja o pagamento de indenização por dano moral." (TRT 3ª R.; Processo: 00903-2012-151-03-00-7 RO; 7ª T.; Rel. Luis Felipe Lopes Boson; Publicação: 3.5.2013)

> "(...) *expondo a reclamante ao risco de se contaminar*, o que por certo lhe trouxe medos, angústias e constrangimentos, está demonstrado o dano moral passível de indenização." (TRT 3ª R.; Processo: 02074-2012-152-03-00-3 RO; 5ª T.; Rel. Lucilde D'Ajuda de Almeida; Publicação: 2.6.2014)

> "Para a configuração da periculosidade torna despicienda a medição dos níveis de radiação no local de trabalho, porquanto a periculosidade *decorre do próprio risco potencial e aleatório*, e não apenas de fator cumulativo que enseja a insalubridade". (TST-RR-785535-05.2001.5.04.5555. 3ª Turma. Rel. Min. Carlos Alberto Reis de Paula. DJ 15.6.2007)

Não por acaso que a Agência Internacional de Pesquisa sobre Câncer (*IARC*, na sigla em inglês), vinculada à Organização Mundial de Saúde — OMS, trouxe, no campo das radiações *não ionizantes*, recente classificação de risco em três tipos de exposição eletromagnética, quais sejam: a) Exposições ocupacionais a microondas e radar; b) Exposições ambientais associadas à transmissão de sinais de rádio, televisão e telecomunicações sem fio; c) Exposições pessoais ao uso de telefones sem fio.

Veja-se, a título ilustrativo, que a IARC concluiu que a exposição em geral aos campos eletromagnéticos é de classificação mundial 2B, o que significa *possivelmente cancerígeno para humanos*, decorrendo daí a necessidade de estudos, prevenção e monitoração dos riscos.

Ainda, em tom ilustrativo, merece alusão o disposto no art. 7º do Regulamento anexo à Resolução n. 303 da Anatel, a qual regulamenta a exposição a campos eletromagnéticos, *verbis*:

> Art. 7º A indivíduos sujeitos a exposição ocupacional que não tenham recebido treinamento, ou que não estejam cientes da sua exposição a CEMRF, aplicam-se os limites estabelecidos na Tabela II.

Nos moldes da Regulamentação acima, ao trabalhador que não for informado e não estiver ciente de sua exposição a CEMRF, aplicam-se os limites de exposição previstos para a população em geral.

Em igual sentido é a Convenção n. 139 da OIT que cuida da prevenção e controle de riscos profissionais causados pelas substâncias ou agentes cancerígenos. Ela se baseia, dentre outros diplomas normativos, na Recomendação sobre a proteção contra as radiações, de 1960 e, em seu art. 3º, dispõe:

> "Todo Membro que ratifique a presente Convenção deverá prescrever as medidas a serem tomadas para *proteger os trabalhadores contra os riscos* de exposição a substâncias ou *agentes cancerígenos* e deverá assegurar o estabelecimento de um sistema apropriado de registros. (...)"

O Brasil é um dos membros que ratificou e promulgou esta Convenção por meio do Decreto n. 157, de 2 de julho de 1992. Portanto, suas regras se incorporaram ao direito interno pátrio.

Percebe-se, portanto, que houve significativo avanço nos estudos e na literatura médica acerca das ondas eletromagnéticas relacionadas à telefonia celular, as quais indicam que a *exposição geral* é cancerígena para a população e, com maior razão, aos trabalhadores afetos a esse campo magnético.

Da mesma forma a jurisprudência mais atenta vem dando resposta adequada às demandas envolvendo novas espécies de riscos ao trabalho, como se vê do aresto abaixo, em processo em que tivemos a oportunidade de atuar na defesa da vítima desse novo dano que atinge os trabalhadores expostos à radiação *não ionizante*:

TELEFONIA MÓVEL — CELULAR — RADIAÇÃO NÃO IONIZANTE — NEOPLASIA MALIGNA — PRINCÍPIO DA PRECAUÇÃO. O autor trabalhou diretamente nas torres de antenas de transmissão e recepção de sinais de telecomunicações por mais de 15 anos, estando exposto a ondas eletromagnéticas, desenvolvendo câncer e aposentado por invalidez aos 37 anos de idade. (...) Houve exposição superior aos limites toleráveis, sem avaliação do risco ocupacional. Estudo da Agência Internacional de Pesquisa sobre Câncer — IARC, vinculada à OMS, avaliou e classificou três tipos de exposição magnética, concluindo, quanto às telecomunicações sem fio, que a exposição em geral aos campos eletromagnéticos é de classificação mundial 2B, o que significa "possivelmente cancerígeno para humanos", havendo necessidade de estudos, prevenção e monitoração dos riscos. (...) A reclamada não tomou as medidas necessárias para proteger a saúde de seus empregados, desrespeitando o princípio de saúde ambiental da precaução e da proteção. (...) O dever geral de cautela assume maior relevância no caso em análise diante da atividade da empresa que inegavelmente expõe a risco o trabalhador, imputando ao empregador a responsabilidade pelo infortúnio. Considerando que as condições de trabalho concorreram de forma significativa para a neoplasia maligna que acometeu o Autor, faz jus à indenização pelos danos morais e materiais sofridos. (TRT-PR-05608-2004-015-09-00-2 — 7ª Turma, Rel. Nair Maria Lunardelli Ramos, DEJT: 28-11-2014)

O avanço, que ora noticiamos, diz respeito à proteção dos trabalhadores acerca das radiações *não ionizantes* (telefonia, por exemplo). Com maior razão, o Direito deve tutelar os empregados expostos à radiação *ionizante*, a qual é bem *mais ofensiva* e letal ao organismo humano.

Oportuno consignar, a propósito, alguns dos mais importantes pressupostos que amparam o *Regulamento Técnico* aprovado pela Portaria n. 453/1998 da ANVISA e que se encontram estribados nas recentes diretivas de proteção radiológica da Organização Mundial da Saúde:

"Considerando:

— a expansão do uso das radiações ionizantes na Medicina e Odontologia no país;

— **os riscos** inerentes ao uso **das radiações ionizantes** e a necessidade de se estabelecer uma política nacional de proteção radiológica na área de radiodiagnóstico;

— que as **exposições radiológicas para fins de saúde constituem a principal fonte de exposição da população** a fontes artificiais de radiação ionizante;

— que o uso das **radiações ionizantes** representa um grande avanço na medicina, **requerendo**, entretanto, que as práticas que dão origem a exposições radiológicas na saúde sejam efetuadas em **condições otimizadas de proteção**; (...)

— a necessidade de garantir a qualidade dos serviços de radiodiagnóstico prestados à população, assim como de assegurar os **requisitos mínimos de proteção radiológica aos pacientes, aos profissionais e ao público em geral**; (...)

— as recentes **Diretrizes Básicas de Proteção Radiológica** estabelecidas em conjunto pela **Organização Mundial da Saúde**, Organização Pan-americana da Saúde, Organização Internacional do Trabalho, Organização de Alimento e Agricultura, Agência de Energia Nuclear e Agência Internacional de Energia Atômica; (...)"

Ainda cabe registrar que o *Regulamento Técnico,* anexo à Portaria n. 453/1998 da então Secretaria de Vigilância Sanitária, segue a mesma diretriz das normas já mencionadas no sentido de *não diferenciar* as atividades envolvendo a radiação ionizante, a partir do aparelho de raios-X, *móvel ou fixo*, utilizado pelo estabelecimento de saúde.

Nessa toada, eis o que se extrai do referido *Regulamento Técnico*:

CAMPO DE APLICAÇÃO

1.3 Este Regulamento deve ser adotado em todo o território nacional pelas pessoas jurídicas e físicas, de direito privado e público, envolvidas com:

b) A prestação de serviços que implicam na utilização raios-x diagnósticos para fins médicos e odontológicos.

c) A utilização dos raios-x diagnósticos nas atividades de pesquisa biomédica e de ensino. (...)

2.5 Fica proibida toda exposição que não possa ser justificada, incluindo:

a) Exposição deliberada de seres humanos aos raios-x diagnósticos com o objetivo único de demonstração, treinamento ou outros fins que contrariem o princípio da justificação. (...)(g. n.)

Diante da inegável importância do tema afeto aos trabalhadores expostos à radiação ionizante em estabelecimentos de saúde, chega a causar espanto a simplicidade da Nota Explicativa trazida pela Portaria n. 595/2015, ao declarar que *"não são consideradas perigosas as atividades desenvolvidas em áreas que utilizam equipamentos móveis de Raios-X para diagnóstico médico"*. Pior: a Portaria edita Nota Explicativa, com força de lei, em flagrante contrariedade a todas as diretivas científicas e jurídicas sobre o tema.

Como se vê, em nenhum momento as normativas, nacionais e internacionais, fazem qualquer distinção entre o perigo da exposição provocada por equipamentos radiológicos móveis ou fixos. Até porque não há base científica que justifique essa distinção de tratamento, devendo prevalecer, no mínimo, medidas de *precaução* sobre este agente com efeitos tão graves e danosos ao ser humano.

Tanto é assim que em nenhum momento a Portaria n. 595/2015 trouxe qualquer dado empírico, estudo médico ou profícuo que a justificasse ou servisse de supedâneo para emitir sua infausta Nota Explicativa, a qual, por via oblíqua, aniquilou direito fundamental contemplado a quase trinta anos para os trabalhadores expostos à radiação ionizante proveniente de aparelhos radiológicos.

Importa lembrar que no campo dos acidentes e doenças ocupacionais, a chamada culpa patronal se caracteriza não apenas pelo descumprimento das normas de saúde e segurança do trabalho, mas também pela inobservância do dever geral de cautela[40]. As duas dimensões da culpa estão previstas, respectivamente, nos inciso I e II do art. 157 da CLT:

> Art. 157. Cabe às empresas: I — cumprir e fazer cumprir as normas de segurança e medicina do trabalho; II — instruir os empregados, através de ordens de serviço, quanto às precauções a tomar no sentido de evitar acidentes do trabalho ou doenças ocupacionais;

Este dever subdivide-se em prevenção e precaução. O primeiro encontra-se expresso em Norma Regulamentadora com força normativa. Trata-se da NR-1.7: "Cabe ao empregador: I — prevenir atos inseguros no desempenho do trabalho". Quanto ao **Princípio da Precaução**, a sua consolidação se deu no Princípio 15 da Declaração do Rio de Janeiro, ECO-RIO 1992, Conferência das Nações Unidas sobre o Meio Ambiente e Desenvolvimento. Assim, presente o perigo de dano grave ou irreversível, a atividade ou substância deverá ser evitada ou rigorosamente controlada; em caso de dúvida ou incerteza, também se deve agir prevenindo[41].

Interessante é a distinção doutrinária entre o *princípio da prevenção* e o *princípio da precaução*. No primeiro, previne-se porque há certeza do dano e conhecimento científico das consequências maléficas. No segundo princípio, o da precaução, previne-se porque não se sabe quais são as consequências maléficas da substância ou do empreendimento[42]; assim, por haver temerosa incerteza científica é que deve existir a cautela[43].

Aludido *princípio da precaução* é amplamente aceito no âmbito científico e deve ser aplicado não só aos empregadores[44], mas também ao legislador; seja para ampliar o espectro de proteção ao trabalhador contra os riscos inerentes ao meio ambiente do trabalho, seja para inibir o retrocesso social, a exemplo do que fez a Portaria n. 595, quando reduziu o campo de aplicação do adicional de periculosidade. Considerando que a exposição à *radiação ionizante*, provocada por equipamentos móveis de raios-X, traduz-se em temerosa incerteza científica acerca do alcance de seus efeitos maléficos, há que se aplicar o *princípio da precaução*. Vale dizer, impõe-se sejam consolidadas as normas que evitam potencialmente danos à saúde de seus operadores, além de evitar a revogação das normas preventivas já existentes.

A aludida Portaria n. 595/2015, objeto do nosso Parecer, desconsiderou todos esses aspectos científicos e atendeu tão somente à *questão economicista*, qual seja a de que o adicional de periculosidade gera passivo aos cofres públicos e aos donos de hospitais. A propósito do que estamos a constatar, observe-se o que foi dito pelo representante da FUNDACENTRO, Robson Spinelli, na *79ª Reunião Ordinária* da Comissão Tripartite Paritária Permanente (CTTP) do Ministério do Trabalho[45]:

---

(40) "A constatação da culpa da reclamada emergiu da sua conduta negligente, pois não comprovou o implemento das necessárias medidas preventivas exigidas pela ordem jurídica em matéria de segurança e saúde no trabalho, deveres anexos ao contrato de trabalho. Portanto, a reclamada, ao não se desincumbir de tal ônus probatório, acarretou a presunção de culpa e a consequente responsabilização pelo dano causado. Não configuradas as violações apontadas. Recurso não conhecido". (TST; RR 150700-86.2005.5.05.0021; 6ª T.; Rel. Min. Mauricio Godinho Delgado; DEJT 29.10.2010; p. 1150).
(41) BELFORT, Fernando José Cunha. *Meio ambiente do trabalho. Competência da Justiça do Trabalho*. São Paulo: LTr, 2003. p. 47.
(42) BELFORT, Fernando José Cunha. *Op. cit.*, p. 48.
(43) Marcelo Abelha Rodrigues esclarece que, enquanto a prevenção relaciona-se com "a adoção de medidas que corrijam ou evitem danos previsíveis, a precaução também age prevenindo, mas antes disso, evita-se o próprio risco ainda imprevisto". RODRIGUES, Marcelo Abelha. *Elementos de direito ambiental: parte geral*. São Paulo: Revista dos Tribunais, 2005. p. 207.
(44) Exegese do art. 225 da Carta Constitucional, que assegura a todo cidadão o direito a um meio ambiente ecologicamente equilibrado, aqui incluído o meio ambiente do trabalho (art. 200, VIII, da CF).
(45) Ata da Reunião disponível no sítio oficial do Ministério do Trabalho e Previdência Social: <http://portal.mte.gov.br/seg_sau/comissao-tripartite-paritaria-permanente-ctpp.htm>. Acesso em: 19 abr. 2016.

"(...) Robson comentou que existe uma grande demanda dos hospitais universitários, oriunda do próprio ministro da educação junto ao do trabalho, e que já está até em curso no processo judicial, baseado no fato de que vários profissionais (não técnicos radiológicos) entenderem que, por estarem trabalhando em enfermarias, em unidades de tratamento intensivo, e pelo fato de que, não de forma rotineira, mas esporádica, tem pacientes que são submetidos a Raios-X por meio de aparelho móvel, acreditam que aquele momento lhes garantem o adicional de periculosidade. **Acrescenta que isso poderá gerar um passivo aos cofres públicos de mais de 1 bilhão de reais**, (...)"

Essa é, pois, a argumentação recorrente que traz o patronato, seja para pressionar os legisladores à redução de direitos trabalhistas, seja para justificar que o aumento de custos com prevenções acidentárias estimula a substituição do trabalho humano pela automação, gerando perda de competitividade às empresas.

Importa assinalar a crítica de Carlos Pianovski Ruzyk acerca da análise meramente economicista da saúde do trabalhador, que não cogita da prevenção dos danos da vítima, mas apenas da *prevenção da ocorrência de custos* que prejudiquem a eficiência, e, por conseguinte, a competitividade da economia"[46].

Ora, não é ocioso lembrar que toda a ordem econômica encontra-se fundada na valorização do trabalho humano, tendo por fim assegurar a existência digna de todos, inclusive dos trabalhadores (art. 170 da CF).

Portanto, não se trata de "aumentar custos com prevenção", mas de cumprir a Constituição Federal. Já passou da hora de a classe empresarial e até mesmo o legislador mudarem seus conceitos e passarem a enxergar o trabalhador, não como uma peça de engrenagem ou insumo de produção, mas como gente de carne e osso, que respira, tem vida própria e merece tratamento digno (art. 1º, III, da CF).

Maria Francisca Carneiro observa que o atual estágio do pensamento, no campo da responsabilidade civil, tende a ampliar-se em dimensões advindas de novos modelos "de apreensão do real, que não comporta mais direitos estanques de um sujeito solitário, mas sim de pessoas em acepções mais amplas, nas diferentes esferas da personalidade humana, tuteladas juridicamente"[47].

7 OFENSA AO PRINCÍPIO DA ISONOMIA

A Portaria n. 595/2015 do Ministério do Trabalho exclui da área considerada de risco todos os trabalhadores da área da saúde, incluindo-se médicos e paramédicos, que laboram em áreas em que se operam aparelhos móveis de raios-X, presumindo, sem qualquer base científica, que tais profissionais não se sujeitam à perigosa radiação ionizante. Ao assim fazer, a Portaria malfere toda a ordem jurídica, seja porque ofende o *princípio de proibição ao retrocesso social*, no que tange à exclusão do histórico adicional de periculosidade, seja porque inquina o *princípio da precaução*, ao expor aludidos empregados a graves riscos inerentes ao trabalho, em flagrante ofensa ao art. 7º, XXII da Constituição Federal.

O mesmo se diga quanto à tentativa de excluir o direito ao adicional de periculosidade a todos os profissionais que tenham *contato intermitente* com radiações ionizantes. Ora, já se encontra assentado na doutrina e na jurisprudência (OJ n. 345 da SBDI-1 do TST) que a sujeição do trabalhador ao risco, mesmo que de forma intermitente, em parte da jornada ou em alguns dias da semana, assegura-lhe o integral direito ao adicional de periculosidade. Conforme já dissemos antes, não há comprovação científica de suposta dosimetria segura de exposição aos raios-X. Além disso, mesmo nos caso de baixas doses, a radiação ionizante se acumula no organismo daqueles que operam aparelhos radiológicos, sejam eles móveis ou fixos.

ADICIONAL DE PERICULOSIDADE — EXPOSIÇÃO À RADIAÇÃO IONIZANTE O empregado que trabalha exposto à radiação ionizante tem direito ao adicional de periculosidade. Além disso, *a sujeição do obreiro a risco intermitente* — regular contato com o agente nocivo, mesmo que somente em parte da jornada de trabalho — *dá direito ao recebimento do adicional de periculosidade*. (...) Diante da situação fática delineada no acórdão regional, resta demonstrada a exposição da obreira aos efeitos gerados pelos raios-x, o que lhe confere o direito ao adicional de periculosidade vindicado. Incidem a OJ n. 345 da SBDI-1 e a Súm. n. 364, ambas do TST. (TST-RR-709-31.2012.5.04.0017. 7ª Turma. Rel. Min. Vieira de Mello Filho. DEJT: 21.8.15)

---

(46) RUZYK, Carlos Eduardo Pianovski. *A responsabilidade civil por danos produzidos no curso de atividade econômica e a tutela da dignidade da pessoa humana: o critério do dano ineficiente*. In: RAMOS, Carmem Lucia Silveira *et al.* (coords.). *Diálogos sobre direito civil: construindo a racionalidade contemporânea*. Rio de Janeiro: Renovar, 2002. p. 138-139.
(47) CARNEIRO, Maria Francisca. Anotações sobre a responsabilidade civil no projeto do código de 1998. *Revista do Mestrado da UEM*, Maringá, ago. 98.

É preciso relembrar que, a partir dos referidos princípios constitucionais proeminentes, vivemos tempos diferentes, nos quais impera a precaução e a tutela às vítimas expostas a riscos inerentes ao trabalho. Verifica-se que até mesmo o epicentro da tutela legal é deslocado:

> "a valorização da pessoa humana, marcada pela ampla proteção de sua dignidade, deteve o elevado condão de gerar uma profunda reestruturação dos próprios alicerces da responsabilidade civil, de modo a fazer com que seu epicentro de preocupação passasse a açambarcar não apenas a recomposição do patrimônio da vítima, *tout court*, mas também a própria preservação da pessoa e a defesa de sua existência digna".[48]

Os operadores jurídicos hão de estar atentos para que o direito não se reduza a mero instrumento de eficiência econômica em sua concepção patrimonialista.

Ao contrário, devem partir de uma concepção existencialista, enxergando e tutelando a vítima do dano (ainda que de um dano potencial), a partir do *princípio da dignidade da pessoa humana*. Tal desiderato só será possível quando substituirmos a velha e míope interpretação gramatical pela adequada interpretação sistêmica que prestigia os valores sociais e proeminentes da Constituição Federal.

> "A disposição é então, nesta interpretação *(teleológica e sistematizada)*, válida. Disto decorre, então, que de entre várias interpretações possíveis segundo os demais critérios sempre obtém preferência aquela que melhor concorde com os *princípios* da Constituição. 'Conformidade à Constituição' é portanto, um critério de interpretação".[49]

Ademais, não se pode tratar os iguais de forma desigual, conforme dispõe o *princípio da isonomia*. A exposição à radiação ionizante surte os mesmos efeitos danosos, quando emitida por aparelho fixo ou móvel. As aludidas normativas da ANVISA deixam claro esse fato. Ademais, em salas de irradiação com aparelhos fixos de raios-X o cuidado e a proteção são até superiores, vez que nestes ambientes próprios sempre há cabines de isolamento e avental de chumbo aos operadores de radiologia; cautelas que não existem em relação aos demais profissionais que laboram com equipamentos móveis de raios-X.

A ofensa ao *princípio da isonomia* fica gritante quando se percebe que o Ministério do Trabalho, ao esclarecer o alcance de sua indigitada Portaria, fez questão de dizer que a exclusão do enquadramento da atividade como perigosa não atinge os *técnicos em radiologia*, mas apenas os outros profissionais que laboram nas áreas em que se opera o aparelho móvel de raios-X. Senão vejamos:

Resposta do Ministério, através do Ofício n. 102/GM/MTPS e da Nota Técnica n. 225/2015/CGNOR/DSST/SIT de 23.10.2015, ao pedido de revogação da Portaria n. 595/2015 feito pelo Sindicato dos Médicos do Rio Grande Sul:

> "(...). Por fim, reitera-se que a Nota Explicativa inserida pela Portaria n. 595/15 *não retira nenhum direito dos Técnicos em Radiologia que operam equipamentos móveis de raios-x*. É imperativo observar que a Nota busca esclarecer que o simples fato de laborar em uma área em que é utilizado um equipamento móvel de raios-x não gera o direito a percepção do adicional de periculosidade, ou seja, que os *profissionais (médicos, enfermeiros, Técnicos em enfermagem e outros)* que laboram em áreas tais como emergências, centro de tratamento intensivo, sala de recuperação e leitos de internação *não tem direito ao adicional em razão da utilização destes equipamentos.*"

Ora, essa distinção é injustificável e fere até mesmo o bom senso. Como podemos admitir que um operador de aparelho de raio-X móvel tenha direito ao adicional de periculosidade, pelo simples fato de ser *técnico em radiologia* e, outro, que opera o mesmo aparelho, e portanto exposto às mesmas radiações ionizantes, não tenha direito ao adicional pelo simples fato de ser um médico ou profissional da enfermagem?

Esse tratamento tem nome: discriminação. E nesse sentido é abusiva por ofensa ao dispositivo constitucional que veda qualquer tipo de discriminação (art. 3º, IV, da CF) e ofende o *princípio da isonomia* (art. 5º, da CF).

---

(48) MARANHÃO, Ney Stany Morais. *Responsabilidade civil objetiva pelo risco da atividade*. Uma perspectiva civil-constitucional. RJ: Forense; SP: Método, 2010. p. 177.
(49) LARENZ, Karl. *Metodologia da ciência do direito*. 3. ed. Lisboa: Calouste Gulbenkian, 1997. p. 411.

A propósito desse tema, transcreva-se ementa do Egrégio Tribunal Regional do Trabalho da 3ª Região, lavrado pela saudosa Desembargadora Alice Monteiro de Barros:

> Princípio da isonomia. O princípio da isonomia garantido no diploma constitucional é amplo e assegura ao indivíduo de se insurgir contra a má utilização que possa ser feita da ordem jurídica, prevenindo o indivíduo contra o arbítrio e a discriminação.

Alice Monteiro de Barros acrescenta que uma das dimensões do *princípio isonômico* é protetiva, "vedando que a lei e os particulares imponham ônus e restrições a alguém com base em elemento diferenciador infundado — nesse caso, a norma ou a conduta viciosa será atacada pelo lesado com o propósito de anulá-la, preservando o direito subjetivo lesado"[50].

É, pois, o caso da Portaria n. 595/2015, que deverá ser declarada **inconstitucional.** Pelo sistema difuso, *incidenter tantum,* a inconstitucionalidade pode e deve ser declarada por qualquer julgador do caso concreto; pelo sistema concentrado, por meio de ação direta de inconstitucionalidade por qualquer das pessoas relacionadas no art. 103 da Carta Constitucional.

Nesse sentido atesta a melhor doutrina de José Afonso da Silva:

> "(...) A inconstitucionalidade revela-se em se impor obrigação, dever, ônus, sanção ou qualquer sacrifício a pessoas ou grupos de pessoas, discriminando-as em face de outros na mesma situação que, assim, permaneceram em condições mais favoráveis. O ato é inconstitucional por fazer discriminação não autorizada entre pessoas em situação de igualdade. Aqui a solução está na declaração de inconstitucionalidade do ato discriminatório em relação a quantos o solicitarem o Poder Judiciário, cabendo também a ação direta de inconstitucionalidade por qualquer das pessoas indicadas no art. 103."[51]

8 NORMAS REGULAMENTADORAS (NR DO MINISTÉRIO DO TRABALHO)

A CLT contém disposições expressas no sentido de que o Ministério do Trabalho detém competência para estabelecer normas pertinentes à prevenção de acidentes e doenças ocupacionais e à proteção do trabalhador exposto a radiações ionizantes e não ionizantes. Nesse sentido são os arts. 155 e 200 da CLT:

Art. 155. Incumbe ao órgão de âmbito nacional competente em matéria de segurança e medicina do trabalho: I — estabelecer, nos limites de sua competência, normas sobre a aplicação dos preceitos deste Capítulo, especialmente os referidos no art. 200;

Art. 200. Cabe ao Ministério do Trabalho estabelecer disposições complementares às normas de que trata este Capítulo, tendo em vista as peculiaridades de cada atividade ou setor de trabalho, especialmente sobre:

I — medidas de prevenção de acidentes e os equipamentos de proteção individual em obras de construção, demolição ou reparos. (...)

VI — proteção do trabalhador exposto a substâncias químicas nocivas, radiações ionizantes e não ionizantes, ruídos, vibrações e trepidações ou pressões anormais ao ambiente de trabalho, com especificação das medidas cabíveis para eliminação ou atenuação desses efeitos limites máximos quanto ao tempo de exposição, à intensidade da ação ou de seus efeitos sobre o organismo do trabalhador, exames médicos obrigatórios, limites de idade, controle permanente dos locais de trabalho e das demais exigências que se façam necessárias; (...)

Parágrafo único. Tratando-se de radiações ionizantes e explosivos, as normas a que se refere este artigo serão expedidas de acordo com as resoluções a respeito adotadas pelo órgão técnico.

Não se ignore que referidos dispositivos mantêm fina sintonia com o já mencionado art. 7º, XXII, da Constituição Federal.

---

(50) Ac. TRT 3ª Região. RO n. 3438/96. 2ª Turma. Relatora: Juíza Alice Monteiro de Barros. Julgado em 10/12/96. In: TEIXEIRA FILHO, João de Lima. *Repertório de Jurisprudência Trabalhista.* 7º v. Rio de Janeiro: Renovar, 1999. p. 551, n. 1935.
(51) SILVA. José Afonso da. *Curso de Direito constitucional positivo.* 9. ed. rev. 4ª tiragem. São Paulo, Malheiros: 1994. p. 207/208.

Nessa quadra de valores, não restam dúvidas de que a Carta Constitucional de 1988 recepcionou a Portaria n. 3.214/78 do Ministério do Trabalho e suas inúmeras Normas Regulamentares (NRs) de observância obrigatória a todos os empregadores[52].

Ao julgador cabe efetivar essas regras de prevenção, seja para contribuir para a redução dos altos índices de acidentes e doenças do trabalho, seja para proteger os trabalhadores expostos à radiação, seja para prestigiar a interpretação sistêmica com base no soberano quadro de princípios da Constituição Federal.

De uma adequada interpretação do sistema jurídico, verifica-se que tanto a lei (art. 200 da CLT) quanto a Constituição Federal (art. 7º, XXII) inspiram, referendam e impulsionam as aludidas NRs e demais Portarias do MTE, conferindo-lhes autêntica normatividade. Exemplo disso ocorre no enquadramento dos pedidos de insalubridade e de periculosidade nos termos da NR-15 e NR-16, respectivamente.

Ora, durante décadas, a Justiça do Trabalho aplica as Normas Regulamentadoras e nunca ninguém obteve êxito na alegação de "ilegalidade" ou "ausência de força normativa". O próprio STF já pacificou esse entendimento ao editar a Súmula n. 194: é competente o Ministério do Trabalho para especificações das atividades insalubres[53].

O art. 154 da CLT preceitua que a observância das disposições sobre medicina e segurança do trabalho "não desobriga as empresas do cumprimento de *outras disposições*" relativas à matéria. Como se vê, a sua abrangência é ampla e atinge qualquer tipo de norma, cujo conteúdo verse sobre segurança e saúde. Logo, cabe ao empregador obedecer o regramento a respeito do tema, seja ele previsto em lei, tratados internacionais, instrumento normativo da categoria ou portarias ministeriais.

As NRs do Ministério do Trabalho detêm força de lei e estão em perfeita harmonia com a ordem jurídica. Trata-se da chamada "competência normativa secundária" ou "delegação normativa", traduzida nas palavras de Marçal Justen Filho como o poder atribuído constitucionalmente ao Legislativo "de transferir ao Executivo a competência para editar normas complementares àquelas derivadas da fonte legislativa"[54].

Neste sentido é a Orientação Jurisprudencial n. 345, editada pela SBDI-I do TST, que versa justamente sobre o objeto do Parecer:

OJ n. 345: A exposição do empregado à radiação ionizante ou à substância radioativa enseja a percepção do adicional de periculosidade, pois a regulamentação ministerial (Portarias do Ministério do Trabalho ns. 3.393, de 17.12.1987, e 518, de 7.4.2003), ao reputar perigosa a atividade, reveste-se de plena eficácia, porquanto expedida por força de delegação legislativa contida no art. 200, *caput*, e inciso VI, da CLT. No período de 12.12.2002 a 6.4.2003, enquanto vigeu a Portaria n. 496 do Ministério do Trabalho, o empregado faz jus ao adicional de insalubridade.

Consoante lições de Maria Ângela Swiech[55], há inúmeros objetivos contidos nas Normas Regulamentadoras editadas pelo Ministério do Trabalho, os quais devem ser interpretados de forma sistematizada.

Destacamos alguns que são válidos para a formação do convencimento no caso em análise:

Em *primeiro lugar*, a NR-1, item 1.7, estabelece que o empregador seja obrigado a adotar medidas de prevenção contra a prática de atos e condições inseguras de trabalho, impondo, outrossim, a obrigação de cientificar seus empregados de todos os riscos do ambiente de trabalho, bem como dos meios para prevenir e limitar tais riscos[56].

---

[52] "NR-1.1. As Normas Regulamentadoras (NR), relativas à segurança e medicina do trabalho, são de observância obrigatória pelas empresas privadas e públicas e pelos órgãos públicos de administração direta e indireta, bem como pelos órgãos dos poderes legislativo e judiciário, que possuam empregados regidos pela Consolidação das Leis do Trabalho (CLT)."
[53] A fim de não pairar qualquer dúvida, cabe lembrar que o STF já examinou este tema quando da Ação Direta de Inconstitucionalidade n. 1.347-5, interposta pela CNT (Confederação Nacional de Transportes), incidente sobre os Atos que reformularam as NR-7 (PCMSO) e NR-9 (PPRA) previstas na Portaria n. 3.214/78. Além de não conhecer da aludida ADI-MC n. 1.347-5, o STF, em sua composição plena, fez questão de registrar que "a preservação da saúde da classe trabalhadora constitui um dos graves encargos de que as empresas privadas são depositárias", nos termos do que dispõe o art. 1º, IV, da Constituição Federal.
[54] JUSTEN FILHO, Marçal. *Curso de direito administrativo*. 2. ed. São Paulo: Saraiva, 2006. p. 169. Em igual sentido, OLIVEIRA, Sebastião Geraldo de. *Indenizações por acidente do trabalho ou doença ocupacional*. 4. ed. São Paulo: LTr, 2008. p. 171.
[55] SWIECH, Maria Ângela Szpak. Obrigações patronais quanto à segurança e saúde ocupacional. Texto inédito distribuído aos alunos do VI Ciclo de Conferências de Direito do Trabalho, intitulado *Acidente e contrato de trabalho*: dano moral e material. Curitiba: Academia Paranaense de Estudos Jurídicos, 19.9.2003, Auditório do Instituto Romeu Bacellar. p. s/n.
[56] "NR-1.7. Cabe ao empregador: I — prevenir atos inseguros no desempenho do trabalho; (...) VI — adotar medidas para eliminar ou neutralizar a insalubridade e as condições inseguras de trabalho. (...) c) informar aos trabalhadores: I — os riscos profissionais que possam originar-se nos locais de trabalho; (...) IV — os resultados das avaliações ambientais realizadas nos locais de trabalho."

Em *segundo lugar*, a NR-4 obriga o empregador a manter Serviços de Segurança e Medicina do Trabalho (SESMT) com o objetivo de promover a saúde e proteger a integridade do trabalhador[57]. Observe-se que a NR-4 especifica que os Serviços de Segurança e Medicina do Trabalho (SESMT) têm por finalidade, dentre outras, a redução e a eliminação dos riscos do trabalho[58].

Em *terceiro lugar*, a NR-9 impõe ao empregador a obrigatoriedade de desenvolver o Programa de Prevenção de Riscos Ambientais (PPRA), a fim de preservar a saúde dos empregados por meio da identificação prévia dos elementos prejudiciais à saúde existentes no ambiente de trabalho.

O PPRA deverá ser discutido com a CIPA, devendo estar articulado com as outras medidas de prevenção exigidas, inclusive com o PCMSO[59]. Em conformidade com o regramento exposto, conclui-se que o ordenamento jurídico não só estabelece medidas de prevenção da saúde do trabalhador, mas também impõe ao empregador a obrigação de identificar previamente os fatores de risco, eliminando-os do ambiente laboral antes mesmo de o empregado sofrer suas consequências danosas.

> DOENÇA OCUPACIONAL. DEVER DE INDENIZAR. RESPONSABILIDADE OBJETIVA. **Se o ramo do negócio**, por suas peculiaridades, **constitui-se em risco elevado pela natureza da atividade, a responsabilidade decorre da exacerbação dos riscos a que estão submetidos os empregados**. Assim, o dever de indenizar decorre da teoria do risco da atividade, porque não é factível supor que o empregador exponha a integridade física do empregado a riscos, e não responda por eventual dano causado. No caso concreto, o empregado exerce **atividade ensejadora de periculosidade por radiação ionizante** e, segundo o conjunto probatório dos autos, houve comprovação do nexo causal entre as atividades desenvolvidas e a doença ocupacional. (TST-RR-21600-95.2008.5.03.0064. 5ª Turma. Rel. Min. Emmanoel Pereira. DEJT: 5.3.2010)

De uma análise atenta, percebe-se que *todas as normas de segurança têm o objetivo de prevenção e precaução*. Contudo, elas não são exaurientes, mas exemplificativas. Vale dizer, representam um *minus* de proteção à saúde do trabalhador e devem ser complementadas com o dever geral de cautela.

> "INDENIZAÇÃO POR DANO ACIDENTÁRIO. CULPA. CONFIGURAÇÃO. A Constituição assegura aos trabalhadores a "redução dos riscos inerentes ao trabalho por normas de saúde, higiene e segurança" (art. 7º, XXII). *As Normas Regulamentares traçam as medidas mínimas de proteção* individuais e coletivas que devem ser observadas pelo empregador para, quando menos, atenuar os riscos aos quais se expõem para que se atinjam os fins colimados pela empresa. Sendo assim, se as normas são descumpridas, revela-se a culpa em potencial que se qualifica quando o dano físico é revelado, como no caso presente." (TRT — 2ª Reg. — 20010153017/01 — 8ª T. — Ac. 20020279960 — Rev. Maria Luíza Freitas — DJSP 14.5.02)

Não há dúvida de que as Portarias do Ministério do Trabalho, que tratam de *medidas de prevenção de acidentes* (art. 200, I, da CLT) e de *proteção do trabalhador exposto a radiações ionizantes* (art. 200, VI, da CLT), devem estar em sintonia com a diretriz constitucional que estabelece, como direito fundamental do trabalhador, a *redução dos riscos inerentes ao trabalho, por meio de normas de saúde, higiene e segurança* (art. 7º, XXII, da CF).

Ocorre que, ao declarar que não são considerados perigosos os locais em que se utilizam equipamentos móveis de raios-X, a Nota Explicativa contida na Portaria n. 595/2015 acabou por fomentar a exposição de trabalhadores a graves riscos inerentes ao trabalho, adotando postura diametralmente oposta aos já mencionados objetivos das NRs do Ministério do Trabalho.

Pior: a Portaria n. 595/2015 contraria o disposto no art. 7º, XXII, da Carta da República, **devendo ser declarada inconstitucional**.

---

(57) "NR-4.1. As empresas privadas e públicas, os órgãos públicos da administração direta e indireta e dos poderes Legislativo e Judiciário, que possuam empregados regidos pela Consolidação das Leis do Trabalho (CLT) manterão, obrigatoriamente, Serviços Especializados em Engenharia de Segurança e em Medicina do Trabalho, com a finalidade de promover a saúde e proteger a integridade do trabalhador no local de trabalho."
(58) "NR-4.12. Compete aos profissionais integrantes dos Serviços Especializados em Engenharia de Segurança e em Medicina do Trabalho: a) aplicar conhecimentos de Engenharia de Segurança e de Medicina do Trabalho ao ambiente de trabalho e a todos os seus componentes, inclusive máquinas e equipamentos, de modo a reduzir até eliminar os riscos ali existentes à saúde do trabalhador; (...) g) esclarecer e conscientizar os empregados sobre acidentes do trabalho e doenças ocupacionais, estimulando-os em favor da prevenção."
(59) "NR-9.1.1. Esta Norma Regulamentadora (NR) estabelece a obrigatoriedade da elaboração e implementação, por parte de todos os empregadores e instituições que admitam trabalhadores como empregados, do Programa de Prevenção de Riscos Ambientais (PPRA), visando a preservação da saúde e da integridade dos trabalhadores, através da antecipação, reconhecimento, avaliação e consequente controle da ocorrência de riscos ambientais existentes ou que venham a existir no ambiente de trabalho, tendo em consideração a proteção do meio ambiente e dos recursos naturais."

A propósito, Gilmar Mendes, ao aludir à inconstitucionalidade material, explica que ela cuida de "*aferir a compatibilidade da lei com os fins constitucionalmente previstos*"[60]. Foi exatamente o que faltou à Portaria n. 595/2015 do Ministério do Trabalho: compatibilidade com o fim constitucional de redução dos riscos inerentes ao trabalho.

Não bastasse seu vício de conteúdo, a aludida Portaria contém vício de formalidade, conforme será visto adiante. Mas, quanto ao conteúdo, vale desde logo reproduzir excerto de parecer de nossa lavra:

RESPOSTAS AOS QUESITOS FORMULADOS:

Após análise legal, doutrinária e jurisprudencial dos temas que circunscrevem o esquadrinhamento da constitucionalidade e validade da Portaria n. 595/2015, do Ministério do Trabalho e Emprego, passa-se a responder, de forma objetiva, aos quesitos formulados.

1. A Portaria n. 595/2015 respeita as normas legais e internacionais de proteção à saúde do trabalhador?

Em primeiro lugar, sublinhe-se uma importante contradição. Enquanto a Portaria n. 518/2003 diz que "*qualquer exposição do trabalhador às radiações ionizantes é potencialmente prejudicial à saúde*", a posterior Portaria n. 595/2105 declara, em Nota Explicativa, a exclusão do enquadramento como perigoso os trabalhadores expostos à radiação ionizante proveniente de aparelho móvel de raios-X, utilizado em áreas de emergências, centros de tratamento intensivo, salas de recuperação e leitos de internação.

Não bastasse esta injustificável contradição, a Portaria n. 595 *ofende o Princípio da Precaução* previsto no art. 157, II, da CLT e no Princípio 15 da Declaração ECO-RIO 1992, Conferência das Nações Unidas sobre o Meio Ambiente e Desenvolvimento. Verifica-se que em nenhum momento a Portaria n. 595 trouxe qualquer dado empírico ou estudo médico que servisse de supedâneo para emitir sua Nota Explicativa, que reduziu o campo de aplicação do adicional de periculosidade. Considerando que a exposição à *radiação ionizante*, provocada por equipamentos móveis de raios-X, traduz-se em temerosa incerteza científica acerca do alcance de seus efeitos maléficos, a sua normativa deveria observar o *princípio da precaução*.

Importa relembrar que, por força do § 2º do art. 5º, da Lei Maior, as Convenções Internacionais *complementam o catálogo de direitos fundamentais previsto no texto constitucional*. A Portaria n. 595, no entanto, **desprezou** inúmeras normas internacionais ratificadas pelo Brasil e, portanto, integradas com *status* de lei federal. São elas:

Convenção n. 115 da OIT: sobre a proteção contra as *radiações ionizantes*, promulgada no Brasil pelo Decreto n. 62.151, de 19 de janeiro de 1968.

Convenção n. 148 da OIT: Proteção dos Trabalhadores contra os riscos profissionais devidos à *contaminação do ar*, promulgada no Brasil pelo Decreto n. 93.413 de 15 de outubro de 1986.

Convenção n. 155 da OIT: Segurança e Saúde dos Trabalhadores e o Meio Ambiente de Trabalho, promulgada no Brasil pelo Decreto n. 1.254, de 29 de setembro de 1994.

Não se ignore que a tutela à saúde do trabalhador há que ser plena e progressiva, de sorte que qualquer normativa que pretenda reduzir esse espectro protetivo, a exemplo do que fez a Portaria n. 595, está **fadada à invalidade**. Quanto mais perigosa for a operação, e mais exposto o trabalhador estiver ao perigo, maior deverá ser o cuidado exigido para a prevenção. Essa máxima ganha relevância quando se está diante de radiação ionizante, considerada um dos agentes mais perigosos e letais para o organismo humano.

Com efeito, a Portaria n. 595/2015 não respeita as normas legais e internacionais de proteção à saúde do trabalhador.

2. A Portaria n. 595/2015 observa as regras e princípios da Constituição Federal?

A nossa ordem jurídica adota o sistema jurídico do tipo aberto, o qual prestigia o proeminente quadro de valores e princípios:

— A) dignidade da Pessoa Humana: art. 1º. III e 3º. I;

— B) valorização do trabalho humano e da justiça social: arts. 170 e 193;

— C) não discriminação: art. 3º. IV;

— D) melhor condição social ao trabalhador: art. 7º, *caput*;

Como se vê do mencionado *caput* do art. 7º, e também do já aludido art. 5º, § 2º, ambos da Constituição Federal, o norte jurídico é a *progressiva* melhoria da condição social ao cidadão e ao trabalhador. Desses dois dispositivos, infere-se que o Brasil recepcionou o *princípio de não retrocesso social*. Assim, se uma lei, ao regulamentar um mandamento constitucional, "instituir determinado direito, ele se incorpora ao patrimônio jurídico da cidadania e não pode

---
[60] MENDES, Gilmar Ferreira. Controle de constitucionalidade. In: BRANCO, P. G. G.; COELHO, I. M.; MENDES, G. M. *Curso de direito constitucional*. 5. ed. São Paulo: Saraiva, 2010.

ser absolutamente suprimido"[61]. É, pois, o caso do adicional de periculosidade, assegurado a todos os profissionais expostos às radiações ionizantes, desde a edição da Portaria n. 3.393, de 17 de dezembro de 1987, que integrou a ordem jurídica interna.

Não há dúvidas de que a Portaria n. 595, ao suprimir o adicional de periculosidade dos empregados que laboram em áreas cujos equipamentos móveis de raios-X são utilizados para diagnóstico médico, ofendeu o *princípio de proibição de retrocesso social*, conforme atesta a jurisprudência do STF e TST.

Por outro lado, verifica-se que a Constituição Federal de 1988 alçou a saúde e a segurança ao catálogo de direitos sociais fundamentais do trabalhador urbano e rural, quando expressamente, em seu art. 7º, XXII, prescreveu como direito fundamental a *redução dos riscos inerentes ao trabalho por meio de normas de saúde, higiene e segurança*. Aludido dispositivo vincula não só o empregador e o julgador, mas também o legislador.

O pagamento do adicional de periculosidade, além de implicar compensação financeira aos empregados, declara que o exercício do trabalho em contato com o respectivo agente perigoso representa um risco à saúde do trabalhador. É, pois, o caso da exposição à radiação ionizante, agente periculoso, produzido artificialmente pela empresa e de grave risco à integridade física. O risco atinge todos os profissionais envolvidos, sejam eles médicos, enfermeiros, técnicos de enfermagem ou em radiologia que operam aparelhos de raios-X, móveis ou fixos.

Ao excluir o adicional de periculosidade a determinados profissionais e áreas de exposição, a Portaria n. 595 declara que as referidas atividades deixaram de ser consideradas perigosas, prescindindo de qualquer cuidado ou tutela. Ora, essa sinalização encontra-se em sentido diametralmente inverso ao da norma do art. 7º, XXII, da Constituição da República.

A opção do Constituinte pela ampla proteção às vítimas expostas a condições ambientais perigosas, apresenta-se como princípio proeminente da ordem econômica, *ex vi* do inciso VI do art. 170 da Constituição Federal. Não se olvide que quando o art. 225, § 3º, refere-se às "condutas e atividades lesivas ao meio ambiente" incluiu, nessa expressão, o meio ambiente do trabalho, conforme se infere da colação com o art. 200, VIII, também da Constituição.

Assim, em um acidente causado por radiação ionizante dentro de uma clínica, fábrica ou hospital, haverá responsabilidade *objetiva* do agente tanto em relação às vítimas do dano ambiental extrafábrica quanto aos empregados intrafábrica. Eis a opção axiológica feita pelo constituinte.

Logo, por todas essas razões jurídicas, é possível asseverar, sem hesitação, ser **inconstitucional** a Portaria n. 595/2015 do Ministério do Trabalho, quando deixou de considerar, como perigosas, as atividades desenvolvidas em áreas que utilizam equipamentos móveis de raios-X para diagnóstico médico. Ao assim fazer, revogou, sem justificativa, o direito fundamental ao adicional de periculosidade, contemplado há trinta anos, em flagrante violação aos princípios constitucionais de *proibição ao retrocesso social, redução de riscos inerentes ao trabalho,* e de *defesa ao meio ambiente do trabalho*, previstos, respectivamente, no art. 7º, *caput*; art. 7º, XXII; e art. 170, VI, todos da Constituição Federal.

9 A EDIÇÃO DA PORTARIA N. 595/2015 OFENDE O PRINCÍPIO DA ISONOMIA?

Conforme visto, a inconstitucionalidade material cuida de *aferir a compatibilidade da lei com os fins constitucionalmente previstos*. Foi exatamente o que faltou à Portaria n. 595/2015 do Ministério do Trabalho: compatibilidade com o fim constitucional de redução dos riscos inerentes ao trabalho, proteção ao meio ambiente e melhoria da condição social aos trabalhadores expostos à radiação ionizante.

Por flagrante violação aos preceitos constitucionais já mencionados (art. 7º, *caput*; art. 7º, XXII; art. 170, VI), a Portaria n. 595/2015 **deve ser declarada inconstitucional**. Contudo, além desses dispositivos, constata-se que o Ato Normativo em comento feriu também o Princípio da Isonomia, ao excluir da área considerada de risco os médicos, paramédicos e enfermeiros que laboram em áreas em que se operam aparelhos móveis de raios-X. E assim o fez sem qualquer base científica ou justificativa jurídica.

É de todos cediço que não se pode discriminar nem tampouco tratar os iguais de forma desigual, conforme dispõe o *princípio da isonomia* e *da não discriminação*, ambos estampados na Constituição Federal, em seus arts. 3º, IV; e 5º,

---

[61] BARROSO, Luis Roberto. *O direito constitucional e a efetividade de suas normas*. 5. ed., Rio de Janeiro: Renovar, 2001. p. 158.

respectivamente. Ora, a ciência já comprovou que a exposição à radiação ionizante surte os mesmos efeitos danosos, quando emitida por aparelho fixo ou móvel. As aludidas normativas da ANVISA deixam claro esse fato.

Ademais, em salas de irradiação com aparelhos fixos de raios-X o cuidado e a proteção são até superiores, vez que, nestes ambientes próprios, sempre há cabines de isolamento e avental de chumbo; cautelas inexistentes aos demais profissionais que laboram com equipamentos móveis de raios-X. Tal fato reforça a necessidade de maior proteção da norma legal aos enfermeiros, médicos e profissionais da enfermagem que laboram nos ambientes em que operam estes equipamentos em setores de emergência, centros de tratamento intensivo, salas de recuperação e leitos de internação.

A ofensa ao *princípio da isonomia* fica evidente quando se percebe que o Ministério do Trabalho, ao esclarecer o alcance da indigitada Portaria n. 595, respondeu[62] que a exclusão do enquadramento da atividade como perigosa *não atinge* os *técnicos em radiologia*, mas apenas os outros profissionais que laboram nas áreas em que se opera o aparelho móvel de raios-X.

Ora, essa distinção é injustificável e fere até mesmo o bom senso. Como podemos admitir que um operador de aparelho de raio-X móvel tenha direito ao adicional de periculosidade, pelo simples fato de ser *técnico em radiologia* e, outro, que labora no mesmo ambiente e, portanto, exposto às mesmas radiações ionizantes, não tenha direito ao adicional pelo simples fato de ser um médico ou profissional da enfermagem?

Esse tratamento é discriminatório, ofendendo, ao mesmo tempo, o art. 3º, IV e art. 5º, ambos da Constituição da República.

O mesmo se diga quanto à tentativa de excluir o direito ao adicional de periculosidade aos profissionais que tenham *contato intermitente* com radiações ionizantes. Essa matéria já se encontra assentada na doutrina e na jurisprudência (OJ n. 345 da SBDI-1 do TST), preconizando que a sujeição do trabalhador ao risco, mesmo que de forma intermitente, em parte da jornada ou em alguns dias da semana, assegura-lhe o integral direito ao adicional de periculosidade.

Conforme já exposto, não há comprovação científica de suposta dosimetria segura de exposição à radiação ionizante proveniente de equipamentos de raios-X. Além disso, mesmo nos casos de baixas doses, a radiação ionizante se acumula no organismo daqueles que operam aparelhos radiológicos, sejam eles móveis ou fixos.

Os operadores jurídicos devem estar atentos para que o direito não se reduza a mero instrumento de eficiência econômica. Ao contrário, devem partir de uma concepção existencialista, enxergando e tutelando a vítima do dano (ainda que de um dano potencial), a partir do *princípio da dignidade da pessoa humana* (art. 1º, III, da CF). A jurisprudência mais atenta do TST segue na mesma direção:

ADICIONAL DE PERICULOSIDADE. RADIAÇÃO IONIZANTE. TEMPO DE EXPOSIÇÃO REDUZIDO. Esta Corte firmou o entendimento consubstanciado na OJ n. 345 da SBDI-1, no sentido de que o contato com radiação ionizante dá azo à percepção do adicional de periculosidade. A eventualidade está afastada, porquanto consistia na tarefa da reclamante auxiliar os serviços radiológicos. Além disso, a permanência da reclamante, de uma a três vezes por semana na sala de raios-X, auxiliando efetivamente na realização dos exames radiológicos, acarreta efeitos acumulativos no organismo, motivo pelo qual é inaplicável a Súmula n. 364 do TST. Portanto, **ainda que essa exposição fosse reduzida**, o laudo pericial informa que a exposição a substâncias ionizantes tem **efeitos acumulativos nocivos**. Por disciplina judiciária, ressalvo meu entendimento pessoal e adoto esta diretriz. (...) (TST-RR-330900-74.2006.5.12.0016. 5ª Turma. Rel. Min. Emmanoel Pereira. DEJT: 19.4.2011)

Ex positis, a Portaria n. 595/2015 deverá ser declarada **inconstitucional**. Pelo sistema difuso, *incidenter tantum*, a inconstitucionalidade deverá ser declarada por qualquer julgador do caso concreto. Pelo sistema concentrado, por meio de ação direta de inconstitucionalidade por qualquer das pessoas relacionadas no art. 103 da Carta Constitucional.

10 EM CASO DE VALIDADE, A PORTARIA N. 595/2015 PODE SER APLICADA DE FORMA RETROATIVA?

Conforme sustentamos acima, a Portaria n. 595 é inconstitucional. Contudo, caso a ela se dê validade e eficácia, seus efeitos devem ser modulados, conforme se depreende dos preceitos constitucionais e da postura do STF e TST.

---

(62) Resposta do Ministério, por meio do Ofício n. 102/GM/MTPS e da Nota Técnica n. 225/2015/CGNOR/DSST/SIT de 23.10.2015, ao pedido de revogação da Portaria n. 595/2015 feito pelo Sindicato dos Médicos do Rio Grande Sul.

Senão vejamos.

É sabido que a lei nova, ou qualquer ato normativo inédito, não podem ferir ato jurídico perfeito, coisa julgada e direito adquirido, *ex vi* do art. 5º, XXXVI, da Constituição Federal. Trazendo esse postulado para a Portaria n. 595, depreende-se que seus efeitos excludentes só alcançam os novos contratos individuais de trabalho.

No que diz respeito à edição da Portaria n. 595/2015, não se negue que até então vigorava a regra geral da Portaria n. 518/2003, a qual considerava *perigosa*, para efeitos de recebimento do adicional de periculosidade, toda e qualquer atividade sujeita à radiação ionizante.

Verifica-se que até esse momento não havia qualquer distinção no que tange ao contato radiológico permanente ou intermitente, à classe profissional destinatária (médica, paramédica ou técnica radiológica), bem como aos aparelhos de raios-X, móveis ou fixos, utilizados para fins de análise médica.

Somente em 8 de maio de 2015, com a inclusão da Nota Explicativa no Quadro Anexo à Portaria n. 518/2003, é que a novel Portaria n. 595/2015 excluiu do enquadramento de *atividade perigosa*, aquelas desenvolvidas em áreas que utilizam equipamento móvel de raios-X para diagnóstico médico. E assim, a referida Portaria subtraiu da classe médica e de enfermagem, que atuam nas áreas, cujos aparelhos radiológicos móveis são utilizados, o direito ao adicional de periculosidade previsto no art. 7º, XXIII, da Constituição Federal.

Considerando que no Direito do Trabalho impera o *princípio da condição mais vantajosa*, pode-se concluir que *a aludida modificação não pode retroagir para prejudicar situações pretéritas.* Vale dizer, a restrição jurídica introduzida só atinge os empregados admitidos após a sua edição (DOU 8.5.2015). É o que se infere do disposto no art. 468 da CLT; na Súmula n. 51, I, do TST e, até mesmo, em atenção ao *princípio da segurança jurídica.*

11 REFERÊNCIAS BIBLIOGRÁFICAS

ALMEIDA, Cleber Lúcio de. *Responsabilidade civil do empregador e acidente do trabalho.* Belo Horizonte: Del Rey, 2003.

BARROSO, Luis Roberto. *O direito constitucional e a efetividade de suas normas.* Rio de Janeiro: Renovar, 2001.

BELFORT, Fernando José Cunha. *Meio ambiente do trabalho. Competência da Justiça do Trabalho.* São Paulo: LTr, 2003.

BRANCO, P. G. G.; COELHO, I. M.; MENDES, G. M. *Curso de direito constitucional.* 5. ed. São Paulo: Saraiva, 2010.

BRANDÃO, Cláudio. *Acidente do trabalho e a responsabilidade civil do empregador.* São Paulo: LTr, 2006.

CAIRO JÚNIOR, José. *O acidente do trabalho e a responsabilidade civil do empregador.* São Paulo: LTr, 2003.

CANARIS, Claus-Wilhelm. *Pensamento sistemático e conceito de sistema na ciência do direito. Introdução e tradução de Antonio Menezes Cordeiro.* 2. ed. Lisboa: Fundação Calouste Gulbenkian, 1996.

CANOTILHO, Joaquim José Gomes. *Direito constitucional e teoria da constituição.* Coimbra: Almedina, 2002.

_____ . *Direito constitucional.* 6. edição revista. Coimbra: Almedina, 1993.

_____ . MOREIRA, Vital. *Fundamentos da Constituição.* Coimbra: Coimbra Editora, 1991.

CARNEIRO, Maria Francisca. Anotações sobre a responsabilidade civil no projeto do Código de 1998. *Revista do Mestrado da UEM*, Maringá, ago. 98.

DALLEGRAVE NETO. José Affonso. *Responsabilidade civil no direito do trabalho.* 5. ed. São Paulo: LTr, 2014.

FREITAS, Juarez. *A interpretação sistemática do direito.* São Paulo: Malheiros, 1995.

GEMIGNANI, Tereza Aparecida Asta; GEMIGNANI, Daniel. Meio ambiente de trabalho: precaução e prevenção. Princípios norteadores de um novo padrão normativo. *Revista Fórum Trabalhista — RFT*, Belo Horizonte, ano 1, n. 1, p. 147, jul/ago. 2012.

GIANNASI. Fernanda. *Parecer sobre a Portaria n. 595/2015 do MTE que revogou o direito ao adicional de periculosidade aos expostos às radiações provenientes de aparelhos móveis de raios-X*, 2015.

GOMES. Robson Spinelli. *Condições do meio ambiente de trabalho e riscos da exposição aos raios x no serviço de radiodiagnóstico de um hospital público.* Brasília: Fundacentro — Fundação Jorge Duprat Figueiredo de Segurança e Medicina do Trabalho, 2002.

JUSTEN FILHO, Marçal. *Curso de direito administrativo.* 2. ed. São Paulo: Saraiva, 2006.

LARENZ, Karl. *Metodologia da ciência do direito.* 3. ed. Lisboa: Calouste Gulbenkian, 1997.

MACHADO, Sidnei. *O direito à proteção ao meio ambiente de trabalho no Brasil.* São Paulo: LTr, 2001.

MARANHÃO, Ney Stany Morais. *Responsabilidade civil objetiva pelo risco da atividade. Uma perspectiva civil-constitucional.* RJ: Forense; SP: Método, 2010.

MARINONI, Luiz Guilherme B. *Precedentes obrigatórios*. 2. ed. São Paulo: Revista dos Tribunais, 2011.

MINISTÉRIO DO TRABALHO E PREVIDÊNCIA SOCIAL DO BRASIL. *Atas das Reuniões da Comissão Tripartite Paritária Permanente*. Disponível em: <http://portal.mte.gov.br/seg_sau/comissao-tripartite-paritaria-permanente-ctpp.htm>. Acesso em: 19 abr. 2016.

MIRANDA, Jorge. *Manual de direito constitucional*, Tomo IV. Direitos Fundamentais. 3. ed. Coimbra: Coimbra Editora, 2000.

MORAES, Maria Celina Bodin de. *Danos à pessoa humana:* uma leitura civil-constitucional dos danos morais. Rio de Janeiro: Renovar, 2003.

OLIVEIRA. Sebastião Geraldo de. *Proteção jurídica à saúde do trabalhador*. 5. ed. rev. ampl. e atual. São Paulo: LTr, 2010.

PÉREZ LUÑO, Antonio Enrique *et alli*. *Los derechos humanos, significación, estatuto jurídico y sistema*. Sevilha: Publicaciones de la Universidad de Sevilla, 1979.

REVISTA CÉSIO-137. Disponível em: <http://www.sgc.goias.gov.br/upload/links/arq_463_RevistaCesio25anos.pdf>. Acesso em: 22 abr. 2016.

RODRIGUES, Marcelo Abelha. *Elementos de direito ambiental:* parte geral. São Paulo: Revista dos Tribunais, 2005.

RUZYK, Carlos Eduardo Pianovski. A responsabilidade civil por danos produzidos no curso de atividade econômica e a tutela da dignidade da pessoa humana: o critério do dano ineficiente. In: RAMOS, Carmem Lucia Silveira *et al.* (coords.). *Diálogos sobre direito civil:* construindo a racionalidade contemporânea. Rio de Janeiro: Renovar, 2002.

SARLET, Ingo Wolfgang. *A eficácia dos direitos fundamentais*. 4. ed. rev. atual e ampl. Porto Alegre: Livraria do Advogado, 2004.

SCHREIBER, Anderson. *Novos paradigmas da responsabilidade civil. Da erosão dos filtros da reparação à diluição dos danos*. São Paulo: Atlas, 2007.

SILVA. José Afonso da. *Curso de direito constitucional positivo*. 9. ed. rev. 4ª tiragem. São Paulo: Malheiros, 1994.

_____ . *Aplicabilidade das normas constitucionais*. 8. ed. São Paulo: Malheiros, 2012.

SWIECH, Maria Ângela Szpak. *Obrigações patronais quanto à segurança e saúde ocupacional*. Texto inédito distribuído aos alunos do VI Ciclo de Conferências de Direito do Trabalho, intitulado *Acidente e contrato de trabalho:* dano moral e material. Curitiba: Academia Paranaense de Estudos Jurídicos, 19.9.2003, Auditório do Instituto Romeu Bacellar. p. s/n.

TEIXEIRA FILHO, João de Lima. *Repertório de jurisprudência trabalhista*. 7º v. Rio de Janeiro: Renovar, 1999.

A SUBSTITUIÇÃO DO AGENTE QUÍMICO AMIANTO NOS AMBIENTES DE TRABALHO

Marcia Cristina Kamei Lopez Aliaga[*]
Luciano Lima Leivas[**]

1. INTRODUÇÃO

O escopo dessa dissertação é demonstrar o anacronismo da legislação produzida pelos centros de positivação de normas jurídicas nacionais, amplamente influenciados pelo interesse econômico e empresarial, em cotejo com os compromissos internacionais assumidos pela República Federativa do Brasil no âmbito da Organização Internacional do Trabalho, inspirados francamente no reconhecimento e efetivação dos direitos humanos, com ênfase na tutela e promoção da saúde dos trabalhadores expostos ocupacionalmente a agentes químicos carcinogênicos.

Em momento subsequente, será apresentada a viabilidade de uma hermenêutica jurídica estruturada sobre os tratados internacionais de direitos humanos firmados pela República Federativa do Brasil. Não apenas porque essas normas internacionais estabelecem a imperatividade da substituição do agente químico amianto, mas também porque essas normas se revestem da natureza de norma jurídica hierarquicamente superior à Lei n. 9.055/95.

2. AS FONTES MATERIAIS PARA A SUBSTITUIÇÃO DO AMIANTO. A EVOLUÇÃO DO CONHECIMENTO CIENTÍFICO EM TORNO DAS DOENÇAS RELACIONADAS AO AMIANTO

Há muito tempo se conhecem as repercussões negativas à saúde humana, ocasionadas pela exposição ao amianto. São de especial interesse a história do desenvolvimento do conhecimento científico em torno da *asbestose*, do *câncer de pulmão* e dos *mesoteliomas*, a fim de compreender a opção de mais de 60 países pelo banimento da fibra cancerígena.

A *asbestose* é uma doença pulmonar caracterizada por extensa fibrose, formada a partir da tentativa de cicatrização do tecido pulmonar, com a consequente redução da capacidade de complacência — movimento de expansão e retração dos pulmões — ocasionando dispneia. É popularmente chamado de 'pulmão de pedra'.

(*) Procuradora do Trabalho. Integrante do Programa de Banimento do Amianto no Brasil, do Ministério Público do Trabalho.
(**) Procurador do Trabalho. Gerente Nacional do Programa de Banimento do Amianto do Ministério Público do Trabalho.

Em 1924, Cooke estabeleceu claramente, em achados de necrópsia, a grave "fibrose pulmonar" a que denominou *asbestose*, correlacionando a ocupação à doença. Trabalhos epidemiológicos embasaram a decisão do Parlamento Britânico de, em 1930, incrementar a inspeção do trabalho. (MENDES, 2001). No mínimo, desde a década de 30, tornou-se indiscutível a relação entre o amianto e a *asbestose*.

Quanto ao potencial carcinogênico do amianto, em 1955, o estudo do epidemiologista britânico Richard Doll estabeleceu, de forma definitiva, a relação causal entre exposição ocupacional e amianto ao câncer de pulmão. Pesquisa do Mount Sinai Hospital e Faculdade de Medicina em Nova York, comandada por Irving Selikoff, demonstrou de forma irrefutável o excesso de mortes por *câncer de pulmão*, na ordem de 20% dos 17.800 trabalhadores analisados (MENDES, 2001).

No que se refere ao *mesotelioma*, trata-se um tipo de câncer muito raro e agressivo, que afeta as camadas mesoteliais da pleura, peritônio ou pericárdio. O período médio de sobrevida após o diagnóstico é de poucos meses. Não há tratamento eficaz para a doença.

Em 1965, publicação de Newhouse & Thompson descreveu estudo realizado em 76 casos, em que houve confirmação de forte associação entre mesotelioma de pleura e peritônio, à exposição ao amianto tanto ocupacional, como ambiental. Observou-se que a doença se desenvolvia após período de latência muito longo (30 a 35 anos). Foram descritos casos da doença em mulheres e crianças expostas às fibras de amianto, por contato com as vestes de trabalho trazidas por cônjuges/pais ocupacionalmente expostos, reforçando a não dependência de fator dose-resposta, ou seja, o desenvolvimento da doença não está, a rigor, relacionado com a quantidade de fibras inaladas (MENDES, 2001).

Assim, é possível afirmar que desde as décadas de 30 e 40 já eram conhecidas doenças asbesto-relacionadas.

Em países do hemisfério norte, esses estudos impulsionaram a adoção de medidas de proteção à saúde do trabalhador, no modelo denominado *uso seguro do asbesto*. Porém, na década de 90, o número de doenças relacionadas ao amianto eclode de forma avassaladora, desbordando dos portões das fábricas e alcançando pessoas expostas ambientalmente. Não era mais possível justificar a sobreposição dos interesses econômicos à saúde da população, optando-se pela proscrição da substância cancerígena. A Islândia foi o primeiro país a banir o amianto do seu território, ainda no ano de 1982, seguida pelos países nórdicos. Dez anos depois, a Itália fez a mesma opção, após o escândalo sanitário que assolou a pequena cidade de Casale Monferrato. Em 1997, depois de enfrentar o *lobby* canadense do asbesto em uma batalha na Organização Mundial do Comércio — OMC, pressionada pela opinião pública, a França decide pelo banimento. Finalmente, em 1999, a União Europeia se posiciona formalmente pelo banimento da fibra cancerígena.

Nos Estados Unidos, embora não formalizada a proscrição do mineral cancerígeno, foram impostas severas restrições a seu uso. O Canadá, maior exportador de asbesto por décadas, sai definitivamente desse mercado em 2012.

Diante da perda de mercado nos países desenvolvidos, empresas deslocam investimentos para países da Ásia e América do Sul, onde o consumo segue elevado, ignorados os alertas da Organização Mundial de Saúde.

O Brasil segue com olhos cerrados para os alertas internacionais. Mesmo diante dos protestos dos movimentos sociais, o *uso seguro do amianto* segue incólume, ganhando, inclusive, *status* legal desde a publicação da Lei n. 9.055/95.

3 O ANACRÔNICO MODELO BRASILEIRO DO USO CONTROLADO DO AMIANTO E O TRATAMENTO LEGAL DA SAÚDE DOS TRABALHADORES EXPOSTOS AO AMIANTO NO BRASIL

Os ecos da deterioração do modelo pautado no *uso seguro do amianto* nos países do hemisfério norte, foram claramente ouvidos no Brasil. Em 1991 foi publicado o Anexo n. 12 da Norma Regulamentadora n. 15, criando normas protetivas à saúde do trabalhador e impondo obrigações de controle aos empregadores da cadeia econômica do amianto.

Em 1993 o então Deputado Federal Eduardo Jorge, apresentou projeto de lei elaborado em conjunto com os Deputados Fernando Gabeira e Roberto Gouveia, prevendo o banimento gradual do amianto no Brasil, no prazo de cinco anos. O projeto de lei sofreu inesperado revés, com a apresentação de substitutivo que restringia o banimento apenas ao tipo anfibólio, mantendo-se a variedade crisotila no mercado e reverenciando o falido modelo do uso seguro do amianto. O projeto de lei, com o substitutivo, foi aprovado, transformando-se na Lei n. 9.055/95. Assim, a lei que deveria ser a do banimento, torna-se o marco legal do uso controlado do amianto.

No que se refere à saúde do trabalhador, o art. 3º da Lei n. 9.055/95 recepciona todas as disposições protetivas vigentes, bem como obrigações previstas em acordos internacionais. Foi prevista no art. 5º, a obrigação das empresas que "manipularem ou utilizarem materiais contendo asbesto/amianto da variedade crisotila" de encaminhar anualmente ao Sistema Único de Saúde, dados relacionados à saúde dos trabalhadores.

No ano de 1999 é publicado o Anexo II, Lista A2, do Decreto n. 3.048, que regulamenta a Lei n. 8.213/91, elencando as doenças que a própria legislação previdenciária reconhece como sendo decorrentes de exposição com o agente etiológico amianto, não abordando apenas as que acometem o aparelho respiratório, mas também o aparelho digestivo e cardíaco. A medida é repetida na Portaria n. 1.339, de 18 de novembro de 1999, do Ministério da Saúde.

Mais recentemente, o amianto crisotila passou a figurar na Lista Nacional de Agentes Cancerígenos para Humanos — LINACH[1], no Grupo 1 — Agentes carcinogênicos a humanos — destinado às substâncias para as quais não há dúvidas quanto à carcinogenicidade para humanos. A lista nacional segue as diretrizes traçadas pela International Agency of Research for Cancer — IARC que, por sua vez, segue as normas gerais da ONU — Organização das Nações Unidas, congregando representantes de diversos países, entre eles o Brasil, membro desde 2013.

A classificação dos agentes cancerígenos da IARC norteia a decisão governamental de vários países sobre saúde e meio ambiente. No Brasil, a criação da Lista Nacional de Agentes Cancerígenos a Humanos cumpriu apenas função protocolar, em razão de compromissos internacionais assumidos pelo país. Desde a sua criação, em 2014, não se observou qualquer avanço nas políticas voltadas para a questão.

No que se refere às ações voltadas para a vigilância à saúde dos trabalhadores expostos, o sistema de proteção deveria seguir a seguinte lógica, legalmente prevista: [1] efetivo acompanhamento da saúde do trabalhador, durante o período trabalhado, com a realização de exames admissionais, periódicos, demissionais e pós-demissionais (item 18 do Anexo 12 da Norma Regulamentadora n. 15); [2] fornecimento de listas de trabalhadores expostos ao amianto aos órgãos do Sistema Único de Saúde (art. 5º da Lei n. 9.055/95); [3] emissão de Comunicação de Acidente de Trabalho — CAT (art. 169 da CLT) em caso de suspeita de doença ocupacional.

Contudo, esse sistema de proteção é falho e inconsistente.

O direito à saúde é direito social previsto no art. 6º da Constituição da República. A Lei Orgânica da Saúde (Lei n. 8.080/1990), em seu art. 2º, estabelece que a proteção à saúde é direito fundamental do ser humano a ser desenvolvido pelo Estado, porém não excluídas as obrigações "das pessoas, da família, das empresas e da sociedade".

Inegável que atividades que envolvam produtos contendo amianto são atividades de risco à saúde. O que se espera minimamente é que as políticas voltadas para a proteção da saúde da população sejam eficientes e cumpridas. Não é o que se observa na prática, porém.

O cenário existente no Brasil é temerário, porquanto: [1] começa pela falta de revisão dos limites de tolerância ao asbesto no Anexo 12 da Norma Regulamentadora n. 15; [2] passa pela realização incompleta dos exames de saúde e da cobertura ineficiente dos exames pós-demissionais; [3] segue pela falta de encaminhamento de dados de saúde às autoridades do Sistema Único de Saúde; [4] culmina na falta de comunicação ao Sistema Único de Saúde e de emissão da Comunicação de Acidentes de Trabalho.

No que se refere à ausência de revisão periódica dos limites de tolerância, o Anexo 12 da NR-15 prevê a concentração limite de 2,0 f/cm^3, quando mesmo as normas internacionais que ainda admitem o uso do amianto crisotila reduziram a concentração permitida em pelo menos de 20 vezes esse valor. O festejado médico René Mendes alerta quanto aos riscos dessa concentração. Veja-se:

> "avaliação de risco (*risk assessment*) realizada pela OSHA, nos Estados Unidos, como parte do Processo de revisão dos Limites Permitidos de Exposição (PEL) ocorridos em 1984 e em 1994 mostraram que a exposição de 2 fibras/cm^3 de ar estava associada a um excesso de 64 mortes por mil trabalhadores expostos ao asbesto, ao longo de sua vida profissional. Reduzindo de 2 fibras/cm^3 para 0,2 fibra/cm^3 de ar, este risco cairia para um excesso de 6,7 mortes por mil trabalhadores. Mesmo com limite de 0,1 fibra/cm^3, permaneceria um excesso de 3,4 mortes por mil trabalhadores. Como diz Lemen (1995:420), 'mesmo com o novo limite estabelecido pela OSHA pode ser claramente visto que o risco de morrer por câncer nem é zero, nem é muito próximo a ele'. (MENDES, 2001)."

---

[1] Portaria Interministerial MTE/MS/MPS n. 9, de 8.10.2014.

Reconhecendo a impossibilidade de justificar concentração da poeira de asbesto no nível estabelecido no Anexo 12 da Norma Regulamentadora n. 15, a própria representação econômica, em norma coletiva intitulada Acordo Nacional do Uso Seguro do Amianto, reduziu a concentração permitida para 0,1 f/cm³. À primeira vista, a norma parecia trazer significativo avanço. Porém, leitura mais atenta desse instrumento normativo leva à conclusão diversa: se por um lado houve o reconhecimento da necessidade de redução do limite de tolerância, por outro ocorreu a "flexibilização" de outras medidas de segurança, como as normas de paralisação e interdição de atividades onde houver extrapolação do limite, praticamente anulando os efeitos benéficos que a suposta redução poderia trazer.

De fato, em uma das cláusulas da norma coletiva precitada, assentou-se permissão para continuidade das atividades produtivas, ainda que constatada medição superior a 0,1 f/cm³, pelo prazo de 30 dias, não fixando limite máximo de concentração durante esse período. A situação pode ocasionar exposições superiores até mesmo ao índice de 2,0 f/cm³ previsto na legislação vigente. A previsão normativa privada, também violava disposições contidas na Norma Regulamentadora n. 3 do MTE (embargo e interdição), que prevê a imediata paralisação das atividades que possam causar doenças relacionadas ao trabalho. Por esse motivo, entre outros, o Ministério Público do Trabalho ingressou com ação civil pública, que tramita na 6ª Vara do Trabalho de Campinas/SP (Processo n. 0011751-32.2015.5.15.0093), onde se concedeu antecipação de tutela, confirmada pelo E. Tribunal Regional do Trabalho da 15ª Região em sede de Mandado de Segurança, no sentido de que estas e outras cláusulas de acordo coletivo que vulnerem a proteção à saúde do trabalhador, não sejam renovadas nas normatizações privadas futuras.

De par com o inusitado sistema híbrido (público e privado) de dimensionamento das concentrações de fibras cancerígenas em suspensão no ar dos ambientes laborais, há a questão dos exames médicos periódicos e pós-demissionais dos trabalhadores.

Doenças relacionadas a outros órgãos que não o pulmão, são reconhecidas como decorrentes da exposição ao amianto (Decreto n. 3.048/99, Anexo II, Lista A, item II). Porém, ignora-se a evolução científica em torno da matéria, mesmo diante da sua positivação, na medida em que as empresas deixam de incluir exames que possibilitariam a detecção precoce dessas doenças, no desenvolvimento do Programa de Controle Médico Ocupacional — PCMSO. Restringem os exames e a investigação clínica ao aparelho pulmonar. Esses programas, ao deixar de ampliar as investigações a doenças relacionadas ao aparelho digestivo e cardíaco, desconsideram a Lista A, Anexo II do Decreto n. 3.048/99. Contraria-se, dessa forma, o escopo da Norma Regulamentadora n. 7, que ao conceber o PCMSO, conferiu ao instrumento caráter eminentemente preventivo.

No que se refere especificamente aos exames pós-demissionais, há que se considerar que múltiplas fontes normativas estatais preveem a manutenção de obrigações patronais mesmo após a extinção do vínculo jurídico de emprego. Nesse sentido, o ponto normativo de partida é o art. 21, da Convenção n. 162, da OIT, que fixa essa diretriz.

Corolário da diretriz normativa internacional, estabelece o Anexo 12, da Norma Regulamentadora n. 15, em seus itens 18 e 19, que pelo menos três tipos de exames devem ser realizados para fins de controle médico dos ex-empregados expostos durante os 30 (trinta) anos posteriores à extinção do liame contratual empregatício, com periodicidades variadas.

Essa obrigação tem sido amplamente negligenciada pelas empresas, que acreditam cumprir a normativa por meio da mera manutenção de serviços médicos de exame e diagnóstico. Tal medida, no entanto, tem se revelado absolutamente ineficaz para a realização de monitoramento eficiente, porquanto uma série de fatos impeditivos ao acesso a esses serviços pelos ex-empregados expostos deixam de ser considerados pelas empresas, o que leva ao inevitável não comparecimento às convocações, estas sim, sistematicamente expedidas pelas empresas via postal e com Aviso de Recebimento — AR.

Número reduzidíssimo de convocações são atendidas para a realização dos exames pós-demissionais, impossibilitando qualquer estudo epidemiológico que se pretenda elaborar, já que despesas de deslocamento e alimentação não são custeadas pelas empresas. Ora, os empregadores é que estão obrigados a dar cumprimento integral à lei e, para tanto, devem arcar com as responsabilidades decorrentes da utilização da fibra cancerígena. Esse ônus não pode ser transferido para os ex-empregados. A conduta empresarial viola a previsão contida no subitem 7.3.1, letra "b" da NR-7, que atribui a responsabilidade pelo custeio de todos os procedimentos previstos no PCMSO ao empregador, vedando a transferência desse ônus ao empregado. Portanto, se há previsão expressa nas normas regulamentadoras a respeito dos exames pós-demissionais, por óbvio os custos de transporte, alimentação, hospedagem, devem ser suportados pelos antigos empregadores.

Cria-se, por desídia convenientemente adotada no interesse econômico do amianto, ambiente fértil para que o monitoramento da saúde dos trabalhadores expostos ao amianto, mesmo que legalmente previsto, reste frustrado. Isso contribui para a subnotificação de agravos à saúde. Mais grave, ainda, é que a inaceitável incúria empresarial furta dos trabalhadores a possibilidade de obterem diagnóstico precoce de doenças relacionadas à exposição. E essa omissão pode representar a diferença entre salvar ou perder uma vida.

Outra circunstância perniciosa umbilicalmente relacionada com a adoção do modelo do uso controlado do amianto no Brasil corresponde à frustração do controle epidemiológico dos trabalhadores expostos às fibras cancerígenas mediante fornecimento de listas de trabalhadores expostos ao amianto aos órgãos do Sistema Único de Saúde.

A legislação pátria, reconhecendo a nocividade das atividades desenvolvidas com exposição ao amianto, criou a obrigação empresarial de encaminhar os dados de saúde dos empregados expostos ao Sistema Único de Saúde (art. 5º, *caput*, Lei n. 9.055/95).

Contudo, mais essa finalidade protetiva da lei foi frustrada. Após a publicação da Portaria/MS n. 1851/2006, que disciplina a remessa desses dados ao Sistema Único de Saúde, algumas empresas ingressaram com Mandado de Segurança junto ao Superior Tribunal de Justiça (Mandado de Segurança n. 12.459-DF), obtendo liminar que determinou suspensão dos efeitos da portaria impugnada, ainda não julgada no mérito.

A nosso ver, porém, o *writ* não tem o condão de negar vigência à lei. E, no que se refere ao art. 5º da Lei n. 9.055/95, este é suficientemente claro, sendo autoaplicável. O que a tornou programática, foi o Decreto n. 2.350/70, que deu ensejo à portaria atacada.

Nesse sentido, pedimos vênia para transcrever a magistral lição do Min. José Roberto Freire Pimenta, em voto proferido no RR 190041-20.2004.5.08.0006:

"Ao que se infere do teor do artigo 5º da Lei n. 9.055/95, o citado dispositivo legal é plenamente eficaz, não dependente de regulamentação por meio de decreto. Nesses termos, o Decreto n. 2.350/97 não pode tornar programático aquilo que, na lei, é autoaplicável e, se o fez, é ilegal."

Porém, em que pese a posição do E. Tribunal Superior do Trabalho plasmada no acórdão prefalado, a lei vem sendo descumprida, sendo certo que o SUS não recebe os dados de saúde dos trabalhadores expostos. A consequência desses mecanismos que permeiam a legislação nacional do uso seguro do mineral cancerígeno, pode ser identificada na negativa de emissão de Comunicação de Acidente de Trabalho — CAT ou subnotificação das doenças relacionadas à exposição ocupacional ao amianto.

O art. 169 da Consolidação das Leis do Trabalho obriga a notificação das doenças profissionais e das produzidas em virtude de condições especiais de trabalho, comprovadas ou objeto de suspeita. O art. 336 do Decreto n. 3.048/99 determina às empresas a comunicação dos acidentes para fins estatísticos e epidemiológicos e o art. 337 do mesmo diploma prevê que o "acidente do trabalho será caracterizado tecnicamente pela perícia médica do INSS, mediante a identificação do nexo entre o trabalho e o agravo".

Em suma, ao empregador ou ex-empregador, cabe notificar o INSS da doença do trabalho, mesmo quando exista mera suspeita (art. 169 da CLT), haja vista que a análise do nexo entre o trabalho e o agravo é tarefa que incumbe à perícia médica do INSS.

O comportamento empresarial, em regra, tem sido muito distinto. Identificada a suspeita de doença relacionada à exposição de seus empregados ou ex-empregados, as empresas empreendem verdadeira investigação o que é amparado em norma coletiva de âmbito nacional, em usurpação à função pública destinada por lei à perícia da autarquia previdenciária, sendo fundamental para a ocultação de dados epidemiológicos das autoridades.

A mera suspeita de quaisquer das doenças que integram a lista supramencionada gera a obrigação de emissão de Comunicação de Acidente de Trabalho — CAT. Frise-se, a empresa tem a obrigação de notificar, apenas. O nexo causal, por sua vez, deve ser firmado pelo INSS (art. 337 do Decreto n. 3.048/00). Por esse motivo, a investigação empreendida por junta médica e não notificada às autoridades competentes representa verdadeira usurpação da função da perícia previdenciária. Além disso, a medida está em desacordo com a Norma Regulamentadora n. 7, subitem 7.4.8.

A negativa de notificação das doenças relacionadas ao amianto tem alcançado, a um só tempo, a ocultação de seu passivo socioambiental e a elisão tributária resultante da sonegação de dados relativos ao Fator Acidentário de Prevenção — FAP.

As múltiplas inconsistências do modelo legal do uso seguro do amianto apontadas nesse tópico, discutidas em números abertos, demonstram de forma cabal a imperativa necessidade de adoção de outro parâmetro normativo para reger as relações socioeconômicas como medida compatível com o princípio constitucional da redução dos riscos de acidente de trabalho e meio ambiente equilibrado. E esse parâmetro já existe no ordenamento jurídico brasileiro, conforme se passa a expor.

4 A SUBSTITUIÇÃO DE AGENTES QUÍMICOS CANCERÍGENOS COMO NORMA INTERNACIONAL DE DIREITOS HUMANOS

A abordagem sobre o aproveitamento econômico de substâncias químicas cancerígenas no Brasil tende, invariavelmente, a convergir para o debate polarizado entre, de um lado, interesses econômicos ligados aos poderes privados e corporativos das empresas que se beneficiam das substâncias reconhecidamente carcinogênicas e, de outro, à concretização dos direitos humanos e fundamentais determinantes da própria noção de dignidade humana.

No caso específico do uso do amianto crisotila, substância reconhecidamente cancerígena, a tensão entre o interesse econômico e a precedência de direitos fundamentais culmina, na prática, com a prevalência daquele em detrimento dessa. E isto ocorre, entre outras razões, em função do amplo descompasso (legislativo, político e jurisprudencial) existente entre o tratamento jurídico nacional aplicado ao uso do amianto crisotila e o conteúdo supralegal dos tratados internacionais de direitos humanos firmados e ratificados pela República Federativa do Brasil que determinam a substituição da matéria-prima cancerígena dos ambientes onde ocorrem exposição ocupacional, conforme será oportunamente depurado.

Antes, porém, de dissertar sobre o equivocado tratamento jurídico aplicado ao aproveito econômico do mineral cancerígeno no âmbito da legislação nacional, faz-se imperativo identificar não apenas o comando de substituição dos agentes químicos cancerígenos vertido nas convenções da OIT e sua natureza jurídica, mas também identificar a posição hierárquica que essas normas internacionais assumem a partir da sua internalização no ordenamento jurídico brasileiro.

Pois bem. A substituição dos agentes químicos cancerígenos, em especial o amianto crisotila, nos ambientes de exposição ocupacional, isto é, nos locais onde trabalhadores são submetidos ao risco permanente de contaminação, é tratada sistematicamente nas normas internacionais produzidas pela OIT na forma das Convenções ns. 139, 155 e 162 da entidade laboral internacional.

No sistema internacional de tutela da saúde e da própria vida dos trabalhadores expostos ao risco de contaminação por cancerígenos, a Convenção n. 139 da Organização Internacional do Trabalho[2], que estabelece diretrizes de prevenção e controle dos riscos profissionais causados por substâncias ou agentes carcinogênicos, funciona como uma norma geral estabelecendo, para todos os Estados-membros que a ratificarem, a obrigação de promover, por todas as formas, a substituição dos agentes químicos por outras substâncias ou agentes não cancerígenos ou menos nocivos à saúde humana.

De par com a diretriz geral de substituição como medida de prevenção e controle do risco de contaminação subjacente à exposição ocupacional a agentes cancerígenos, a Convenção n. 155 da Organização Internacional do Trabalho[3], que dispõe sobre a implementação de políticas nacionais de segurança e saúde do trabalhador, inseriu a

---

(2) O art. 2º, da Convenção n. 139 da OIT, tem a seguinte redação: "*todo Membro que ratifique a presente Convenção deverá procurar de todas as formas substituir as substâncias e agentes cancerígenos a que possam estar expostos os trabalhadores durante seu trabalho por substâncias ou agentes não cancerígenos ou por substâncias ou agentes menos nocivos. Na escolha das substâncias ou agentes de substituição deve-se levar em conta suas propriedades cancerígenas, tóxicas e outras*". A convenção em exame foi ratificada pelo Brasil em 27 de junho de 1990, tendo sido promulgada pelo Decreto n. 157, de 2.6.91, com vigência nacional em 27.6.1991.

(3) Os arts. 4º e 5º, da Convenção n. 155 da OIT, têm a seguinte redação:
Art. 4º — 1. Todo Membro deverá, em consulta com as organizações mais representativas de empregadores e de trabalhadores, e levando em conta as condições e as práticas nacionais, formular, pôr em prática e reexaminar periodicamente uma política nacional coerente em matéria de segurança e saúde dos trabalhadores e o meio ambiente de trabalho.
(...)
Art. 5º — A política à qual se faz referência no artigo 4 da presente Convenção deverá levar em consideração as grandes esferas de ação que se seguem, na medida em que possam afetar a segurança e a saúde dos trabalhadores e o meio ambiente de trabalho:
a) projeto, teste, escolha, substituição, instalação, arranjo, utilização e manutenção dos componentes materiais do trabalho (locais de trabalho, meio ambiente de trabalho, ferramentas, maquinário e equipamentos; substâncias e agentes químicos, biológicos e físicos; operações e processos);
A Convenção predita foi ratificada pelo Brasil em 18 de maio de 1992, tendo sido promulgada pelo Decreto n. 1.254, de 29.9.94 e entrando em vigência nacional em 18 de maio de 1993.

substituição de substâncias e agentes químicos no âmbito das políticas nacionais de segurança e saúde do trabalhador e meio ambiente do trabalho a serem postas em prática pelos membros signatários.

Ainda no que se refere ao conteúdo das normas internacionais sobre exposição ocupacional a agentes e substâncias químicas cancerígenas, especificamente no que se refere ao agente químico amianto, em todas as suas variedades minerais, a Organização Internacional do Trabalho positivou a Convenção n. 162[4], que, embora inspirada pela tese do uso seguro do cancerígeno, também contempla expressamente a substituição do mineral carcinogênico como medida de proteção e prevenção, estabelecendo o requisito da viabilidade tecnológica como pressuposto fático para implementação de tecnologias alternativas ao amianto.

É indene de dúvidas, portanto, que o Direito Internacional, no que se refere à exposição ocupacional de humanos às substâncias e agentes químicos dotados de propriedades carcinogênicas, inclusive o amianto crisotila, adota como medida de proteção e de prevenção da saúde dos trabalhadores e do meio ambiente laboral, a providência de substituição, seja mediante a incessante busca de tecnologias alternativas, seja mediante implementação de uma política nacional coerente em matéria de segurança e saúde dos trabalhadores e o meio ambiente de trabalho.

A toda evidência, ao ratificar e internalizar todas as normas acima citadas, a República Federativa do Brasil assumiu, perante a comunidade internacional, obrigações concretas no sentido de substituir o amianto crisotila por tecnologias alternativas inócuas ou menos nocivas para humanos. Não menos evidente é a certeza científica de que à ratificação e internalização dessas normas internacionais corresponde uma carga de eficácia jurídica que deve informar e balizar toda a legislação nacional que trata sobre o agente químico amianto crisotila.

Mais do que isso, as normas internacionais discutidas alhures, por tratarem sobre proteção e prevenção da saúde dos trabalhadores, do meio ambiente, correspondem a típicas normas compatíveis com a concepção de *convenções internacionais sobre direitos humanos*, a que alude a primeira parte do art. 5º, § 3º da Constituição da República, na redação que lhe deu a Emenda Constitucional n. 45/2004. Por essa razão, no que se refere à hierarquia das normas jurídicas, a interpretação e aplicação das Convenções ns. 139, 155 e 162 devem pressupor o caráter supralegal das normativas internacionais que disciplinam a exposição ocupacional a agentes químicos cancerígenos.

O Supremo Tribunal Federal, na hipótese em comento, adotou a seguinte posição jurisprudencial sobre a hierarquia das convenções internacionais de direitos humanos anteriores à Emenda Constitucional n. 45/2004:

"Esse caráter supralegal do tratado devidamente ratificado e internalizado na ordem jurídica brasileira — porém não submetido ao processo legislativo estipulado pelo art. 5º, § 3º, da Constituição Federal — foi reafirmado pela edição da Súmula Vinculante n. 25, segundo a qual 'é ilícita a prisão civil de depositário infiel, qualquer que seja a modalidade do depósito'. Tal verbete sumular consolidou o entendimento deste tribunal de que o art. 7º, item 7, da Convenção Americana de Direitos Humanos teria ingressado no sistema jurídico nacional com status supralegal, inferior à Constituição Federal, mas superior à legislação interna, a qual não mais produziria qualquer efeito naquilo que conflitasse com a sua disposição de vedar a prisão civil do depositário infiel. Tratados e convenções internacionais com conteúdo de direitos humanos, uma vez ratificados e internalizados, ao mesmo passo em que criam diretamente direitos para os indivíduos, operam a supressão de efeitos de outros atos estatais infraconstitucionais que se contrapõem à sua plena efetivação." (ADI 5240, Relator Ministro Luiz Fux, Tribunal Pleno, julgamento em 20.8.2015, DJe de 1º.2.2016).

Diante do exposto, as normas internacionais sobre exposição ocupacional ao agente químico cancerígeno amianto estabelecem como diretriz a substituição desse mineral carcinogênico por tecnologias alternativas e estão imantadas pelo atributo de supralegalidade em relação à legislação nacional, tendo, pois, como consequências imediatas a supressão de outros atos estatais infraconstitucionais contrapostos à sua plena efetivação.

Nada obstante a substituição do amianto nos ambientes laborais corresponda a uma norma internacional sobre direitos humanos, conforme demonstrado, seus efeitos de supressão ou balizamento da legislação nacional não são concretizados em um ambiente político e legislativo onde prosperam privados e corporativos resultantes do aproveitamento econômico do amianto crisotila, conforme se passa a explanar.

---

(4) Quando necessárias para proteger a saúde dos trabalhadores, *e viáveis do ponto de vista técnico*, as seguintes medidas deverão ser previstas pela legislação nacional:

a) sempre que possível, *a substituição do amianto* ou de certos tipos de amianto ou de certos produtos que contenham amianto por outros materiais ou produtos, ou, então, o uso de tecnologias alternativas desde que submetidas à avaliação científica pela autoridade competente e definidas como inofensivas ou menos perigosas. A Convenção n. 162 da OIT foi ratificada pelo Brasil em 18 de maio de 1990, tendo sido promulgada pelo Decreto n. 126, de 22.5.1991.

5. A SUBSTITUIÇÃO DO AGENTE QUÍMICO AMIANTO E A OMISSÃO DA LEGISLAÇÃO NACIONAL DE APROVEITAMENTO ECONÔMICO DA SUBSTÂNCIA CANCERÍGENA

Faz-se imperativo, logo no início da presente abordagem, fixar que a discussão sobre a substituição do agente químico amianto por fibras alternativas não se confunde com o debate sobre a constitucionalidade da Lei n. 9.055/95, que dormita no Supremo Tribunal Federal há quase uma década[5].

Duas razões, entre outras possíveis, permitem depurar a conclusão antecedente: por primeiro, a substituição do amianto, na forma ora articulada, corresponde a uma análise hermenêutica cotejando as normas internacionais de direitos humanos ratificadas pela República Federativa do Brasil antes da Emenda Constitucional n. 45/2004 e a legislação nacional; e, por segundo, ainda que o Supremo Tribunal Federal julgue improcedente a ação declaratória de inconstitucionalidade, a discussão sobre a substituição do amianto remanescerá sob o enfoque da supralegalidade das normas internacionais de direitos humanos ratificadas pela República Federativa do Brasil antes da Emenda Constitucional n. 45/2004, conforme entendimento do próprio STF prolatado na ADI 5240.

Por oportuno, adverte-se que o contraste entre normas internacionais de direitos humanos ratificadas pela República Federativa do Brasil antes da Emenda Constitucional n. 45/2004 e a legislação nacional sobre o uso do amianto, na forma desta dissertação, não significa, sob hipótese alguma, a admissão, pelos autores desse artigo, de que a Lei n. 9.055/95, que autoriza, em última análise, a exposição ocupacional de trabalhadores ao mineral carcinogênico, está em conformidade com a Constituição da República.

Posto isso, no tópico antecedente se demonstrou que as normas internacionais sobre exposição de trabalhadores a agentes e substâncias químicas cancerígenas têm como conteúdo geral a substituição da tecnologia poluidora por tecnologias inócuas ou de menor impacto à saúde humana e ao meio ambiente. No caso específico do cancerígeno amianto crisotila, a norma internacional, ao tempo em que acolheu a tese do uso controlado do mineral, não descurou de prever a substituição do agente químico como providência de proteção e prevenção da saúde das populações ocupacionalmente expostas ao amianto crisotila e do próprio ambiente laboral.

Ocorre, todavia, que legislação nacional que disciplina o aproveitamento econômico do amianto crisotila, notadamente o principal sistema normativo específico, composto pelo Anexo 12, da Norma Regulamentadora n. 15, do Ministério do Trabalho e Emprego, e pela Lei n. 9.055/95, foi estruturada exclusivamente sob os auspícios da tese do uso controlado do amianto crisotila, que empolga os interesses privados e corporativos dos grupos empresariais que se utilizam do amianto crisotila como base de suas atividades econômicas.

Significa dizer que a construção da legislação nacional, em absoluto descompasso com as normas internacionais de direitos humanos que apontam para a substituição dos agentes químicos cancerígenos nos ambientes laborais como provimento de proteção da saúde humana, está sinalizada como uma via de mão única por onde trafega, com exclusividade, a perniciosa ideia de que milhares de toneladas[6] de uma fibra mineral nociva à saúde humana, e invisível a olho nu, especialmente quando em dispersão aérea, possam ser rigorosamente controladas em todas as fases das múltiplas cadeias e processos produtivos[7] subjacentes aos negócios da indústria do amianto.

Sem embargo, a construção da legislação nacional que dispõe sobre o uso do agente químico cancerígeno em tela, notadamente o sistema normativo integrado pelo Anexo 12, da Norma Regulamentadora n. 15, do Ministério do Trabalho e Emprego, e pela Lei n. 9.055/95, desvirtuou-se da sua matriz internacional proposta pela OIT, porquanto não instrumentaliza, de forma expressa e objetiva, qualquer diretriz voltada à substituição do amianto por tecnologias alternativas, tampouco contempla qualquer previsão sobre a implementação de uma política nacional coerente com as normas internacionais que erigem a substituição do agente químico como medida de proteção da saúde dos trabalhadores e do ambiente laboral.

---

(5) A Ação Direita de Inconstitucionalidade n. 4.066, que discute a compatibilidade entre a lei de autorização do aproveitamento econômico de substância cancerígena, foi distribuída em 2.4.2008 e se encontra pendente de julgamento até a presente data.

(6) De acordo com o anuário mineral 2010 do Departamento Nacional de Produção Mineral — DNPM, no ano de 2009 foram lavradas no Brasil mais de 324.000 toneladas de amianto. Disponível em: <http://www.dnpm.gov.br/dnpm/paginas/anuario-mineral/arquivos/ANUARIO_MINERAL_2010.pdf>. Acesso em: 22 jun. 2016.

(7) A cadeia produtiva do amianto, notadamente no que se refere aos produtos de fibrocimento, são caracterizadas por múltiplas etapas e processos de produção, desde a mineração até o descarte de resíduos tóxicos, passando pela indústria da construção. A utilização de mão de obra na indústria da construção é massiva e medidas para controlar o asbesto são difíceis de instituir. Os materiais incorporados na construção também podem causar riscos para aqueles que executam reformas, manutenção e demolição. Minerais incorporados à construção têm o potencial de se deteriorem e criarem exposição.

Além de não estabelecer de forma clara, direta e objetiva a instrumentalização de mecanismos de substituição do amianto por substâncias alternativas inócuas ou menos nociva à saúde humana, consoante as normas internacionais da OIT sobre a exposição ocupacional a agentes químicos, o texto da Lei n. 9.055/95 tende, inclusive, a frustrar o desenvolvimento tecnológico das fibras alternativas (substitutivas) mediante sistemática equiparação do tratamento jurídico dispensado ao cancerígeno amianto crisotila com o tratamento jurídico dispensado para as denominadas *fibras, naturais e artificiais de qualquer origem, utilizadas para o mesmo fim* (que o amianto)[8].

Sem a pretensão de amplificar a discussão do controle de constitucionalidade da Lei n. 9.055/95, como já anotado alhures, não se deve olvidar, a propósito, o fato de que a ordem econômica nacional tem como princípio informativo a defesa do meio ambiente, sendo constitucionalmente previsto o tratamento diferenciado da atividade econômica de acordo com o impacto ambiental dos produtos potencialmente poluentes, como é o caso dos produtos que contêm em sua composição agentes químicos carcinogênicos, de acordo com o preceptivo vertido no art. 170, inciso IV, da Norma Vértice.

À obviedade, a legislação nacional é omissa no que se refere a implementação da substituição do agente químico carcinogênico amianto nos ambientes laborais, sendo certo que o caráter supralegal das convenções internacionais da OIT, que determinam a substituição desses agentes químicos sempre que possível, aplicam-se diretamente às relações socioeconômicas subjacentes ao aproveitamento econômico do amianto.

Mesmo que se admita que a Lei n. 9.055/95, ao disciplinar o tratamento jurídico dispensado às denominadas *fibras, naturais e artificiais de qualquer origem, utilizadas para o mesmo fim* que o amianto não se caracterize como norma jurídica omissa, as convenções da OIT analisadas no tópico anterior retiram qualquer efeito que se possa atribuir à indústria do amianto o prosseguimento de suas atividades poluidoras por prazo indeterminado.

Por outras palavras, a tese do uso controlado do amianto, que serve como substrato para construção do sistema normativo brasileiro de permissão do aproveitamento econômico do cancerígeno amianto crisotila está inarredavelmente subordinada à diretriz de substituição plasmada de forma indelével nas normas internacionais sobre direitos humanos que disciplinam a exposição ocupacional de trabalhadores a agentes químicos carcinogênicos.

6 CONCLUSÃO

É indene de dúvidas que o mineral amianto, em todas as suas variedades, inclusive o amianto crisotila, cujo aproveitamento econômico ainda é autorizado no Brasil, é um agente químico contaminante responsável por doenças e agravos à saúde humana, notadamente das populações ocupacionalmente expostas, dentre as quais merecem destaque a asbestose, o câncer de pulmão e o mesotelioma. É essa certeza científica que norteou a decisão política de proscrever o amianto como matéria-prima mineral em mais de 60 países.

Todavia, a legislação nacional vigente, inspirada exclusivamente sobre os parâmetros da tese do *uso controlado* da substância carcinogênica, não apenas está repleta de inconsistências capazes de colocar em risco real e iminente a saúde dos trabalhadores expostos, mas também olvidou de internalizar o compromisso internacional assumido pela República Federativa do Brasil no âmbito da Organização Internacional do Trabalho.

Quanto ao modelo legislativo nacional e sua inconsistência em face do princípio de redução dos riscos de adoecimentos relacionados ao trabalho, a legislação nacional optou por privilegiar tão somente o interesse econômico da indústria do amianto, sendo nefastamente permissiva com a continuidade de atividades laborais mesmo em ambientes cujos níveis de fibras dispersas no ar superem o limite de tolerância de 0,1 f/cm^3, tolerante com a precariedade do monitoramento da saúde dos ex-trabalhadores expostos e complacente com o deliberado desmantelamento de qualquer controle epidemiológico a cargo do Estado, seja em razão de que os empregadores não enviam a listagem de expostos ao Sistema Único de Saúde, seja porque o modelo vigente estimula na emissão da CAT.

Nada obstante o anacronismo da legislação nacional, a substituição do amianto nos ambientes laborais corresponde, conforme suficientemente demonstrado, a uma norma internacional sobre direitos humanos. E essas normas

---

[8] Nesse sentido, o art. 2º, da Lei n. 9.055/95, contempla a seguinte redação: *o asbesto/amianto da variedade crisotila (asbesto branco), do grupo dos minerais das serpentinas, e as demais fibras, naturais e artificiais de qualquer origem, utilizadas para o mesmo fim, serão extraídas, industrializadas, utilizadas e comercializadas em consonância com as disposições desta Lei.*

internacionais sobre exposição ocupacional ao agente químico cancerígeno amianto estabelecem, inarredavelmente, como diretriz para os Estados signatários a substituição desse mineral carcinogênico por tecnologias alternativas.

Nesse contexto de análise sobre a hierarquia normativa dos tratados internacionais de direitos humanos e de plena factibilidade da implementação de tecnologias alternativas ao mineral cancerígeno, a substituição do amianto está imantada pelo atributo de supralegalidade em relação à legislação nacional, tendo, pois, como consequências imediatas, a supressão de outros atos estatais infraconstitucionais contrapostos à sua plena efetivação.

7 REFERÊNCIAS BIBLIOGRÁFICAS

IPCS, 1998. *Environmental Health Criteria 203 — Chrysotile Asbestos. International Programme on Chemical Safety.* United Nations Environment Programme, the International Labour Organisation, and the World Health Organization, Geneva; WHO. <http://www.inchem.org/documents/ehc/ehc/ehc203.htm>.

LANDRIGAN, Philip J.; NICHOLSON, William J.; SUZUKI, Yosunosuke and LADOU, Josef. *Review Article. The Hazards of Chrysotile Asbestos:* A Critical Review. Industrial Health 1999, 37, 271-280.

MENDES, René. Asbestos (amianto) e doença: revisão do conhecimento científico e fundamentação para uma urgente mudança da atual política brasileira sobre a questão. *Cadernos de Saúde Pública*, v. 17, n. 1. Rio de Janeiro, jan./fev. 2001. Disponível em <http://www.scielo.br/scielo.php?script=sci_arttext&pid=S0102-311X2001000100002>. Acesso em: 1º.2.2016.

POLUIÇÃO LABOR-AMBIENTAL: APORTES JURÍDICOS GERAIS(*)

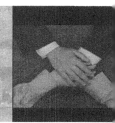

Ney Stany Morais Maranhão(**)

"*O medo, seja proveniente de ritmos de trabalho ou de riscos originários das más condições de trabalho, destrói a saúde mental dos trabalhadores de modo progressivo e inelutável, como o carvão que asfixia os pulmões do mineiro com silicose.*"

Christophe Dejours[1]

1 INTRODUÇÃO

O que há de comum entre uma sequência de edifícios pichados, o odor fétido exalado do leito de um rio, queixas da vizinhança a respeito de uma barulhenta boate e o suicídio de um colega de trabalho vítima de assédio moral por parte de seu superior hierárquico? Por mais heterogêneas que possam parecer tais circunstâncias, todas retratam, juridicamente, à sua maneira, possíveis cenários de *poluição*.

(*) Este texto materializa parte das reflexões que compõem a tese de doutoramento do autor, intitulada "Poluição labor-ambiental: abordagem conceitual" e defendida com êxito em 15 de fevereiro de 2016 junto à Universidade de São Paulo — Largo São Francisco. A banca examinadora foi composta pelos seguintes membros: Professor Guilherme Guimarães Feliciano (USP/Orientador), Professor Antônio Rodrigues de Freitas Junior (USP), Professora Ana Maria Nusdeo (USP), Professor Jorge Cavalcanti Boucinhas Filho (FGV) e Professora Rosita de Nazaré Sidrim Nassar (UFPA). Foi coorientador o Professor Carlos Eduardo Gomes Siqueira (Universidade de Massachusetts — Boston/EUA). A versão comercial da tese está materializada na seguinte obra: MARANHÃO, Ney. *Poluição labor-ambiental*: abordagem conceitual da degradação das condições de trabalho, da organização do trabalho e das relações interpessoais travadas no contexto laborativo. Rio de Janeiro: Lumen Juris, 2017.

(**) Professor Adjunto do Curso de Direito da Universidade Federal do Pará. Doutor em Direito do Trabalho e da Seguridade Social pela Universidade de São Paulo — Largo São Francisco, com estágio científico de Doutorado-Sanduíche junto à Universidade de Massachusetts (Boston/EUA). Especialista em Direito Material e Processual do Trabalho pela Universidade de Roma — La Sapienza (Itália). Mestre em Direitos Humanos pela Universidade Federal do Pará. Ex-bolsista CAPES. Coordenador Científico do Projeto de Pesquisa "Meio Ambiente do Trabalho, Racionalidade Jusambiental e Prática Judicante" (Programa ProDoutor — PIBIC/UFPA). Professor convidado do Centro Universitário do Estado do Pará (CESUPA) e da Universidade da Amazônia (UNAMA) (em nível de pós-graduação). Professor convidado das Escolas Judiciais dos Tribunais Regionais do Trabalho da 2ª (SP), 4ª (RS), 8ª (PA/AP), 12ª (SC), 14ª (RO/AC), 15ª (Campinas/SP), 18ª (GO), 19ª (AL), 23ª (MT) e 24ª (MS) Regiões. Membro do Instituto Goiano de Direito do Trabalho (IGT) e do Instituto de Pesquisas e Estudos Avançados da Magistratura e do Ministério Público do Trabalho (IPEATRA). Membro fundador do Conselho de Jovens Juristas/Instituto Silvio Meira, sendo Titular da Cadeira de n. 11. Membro do Conselho Editorial da Revista de Direito do Trabalho — RDT (São Paulo, Editora Revista dos Tribunais). Membro do Comitê Gestor Nacional do Programa Trabalho Seguro (TST/CSJT — Ato GP n. 08, de 10/03/2016). Juiz Titular da 2ª Vara do Trabalho de Macapá (AP) (TRT da 8ª Região/PA-AP). E-mail: ney.maranhao@gmail.com

(1) DEJOURS, Christophe. *A loucura do trabalho*: estudo de psicopatologia do trabalho. Trad. Ana Isabel Paraguay e Lúcia Leal Ferreira. São Paulo: Oboré Editorial, 1987. p. 74.

Essa estonteante variedade fenomênica quanto a modalidades de degradação ambiental não é fruto de ginástica semântica ou invencionice acadêmica. Trata-se, bem ao contrário, da mais lídima aplicação do texto de nossa Constituição Federal, que afiança, expressamente, a existência de pelo menos quatro dimensões ambientais: o meio ambiente *natural*, o meio ambiente *artificial*, o meio ambiente *cultural* e o meio ambiente *laboral* (basicamente, arts. 182, 200, VIII, 216 e 225).

Ora, ao fortalecer o reconhecimento de componentes estritamente *humanos* (ou *socioculturais*) na estrutura ambiental, nossa Carta Magna não apenas amadureceu, como também alargou o já imenso campo de reflexão jusambiental outrora fomentado pela Lei n. 6.938/1981, dando ensejo à consideração de interações ambientais outras, próprias à intrincada vivência humana, que vão bem além daqueles clássicos agentes físicos, químicos e biológicos, atingindo também as peculiaridades ínsitas a especialíssimas condicionantes socioculturais e mesmo laborais que afetam o ser humano.

Por corolário, alargou-se sobremaneira o conteúdo jurídico do que se deve entender por *degradação ambiental*. Assim, convictos de que a poluição comporta legítimo exame por diversos ângulos[2], bem como escudados na inabalável premissa de que o meio ambiente do trabalho integra o meio ambiente humano, para todos os efeitos jurídicos (CF, art. 200, VIII), qual seria, afinal, o alcance de uma abordagem da *poluição* sob o específico ângulo do *labor-ambiente*? Qual seria, enfim, o conceito jurídico de uma chamada *poluição labor-ambiental*?

Estruturamos este artigo em uma escalada conceitual materializada na prévia investigação dos sentidos de "meio ambiente", "meio ambiente do trabalho" e "poluição", locuções cujos horizontes jurídicos decerto condicionam o alcance semântico do que se deve ter por poluição do meio ambiente do trabalho.

2 MEIO AMBIENTE: COMPREENSÃO GERAL

De início, cumpre logo destacar que a temática *ambiental* é, intrinsecamente, uma temática *humana*[3]. E o Direito, justamente por ser objeto *cultural*, tende a ser construído à luz da constelação de fatores presente em seu tempo. Por isso, o conceito *jurídico* de meio ambiente também é, iniludivelmente, uma construção *cultural*, porque sensível às necessidades, percepções e perspectivas materiais e imateriais vivenciadas em sociedade[4]. Assim, o meio ambiente e sua proteção, segundo Paulo de Bessa Antunes, devem ser "compreendidos concretamente e dentro das condições específicas de cada sociedade, com os seus próprios olhos"[5].

Por força dessa pontuação crítica e à vista do crescente acirramento da questão ambiental, havendo de exigir cada vez mais reflexões e análises diferenciadas e abrangentes, a tendência hodierna tem seguido pelo reconhecimento de que o bem ambiental, juridicamente, é figura complexa, integrada por componentes *naturais* e *culturais*, com múltiplos fatores em intensa e mútua interação.

Disso advém repercussão jurídica deveras importante. Veja-se que reconhecer a existência de componentes estritamente *humanos* ou *sociais* na complexa estrutura ambiental significa admitir fatores de interação outros, próprios à intrincada realidade humana, em que, com efeito, vicejam larga capacidade intelectiva, rica exteriorização psicossensorial e intensa habilidade técnica, tudo à luz de um incomparável poder de autodeterminar a sua própria história segundo condicionantes várias, tais como as filosóficas, políticas, sociais, históricas, psíquicas, científicas, culturais e econômicas.

Eis, então, o ponto: todo esse denso caldo psicossocial e sociocultural, que configura o que se pode chamar de *sociosfera*, necessita ser reconhecido como efetivamente integrado à vivência jurídico-ambiental. É que existem não apenas condicionantes *naturais*, mas também condicionantes *sociais* e *culturais* para o desenvolvimento humano.

---

(2) ANTUNES, Paulo de Bessa. *Dano ambiental*: uma abordagem conceitual. 2. ed. Rio de Janeiro: Atlas, 2015. p. 129.
(3) "[...] o meio (justo ou injusto) é uma realidade paradoxal: o seu centro está em todo o lado, a sua circunferência em parte alguma. Por outras palavras, se nos engloba totalmente; ele é também aquilo que passa no âmago de cada um de nós. Totalmente dependentes dele, somos também por ele totalmente responsáveis" (OST, François. *A natureza à margem da lei*: a ecologia à prova do direito. Trad. Joana Chaves. Lisboa: Instituto Piaget, 1995. p. 395).
(4) "Só o que é cultural pode ter um valor: a natureza só adquire, assim, valor enquanto construção cultural" (CAVALLIER, François. Natureza e cultura. In: *As grandes noções da filosofia* (autores vários). Lisboa: Instituto Piaget, 2002. p. 837-895, p. 887).
(5) ANTUNES, Paulo de Bessa. *Dano ambiental*: uma abordagem conceitual. Rio de Janeiro: Lumen Juris, 2000. p. 241.

A respeito, ressoam importantes as lições de Elida Séguin, *in verbis*:

> Meio Ambiente ecologicamente equilibrado representa uma abrangência conceitual de significado utópico. **A determinação dos parâmetros de uma sadia qualidade de vida dependerá de paradigmas socioculturais e do avanço do conhecimento científico-tecnológico.** O Meio Ambiente interfere e condiciona o ser humano, que vive dentro de uma teia de relações, a que Ruy Jornada Krebs, sob a ótica dos ensinamentos de Bronfenbrenner, denomina de desenvolvimento contextualizado, afirmando que qualquer hipótese de mudança ou integração introduzida nas pessoas, por ambientes ora receptivos ou adversos, está embasada no cotidiano. **O desenvolvimento humano está diretamente ligado ao ambiente. Essas interações se processam em dois níveis: o da biosfera e o da sociosfera.** No primeiro aspecto, tem-se a prevalência dos condicionantes naturais sobre o desenvolvimento humano. A sociosfera ou meio social, caracterizada pelos valores e normas ligados ao grupo e ao tempo, possui um apelo cultural.[6]

Indiscutivelmente, nossa Constituição Federal optou por um conceito *amplo* de meio ambiente, reconhecendo a integração entre elementos *naturais* e *socioculturais* (ou *artificiais*). Noutras palavras: admitiu como integrantes do bem jurídico-ambiental aspectos tanto da *biosfera* quanto da *sociosfera*, sempre intrinsecamente considerados. Nessa linha de ideias, o *meio ambiente* guarda estrutura multifacetada, constituindo-se ente complexo portador de *dimensões* que, embora identificáveis, são indissociáveis.

Deveras, na esteira do ordenamento jurídico-constitucional pátrio, a categoria *meio ambiente* — sempre *humano*[7] —, a par de suas características gerais, comporta mesmo alguma visualização de *dimensões* ambientais, cada qual com uma compreensão jurídica relativamente própria. Isso quer dizer que, juridicamente, o *bem ambiental* permite contemplação de facetas levemente passíveis de diferenciação uma da outra — tudo sem prejuízo, claro, da sempre necessária assimilação gestáltica e incontornável perspectiva sistêmica do ente jurídico *meio ambiente* como um todo.

Em termos gerais, há um meio ambiente natural e um meio ambiente artificial. Com efeito, o meio ambiente *natural* é integrado pelos bens e recursos disponíveis na *natureza*. O foco, aqui, está no que foi originalmente "recebido" pelo homem. O *equilíbrio ambiental*, nessa dimensão, aponta para o combate à violação do padrão *ecológico* ínsito aos fatores *naturais* presentes na *biosfera*. Almeja-se, em essência, a *manutenção* de um equilíbrio *ecossistêmico*. A preocupação, neste campo, bem se vê, é essencialmente *ecológica*.

De sua parte, o meio ambiente *artificial* ou *cultural* (ou *humano, stricto sensu*) é integrado por fatores humanos propriamente ditos, produto direto de seu atávico poder sensível, criativo e de autodeterminação. Em suma, aquilo que é *expressão* material ou imaterial do homem. O *equilíbrio ambiental*, nessa dimensão, aponta para o combate à violação de um padrão *normativo* conferido aos constructos *humanos* conducentes à *sociosfera*. Almeja-se, em essência, a *promoção* de um equilíbrio *socioambiental*. A preocupação, neste campo, decerto é essencialmente *sociocultural*.

Assim, malgrado a já evocada indissociabilidade do todo ambiental, nosso ordenamento constitucional, buscando um trato jurídico integrativo do assunto, revelou, claramente, pelo menos *quatro* dimensões ambientais. Não são zonas estanques e autônomas, pois isso não se compatibilizaria com as já reportadas assimilação gestáltica e perspectiva sistêmica inerentes ao ente ambiental. São apenas destaques da mesma realidade, integrados, inter-relacionados e facilitadores da identificação do ponto crítico afetador do equilíbrio do meio ambiente. Com efeito, como já destacamos na introdução, segundo a Constituição Federal e não sem uma boa dose de polêmica, temos a revelação das seguintes dimensões ambientais: meio ambiente *natural*, meio ambiente *artificial*, meio ambiente *cultural* e meio ambiente *laboral* — sendo o primeiro afeto à *biosfera* e os restantes mais inclinados à *sociosfera*.

Meio ambiente, em nossa perspectiva, portanto, revelar-se-ia como *a resultante da interação sistêmica de fatores naturais, artificiais, culturais e laborais que influencia as condições de vida, em todas as suas formas.*

---

(6) SÉGUIN, Elida. *O direito ambiental: nossa casa planetária*. 3. ed. Rio de Janeiro: Forense, 2006. p. 17-18. Grifamos.
(7) Frise-se que não existe meio ambiente que não o humano. Logo, também por isso, não nos parece acertado crer em uma separação ontológica entre meio ambiente natural e meio ambiente humano, porquanto o meio ambiente sempre foi e sempre será uma realidade percebida, compreendida e juridicamente protegida em dimensão exclusivamente humana. Sendo assim, a expressão meio ambiente já carrega consigo, nessa perspectiva, o adjetivo humano. A famosa Declaração da Conferência das Nações Unidas sobre o Meio Ambiente Humano, realizada em Estocolmo (1972), reforça esse entendimento, ao aduzir, expressamente, que "os dois aspectos do ambiente humano, o natural e o artificial, são essenciais para o bem-estar do homem e para o gozo dos direitos humanos fundamentais, inclusive do próprio direito à vida" (item 1). (ORGANIZAÇÃO DAS NAÇÕES UNIDAS. *Declaração da Conferência das Nações Unidas sobre o Meio Ambiente Humano*, 1972. Disponível em: <http://www.onu.org.br>. Acesso em: 14 nov. 2015).

3. MEIO AMBIENTE DO TRABALHO: COMPREENSÃO GERAL

O que é meio ambiente do trabalho? Qual o seu alcance jurídico? Para se ter uma ligeira noção da perturbadora complexidade do assunto, basta lembrar que, desde a década de 1970, o então cientista soviético A. V. Roshchin já ponderava ser o meio ambiente do trabalho a "resultante de uma combinação complexa de fatores tais como o progresso tecnológico, equipamento e processos industriais, a organização do trabalho e o *design* e o *layout* das dependências industriais"[8].

Em tempos mais recentes, destacaríamos a formulação de Raimundo Simão de Melo, para quem o meio ambiente do trabalho, para além do estrito local de trabalho, abrangeria, igualmente, os instrumentos de trabalho, o modo de execução das tarefas, bem assim a própria "maneira como o trabalhador é tratado pelo empregador ou tomador de serviço e pelos próprios colegas de trabalho"[9].

Perceba-se que ambas as lições, separadas por quase quatro décadas, trabalham com uma concepção de meio ambiente do trabalho estonteantemente ampla, abarcadora não apenas do *local* de trabalho, mas também da *organização* do trabalho implementada, bem assim da própria qualidade das *relações interpessoais* travadas no contexto laborativo.

Cabe, então, a pergunta: estariam tais descrições, de fato, cientificamente escorreitas? A silhueta jurídico-conceitual do meio ambiente laboral comporia mesmo tamanha abrangência técnica e representação fenomênica? Pensamos que sim. E, para justificar nossa posição, precisamos dar atenção a cientistas e estudiosos de outras áreas.

Christophe Dejours, por exemplo, distingue *condições de trabalho* de *organização do trabalho*. Para o renomado psiquiatra e ergonomista francês, as *condições de trabalho* geram impacto maior sobre o *corpo* do trabalhador, ao passo que a *organização do trabalho* gera impacto maior sobre a *mente* do trabalhador[10]. Já Mário César Ferreira e Ana Magnólia Mendes, reconhecidos psicólogos do trabalho, fazem uma interessante proposição conceitual para aquilo que chamam de *Contexto de Produção de Bens e Serviços* (CPBS), reputando-o como "o *locus* material, organizacional e social onde se operam a atividade de trabalho e as estratégias individual e coletiva de mediação utilizadas pelos trabalhadores na interação com a realidade de trabalho"[11].

Segundo esses últimos autores, esse *contexto de produção* se subdivide em três dimensões interdependentes: **(i)** as *condições de trabalho*, integradas pelos seguintes elementos: ambiente físico, instrumentos de trabalho, equipamentos de trabalho, matérias-primas, suporte organizacional, práticas de remuneração, desenvolvimento de pessoal e benefícios; **(ii)** a *organização do trabalho*, composta pelos seguintes elementos: divisão do trabalho, produtividade esperada, regras formais, tempo, ritmos e controles; **(iii)** as *relações socioprofissionais*, a envolver as interações internas (hierárquicas e coletivas intragrupo e intergrupos) e externas[12].

Cremos que esses estudos científicos encontrados nos campos da *Medicina* e da *Psicologia* são valiosos para uma ótima estruturação do pensamento *jurídico*, dando concretude a um sadio cruzamento de saberes em busca da adequada compreensão do complexo tema ambiental, que, como já vimos, é mesmo intrinsecamente *interdisciplinar*. Nesse compasso, temos para nós que o que ali, por exemplo, na Psicologia, foi batizado como *Contexto de Produção de Bens e Serviços* (CPBS), em verdade representa, aqui, na dimensão jurídica, o que chamamos de *meio ambiente do trabalho*.

Demais disso, é possível visualizar, com base nesses aportes doutrinários, que a extensa variedade de interações havidas no meio ambiente laboral e suscitadoras de risco à segurança e à saúde dos trabalhadores acaba, de algum modo, vinculando-se ou tendo origem em um ou mais desses citados e precisos fatores de risco: as *condições de trabalho*, a *organização do trabalho* e as *relações interpessoais*.

Temos que as **condições de trabalho** concernem às *condições físico-estruturais* havidas no *ambiente* de trabalho. Dizem respeito, basicamente, à incidência dos clássicos elementos físicos, químicos e biológicos, além das condições estruturais e de mobiliário do local de trabalho (*v. g.*, qualidade das instalações elétricas, prediais, sanitárias e de ma-

---

(8) ROSHCHIN, A. V. Protection of the working environment. *HeinOnline*, 110 Int'l Lab. Rev. 249, 1974. p. 235-249, p. 235. Grifos no original.
(9) MELO, Raimundo Simão de. *Direito ambiental do trabalho e a saúde do trabalhador*. 5. ed. São Paulo: LTr, 2013. p. 29.
(10) DEJOURS, Christophe. *A loucura do trabalho*: estudo de psicopatologia do trabalho. Tradução de Ana Isabel Paraguay e Lúcia Leal Ferreira. São Paulo: Oboré Editorial, 1987. p. 78.
(11) FERREIRA, Mário César; MENDES, Ana Magnólia. *Trabalho e riscos de adoecimento*: o caso dos auditores fiscais da previdência social brasileira. Brasília: LPA Edições, 2003. p. 41.
(12) FERREIRA, Mário César; MENDES, Ana Magnólia. *Trabalho e riscos de adoecimento*: o caso dos auditores fiscais da previdência social brasileira. Brasília: LPA Edições, 2003. p. 41.

quinário e mobília; qualidade e manutenção de equipamentos de proteção). Nesse campo está a tradicional noção de meio ambiente laboral, atinente à ideia de *local* de trabalho, com a também tradicional ênfase na saúde *física* dos trabalhadores. Tem a ver, mais diretamente, com a relação *homem/ambiente*[13].

A **organização do trabalho** diz com o *arranjo técnico-organizacional* estabelecido para a *execução* do trabalho. Engloba fatores ligados, por exemplo: (i) às *normas* de produção; (ii) ao *modo* de produção; (iii) ao *tempo* do trabalho; (iv) ao *ritmo* de trabalho; (v) ao *conteúdo* das tarefas; (vi) à *jornada* de trabalho; (vii) à *remuneração* do trabalho; (viii) ao *conhecimento* do trabalho; ix) às técnicas de *gerenciamento* do trabalho; x) às técnicas de *cobrança* de resultados. Nesse campo, o meio ambiente laboral está mais diretamente ligado à ideia de *situação* de trabalho, com ênfase na saúde *psicofísica* dos trabalhadores. Tem a ver, mais diretamente, com a relação *homem/técnica*[14].

Por fim, por **relações interpessoais** temos a *qualidade das interações socioprofissionais* travadas no *cotidiano* do trabalho, em todos os níveis (superiores hierárquicos, clientes, colegas de trabalho, representantes da tomadora do serviço). Nesse campo, o meio ambiente do trabalho está mais diretamente ligado à ideia de *convivência* de trabalho, com ênfase na saúde *mental* dos trabalhadores. Tem a ver, assim, mais diretamente, com a relação *homem/homem*[15]. Essa dimensão labor-ambiental envolve questões assaz relevantes, ligadas, por exemplo, à prática da *violência* no trabalho (assédio, discriminação, exploração etc.) e ao necessário *suporte social* erigido no contexto laborativo.

Cumpre alertar, desde logo, que tal organização de ideias não intenta promover separações técnicas rígidas e estanques. Ao revés, como expressão de uma típica realidade ambiental, tais fatores de risco do meio ambiente do trabalho por certo se imbricam profundamente e, em conjunto, geram cenários os mais variados para a segurança e a saúde humana. Ora, havendo já a plena convicção científica de ser inapropriado considerar, isoladamente, fatores ambientais, não pode remanescer dúvida de que tal linha de pensamento deverá nortear a compreensão da realidade ambiental como um todo, o que inclui a dimensão do meio ambiente do trabalho.

Dessume-se, pois, que as condições em que os seres humanos trabalham e as consequências que essas condições podem provocar à segurança e à saúde humana configuram um todo que não se pode reduzir aos elementos que o compõem, sob pena de deformá-lo[16]. Daí o porquê dessa estruturação de pensamento ter valia mais *pedagógica* que propriamente *ontológica*.

Diante do quanto exposto, dessume-se, a título ilustrativo, que, na atual quadra do pensamento científico, é de total inadequação e insuficiência a clássica construção conceitual que vê o meio ambiente do trabalho como simples "local da prestação de serviço", afigurando-se mesmo, hoje, tal linha, um constructo deveras obsoleto[17]. É que, ao se manter enlaçado ao plano do "chão de fábrica", com forte ênfase em um matiz *estático-espacial*, o estudioso acaba propagando noção sobremodo restritiva de meio ambiente do trabalho, na medida em que centra foco apenas em aspectos atinentes às *condições de trabalho*, deixando muitas vezes ofuscados aspectos labor-ambientais outros igualmente relevantes para a saúde e segurança do trabalhador, tais como os relacionados à qualidade da *organização do trabalho* implementada e das *relações interpessoais* travadas na ambiência laboral.

Seguindo esse diapasão, o meio ambiente do trabalho deixa de ser, portanto, apenas uma estrutura *estática* e passa a ser encarado como um sistema *dinâmico* e genuinamente *social*. É dizer: a linha conceitual clássica de *meio ambiente do trabalho* sempre se confundiu com a ideia do *local da prestação de serviço*, com ênfase no aspecto *físico* da questão. Entretanto, a vereda que aqui propomos aponta para direção diversa: toma como referência a *pessoa* do prestador de serviço, com ênfase no aspecto *humano* da questão.

Perceba-se, a propósito, que o clássico conceito de meio ambiente laboral, assentado no senso comum que o reduz à noção de *local* de trabalho, é construção cuja pedra angular é o *trabalho*. Isso só reforça nossa convicção de que um de nossos atuais desafios científicos é o de erigir um conceito de labor-ambiente que, efetivamente, gire em torno do *trabalhador* e não do *trabalho*. Um conceito de meio ambiente laboral, para ser mais preciso, que esteja alicerçado na primorosa ideia de *dignidade humana*. Durante muito tempo, por exemplo, imperou a concepção de que cabe ao

---

(13) Não *meio ambiente*, mas meramente *ambiente*, no sentido daquilo que está no entorno, ao redor, gerando riscos prevalentemente físicos.
(14) De acordo com a Norma Regulamentadora n. 17, em seu item 6.2, a *organização do trabalho* deve levar em conta, *no mínimo*: a) as normas de produção; b) o modo operatório; c) a exigência de tempo; d) a determinação do conteúdo de tempo; e) o ritmo de trabalho; f) o conteúdo das tarefas.
(15) Cléber Nilson Amorim Junior, por exemplo, também insere "as próprias relações humanas estabelecidas no local de trabalho" como fator integrante dos riscos ambientais trabalhistas. Fonte: AMORIM JUNIOR, Cléber Nilson. *Segurança e saúde no trabalho*: princípios norteadores. São Paulo: LTr, 2013. p. 58.
(16) BLANCHARD, Francis. Prefácio. In: CLERC, J.-M. (Dir.). *Introducción a las condiciones y el medio ambiente de trabajo*. Ginebra: Oficina Internacional del Trabajo, 1987. p. v-vi, p. v.
(17) FERNANDES, Fábio. *Meio ambiente geral e meio ambiente do trabalho*: uma visão sistêmica. São Paulo: LTr, 2009. p. 33.

homem se adaptar ao trabalho. Todavia, à luz das regras da *ergonomia*[18], consagra-se, hoje, o pensamento inverso: é o trabalho que deve se adaptar ao homem. Esse é um bom exemplo do alvissareiro *giro humanístico* que se deve emprestar ao tema.

Com isso, deixaremos, enfim, de pôr ênfase na descrição física do específico local onde se presta serviço, para passar a realçar a complexa interação de fatores que, ao fim e ao cabo, *beneficia* ou *prejudica* a qualidade de vida do ser humano investido no papel de trabalhador. Urge, portanto, fazer com que esse autêntico giro humanístico também repercuta na conceituação jurídica do próprio meio ambiente do trabalho.

É preciso deixar bem vincado este ponto: o importante, para fins de elaboração de um conceito adequado de meio ambiente do trabalho, não está apenas em tentar alcançar toda a complexidade ínsita à ambiência laboral, visualizando e assimilando, de alguma maneira, a tríade *condições de trabalho, organização do trabalho e relações interpessoais*. A questão também está em se deixar conduzir, nessa delicada empreitada intelectiva, por um fio condutor eminentemente *existencial*, na medida em que permeado pela preocupação e observação de tudo quanto afeta ou ameaça afetar, mais diretamente, a saúde e a segurança do ser humano que trabalha, deixando de lado abordagens exclusivamente físico-naturais ou meramente patrimoniais/contratuais, pouco comprometidas com as prodigiosas diretrizes constitucionais.

Outra questão importantíssima para bem se compreender a pertinência desse citado viés *existencial* reside na constatação de que se estabeleceu, expressamente, em nosso ordenamento jurídico, o *conceito contemporâneo de saúde* alinhavado pela Organização Mundial de Saúde — OMS, consistente no "estado de completo bem-estar físico, mental e social e não somente ausência de afecções e enfermidades"[19]. É que tal definição inspirou o teor do art. 3º, alínea "e", da Convenção n. 155 da Organização Internacional do Trabalho — OIT (1983), ao dispor que "o termo *saúde*, com relação ao trabalho, abrange não só a ausência de afecções ou de doenças, mas também os elementos *físicos* e *mentais* que afetam a saúde e estão diretamente relacionados com a segurança e a higiene no trabalho"[20], sendo que tal Convenção foi expressamente incorporada ao ordenamento jurídico pátrio por meio do Decreto n. 1.254/1994[21].

De se perceber, pelo quanto exposto, que a compreensão adequada do meio ambiente laboral pressupõe tomar como linha de reflexão não apenas a interação *homem/natureza*, mas também as interações *homem/técnica* e *homem/homem*[22]. Em resumo: erigir um conceito científico apropriado de meio ambiente do trabalho demanda que, a um só tempo, empreenda-se um avanço *quantitativo*, consistente no englobamento de todas as dimensões da realidade labor-ambiental, e um avanço *qualitativo*, impondo ênfase forte no parâmetro ético-jurídico da dignidade. Em nossa modesta forma de pensar, só assim o resultado poderá ser, de fato, não apenas mais fenomenicamente realístico, como também mais juridicamente satisfatório.

Eis a razão pela qual temos defendido que, em acepção jurídico-doutrinária contemporânea, **meio ambiente do trabalho** é *a resultante da interação sistêmica de fatores naturais, técnicos e psicológicos ligados às condições de trabalho, à organização do trabalho e às relações interpessoais, que condiciona a segurança e a saúde física e mental do ser humano exposto a qualquer contexto jurídico-laborativo*.

---

(18) A *ergonomia* é a "disciplina que estuda as condições de adaptação do trabalho ao homem, mediante uma abordagem multidisciplinar que inclui a análise dos fatores fisiológicos e psicológicos no trabalho. Tem por objetivo modificar os instrumentos de trabalho e a organização das tarefas de modo a adaptá-los melhor às capacidades individuais, a fim de que sejam usados mais fácil, efetiva e seguramente". (REY, Luís. *Dicionário de termos técnicos de medicina e saúde*. 2. ed. Rio de Janeiro: Guanabara Koogan, 2008. p. 320).
(19) ORGANIZAÇÃO MUNDIAL DE SAÚDE. *Constituição (1946)*. Disponível em: <http://www.direitoshumanos.usp.br>. Acesso em: 27 nov. 2015. Segundo Flávia de Paiva Medeiros de Oliveira, "o aspecto físico equivale ao tradicional conceito de saúde sob a perspectiva somática ou fisiológica, ou seja, corresponde ao bom funcionamento do corpo e do organismo. A perspectiva psíquica diz respeito ao bem-estar mental, traduzido no sentir-se bem consigo mesmo, na qual intervêm os aspectos externos ao organismo humano, isto é, os riscos sociais, enquanto o aspecto social compreende o bem-estar do indivíduo com seu entorno e com o resto das pessoas, o que permite o desenvolvimento da personalidade como âmbito existencial do indivíduo" (OLIVEIRA, Flávia de Paiva Medeiros de. Meio ambiente e defesa do trabalhador: a prevenção de riscos laborais no direito brasileiro. In: FARIAS, Talden; COUTINHO, Francisco Seráphico da Nóbrega (Coord.). *Direito ambiental*: o meio ambiente e os desafios da contemporaneidade. Belo Horizonte: Fórum, 2010. p. 387-400, p. 394).
(20) ORGANIZAÇÃO INTERNACIONAL DO TRABALHO. Convenção n. 155, promulgada pelo Decreto 1.254, de 29 de setembro de 1994. *Diário Oficial da União*, 30 set. 1994. Disponível em: <http://www.planalto.gov.br>. Acesso em: 14 nov. 2015.
(21) BRASIL. Decreto n. 1.254, de 29 de setembro de 1994. Promulga a Convenção número 155, da Organização Internacional do Trabalho, sobre Segurança e Saúde dos Trabalhadores e o Meio Ambiente de Trabalho, concluída em Genebra, em 22 de junho de 1981. *Diário Oficial da União*, 30 set. 1994. Disponível em: <http://www.planalto.gov.br>. Acesso em: 27 nov. 2015.
(22) Interessante consignar que, mesmo antes da Constituição Federal de 1988, já no Estado da Bahia vigorava concepção mais alargada de meio ambiente. Com efeito, dispõe o art. 2º da Lei n. 3.858/1980 que "meio ambiente é tudo o que envolve e condiciona o homem, constituindo o seu mundo, e dá suporte material para a sua vida *biopsicossocial*" (BAHIA. Lei n. 3.858, de 3 de novembro de 1980. Institui o Sistema Estadual de Administração dos Recursos Ambientais e dá outras providências. *Diário Oficial da Bahia*. Disponível em: <http://governo-ba.jusbrasil.com.br> Acesso em: 14 nov. 2015). Grifamos. Apesar da tônica excessivamente antropocêntrica, essa definição, para a época, representou um avanço considerável, na medida em que admitiu fatores de interação *humana* e *social* como elementos integrantes da noção de meio ambiente, exatamente como aqui se propugna.

4 POLUIÇÃO AMBIENTAL: COMPREENSÃO GERAL

Quanto ao tema da *poluição ambiental*, considerada em termos gerais, nossas pesquisas revelaram que o conceito jurídico de poluição é complexo e extremamente variado, estando mesmo em permanente construção, remanescendo aberto e sensível a novos contornos. Entretanto, foi possível identificar pelo menos *quatro* aspectos que, a nosso sentir, revelam suficiência para bem expressar todo o alcance semântico do vocábulo *poluição* à luz do sistema jurídico pátrio.

A primeira delas é sua relação com uma **degradação ambiental**. Por certo, esse é um traço integrante do núcleo de sentido da palavra *poluição*, porque corolário direto da reportada *conotação negativa* indelevelmente impregnada ao termo, seja no senso comum, seja em estrita acepção jurídica. Nesta última, quer expressar, por óbvio, que o evento poluente sinaliza afetação *prejudicial*, *nociva* ou *malévola* ao equilíbrio do meio ambiente, do que advém o consagrado uso jurídico do verbo "degradar", que significa, dentre muitos sentidos igualmente negativos, "desterrar", "tornar-se abjeto, indigno", "provocar deterioração; destruir; estragar"[23].

Em seguida, cumpre reiterar a **agressividade sistêmica** como aspecto integrante do núcleo jurídico-conceitual do termo *poluição*, significando seu largo potencial de afetação *contundente* e *difusa*. Trata-se de algo até natural à realidade ambiental, defluindo da necessária assimilação *gestáltica* e da incontornável perspectiva *sistêmica* que devem nortear a compreensão do meio ambiente. Justamente por isso, de regra, eventos de danosidade ambiental propiciam repercussão lesiva *generalizante*, *imprevisível* e *insidiosa*, quase sempre expondo uma massa de pessoas, alcançando outras esferas do plexo jusambiental, desobedecendo a limites físico-geográficos e aninhando efeitos negativos de visibilidade tardia[24].

Também é integrante do âmago jurídico de significado do termo poluição sua necessária **base antrópica**. Cuida-se do componente semântico de maior grau de densidade jurídica, constituindo a pedra de toque para diferençar degradações ambientais advindas de *eventos naturais* (degradação ambiental) e aquelas decorrentes de *opções humanas* (poluição), acionando princípios jusambientais relevantes, máxime para o equacionamento justo e adequado de discussões envolvendo responsabilidade civil-ambiental. Com isso, quereremos referir que, juridicamente, uma degradação ambiental só é considerada poluição quando *suscitada pela ação humana*, omissiva ou comissiva, lícita ou ilícita, direta ou indireta. Aliás, se há algum consenso na polêmica discussão a respeito do conceito de poluição, esse está precisamente na crença geral de que "poluição, em sentido jurídico, é necessariamente causada pelo homem, direta ou indiretamente"[25].

Por fim, também se apresentando como componente nodal para a compreensão da essência jurídica do fenômeno poluente, está o seu propiciar de impacto em nível intolerável, assim considerado o que desatende a padrões socioambientais firmados tanto pela formalidade de *disposições normativas* quanto pela dinamicidade do *avanço científico*, gerando efeito lesivo ao equilíbrio ambiental propiciador de vida[26]. Eis aqui um espectro diretamente ligado ao caráter *cultural* do conceito de meio ambiente, que, em verdade, tem expressado mais a contundência de opções sociopolíticas que propriamente de opções técnico-científicas[27]. Manifesta, assim, de algum modo, aquela enérgica carga de reprovabilidade que diuturnamente acompanha o termo *poluição*, inclusive quando esgrimido na arena do senso comum.

---

(23) HOUAISS, Antônio; VILLAR, Mauro de Salles; FRANCO, Francisco Manoel de Mello (Dir.). *Dicionário Houaiss da língua portuguesa*. Instituto Antônio Houaiss. Rio de Janeiro: Objetiva, 2001. p. 928. Verbete "degradar".

(24) Ao tratar de *agressão ambiental*, Guilherme Guimarães Feliciano discorre sobre algumas distinções dos danos ecológicos em relação, por exemplo, a agressões ao patrimônio. Segue sua abalizada doutrina, *in verbis*: "[...] à diferença dessas, a atividade humana ecologicamente predatória compromete os interesses de toda a coletividade, pela reação agressiva e não localizada que a degradação ambiental faz irromper (com elevados custos sociais e grande demanda de tempo para a recondução ao 'status quo ante', quando possível). Vamos mais além, para dizer que todo dano ambiental '*lato sensu*' é potencialmente *extenso* (o dano sensível tende a se alastrar, em vista das inter-relações dos seres vivos entre si e com o entorno — como, *v. g.*, nas cadeias alimentares), *insidioso* (os desdobramentos perniciosos do evento danoso usualmente não podem ser determinados e/ou quantificados de modo claro e imediato) e *irreversível* (o que é consectário da *esgotabilidade* dos recursos naturais e da *singularidade* do patrimônio cultural)" (FELICIANO, Guilherme Guimarães. *Teoria da imputação objetiva no direito penal ambiental brasileiro*. São Paulo: LTr, 2005. p. 335). Grifos no original.

(25) SPRINGER, Allen L. *Towards a meaningful concept of pollution in international law*. International and Comparative Law Quarterly. v. 26, Issue 03, p. 531-557, July 1977. p. 531.

(26) "O risco aceitável corresponde à situação chamada de *o estado da arte*, ou seja, utiliza a melhor tecnologia disponível. Exemplificando, pode-se citar a estocagem de produtos químicos em tanques. Nesse caso, pode não existir uma lei que, no caso específico, obrigue a construção de diques de contenção em torno dos tanques, porém as boas práticas mandam que tanques que estocam produtos químicos tenham dique de contenção. Por esse raciocínio, estocar produtos químicos em tanques sem dique de contenção é um risco inaceitável, mesmo que não seja obrigatório por lei" (VALLE, Cyro Eyer do; LAGE, Henrique. *Meio ambiente*: acidentes, lições, soluções. São Paulo: Senac São Paulo, 2003. p. 143).

(27) Como bem destaca Paulo de Bessa Antunes, "os padrões legais e regulamentares não são estabelecidos de forma aleatória ou mesmo com 'base científica'; eles representam uma escolha social" (ANTUNES, Paulo de Bessa. *Dano ambiental: uma abordagem conceitual*. Rio de Janeiro: Lumen Juris, 2000. p. 186).

Assim, ousamos pontuar que é na conjugação cumulativa daqueles quatro traços essenciais (*impacto ambiental, agressividade sistêmica, ingerência humana* e *afetação insuportável*) que se consegue razoável e suficiente assimilação jurídica do termo *poluição*. Desse modo, à vista de todas essas considerações, alinhamo-nos à ideia de que, juridicamente e em essência, **poluição** corresponde ao *desarranjo sistêmico suscitado pela ingerência humana que gera inaceitável afetação do equilíbrio ambiental propiciador de vida*. Vertido de modo sintético: **poluição** é *degradação ambiental de base antrópica e nível intolerável*.

5 POLUIÇÃO LABOR-AMBIENTAL: COMPREENSÃO GERAL

A noção jurídica de *poluição* é essencialmente relacional à de *meio ambiente*. Segue-se, então, aqui, a mesmíssima lógica: a noção jurídica de *poluição labor-ambiental* é também essencialmente relacional à de *meio ambiente laboral*.

Já enfatizamos que o meio ambiente do trabalho aninha os mais variados fatores de risco para a qualidade da vida humana. Dois pontos contribuem para isso: **(i)** a especialíssima estruturação dimensional que o envolve, congregando, dinamicamente, um amplo e complexo leque de elementos naturais, técnicos e psicológicos; **(ii)** o escancarado protagonismo humano de sua composição, porquanto o homem, no labor-ambiente, como ensina Guilherme Guimarães Feliciano, apresenta-se, a um só tempo, semanticamente *sujeito* e funcionalmente *objeto* de direito[28]. Segue o realista comentário de Ellen Rosskam, *in verbis*:

> O trabalho pode ser uma fonte de estabilidade física e psicológica para um trabalhador. O trabalho estimulante pode gerar motivação e o meio ambiente do trabalho pode receber impactos positivos em uma perspectiva social. Em contraste com efeitos positivos, o trabalho repetitivo, acelerado, monótono, tarefas desumanas, que demandam apenas uma fração da capacidade dos trabalhadores, a falta de reconhecimento pelo serviço prestado, podem gerar efeitos traumáticos na performance do trabalhador. O efeito desse tipo de trabalho tem proporcionado um amplo raio de destrutivas consequências psicológicas, incluindo sentimento de humilhação, perda de autoestima e motivação, com consequências para o desempenho individual e efeitos perniciosos na vida fora do trabalho. Um amplo raio de efeitos somáticos também tem sido documentado, diretamente associado com fatores psicossociais no ambiente de trabalho.[29]

A respeito desse assunto, importante também reportarmos à feliz assimilação dogmática do evoluir do conceito de poluição, que hoje passou a abarcar, sem grandes discussões, condicionantes ambientais geradoras desde *mortes* e *doenças* até o simples *incômodo/desconforto*, físico ou meramente estético. Vem daí, por exemplo, a consagração jurídica de curiosas modalidades poluentes, tais como a poluição *sonora* (geradora de incômodo físico) e a poluição *visual* (geradora de incômodo "espiritual"[30]).

Ora, se o meio ambiente do trabalho integra o plexo ambiental (CF, art. 200, VIII) e detém estrutura necessariamente alicerçada na presença da figura humana, sendo certo, ainda, como vimos alhures, que a ideia jurídica de *saúde* no âmbito do trabalho também abarca a dimensão *mental* (art. 3º, alínea "e", da Convenção n. 155 da OIT e Decreto n. 1.254/1994), então o que decorre é que, também para fins de configuração de degradação labor-ambiental, a saúde mental há de ser considerada, o que representa valioso aprofundamento na proteção jurídica do trabalhador[31]. De fato, a ampliação do conceito do que é *grave, incapacita* e *mata*, incluindo o que *incomoda* e traz *desconforto* e *angústia* pode ser percebido como sinal indicativo de mudança positiva no tema[32].

---

(28) Lição proferida no dia 24 de março de 2014, como exposição teórica integrante da disciplina "Saúde, Ambiente e Trabalho: Novos Rumos da Regulação Jurídica do Trabalho I", ministrada perante os alunos de Pós-graduação (Mestrado/Doutorado) da Faculdade de Direito da Universidade de São Paulo — Largo São Francisco.
(29) ROSSKAM, Ellen. *Excess baggage*: leveling the load and changing the workplace. Amityville, New York: Baywood Publishing Company, 2007. p. 191. Tradução livre.
(30) "[...] o mal-estar causado pela poluição visual não é físico, mas espiritual. A desordem da paisagem causa, ao observador, uma sensação desconfortável de confusão e entropia, que tem fundo psicológico e não somático" (FELICIANO, Guilherme Guimarães. *Teoria da imputação objetiva no direito penal ambiental brasileiro*. São Paulo: LTr, 2005. p. 357).
(31) Sobre a *saúde mental* como um direito fundamental do trabalhador, confira-se: CALVO, Adriana. *O direito fundamental à saúde mental no ambiente de trabalho*: o combate ao assédio moral institucional — visão dos tribunais trabalhistas. São Paulo: LTr, 2014.
(32) DIAS, Elizabeth Costa. A utopia do trabalho que também produz saúde: as pedras no caminho e o caminho das pedras. In: MENDES, René (Org.). *Patologia do trabalho*. 3. ed. São Paulo: Atheneu, 2013, v. 2, p. 1.881-1.892, p. 1.887.

Por isso, ousamos ter a **poluição labor-ambiental** como *o desequilíbrio sistêmico no arranjo das condições de trabalho, da organização do trabalho ou das relações interpessoais havidas no âmbito do meio ambiente laboral que, tendo base antrópica, gera riscos intoleráveis à segurança e à saúde física e mental do ser humano exposto a qualquer contexto jurídico-laborativo* — arrostando-lhe, assim, a *sadia qualidade de vida* (CF, art. 225, *caput*).

O acatamento dessa referência conceitual implica considerável ampliação da noção jurídica de *equilíbrio ambiental*, fazendo com que os rigores da axiologia jusambiental sejam inteiramente canalizados para o interior do meio ambiente do trabalho, influenciando-o por completo, de sorte a atingir a inteireza dos fatores de risco labor-ambientais. Nessa linha, por exemplo, só seria considerado como **meio ambiente laboral equilibrado** aquele que acomoda *condições de trabalho, organizações de trabalho* e *relações interpessoais* continuamente seguras, saudáveis e respeitosas, com a adoção de uma visão protetiva *holística* do ser humano (saúde *física* e *mental*). Em uma expressão: um meio ambiente do trabalho *sadio* — logo, mais *humano*.

6 CONSIDERAÇÕES FINAIS

Seguramente, o descortinar conceitual do fenômeno da poluição ambiental trabalhista é elemento indutor de maior clareza às potencialidades jurídicas do reconhecimento da integração do meio ambiente do trabalho junto ao meio ambiente humano (CF, art. 200, VIII). Com isso, oportuniza-se o estabelecimento de um cenário jurídico bem mais propício para que a versátil malha normativa, especialmente preparada para prestar firme combate contra a poluição, *em qualquer de suas formas* (CF, art. 23, VI), também se ponha a percorrer os recônditos do ambiente laboral — inalando o ar imundo dos galpões, acompanhando o ritmo frenético das esteiras e até percebendo o gesto frio e calculado do assediador.

O propósito específico está em discutir, como temática genuinamente *jusambiental* e para o específico objetivo de reconhecimento técnico-jurídico na qualidade de *poluição*, qualquer aspecto relacionado às *condições de trabalho*, à *organização do trabalho* e às *relações interpessoais* que possam influir na *segurança* e na *saúde* física e mental de todo aquele que, direta ou indiretamente, expõe-se às nocividades de uma relação de trabalho, pouco importando sua natureza jurídica.

Não temos dúvida em afirmar que tais aportes teóricos estendem consideravelmente a rede de proteção jurídica de todo ser humano exposto, direta ou indiretamente, a qualquer cenário jurídico-laborativo, sobretudo a classe trabalhadora empregatícia. É que a representação conceitual *supra* legitimaria rígida *gestão de riscos* à luz do *atual estado da técnica*, na perspectiva constitucional de irrestrito *combate à poluição*, não apenas no que tange às *condições físico-estruturais* havidas no *ambiente* de trabalho (*condições de trabalho*), mas também no que concerne ao *arranjo técnico-organizacional* estabelecido para a *execução* do trabalho (*organização do trabalho*) e à própria qualidade das *interações socioprofissionais* travadas no *cotidiano* do trabalho (*relações interpessoais*), realizando, assim, expressivo incremento da proteção *socioambiental* da classe trabalhadora, em cumprimento a nobres reclamos constitucionais (CF, art. 7º, *caput*, art. 200, VIII, e art. 225, *caput*)[33].

7 REFERÊNCIAS BIBLIOGRÁFICAS

AMORIM JUNIOR, Cléber Nilson. *Segurança e saúde no trabalho:* princípios norteadores. São Paulo: LTr, 2013.
ANTUNES, Paulo de Bessa. *Dano ambiental:* uma abordagem conceitual. Rio de Janeiro: Lumen Juris, 2000.
BAHIA. Lei n. 3.858, de 3 de novembro de 1980. Institui o Sistema Estadual de Administração dos Recursos Ambientais e dá outras providências. *Diário Oficial da Bahia*. Disponível em: <http://governo-ba.jusbrasil.com.br>. Acesso em: 14 nov. 2015.
BLANCHARD, Francis. Prefácio. In: CLERC, J.-M. (Dir.). *Introducción a las condiciones y el medio ambiente de trabajo*. Ginebra: Oficina Internacional del Trabajo, 1987.

---

[33] Para uma exposição teórico-científica mais ampla e profunda a respeito dos conceitos de *meio ambiente, poluição ambiental, meio ambiente do trabalho* e *poluição labor-ambiental*, inclusive para uma abordagem crítica dos conceitos legais de meio ambiente e poluição na perspectiva ambiental trabalhista, bem assim para um arrazoado mais abrangente a respeito das potencialidades jurídicas do reconhecimento da integração do meio ambiente do trabalho junto ao meio ambiente humano (CF, art. 200, VIII), confira-se o nosso: MARANHÃO, Ney. *Poluição labor-ambiental*: abordagem conceitual da degradação das condições de trabalho, da organização do trabalho e das relações interpessoais travadas no contexto laborativo. Rio de Janeiro: Lumen Juris, 2017 (304 p.).

BRASIL. Decreto n. 1.254, de 29 de setembro de 1994. Promulga a Convenção n. 155, da Organização Internacional do Trabalho, sobre Segurança e Saúde dos Trabalhadores e o Meio Ambiente de Trabalho, concluída em Genebra, em 22 de junho de 1981. *Diário Oficial da União*, 30 set. 1994. Disponível em: <http://www.planalto.gov.br>. Acesso em: 27 nov. 2015.

CALVO, Adriana. *O direito fundamental à saúde mental no ambiente de trabalho*: o combate ao assédio moral institucional — visão dos tribunais trabalhistas. São Paulo: LTr, 2014.

CAVALLIER, François. Natureza e cultura. In: *As grandes noções da filosofia* (autores vários). Lisboa: Instituto Piaget, 2002.

DEJOURS, Christophe. *A loucura do trabalho*: estudo de psicopatologia do trabalho. Trad. Ana Isabel Paraguay e Lúcia Leal Ferreira. São Paulo: Oboré Editorial, 1987.

DIAS, Elizabeth Costa. A utopia do trabalho que também produz saúde: as pedras no caminho e o caminho das pedras. In: MENDES, René (Org.). *Patologia do trabalho*. 3. ed. São Paulo: Atheneu, 2013, v. 2.

FELICIANO, Guilherme Guimarães. *Teoria da imputação objetiva no direito penal ambiental brasileiro*. São Paulo: LTr, 2005.

FERNANDES, Fábio. *Meio ambiente geral e meio ambiente do trabalho*: uma visão sistêmica. São Paulo: LTr, 2009.

FERREIRA, Mário César; MENDES, Ana Magnólia. *Trabalho e riscos de adoecimento*: o caso dos auditores fiscais da previdência social brasileira. Brasília: LPA Edições, 2003.

HOUAISS, Antônio; VILLAR, Mauro de Salles; FRANCO, Francisco Manoel de Mello (Dir.). *Dicionário Houaiss da língua portuguesa*. Instituto Antônio Houaiss. Rio de Janeiro: Objetiva, 2001.

OLIVEIRA, Flávia de Paiva Medeiros de. Meio ambiente e defesa do trabalhador: a prevenção de riscos laborais no direito brasileiro. In: FARIAS, Talden; COUTINHO, Francisco Seráphico da Nóbrega (Coord.). *Direito ambiental*: o meio ambiente e os desafios da contemporaneidade. Belo Horizonte: Fórum, 2010.

MARANHÃO, Ney. *Poluição labor-ambiental*: abordagem conceitual da degradação das condições de trabalho, da organização do trabalho e das relações interpessoais travadas no contexto laborativo. Rio de Janeiro: Lumen Juris, 2017.

MELO, Raimundo Simão de. *Direito ambiental do trabalho e a saúde do trabalhador*. 5. ed. São Paulo: LTr, 2013.

ORGANIZAÇÃO MUNDIAL DE SAÚDE. *Constituição (1946)*. Disponível em: <http://www.direitoshumanos.usp.br>. Acesso em: 27 nov. 2015.

ORGANIZAÇÃO DAS NAÇÕES UNIDAS. *Declaração da Conferência das Nações Unidas sobre o Meio Ambiente Humano*, 1972. Disponível em: <http://www.onu.org.br>. Acesso em: 14 nov. 2015.

OST, François. *A natureza à margem da lei*: a ecologia à prova do direito. Trad. Joana Chaves. Lisboa: Instituto Piaget, 1995.

REY, Luís. *Dicionário de termos técnicos de medicina e saúde*. 2. ed. Rio de Janeiro: Guanabara Koogan, 2008. ROSHCHIN, A. V. Protection of the working environment. *HeinOnline*, 110 Int'l Lab. Rev. 249, 1974.

ROSSKAM, Ellen. *Excess baggage*: leveling the load and changing the workplace. Amityville, New York: Baywood Publishing Company, 2007.

SÉGUIN, Elida. *O direito ambiental*: nossa casa planetária. 3. ed. Rio de Janeiro: Forense, 2006.

SPRINGER, Allen L. Towards a meaningful concept of pollution in international law. *International and Comparative Law Quarterly*. v. 26, Issue 03, p. 531-557, July 1977.

VALLE, Cyro Eyer do; LAGE, Henrique. *Meio ambiente*: acidentes, lições, soluções. São Paulo: Senac São Paulo, 2003.

ASSÉDIO MORAL ORGANIZACIONAL: A GESTÃO DEGRADANTE COMO POLUIÇÃO DO MEIO AMBIENTE DO TRABALHO

Paulo Roberto Lemgruber Ebert[*]

1 INTRODUÇÃO

O incremento do processo de globalização econômica verificado nas últimas décadas, somado ao fortalecimento do ideário neoliberal e, nessa esteira, à expansão desenfreada da linguagem e da lógica dos "mercados" em direção à totalidade dos aspectos sociais, trouxeram como principal impacto para as relações laborais a redefinição das formas de organização do trabalho humano, com a consequente implementação de novos métodos destinados ao atendimento daquelas novas "necessidades mercadológicas."

Tais métodos de gestão do trabalho baseados na lógica do mercado e justificados por sua suposta adequação ao dinamismo das cadeias produtivas no ambiente da economia globalizada têm por diretrizes nucleares a quantificação de todos os insumos relacionados à atividade laboral e a confusão entre as ideias de "eficiência" e "resultados numéricos".

Nesse contexto, as empresas deixaram de ter por móvel propulsor de suas atividades o atendimento a certas finalidades sociais e econômicas (p. ex.: geração de empregos, desenvolvimento tecnológico, difusão de conhecimento, diversificação de *portfolios* de produtos e de serviços, etc.) e passaram a buscar freneticamente o atingimento de metas quantitativas e a sucessiva superação de tais indicadores. Os números, as metas, os *targets*, nesse contexto, tornaram-se o fim em si mesmo da iniciativa empresarial e o trabalho humano, por via de consequência, foi rebaixado à condição de mero meio para a consecução de tais objetivos quantofrênicos.[1]

(*) Advogado. Doutor em direito do trabalho e da seguridade social pela Universidade de São Paulo (USP). Especialista em direito constitucional pela Universidade de Brasília (UnB). Especialista em direito e processo do trabalho pelo Centro Universitário de Brasília (UniCEUB). Membro integrante do Grupo de Pesquisa *Trabalho, Constituição e Cidadania*, da Universidade de Brasília (UnB).

(1) Tal característica inerente à intensificação da globalização econômica é descrita e criticada por Alain Supiot nos seguintes termos:

"Del "mercado matrimonial" al "mercado de las ideas" se creyó que todo podia analizarse en términos de oferta, demanda, competencia, capital, produtos y precios. Esta extensión de las leyes de mercado a toda la vida social permite considerar los hombres como "partículas" sometidas al imperio de fuerzas de atracción, de repulsión etc., como en un campo magnético".

(...)

En semejante mundo, el gobierno de las leyes deja su lugar a la gobernanza de los numeros. (...) La gobernanza de los numeros aspira a la autorregulación de las sociedades humanas. Se basa en la facultad de *cálculo,* es decir, en operaciones de *cuantificación* (reducir seres y situaciones diferentes a una misma unidad de contabilidad) y de *programación* de los comportamientos (mediante técnicas de comparación de los rendimientos: *benchmarking, ranking* etc.)

(...)

A "ditadura dos números", a caracterizar a generalidade dos métodos de gestão laboral elucubrados nesse contexto, impôs a reformulação total da organização do trabalho, de modo a adequá-la às novas "necessidades mercadológicas" impostas pela economia globalizada e pelo ideário neoliberal. Nesse sentido, aspectos diversos entre si tais como a estruturação espacial dos locais de trabalho, a divisão das tarefas no âmbito do processo produtivo, a composição da remuneração, a fixação das jornadas, a utilização dos tempos livres, a avaliação do desempenho e até mesmo a nomenclatura daqueles que vivem da venda de sua força de trabalho (alçados, agora, à condição de "colaboradores"), foram revistos no fito de atender à busca autorreferencial de metas, números e resultados.

Sob tal influxo, os métodos de gestão baseados na quantofrenia produtiva passaram a justificar a adoção, por parte dos gestores, de práticas abusivas e atentatórias aos direitos fundamentais dos trabalhadores desde que úteis ao engajamento destes últimos na obtenção das metas impostas pela empresa, assumindo-se o risco de ocasionar danos pessoais àqueles obreiros.

E a implantação de tais métodos de organização laboral vem gerando como resultado mais evidente o aumento exponencial do adoecimento psíquico — com reflexos físicos, em muitos casos — dos trabalhadores a eles submetidos. Tamanha é a difusão de tais efeitos dentre estes últimos, especialmente nesses primeiros anos do Século XXI, que já é possível considerar a gestão laboral calcada nessas premissas como um risco sistêmico de degradação do meio ambiente do trabalho (poluição labor-ambiental), a receber da doutrina especializada a apropriada denominação de "assédio moral organizacional".[2]

Sob tal pano de fundo, o presente artigo buscará enquadrar a gestão laboral deletéria, enquanto espécie de assédio moral organizacional, no conceito de "poluição labor-ambiental", de modo a submetê-la às diretrizes substantivas e instrumentais concernentes à tutela do meio ambiente do trabalho, a fim de conferir-lhe tratamento jurídico compatível com seu potencial lesivo e com sua natureza eminentemente transindividual.

2 A IDEOLOGIA GERENCIALISTA DO PÓS-FORDISMO COMO PANO DE FUNDO PARA O ASSÉDIO MORAL ORGANIZACIONAL

Para compreender de modo pleno o fenômeno do assédio moral organizacional é preciso ter em mente, antes de qualquer ilação, que o conceito em referência tem por pano de fundo a implementação e a difusão dos métodos pós-fordistas de organização laboral e de sua peculiar ideologia gerencialista, calcada na desconcentração produtiva, na horizontalização e na captura da subjetividade dos trabalhadores, em substituição ao paradigma fordista-taylorista sob o qual as clássicas relações de trabalho se desenvolveram ao longo dos Séculos XIX e XX.[3]

Se no paradigma fordista-taylorista os trabalhadores eram recrutados e alocados na linha de produção em função de sua especialização, sendo exigidos quantitativa e qualitativamente em estrita relação com as funções para as quais foram contratados, no paradigma pós-fordista são eles convocados a compartilhar dos objetivos empresariais, na medida em que se lhes exige conhecimento total do processo produtivo e, nessa senda, a assunção de uma miríade de novas

---

Esta empresa de reducción de la diversidad de los seres y de las cosas a una cantidad cuantificable es intrínseca al proyecto de instauración de un Mercado total que abarcaría a todos los hombres y todos los produtos del planeta, y en cuyo seno cada país aboliria sus fronteras comerciales con el fin de sacar partido de las "ventajas comparativas".

(...)

En la esfera privada, esta concepción transformó profundamente el sentido de la normalización contable, que ya no aspira a recordar las empresas sus responsabilidades, sino a organizar una comparación referencial (*benchmarking*) de sus resultados financeiros. Surgidos del campo de la cibernética, el concepto de gobernanza lleva a considerar el número no como una referencia, sino como una meta de la actividad, o, más exatamente, como un motor de la reacción, ya que se entiende que cada actor privado o público debe, no ya actuar, sino reccionar a las indicaciones numericas que le llegan para mejorar su rendimento.

(...)

La representación numerica del mundo que gobierna actualmente la gestión de los negocios públicos y privados confina las organizaciones internacionales, los Estados y las empresas em un autismo de la cuantificación que las aísla cada vez más de la realidad de la vida de los pueblos." SUPIOT. Alain. Trad: TERRÉ. Jordi. *El espíritu de Filadelfia. La justicia social frente al mercado total.* Barcelona: Península, 2011. p. 77-85.

(2) Nesse sentido, Adriane Reis de Araújo conceitua o assédio moral organizacional como:

"o conjunto de condutas abusivas, de qualquer natureza, exercido de forma sistemática durante certo tempo, em decorrência de uma relação de trabalho, e que resulte no vexame, humilhação ou constrangimento de uma ou mais vítimas com a finalidade de se obter o engajamento subjetivo de todo o grupo às políticas e metas da administração, por meio de ofensa a seus direitos fundamentais, podendo resultar em danos morais, físicos e psíquicos." ARAÚJO, Adriane Reis de. *O assédio moral organizacional.* São Paulo: LTr, 2012. p. 76.

(3) *Vide*, a propósito:

ANTUNES. Ricardo. *Os sentidos do trabalho. Ensaio sobre a afirmação e a negação do trabalho.* 2. ed. São Paulo: Boitempo, 2010. p. 56-57.

tarefas, com o consequente comprometimento com a obtenção dos resultados quantitativos (as metas, os objetivos) impostos pelos empregadores.[4]

Nesse contexto, os obreiros assumem individualmente a responsabilidade pelos resultados dos setores a que se vinculam e pelas eventuais deficiências no desempenho de suas atividades, de modo que a empresa captura para si, em proveito próprio, por meio da utilização de discursos calcados na hipotética parceria entre os atores do processo produtivo, os desejos e os anseios pessoais de seus trabalhadores, agora alçados à condição de "colaboradores" nesse jogo de palavras destinado a descaracterizar a identidade coletiva daqueles que vivem da venda de sua força de trabalho.[5]

No paradigma pós-fordista, cada indivíduo e cada área são vistos como centros autônomos e autogeridos de custos e de receitas, cuja continuidade na estrutura empresarial, no entanto, encontra-se constantemente ameaçada, na medida em que sua viabilidade será avaliada periodicamente em função da produtividade e da lucratividade. Nisso consiste, exatamente, o que Vincent de Gaulejac classifica como *gestão gerencialista*:

> Sob uma aparência objetiva, operatória e pragmática, a gestão gerencialista é uma ideologia que traduz as atividades humanas em indicadores de desempenhos, e esses desempenhos em custos ou em benefícios. Indo buscar do lado das ciências exatas uma cientificidade que elas não puderam conquistar por si mesmas, as ciências da gestão servem, definitivamente, de suporte para o poder gerencialista. Elas legitimam um pensamento objetivista, utilitarista, funcionalista e positivista. Constroem uma representação do humano como um recurso a serviço da empresa, contribuindo, assim, para sua instrumentalização.
>
> (...)
>
> A gestão gerencialista é uma mistura não só de regras racionais, de prescrições precisas, de instrumentos de medida sofisticados, de técnicas de avaliação objetivas, mas também de regras irracionais, de prescrições irrealistas, de painéis de bordo inaplicáveis e de julgamentos arbitrários. Por trás da racionalidade fria e 'objetiva' dos números, dissimula-se um projeto 'quantofrênico' (a obsessão do número) que faz os homens perderem o senso da medida.
>
> (...)
>
> Se o poder disciplinar, analisado por Michel Focault (1975), tinha como função tornar os corpos 'úteis, dóceis e produtivos', o poder gerencialista mobiliza a psique sobre objetivos de produção. Ele põe em ação um conjunto de técnicas que captam os desejos e as angústias para pô-los a serviço da empresa. Ele transforma a energia libidinal em força de trabalho. Ele encerra os indivíduos em um sistema paradoxal que os leva a uma submissão livremente consentida.
>
> (...)

---

[4] A propósito, Wilson Ramos Filho preceitua que:

Nos novos modos de gestão introduzidos na virada do século persiste a repetitividade do trabalho taylorista-fordista, mas de forma 'desespecializada' pela adoção do princípio da *polivalência* dos empregados, sequestrando a subjetividade dos trabalhadores, pelo engajamento desses aos objetivos empresariais, não apenas nos ambientes fabris, mas em todos os setores econômicos, inclusive naqueles de prestação de serviços, induzindo lealdades mediante sistema sofisticado de coações diversas, que se estendem para além dos locais de trabalho.

Efetivamente, o *pós-taylorismo* adota novas técnicas de engajamento, dentre as quais se encontram os programas de incentivo à criatividade dos empregados e às sugestões para aumento da produtividade, dando a ideia de que o trabalhador está inserido na empresa, fazendo parte do processo produtivo e com ´conhecimento´ da produção. (...) Ao mesmo tempo, provoca um grau imenso de competitividade e de insegurança entre os empregados, pela estigmatização do trabalhador que se afasta do padrão esperado pelo empregador e seus prepostos caso ou se ao discordar, contestar, denunciar, pois é do ´novo estado de coisas´ a submissão e a obediência, além do acúmulo de atribuições e de novas tarefas a um mesmo empregado. Deste se espera uma polivalência, fonte de economia de custos, vez que evita a contratação de outros obreiros para cumprirem a atividade por ele desenvolvida. RAMOS FILHO, Wilson. *Direito capitalista do trabalho. História, mitos e perspectivas no Brasil*. São Paulo: LTr, 2012. p. 298.

[5] Sobre a construção semântica por detrás da expressão "colaborador", a antropóloga espanhola Ana María Rivas a define nos seguintes termos:

"Este proceso de desmovilización y despolitización, efecto de nombrar y renombrar la realidad desde el marco ideológico del gerencialismo empresarial, alcanza actualmente toda su eficacia simbolica cuando la categoria de "operario" ha sido sustituida por la de "colaborador" [que] es la condensación de una verdadera ingeniería social subordinada a la exigencia de aumentar extraordinariamente la productividad laboral y de tecnologias de un poder individualizante cada vez más sofisticado.

(...)

El colaborador sabe que se encuentra en una situación de examen permanente y que no cuenta con Convenciones Colectivas de Trabajo que lo resguarden de la intempérie colectiva que impone la normalizada precarización laboral. Atravesada por esta ultima, dia tras dia debe demonstrar sus condiciones y aptitudes para pertenecer a Organizaciones cada vez más exigentes.

Construir un nuevo sujeto del trabajo acorde con las demandas de este paradigma persigue doblegar no sólo los cuerpos sino también los sentimientos, las emociones, el carácter, las relaciones, el pensamiento, las representaciones del mundo y del lugar que en él participamos, el linguaje con el que nos expressamos y damos sentido a nuestras experiencias y vivencias; el objetivo es poner a trabajar al servicio del capital el ser humano integramente, su cuerpo y su miente." RIVAS, Ana María. *Trabajo y pobreza. Cuando trabajar no es suficiente para vivir dignamente*. Madrid: HOAC, 2016. p. 46-47.

O poder gerencialista não funciona como uma 'maquinaria' que submete indivíduos a uma vigilância constante, mas como um sistema de solicitação que suscita um comportamento reativo, flexível, adaptável, capaz de pôr em prática o projeto da empresa. Projeto que pode evoluir no tempo, em função do contexto, das flutuações do mercado, das descobertas tecnológicas, das estratégias de concorrência, mas cuja finalidade número um permanece a rentabilidade. (...) Cada serviço é um centro de custo e um centro de lucro. O conjunto das atividades é avaliado em função de sua rentabilidade financeira.[6]

Ao incutir nos trabalhadores a crença de que são eles os responsáveis pelo êxito ou pelo fracasso na obtenção dos resultados de seus setores e, consequentemente, por sua própria permanência nos quadros da empresa, os métodos pós-fordistas de "gestão gerencialista" acabam por colonizar aspectos estritamente vinculados à esfera de intimidade dos indivíduos. Nessa sistemática perversa, os sentimentos, as aflições, as angústias e até mesmo os traumas e complexos pessoais dos obreiros são colocados à disposição dos gestores que optarem por utilizá-los como joguetes motivacionais com vistas ao alcance daquelas metas quantitativas.[7]

Com isto, a estrutura de produção pós-fordista escancara as portas para a elaboração e para a implementação de métodos de "gestão de pessoas" baseados na exploração consentida da intimidade e da personalidade dos trabalhadores, que podem ser mais ou menos sutis a depender da criatividade, da habilidade (e da perversidade) dos gestores. Quando tais práticas são assumidas ou toleradas institucionalmente pelas empresas, tem-se a materialização da figura do assédio moral organizacional.

3 ASSÉDIO MORAL ORGANIZACIONAL E DESVIRTUAÇÃO DA FUNÇÃO SOCIAL DA EMPRESA: QUANDO A GESTÃO DE PESSOAS CONFIGURA POLUIÇÃO LABOR-AMBIENTAL

Sendo a empresa o principal agente privado a integrar a ordem econômica, cujos princípios reitores encontram-se elencados no art. 170 da Constituição Federal, está ela jungida ao atendimento de sua função social que, nos termos do dispositivo em testilha, condiciona a organização dos fatores de produção e a gestão dos trabalhadores à observância das diretrizes inerentes à *valorização do trabalho humano*, à *dignidade humana* e à *defesa do meio ambiente*, aí incluído, naturalmente, o meio ambiente laboral.[8]

Trata-se, portanto, de um modelo de empresa que muito embora não abdique do legítimo direito à exploração de atividades econômicas com fins lucrativos, tem sua razão existencial fundada, primariamente, no atendimento às pautas de interesse social e econômico de toda a comunidade a compor seu entorno, desde a observância aos direitos

---

(6) GAULEJAC, Vincent de. Trad. STORNIOLO, Ivo. *Gestão como doença social. Ideologia, poder gerencialista e fragmentação social*. São Paulo: Ideias & Letras, 2014. p. 40-118.
(7) Nas palavras de Bruno Farah:
"A [gestão por competências] trata de delinear antecipadamente o perfil esperado para todos os cargos da empresa e, mediante o mapeamento das competências atuais dos funcionários, incutir nestes a responsabilidade de adquirir as competências deficitárias para melhor se integrarem aos objetivos corporativos.
(...)
O processo de gestão por competências pode fomentar um constante sentimento de insuficiência (...), de nunca se estar à altura; ora, haverá sempre competências faltosas a serem incorporadas no seu portfólio subjetivo e o sentimento de se estar constantemente em falta é recorrente. Busca-se sempre suprir *déficits*. Este efeito colateral, intrínseco ao processo, precisa ser balanceado, considerando que é o motor da angústia que leva à produção de novas habilidades e conhecimentos, mas, simultaneamente, pode levar ao colapso do próprio empreendimento.
(...)
A mudança de ênfase do medo da punição para a dinâmica dos ideais fomenta novos vocabulários produtores de efeitos na intensificação dos quadros de depressão e vergonha na atualidade. De fato, líder, equipe, time, treinador, *trainee, coaching*, parceiro, são palavras que já integram a cultura das empresas atuais. Tal vocabulário *cool*, incorporado do esporte, engendra a mensagem principal deste imaginário: trabalhador e chefe não são antagonistas; o chefe, em vez disso, é líder, administra, capacita e facilita a dinâmica do trabalho. 'Todos pertencemos ao mesmo time' é a mensagem mais clara desta nova ética do trabalho; não há conflitos intergrupais na 'superficialidade das ficções do trabalho em equipe'. (...) O poder sem autoridade disfarça a dominação; a cooperação disfarça a competição (...). É como se apenas houvesse competição contra outras equipes, projetando a alteridade para fora do grupo.
(...)
Se, por um lado, a autoridade desaparece, por outro, o sujeito se sente constantemente visto na empresa contemporânea: a Gestão por Competências solicita a exposição da intimidade do sujeito, deflagrando um nível significativo neste jogo de forças. FARAH, Bruno. *A depressão no ambiente de trabalho*: prevenção e gestão de pessoas. São Paulo: LTr, 2016. p. 60-64.
(8) *Vide*, a propósito:
LOPES, Ana Frazão de Azevedo. *Empresa e propriedade. Função social e abuso de poder econômico*. São Paulo: Quartier Latin. 2006. p. 281-283.

fundamentais dos trabalhadores, fornecedores e consumidores, até daqueles que mesmo não possuindo com ela nenhuma relação direta, encontram-se potencialmente afetados pelos atos de seus prepostos.[9]

E dentre os direitos fundamentais de terceiros a serem observados pela empresa vinculada à função social imposta pelo art. 170 da Constituição Federal importa, para o objeto de análise do presente artigo, aquilo que Leonardo Vieira Wandelli classifica como o "direito ao conteúdo do próprio trabalho". Tal conceito — corolário do direito fundamental ao trabalho digno — envolve a garantia assegurada aos trabalhadores de que estes possam fruir de uma organização dos fatores de produção apta a permitir-lhes o aprimoramento de suas capacidades, talentos e habilidades.[10]

Ainda segundo a concepção do referido autor — da qual partilhamos integralmente — o "direito ao conteúdo do próprio trabalho" integra a função social da empresa e impõe a esta última a implementação de métodos de organização do labor que resguardem a integridade psicofísica dos trabalhadores e assegurem, ao mesmo tempo, o desenvolvimento pessoal destes últimos.[11]

À luz de tal perspectiva, não atende à função social plasmada no art. 170 da Constituição Federal a empresa que implanta ou tolera a utilização de métodos de "gestão de recursos humanos" pautados pela instrumentalização dos trabalhadores com vistas à obtenção de metas e resultados, valendo-se, para tanto, da exploração de aspectos inerentes à sua intimidade e à sua personalidade que redundarão na vulneração da integridade psicológica daqueles obreiros e, ao fim e ao cabo, na sobrecarga dos serviços sociais de saúde e Previdência Social em prejuízo a toda a coletividade. Tal constatação é igualmente destacada por Vincent de Gaulejac:

> Considerar o humano como um fator entre outros é interinar um processo de reificação do homem. O desenvolvimento das empresas só tem sentido se contribuir para a melhoria da sociedade e, portanto, do bem-estar

---

(9) Para a definição de empresa que atende à função social, o conceito de "empresa cidadã" formulado por Angel Crescencio Martínez Ortiz à luz do ordenamento da União Europeia e, particularmente, da Espanha, é bem representativo:

"La empresa ciudadana es un tipo de empresa que no se entende como un tipo de máquina, dirigida en exclusiva a la obtención de productos materiales, sino como un grupo humano que se propone satisfacer los intereses de todos los grupos implicados en su actividad *stakeholders*, y no solo de sus accionistas. Tales grupos estarían formados por directivos, trabajadores, accionistas, consumidores, provedores, competidores, la comunidad en que se ubica y los indirectamente afectados, tanto en el entorno próximo como más alejado. Esta preocupación por todos los afectados por la actividad productiva equivale a introducir la cuestión ética en la estrategia empresarial.

Una empresa ciudadana, es por tanto, la que no se desentende de su entorno social y ecológico, imprescindible para su supervivencia, y asume como propia la responsabilidad de atender a esas demandas de tipo social y ecológico, además de las económicas, que le realizan sus grupos de interés. Esto implica la asunción de la empresa como una organización de tipo económico pero también social, que incorpora junto al balance económico otro de tipo social.

(...)

La empresa ciudadana deja de concebirse como una máquina de hacer dinero para entenderse como organización dotada de una cultura. El verdadero esqueleto de la empresa no es ahora material, certa cadena de producción, sino simbólico, certo sistema de significados y esquemas interpretativos compartidos, que crean y recrean significados. En la nueva gestión de la empresa no se habla solo de resultados y eficiencia a la hora de tomar una decisión, sino que también entra en juego el sistema de valores; en el que ocupan un lugar importante los valores de la seguridad y la responsabilidad.

Esta cultura garantiza la coherencia de la decisión con los valores y creencias clave compartidas que proveen de identidad a la organización, al tempo que genera compromiso y orienta la conducta individual; también en matéria de prevención de riesgos laborales. Para conseguir este compromiso con cierto tipo de valores y creencias que confieren identidad a la empresa, es imprescindible la participación significativa de todos los miembros de la organización en su generación, mantenimiento y actualización." ORTÍZ. Angel Crescencio Martínez. *La prevención de riesgos laborales, una cuestión también de responsabilidad social corporativa*. Barcelona: Proteus, 2013. p. 96-100.

(10) WANDELLI, Leonardo Vieira. Da psicodinâmica do trabalho ao direito fundamental ao conteúdo do próprio trabalho e ao meio ambiente organizacional saudável. *In: Revista Eletrônica do Curso de Direito da UFSM*. v. 10, n. 1/2015. p. 193-217.

(11) Segundo Leonardo Vieira Wandelli:

" O direito fundamental ao trabalho é um megadireito multidimensional, que envolve vários aspectos, como é da tradição da doutrina jurídica reconhecer, como a proteção contra a despedida injustificada, o direito a um padrão juridicamente protegido de trabalho, a proteção da liberdade de profissão, promoção e proteção da igualdade no acesso às oportunidades de trabalho, tutela da profissionalidade, limites jurídicos às políticas de pleno emprego, além de outros. Mas esta dimensão que aqui se quer ressaltar, do direito ao conteúdo do próprio trabalho, é a sua dimensão central.

(...)

Se a atividade de trabalho e a organização de trabalho realizam, a par do interesse do empregador, também necessidades fundamentais de desenvolvimento da corporalidade, protegidas pelo direito fundamental ao trabalho, isto impõe recuperar-se o espaço da organização do trabalho como espaço de cidadania e não só como espaço privado sob o domínio do empreendedor.

Esse direito ao conteúdo do próprio trabalho é muito mais amplo e profundo que o direito à ocupação efetiva (...) no sentido de dar trabalho e permitir sua execução normal. Trata-se de uma ocupação qualificada, de modo que o trabalho seja capaz de permitir o desenvolver das capacidades humanas, em termos de conteúdo significativo, potencialidade para o desenvolvimento das próprias capacidades e dons (...) e que diz respeito ao conteúdo da atividade de trabalho, bem como as condições organizacionais para que seja possível reconhecer-se e ser reconhecido pelo trabalho bem feito, cooperação e participação deliberativa, o que se sintetiza em uma ´ocupação plena e produtiva, em condições que garantam as liberdades políticas e econômicas fundamentais da pessoa humana, conforme positivado no art. 6º do PIDESC.

Deve ser garantido ao cidadão trabalhador um direito à atividade e à organização saudável do trabalho, corolário do direito ao trabalho, traduzido em práticas de gerenciamento e direção da organização do trabalho na empresa, instituição e organização, que observem parâmetros positivos e negativos de adequação à preservação das condições de saúde e autonomia dos trabalhadores, incluindo estratégias de mobilização subjetiva do zelo e da colaboração, os modelos de gestão, controle e avaliação do trabalho e as condições para que haja formas adequadas de cooperação e deliberação de normas de trabalho e permitam os mecanismos de reconhecimento da contribuição efetiva dos trabalhadores e o conteúdo ético das práticas de trabalho." *Idem*, p. 205-206.

individual e coletivo e, definitivamente, se estiver a serviço da vida humana. Gerenciar o humano como um recurso, ao mesmo título que as matérias-primas, o capital, os instrumentos de produção ou ainda as tecnologias, é colocar o desenvolvimento da empresa como uma finalidade em si, independentemente do desenvolvimento da sociedade, e considerar que a instrumentalização dos homens é um dado natural do sistema de produção.

Afinal de contas, a concepção gestionária leva a interpelar cada indivíduo, a fim de que ele se torne um agente ativo do mundo produtivo. O valor de cada um é medido em função de critérios financeiros. Os improdutivos são rejeitados, porque eles se tornam 'inúteis para o mundo'.

Assistimos ao triunfo da ideologia da realização de si mesmo. A finalidade da atividade humana não é mais 'fazer sociedade', ou seja, produzir ligação social, mas explorar recursos, sejam eles materiais ou humanos, para o maior lucro dos gestionários dirigentes que governam as empresas.[12]

Quando a empresa ignora as prescrições do "direito ao conteúdo do trabalho" e aplica ou tolera modelos deletérios de gestão que instrumentalizam os trabalhadores com vistas à consecução daqueles objetivos quantofrênicos, em prejuízo à sua integridade psicológica, à sua vida privada e à sua intimidade, não está ela apenas a legitimar a agressividade por parte de seus gestores no trato com suas respectivas equipes, como também a institucionalizar tal violência como método de organização dos fatores humanos de produção. Tem-se, exatamente nessa situação, a materialização do "assédio moral organizacional".[13]

O assédio moral organizacional admite uma série de formatos e de níveis de intensidade, podendo consistir, ilustrativamente, na aparentemente singela instituição de um *ranking* de desempenho acrescido de sutis ou veladas ameaças de punições vexatórias por descumprimento de metas ou no estabelecimento explícito de uma gestão por pressão baseada na instituição de penalidades relacionas ao não atingimento de indicadores de produtividade, conhecida como *straining*.[14]

Independentemente das múltiplas variações e gradações que o assédio moral organizacional pode assumir, sua constatação em um determinado local de trabalho tem o potencial de ocasionar não apenas violações às esferas inte-

---

(12) GAULEJAC, Vincent de. Trad: STORNIOLO, Ivo. *Gestão como doença social. Ideologia, poder gerencialista e fragmentação social*. São Paulo: Ideias & Letras, 2014. p. 80-81.

(13) Segundo Juan Carlos Zurita Pohlmann, o *"assédio moral organizacional [é] um processo de internalização de ideologia aplicada à organização do trabalho que legitima o uso recorrente da violência em face dos trabalhadores com finalidade gerencial de aumento da produção, violando direitos fundamentais e com potencialidade de resultar em danos perceptíveis e imperceptíveis ao trabalhador e à coletividade."* POHLMANN, Juan Carlos. *Assédio moral organizacional. Identificação e tutela preventiva*. São Paulo: LTr, 2014. p. 61.

Tal conceito foi respaldado, inclusive, pelo Tribunal Superior do Trabalho por ocasião do julgamento do Recurso de Revista n. 366-08.2012.5.09.0660:

"REDE DE SUPERMERCADOS — CANTO MOTIVACIONAL *CHEERS* — CONSTRANGIMENTO DOS TRABALHADORES AO CANTAR E REBOLAR NO AMBIENTE DE TRABALHO –ASSÉDIO MORAL ORGANIZACIONAL — REPARAÇÃO POR DANOS MORAIS.

A prática motivacional engendrada pela empresa-reclamada, ao constranger seus trabalhadores diariamente por obrigá-los a entoarem o canto motivacional *cheers*, acompanhado de coreografia e rebolados, exorbita os limites do poder diretivo e incorre em prática de assédio moral organizacional. As estratégias de gestão voltadas à motivação e ao engajamento dos trabalhadores que se utilizam da subjetividade dos empregados devem ser vistas com cuidado, tendo em conta as idiossincrasias dos sujeitos que trabalham. Ao aplicar, de forma coletiva, uma 'brincadeira' que pode parecer divertida aos olhos de uns, a empresa pode estar expondo a constrangimento trabalhadores que não se sentem confortáveis com determinados tipos de atividades, de todo estranhas à atividade profissional para a qual foram contratados. É importante observar que a participação em qualquer atividade lúdica só pode ser valiosa se o engajamento dos envolvidos se der de modo espontâneo e voluntário, situação de inviável demonstração em um ambiente de trabalho subordinado, no qual os empregados têm sua liberdade mitigada pela condição de hipossuficiência que ostentam. Portanto, a tendência é que o desconforto seja superado pelos trabalhadores (não sem trauma), para evitar que fiquem mal aos olhos das chefias e do coletivo de colegas. O procedimento, portanto, perde seu caráter 'lúdico' e 'divertido', na medida em que para ele concorrem circunstâncias de submissão e dominação dos trabalhadores. Irretocável, pois, a decisão regional, em que restou entendido que a prática, realizada diariamente pela reclamada, duas vezes ao dia, caracteriza assédio moral contra os trabalhadores envolvidos, visto que os expõe a constrangimento e à ridicularização perante os colegas, de forma incompatível com a disposição que o trabalhador coloca ao empregador em razão do contrato de emprego. A prática se enquadra no conceito de assédio moral organizacional, uma vez que caracteriza uma estratégia de gestão focada na melhoria da produtividade e intensificação do engajamento dos trabalhadores, porém assentada em práticas que constrangem, humilham e submetem os trabalhadores para além dos limites do poder empregatício." BRASIL: TRIBUNAL SUPERIOR DO TRABALHO. RECURSO DE REVISTA N. 366-08.2012.5.09.0660. RELATOR: Min. Luiz Philippe Vieira de Mello Filho. 7ª Turma. DJ: 15.4.2016.

(14) Nas palavras de Márcia Novaes Guedes:

"[O] *straining* é uma situação de estresse forçado, na qual a vítima é um grupo de trabalhadores de um determinado setor ou repartição, que é obrigado a trabalhar sob grave pressão psicológica e ameaça iminente de sofrer castigos humilhantes. Nessa espécie de psicoterror, parte-se do pressuposto de que os vestígios da memória [da era dos direitos] já foram apagados, e o ambiente de trabalho é um campo aberto, onde tudo é possível.

(...)

No *straining*, todo o grupo, indistintamente, é pressionado psicologicamente e apertado para aumentar a taxa de produtividade, atingir metas, bater recordes nas vendas de serviços e de produtos, debaixo de reprovações constrangedoras, como a acusação de ´falta de interesse pelo trabalho´, ´falta de zelo´ e ´colaboração´ para com a empresa, e a ameaça permanente e subjacente, lançada de modo vexatório, de perder o emprego, ou, ainda, sofrer uma punição ainda mais dura e humilhante. As punições variam bastante: e vão desde o constrangimento de endossar camisas com dizeres depreciativos da própria pessoa; aceitar apelidos abjetos e preconceituosos; e praticar atos, gestos e comportamentos repugnantes e degradantes diante da assistência dos demais colegas." GUEDES, Márcia Novaes. Assédio moral e straining. *Revista LTr*, 74-02/165, v. 74, n. 2, fev.2010.

grantes da vida privada e da intimidade dos obreiros submetidos àqueles métodos deletérios de gestão, como também à própria saúde e ao bem-estar psicofísico de tais indivíduos.[15]

Por isso mesmo, a prática do "assédio moral organizacional" enquadra-se perfeitamente no conceito jurídico de "poluição" formulado no art. 3º, III, "a", da Lei n. 6.938, de 31.8.1981, a compreender, justamente, a degradação do meio-ambiente (aí incluído o laboral) com o potencial de prejudicar negativamente a integridade psicofísica dos indivíduos submetidos a tal ameaça.[16]

Convém salientar nesse particular, em alinhamento com o magistério de Guilherme Guimarães Feliciano, que o conceito de "poluição" a constar do sobredito dispositivo legal, quando aplicado aos locais de trabalho, não se limita apenas à degradação do meio ambiente laboral ocasionada por agentes químicos, físicos e biológicos, também abrangendo *os contextos de periculosidade (nocividade potencial) e de penosidade (nocividade humana exclusiva)*.[17]

E tal noção de "penosidade", a ocasionar a poluição labor-ambiental delineada no art. 3º, III, da Lei n. 6.938/81, abrange a degradação ocasionada pela inadequação dos parâmetros ergonômicos que, de seu turno, não se limitam apenas às questões relacionadas às condições físicas e espaciais em que o trabalho é realizado (p. ex.: iluminação, mobiliário, maquinário, temperatura, ruído etc.), abrangendo, para além disso, a própria gestão da organização do trabalho e seus reflexos na higidez mental dos trabalhadores.[18]

Não por outra razão, a Norma Regulamentadora n. 17, ao estabelecer os parâmetros concernentes à ergonomia nos locais de trabalho em seu item 17.6, veda aos empregadores a implementação de sistemas de avaliação de desempenho que não levem em conta a repercussão da respectiva metodologia sobre a saúde dos trabalhadores, especialmente naqueles trabalhos a envolverem sobrecarga muscular.[19]

---

(15) Nesse sentido, Margarida Barreto chega a afirmar que:
"A reflexão sobre o assédio moral e a análise de várias situações diretamente relacionadas à organização do trabalho e à política de gestão demonstram que todo assédio moral é uma prática tanto institucionalizada, como organizacional."
Ainda segundo a autora:
"No Brasil, punir por não alcançar a meta e premiar os que a alcançam está diretamente relacionado aos modos de organizar o trabalho. O objetivo é desqualificar profissionalmente o coletivo e desvalorizar individualmente, menosprezando qualquer dificuldade que o outro apresente ou venha a apresentar, além do cunho pedagógico para o coletivo. Afinal, a meta é tudo no processo produtivo!" BARRETO, Margarida. Assédio moral: trabalho, doenças e morte. In: MAENO, Maria *et alii*. *Compreendendo o assédio moral no ambiente de trabalho*. São Paulo: Fundacentro, 2013. p. 18-19.
(16) "Art 3º — Para os fins previstos nesta Lei, entende-se por:
I — meio ambiente, o conjunto de condições, leis, influências e interações de ordem física, química e biológica, que permite, abriga e rege a vida em todas as suas formas;
II — degradação da qualidade ambiental, a alteração adversa das características do meio ambiente;
III — poluição, a degradação da qualidade ambiental resultante de atividades que direta ou indiretamente:
a) prejudiquem a saúde, a segurança e o bem-estar da população;
b) criem condições adversas às atividades sociais e econômicas;
c) afetem desfavoravelmente a biota;
d) afetem as condições estéticas ou sanitárias do meio ambiente;
e) lancem matérias ou energia em desacordo com os padrões ambientais estabelecidos;
(17) FELICIANO, Guilherme Guimarães. *Tópicos avançados de direito material do trabalho*. Vol. 1. Atualidades forenses. São Paulo: Damásio de Jesus, 2006. p. 137.
(18) Segundo Guilherme Guimarães Feliciano:
"Um ambiente de trabalho não está ecologicamente equilibrado (art. 225, *caput*, da CF) se não for dotado de *parâmetros ergonômicos adequados* (tópico 17.1 da NR-17), de maneira que é obrigação do empregador, inclusive em sede constitucional, garantir a *sadia qualidade de vida* de seus trabalhadores, providenciando a *análise ergonômica do trabalho*, notadamente nos aspectos relacionados ao levantamento, transporte e descarga de materiais, ao mobiliário, aos equipamentos, às condições ambientais do posto de trabalho (ambientes ruidosos, quentes ou mal iluminados contribuem para o desgaste mental, a par da própria insalubridade) e à própria organização do trabalho.
Não é só. Como apontado, um conceito mais lato de ergonomia alcança, inclusive, o tema da higidez mental. A fadiga mental compromete a qualidade e a produtividade do trabalho, ao mesmo tempo em que predispõe o trabalhador ao acidente de trabalho (desatenção, perda de sensibilidade, retardamento de reflexos) ou ao desenvolvimento de doenças psíquicas ou psicossomáticas (esquizofrenia, depressão, psicoses)." *Idem*, p. 134-135.
(19) "17.6. Organização do trabalho.
17.6.1. A organização do trabalho deve ser adequada às características psicofisiológicas dos trabalhadores e à natureza do trabalho a ser executado.
17.6.2. A organização do trabalho, para efeito desta NR, deve levar em consideração, no mínimo:
a) as normas de produção;
b) o modo operatório;
c) a exigência de tempo;
d) a determinação do conteúdo de tempo;
e) o ritmo de trabalho;
f) o conteúdo das tarefas.
17.6.3. Nas atividades que exijam sobrecarga muscular estática ou dinâmica do pescoço, ombros, dorso e membros superiores e inferiores, e a partir da análise ergonômica do trabalho, deve ser observado o seguinte:

De forma ainda mais específica, o Anexo II da NR-17, ao tratar das condições ergonômicas dos operadores de teleatendimento, proíbe expressamente às empresas em seu item 5.1.13 a implementação de métodos de gestão baseados em assédio moral, medo, constrangimento, violência psicofísica ou exposição indevida da intimidade dos trabalhadores.[20]

Desse modo, quando as empresas utilizam ou toleram a implementação de métodos de gestão de organização laboral a institucionalizarem nas unidades produtivas a prática do assédio moral, estão elas a degradar as condições ergonômicas do meio ambiente do trabalho, de forma a materializar a definição de "poluição" a constar do art. 3º, III, "a", da Lei n. 6.938/81.

Veja-se, a propósito, que o ordenamento jurídico pátrio qualifica a poluição como um "risco proibido", porquanto o conteúdo institucional subjacente ao art. 225, *caput*, da Constituição Federal e ao art. 3º da Lei n. 6.938/81 — lido no contexto da organização do trabalho — impõe aos empregadores os deveres objetivos de evitar a implementação de medidas que resultem no desequilíbrio do meio ambiente laboral, de modo a ocasionar potenciais danos à integridade psicológica dos obreiros e de agir no sentido de eliminar os fatores que porventura estejam concorrendo para tal degradação ou, simplesmente, de evitarem a criação de novos vetores de desequilíbrios.[21]

Exatamente por essa razão, a responsabilidade pelas doenças psicossomáticas decorrentes das práticas institucionalizadas de assédio moral será aferida pela averiguação, em concreto, acerca da existência ou não de um desequilíbrio labor-ambiental provocado por ação ou omissão do empregador e do nexo de causalidade entre este último e o resultado lesivo, não havendo razão para perquirir-se, portanto, o elemento subjetivo do empregador-poluidor ou de seus prepostos (culpa e dolo), conforme ver-se-á mais detalhadamente no tópico 4 do presente artigo.

Por ora, convém retermos a noção de que a figura do "assédio moral organizacional" configura uma prática não só atentatória à função social imposta à empresa pelo art. 170 da Constituição Federal, como também uma modalidade de poluição labor-ambiental — e, consequentemente, de risco proibido —, haja vista o expressivo potencial de ocasionar danos psicofísicos aos trabalhadores submetidos a tais formas deletérias de gestão.

Tal potencial lesivo inerente à prática do assédio moral organizacional é o fator determinante a submeter as situações a caracterizarem tal conduta ao regime jurídico da responsabilidade objetiva, tendo em vista, justamente, o nexo técnico constatado — e presumido — entre aquelas formas deletérias de gestão e uma série de doenças de cunho psicossomático.

4 CONSEQUÊNCIAS DA GESTÃO POLUIDORA: O ESTRESSE E AS DOENÇAS PSICOSSOMÁTICAS

Com o advento da chamada "gestão gerencialista", calcada na responsabilização individual dos "colaboradores" pelo atingimento de resultados mensuráveis numericamente e na implantação de métodos de "gestão de pessoas" que

---

a) todo e qualquer sistema de avaliação de desempenho para efeito de remuneração e vantagens de qualquer espécie deve levar em consideração as repercussões sobre a saúde dos trabalhadores."

(20) "5.13. É vedada a utilização de métodos que causem assédio moral, medo ou constrangimento, tais como:
a) estímulo abusivo à competição entre trabalhadores ou grupos/equipes de trabalho;
b) exigência de que os trabalhadores usem, de forma permanente ou temporária, adereços, acessórios, fantasias e vestimentas com o objetivo de punição, promoção e propaganda;
c) exposição pública das avaliações de desempenho dos operadores."

(21) A ideia de "risco proibido" encontra suporte científico na chamada "teoria da imputação objetiva", amplamente utilizada na seara do direito penal. Luís Greco assim sintetiza os elementos da teoria em referência:
"O desvalor da ação (...) ganha a componente objetiva da criação de um risco juridicamente desaprovado. Esta elementar pode ser desdobrada em duas. Primeiramente, na *criação do risco*; depois, na *desaprovação jurídica* desse risco.
(...)
Somente ações perigosas para um bem jurídico podem ser proibidas, porque tudo o mais seria uma intervenção inútil na liberdade dos cidadãos.
(...)
Quando se pode dizer que um risco foi criado? Quando se está diante de uma ação perigosa? A doutrina costuma responder a esta pergunta com a ideia da *prognose póstuma objetiva*. Prognose, porque se trata de um juízo formulado de uma perspectiva *ex ante*, levando em conta apenas dados conhecidos no momento da prática da ação. Objetiva, porque a prognose parte dos dados conhecidos por um observador objetivo, por um homem prudente, cuidadoso — e não por um homem médio — pertencente ao círculo social em que se encontra o autor. Póstuma, porque, apesar de tomar em consideração apenas os fatos conhecidos pelo homem prudente no momento da prática da ação, a prognose não deixa de ser realizada pelo juiz, ou seja, depois da prática do fato. Para agora juntar o que separamos: uma ação será perigosa ou criadora de risco se o juiz, levando em conta os fatos conhecidos por um homem prudente no momento da prática da ação, diria que esta gera uma possibilidade real de lesão a determinado bem jurídico." GRECO, Luís. *Um panorama da teoria da imputação objetiva*. 4. ed. São Paulo: Revista dos Tribunais, 2014. p. 35-39.

exploram aspectos ligados à personalidade e à intimidade dos obreiros sob pretextos "motivacionais", a empresa contemporânea tornou-se, na acepção do sociólogo francês Alain Ehrenberg, a "antessala da depressão".[22]

Nesse modelo de gestão, o indivíduo é induzido à crença de que sua progressão na carreira e, consequentemente, na escala salarial, será diretamente proporcional ao atingimento dos resultados almejados pela empresa e que o sucesso em tal iniciativa depende exclusivamente de seu empreendedorismo. Com isto, generaliza-se a quantofrenia e o alcance das metas passa a ser perseguido obstinadamente pelos trabalhadores. O fracasso em tal intento deixa de ser um risco inerente à atividade empresarial e torna-se uma questão de foro íntimo dos "colaboradores". Suprimem-se, assim, os repousos semanais, os intervalos de descanso, as pausas, os momentos de lazer e de convívio familiar, tudo em nome da frenética corrida aos números.

Uma vez instalada tal situação, o indivíduo se crê livre e autônomo para desempenhar suas atividades e para perseguir seus resultados, como se fosse verdadeiramente um empreendedor, sem perceber que se encontra, na verdade, em um ciclo vicioso perverso, no qual o atingimento das metas em um dado exercício é seguido da implementação de objetivos mais ousados e, consequentemente, de mais cobranças, de sua chefia e de si mesmo.

Diante disso, o "colaborador" coloca-se permanentemente "plugado" ao trabalho e vive em constante estado de tensão, premido ora pelo medo de fracassar como "empreendedor" e de ser humilhado perante seus pares e perante seus superiores, ora pelo temor de que seu eventual desempenho insatisfatório o leve a ser descartado pela empresa.[23]

---

(22) Conforme explica o próprio Alain Ehrenberg:

"A ação nos dias de hoje é individualizada. Não há outro responsável por suas ações senão o próprio agente. A iniciativa dos indivíduos está na vanguarda dos critérios que medem o valor da pessoa.

No início dos anos 1980 (...) a figura do empresário é alçada à condição de modelo de ação para todos. (...) A imagem do empresário não mais se relaciona com aquela do chefe grande que domina o trabalhador pequeno ou do locador de serviços que visa lucrar, convertendo-se, a partir de então, em um modelo de ação que cada indivíduo é convidado a pôr em prática.

(...)

Na empresa, os modelos disciplinares clássicos de gestão de recursos humanos (taylorista e fordista) perderam espaço para as metodologias que incentivam o pessoal a adotar comportamentos autônomos, incluindo-se, aí, os postos de hierarquia inferior. Gestão participativa, grupos de expressão, círculos de qualidade etc., constituem novas formas de exercício da autoridade destinadas a incutir o espírito empreendedor em cada funcionário. Os padrões de controle e de dominação da força de trabalho passam a se apoiar menos na obediência mecânica e mais na iniciativa: responsabilidade, capacidade de evoluir, projetos de formação, motivação, flexibilidade etc., desenham uma nova liturgia gerencial. A configuração imposta ao operário não é mais de 'homem-máquina' a executar um trabalho repetitivo, mas de empreendedor de trabalho flexível.

(...)

Nesse cenário, as configurações e as meneiras de definir os problemas mudaram: desde a metade dos anos 1980, a medicina do trabalho e as pesquisa sociológicas na empresa notaram a novo patamar de importância adquirida pela aisiedade, pelos distúrbios psicossomáticos e pela depressão. A empresa passou a ser, então, a antessala da depressão."

No original:

"L'action aujourd'hui est individualisée. Elle n´a alors d´autre source que l'agent qui l'accomplit et dont il est le seul responsable. L'initiative des individus passe au premier plan des critères qui mesurent la valeur de la personne.

Au début des années 1980 (...) le chef d'enterprise est érigé en modèle d'action por tous. (...) L'image du chef d'enterprise se détache de celle du gros dominant les petits ou du rentier qui en profite, elle se convertit en un modèle d'action que chaque individu est convié à employer.

(...)

Dans l'emprise, les modèles disciplinaires (taylorien et fordien) de gestion des ressources humaines reculent au profit de normes qui incitent le personnel à des comportements autonomes, y compris en bas de hiérarchie. Management participatif, groupes d'expression, cercles de qualités, etc., constituent de nouvelles formes d'exercice de l'autorité qui visent à inculquer l'espirit d'enterprise à chaque salarié. Les modes de régulation et de domination de la force de travail s'appuient moins sur l'obéissance mécanique que sur l'initiative: responsabilité, capacité à évoluer, à former des projects, motivation, flexibilité, etc., dessinent une nouvelle liturgie managériale. Le contrainte imposée à l'ouvrier n'est plus l'homme-machine du travail répétitif, mais l'entrepeneur du travail flexible.

(...)

Les contraintes et les manières de définir les problèmes changent: dès le milieu des années 1980, la médicine du travail et les recherches sociologiques en entreprise notent l'importance nouvelle de l'anxiété, des troubles psychosomatiques ou des dépressions. L'enterprise est l'antichambre de la dépression nerveuse." EHRENBERG, Alain. *La fatigue d'être soi. Depression et société*. Paris: Odile Jacob, 2000. p. 233-235.

(23) Nas palavras de Vincent de Gaulejac:

"A violência na empresa hipermoderna não é repressiva, ainda que subsistam formas de repressão; é principalmente uma violência psíquica, ligada a exigências paradoxais. No modelo hierárquico, o contrato é muito claro: é preciso estar no escritório ou na fábrica durante um número de horas fixado previamente, tendo, em contrapartida, uma remuneração. Há, portanto, um compromisso recíproco e formalizado. No modelo gerencialista, o essencial do contrato recai em outro aspecto. Evocamos sua dimensão narcisística. A empresa propõe ao homem gerencial satisfazer seus fantasmas de onipotência e seus desejos de sucesso, contra uma adesão total e uma mobilização psíquica intensa. A idealização e a identificação o colocam em uma dependência psíquica importante. Se a empresa vai mal, ele pode apenas recorrer a si mesmo. Se deixar a questão de lado, é porque não esteve à altura de suas exigências. Não é mais um compromisso recíproco que regula as relações entre o indivíduo e a organização, mas uma injunção paradoxal. Quanto mais ele 'tem sucesso', mais sua dependência aumenta. Onde a empresa progride é definitivamente a parte do indivíduo que regride. Quanto mais ele se identifica com a empresa, mais ele perde sua própria autonomia. E acredita estar jogando 'ganhador-ganhador' (*winner-winner*), conforme a expressão consagrada, ao passo que o fato de ganhar o leva a sua perda. Dupla perda, pois um dia ele será inevitavelmente posto de lado a partir do momento em que seus desempenhos diminuírem, e também porque ele se porá em tensão permanente.

(...)

Em tal contexto de quantofrenia e de cobrança por dedicação integral à persecução das metas cada vez mais arrojadas — em prejuízo à própria recomposição psicofísica, ao direito ao lazer e à vida pessoal — não é difícil antever que o ambiente laboral a circundar aqueles obreiros será marcado por intensa pressão psicológica a redundar, como visto, na institucionalização sutil ou severa da violência como forma de gestão. Diante de tal entorno, o indivíduo tende a reagir com a manifestação de sintomas de estresse que, em se agravando, resultarão no aparecimento de doenças de cunho psicossomático, tais como a agorafobia, o *burnout*, a depressão, dentre outras, conforme bem salienta Marie-France Hirigoyen:

> Nos grupos que trabalham sob pressão, os conflitos nascem muito mais facilmente. As novas formas de trabalho, que visam fazer crescer o desempenho nas empresas, deixando de lado todos os elementos humanos, são geradoras de estresse e criam, assim, as condições favoráveis à expressão da perversidade.
>
> Em seu início, o estresse é um fenômeno fisiológico de adaptação do organismo a uma agressão, seja ela qual for. Nos animais é uma reação de sobrevivência. Diante de uma agressão, eles têm de optar entre a fuga ou a luta. Para um assalariado essa escolha não existe. Seu organismo, como o do animal, reage em três fases sucessivas: alerta, resistência e depois esgotamento. Mas esse fenômeno fisiológico perdeu seu sentido primeiro, de reação física, e passou ao de adaptação social e psicológica. Pede-se aos assalariados que trabalhem demais, que trabalhem com urgência e que sejam polivalentes.
>
> (...)
>
> O mundo do trabalho é extremamente manipulador: mesmo quando, em princípio, o afetivo nele não está diretamente em jogo, não é raro que, para motivar seu pessoal, uma empresa estabeleça com ele uma relação que ultrapassa em muito a relação contratual normal que se pode ter com um empregador. Exige-se dos empregados que invistam corpo e alma em seu trabalho (..) transformando-os assim em 'escravos dourados'. Por um lado, exige-se demasiado deles, com todas as consequências de estresse daí decorrentes; por outro, não há o menor reconhecimento em relação a seus esforços e à sua pessoa. Eles se tornam peões intercambiáveis.
>
> (...)
>
> As pressões econômicas fazem com que se peça cada vez mais aos assalariados, com consideração cada vez menor. Há uma desvalorização da pessoa e de seu *know-how*. O indivíduo não conta. Sua história, sua dignidade, seu sofrimento estão importando muito pouco.
>
> Diante dessa 'coisificação', dessa robotização dos indivíduos, a maior parte dos empregados em empresas privadas sente-se em uma situação excessivamente frágil para fazer algo mais que protestar interiormente e baixar a cabeça, à espera de dias melhores. Quando o estresse aparece, com seu cortejo de insônia, cansaço, irritabilidade, não é raro que o assalariado recuse a licença de trabalho que lhe é proposta por seu médico com medo das represálias no momento da volta.[24]

Nisso, exatamente, reside a relação existente entre a chamada "gestão gerencialista" e as doenças de cunho psicossomático. A institucionalização do assédio moral no trabalho e de toda a violência psicológica a ele inerente conduz, invariavelmente, à manifestação de sintomas de esgotamento que, no extremo, redundarão no aparecimento daquelas doenças psicossomáticas.[25]

O compromisso do assalariado é sem fim, a partir do momento em que ele projeta seu próprio ideal sobre a empresa. O compromisso da empresa é apenas parcial, pois ela condiciona a manutenção do emprego aos desempenhos de cada agente, sem levar em conta o fato de que esses desempenhos dependem do conjunto. Cabe a cada um dar provas de sua utilidade, de sua produtividade e de sua rentabilidade e, portanto, demonstrar que ele sabe manter seu lugar e, quando necessário, fazer seu próprio lugar.
(...)
Cada empregado deve provar suas competências e justificar sua função. Mas, ao mesmo tempo, ele se encontra submetido a prescrições extremamente coercitivas. É o universo da autonomia controlada. A liberdade na organização do trabalho é paga por uma obrigação a respeitar normas e por uma vigilância permanente quanto aos resultados, à realização dos objetivos, aos desempenhos realizados. Cada agente participa de um centro de custo e de benefício cujos resultados podem ser medidos em tempo real. A liberdade de ir e vir esconde um controle a distância. Cada um é livre de trabalhar onde quer, a partir do momento em que está 'plugado' permanentemente à rede. Quando transportamos nosso escritório conosco, tornamo-nos livres para trabalhar 24 horas durante 24 horas!" GAULEJAC, Vincent de. Trad: STORNIOLO, Ivo. *Gestão como doença social. Ideologia, poder gerencialista e fragmentação social*. São Paulo: Ideias & Letras, 2014. p. 121-123.
(24) HIRIGOYEN, Marie-France. Trad: KÜHNER, Maria Helena. *Assédio moral. A violência perversa no cotidiano*. 6. ed. Rio de Janeiro: Bertrand Brasil, 2003. p. 94-96.
(25) Sobre tal relação, a denotar o nexo de causalidade existente entre a gestão deletéria dos "recursos humanos" e as doenças psicossomáticas, o acórdão proferido pelo Tribunal Superior do Trabalho no Agravo de Instrumento no Recurso de Revista n. 2060-20.2011.5.11.0004 é bem ilustrativo:

Tanto é assim, que o próprio ordenamento jurídico brasileiro, por intermédio da Lista B do Anexo II do Decreto n. 3.048, de 6.5.1999, a consolidar o Regulamento do Regime Geral de Previdência Social, presume o nexo de causalidade entre diversas moléstias elencadas no Grupo V da CID 10 (transtornos neuróticos, transtornos relacionados com o "stress" e transtornos somatoformes) e as condições deletérias ocasionadas pela gestão das condições de trabalho.[26]

De outro turno, a proliferação de tais doenças de cunho psicossomático em decorrência da institucionalização do assédio moral acarreta consequências não apenas para os indivíduos submetidos àquelas formas perversas de gestão, como também para toda a coletividade que arcará com o custeio dos tratamentos e dos benefícios previdenciários disponibilizados às vítimas por parte dos sistemas de saúde pública e de seguridade social. Nesse sentido, a pesquisa levada a cabo em meados de 2000 pela Organização Internacional do Trabalho intitulada *Mental Health in the Workplace* constatou que em todos os cinco países avaliados à ocasião (Finlândia, Alemanha, Polônia, Reino Unido e

---

"AGRAVO DE INSTRUMENTO EM RECURSO DE REVISTA DANO MORAL. QUANTUM **INDENIZATÓRIO. ASSÉDIO MORAL**. EXIGÊNCIA NO CUMPRIMENTO DE METAS EXTRAVAGANTES DE PRODUTIVIDADE. ARBITRAMENTO DO VALOR DE R$ 300.000,00 (TREZENTOS MIL REAIS) PELA INSTÂNCIA ORDINÁRIA.

O Regional detectou política organizacional de cobrança abusiva de metas de produtividade, com a utilização, inclusive, de meios intimidatórios, em conduta reiterada, ao longo de todo o contrato de trabalho, — ficando mais intenso no final do contrato com a necessidade de licenças médicas decorrentes de doença oriunda das condições do ambiente de trabalho —.

(...)

A imposição de metas de produção, na constante busca pelo lucro, não pode ultrapassar os limites do razoável na finalidade de forçar o empregado ao alcance cada vez maior da produtividade. O dogma da Qualidade Total (total quality management) é identificado por Paula Cristina Hott Emerick como a nova fórmula de gerir a mão de obra no capitalismo. Visa à racionalização dos elementos do processo produtivo, qual seja aumento da competitividade e da produtividade das empresas, em estratégia agressiva de impor aos empregados metas cada vez maiores, às vezes inatingíveis, em busca incessante (e em muitos casos frustrante) do empregado para alcançá-las. O empregado que não atinge as metas estabelecidas está malfadado a ser excluído e discriminado no seu ambiente de trabalho, pois a ele será imputada (também pelos próprios pares) a pesada responsabilidade pelo — fracasso — da equipe e, consequentemente, pelo insucesso da empresa na competitividade própria do mercado de trabalho. Torna-se vítima de — campanhas motivacionais —, que nada mais são do que a fórmula encontrada pelo empregador para humilhar e expor ao ridículo aqueles que não alcançam as metas estabelecidas, isso quando não é vítima de — castigos — físicos e alcunhas depreciativas. Cabe ao Judiciário repudiar atos patronais desse jaez e impedir lesão a direitos fundamentais dos trabalhadores. Cada indivíduo é único, deve ser respeitado em sua singularidade, e não instrumentalizado. A capacidade de gerir fortes tensões emocionais em um ambiente de trabalho é personalíssima. Necessário que se garanta ao trabalhador o direito de não se subjugar a permanente estresse ambiental causado pela cobrança excessiva de metas. O art. 225, *caput*, da Constituição Federal assegura a todos um meio ambiente ecologicamente equilibrado, aí incluído o meio ambiente laboral. Por sua vez, o inciso V do mesmo dispositivo constitucional atribui ao Poder Público o dever de controlar a produção, comercialização e o emprego de técnicas, métodos e substâncias que comportem risco para a vida, a qualidade de vida e o meio ambiente. Um meio ambiente de trabalho seguro e saudável é essencial à qualidade de vida do trabalhador, o que não se atinge com constrangimentos desmesurados e humilhações de ordem moral.

O poder diretivo não é absoluto, encontra limites no princípio protetivo da dignidade da pessoa humana, assim como o direito de propriedade deve ser exercido respeitando os limites de sua função social. Não se pode negligenciar direitos e garantias assegurados na Constituição Federal de 1988. O sentimento de inutilidade e fracasso causado pela pressão psicológica extrema no exercício da atividade laboral não gera apenas desconforto; representa prejuízo moral incompatível com os fundamentos do Estado Democrático de Direito. Ameaças de desemprego e cobranças excessivas por meio de repetidas condutas assediadoras não mais podem ser toleradas como forma de compelir o empregado a atingir resultados lucrativos para a empresa. Os abalos psíquicos que surgem em decorrência de pressão desmesurada do empregador (abuso do poder diretivo) são de difícil reversão ou até mesmo irrecuperáveis, mesmo com tratamento psiquiátrico adequado, podendo culminar, até mesmo, em incapacidade laboral. A síndrome de *burnout* e a depressão são citadas na literatura médica como as doenças ocupacionais mais frequentes desencadeadas pela tensão e estresse no ambiente de trabalho. A primeira, identificada como — estresse crônico associado ao trabalho —, é comumente desencadeada por gestão inadequada do estresse laborativo, caso dos autos." BRASIL: TRIBUNAL SUPERIOR DO TRABALHO. AGRAVO DE INSTRUMENTO NO RECURSO DE REVISTA N. 2060-20.2011.5.11.0004. RELATOR: Min. José Roberto Freire Pimenta. 2ª Turma. DJ: 2.5.2014.

(26) *TRANSTORNOS MENTAIS E DO COMPORTAMENTO RELACIONADOS COM O TRABALHO (Grupo V da CID-10)*

VIII — Reações ao "Stress" Grave e Transtornos de Adaptação (F43.-): Estado de "Stress" Pós-Traumático (F43.1)	1. Outras dificuldades físicas e mentais relacionadas com o trabalho: reação após acidente do trabalho grave ou catastrófico, ou após assalto no trabalho (Z56.6)
	2. Circunstância relativa às condições de trabalho (Y96)

X — Outros transtornos neuróticos especificados (Inclui "Neurose Profissional") (F48.8)	Problemas relacionados com o emprego e com o desemprego (Z56.-): Desemprego (Z56.0); Mudança de emprego (Z56.1); Ameaça de perda de emprego (Z56.2); Ritmo de trabalho penoso (Z56.3); Desacordo com patrão e colegas de trabalho (Condições difíceis de trabalho) (Z56.5); Outras dificuldades físicas e mentais relacionadas com o trabalho (Z56.6)
XI — Transtorno do Ciclo Vigília-Sono Devido a Fatores Não Orgânicos (F51.2)	1. Problemas relacionados com o emprego e com o desemprego: má adaptação à organização do horário de trabalho (Trabalho em Turnos ou Trabalho Noturno) (Z56.6)
	2. Circunstância relativa às condições de trabalho (Y96)
XII — Sensação de Estar Acabado ("Síndrome de *Burn-Out*", "Síndrome do Esgotamento Profissional") (Z73.0)	1. Ritmo de trabalho penoso (Z56.3)
	2. Outras dificuldades físicas e mentais relacionadas com o trabalho (Z56.6)

Estados Unidos), os serviços sociais vinham sendo cada vez mais onerados em razão dos distúrbios psicossomáticos relacionados ao trabalho.[27]

Vê-se, nisso mesmo, outra faceta perversa dos métodos de gestão baseados na institucionalização do assédio moral. Com a implementação de tais modelos, as empresas buscam locupletar-se com a extração do máximo possível das forças físicas e mentais de seus trabalhadores, repassando para toda a coletividade os custos sanitários e previdenciários decorrentes de tal sistemática deletéria. Nesse arranjo imoral, as corporações ficam com os resultados financeiros, obtidos ao custo da integridade psicofísica dos obreiros, e a sociedade, com os gastos correspondentes.

Por essa singela razão, a questão concernente à implementação de métodos de "gestão de pessoas" por parte das empresas não representa um aspecto estritamente inerente à esfera de autonomia privada e ao poder diretivo titularizados pelos empregadores. Dado seu incontestável impacto coletivo, a função social subjacente ao art. 170 da Constituição Federal, somada ao direito ao meio ambiente equilibrado previsto em seu art. 225, *caput*, impõem ao Estado, por intermédio de suas funções Legislativa, Executiva e Judiciária, a implementação de mecanismos aptos a combater, em abstrato e em concreto, as formas de organização dos fatores de produção destinadas à institucionalização do assédio moral.[28]

E no que diz respeito às medidas a serem implementadas no âmbito do Poder Judiciário, a associação presumida entre a materialização daqueles transtornos psicossomáticos e a institucionalização do assédio moral nas empresas, bem assim seus graves impactos sociais, refletirão diretamente na definição do regime de responsabilidade civil aplicável em tais situações e no emprego dos mecanismos de tutela inibitória e dissuasória disponibilizados pelo ordenamento jurídico, conforme ver-se-á na sequência.

5   ASSÉDIO MORAL ORGANIZACIONAL E RESPONSABILIDADE CIVIL OBJETIVA. APLICAÇÃO DO ART. 225, § 3º DA CONSTITUIÇÃO FEDERAL E DO ART. 14, § 1º, DA LEI N. 6.938/81. CAUSALIDADE SISTÊMICA

Uma vez que a institucionalização do assédio moral por intermédio da utilização de métodos perversos de "gestão de pessoas" tem o potencial de prejudicar negativamente a integridade psicofísica dos indivíduos submetidos a tais modelos, haja vista ser ele causa comprovada de uma série de doenças psicossomáticas catalogadas no Grupo V da CID 10, tal forma deletéria de organização do trabalho enquadra-se plenamente no conceito de poluição definido no art. 3º, III, da Lei n. 6.938/81.

---

(27) Concluiu-se, no referido estudo, que:

"Os custos relacionados às questões de saúde mental são uma preocupação comum daqueles cinco países. Os governos, os empregadores, os empregados, as companhias de seguros e a sociedade como um todo arcam igualmente com os custos diretos (seguros de afastamento por doença, benefícios, seguridade social, tratamentos médicos) e com os custos indiretos (perda de produtividade e moral baixa relacionada a problemas de saúde mental).

(...)

Nos Estados-membros da União Europeia o custo dos problemas relacionados à saúde mental são estimados, em média, entre 3% e 4% do PIB. Nos EUA, as estimativas de despesas com a depressão alcançam um montante estimado entre US$ 30 a 44 bilhões, com aproximadamente 200 milhões de dias de trabalho perdidos em cada ano. A Agência Executiva de Saúde e Segurança da Grã-Bretanha estima que os problemas relacionados à saúde mental representam a segunda maior categoria de adoecimento ocupacional, atrás apenas dos transtornos osteomusculares, a resultarem na perda de algo em torno de cinco a seis milhões de dias de trabalho perdidos por ano. Na Finlândia e na Alemanha, os crescentes custos da seguridade social nesse item igualmente preocupam. Em ambos os referidos países, a aposentadoria precoce em decorrência de doenças psicossomáticas, em particular a depressão, tem crescido."

No original: "The costs associated with mental health difficulties are a common concern in all five countries. Governments, employers, employees, insurance companies, and society as a whole bear their share of direct (sick pay, benefits, social security, medical treatments) and indirect costs (loss of productivity and potential output and low morale related to mental health problems).

(…)

In the member states of the European Union the cost of mental health problems is estimated to be on average 3 to 4% of GNP. In the USA, the estimates for national spending on depression range from $30 to $44 billion, with approximately 200 million days lost frow work each year. A UK governmental agency the Health and Safety Executive, estimates that mental health problems are the second largest category of occupational ill health after muscular-skeletal disorders, resulting in five to six million working days lost annually. In Finland and in Germany, growing social security costs are of great concern. In both countries early retirement due to mental health difficulties, in particular depression, has been increasing." INTERNATIONAL LABOUR OFFICE. *Mental Health in the workplace*. Geneva: OIT, 2000. p. 5.

(28) Márcia Novaes Guedes salienta, a propósito, que:

"O *mobbing* não causa apenas dano econômico à coletividade [pois] o trabalho é o principal elemento de integração social, mas, na medida em que se desqualifica esse elemento essencial das relações sociais, se favorece a delinquência difusa e a desintegração da comunidade, propiciando uma verdadeira 'guerra civil molecular' própria da sociedade tardocapitalista. Daí porque não se pode deixar que as empresas decidam soberanamente se enfrentam ou ignoram uma questão que diz respeito a toda a coletividade e que uma sociedade madura deve ter coragem de combater." GUEDES, Márcia Novaes. *Terror psicológico no trabalho*. 3. ed. São Paulo: LTr, 2008. p. 110.

E sendo a poluição, por sua vez, um risco proibido cujas características são objetivamente definidas no sobredito dispositivo legal, tem-se, por via de consequência, que o surgimento de doenças de cunho psicossomático naquelas empresas a adotarem ou tolerarem a utilização de tais métodos perversos de gestão será presumidamente relacionado aos desequilíbrios labor-ambientais ocasionados pelo empregador, de modo a ensejar, por isso mesmo, a aplicação do regime de responsabilidade civil objetiva previsto no art. 225, § 3º da Constituição Federal e no art. 14, § 1º, da Lei n. 6.938/81 como sucedâneo do princípio do "poluidor-pagador".[29]

Convém recordar, nesse particular, que os desequilíbrios labor-ambientais decorrentes da implantação de métodos perversos de "gestão de pessoas" — a desaguarem, como visto, na manifestação de doenças psicossomáticas — são ocasionados pela organização inadequada dos fatores de produção por parte dos empregadores que, por não observarem as cautelas necessárias à preservação da higidez psicofísica dos obreiros, criam ameaças a esta última, mesmo quando a atividade corriqueira do estabelecimento não envolve riscos a ela inerentes, tal como exigido, em abstrato, pelo art. 927, parágrafo único, do Código Civil.[30]

Tem-se, em tais casos, a materialização da figura da "causalidade sistêmica" assim denominada justamente porque compreende os infortúnios decorrentes da sistematização deficiente dos fatores de produção que, em tais hipóteses, não têm por origem situação isolada a afetar um ou outro obreiro, mas sim um desequilíbrio ambiental causado, preponderantemente, pela ação ou omissão do empregador.[31]

Com efeito, nas hipóteses a envolverem o efetivo assédio moral organizacional não se está diante de situações específicas e determináveis a envolverem a conduta individualizada de um ou mais chefes em relação aos seus subordinados que se enquadrariam, por isso mesmo, no conceito de "causalidade tópica" e ensejariam a aplicação do regime de responsabilidade civil subjetiva previsto no art. 7º, XXVIII, da Constituição Federal.

A tempo, a causalidade tópica contempla aquelas situações em que o acidente do trabalho ou a doença ocupacional decorrem de eventos não relacionados aos riscos da atividade assumidos pelo empregador e não são, tampouco, resultantes da organização dos fatores de produção. Desse modo, integram tal classificação as hipóteses em que o sinistro tem como causa uma falha humana ou sistêmica atribuível a elementos não relacionados, em sua origem, com os locais de trabalho.

Pode-se dizer, portanto, que na causalidade tópica, o risco inerente à materialização de infortúnios é aquele assumido pela generalidade dos indivíduos — dentro ou fora dos ambientes laborais — em sua vivência cotidiana. Por isso mesmo, terá ela lugar nas hipóteses em que as possibilidades acerca da materialização do sinistro são as mesmas tanto nos locais de trabalho, quanto fora dele.[32]

O assédio moral organizacional envolve, como sugere o próprio adjetivo, a sistematização da pressão por metas e resultados e da própria violência como método de gestão destinado a extrair dos trabalhadores o máximo de produtividade. Trata-se, por isso mesmo, de uma fonte de desequilíbrio labor-ambiental instalada de modo permanente e contínuo, cuja subsistência é causa consabida de transtornos psicossomáticos.

---

(29) Segundo Ingo Wolfgang Sarlet e Tiago Fensterseifer:

"[Com o princípio do poluidor-pagador] coloca-se a necessidade de vincular juridicamente o gerador de tais custos ambientais (ou seja, poluidor), independentemente de ser ele o fornecedor (ou produtor) ou mesmo o consumidor, com o propósito de o mesmo ser responsabilizado e, consequentemente, arcar com tais custos ecológicos, exonerando-se a sociedade desse encargo. O princípio do poluidor-pagador não deixa de ser uma decorrência normativa do próprio princípio da responsabilidade aplicado à matéria ambiental.

(...)

A diretriz geral [do princípio do poluidor-pagador] consiste, portanto, na responsabilização jurídica e econômica pelos danos causados ao ambiente com o nítido propósito de desonerar a sociedade, ou, pelo menos, de modo a minimizar o fenômeno da 'externalização' dos custos ambientais gerados no âmbito das atividades de produção e consumos de bens e serviços." SARLET, Ingo Wolfgang; FENSTERSEIFER, Tiago. *Princípios de direito ambiental*. São Paulo: Saraiva, 2014. p. 85-87.
(30) Sobre a "teoria do risco-atividade" prevista no art. 927 do Código Civil, *vide*:
GODOY, Claudio Luiz Bueno de. *Responsabilidade civil pelo risco da atividade. Uma cláusula geral no Código Civil de 2002*. 2. ed. São Paulo: Saraiva, 2010. p. 151-152;
DALLEGRAVE NETO, José Affonso. *Responsabilidade civil no direito do trabalho*. 3. ed., 2ª tiragem. São Paulo: LTr, 2009. p. 412.
SANTOS, Enoque Ribeiro dos. *Responsabilidade objetiva e subjetiva do empregador em face do Novo Código Civil*. 2. ed. São Paulo: LTr, 2008. p. 285-286.
(31) Para uma definição mais detalhada acerca da causalidade sistêmica, *vide*:
EBERT, Paulo Roberto Lemgruber. Meio ambiente do trabalho: conceito, responsabilidade civil e tutela. *Revista LTr*, v.76, p.1333-1360, 2012.
(32) *Vide*, nesse sentido:
CABRAL, Angelo Antônio; SILVA. Eduardo Alexandre da. Responsabilidade civil do empregador em decorrência de desequilíbrio no meio ambiente do trabalho. In: FREITAS JÚNIOR, Antonio Rodrigues de. *Responsabilidade civil nas relações de trabalho. Questões atuais e controvertidas*. São Paulo: LTr, 2011. p. 188-191.

Sendo o assédio moral organizacional, nessa acepção, uma inequívoca hipótese de poluição do meio ambiente laboral, tem-se que sua materialização nos locais de trabalho, por intermédio da implementação daqueles métodos perversos de "gestão de pessoas", configura a assunção de um risco sistêmico proibido por parte do empregador. Logo, este último responderá objetivamente pelos danos à integridade psíquica ocasionados aos trabalhadores, afigurando-se irrelevantes, para tanto, os elementos subjetivos a permearem sua conduta (dolo e culpa), a teor do art. 225, § 3º, da Constituição Federal e do art. 14, § 1º, da Lei n. 6.938/81.[33]

6 MECANISMOS LEGAIS DE COIBIÇÃO E DE REPARAÇÃO DA GESTÃO DEGRADANTE

Haja vista a potencialidade lesiva inerente ao assédio moral organizacional, especialmente no que concerne à integridade psicofísica dos trabalhadores, faz-se mister perquirir de que modo e em que medida os instrumentos destinados à tutela individual e coletiva do meio ambiente do trabalho podem ser empregados com vistas à coibição e à reparação dos danos muitas vezes irreversíveis decorrentes da gestão poluidora.

Anteriormente à delimitação propriamente dita de tais mecanismos, cumpre asseverar que tal desiderato terá por diretriz elementar o postulado da efetividade processual a propugnar, em suma, que os remédios instrumentais devem ter por finalidade precípua a concretização do direito material para o qual foram concebidos, de modo que as formalidades e os requisitos eventualmente exigidos pela legislação, muito embora sejam relevantes, não podem ser superestimados a ponto de tornar inflexível a conduta do magistrado na obtenção de tal desiderato, minando-lhe a utilização dos meios mais lógicos e adequados à resolução do problema concreto.[34]

Nesse sentido, o microssistema do processo coletivo representado pela Lei n. 7.347/85 e pelo Título III do Código de Defesa do Consumidor e, no plano individual, o Novo Código de Processo Civil, contemplam mecanismos destinados à tutela preventiva e reparatória dos danos perpetrados contra bens jurídicos dos trabalhadores que são de utilidade incontestável para a tutela do meio-ambiente laboral, sem prejuízo à possibilidade de reparação dos aspectos individuais de tais lesões.

Em se tratando de proteção das condições de trabalho, o princípio da efetividade processual justifica plenamente a adoção, nessa seara, da responsabilidade civil em seu viés preventivo, como decorrência do próprio princípio ambiental da prevenção.[35] De fato, diante da constatada e presumida relação entre as doenças psicossomáticas e a prática do assédio moral organizacional, a tutela adequada do meio ambiente do trabalho não se basta com a reparação *a posteriori* de tais lesões, impondo, ao revés, sua coibição antes mesmo da materialização dos danos, conforme se infere do magistério de Teresa Ancona Lopez:

> No Direito Civil, quando falamos em 'responsabilidade', estamos a nos referir às consequências danosas de nossos atos e pelas quais devemos responder, seja contratual ou extracontratualmente. Por outro lado, a forma ou modo pelo qual vai se efetivar essa garantia vai depender do instituto jurídico ou do tipo de responsabilidade a que ele está afeto. Geralmente, o modo é indenizatório e em dinheiro, mas isso não exclui a reparação *in natura*, quando as coisas voltam exatamente ao *status quo ante* (um vaso quebrado por outro exatamente igual), ou em outro tipo de atos ressarcitórios, como o desagravo pela imprensa dos atos ilícitos contra a honra ou contra a imagem de alguém.
>
> Sendo assim, e revendo a história de evolução da responsabilidade civil, não vemos inconveniente em ampliar ou estender a noção de responsabilidade para a prevenção ou precaução dos danos possíveis, graves e irreversíveis, pois a ideia fundamentadora de todo o sistema de responsabilidade civil é a da proibição de causar dano a outrem (*alterum non laedere*). Ora, uma função da responsabilidade civil que impeça a realização de danos estará garantindo a integridade física, moral e econômica dos cidadãos individualmente e da sociedade inteira.
>
> (...)

---

[33] Em sentido contrário:
WYZYKOWSKI, Adriana; BARROS, Renato da Costa Lino de Goes; PAMPLONA FILHO, Rodolfo. *Assédio moral laboral e direitos fundamentais*. São Paulo: LTr, 2014. p. 182.
[34] WATANABE, Kazuo. In: GRINOVER, Ada Pellegrini *et alii*. *Código de Defesa do Consumidor comentado pelos autores do anteprojeto*. 7. ed. Rio de Janeiro: Forense Universitária, 2001. p. 772.
[35] Segundo Paulo Affonso Leme Machado, o princípio da prevenção preconiza que "*em caso de certeza do dano ambiental este deve ser prevenido.*" MACHADO, Paulo Affonso Leme. *Direito ambiental brasileiro*. 7. ed. São Paulo: Malheiros, 1998. p. 64.

Portanto, responsabilidade civil não se resume ao ressarcimento de danos (apesar de ainda ser sua principal função); é também prevenção e precaução de eventos danosos. Hoje, podemos afirmar que temos a responsabilidade civil reparatória e a responsabilidade civil preventiva.

Por tudo que expusemos, concluímos que é perfeitamente possível responsabilidade civil sem dano (apenas sua ameaça). Essa nova responsabilidade surgiu da adoção dos princípios da prevenção e da precaução com a finalidade de dar maior segurança a todos os cidadãos. Mas foi plasmada também pelo expediente da flexibilização das velhas normas, princípios e institutos, com apoio na razão de ser desse ramo do direito — o *alterum non laedere*.[36]

Nesse sentido, a tradução instrumental dos postulados da prevenção e da responsabilidade civil preventiva faz-se representar, justamente, pelos mecanismos de tutela inibitória que, na acepção dos arts. 497 do Código de Processo Civil de 2015 e 84 do Código de Defesa do Consumidor, possibilitam ao juiz, tanto nas demandas individuais, quanto nas coletivas, determinar ao ofensor a imediata cessação da conduta potencialmente ofensiva — inclusive, com a determinação de medidas concretas, obrigações acessórias e de multas — independentemente da demonstração de dano já consumado.[37]

Imagine-se, a propósito, uma determinada empresa que está a instituir métodos gerenciais baseados na exposição indevida da intimidade de seus trabalhadores e na humilhação pública destes últimos como punições por não terem alcançado os resultados financeiros esperados. Em tal hipótese bem ilustrativa de assédio moral organizacional, tanto os atores coletivos legitimados ao manejo da Ação Civil Pública nos termos do art. 5º da Lei n. 7.347/85 e do art. 82 do Código de Defesa do Consumidor (p. ex: Ministério Público do Trabalho e sindicatos), quanto os obreiros individualmente considerados poderão requerer do juiz a tutela inibitória específica destinada à cessação imediata daquelas práticas notadamente prejudiciais à saúde mental dos funcionários.

Nas ações coletivas a serem manejadas por aqueles colegitimados na defesa dos interesses difusos e coletivos dos trabalhadores afetados pelo assédio moral organizacional, as referidas entidades poderão valer-se de suas funções institucionais (no caso do Ministério Público do Trabalho) e dos mecanismos da substituição e da representação processual (no caso dos sindicatos e das associações) para requererem, preventivamente, a tutela específica destinada à cessação da aplicação daqueles métodos deletérios de "gestão de pessoas".

Já nas ações individuais manejadas pelos trabalhadores, a tutela específica prevista em abstrato no art. 497 do Código de Processo Civil poderá ser requerida no sentido de que a empresa se abstenha de aplicar aqueles métodos degradantes de "gestão de pessoas" ao obreiro considerado de *per se*, uma vez que este último não está autorizado pelo art. 18 da Lei Adjetiva Cível a funcionar como substituto processual de todos os demais obreiros e, consequentemente, de requerer coletivamente a cessação do assédio moral organizacional.

Sendo, portanto, o assédio moral organizacional um fenômeno, por sua própria natureza, transindividual, tem-se que a tutela preventiva dos interesses dos trabalhadores afetados por aqueles métodos deletérios de gestão encontra nas ações coletivas a serem manejadas pelo Ministério Público do Trabalho e pelas associações e sindicatos colegitimados os mecanismos mais apropriados para sua implementação em concreto.[38]

---

(36) LOPEZ, Teresa Ancona. *Princípio da precaução e evolução da responsabilidade civil*. São Paulo: Quartier Latin, 2010. p. 137-139.

(37) Nas palavras de Luiz Guilherme Marinoni:

"A Constituição Federal afirma expressamente que (...) todos têm direito ao meio ambiente equilibrado, bem de uso comum do povo e essencial à sadia qualidade de vida, impondo-se ao poder público e à coletividade o dever de defendê-lo e preservá-lo para as presentes e futuras gerações (art. 225, *caput*).

Supõe-se, como é óbvio, que tais direitos devem ser efetivamente tutelados, até mesmo porque a falta de efetividade da tutela jurisdicional implica a existência de um ordenamento jurídico incompleto. A existência do direito material — em nível de efetividade — depende da efetividade do próprio processo. Sem um direito processual capaz de garantir uma tutela jurisdicional efetiva e adequada não há um ordenamento que possa ser qualificado como jurídico.

(...)

O direito à tutela jurisdicional, que é decorrência da própria existência do direito substancial e da proibição da sua realização privada, não é apenas o direito de ir ao Poder Judiciário, mas o direito de obter a via técnica adequada para que o direito material possa ser efetivamente realizado através da jurisdição. O direito à tutela, assim, é o direito à técnica processual (...) capaz de permitir a efetiva proteção do direito material.

(...)

O direito de buscar a tutela inibitória, através da via processual adequada, consagra o direito a uma via processual realmente capaz de propiciar a tutela inibitória. Assim, o exercício do direito de ir ao Judiciário para buscar a tutela inibitória, nada mais é do que o exercício da ação inibitória. É neste sentido que se pode pensar em ação inibitória, ou seja, em ação efetivamente capaz de permitir, caso o direito material seja reconhecido, a obtenção da tutela inibitória." MARINONI, Luiz Guilherme. *Tutela inibitória. Individual e coletiva*. 5. ed. São Paulo: Revista dos Tribunais, 2012. p. 67-71.

(38) PEREIRA, Ricardo José Macedo de Britto. *Ação civil pública no processo do trabalho*. 2. ed. Salvador: JusPodivm, 2016. p. 97-90.

Contudo, quando os danos decorrentes do assédio moral organizacional já se materializaram, com o abalo na integridade psicofísica dos trabalhadores, a reparação das referidas lesões dar-se-á por intermédio da quantificação pecuniária das perdas e danos a envolver tanto o restabelecimento das lesões patrimoniais consolidadas e emergentes impingidas às vítimas individualmente consideradas (*v. g.*: despesas médicas, lucros cessantes, perda de uma chance etc.), como também os danos morais personalíssimos experimentados pelos obreiros em decorrência das doenças psicossomáticas e do sofrimento a elas inerente e, por fim, os danos morais coletivos, concernentes a bens e interesses transindividuais (*p. ex.*, o equilíbrio ambiental do próprio local de trabalho e o ressarcimento dos custos repassados aos sistemas públicos de saúde e de seguridade social em decorrência da gestão deletéria).

No que concerne à reparação dos danos materiais e morais de cunho individual, esta se dá pelo ajuizamento de ações simples ou plúrimas com pedidos a envolverem ora o restabelecimento do *status quo ante*, quando possível, ora o pagamento de indenização. Paralelamente a isto, se a demanda for de natureza coletiva (proposta, p. ex, por associação obreira, sindicato ou pelo Ministério Público do Trabalho), a parcela individual (homogênea) da condenação pode ser levada a efeito por intermédio da liquidação da sentença genérica, pelos substituídos ou representados (conforme o caso), seguida de sua habilitação na fase executória, a teor dos arts. 97 e 98 do Código de Defesa do Consumidor.[39]

Quanto à reparação dos danos morais coletivos, tem-se, por determinação expressa do art. 13, da Lei n. 7.347/85, que o valor da condenação será repassado a fundo gerido por conselho federal ou estadual, a contar com a participação do Ministério Público e de representantes da comunidade. Nesse sentido, as indenizações concernentes às lesões ocasionadas ao meio ambiente do trabalho têm sido repassadas, geralmente, ao Fundo de Amparo ao Trabalhador (FAT), gerido no âmbito do Ministério do Trabalho e Emprego.

Tanto em se tratando das lesões individuais, quanto dos danos coletivos, o respectivo ressarcimento deverá ter por diretriz o princípio da reparação integral previsto no art. 5º, X, da Constituição Federal e no art. 944 do Código Civil, a indicar que a condenação cível dos ofensores deve atender, na acepção de Paulo de Tarso Vieira Sanseverino, às funções compensatória, indenitária, concretizadora e punitiva, a fim de que com ela se possa lograr não só o restabelecimento, ou a amenização da situação pessoal dos ofendidos, na maior medida possível, como também a prevenção quanto à ocorrência de novas lesões.[40]

Nesse sentido, as funções compensatória e indenitária podem ser consideradas como as duas faces de uma mesma moeda. Com efeito, enquanto a primeira tem por móvel a fixação da condenação na exata proporção do prejuízo experimentado pelo ofendido, a última vislumbra, em sentido oposto, evitar excessos que acarretem o enriquecimento ilícito do lesado. Pode-se dizer, portanto, que ambas as funções ora apreciadas limitam-se mutuamente a fim de impedir, ao mesmo tempo, a fixação de reparações que estejam aquém ou além do razoável em cada caso concreto.

A função concretizadora, de seu turno, preconiza que a reparação dos danos sofridos seja personalizada, ou seja, leve em conta os prejuízos experimentados em concreto pelo ofendido e com base neles, e em sua exata proporção, seja fixada a compensação. O postulado em apreço tem por intuito maior vedar a fixação de indenizações em abstrato, tal como sói ocorrer com os tarifamentos previstos, por exemplo, nas antigas leis de acidentes do trabalho (Decreto n. 3.764/19, Decreto n. 24.637/34 e Decreto-lei n. 7.046/44) e na Convenção de Varsóvia sobre a aviação comercial, assinada em 1929 e ratificada pelo Brasil em 1931.

No que tange à função punitiva, pode-se dizer que esta vislumbra, em síntese, a imposição de uma sanção de natureza cível ao ofensor, para incutir-lhe a ideia de "arrependimento", ao mesmo tempo em que proporciona ao ofendido um certo sentimento de justiça realizada, no fito de aplacar-lhe o sofrimento. Nesse mesmo sentido, o aspecto em referência tem por escopo prevenir, por meio da condenação pecuniária, a ocorrência de novas lesões similares àquela que se busca reparar.

Com efeito, se a responsabilidade civil tem, dentre os seus escopos, a punição do ofensor com vistas a impedir a reiteração de práticas abjetas às diretrizes mais caras ao ordenamento jurídico pátrio, é evidente que a condenação a ser imposta às empresas praticantes de assédio moral organizacional deve levar em consideração tais aspectos, sob pena de

---
(39) GRINOVER, Ada Pellegrini. In: GRINOVER, Ada Pellegrini *et alii*. *Código de Defesa do Consumidor comentado pelos autores do anteprojeto*. 7. ed. Rio de Janeiro: Forense Universitária, 2001. p. 814-816.
(40) SANSEVERINO, Paulo de Tarso Vieira. *Princípio da reparação integral. Indenização no Código Civil*. São Paulo: Saraiva, 2010. p. 48.

que a reparação não só se afigure meramente simbólica, como também convidativa à repetição, por outras companhias ou por elas próprias, de práticas deletérias de "gestão de pessoas."[41]

Vê-se, diante de tudo o que foi exposto no presente item, que o postulado instrumental da eficácia processual — respaldado, na seara substancial, pelos princípios da prevenção e da responsabilidade civil preventiva — impõe a tutela inibitória do assédio moral organizacional como mecanismo preferencial para o combate a tais práticas deletérias, a fim de evitar-se a materialização dos danos comprovadamente relacionados àquelas formas degradantes de gestão antes mesmo de sua materialização em concreto.

No entanto, acaso já tenha ocorrido a materialização dos danos à integridade psicofísica dos trabalhadores, a restituição dos prejuízos materiais e morais experimentados por estes últimos deverá atentar para as funções inerentes à responsabilidade civil, como sucedâneo do princípio da reparação integral, com especial destaque para o caráter punitivo e pedagógico da condenação que, ao fim e ao cabo, acaba por prevenir, por meio do temor dissuasório, a reiteração quanto à aplicação dos métodos de "gestão de pessoas" calcados no assédio moral organizacional.

7 CONCLUSÃO

Passadas já três décadas da difusão do modelo pós-fordista de organização do trabalho é possível diagnosticar que o assédio moral organizacional, conquanto subproduto dos métodos perversos de "gestão de pessoas" difundidos sob tal sistemática, representa no século XXI o mesmo papel que a exposição industrial a substâncias insalubres (p. ex: amianto, mercúrio, benzeno, sílica etc.) desempenhou no Século XX sob o paradigma fordista-taylorista, qual seja, o de maior fator de degradação labor-ambiental de seu tempo.

Tal como o contato com tais matérias-primas ocasionou — e ainda vem ocasionando — nos trabalhadores a elas expostos uma série de morbidades incapacitantes ou letais, apesar dos prolongados esforços das grandes corporações em esconder a relação causa-efeito, a difusão daqueles métodos perversos de "gestão de pessoas" baseados no aumento quantofrênico da produtividade e na exploração do individualismo tem o potencial de gerar, com o passar das décadas, uma verdadeira geração de indivíduos psicologicamente descapacitados para o trabalho.

Naturalmente, as despesas com os tratamentos médicos e com os benefícios previdenciários de que necessitarão tais trabalhadores a terem suas energias consumidas por doenças psicossomáticas serão repassados, pelas empresas, aos sistemas oficiais de saúde e de seguridade social suportados por toda a coletividade. Paralelamente a tais expensas mensuráveis, haverá os inestimáveis custos sociais representados, justamente, pelos reflexos do assédio moral organizacional na vida pessoal dos obreiros (p. ex.: aumento da taxa de divórcios, redução na taxa de natalidade, prejuízos na formação dos jovens em decorrência da falta de tempo dos pais para o convívio, deterioração dos laços familiares etc).[42]

Desse modo, por ser um efetivo fator de desequilíbrio no meio ambiente de trabalho (poluição) e por ser uma prática de organização laboral a impactar negativamente em toda a coletividade, o assédio moral organizacional deve ser tratado pelo Poder Público, pelas instituições oficiais e pelos movimentos organizados da sociedade como um verdadeiro risco proibido a ser combatido ora por intermédio da prevenção (p. ex: com políticas públicas e com medidas processuais de tutela inibitória), ora por meio da reparação integral dos danos experimentados por suas vítimas diretas e indiretas, com especial atenção, nesse particular, à função punitivo-pedagógica da responsabilidade civil.

---

(41) A propósito, Nelson Rosenvald preleciona que:
"Repensar hoje a responsabilidade civil significa compreender as exigências econômicas e sociais de um determinado ambiente. 'Responsabilizar' já significou punir, reprimir, culpar; com o advento da teoria do risco, 'responsabilizar'se converteu em reparação de danos. Agora, some-se à finalidade compensatória a ideia de responsabilidade como prevenção de ilícitos.
(...)
É nesta passagem para uma perspectiva de uma tutela de desestímulo, perfeitamente adequada a uma 'sociedade de danos', que o instituto da responsabilidade civil se converte em modelo jurídico de caráter prospectivo, dotado da capacidade de conferir maior efetividade à responsabilidade civil." ROSENVALD, Nelson. *As funções da responsabilidade civil. A reparação e a pena civil*. São Paulo: Atlas, 2013. p. 91-92.
(42) Nesse particular, Edith Seligmann-Silva pontua que:
"A instabilidade e a incerteza da economia internacional se refletem na instabilidade e na insegurança em que as pessoas vivem hoje em dia. A desregulamentação dos contratos de trabalho e a imposição do paradigma da flexibilidade estão entre as maiores razões para que ninguém saiba qual vai ser o amanhã, fazendo com que o jovem não se case por não saber se terá emprego, ou com que muitos não queiram mais ter filhos por não saber se poderão educá-los. Por outro lado, a intensidade do trabalho e as exigências de dedicação total à empresa invadem a vida familiar e a deterioram na medida em que não há mais tempo, nem paz para convívio e diálogo." SELIGMANN-SILVA, Edith. O assédio moral no trabalho. In: MAENO, Maria *et alii*. *Compreendendo o assédio moral no ambiente de trabalho*. São Paulo: Fundacentro, 2013. p. 18-19.

Em suma, dado o enorme potencial lesivo inerente aos métodos de "gestão de pessoas" a institucionalizarem a prática do assédio moral nas empresas pós-fordistas, não se pode admitir a padronização de tais práticas sob o raso argumento de que elas concretizariam uma exigência imposta pelo atual contexto socioeconômico, marcado pela competitividade extrema em escala global, pelo dinamismo dos mercados e pela busca ensimesmada de resultados quantitativos.

Tal como os ideais de "progresso" e de "desenvolvimento", tão propalados nos Séculos XIX e XX, não justificaram os severos danos ocasionados pela exposição dos trabalhadores àquelas substâncias nocivas, os imperativos hodiernos de "integração dos mercados", de "competitividade" e de "dinamismo" não conferem respaldo à instrumentalização dos seres humanos, de suas angústias, de suas energias e de seus sentimentos como meios para a majoração dos resultados das empresas e nem tampouco permitem ao Estado quedar-se inerte diante de tais práticas empresariais.

Tanto em um quanto em outro caso, estar-se-á diante de degradação labor-ambiental a impactar diretamente na dignidade da pessoa humana e no valor social do trabalho e, por isso mesmo, radicalmente contrária aos vetores contemplados na Constituição Federal de 1988 com vistas à orientação da atividade econômica dos particulares, quais sejam, a função social da empresa (art. 170) e o meio ambiente adequado (art. 225, *caput*).

8 REFERÊNCIAS BIBLIOGRÁFICAS

ANTUNES, Ricardo. *Os sentidos do trabalho. Ensaio sobre a afirmação e a negação do trabalho.* 2. ed. São Paulo: Boitempo, 2010.

ARAÚJO, Adriane Reis de. *O assédio moral organizacional.* São Paulo: LTr, 2012.

BARRETO, Margarida. Assédio moral: trabalho, doenças e morte. In: MAENO, Maria *et alii. Compreendendo o assédio moral no ambiente de trabalho.* São Paulo: Fundacentro, 2013.

BRASIL: TRIBUNAL SUPERIOR DO TRABALHO. RECURSO DE REVISTA N. 366-08.2012.5.09.0660. RELATOR: Min. Luiz Philippe Vieira de Mello Filho. 7ª Turma. DJ: 15.4.2016.

BRASIL: TRIBUNAL SUPERIOR DO TRABALHO. AGRAVO DE INSTRUMENTO NO RECURSO DE REVISTA N. 2060-20.2011.5.11.0004. RELATOR: Min. José Roberto Freire Pimenta. 2ª Turma. DJ: 2.5.2014.

CABRAL, Angelo Antônio; SILVA. Eduardo Alexandre da. Responsabilidade civil do empregador em decorrência de desequilíbrio no meio ambiente do trabalho. In: FREITAS JÚNIOR. Antonio Rodrigues de. *Responsabilidade Civil nas Relações de Trabalho. Questões atuais e controvertidas* São Paulo: LTr, 2011.

DALLEGRAVE NETO, José Affonso. *Responsabilidade Civil no Direito do Trabalho.* 3. ed., 2ª Tiragem. São Paulo: LTr, 2009.

EBERT, Paulo Roberto Lemgruber. Meio ambiente do trabalho: conceito, responsabilidade civil e tutela. *Revista LTr*, v. 76, p. 1333-1354, 2012.

EHRENBERG, Alain. *La fatigue d´être soi. Depression et société.* Paris: Odile Jacob, 2000.

FARAH, Bruno. *A depressão no ambiente de trabalho:* prevenção e gestão de pessoas. São Paulo: LTr, 2016.

FELICIANO, Guilherme Guimarães. *Tópicos avançados de direito material do trabalho.* Vol. 1. Atualidades forenses. São Paulo: Damásio de Jesus, 2006.

GAULEJAC, Vincent de. Trad. de STORNIOLO, Ivo. *Gestão como doença social. Ideologia, poder gerencialista e fragmentação social.* São Paulo: Ideias & Letras, 2014.

GODOY, Claudio Luiz Bueno de. *Responsabilidade civil pelo risco da atividade. Uma cláusula geral no Código Civil de 2002.* 2. ed. São Paulo: Saraiva, 2010.

GRECO, Luís. *Um panorama da teoria da imputação objetiva.* 4. ed. São Paulo: Revista dos Tribunais, 2014.

GRINOVER, Ada Pellegrini *et alii. Código de Defesa do Consumidor comentado pelos autores do anteprojeto.* 7. ed. Rio de Janeiro: Forense Universitária, 2001.

GUEDES, Márcia Novaes. Assédio moral e *straining. Revista LTr*, 74-02/165, v. 74, n. 2, fev. 2010; *Terror psicológico no trabalho.* 3. ed. São Paulo: LTr, 2008.

HIRIGOYEN, Marie-France. Trad: KÜHNER, Maria Helena. *Assédio moral. A violência perversa no cotidiano.* 6. ed. Rio de Janeiro: Bertrand Brasil, 2003.

INTERNATIONAL LABOUR OFFICE. *Mental health in the workplace.* Geneva: OIT, 2000.

LOPES, Ana Frazão de Azevedo. *Empresa e propriedade. Função social e abuso de poder econômico.* São Paulo: Quartier Latin, 2006.

LOPEZ, Teresa Ancona. *Princípio da precaução e evolução da responsabilidade civil.* São Paulo: Quartier Latin, 2010.

MACHADO, Paulo Affonso Leme. *Direito ambiental brasileiro.* 7. ed. São Paulo: Malheiros, 1998.

MARINONI, Luiz Guilherme. *Tutela inibitória. Individual e coletiva.* 5. ed. São Paulo: Revista dos Tribunais, 2012.

ORTÍZ, Angel Crescencio Martínez. *La prevención de riesgos laborales, una cuestión también de responsabilidad social corporativa.* Barcelona: Proteus, 2013.

PEREIRA, Ricardo José Macedo de Britto. *Ação civil pública no processo do trabalho.* 2. ed. Salvador: JusPodivm, 2016.

POHLMANN, Juan Carlos. *Assédio moral organizacional. Identificação e tutela preventiva.* São Paulo: LTr, 2014.

RAMOS FILHO, Wilson. *Direito capitalista do trabalho. História, mitos e perspectivas no Brasil.* São Paulo: LTr, 2012.

RIVAS, Ana María. *Trabajo y pobreza. Cuando trabajar no es suficiente para vivir dignamente.* Madrid: HOAC, 2016.

ROSENVALD, Nelson. *As funções da responsabilidade civil. A reparação e a pena civil.* São Paulo: Atlas, 2013.

SANSEVERINO, Paulo de Tarso Vieira. *Princípio da reparação integral. Indenização no Código Civil.* São Paulo: Saraiva, 2010.

SANTOS, Enoque Ribeiro dos. *Responsabilidade objetiva e subjetiva do empregador em face do Novo Código Civil.* 2. ed. São Paulo: LTr, 2008.

SARLET, Ingo Wolfgang; FENSTERSEIFER, Tiago. *Princípios de direito ambiental.* São Paulo: Saraiva, 2014.

SELIGMANN-SILVA, Edith. O assédio moral no trabalho. In: MAENO, Maria *et alii. Compreendendo o assédio moral no ambiente de trabalho.* São Paulo: Fundacentro, 2013.

SUPIOT, Alain. Trad.: TERRÉ, Jordi. *El espíritu de Filadelfia. La justicia social frente al mercado total.* Barcelona: Península, 2011.

WANDELLI, Leonardo Vieira. Da psicodinâmica do trabalho ao direito fundamental ao conteúdo do próprio trabalho e ao meio ambiente organizacional saudável. In: *Revista Eletrônica do Curso de Direito da UFSM.* v. 10, n. 1/2015.

WYZYKOWSKI, Adriana; BARROS, Renato da Costa Lino de Goes; PAMPLONA FILHO, Rodolfo. *Assédio moral laboral e direitos fundamentais.* São Paulo: LTr, 2014.

LOJA VIRTUAL

www.ltr.com.br

E-BOOKS

www.ltr.com.br